Alcohol in
American History

酒与美国历史

——从殖民地时期到年轻的共和国

[加] 韩铁 著

WUHAN UNIVERSITY PRESS
武汉大学出版社

图书在版编目（CIP）数据

酒与美国历史：从殖民地时期到年轻的共和国/（加）韩铁著.—武汉：武汉大学出版社,2023.11
ISBN 978-7-307-23151-1

Ⅰ.酒… Ⅱ.韩… Ⅲ.美国—历史—研究 Ⅳ.K712

中国版本图书馆 CIP 数据核字（2022）第 120274 号

责任编辑:王智梅　　　责任校对:汪欣怡　　　版式设计:马　佳

出版发行:**武汉大学出版社** （430072　武昌　珞珈山）
（电子邮箱:cbs22@ whu.edu.cn　网址:www.wdp.com.cn）
印刷:湖北金海印务有限公司
开本:720×1000　1/16　印张:29.5　字数:471 千字　插页:11
版次:2023 年 11 月第 1 版　　2023 年 11 月第 1 次印刷
ISBN 978-7-307-23151-1　　定价:92.00 元

前言
非酒无以成美国

　　迄今为止，美国国会曾专门为之通过两个宪法修正案的商品唯有酒，其他商品的名字均无缘于联邦宪法及其修正案的文本。酒在美国历史上的分量之重，由此可见一斑。因此，酒史乃是美国历史中不可缺少的一部分。我们在酒史中所看到的，不只是杯中之物，还有杯中之物所反映出的大千世界，浩然乾坤。

　　这本《酒与美国历史》是笔者计划完成的美国酒史三部曲的第一部，涵盖了殖民地时代与合众国的初期阶段。本书在追述美国人和他们的先辈在这段时期饮酒、造酒和卖酒的故事时，力图展现与酒有关的许多人物、事件和社会变化对美国历史发展所产生的重大影响。其中有不少足以彪炳史册，辉映千秋，也有一些会使后世从中警醒，引为鉴戒。

　　回顾历史，当英国移民开拓者横渡大西洋来到北美创建殖民地时，酒就与他们同行。在那个首先要为生存而拼搏的年代，营养、饮水和医药都离不开酒，没有酒就几乎失去了生的希望。于是殖民地人不顾他们在葡萄种植与啤酒酿造上遭遇的重重困难与挫折，以其百折不挠的努力，保证了酒的供给，从而如鱼得水，不仅在新大陆站稳脚跟，而且走出了一条连母国都有点相形见绌的社会发展之路。

　　由于殖民地人对酒的巨大需求，他们除了在本土生产酒类以外，还需要从西印度群岛大量进口朗姆酒及其原料糖蜜。这种涉足大西洋市场的贸易，不仅彻底解决了酒类供应问题，而且有力地推动了殖民地经济的发展，使之焕发出勃勃生机，故而成了殖民地人的一条重要经济命脉。然而，英国国会为了帝国霸图以及几个英属小岛的糖业利益，竟然要以高关税来掐断北美殖民地人的这条命脉，结果使殖民地人在震惊之中第一次深切地感受到，自己的宪法权利受到了侵犯，贸易自由遭到了限制。他们乃以大规模走私进行了成功的抵制，并在七年战争后英国政府严加遏制走私之时顽强反抗，最终导致美国革命。相比之下，东印度公司茶叶引发的波士顿"茶会"，只是压死骆驼的最后一根稻草。殖民地人因朗姆酒与糖蜜贸易受阻而产生的不满和觉醒，才是他们走向独立的最初起源和深层原因所在。

美国建国后，威士忌取代了朗姆酒，成为人们饮用最多的烈酒。阿巴拉契亚山脉以西的剩余谷物便不再像过去那样，因为交通困难和运输成本高昂而难以进入东部市场。农场主们现在可以把谷物制成体积小、重量轻、价值高的威士忌，以他们负担得起的成本运到东部市场销售，获得比在西部销售谷物高得多的利润。这不仅促进了全国烈酒市场的形成，而且加速了美国农业商业化的进程。当联邦政府为偿还战债对威士忌征收消费税时，西部农场主起而反对，酿成了一场所谓威士忌暴动。这场暴动虽被平息，但是消费税依然难以征收，致使后来的政府索性取消了所有制造品的消费税。结果内战前除 1812 年美英战争期间以外，美国早期工业化过程中兴起的制造业就全部免去了这种税务之累。更重要的是，威士忌暴动期间加剧的党派之争，大大推动了美国政党政治和民主制度的发展。

随着美国人政治权利与经济自由的扩大，19 世纪上半叶的市场革命给美国社会带来了巨大的变化。美国人不仅迎来了经济繁荣，也经历了市场波动导致的前所未有的不确定性，包括 1819 年与 1837 年的两次金融恐慌与经济萧条。当越来越多获得选举权的公民与市场革命的弄潮儿举杯欢呼自由和抒发豪情之时，也有为数众多的美国人因为社会变化产生的焦虑而大喝其酒，以缓解压力，振奋精神。于是这个国家进入了一个人均酒精年摄入量之高空前绝后的时期。酒史学者称之为"嗜酒如命的共和国"时代。

由此不难看出，酒在美利坚合众国的孕育与早期发展过程中居功甚伟，非同一般。对殖民地人来说，酒关系到生死存亡；对合众国的建立来说，酒是美国革命和独立的最初起因所在；对经济发展来说，酒在交通革命到来之前就为西部主要农作物开拓了东部市场，成了推动市场革命和工业化的重要力量；对政治体制来说，酒所触发的威士忌暴动促进了政党政治与大众民主的发展；对开发新大陆和面对社会大变动的千千万万北美人来说，酒为这些人纾压、鼓劲、壮胆，使之能面对各种各样前所未有的挑战。古人有云，"非酒无以成礼"，从本书涉及的美国历史发展的这个阶段来看，恐怕是非酒无以成美国。

如果读者在看这本酒史时，能在品味过往酒文化风采的同时，从一个新的角度审视一下这段时期美国历史的发展变化，并小有所获，那么本书付梓问世也就不虚此行了。往事悠悠未成空，浊酒一杯见沧桑，便是笔者一点小小的心愿。

目　录

第一章
上帝创造的好东西

酒本身是上帝创造的好东西，应以感恩之心接受，但酒的滥用乃源于撒旦，酒是上帝所赐，而酒鬼则是恶魔之子。

——马萨诸塞殖民地牧师英克里斯·马瑟

有的生命之水是纯粹的，有的是混合的。纯粹的是完全用葡萄酒造出来的，没有混合其他任何东西，称作葡萄酒之精，不加水或葡萄酒稀释就喝。其荣耀不可估量；它是所有药物的父与王，它在对付所有的冷症（苦痛）时作用奇妙非凡。

——13 世纪意大利医生与学者塔迪欧·奥尔德罗蒂

　　17 世纪马萨诸塞海湾殖民地牧师英克里斯·马瑟称酒为"上帝创造的好东西"。这好东西对早年横渡大西洋到北美大陆开拓殖民地的英国人来说，可谓生死攸关。此后酒又浸润到殖民地人生活的方方面面，几乎如影随形，不可或缺。他们走到哪里都离不开酒。作为外出喝酒的主要去处——酒店，不仅是集聚四方来客的社区活动中心，而且成为事无巨细都可以高谈阔论的公共空间。甚至在英属北美殖民地人的功过成败与是非进退上，酒都会或多或少雁过留声，可谓伴沧桑之变，谱青史一曲。无可怀疑，殖民地人是不能没有酒的人民。

一、跨洋殖民不可缺少的酒

　　当英国人跨越大西洋来到北美茫茫荒野创建殖民地时，他们往往如陆游诗中所言，"衣上征尘杂酒痕"。闯荡新世界，五味杂陈，岂可无酒？当然，这些英国人好酒，不光是触景生情所致，而且是源远流长。早在公元 1 世纪，当英格兰与威尔士成为罗马帝国的一部分时，不列颠人就引进了葡萄酒与酒神巴克斯，作为自己走向文明的象征。不过，仇恨罗马统治的不列颠人，更喜欢自己酿制的艾尔酒（Ale，未加啤酒花酿制的啤酒），而不是罗马人的葡萄酒。罗马帝国分崩离析之后，盎格鲁-撒克逊人给不列颠带来了日耳曼部落的豪饮之风。他们喜欢蜂蜜酒，可喝得最多的依然是艾尔酒，此外还喝点葡萄酒以及一种叫"比沃"（Beor）的至今尚不知其属性的酒。至于当初罗马人饮用葡萄酒的礼仪斯文，则逐渐被淡忘了。后来入侵不列颠的北欧人与盎格鲁-撒克逊人一样，也是嗜酒成癖。到诺曼人征服不列颠时,英伦诸岛已然成了酒徒之乡。

据11—12世纪的英国历史学家、马姆斯伯里修道院的修士威廉的记载,英格兰人在黑斯廷斯一战败于诺曼人之手,部分原因就是贪杯。当诺曼人在前一天晚上祈祷上帝,请求恕罪时,英格兰人却开怀畅饮,通宵不眠。他笔下的英格兰人吃要吃到肚子发胀,喝酒则要喝到昏天黑地。[1] 除了这种狂饮之外,英国人不分贫富,也不分男女老幼,每天都喝酒,早餐、午后餐和上床前必喝艾尔酒无疑。据大户人家和教会的账目统计,他们要给封建依附关系下的男女每人每天提供约1加仑艾尔酒(约4升)。当然,这些下层男女喝的艾尔酒质差、味淡、浓度低。至于贵族,酒的消费量就更加惊人。1307年,爱德华二世为婚礼订购了1 000吨波尔多红葡萄酒,相当于115万多瓶,而婚礼当时所在地伦敦的人口还不到8万。[2] 当亨利四世在1399年庆祝其登基时,据法国宫廷史官傅华萨记载,伦敦街头的喷水池里流的竟然是红葡萄酒与白葡萄酒。[3] 到了伊丽莎白一世的年代,1577年的官方统计证实:英格兰有14 202所艾尔酒家、1 631间卖酒的客栈和329家酒店。这相当于全国每187人就有一家卖酒的店铺,还不包括无照卖酒的小酒肆与小商贩。[4] 除了艾尔酒之外,此时的英国已经有了加啤酒花酿制的啤酒,储存的时间比艾尔酒长,另外还有蒸馏烈酒以及进口的各种葡萄酒。关于伊丽莎白时代英国人对酒的热忱,莎士比亚的剧本里有许多脍炙人口的描写。在《亨利四世》中身材肥胖又喜欢自吹自擂的喜剧角色约翰·福斯塔夫就告诉人们:"如果我有一千个儿子,我要教给他们的第一条合乎人性的原则,就是弃绝一切不够劲的淡酒,让自己沉迷于萨克白葡萄酒之中。"[5]

英国人好酒,既是因为这一代一代人相习成风的传统,也是出于几大实际需要。首先就是营养的需要:酒不仅可以提供热量,而且含有人体所需要的多种营

---

[1] *William of Malmesbury's Chronicle of the Kings of England: from the earliest period to the reign of King Stephen*, trans. J. A. Giles (London: Henry G. Bohn, 1847), 276, 279.

[2] Iain Gately, *Drink: A Cultural History of Alcohol* (New York: Gotham Books, 2008), 80-81.

[3] R. V. French, *Nineteen Centuries of Drink in England: A History* (London: Longmans, Green and Company, 1884), 111.

[4] H. A. Monckton, *A History of English Ale and Beer* (London: The Bodley Head, 1966), 101-102. 到20世纪60年代,英国平均每657人才颁发一张酒类销售执照。

[5] Harold Bloom, *Shakespeare's Henry IV: Parts One and Two* (New York: Riverhead Books, 2004), 259. 萨克白葡萄酒是16—17世纪产于西班牙和加那利群岛的加度葡萄酒。

养物质，诸如蛋白质、糖、氨基酸、维生素以及一些矿物质元素，那时是没有什么人因担心发胖而要控制卡路里摄入量的。其次是医药的需要：人们认为酒对疾病有预防和治疗作用，15 世纪阿尔萨斯的军医希洛利姆斯·布伦瑞克，甚至称烈酒为"所有药物之女王"。① 第三是恢复体力和提神的需要：酒能使人有放松的感觉，从而解除疲劳，重新打起精神来。第四是社交的需要：酒不仅可以帮人打开话盒子，还可以为各种聚会助兴添趣。第五是排忧壮胆的需要：酒可以使人摆脱焦虑，产生快感，觉得自己十分强大，从而能振奋精神，鼓足劲头。第六是宗教信仰的需要：基督教《圣经》的《旧约》中称葡萄酒为"神赐"（《创世纪》第 27 章第 28 节），《新约》中更是记载了耶稣在最后的晚餐中如何与其信徒分享葡萄酒。耶稣告诉他们："这是我的血，是为立约的，为很多人流出来的。"（《马可福音》第 14 章第 24 节）因此，基督教徒虽然反对醉酒，但是对酒本身则是认可的。他们在圣餐仪式中还要分享代表圣体的葡萄酒，以纪念救世主耶稣。西罗马帝国灭亡以后，古代文明的很多技能包括葡萄酒的酿制，大多是靠基督教的修道院才得以保留。

北美殖民地建立之前的英国人大量喝酒的上述需要，对于现代人来说不难理解。因为酒在提供热量、用作药剂、解乏提神、服务社交、排忧壮胆与宗教信仰方面的功能，至今依然存在。但是当年英国人口渴之时绝不喝水也要喝酒的需要，在今天看来却令人颇为费解。其实说穿了很简单：随着人口增加、工业兴起和城镇的发展，英国的水已不能保证卫生。16 世纪的医生与膳食学家安德鲁·博德就曾指出："对于英国人来说，水仅就其本身而言是不利于健康的……"而艾尔酒则是英国人的"自然而然的饮料"（酿制艾尔酒所用的水在酿制过程中会被烧开——笔者注），尤其是大麦芽酿制的艾尔酒，更是被视为有强身健体的作用。② 久而久之，即便水没有被污染，英国人也不再喝水而喝酒，因为他们瞧不起不花钱就可以得到的水。③ 这大概与英国经济的市场化趋势不断加强有关，人

① Seth C. Rasmussen, *The Quest for Aqua Vitae: The History and Chemistry of Alcohol from Antiquity to Middle Ages* (New York: Springer, 2014), 102.

② *The Fyrst Boke of the Introduction of Knowledge made by Andrew Borde, of Physycke Doctor*, ed. F. J. Furnivall (London: The Early Egnlish Text Society, 1870), 252, 256.

③ Andrew Barr, *Drink: A Social History of America* (New York: Carroll & Graf Publishers, Inc., 1999), 31.

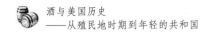

们越来越习惯于看重每一样东西的市场价值。

对于要横渡大西洋到美洲定居的英国移民来说，酒的诸多功能中有两种尤为重要。一是在没有维生素 C 药片的时代，酒被认为是可以帮助长时间航海的人防止得坏血病的必备品，二是在水质不可靠的年代，酒是人们不可或缺的止渴饮料。考虑到这两点，前往美洲的船无酒不出航就一点也不奇怪了，因为这是生死攸关的事情。对于船上的船员来说，带足往返航行所需的酒也许还不困难，但是对于准备在新大陆定居的英国人来说，他们不可能将未来生活所需要的酒全部带足。于是，登陆后遭遇的酒荒就是他们面临的一大挑战，而就地取材酿酒也就成了移民们的燃眉之急。总之，酒的供给不仅关系到这些移民能否成功横渡大洋，而且影响到他们有无可能在新世界落地生根，使殖民地有繁荣昌盛的未来。从这个意义上来讲，酒确实是跨洋殖民攸关成败的关键之一。英国人开创北美大陆殖民地的历史就是证明。

英国觊觎美洲并有所行动是在伊丽莎白女王的时代。西班牙的海上霸权曾盛极一时，但在 16 世纪后半期因为与奥斯曼帝国的较量以及荷兰独立战争而有所衰落，英国此时则开始逐渐崛起为欧洲强国。不仅如此，这段时期也是英国经济日益市场化和商业化的时代，或者说是一个后来居上者向资本主义过渡的历史阶段。海外扩张自然也就提上了议事日程。于是，伊丽莎白女王不仅支持一些英国商人兼海盗对西班牙从美洲运送金银财宝的船只进行海上劫掠，而且给汉弗莱·吉尔伯特爵士颁发特许状，授权他到美洲发现"那些没有为任何基督教国王实际占有的异教徒和野蛮人的遥远的土地、国家与领地"。① 吉尔伯特在 1583 年率船队抵达纽芬兰，并宣布其为英王所有，但还未来得及在那里着手建立殖民地，就在返航途中葬身大海，结果唯有魂归故里。

这样一来，英国人在北美建立殖民地的第一次尝试，实际上是由吉尔伯特的同母异父兄弟沃尔特·罗利组织的。（见图 01）他筹建的船队在 1584 年抵达今天北卡罗来纳海岸附近的罗阿诺克岛。船长阿瑟·巴洛在给罗利的报告中说他们

① Giles Milton, *Big Chief Elizabeth: How England's Adventurers Gambled and Won the New World* (London: Hodder & Stoughton, 2000), 16.

在岛上见到的印第安人一般都喝水，有葡萄时才喝葡萄酒，但由于没有桶装葡萄酒，所以此后全年都得喝水。① 从巴洛所说印第安人有葡萄时才喝葡萄酒来看，其所饮显然只是葡萄汁而已。在这次初步探底摸路之后，由理查德·格伦维尔爵士率领的船队在 1585 年再次前往罗阿诺克岛，并载有 108 个移民去那里建立殖民地。格伦维尔爵士十分讲究，船上除了给移民与船员配给的大量啤酒以外，还有艾尔酒、萨克白葡萄酒、其他种类的葡萄酒、苹果酒及烈酒。这些移民在岛上很快就建立起要塞、教堂、仓库和马厩。据参加这次罗阿诺克之行的托马斯·哈里奥特记载，他们还曾用当地玉米发芽，从中"酿制出如我们所希望的那样好的艾尔酒"。②

然而，格伦维尔的船只回英国为移民筹集补给，却没有能如约于 1586 年重返罗阿诺克岛。岛上移民此时与印第安人关系恶化，对在这里扎根失去信心，乃与途经此地的弗朗西斯·德雷克的私掠船一起回到了英国。等格伦维尔的补给船到来时，已找不到一个移民。于是，格伦维尔决定让一小队人留守，以昭示这里是英国的属地。1587 年，罗利组织了另一支船队再次前往北美建立殖民地。他让曾参与 1585 年罗阿诺克之行的约翰·怀特带队，并任命其为未来殖民地总督。怀特一行人遵照罗利之命令，原本应到罗阿诺克岛北边的切萨皮克湾登陆。可是当他率 116 个移民到达罗阿诺克岛之后，一路上就麻烦不断的船长不肯继续前行，说夏天过了一大半，只能将移民留在此处。于是，怀特只好让包括他怀孕的女儿、女婿在内的所有移民在罗阿诺克岛定居。其女不久即生下他的外孙女弗吉尼亚·戴尔。这个孩子成了史上第一个在北美大陆出生的英国小孩。到罗阿诺克岛后，怀特曾率人寻找格伦维尔当初的留守人员，结果除了白骨以外什么也没有找到。由于需要派人跟船返回英国筹备补给品，但无人愿意前往，移民们乃一致要求怀特再跑一趟。怀特本来很不情愿，无奈众人恳求，只得跟船回到英国。不期回去后，适逢西班牙无敌舰队与英国海军开战，怀特直到 1590 年才有机会随

---

① "Captain Arthur Barlowe's Narrative of the First Voyage to the Coasts of America," in *Early English and French Voyages*, *chiefly from Hakluyt*, 1534—1608, ed. Henry S. Burrage (1906. Reprint. New York: Barnes & Noble, Inc., 1959), 236.

② Thomas Hariot, *A Briefe and True Report of the New Found Land of Virginia* (London, 1588), 17, accessed February 22, 2015, https://digitalcommons.unl.edu/cgi/viewcontent.cgi?article=1020&context=etas.

船回到罗阿诺克岛，可是岛上的英国移民已消失得无影无踪，包括其女儿一家。英国人在北美建立殖民地的第一次尝试，就这样失败了。罗阿诺克岛也因此被史家称为"失踪的殖民地"。① （见图 02） 不过，正是在罗阿诺克岛上，英国移民第一次在北美大地上酿制出了啤酒——不加啤酒花的艾尔酒。

1603 年，伊丽莎白女王驾鹤西去，詹姆斯一世继位。他一方面与西班牙立约，停止对其船舶与领地的劫掠，另一方面却不声不响地支持一些政要与商人在北美建立殖民地的努力。与伊丽莎白时代不同的是，英国立足北美的宏图不再是仅仅依靠几个贵族有限的资金，而是有了新兴的股份公司的强大财力支持。西南地区与伦敦两地的商人结成了联盟，开始在北美殖民问题上一言九鼎。1606 年，詹姆斯一世在这些商人们的请求下颁发特许状，授权他们建立公司，在"没有被任何基督教国王或人民实际占领"的北美地区开拓殖民。② 根据这一特许状，伦敦地区的商人、律师和政要建立了伦敦弗吉尼亚公司（通常称之为弗吉尼亚公司或伦敦公司，本书称之为伦敦公司）。西南地区的商人、士绅和爵士出资建立了普利茅斯弗吉尼亚公司（通常称为普利茅斯公司）。此外，詹姆斯一世还任命了

---

① Richard Hakluyt, *The Principal Navigations, Voyages, Traffiques and Discoveries of the English Nation* ed. Edmund Goldsmid (Edinburgh: E. & G. Goldsmid, 1889), 13: 325-388. Scott Dawson, *The Lost Colony and Hatteras Island* (Charleston, SC: The History Press, 2020) Kindle. 怀特 1590 年回到岛上移民住处，看到树上刻有"CROATOAN"。这显然是移民按照怀特离开前的叮嘱，在迁移时将迁往地点刻在了树上。Croatoan 即克罗顿岛，是移民们从英国带来的印第安人翻译的家乡。岛上印第安人与英国移民关系友好，故而移民迁往此处的可能性很大。怀特乃与船长商量好，第二天前往克罗顿岛查看。无奈由于天气等原因船上人员不肯再去冒险，怀特只好放弃寻找，回英国后仅 3 年就去世。沃尔特·罗利爵士后来曾两次派人打探罗阿诺克岛上英国移民的下落，但均未能到实地查访。1701 年，英国探险家约翰·劳森出书，述及他曾去过已改名为哈特勒斯岛（Hatteras）的克罗顿岛。当地印第安人说他们祖辈中有会读书的白人，并且提到罗利的名字。其中有些人眼睛为灰色，身着英式服装。在颇有种族偏见的劳森看来，英国移民融入印第安人是一种堕落。这大概是日后史书中对 1587 年这批移民的最后踪迹鲜少提及的一个原因。后来虽有学者认为他们迁往切萨皮克地区后融入了印第安人部落，但缺少证据。从 2009 年开始，受在哈特勒斯岛上长大的斯科特·道森的影响，英国布里斯托尔大学考古学教授马克·霍顿每年率队到岛上考古发掘，至今已达 10 多年之久，找到不少 16 世纪英国人使用的各种物件的遗存。参与考古发掘的道森认为，已有足够证据得出结论："失踪的殖民地"的英国移民最后迁移到了克罗顿岛。本注所引 2020 年出版的新书，即为他撰写的初步报告。霍顿教授为之作序，并称考古发掘的正式报告将在全部研究结束后发表。

② *The Federal and State Constitution, Colonial Charters, and Other Organic Laws of the States, Territories, and Colonies Now and Heretofore Forming the United States of America*, ed. Francis Newton Thorpe (Washington, D. C.: Government Printing Office, 1909), 7: 3783.

一个叫作"弗吉尼亚理事会"的皇家委员会，负责监督两个公司的运作。从此，英国在北美建立殖民地的努力开始步入成功之途，不过这种成功付出了高昂的代价。

1606 年 12 月底，伦敦公司派遣的三艘武装商船，在船长克里斯托弗·纽波特率领下离开英国，前往北美洲的弗吉尼亚。时人所言弗吉尼亚是指从今日佛罗里达直至缅因州的广大地区，而伦敦公司被授权殖民的地区在北纬 34 度到 41 度之间，也就是从今日北卡罗来纳的恐惧角到康涅狄克州的南部州界。这 3 艘船上共载有 144 人，其中移民 105 人（后来在航行中死去 1 人）。船长纽波特曾在加勒比海一带率领私掠船抢劫西班牙金银财宝，对北美沿海十分熟悉。他引领船队在 1607 年 3 月底顺利到达西印度群岛，4 月 10 日又起锚北上，于 4 月 26 日抵达切萨皮克湾，看到了北美的陆地。经过一番侦察勘测之后，纽波特率众于 5 月 14 日在沿詹姆斯河深入内地约 50 英里的地方落脚，开始建立英国在北美的第一个永久性居民点，即詹姆斯敦。在移民们建要塞、搭帐篷和开垦土地准备播种的同时，纽波特带领一部分人沿詹姆斯河向上游进行探测。两岸所遇印第安人对他们态度友善。当纽波特等从印第安人处听说远方有山后十分兴奋，希望在那里可以找到铜甚至黄金。但是，他们不久即发现詹姆斯河已到尽头，前面是瀑布之下的岩石与浅滩，无法继续前行。就在纽波特折返回到詹姆斯敦的前一天，附近的印第安人袭击了这个居民点。于是，英国移民加强了防卫，建立起三角要塞。①

在纽波特于 6 月 21 日率船返回英国向伦敦公司汇报后，留在詹姆斯敦的英国移民很快就看到身旁的人一个接一个死去。乔治·珀西是亲历者之一。他认为，虽然有不少人死于重病和饮水有问题，但大部分仅仅是因为饥饿而亡。现在的学者不同意这种看法。他们发现詹姆斯敦的居民虽然粮食供应不足，但是在 5 月到 9 月便已能靠捕捉鲟鱼和海螃蟹为生。所以人员死亡的主要原因其实是饮水不卫生导致的盐中毒、痢疾和伤寒。在纽波特率船离开后，移民们失去了他们的水上浮动酒店，只能喝詹姆斯河的水或者自己打的井里的水。可是他们定居的半

① *Hakluytus Posthumus*（Glasgow：James Mac Lehose and Sons，1906），18：403-416. John Smith，*Travels and Works of Capitain John Smith*，ed. Edward Arber（Edinburgh：John Grant，1910），2：385-388. James Horn，*A Land as God Made It：Jamestown and the Birth of America*（New York：Basic Books，2005），39-40.

岛是沼泽地带，无论是河水还是井水都十分污浊，气味难闻。结果到 9 月底，104 个移民死去了一半，冬天来临时，活下来的还不到 40 人。缺酒对英国人在北美建立的第一个殖民地影响之大，可以说触目惊心！①

是年冬天，纽波特率船队为詹姆斯敦运来了第一批补给，其中就有啤酒，但由于大部分酒被船员占为己用，未能送到移民手中。伦敦公司在这方面要负一定责任。它对詹姆斯敦的补给重视不够，把注意力主要放在赢利较快的加勒比海产糖的岛屿上去了。弗吉尼亚理事会虽然在 1609 年出公告招募两名酿酒商前往詹姆斯敦的弗吉尼亚殖民地，但未能如愿，结果酒类供应的改善十分缓慢。时至 1617 年，即詹姆斯敦建立 10 年以后，一位年轻的英国移民在给父母的信中仍然对此表示不满。他抱怨说：当英国人喝烈性啤酒长得又胖又健康时，弗吉尼亚殖民地的人却只能靠水来勉强度日，喝水使他们虚弱无力。② 弗吉尼亚殖民地总督弗朗西斯·怀亚特爵士在 1623—1624 年发往英国的信中也曾指出，由于"缺少啤酒、家禽和羊肉等"，殖民地居民中疾病严重。他认为："让喝水的人建立一个殖民地是那些奠基者犯下的一个不可原谅的错误。"③ 所幸烟草经济挽救了詹姆斯敦。1611 年，一个叫约翰·罗尔夫的移民用加勒比烟草取代了本地品种，并发现风干烟草能使烟味更好。他在 1614 年收获了第一批烟草。第二年，殖民地将 2 000 磅烟草运回了英国，到 1629 年，销往英国的烟草达到 150 万磅。很快，弗吉尼亚殖民地就成为英国与欧洲大陆烟草的主要供给者。④ 这样一来，弗吉尼亚人除了用玉米或其他代用品酿制少量啤酒外，酒的供给主要依靠进口，即用烟草出口所得从马德拉群岛和加拉利群岛进口葡萄酒，还从英国进口啤酒。

---

① *Hakluytus Posthumus*, 18：417-419. Smith, *Travels and Works of Capitain John Smith*, 2：391-392. Horn, *A Land as God Made It*, 57.

② Richard Ffretthorne, "Letter to His Father and Mother" in *The Records of Virginia Company of London*, ed. Susan H. Kingsbury (Washington, D. C.：Government Printing Office, 1906-35), 4：58-60.

③ "Letter of Sir Francis Wyatt, Governor of Virginia, 1621—1626," *William and Mary Quarterly*, second series, 6, no. 2 (1926)：118.

④ Peter Charles Hoffer, *The Brave New World：A History of Early America* (Baltimore：The Johns Hopkins University Press, 2006), 130.

在伦敦公司出资于詹姆斯敦建立永久性居民点的同时，普利茅斯公司也于 1607 年开始做同样的尝试，派船前往今天缅因州的萨加达霍克。该地区属于普利茅斯公司被王室授权建立殖民地的地域范围，即北纬 38 度与 45 度之间，也就是从今天弗吉尼亚州的切萨皮克湾直到美加边境。不过，这一尝试并未成功。直到 1620 年，有"朝圣者"之称的清教徒们，才在今日的马萨诸塞州境内建立了普利茅斯殖民地。[①]"朝圣者"移民原本是英国清教徒中的分离主义者。他们不满英国国教在教义与仪式上对天主教所做的妥协，决心从英国国教中脱离出来，建立自己独立的教会。其中一部分人先移居荷兰，多年后又将北美视为可以不受约束地实现其宗教理想的地方。于是，他们从伦敦公司获得了到北美殖民的许可证。1620 年 8 月，这些人赴英国与另一批移民会合，总共 102 人于 9 月 6 日乘"五月花号"从普利茅斯出发，试图在北美的哈得孙河一带建立定居点。然而天命难违，11 月 9 日，大西洋上变幻莫测的风浪将"五月花号"带到了今天马萨诸塞州的科德角。当他们想沿海岸南下去哈得孙河时才发现，前面有许多危险的浅滩，浪花咆哮，狂风再起。这样一来，移民们只好返回科德角，希望就近找到适合他们在北美安身立命的地方。可是这一带并非伦敦公司有权殖民的地区，他们从该公司获得的许可证，无法成为他们在此殖民的有效法律文件。为了防止人心浮动，船上 41 名移民签署了后来闻名于世的《五月花公约》，作为他们在此组成公民政体实行自治的法律基石。（见图 03）这些人受英国法律观念与契约精神影响之深，令人叹为观止，不过他们当时考虑的主要是立足北美大地的合法性，而不是后来美国历史学家乔治·班克罗夫特所说的"真正的民主制"。经过近一个月的数次勘测后，移民们发现"我们不能再不慌不忙地寻找或斟酌了，我们的食物所剩不多，尤其是啤酒"，于是很快选择了一个他们认为最适当的地方，在那里建立了普利茅斯殖民地。显然，啤酒短缺是他们最终落脚于

---

① 最早称这些人为"朝圣者"（Pilgrims）的是他们当中的威廉·布拉德福德和为此行做了大量准备工作的罗伯特·库什曼。在布拉德福德和库什曼看来，这些人就是日内瓦版《新约》希伯来书第 11 章第 13 节中所说的"朝圣者"，他们在世上迁移，乃是为了寻找一个更好的、有如天堂的家乡。见 William Bradford, *Of Plymouth Plantation*, ed. Caleb H. Johnson (Bloomington, IN：Xlibris, 2006)，92, note 75.

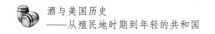
此的一个重要原因。①

其实，这批清教徒还在荷兰考虑移居北美时，就对詹姆斯敦缺少啤酒的教训有所耳闻，故非常担心到美洲后"空气、饮食和饮水的变化将使他们的身体感染上种种病痛"。于是，他们便和有意投资建立北美殖民地的伦敦商人商谈，并达成协议：未来殖民地成员可从殖民地公共库存中，获取"肉食、饮料、衣服和所有供给"。所谓"饮料"就是指啤酒。这种将啤酒与食品、衣服等必需品相提并论的做法，证明他们对酒是何等重视。可是，他们派到英国筹办北美之行所需各种物质的人发现，要买足这些东西还差至少 300~400 英镑，结果只好压缩啤酒和其他一些物品的采购量。这样一来，当"五月花号"抵达美洲后，船员们就拼命催促移民上岸。因为他们知道所载啤酒不多，希望移民尽早上岸喝水，如此就可以有较多啤酒留下来供自己返程之用。移民在这里上岸后，要在严寒天气中动工建造房屋、修筑炮台和清理土地，劳动十分繁重，不少人染上了坏血病与其他疾病。从 12 月到第二年 3 月，移民中死了 44 人，将近一半。后来成为普利茅斯殖民地总督的威廉·布拉德福德，因为生病想要一小罐啤酒，船员们的回答竟然是：哪怕是他们的老子也不会给他一点啤酒。事实上，船员中也死了不少人，连船长都病了，所以啤酒对所有这些人来说，不只是饮料，而且是救命的必需品。②

冬天过去后，"五月花号"在 3 月返回英国，没有给移民留下一点啤酒。不过，他们比詹姆斯敦的移民幸运的是，这里的水比较卫生。所以当清教徒移民渴得不得了而喝下"第一口新英格兰水"时，就觉得"有如以往喝了葡萄酒或啤酒一样愉快"。③很快，普利茅斯殖民地的移民就在印第安人的帮助下，学会了如何在当地种玉米和捕鱼。他们还开始与一些印第安人部落做皮毛生意。1621 年

① *A Journal of the Pilgrims at Plymouth*: *Mourt's Relation*, ed. Dwight B. Heath（New York: Corinth Books, 1963）, 15-18, 40, 51. Bradford, *Of Plymouth Plantation*, 109-110. George Bancroft, *History of the Colonization of the United States*（Boston: Little, Brown & Co., 1859）, 1: 310. "朝圣者"移民选择的定居点，是约翰·史密斯船长在 1616 年出版的有关新英格兰的书与地图中称为"普利茅斯"的地方，移民们采用这个称呼可能与他们最后是从英国的普利茅斯出发来美有关。不过有印第安人告诉移民，这个地方叫帕塔泽特（Patuxet），原来住在这里的印第安人因瘟疫几乎都死了。

② Bradford, *Of Plymouth Plantation*, 57, 77-78, 89, 112, 128, 130.

③ Ibid., 116. *A Journal of the Pilgrims at Plymouth*, 20-21.

秋，移民们与印第安人一起共庆他们的第一次丰收，成了后来感恩节的由来。随着风调雨顺带来的好收成与一批又一批新移民的到来，普利茅斯殖民地终于在北美立稳了脚跟，不仅人口增加，而且粮食自给，并有了剩余。由于从印第安人处学会如何种玉米，普利茅斯殖民地人很早就开始用玉米发酵酿制啤酒。① 诚然，新英格兰的水可以放心用来解渴，但是水并不能提供酒可以提供的其他需要，加之殖民地人的英国文化传统根深蒂固，所以他们就想方设法用各种可以发酵的原料酿酒。

殖民地人不仅自己酿酒，还用粮食与来新英格兰沿海一带捕鱼的英国渔民换取葡萄酒。有了酒，少数英国移民中就出现了纵酒狂欢的现象。据曾在普利茅斯殖民地当总督的布拉德福德后来回忆，离普利茅斯不远有一个由新移民建立的定居点，叫沃拉斯顿山。其首领沃拉斯顿船长为出售其契约奴而南下弗吉尼亚。趁其不在，一个律师出身的无神论者托马斯·莫顿便出来进行鼓动。他要众人不要再让沃拉斯顿把他们当奴隶摆布，并承诺给他们自由与平等。于是，这些人赶走了沃拉斯顿的副手，开始了不受任何管束的生活。他们竖起了五朔节花柱，找来印第安女人，一起围着花柱喝酒跳舞，极尽狂欢宴饮之能事。其定居点也被改名为"快活岭"。为了给这类活动筹款，他们不顾殖民地禁忌，把武器卖给印第安人，终于在附近许多移民定居点激发众怒。以普利茅斯殖民地为首的各定居点移民在劝说无效后，联合起来对快活岭一干人采取了武力强制行动，结果不费一枪一弹就结束了战斗。莫顿等人当时喝得醉醺醺的，根本无法招架。冲突中唯一的受伤者是一个喝醉了酒的家伙，他居然跌跌撞撞地让自己的鼻子碰到了对面的一把剑的剑头上，不过只流了一点血而已。莫顿后来被遣送回英国，五朔节花柱也被砍掉了。②

① Gregg Smith, *Beer in America*: *The Early Years*——1587—1840（Boulder, CO: Siris Books, 1998），13-14.

② Bradford, *Of Plymouth Plantation*, 256-262. 后来有不少美国作家与学者认为，莫顿没有这么不堪，他的行为固然难以为清教殖民地所容忍，但是从他对印第安人不同生活方式的欣赏，以及他对新英格兰大自然与风土人情的热忱与了解之深，似乎能看出此人有某种超脱于那个时代的看法与生活态度。莫顿回英国后并未受到什么惩处，后来数次返回北美，最后死于缅因地区。参见：John Demos, "The Maypole of Merry Mount," *American Heritage* 37（October/November 1986）. John McWilliams, *New England's Crises and Cultural Memory*（New York: Cambridge University Press, 2004），chapter 2.

　　清教徒真正大举移民北美，即所谓"大迁徙"，是在 1630 年开始的。在此之前，普利茅斯公司重组而成的新英格兰理事会，曾授予一个公司在新英格兰建立定居点的土地许可证。该公司于 1629 年从王室直接获得特许状后，改名为马萨诸塞海湾公司，不久即为约翰·温思罗普和他所代表的较为富有的清教徒所控制。这些清教徒打算继弗吉尼亚和普利茅斯之后，到北美建立第三个英属殖民地——一个符合他们清教理想的"山巅之城"。温思罗普和公司董事们当时雇了 11 条船，其他清教徒雇了 6 条船，共运载近千名清教徒，在 1630 年扬帆远航，朝着新大陆漂洋而去。到北美后，他们在普利茅斯殖民地北边的查尔斯河入海口一带即今天的波士顿登陆，建立了马萨诸塞海湾殖民地。在 1629—1643 年之间，有几乎 200 艘船运送了将近 9 000 名清教徒前往新英格兰，很多是举家搬迁，他们后来将这次大迁徙比喻为犹太人的出埃及。①

　　1630 年开始的大迁徙不仅比建立弗吉尼亚殖民地和普利茅斯殖民地的移民规模大得多，而且准备也充分得多，尤其是在酒的供应方面。温思罗普在 1630 年乘坐的"阿贝拉号"上装载了 42 大桶啤酒（约合 1 万加仑，即 4 万公斤）以及 4 个能抽水与啤酒的唧筒。② 当时船上一个女仆肠胃出问题，就是因为"喝了太多的烈酒，以至于失去知觉，几乎送命。"温思罗普在他后来撰写的新英格兰史中就此写道："我们观察到年轻人中普遍存在的问题就是他们喝烈酒一点也不节制。"在温思罗普一行到达马萨诸塞海湾时，先行到此的约翰·恩迪科特等人上船迎接，后来一起上岸共进晚餐，享用"上好的鹿肉饼与上好的啤酒"。③ 如果说这啤酒很可能是温思罗普从英国随船带来的话，那么没有多久，马萨诸塞湾殖民地就开始自己酿制啤酒了。小约翰·温思罗普的舅舅在 1633 年从英国给他写的信中就提到为殖民地购买酿酒炉具的问题。其父约翰·温思罗普作为殖民地总督在 1633 年的信件中也多次提到从英国运麦芽到殖民地的有关事宜。④ 显然，詹姆斯敦和普利茅斯"饥饿时代"的酒荒正在成为历史，但是殖民地人曾

---

　　① Hoffer, *The Brave New World*, 167-170.

　　② *Winthrop Papers* (Boston: Massachusetts Historical Society, 1929—1947), 2: 278. James E. McWilliams, "Brewing Beer in Massachusetts Bay, 1640—1690," *The New England Quarterly*, 71 (1998): 543.

　　③ John Winthrop, *The History of New England from 1630-1649* (Boston: Printed by Phelps and Farnham, 1825—1826), 1: 15, 25.

　　④ *Winthrop Papers*, 3: 136; Winthrop, *The History of New England from 1630—1649*, 1: 87.

经付出的惨痛代价实在令人难以忘怀。他们清楚地知道，为了健康与生存，自然也是为了殖民地能站稳脚跟和求得发展，无论如何都要保证酒的供给。然而从大西洋彼岸进口酒类不是每个人都负担得起的，能否及时保证供给也是个问题，因此殖民地人还需要在新世界自己生产，才能真正满足他们对酒的巨大需求。于是，在北美大陆一个接一个建立起来的殖民地里，人们从立足之初就开始了酿造酒类的努力，并为此费尽心机。对他们来说，这确实是生死攸关的大事。

二、艰难造酒终得"生命之水"

历史的际遇有时就是这么不可思议。1492 年哥伦布发现新大陆后，西班牙人占领了从墨西哥到中南美的广袤土地。他们发现，酒也是印第安人璀璨文明上的奇葩。阿兹特克人喝的是龙舌兰酒（Pulque），玛雅人喝的是用蜂蜜与豆荚树皮酿制的波尔奇酒（Balche），印卡人喝的是用玉米酿制的奇恰酒（Chicha）。可是当英国人最初来到今日美国的东海岸时，却发现这里竟然是酒的荒漠。当地印第安人对酒浑然无知，根本就不知道如何造酒与饮酒，犹如酒盲一般。①

莫拉维亚教会牧师约翰·赫克韦尔德，曾用文字记载下特拉华印第安人世代口耳相传的一段栩栩如生的历史。据这些印第安人说，当 1609 年英国航海家亨利·哈德逊的船临近纽约湾的北美土地时，他们的祖先仿佛看到海上漂过来一座大房子，里面有一位身着红衣的大神。这位大神带着一小队随从乘小船登陆，并向岸上围观的印第安人打招呼。他见印第安人一点也听不懂，于是就将一杯不知其为何物的饮料自己先喝了下去，然后将另一杯同样的饮料送给身边的一位印第安酋长。这位酋长不敢喝，其他酋长将饮料传来传去也不敢喝。就在他们要将饮料奉还给大神之时，一位印第安人武士挺身而出，说这样做恐怕要冒犯大神，结果降怒于族人。为了避免灾难，他甘冒风险喝下这杯不知是啥玩意的饮料，说着就一饮而尽。不一会，这位武士就步履蹒跚，接着轰然倒下，人事不省。其他印第安人以为他一命呜呼。谁知过了一段时间，这位武士竟自己苏醒了，说他从来没有喝过让他感觉如此美妙的东西，还要再喝。这样一来，其他印第安人也顿

---

① 就今日美国所在的北美地区而言，并不是所有的印第安人在欧洲人到来之前对酒都不甚了了。不过，那些在此之前就会酿酒的印第安人主要集中在西南部，即今天的亚利桑那州、新墨西哥州与得克萨斯州南部一带。他们不仅在 12 到 13 世纪之前即创造出北美地区比较发达的西南印第安人文化，而且受到了墨西哥阿兹特克人的影响，能用仙人掌、玉米、丝兰、松树皮、龙舌兰、火龙果、芦荟、刺梨、葡萄等各种各样的原料造酒。至于西南部以外，印第安人会酿酒的证据则至今都没有找到。因此，就英国移民最先到达的东海岸和今日美国绝大多数地区而言，印第安人第一次领略酒的滋味应该是发生在欧洲人到来之后。参见：Patrick J. Abbott, "American Indian and Alaska Native Aboriginal Use of Alcohol in the United States," *American Indian and Alaska Native Mental Health Research* 7 (1996): 1-13.

时跃跃欲试，一个个喝得酩酊大醉。赫克韦尔德在记载中说，这些印第安人因此而将此地称为"Manahachtanienk"，意为"我们都喝醉了的地方"，后来被人们误读为"Manhattan"，即今天纽约市的"曼哈顿"。[①]

在这样一片从来就没有酒的北美土地上，英属殖民地开拓者的造酒之旅必须从零开始，可谓筚路蓝缕。他们首先尝试制造的，是当时英国人通常饮用的葡萄酒与啤酒。这两种酒属于发酵酒类，分别用葡萄、谷物发酵制成。他们最初并未试制烈酒。因为烈酒是在制造发酵酒基础上才能制造出的另一类酒——蒸馏酒类，例如白兰地是用葡萄发酵而成的原葡萄酒进行蒸馏而成，威士忌则是对大麦芽发酵而成的"啤酒"（发酵后的麦芽汁）加以蒸馏后的产物。不仅如此，造烈酒还要有蒸馏的器具与技术。事实上，人类早在公元前6000年以前就有了葡萄酒与啤酒这类发酵酒，但是直到公元1世纪才真正懂得如何蒸馏，从而使制造烈酒有了可能。不过，蒸馏起初只是被用来提取香水或者成为炼金、炼丹的手段。直到12世纪，欧洲人才从葡萄酒中蒸馏出了时人所说的"燃烧的水"（*Aqua Ardens*，拉丁语）。到13世纪中叶，这种可以"燃烧的水"被用作药物，起治疗疾病和强身健体的作用。最早这样做的包括意大利医生塔迪欧·奥尔德罗蒂和稍后在法国蒙彼利埃大学教医学的阿诺德·德维拉诺瓦，以及其他一些人。这两位医者在提到烈酒时均称之为"生命之水"（*Aqua Vitae*，拉丁语），因为它可用作药物，能挽救和延长人的生命。[②] 奥尔德罗蒂更说它是"所有药物的父与王"。[③] 于是，无论是此后造出的白兰地的法语名字"Eau de vie"，还是威士忌的盖尔语名字"Usage Beatha"，其原意均为"生命之水"。[④] 另外，由于烈酒实际上是从发酵酒中提取的精华，就像是从肉体中分离出来的灵魂一样，故而烈酒在英文中便有"Spirits"（"灵魂""精神"之意）之称，且沿用至今。

[①] John Heckewelder, *History, Manners and Customs of the Indian Nations Who Once Inhabited in Pennsylvania and the Neighbouring States* (Philadelphia: The Historical Society of Pennsylvania, 1876), 71-75, 206. 此书法文原本于1822年出版于巴黎。不过，现代学者认为，赫克韦尔德对特拉华印第安人语言的解读有误，"Manahachtanienk"实际上应为"山之岛"的意思。参见Barr, *Drink*, 6.

[②] Rasmussen, *The Quest for Aqua Vitae*, 79, 88-89, 99-102.

[③] Plinio Prioreschi, *A History of Medicine: Medieval Medicine* (Omaha, NE: Horatius Press 2003), 5: 351.

[④] 英语"白兰地"的名字"Brandy"是源于荷兰语"白兰地"的名字"Brandewijn"，即"燃烧的水"。

英属北美殖民地人在生产酒类上是志在必得，可是受自然环境的限制，他们在葡萄酒与啤酒酿造上并不顺利。令人感佩的是，英属北美殖民地人在发展葡萄酒业方面历经挫折而从不言败。这种锲而不舍的葡萄酒追梦之旅固然是源于欧洲几千年的葡萄酒文化，但也并非仅仅是因为怀旧情愫所致。移民们登陆后映入眼帘的，就是这里长得十分繁茂的野葡萄。詹姆斯敦的居民在附近的洼地、河岸和沼泽地，都可以看到各种各样的野葡萄。其中最有特色的就是圆叶葡萄，有的仅一株的枝叶就覆盖了好几百平方英尺的土地。新英格兰的"朝圣者"移民们更是在其定居点一带，看到了本地葡萄中最吸引眼球的一种，叫北方狐。它的果实大，有黑、白、红三种颜色，其绚丽多彩，非一般野生葡萄所能与之争艳。至于在弗吉尼亚和新英格兰都可以找得到的河岸葡萄，在北美大陆几乎随处可见，从加拿大到墨西哥湾，从大西洋海滨到西部的大盐湖，都是它生根、结果、落叶的地方。只不过越向西，河岸葡萄就越少而已。

除了欧洲葡萄酒文化的影响和北美到处有葡萄可以作为酿酒原料以外，殖民地人长期执著于葡萄酒业的开发，还有一个重要原因，就是英国的重商主义政策。基于这一政策，英国在北美建立殖民地的目的之一，就是希望殖民地能提供英国本土所不能生产的物质，而真丝、葡萄酒和食油就是当时英国要从法国、西班牙等国家大宗进口的商品。于是，这三种商品自然而然就成了英国除黄金以外最希望能从北美殖民地获得的物质。一位法国学者曾经指出，葡萄与真丝的二重唱，从一开始就成了"让伊丽莎白与詹姆斯一世的英国着迷达半个世纪之久的殖民地希望交响乐的主旋律之一"。[①] 即便在詹姆斯一世驾崩多年之后，这种主旋律依然不绝于耳。1663 年，查理二世授予特许状建立卡罗来纳殖民地。获得授权的业主们立即在其拟定的殖民地策划书中明确表示，殖民地要集中力量于"三种宝贵商品"的生产，即葡萄酒、真丝与食油。[②]

不过，英国王室和那些鼓吹向北美扩张的人以及殖民地居民，都低估了在北美发展葡萄酒业所要面临的困难。首先，北美虽然到处都有野葡萄，但是根本就

---

① Thomas Pinney, *A History of Wine in America：From the Beginning to Prohibition* (Berkeley：University of California Press, 1989), 6-7.

② Ibid. , 13, 33-34.

没有欧洲品种的葡萄（Vitis Vinifera，指原产于欧洲、亚洲和近东可以酿出道地葡萄酒的葡萄。由于北美人后来试图栽种的这类葡萄基本上都是来自欧洲，故本书简称为欧洲葡萄，下同），如赤霞珠（Cabernet Sauvignon）、黑比诺（Pinot Noir）、雷司令（Riesling）、霞多丽（Chardonnay）和赛美容（Semillon）等。北美当地的野葡萄（Vitis Labrusca，指美洲本土葡萄）长得固然很好，可是通常都比较酸，甚至有麝香味，未经改良是根本无法酿制出可口的葡萄酒的。其次，如果将欧洲品种的葡萄引入北美，它们又难以适应新世界的自然条件，诸如土质、气候和病虫害等方面的问题，都会使葡萄种植者束手无策。东部沿海地区多沙土，本来就不适宜欧洲葡萄生长。北美气候又多变，更使葡萄生长面临风霜雨冻的致命威胁。再就是北美的病虫害诸如霉菌、蚜虫等来袭时，欧洲葡萄基本上毫无抵御之力。这样一来，殖民地人无论是用野葡萄酿酒，还是想在北美栽种欧洲葡萄酿酒，都没法酿制出质量可与欧洲葡萄酒媲美的北美本地葡萄酒。尽管如此，殖民地人依然在缺乏天时地利的情况下进行了一次又一次的尝试。

17世纪殖民地人在发展葡萄酒业方面所做的尝试，获得了英国王室、殖民地政府和很多地方主政者的支持甚至参与。这既与宗主国重商主义政策有密切的关系，也与葡萄酒业投资较高以及殖民地经济多样化的需要分不开来。1619年，伦敦公司要求弗吉尼亚殖民地每个户主"每年栽种和打理10株葡萄"，并且从法国弄来了8个精于种葡萄的人。[1]英王则在1621年亲自指示弗吉尼亚总督"栽种大量葡萄，并照顾好遣送来的葡萄种植者"。于是，殖民地议会在1623年立法要求每个男人栽种1/4英亩的葡萄、药草与根茎作物。1658年，议会又通过立法，承诺给任何用本地葡萄园所产葡萄酿制出两吨葡萄酒的人奖励1万磅烟草。[2]尽管有这些努力，弗吉尼亚殖民地在1622年送到伦敦供品尝的本地产葡萄酒，还是使伦敦公司大失所望。公司在给殖民地的信中写道：这种葡萄酒"对我们来说是丑闻，而不是什么可以脸上有光的东西"[3]。引进欧洲葡萄同样也一败涂地。有人在1687年写的报告中毫不客气地指出，尽管有几种葡萄长得很茂

---

[1] *The Records of the Virginia Company of London*, 3：166.

[2] *The Statutes at Large：Being a Colletion of All the Laws of Virgnia from the First Session of the Legislature, in the Year* 1619, ed. Williiam Waller Hening（New York：R. & W. & G. Bartow, 1823）, 1：115, 126, 469-470.

[3] *The Records of the Virginia Company of London*, 3：647（10 June 1622）.

盛，但"这个地方（指弗吉尼亚殖民地）不会有葡萄园"①。

马萨诸塞海湾殖民地总督约翰·温思罗普与宾夕法尼亚殖民地业主威廉·佩恩，都是当时殖民地主政者中的翘楚。但他们栽种葡萄酿造葡萄酒的努力也宣告失败。其他殖民地都大同小异。因此，进入18世纪以后，许多殖民地政府在发展葡萄酒业上，就不再像过去那样积极。然而北美13个英属殖民地中最后建立的佐治亚，却因一个特殊原因而在促进葡萄酒业发展上采取了非同寻常的行动。该殖民地创建者詹姆斯·奥格尔索普等人颇具慈善心与社会改革情怀。他们1733年建立殖民地的目的，就是为了将英国"可怜的穷人"和"游手好闲之徒"移民北美。一来可以通过劳动改掉他们懒散的恶习，使之成为有生产能力的臣民，二来还可以让他们守卫英属北美殖民地的南部边疆。② 由于担心烈酒泛滥不利于实现这一目标，作为总督的奥格尔索普要求英国国会通过法律，在佐治亚禁止销售朗姆酒。不仅如此，他还希望在当地生产度数低得多的葡萄酒，以满足移民对酒的需求。为此，他在萨凡纳开办了一个公共园圃，栽种葡萄、桑树、橄榄、柑橘等地中海作物。乔治二世1738年送来的1 000株葡萄植株就栽种于公共园圃。翌年，奥格尔索普报告说，园内有半英亩葡萄"开始长出枝叶，前景堪喜"③。可是不久之后的一场霜冻就使前功尽弃。到1740年，公共园圃仅剩下桑树而已。这个有史以来农业领域"第一个有组织的试验站"④，就跟奥格尔索普禁售烈酒的努力一样，都失败了。佐治亚殖民地到1740年酿出的葡萄酒总共还不到10加仑。同年，病中的奥格尔索普品尝了一位上校特意送来的一瓶萨凡纳葡萄酒，客气地说它像低度的法国白葡萄酒。⑤ 可是当时在场的詹姆斯·卡特雷特少校尝了后，却向殖民地董事会报告说，那酒是"十分糟糕的东西，味苦，与其说是葡萄

---

① John Clayton to Boyle, June 1687, cited in Pinney, *A History of Wine in America*: *From the Beginning to Prohibition*, 24.

② Alan Taylor, *American Colonies* (New York: Viking, 2001), 241.

③ *The Colonial Records of the State of Georgia*, ed. Allen D. Candler (Atlanta: C. P. Byrd, State Printer, 1904—1916), Vol. 22, pt. 2: 113.

④ Ulysses P. Hedrick, *History of Horticulture in America to 1860* (New York: Oxford University Press, 1950), 136.

⑤ William Stephens, *A State of the Province of Georgia*, in *Collections of Georgia Historical Society* (Savannah: Printed for the Society, 1842), 2: 71.

的汁，还不如说是枝干的汁"①。

除了政府的支持以外，18 世纪还有一些地方名士与社会团体积极参与了殖民地葡萄酒业的追梦之旅。弗吉尼亚的种植园主乔治·梅森是后来美国制宪会议参加者和《权利法案》的重要推手。他在 1759 年制订了一个计划，为一个德国移民继续种植葡萄提供贷款。贷款需要征集出资者，未来美国首任总统乔治·华盛顿便成为出资者之一。贷款凑齐了，葡萄酒却始终未能生产出来。华盛顿到 1772 年只好将出资的钱作为坏账一笔勾销。同样是在 1759 年，威廉斯堡的一些绅士们成立了制造业促进会，愿意为此后 8 年内能生产出 10 大桶葡萄酒的人颁发 500 英镑奖金，华盛顿又是认捐者之一。可重赏之下，竟无勇夫，因为那些坚持栽种葡萄酿酒的人没有一个有资格领奖。于是华盛顿用不着付款就赢得又一次支持葡萄酒业发展的名声。就连远在大洋彼岸的伦敦艺术、制造业和商业促进会，也在 1758 年与 1762 年设立两笔奖金。其中一笔奖励第一个用殖民地葡萄生产出 5 吨葡萄酒的人，无人认领。第二笔奖金用来奖励在特拉华河以北建立葡萄园并至少种植 500 株葡萄的人，新泽西殖民地有两个欧洲葡萄的栽种者先后达标。1765 年达标者获奖金 200 英镑，1767 年达标者仅获金质奖章一枚。但是到 1783 年以后，他们的葡萄园都衰败了。②

在殖民地人一次又一次失败的过程中，马里兰殖民地的小本杰明·塔斯克的试验似乎带来了某种希望。大约是 1755 年或者 1756 年，他在他姐姐的种植园里试种了两英亩的葡萄。这种葡萄是有案可查的北美第一次出现的自然杂交葡萄，名为亚历山大葡萄（Alexander），因为它是由一个叫詹姆斯·亚历山大的人发现的。此公是宾夕法尼亚殖民地业主威廉·佩恩的儿子雇用的园丁。1740 年，他在曾由一个法国胡格诺教徒为佩恩打理过的葡萄园里，发现了由引进的欧洲葡萄与不知名的本地葡萄自然杂交而成的这个品种。塔斯克用亚历山大葡萄不仅酿制出了葡萄酒，并且很快就因此而小有名气。巴尔的摩勋爵耳闻后，要求马里兰总督霍雷肖·夏普捎给他一些马里兰"勃艮第葡萄酒"。可是夏普告诉巴尔的摩勋爵："除了塔斯克上校 1759 年酿制的两三桶葡萄酒以外，马里兰并没有生产出什

---

① *Colonial Records of the State of Georgia*, 5：500.

② Pinney, *A History of Wine in America*：*From the Beginning to Prohibition*, 69-70, 89-93.

么勃艮第葡萄酒，在 1 月与 2 月尝过塔斯克上校的酒的人都十分称赞，可是一两周后这酒就失去颜色与味道，再没有人碰它了，下一个严冬的到来则毁掉了几乎所有的葡萄。"① 显然，这种偶然杂交而成的葡萄依然存在问题，但它在殖民地葡萄栽培上史无前例。就 18 世纪这个北美农业上"少有的缺乏生气"的时期而言，杂交葡萄的栽种是个例外。② 可以说，它是北美葡萄酒业突破两难困境的希望之光。不过，这个希望真正实现还要等很多很多年。

这样一来，殖民地时期的北美居民喝的葡萄酒基本上是进口的，而且主要是来自大西洋上有"酒岛"之称的葡属马德拉群岛。1700—1775 年，在后来成为美利坚合众国的英属北美殖民地进口的葡萄酒中，有 64%是马德拉群岛出产的。同一时期纽约殖民地进口的葡萄酒中更是有 84%来自马德拉群岛，弗吉尼亚殖民地进口的马德拉葡萄酒则占葡萄酒进口总量的 77%。这些交易最初都是在顾客与马德拉群岛葡萄酒商之间直接交易。买葡萄酒的通常都是北美殖民地社区相当富有的人。例如波士顿的富商汉考克家族，他们每年都会订购 2 桶 105 加仑一桶的葡萄酒，有时还会买 4 桶，不管价格如何都买，而且是家用。当然，汉考克家族有时也会为其朋友和同阶层的人士，订购一两桶"最好的马德拉葡萄酒"。托马斯·汉考克在 1759 年就曾为马萨诸塞殖民地总督订购过马德拉葡萄酒。这种顾客与葡萄酒商之间的直接买卖，在有河流到处通航的马里兰、弗吉尼亚和北卡罗来纳尤为常见。当时的切萨皮克地区纵然有一些货仓、商店、客栈、酒店和市集，但是数目少且地点分散，所以马德拉葡萄酒经销商及其代理人往往都要沿河直接去找农户与种植园主。只有去到西部边远地区，他们才需要中间人，即马车车队的帮主。后者从他们手中购进葡萄酒，然后沿途卖给消费者。再往后，殖民地大城市的杂货商开始进口葡萄酒，然后卖给小批发商、杂货零售商、客栈老板以及从乡下来的杂货店老板与其他各种卖酒的人。到 18 世纪 50 与 60 年代，葡萄酒专卖店开始在殖民地报纸上打广告。1753 年《宾夕法尼亚时事报》上就有广告称，塞缪尔·格里斯利"在他位于泽西市场南门前有绿灯的葡萄酒商店里"，

---

① Maryland State Archives, *Archives of Maryland Online* (accessed March 24, 2015, http://msa. maryland. gov/megafile/msa/speccol/sc2900/sc2908/html/index. html) Vol. 14: 20.

② Pinney, *A History of Wine in America*, 94.

卖陈年马德拉葡萄酒、马姆齐甜酒、里斯本葡萄酒和白葡萄酒。这类专卖店的繁荣则要等到 18 世纪的最后 25 年。[1]

英属北美殖民地人制造啤酒与酿制葡萄酒一样，源于欧洲的文化传统。葡萄酒在当时的英国主要是上层人士的饮品，普通英国人喝的则是包括艾尔酒在内的啤酒。因此，在殖民地尝试栽种葡萄和酿制葡萄酒的，也主要是殖民地社会的上层。下层民众既无此种爱好，亦负担不起建设葡萄园和购买酿酒设备的开支，更经受不起那一次又一次失败的折腾。啤酒则不然，它不仅是上层人士而且是殖民地社会大众共同的喜好。从殖民地主政者直至普通的农村家庭主妇，都有热心酿制啤酒的人。当时从欧洲移居北美殖民地的人可谓各种各样，但有一点是共同的，那就是都喝啤酒。在那个喝水尚不安全的时代，喝一杯艾尔酒就像吸一口新鲜空气一样不可缺少。[2] 因此，尽管啤酒并非英国所需商品，也得不到重商主义政策的支持，但殖民地人在酿制啤酒上始终都在进行不懈的努力。

由于南部弗吉尼亚殖民地有詹姆斯敦酒荒和饥饿年代的教训，所以移民们在第一次播种时就种下了既可充饥又能酿制啤酒的大麦。可是 1616 年他们学会种植烟草之后，随着烟草经济迅速走向繁荣，大麦便种得越来越少。于是殖民地人要自己酿造啤酒，就必须从英国进口麦芽，再不就要从其他殖民地进口大麦，交由本地麦芽房制成麦芽。这显然是少数富裕人家才能负担得起的事。对于大多数弗吉尼亚人来说，他们只好抛开英国用大麦酿造啤酒的传统，以北美的玉米代替大麦，将其发芽后用来酿制啤酒。此外还有糖蜜、麸子、柿子、土豆、玉米秆、洋姜和南瓜等，都成了他们酿制啤酒的原料。[3] 这种颇为无奈的聪明之举，在 17 世纪 30 年代曾被人以歌谣传唱于民间：

---

[1]　David Hancock, "A revolution in the Trade: wine distribution and the development of the infrastructure of the Atlantic market economy, 1703—1807," in *The Early Modern Atlantic Economy*, eds. John J. McCusker and Kenneth Morgan (New York: Cambridge University Press, 2000), 128-129, 131-135.

[2]　Smith, *Beer in America*, 2.

[3]　Charles William Taussig, *Rum, Romance & Rebellion* (New York: Minton, Balch & Company, 1928), 13-14.

> 如果缺少大麦做麦芽，
>
> 我们一定要知足，
>
> 莫当它是匮乏，
>
> 因为我们有南瓜、萝卜，
>
> 还有那核桃树的屑片，
>
> 用它们酿出酒来，
>
> 让我们的嘴唇品尝甘甜。[1]

至于商用啤酒制造业，尽管詹姆斯敦早期的领导人约翰·史密斯后来撰写的弗吉尼亚史，声称当地在 1629 年就有了两个酿酒屋，[2] 但直到美国革命，这个殖民地自产的啤酒基本上是家酿的。不仅弗吉尼亚，南部其他殖民地在发展商用啤酒酿造业上也均未成功。这主要有三方面的原因。一是因为这些南部殖民地都有了自己可以向英国大量出口的农作物与其他产品，如弗吉尼亚和马里兰的烟草，南卡罗来纳、北卡罗来纳、佐治亚的稻米、松脂产品与靛蓝等，故而几乎没有人愿意种大麦和啤酒花。即便有种植园主如兰登·卡特上校既种大麦又种啤酒花，但这都是大种植园主才负担得起的试验性种植，并非为啤酒酿造提供原料的商业性生产活动。其次是因为南部殖民地城镇太少，乡村地区人口分散，且基本上是在各自家里酿制啤酒或其他酒类，所以商用啤酒的市场不大。尽管当时本地产啤酒价格只有英国啤酒的一半，但需求依然不高。第三个原因是南部的天气。一年除了几个月以外，那里的气温对于酿制啤酒来说都太高。啤酒酿制的最佳发酵温度为华氏 70 度（21.1 摄氏度）以下，只要高于这个温度，酵母就会产生杂醇油，导致啤酒味道难以入口。更不用说在南部炎热的气候下，啤酒即便酿造出来了，也极易变质，不好保存。这些问题的解决，要等到 2 个半世纪以后，即有了人工制冷法之时，美国南部的啤酒酿制和保存，才不会因为老天爷不赏脸而使

---

① Mark Edward Lender and James Kirby Martin, *Drinking in America*：*A History* (New York：The Free Press, 1982), 5.

② John Smith, *The General Histories of Virginia*, *New England & the Summer Isles*；*together with*, *the True travels*, *adventures and observations*；*and*, *A sea grammar / by Captaine John Smith* (Glasgow：J. MacLehose and Sons, 1907), 2：176, 178.

人束手无策。

如此一来，南部殖民地人喝到的本地啤酒，主要是家酿的低度啤酒，还有用各种替代原料酿制的五花八门的柿子啤酒、雪松啤酒、玉米秆啤酒和糖蜜啤酒等。至于正宗的商用啤酒则要靠进口，即从英国以及北边的纽约与费城输入啤酒。到18世纪初，南部人经常用烟草与英国贸易伙伴交换啤酒，以致在价格上都达成了非正式默契：每40磅烟草换1加仑啤酒。当时从其他殖民地输入啤酒也是常事。佐治亚殖民地省务书记官曾记述了1738年10月7日一艘纽约单桅帆船的到来。他这样写道："船上有很多精酿的啤酒，是大部分人每年这个季节最想要的东西；一点酒都没有的人，比那少数有钱买酒的人要多，酒店里则空空如也。"[1] 据这位书记官1742年的记载，纽约单桅帆船向南部要塞弗雷德里卡运送的150桶啤酒，只够当地人解决3天或4天的酒荒。[2] 其实要塞当时的居民不过1 000人左右，[3] 也就是说，每人每天要喝掉大约4升半到6升啤酒。啤酒消费量如此之大，南部殖民地自己生产的又如此之少，从境外输入又有很多人负担不起，所以啤酒显然不能解决南部人对酒的需要。

新英格兰由于比南部殖民地的平均气温要低，城镇发展要快，其商用啤酒酿造业取得了一定的进展。马萨诸塞海湾殖民地建立后，对啤酒的需求随着大量移民的到来而猛增，于是有店家纷纷将家酿啤酒高价出售。此外还有一些酒店与餐饮店出现醉酒和秩序混乱现象。针对这些问题，殖民地议会在1637年通过立法规定，酒店与餐饮店老板不得自己酿制啤酒销售，所售啤酒必须从持有执照的"公共酿酒商"处购买。公共酿酒商的执照费定为100英镑，其用意显然是要限制酿酒商的人数。结果当时只有罗伯特·塞奇威克上尉一个人成了持照的公共酿酒商。这项法律还对零售酒类的价格进行了限制。可是一年以后，议会又决定允许酒店或客栈老板酿制在他们店内销售的啤酒。到1639年，议会索性取消了当

---

[1] *The Colonial Records of the State of Georgia*, 4：211.

[2] *The Journal of William Stephens*, ed. E. Merton Coulter (Athens：University of Georgia Press, 1958), 1：86.

[3] Patricia Barefoot, "Fort Frederica," in "History & Archaeology：Colonial Era, 1733-1775," *New Georgia Encyclopedia*, accessed March 9, 2014, http：//www. georgiaencyclopedia. org/articles/history-archaeology/fort-frederica.

初对商用啤酒酿制的资格限制，允许更多人进入这一行业。① 这显然是因为塞奇威克生产的啤酒远远不能满足需要。事实上，此公并未在酿酒上竭尽全力，而是心有旁骛，尤其是在皮毛贸易与军事方面。他后来曾回到内战中的英国，在奥利弗·克伦威尔麾下为海外扩张竭尽心力，成为牙买加总督，客死他乡。议会开禁之后，酿酒者增多，难免有滥竽充数之辈。马萨诸塞海湾殖民地不得不在 1651年又规定，唯有那些在啤酒酿造上掌握了"足够技能和知识"的人，才可以酿制啤酒。②事实上，当时获得执照的啤酒酿造者，大多是客栈老板，他们的啤酒生产以家庭为基础，规模都不大。即便是波士顿 1678 年比较典型的酿酒坊，生产的啤酒也只能供应一个酒店和附近的街坊而已。③

新英格兰啤酒生产规模不大的原因在于：这里虽然生产大麦，但因土地贫瘠，谷物产量不高，加之本地麦芽房又很少，所以酿制啤酒所需的麦芽往往是从英国进口。为了克服大麦麦芽不足，新英格兰人也用当地的玉米做麦芽。马萨诸塞海湾殖民地总督温思罗普的儿子小约翰·温思罗普，后来成了康涅狄格殖民地的总督，他在这方面就是个行家。小约翰·温思罗普被英国皇家学会接受为会员时，曾于 1662 年向这个权威科学机构提交论文。论文的主题就是玉米，而且包括如何用玉米制造麦芽。显然，尽管酿制啤酒有原料不足等问题，许多新英格兰人还是在想方设法试着酿制啤酒。就连哈佛学院在 1636 年创办后也开始考虑建立自己的酿酒坊。现存文献中第一次提到哈佛的酿酒坊是在 1674 年，但究竟是何时建立则不清楚。④

到了 18 世纪，新英格兰的啤酒酿造业有所发展，在波士顿与罗德岛的纽波特出现了有一定规模的酿酒坊。这主要是和水上运输业的崛起有关。原本垄断了新英格兰沿海捕鱼业的英国西南部渔民，在英国内战期间没法再来这一带捕鱼。新英格兰渔民乃抓住机遇取而代之，成为英国的鱼货主要供给者。不久，新英格

---

① *Records of the Governor and Company of the Massachusetts Bay in New England*, ed. Nathaniel B. Shurtleff (Boston: The Press of William White, 1853—1854), 1: 213-214, 238, 258.

② Ibid. , Vol. 4, pt. 1: 59.

③ Stanley Baron, *Brewed in America: A History of Beer and Ale in the United States* (Boston: Little, Brown and Company, 1962), 35-36.

④ Ibid. , 17, 36-37.

兰的商人又和西印度群岛，以及大西洋上靠近西非的加那利、马德拉群岛，建立了商贸关系，向这些地方输出数量更为巨大的鱼、畜产品和木材。他们还根据北美其他殖民地的需要，在沿海贸易上互通有无，后来甚至卷入了与非洲之间的奴隶贸易。这样一来，水上运输业自然迅速崛起，结果使波士顿和纽波特成了船运业的中心。1643 年，从马萨诸塞沿海城镇出航的船只只有 5 艘，到 1700 年增加到 1 000 艘。这些准备出海运货的船都需要为船员提供足够的啤酒，对啤酒的需求猛增。于是沿海城镇的啤酒酿造商就成了船运业的啤酒供应者，其啤酒生产规模因此而扩大，设备也有所更新，甚至还向西印度群岛出口或者外销到北大西洋沿岸地区。但是生产量毕竟有限，加之交通不便，运输困难，新英格兰的绝大多数居民还是喝不到本地产的商用啤酒，于是广大农业地区的很多农户就用苹果酒取代了啤酒。①

与新英格兰以及南部相比，中部殖民地在啤酒酿造业的发展上最为成功，主要就是因为纽约与费城两大城市在这方面作出的贡献。就纽约来说，最初在这里殖民的荷兰人是比英国人更高明的啤酒酿造者。他们最先懂得在酿制过程中加啤酒花可保质添味的妙用，英国人则是步其后尘。据说，早在荷兰西印度公司建立之前就已来到新大陆的荷兰人，在 1612 年就盖起了自己的酿酒屋。不过，一般认为，荷兰人在北美建造第一个酿酒屋的更为准确的时间应该是 1613 年。当时安德里安·布洛克和汉斯·克里斯琴森在今日曼哈顿南端将一栋圆木屋改建成了酿酒屋。第二年，他们在这个酿酒屋里庆祝了第一个荷兰血统小孩在北美的诞生。这个孩子后来也成了酿酒师。1621 年荷兰西印度公司成立后，决定在北美建立永久性定居点。于是，哈得孙河上游的皮毛贸易站在 1624 年变成了荷兰人的奥兰治要塞（今天纽约州首府奥尔巴尼），科内利斯·雅各布松·梅被任命为新尼德兰殖民地首任总督。1626 年，第三任总督彼得·米纽伊特从印第安人芒西族手中以 60 个金币买下了曼哈顿岛，使该地成为又一个荷兰人的定居点，即新阿姆斯特丹。至于这岛是否真的属于芒西族，谁也没有弄清楚。不过，当时的60 个金币绝不像后来有人所说的只等于 24 美元，它可能要相当于一个劳工一年

---

① McWilliams, "Brewing Beer in Massachusetts Bay, 1640—1690", 564, 568-569.

的劳动所得。芒西族印第安人觉得他们是挺划算的。①

新阿姆斯特丹起初发展不快，到 1629 年才 350 多人，但 3 年后，西印度公司就在这里的布劳沃街上建立了一个酿酒坊。为了吸引移民，西印度公司还对那些肯自己花钱在新尼德兰安置 50 个移民的人，授予大片土地与特权，使之成为所谓大领主。这些大领主有权在自己领地内建立酿酒坊，其中最有名的是基利恩·范伦塞勒。他于 1637 年在自己领地里建立的酿酒坊，可以为领地内的零售商提供啤酒。至于私人酿酒，如果仅供家用是允许的，但要为零售目的酿造啤酒，就必须取得执照，并缴执照费。②

这样一来，在新尼德兰酿造啤酒的就不仅有公司酿酒坊，而且还有大领主酿酒坊与私人酿酒坊，加之很多居民在自己家里也酿酒，啤酒在新尼德兰的供应比起其他殖民地来说，就比较充足。其质量也为人们称赞。大领主戴维·德弗里斯认为，新阿姆斯特丹的啤酒已经对荷兰生产的啤酒构成了挑战。③ 西印度公司董事尼卡西厄斯·德西尔后来出任新阿姆斯特丹行政司法长官。他在抵达北美后告知其在海牙的朋友："这个地方十分适合我。在我有生之年不会试图离开……这里用大麦和小麦酿制的啤酒与荷兰的一样好……"④ 当然，作为与这个殖民地利益紧密相关联的人，他们这些盛赞难免有溢美之嫌。

不过，新阿姆斯特丹的酿酒商确实有不少成了当地颇有权势的人物。例如奥洛弗·史蒂文森·范考特兰德原本是西印度公司雇员，经营酿酒坊致富后参与市政，成为市民代表团体"九人会"的负责人。他们反对末任总督彼得·施托伊弗桑特的铁腕统治，努力争取新阿姆斯特丹的自治权。这些酿酒商此前就曾反对总督威廉·基夫特及其参事会决定征收酒类及河狸皮消费税。他们曾派市民代表表示抗议，说总督无权征税，只有海牙的公司才有征税权，并为此诉诸公堂，但在由总督和他任命的参事会组成的法院面前只有败诉。"九人会"为此起草抗议书

---

① Smith, *Beer in America*, 17-18. Daniel K. Richter, *Before the Revolution: America's Ancient Past* (Cambridge, MA: The Belknap Press of Harvard University Press, 2011), 139.

② Baron, *Brewed in America*, 19-23.

③ John Fiske, *The Dutch and Quaker Colonies in America* (Boston: Houghton, Mifflin and Company, 1900), 1: 259.

④ Issac Newton Phelps Stokes, *The Iconography of Manhattan Island*, 1498—1909 (New York: R. H. Dodd, 1915—1928), 4: 148, 153.

送交西印度公司的董事。不期在基夫特之后出任总督的施托伊弗桑特进一步提高消费税，矛盾乃更为激化。在酿酒商们的强大压力下，加之英荷战争局势所迫，施托伊弗桑特在 1653 年不得不同意，酒类消费税税款不再进入公司金库，而为城市所有。不仅如此，"九人会"中的 5 位酿酒商在 1649 年就参与联署建立市政府的努力，也在 1653 年取得成功。这些进展是酒类问题引发的冲突在北美动摇殖民地当局威权统治的第一次胜利。[1]

1664 年，英国人从荷兰人手中夺得了新尼德兰。本来英国政府中还有人想找个冠冕堂皇的理由，可是直言不讳的阿尔比马尔公爵要其他内阁成员打消这个想法。他坦言："这个理由或者那个理由重要吗？我们想要的在更大程度上就是荷兰人现在的贸易。"[2] 于是，新尼德兰变成了英国的殖民地纽约，新阿姆斯特丹变成了纽约市，贝弗维克和奥兰治变成了奥尔巴尼。这样一来，北美大西洋沿岸在佛罗里达和阿卡迪亚（法国殖民地，即今日加拿大新斯科舍省和新不伦瑞克省）之间的辽阔土地，很快就都成了英国的殖民地。

1700 年，纽约殖民地议会通过立法，鼓励生产啤酒和制造麦芽。此后，该殖民地商用啤酒酿造业在新世纪取得了较大进展，而且主要集中在纽约市。当时这个城市的拉特格斯家族有"美洲第一'啤酒酿造家族'"之称。[3] 他们从荷兰人统治时期就从事啤酒酿造业。与这个家族联姻的伦纳德·利斯彭纳德也出自纽约市一个著名啤酒酿造商家庭，并在美国革命期间成为纽约出席印花税大会的代表。荷兰移民中的名门后裔古利安·韦普兰克在啤酒酿造上亦颇有作为，就连远在波士顿的富商彼得·法纳尔都要向他订购啤酒。法纳尔可不是等闲之辈，他在1740 年捐款给波士顿市建造的法纳尔会堂大楼，是 20 多年后美国革命者经常聚会的地点，有"自由摇篮"之称，至今仍是波士顿的著名景点。

纽约市啤酒酿造业进入 18 世纪后的加速发展，固然是因为荷兰人统治时期打下了基础，同时也与该市长期以来饮水安全问题得不到解决有十分密切的关系。1748 年到访纽约市的一个瑞典人发现，城里依然没有可饮用的水，人们要

① Baron, *Brewed in America*, 23, 26-27.

② Taylor, *American Colonies*, 259.

③ David J. Fowler, "Benevolent Patriot: The Life and Times of Henry Rutgers—Part One: 1636—1776," *The Journal of the Rutgers University Libraries* 68（2016）: 47.

到城外很远的地方才能弄到可以泡茶和在厨房里使用的水。直到 1775 年,该市的公共供水工程仍在进行中。因此,纽约市啤酒消费量相当大。1734 年阅兵后,总督需要发放 12 桶啤酒敬祝国王陛下健康。在 1766 年抵制英国压迫的集会上,让人们免费享用的艾尔酒多达 25 桶。日常生活需要的啤酒量就更多了。这种高需求自然在一定程度上刺激了商用啤酒的生产。另外,生产啤酒的原料大麦等谷物在纽约殖民地能自产自给。这与南部及新英格兰相比是一个不小的优势。纽约殖民地总督威廉·特赖恩在 1774 年将大麦列为"本省的自然产物与主要商品",并视麦芽制作与啤酒酿造为纽约殖民地的重要产业部门。①

费城和纽约一样,在酿造啤酒的原料上占有一些优势,因为它们都处于气候与土壤十分适合谷物生长的大西洋沿岸中部地区。1682 年,宾夕法尼亚殖民地迎来了它的首批移民。第二年,其中一位叫托马斯·帕斯卡尔的锡匠就写道:"此地人一般吃黑麦面包……但是这里有好的小麦……还有两种大麦,即冬大麦和夏大麦……而且有三种印第安人的玉米(其中两种他们能用来制成麦芽,酿造出如同用大麦酿制的一样好的啤酒)。"② 殖民地业主威廉·佩恩用以吸引移民的除了大片的廉价土地以外,还有自治和宗教自由。这样一来,许多不同信仰、不同民族和不同国家寻求自由的人们,便来到了这里,其中包括大量的德意志移民。对于德意志和北欧移民来说,啤酒早已融入他们的传统文化之中,在北美大陆自然也同样不可缺少。因此,啤酒酿造业在费城这座"兄弟之爱的城市"很快就发展起来。佩恩本人也十分喜欢啤酒,到达北美后在佩恩伯雷建造自己的庄园时,就要求有酿酒屋。他在 1685 年回顾殖民地取得的进步时十分欣慰地写道:

> 我们喝的酒是啤酒和朗姆酒加水调制的潘趣酒。我们的啤酒大多是用糖蜜酿制的,将糖蜜烧开,放入黄樟和松木,就酿成了还相当可以的酒类饮料;但是现在他们制作麦芽,麦芽酒类开始变得常见了,特别是在客栈和殷实之家。在我们伟大的城镇里有一个能人,他开了一个大酿酒坊,为这里和

---

① *The Documentary History of the State of New York*, ed. E. B. O'Callaghan, (Albany: Weed, Parsons and Company, 1849—1851), 1: 761.

② Thomas Paschall, "Letter of Thomas Paschall, 1683," in *Narratives of Early Pennsylvania*, *West New Jersey and Delaware*, 1630—1707, ed. Albert Cook Myers (New York: Charles Scribner's Sons, 1912), 252.

河流上下游的人们提供好酒。①

　　显然，宾夕法尼亚的移民在酿造啤酒上最初也得因陋就简，用糖蜜和其他替代品做原料，直到生产的大麦多了才回归欧洲传统的啤酒酿造方式。

　　到17世纪快结束时，在费城生活了十多年的威尔士移民加布里埃尔·托马斯，曾对1696年费城的啤酒酿造业有过一番描述。他说当时费城有三家或四家"宽大的麦芽作坊"，"还有很多大酿酒坊"，费城啤酒"酒劲与伦敦的一样"，而且每桶只卖15先令，比英国的便宜。他还提到费城啤酒"名声比较好，也就是说在巴巴多斯比英国啤酒更受人尊重，出售的价格也高一些"②。在研究美国啤酒史的权威学者斯坦利·巴伦看来，这也许是北美殖民地极早或者最早一次向海外出口啤酒，但并不能代表费城啤酒制造业当时普遍达到的水平与规模。他认为我们从中可以看到的，其实是费城啤酒在18世纪将声名鹊起的源头，还有可能就是托马斯在"试图为美洲尤其是宾夕法尼亚的境况描绘出尽可能美的画面"。③

　　事实上，费城商用啤酒酿造业在17世纪虽然有一个很好的开端，但真正的扩展是在进入18世纪以后。到18世纪中期，这个城市终于成为北美的商业啤酒生产中心。贵格会信徒小安东尼·莫里斯是费城最早的啤酒酿酒商之一，1721年去世后将家族酿酒业交由长子安东尼·莫里斯三世打理。这个安东尼·莫里斯早在14岁时就被父亲送到另一个酿酒商家当学徒7年，此时接手后使企业得到进一步发展，并和父亲一样成为费城市长。他在1741年将产业一半交给儿子安东尼·莫里斯四世，后者很快就将啤酒酿造坊搬到靠近泉水的地方，用泉水生产优质啤酒，使这个家族成为费城数一数二的啤酒制造商家。其后代与胡格诺教派的佩罗特家族通婚后，他们的企业后来在佩罗特家族经营下专精于麦芽制造，直到1963年才卖给了一个加拿大酿酒商，成为当时美国持续经营时间最

　　① William Penn, "A Further Account of the Province of Pennsylvania and Its Improvements," *Pennsylvania Magazine of History and Biography* 9（1885）：72-73.

　　② Gabriel Thomas, "A Historical and Geographical Account of Pennsylvania and New-West-Jersey" in *Narratives of Early Pennsylvania*, *West New Jersey and Delaware*, 1630—1707, ed. Albert Cook Myers（New York: Charles Scribner's Sons, 1912）, 327, 331.

　　③ Baron, *Brewed in America*, 45.

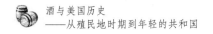
长的企业。

由于费城啤酒酿造业在 18 世纪中期的扩展，该市啤酒酿造商的社会影响力也随之增大。1765 年 11 月 7 日在费城商界抵制英货的庄严声明上签字的名人中，就不乏啤酒酿造商的身影，诸如安东尼·莫里斯四世和乔治·埃姆伦。[1] 埃姆伦是贵格会教徒，经营酿酒坊，为费城港口备货的船只提供啤酒。其家族十分富有，他们在白沼镇的府邸离费城 12 英里，是华盛顿在 1777 年 11 月移师福奇谷之前的司令部所在地。

这些费城酿酒商在 18 世纪中期生产的啤酒，不仅供应本地，而且还销往其他殖民地，尤其是南部。不过从《弗吉尼亚时事报》当年的报道可以看出，费城生产的啤酒离满足其输往地区的需要，还差得太远：1765 年 4 月至 1766 年 4 月，弗吉尼亚殖民地一年从费城输入的啤酒量为 1 288 桶，平均一天仅 3 桶半。[2] 对于这个在 1760 年人口就多达近 40 万人的地区来讲，真是杯水车薪![3]

就所有这些英属北美殖民地而言，南部殖民地受气候条件限制，难以酿造啤酒；新英格兰殖民地没有气候问题，但受到原料供给不足和其他方面的限制；唯有中部殖民地的条件比较好，故而纽约与费城成了北美商用啤酒的主要产地。然而即便是这两大城市的啤酒生产，也远远无法满足殖民地人对酒的需求，因为它们都无法解决一系列伤脑筋的问题。首先，纽约与宾夕法尼亚殖民地虽然盛产谷物，但本地产啤酒花供应不足，而不放啤酒花的啤酒容易变质，难以保存和长途贩运。其次，在北美气候条件下生产出的未加啤酒花的艾尔酒，在口味上变得越来越不受欢迎。第三，广大农村地区基本上是靠家酿淡啤酒或者苹果酒满足日常生活中的需要，即便是城镇居民也有人自己在家酿造啤酒，对商用啤酒很少问津。其实这三大问题的核心都是原料。前两个问题与原料的关系很明显，最后一

① "Resolution of Non-Importation Made by the Citizens of Philadelphia," October 25, 1765 (The Historical Society of Pennsylvania, Treasures Collection, Am. 340), accessed March 15, 2021, http: //digitalhistory. hsp. org/pafrm/doc/resolution-non-importation-made-citizens-philadelphia-october-25-1765. 决议通过时间应为 1765 年 11 月 7 日，原始文献上的日期是他人误写，参见：Robert F. Oaks, "Philadelphia Merchants and the Origins of American Independence," *Proceedings of the American Philosophical Society* 121 (1977): 409, note 13.

② Baron, *Brewed in America*, 73.

③ John J. McCusker and Russell R. Menard, *The Economy of British America*, 1607-1789 (Chapel Hill, NC: University of North Carolina Press, 1985), 136, Table 6. 4

个问题涉及的是市场需求，但说到底也是原料问题。商用啤酒之所以市场需求低，乃是因为那些在家自酿淡啤酒或苹果酒的人买不起商用啤酒，而商用啤酒价格高，则是因为其原料大麦是人人都需要的粮食，甚至可以大量出口海外，价格自然不会太低。因此，最终能解开这个死结的，唯有用本是废料的糖蜜来生产朗姆酒，因为这不仅无须啤酒花，而且原料成本之低，为其他酒类所望尘莫及。在此之前，北美大陆殖民地在啤酒生产上哪怕用尽十八般武艺，也不能完全满足居民们对酒的需要。

比起葡萄酒生产以及啤酒酿造遭遇的诸多困难，殖民地人在酿制苹果酒上倒是不乏天时地利。从新英格兰到佐治亚北部的山区，不管是美洲本地的苹果，还是移民们从欧洲各地弄来的苹果，都能长得枝繁叶茂，果实累累。1623 年，也就是五月花号带来的移民们建立普利茅斯殖民地三年后，当地一位牧师威廉·布莱克斯通就种下了第一批苹果树。据说他此后就常常骑着牛给朋友们分发苹果。这位牧师 1635 年移居到罗德岛，又在那里建立了一个苹果园，种上了本地品种的黄甜苹果。第一棵嫁接好的苹果树苗则是在 1647 年从荷兰运到了北美。彼得·施托伊弗桑特总督将它种在新阿姆斯特丹自己的农庄里。同年，弗吉尼亚人成功地将苹果枝嫁接到本地苹果树的根茎上。当富有的殖民地人和官员们从欧洲进口嫁接好的苹果树苗时，大部分移民则靠苹果的种子逐渐建立了自己的苹果园。对于这些殖民地人来说，将苹果榨汁发酵酿成苹果酒，是保存这些果实的最为简易可行的办法。由于他们当时还不放心喝水，所以苹果酒与家酿淡啤酒一样成为主要饮料，人们在进餐时往往不是喝啤酒就是喝苹果酒。①

从整个殖民地时期来看，殖民地人饮用苹果酒摄取的酒精量远远超过了他们喝掉的啤酒中的酒精含量。除了直接饮用以外，苹果酒还可以进一步加工为苹果白兰地、苹果醋等。这样一来，苹果酒的生产在英属北美殖民地变得非常普遍，而且产量可观。1726 年，波士顿附近一个 40 户的村子就生产了 1 万桶苹果酒。到殖民地时期行将结束的 1775 年，新英格兰每 10 个农场中就有一个有自己的苹

① Ben Watson, *Cider, Hard and Sweet: History, Traditions, and Making Your Own* (Woodstock, VT: The Countryman Press, 3rd Edition, 2013), loc. 388-411, Kindle.

果酒酿酒坊。由于生产量大，价格就越来越便宜。17世纪时1夸脱（1/4加仑）苹果酒加糖后为4便士，可是到了1740年，1夸脱苹果酒仅卖1/4便士。[1] 既然苹果酒到处都可以弄到，而且几乎人人都需要它，它在硬通货短缺的殖民地就很自然地被当作货币使用，就像南部殖民地的烟草一样，常常被农家用来付医药费、学费和其他服务费。

在英属北美殖民地中，对苹果酒以及其他非葡萄类果酒依赖最深的，是南部的弗吉尼亚和马里兰殖民地，即切萨皮克地区。18世纪的马里兰曾有人赋诗如下：

> 你要知道，
>
> 在种植园主的酒窖，
>
> 优质的"十月"艾尔酒很少，
>
> 但是木梨酒（Perry Quince），
>
> 还有那苹果的琼浆，
>
> 却从阀门似的塞口处往外直冒。[2]

其之所以会如此，主要是由于切萨皮克地区是单一烟草经济，而烟草种植需要大量劳动力与土地，种植园主当然不会去种植那些酿造啤酒所需的既费时又费工的啤酒花、大麦或燕麦。弗吉尼亚议会曾经悬赏：凡生产出"价值200英镑的丝绸、亚麻、啤酒花或者任何商品作物（烟草除外）"的弗吉尼亚居民，均可获奖1万磅烟草。但啤酒花种植依然无人问津。[3] 即便是生产无须啤酒花的艾尔酒，也因为大麦与燕麦的短缺而难以为之。在新英格兰和中部殖民地，人们如果自己不种啤酒花、大麦和燕麦，还可以到市场上去买。可是切萨皮克地区居住分散，难以形成城镇和市场。总督塞缪尔·阿高尔1617年回到弗吉尼亚，发现此前他拨来用以在詹姆斯敦建一个商品市场的土地都被种上了烟草。后来几次在詹姆斯敦与威廉斯堡建立市场的努力也是一场空。直到18世纪50年代，切萨皮克

---

[1] Ibid, loc. 430, 436, 450.

[2] J. C. Furnas, *The Life and Times of the Late Demon Rum* (New York: G. P. Putnam's Sons, 1965), 21.

[3] *The Statutes at Large: Being a Collection of all the Laws of Virginia*, 1: 469-470.

地区的殖民地人才开始建立让居住分散的小种植园主也可以有办法到达的市场。① 如此一来，占切萨皮克地区住户 2/3 到 3/4 的小种植园农户，既不种啤酒花、大麦和燕麦，又没有市场可以购买。他们自然就不可能自己酿制啤酒甚至艾尔酒，更没有财力从英国或其他地方进口，于是自家生产的苹果酒就成了他们的主要饮料。此外还有一些用桃、梨、柿子酿制的果酒以及用玉米酿制的所谓"啤酒"，可略作补充。

值得注意的是，苹果酒的酿制导致切萨皮克地区的酒类生产者主要是妇女，而不是男人。这和英国、新英格兰和中部殖民地形成了鲜明的对比。其实英国在 1700 年以前也是主要靠妇女酿制不加啤酒花的艾尔酒。可是到 17 世纪结束时从荷兰人那里学会酿制啤酒加啤酒花后，妇女便为男子所取代。因为此举使啤酒生产方式发生了很大变化。除了所需燃料、劳动力大大增加以及进口啤酒花使成本提高以外，啤酒出售前还必须经历较长的熟化时间，需要有符合条件的设施储藏。这一切都不是妇女在家里可以完成的，也不是她们可以负担得起的。于是男人自然而然就取代妇女，成为酒类的主要生产者。这种酒类生产者的男性化，是 16 和 17 世纪由于技术进步和扩大生产的需要而普遍出现的一种趋势。北美的新英格兰和中部殖民地也不例外，在酒类生产走出家庭后，其生产者基本上是男性。可是切萨皮克地区不然。这里由于单一经济的发展，加之城镇与市场欠发达以及自然环境的限制，酒类的大规模生产没有可能。该地区满足绝大多数农户家庭需要的苹果酒生产，基本上还停留在自给自足的家庭酿制阶段。既然酿酒是家务劳动的一个组成部分，酒类生产者自然也主要是妇女。不过，和 17 世纪以前酿制艾尔酒的英国妇女不同，切萨皮克地区妇女酿制的苹果酒基本上是家用，很少出售，因此她们并没有因为控制了酒的生产而使自己的社会与经济地位有所提高。② 在时人看来，切萨皮克地区的妇女酿酒是她们的家庭职责所在。无怪乎英国人约翰·哈蒙德在 1656 年看到有的切萨皮克妇女没有酿出足够的酒时，就要

---

① Sarah Hand Meacham, *Every Home a Distillery: Alcohol, Gender, and Technology in the Colonial Chesapeake* (Baltimore: The Johns Hopkins University Press, 2009), 82-83.

② Ibid. , 24-39. See also Sarah Hand Meacham, " ' They Will Be Adjudged by Their Drink, What Kinde of Housewives They are ': Gender, Technology, and Household Cidering in England and the Chesapeake, 1690—1760," *The Virginia Magazine of History and Biography* 111 (2003): 117-150.

愤然警告说："她们将要靠她们的酒来让人裁判她们究竟是些什么样的家庭主妇啊。"①

不过，单靠妇女们在家里自制苹果酒，并不能满足小种植园主家庭的全部需求。因为发酵酿制的苹果酒度数不高，保存时间不长。妇女每年在果实成熟后的7—12月酿制的苹果酒与其他果酒，喝不了太久，并不能满足全年的需要。当这些家庭自酿的苹果酒等酒类用完之后，必须另想办法，于是就为附近的大种植园主提供了商机。他们不仅利用奴隶劳动大规模生产苹果与苹果酒，而且建立酒窖使苹果酒能保存较长时间，甚至干脆将苹果酒蒸馏成可以长期保留的白兰地。这样一来，大种植园主就成了小种植园主家酿苹果酒不够时的酒类供应商，随时都可以将剩余苹果酒或苹果白兰地卖给他们。据有关资料统计，一个大种植园主仅出售剩余苹果酒所得，就是小种植园主平均年收入的6倍。至于在这些大种植园里从事酒类生产的奴隶究竟是以男性为主还是以女性为主，从现有文献记载难以做出判断。学者们估计，在白人监督下进行酒类生产的奴隶男女都有。② 由于切萨皮克地区的小种植园主家家都自酿苹果酒，其不足又可由大种植园里生产的苹果酒与苹果白兰地等酒类来弥补，所以这个地区的居民就一年四季都可以有苹果酒和苹果白兰地饮用了。

事实上，就整个英属北美殖民地而言，苹果酒都是殖民地人饮用最多的酒类，他们从中摄取的酒精量不仅超过了葡萄酒和啤酒，而且超过了烈酒。根据研究美国酒史的著名学者威廉·罗拉鲍的估算，1710年殖民地15岁以上人口人均饮用的葡萄酒为0.2加仑，其中含酒精不到0.05加仑，人均饮用的烈酒为3.8加仑，其中含酒精1.7加仑，人均饮用的苹果酒为34加仑，其中含酒精3.4加仑。至于啤酒，由于当时人们饮用的主要是酒精浓度仅为1%的家酿"淡啤酒"，从中摄取的酒精更是比苹果酒要低得多。③ 因此，苹果酒在殖民地人酒精摄入量

---

① John Hammond, *Leah and Rachel or the Two Fruitful Sisters Virginia and Maryland: Their Present Condition, Impartially Stated and Related* (London: Printed by T. Mabb and to be sold by Nich. Bourn, near the Royal Exchange, 1656), 14, accessed October 4, 2014, http://etext.lib.virginia.edu/etcbin/jamestown-browse?id=J1026.

② Meacham, *Every Home a Distillery*, 40-63.

③ W. J. Rorabaugh, *The Alcoholic Republic: An American Tradition* (New York: Oxford University Press, 1979), 9, 233, Table A 1.2.

上，无疑是首屈一指。可是，这一地位因为烈酒饮用量的迅速增加而遭遇日益强大的挑战。到 1770 年，殖民地 15 岁以上人口苹果酒与葡萄酒的人均饮用量和其中的酒精含量跟 1710 年相比均未发生变化，但烈酒的人均饮用量则几乎翻了一倍，达到 7 加仑，虽然比起苹果酒饮用量 34 加仑还有不小的距离，但从烈酒中摄取的酒精量已与从苹果酒中摄取的相差无几，达到 3.2 加仑。① 烈酒饮用量增加的主要推手就是被称为"杀人魔"的朗姆酒，最初来自加勒比地区的西印度群岛，后来在新英格兰与其他一些英属北美殖民地也能大量生产。

朗姆酒是用糖蜜先发酵而后蒸馏制成的一种烈酒，在有些地方也指用甘蔗汁直接发酵后蒸馏造出的烈酒。所谓糖蜜其实就是以甘蔗作为原料制糖所产生的废料，在被人们发现可以用来酿造朗姆酒之前，只是用来喂猪或者倒在地里做肥料。（见图 04）亚当·斯密曾在《国富论》中指出：当糖蜜被用来酿制朗姆酒后，一般都认为，糖业种植园主可以期望其利润足以抵消种植园运作的所有成本，使糖的生产成为一种获取纯利润的经济活动。② 尽管有人对此种可能性存疑，但是生产糖和朗姆酒的英属加勒比殖民地，成了英属美洲殖民地中最富有的地区，就是这种高额利润的一个证明。那么朗姆酒在美洲究竟是在什么时候和什么地方第一次被酿制出来的呢？这个问题不仅存在争议，而且恐怕永远也不会有答案。

有些传说及语焉不详的报告似乎认为，在加勒比海的西印度群岛中，是马提尼克岛上来自荷兰的犹太人和巴西的葡萄牙人，在 16 世纪就酿造出了朗姆酒。但截至目前有关美洲的文字里最早见到"朗姆酒"（Rum）这一名称的，是 1650 年加勒比海的英属殖民地巴巴多斯的一份契约。该契约提到在圣飞利浦教区的三宅种植园有"四个用来装朗姆酒的乳香黄连木大罐"。1651 年，一个匿名作者在有关巴巴多斯的简介中也谈到了朗姆酒，不过称之为"朗姆布林"（Rumbullion）。文中如此写道："他们在岛上制造的主要酒类是'朗姆布林'，别

---

① W. J. Rorabaugh, *The Alcoholic Republic: An American Tradition* (New York: Oxford University Press, 1979), 9, 233, Table A 1.2.

② Adam Smith, *The Wealth of Nations* (New York: The Modern Library, 1937), 157.

名'杀人魔'（Kill Devil），这是一种用甘蔗蒸馏后制造的味辣、可怕、糟透了的酒。"① 就是根据这个简介，后来很多历史学人认为美洲的朗姆酒最早是在巴巴多斯发明出来的。就连一位对酒类颇有研究的法国学者也认为，朗姆酒是在1638 年之前最先出现在巴巴多斯。② 可是，这并不能排除葡萄牙、西班牙、法国与荷兰的美洲殖民地，在这个时期甚至在此之前也酿制出了朗姆酒的可能。因为这些殖民地也有不少地方生产甘蔗，而且来自这些国家的殖民者中不乏掌握蒸馏酿酒技术的人。虽然朗姆酒在美洲最早出现的时间与地点尚无公论，但是有一点无可争议：到了 17 世纪中期，上述国家的美洲殖民地几乎都出现了朗姆酒，尤其是在加勒比海地区的西印度群岛。

由于加勒比海一带当时是海盗出没的地方，海盗们又嗜酒如命，于是朗姆酒便与海盗有了不少瓜葛。17 世纪中叶威震一时的英国海盗亨利·摩根的画像，后来甚至成了加勒比朗姆酒的商标。（见图 5）此公实际上是得到查理二世批准的英国私掠船船长。他以牙买加的罗亚尔港作为基地，袭击西班牙的船队和殖民地，其残暴和大胆令人闻风丧胆。1653—1671 年，摩根率领的海盗洗劫了 18 座城市、4 个镇和 35 个村庄，掳获了价值超过 1 亿美元的黄金、白银与货物。③ 1670 年英国与西班牙言和之后，摩根攻占了巴拿马城，一把火使该城夷为平地。查理二世震怒，将其逮捕，但在与西班牙关系再度恶化后，不仅放了摩根，而且授予爵士称号，让他返回牙买加担任副总督。尽管摩根在率领海盗袭击西班牙殖民地时喝的大都不是朗姆酒，但他在牙买加退休后恐怕确实是因为喝朗姆酒过多而亡故的。时至今日，原产于牙买加的摩根船长牌朗姆酒依然以他的大名而著称于世，不过已成了酒类跨国公司帝亚吉欧的品牌。1692 年，罗亚尔港为一场大地震所毁，摩根的墓地也沉入海底，一代海盗之魂终归大海，真是上苍的奇妙安排。

进入 18 世纪后，海盗们劫掠的目标从西班牙船队逐渐转向英国商船，估计

---

① Frederick H. Smith, *Caribbean Rum: A Social and Economic History* (Gainesville, Florida: University Press of Florida, 2005), 16.

② Alain Huetz de Lemps, *Histoire du Rhum* (Paris: Edition Desjonqueres, 1997), 71, cited in Ian Williams, *Rum: A Social and Sociable History* (New York: Nation Books, 2005), loc. 399, Kindle.

③ Wayne Curtis, *And a Bottle of Rum: A History of the New World in Ten Cocktails* (New York: Crown Publishers, 2006), 40.

有 1 500~2 000 名海盗活跃在从新英格兰到西印度群岛的海面上。朗姆酒此时终于取代葡萄酒成为他们纵酒狂欢的主要饮品。巴塞洛缪·罗伯茨旗下的海盗甚至将喝烈酒的权利写入了他们要共同遵守的团伙协议——海盗们的宪法。① 当时在饮用朗姆酒上最为著名的海盗，是绰号为"黑胡子"的爱德华·蒂奇。他喜欢在朗姆酒中加火药，并且将其点燃，然后在火光和劈劈啪啪的爆炸声中将酒一饮而尽。1718 年，蒂奇在北卡罗来纳海域被弗吉尼亚总督派来的两艘单桅帆船堵截，他在搏杀中被斩首。其首级起初挂在汉普顿河入海口的高杆上示众。后来据说有人将其头盖骨镶以银边，做成大碗，在威廉斯堡的罗利酒店为客人盛上以朗姆酒调制而成的潘趣酒。看来此公做鬼也要佳酿满头，陶醉于阴曹地府。②

尽管加勒比的海盗们确实对朗姆酒情有独钟，但美洲殖民地朗姆酒酿造业的兴起，倒不是为了满足这些海上枭雄们的欲望，而是因为本地居民的需求。从巴西到西印度群岛，在那些可以种植甘蔗的热带地区，殖民地人担心水不卫生，需要以酒止渴。他们还认为酒不仅可以御寒、散热、防病和治病，而且能够提供所需的热量。许多甘蔗种植园主发现，奴隶有朗姆酒喝时通常比较好驾驭，便以朗姆酒作为奴隶给养的一部分。因此，朗姆酒在这些地区的消费量相当大。

诚然，朗姆酒酿造业的初期崛起首先是得力于本地的需求，但它后来的迅速发展则是由于大西洋酒类市场的强大刺激。北美殖民地、欧洲乃至非洲都需要朗姆酒。这就有力地推动了朗姆酒酿造业的急剧扩大。随之迅速增加的朗姆酒贸易，更是成了加快大西洋市场经济体系发展的润滑剂。有学者认为，就像当年葡萄酒贸易曾促成了北欧与南欧之间大规模商业网络的崛起一样，朗姆酒贸易在推动大西洋市场经济成长上也居功甚伟。③

在美洲朗姆酒酿造业兴起和发展的过程中，英属加勒比殖民地巴巴多斯与牙买加一跃而起，很快就超过其他殖民地，成为朗姆酒的主要产地。造成这一

---

① Wayne Curtis, *And a Bottle of Rum：A History of the New World in Ten Cocktails* (New York：Crown Publishers, 2006), 46.

② Robert E. Lee, *Blackbeard the Pirate：A Reappraisal of His Life and Times* (Winston-Salem, NC：J. F. Blair, 1974), 113-125.

③ Smith, *Caribbean Rum*, 27.

局面的原因很多。首先要提到的就是荷兰人的作用。1654 年，葡萄牙人从荷兰人手中夺回了巴西东北部产糖重地伯南布哥。荷兰西印度公司不得不另寻糖源，乃与英属巴巴多斯、法属马提尼克展开贸易。同时，它还将原本居住于伯南布哥地区的荷兰人、犹太人以及计划来此的荷兰人，统统迁往这些英、法在加勒比海的岛屿，帮助扩大糖的生产。这些人不仅带来了资本，还带来了制糖的技术、设备和奴隶劳动力。他们很可能还将其在巴西蒸馏酿制朗姆酒的经验，也带到了这些岛屿。有一点可以肯定的是，荷兰人的蒸馏技术在 17 世纪中期的欧洲处于领先地位。他们制造的新型蒸馏设备，由大型铜制蒸馏器与螺旋冷凝器组成，不仅使蒸馏技术走出了炼丹时代的神秘雾霾，而且让大规模蒸馏成为可能。这一点对于其后英属加勒比殖民地在朗姆酒酿制上能超越其他地区至关重要。

不仅如此，在 17 世纪正在兴起的资本主义世界经济体系中，荷兰是首屈一指的海上商业强国，其贸易网络几乎遍及世界。于是荷兰西印度公司的商人和船运业者，便自然而然成了英属加勒比殖民地与北美大陆之间朗姆酒贸易的重要纽带。作为中间人，他们帮助北美尤其是新英格兰的商人熟悉了加勒比种植园对货物的需求，促进了两地朗姆酒与糖蜜贸易的发展，从而有力地刺激了英属加勒比殖民地的朗姆酒生产。正是荷兰对新世界贸易的这种控制以及它在全球的商业扩张，使白金汉宫如芒刺在背，唯恐这个低地国家阻挡英国后来居上的雄图。结果，英国不仅在 17 世纪中后期通过了一系列针对荷兰的《海运贸易法》，还打了三次英荷战争。到 17 世纪结束时，荷兰的影响力削弱了，新英格兰的商业与船运业则迅速发展。即便如此，依然有大量加勒比朗姆酒是通过与荷兰商人有关的渠道进入英属北美殖民地。

另外，英属加勒比殖民地朗姆酒生产的领先地位，与英国皇家海军的需求有密切关系。对于当时的船员来说，酒是远程航行不可缺少的生活必需品，甚至是生存必需品。所以酒在 17 世纪成为给英国皇家海军提供的基本给养。从欧洲出发的海军船舰随船装载的是葡萄酒、白兰地和金酒（即杜松子酒），而从美洲出发的船舰则由英属加勒比岛屿的种植园主提供朗姆酒。这一传统保持了 300 多年，直到 1970 年 7 月 31 日才宣告结束。那一天，全球的英国海军军舰上的军人都在手臂上佩戴黑纱，为这一传统举行葬礼。在最接近国际日期变更线的珍珠港，英国"法夫号"导弹驱逐舰上的船员，作为全球皇家海军中最后在军舰上喝朗姆酒的军人，齐集于甲板之上，将酒一饮而尽，然后把酒杯和朗姆酒桶都抛入了大海。此时，礼炮 21 响，英国皇家海军以酒为给养的时代结束了。

除了英国皇家海军对朗姆酒的需求以外，葡萄牙、西班牙和法国执行的重商主义政策，也为英属加勒比殖民地在朗姆酒生产上名列前茅助了一臂之力。这些国家都是葡萄酒、白兰地的生产大国，它们不希望殖民地生产的酒类对宗主国本土的酒类市场构成威胁，于是便施加了这样或那样的限制，防止朗姆酒进入宗主国。葡萄牙政府早在 1647 年就规定，在巴西只有奴隶才可以喝用甘蔗汁蒸馏酿制的甜酒。进入 18 世纪，西班牙的美洲殖民地当局宣布朗姆酒制造非法，将这个行业打入了地下。法国则禁止朗姆酒进入其本土，但允许其美洲殖民地生产的朗姆酒销往其他地区。与这些国家形成对照，英国不是葡萄酒与白兰地等酒类的生产大国，没有国内酒类制造行业的利益需要保护。不仅如此，英国政府还认为朗姆酒不失为抵制外国酒类进口尤其是葡萄酒与白兰地输入的一种有力武器，于是对进口英属殖民地生产的朗姆酒给予积极鼓励。这就是为什么在其他国家的美洲殖民地朗姆酒生产进展有限的情况下，英属巴巴多斯和牙买加在这方面却能异军突起的一个重要原因。

最后，英属北美大陆殖民地对朗姆酒的巨大需求，也是促成巴巴多斯与牙买加朗姆酒生产迅速发展的不可或缺的因素，甚至是最重要的因素。这种巨大需求的产生，主要是由于北美大陆殖民地其他酒类的产量与品质难以满足居民的要求。如前所述，这些殖民地在生产葡萄酒上不断受挫，从马德拉群岛进口葡萄酒又不是平民大众负担得起的。商用啤酒酿造业在气温较高的南部毫无希望。新英格兰与中部殖民地倒是可以酿造啤酒，但是啤酒的保鲜期短，一经酿制出来需要马上出手，而北美殖民地不如英国城镇多和人口密集，结果除了几个大城市以外，啤酒的大规模生产失去可能。即便是大城市，也因为原料成本高和市场小而产量有限。至于苹果酒，它主要限于农村地区，而且以家酿为主，过早饮用胃有不适感，过迟饮用又会有醋味。18 世纪中期特拉华殖民地信义会牧师伊斯雷尔·阿克利厄斯甚至说：由于苹果酒所含的酸会使铁生锈，铜变绿，有些人害怕在自己体内也会产生同样效果，结果吓得不大敢喝。[1] 从商业角度来看，所有这些发酵酒的浓度都比较低，故而运输时体积大、货物重，长途贩运相当麻烦。

相比之下，朗姆酒的出现对于英属北美殖民地人来说，可谓天赐良机。因为朗姆酒不仅没有上述酒类存在的种种问题，而且有它们都不具备的一大特点，即性价比高，具体来说就是价格便宜而酒精浓度高。价格便宜导致朗姆酒无论是在乡村农家，还是在城镇酒店，到处都广受欢迎。酒精浓度高则使得朗姆酒与发酵酒相比有以一当十的功效，喝起来在提神、放松、治病、壮胆、鼓劲等方面都感觉更强，见效更快，非发酵酒可以望其项背。不仅如此，当时还有朗姆酒胜过其他蒸馏烈酒一说。英国研究巴巴多斯与北美的历史学家约翰·奥尔德米克森，在其 1708 年著述中就曾告诉世人：从西印度群岛的经验看来，白兰地喝得太多会短命，而喝朗姆酒则会长寿。[2]

诚然，朗姆酒本身的口味在整个 17 世纪就没人说它好。但是对于那些一天工作下来累得精疲力竭的人，或者在山林荒野中要面对各种风险的西部开拓者来说，他们根本不在乎朗姆酒的辛辣，他们要的就是朗姆酒能使之马上飘飘然的醉意，从而让身体好好放松，愁云瞬间消散，胆量迅速增加，劲头随即鼓足，于是什么艰难都不在话下。因此，他们大都将这高浓度的朗姆酒直接一口喝下去，以便尽可能快地获得他们所期待的感觉与效果。这种"一口闷"的喝酒方式，直至今天还很流行，尤其是在美国的年轻人中间。对于那些在日常生活中有时间消停一下的人们来说，倒不必喝得这么急。他们完全可以在朗姆酒中加入各种调味料或稀释后再慢慢享用，既可让自己渐入熏然欲醉之境，又能满足味蕾对各种味道的追求。恰如当代一位对朗姆酒颇有研究的作者说的一样，"朗姆酒的天才之处一直都是它能变无为有的了不起的本事"。[3] 殖民地人只要对朗姆酒稍加调制，就可以变出口味各异的各种酒类饮料。其名目繁多，令人眼花缭乱，诸如有各种

---

[1] Israel Acrelius, *A History of New Sweden; or, the Settlements on the River Delaware*, trans. William M. Reynolds (Philadelphia: The Historical Society of Pennsylvania, 1874), 161.

[2] John Oldmixon, *The British in America Containing the History of the Discovery, Settlement, Progress and Present State of All the British Colonies, on the Continent and Islands of America* (London: Printed for John Nicholson and 3 Others, 1708), 2: 152.

[3] Wayne Curtis, *And a Bottle of Rum*, 8.

果香味的潘趣酒（Punch）、黄油朗姆酒（Butter Rum）、蛋奶酒（Eggnog）、加水稀释的格罗格酒（Grog）、酸酸甜甜的斯林酒（Sling）、香甜热酒（Toddy）和加了鸡蛋及糖的饮料酒（Flip）等。在南部炎热的夏天，潘趣酒是清凉可口的解暑饮料，而在新英格兰寒冷的冬夜，啤酒会冻成冰块，可朗姆酒照样是液态，如果调制一下，就能喝上一杯热乎乎的黄油朗姆酒或者蛋奶酒。如此一来，朗姆酒可谓冬夏皆宜。这在殖民地人看来简直就是一种难以言传的享受。事实上，这种朗姆酒的调配饮用，就是后来被人称为鸡尾酒的饮料发源于美国的前因所在。

当然，殖民地人越来越喜欢朗姆酒，还不仅仅是因为它是一种广受欢迎的饮品，而且是因为在硬通货短缺的北美殖民地，它还可以被当作货币使用。这当然是由于朗姆酒浓度高，属于价值密集型商品。与含有同量酒精或同量价值的葡萄酒、啤酒、苹果酒相比，朗姆酒运输时的体积与重量都要小得多。它不仅便于运送，而且在根据具体交易价值进行支付时分装也很方便。此外，朗姆酒还有一个难得的优点，即不仅能长期保存和储藏成本低，而且还会越陈越好越值钱。因而在英属北美大陆殖民地，朗姆酒既可以用于支付购货的账款，也可以用来发工资。1700 年，纽约殖民地参事会就规定，为海关造轻型帆船的木匠的工资，部分用朗姆酒支付。[1] 亚当·斯密在《国富论》中也提到了在北美大陆殖民地普遍存在的这一现象："在纽约殖民地，普通劳工一天赚 3 先令 6 便士通货，相当于英币 2 先令；造船木匠赚 10 先令 6 便士通货，外加一品脱相当于英币 6 便士的朗姆酒，总共相当于英币 6 先令 6 便士。"[2]

这样一来，英属北美大陆殖民地自然要从加勒比海的西印度群岛大量进口朗姆酒和糖蜜。前者可以满足北美大陆殖民地人对酒的需求，后者则不仅能用来蒸馏酿制朗姆酒，而且可以作为价格高昂的糖的廉价替代品。事实上，糖蜜很快就成为北美大陆殖民地饮食文化的一个组成部分，在烹调与烘烤时经常为家庭主妇所使用，例如用玉米、糖蜜和黄油做"印第安布丁"。从西印度群岛的角度来看，与北美大陆做生意也是笔好交易，因为其中许多岛屿尤其是巴巴多斯，专注于获

---

[1]　Richard Foss, *Rum: A Global History* (London: Reaktion Books, 2012), 38.

[2]　Smith, *The Wealth of Nations*, 69-70.

利丰厚的糖与朗姆酒的生产，经济变得日益单一化，需要从外地进口谷物、面粉、牲畜、木材以及各种制造品。近水楼台的大陆殖民地特别是新英格兰的商人，在提供这些商品时，比欧洲商人更快、更便宜，更高效。令人不可思议的是，这些西印度群岛殖民地经济的单一化，甚至发展到了连鱼也要从新英格兰进口的地步。时至今日，在西印度群岛的特色佳肴中，仍然少不了热带海域无法生存而必须从新英格兰进口的鳕鱼。当年双方依赖之深，由此可见一斑。于是殖民地时代两地之间的朗姆酒、糖蜜贸易一拍即合，发展迅速，尽在情理之中。这种贸易不仅使西印度群岛的朗姆酒与糖蜜有了广大的市场，而且使英属北美殖民地尤其是新英格兰在融入大西洋贸易体系上，走到了西班牙美洲殖民地与法属加拿大的前头，成为在大西洋世界崛起的重要经济力量。

1699—1701 年，巴巴多斯每年出口朗姆酒 60 万加仑，占其出口总值的 19%。其中大部分运到了切萨皮克地区与新英格兰。到切萨皮克地区的估计有 25 万至 30 万加仑，而运到新英格兰的主要是糖蜜，价值与运到切萨皮克地区的朗姆酒差不多，各占这一时期巴巴多斯每年出口总值的 9% 左右。[1] 到 1748 年，巴巴多斯朗姆酒出口总量上升到 74 万多加仑，其中约 60% 即将近 44 万加仑运到了英属北美大陆殖民地，进口朗姆酒最多的是弗吉尼亚与马里兰，其次是新英格兰与费城。[2] 20 年后，巴巴多斯的朗姆酒出口总量增加到 150 多万加仑，但输出到各地的比例基本上没有什么变化，绝大部分朗姆酒还是出口到了切萨皮克地区、新英格兰和费城。[3] 牙买加不像巴巴多斯那样依赖北美的食物供应，因而出口到北美大陆的朗姆酒在其总产量中占的比重没有巴巴多斯的那样大。但是牙买加朗姆酒出口到北美大陆的绝对数量并不小，1768 年为 44 万多加仑，1774 年为 87 万多加仑。[4]

---

① David Eltis, "New Estimates of Exports from Barbados and Jamaica, 1665-1701," *William and Mary Quarterly* 52 (1995): 641-646.

② Richard Hall, *A General Account of the First Settlement and of the Trade and Constitution of the Island of Barbados* (written in 1755, transcribed with a foreword by E. M. Shilstone, Barbados, 1924), 12. 朗姆酒数字根据此书上的列表数据按照每豪格海 (hogshead) 52.5 英制加仑换算成加仑。

③ George Frere, *A Short History of Barbados, from its First Discovery and Settlement, to the End of the Year 1767* (London: Printed for J. Dodsley, in Pall-Mall, 1768), 114.

④ Bryan Edwards, *The History, Civil and Commercial, of the British West Indies* (London, 5th ed., 1819), 1: 303-304.

在朗姆酒通过贸易从西印度群岛大量进入英属北美殖民地的同时，一些北美大陆殖民地尤其是新英格兰地区，开始从西印度群岛进口糖蜜自己生产朗姆酒。其所以能如此，首先要归功于糖蜜加工技术的突破。此前糖蜜随时可能发酵，根本无法运到比较远的地方造酒。后来蔗糖生产者发明了糖蜜浓缩的方法，使之在加水稀释之前不会发酵，这才使出口糖蜜用于酿酒有了可能。由于浓缩后的糖蜜运输成本很低，用进口糖蜜生产朗姆酒获利就十分丰厚。经过浓缩的进口糖蜜 1 加仑，只要加点水就可以蒸馏酿制出 1 加仑朗姆酒，1670 年时 1 加仑糖蜜只要 1 先令就可以买到，而生产出的 1 加仑朗姆酒则要卖 6 先令。其利润之高不是一般产品可以达到的。这显然是刺激新英格兰等北美殖民地朗姆酒酿造业迅速崛起的一个重要原因。除此以外，新英格兰及北美一些地区本身在蒸馏酿制朗姆酒上也具有一些优势。一是掌握了制作蒸馏器的技术，二是燃料充足，因为这些地方林木繁茂，而西印度群岛的很多森林已为甘蔗地所取代。于是朗姆酒酿造业便在这些地区应运而生了。纽约的斯塔滕岛在 1664 年首开其端，接着波士顿在 1667 年，费城在 1671 年，也开始生产朗姆酒。1684 年，一个商用蒸馏酒坊在罗德岛开张营业。随后而来的 1689—1697 年威廉王之战进一步刺激了新英格兰朗姆酒的生产。在这场战争中，英国禁止进口法国白兰地，从而增加了英国本土及其北美殖民地对朗姆酒的需求，为新英格兰朗姆酒酿造业的发展提供了更上一层楼的机会。[1]

1700 年，波士顿建立了第一个商用朗姆酒蒸馏酒坊。到 1702 年，波士顿颁发的蒸馏造酒执照数目大增。两年后，新英格兰生产的朗姆酒第一次进入英国。18 世纪 20 年代，新英格兰朗姆酒制造业再次迅速扩张。中部殖民地与马里兰在朗姆酒生产上也紧随其后，取得了重大进展。[2] 到 1770 年，英属北美殖民地的朗姆酒蒸馏造酒坊增加到了 140 多个，主要集中在北部的港口城市，尤其是新英格兰。波士顿最多，有 36 个朗姆酒蒸馏造酒坊，罗德岛的纽波特有 22 个，纽约有 12 个，费城有 14 个。整个新英格兰地区有 97 个，而南部只有查尔斯顿有 3

① Foss, *Rum*, 34-35.

② John James McCusker, "The Rum Trade and the Balance of Payments of the Thirteen Continental Colonies, 1650—1775" (PhD. diss., University of Pittsburgh, 1970), 434-448.

个朗姆酒蒸馏造酒坊。[①] 可以说，朗姆酒酿造业成了从费城到新英格兰的英属殖民地的主要制造业之一。它不仅雇用了大量劳工，刺激了资本的形成与投资，培养了经营管理人员，而且因其对糖蜜的巨大需求，对北美殖民地船运业和造船业的发展也产生了重大影响。

新英格兰商人生产朗姆酒不仅仅用于满足北美大陆殖民地居民的需要，而且还将朗姆酒出口到非洲，涉足于大西洋奴隶贸易。有学者曾经把这种奴隶贸易称之为"三角贸易"，即将朗姆酒从新英格兰运到非洲西海岸卖给当地的奴隶贩子，再将在非洲买到的黑奴运到西印度群岛，然后从西印度群岛购买糖和糖蜜运回新英格兰。[②] 实际贸易当然并不一定都是这样进行的，因为运奴船通常不适宜运货，同一艘船依次跑完所谓三角贸易全程的不多，故不乏两地之间的双边贸易。不过，朗姆酒、奴隶、糖蜜这三大类"货物"以及用于其买卖的资金确实是在这三地之间流动。从这个意义上说，三角贸易的说法并非完全虚构，乃是对一个复杂贸易过程的简单化概括。（见图06）

新英格兰有记载的贩奴船第一次非洲之行是在 1644 年从波士顿出发的，此后虽也有几次贩奴之行，但在整个大西洋非洲奴隶贸易中无足轻重。直到 1680 年以后人们发现朗姆酒比白兰地在西非海岸更受欢迎，新英格兰商人卷入奴隶贸易的规模才开始扩大。他们不再将从欧洲进口的酒类和本地制造品运往非洲，而是把朗姆酒运到那里去做奴隶买卖。其目的是在那个卖方市场上适应非洲奴隶贩子对货物的需要，否则便难有生意可做。不过，新英格兰商人要扩大奴隶贸易，还必须打破英国皇家非洲公司在这一领域的垄断经营权。他们在英国国会竭力游说后，英国政府终于在 1689 年取消了这种垄断经营权，从而使新英格兰商人的奴隶贸易活动得以合法化。据研究大西洋奴隶贸易的著名学者戴维·埃尔第斯研究，从 1680 年到 1713 年，英国人的贩奴之行中每 7 次就有 1 次是从美洲出发的，其中自然包括新英格兰的英国移民们的非洲奴隶贸易之行。不过，尽管罗德岛在贩运非洲黑奴上的作用后来逐渐加强，但大部分从美洲出发的英国人的贩奴

---

① McCusker and Menard, *The Economy of British America*, 1607—1789, 291, Figure 13. 1.
② "三角贸易"通常还指欧洲、非洲西海岸与西印度群岛之间的贸易关系，即将欧洲的制品运到非洲，再从非洲将黑奴运到西印度群岛，最后从西印度群岛将糖和朗姆酒运到欧洲。此处讲的是新英格兰商人的"三角贸易"。

船的始发地是加勒比，而不是新英格兰。① 因此，新英格兰商人虽曾运朗姆酒到非洲从事奴隶贸易，但规模毕竟有限。

事实上，英属北美大陆殖民地生产的朗姆酒主要还是用于本地消费，或者输出到其他英属大陆殖民地。从纽芬兰的渔村到南部的种植园，还有西部的边疆地区，朗姆酒可谓无所不在。尽管南部的上层人士比较偏爱从西印度群岛进口的因陈化较快而较为醇厚可口的朗姆酒，但是北美大陆产的朗姆酒还是以其价格便宜赢得了大量平民消费者的喜爱。据统计，美国革命前的 1770 年，英属北美大陆殖民地进口了 400 万加仑朗姆酒，自己生产了 500 万加仑，其中 7/8 都被殖民地人喝掉了。其所以会如此，一个重要原因就是长期以来进口量与生产量的不断增加导致朗姆酒价格的下跌，使得殖民地几乎人人喝得起朗姆酒。如前所言，1670年时 1 加仑朗姆酒售价为 6 先令，到 1722 年时，波士顿 1 加仑朗姆酒只售 3 先令6 便士，1738 年更是降到 2 先令。② 以这种价格，普通劳工每天都可以买酒喝。因此，佐治亚禁烈酒的总督詹姆斯·奥格尔索普在 1735 年巡视时发现：有座灯塔迟迟不能竣工的原因，竟然是工人经常不肯来干活。一查才知道，与佐治亚相邻的卡罗来纳的朗姆酒是如此便宜，这些工人干一天活挣的钱，就足够买一个星期的醉了。③

朗姆酒在英属北美殖民地的热销与畅饮，反映出殖民地人在酒类喜好上发生的巨大变化。有学者认为，到 18 世纪初，朗姆酒已经在英属北美大陆殖民地人的饮酒习惯上酿成了一场革命。④ 这里的老百姓不再像当初在英国时一样整天喝啤酒，而是开始钟情于朗姆酒这样的烈酒。早在 1699 年，英国作家爱德华·沃德就在其写的《新英格兰之行》中注意到："美洲的英国人极度喜爱朗姆酒，也就是'杀人魔'，就像一个比林斯门的老人喜爱白兰地一样。它被视为他们灵魂

① David Eltis, *The Rise of African Slavery in the Americas* (New York: Cambridge University Press, 2000), 127-128.

② Rorabaugh, *The Alcoholic Republic*, 64-65, 29.

③ Francis Moore, *A Voyage to Georgia* (London: Printed for Jacob Robinson in Ludgate-Street, 1744), 17-18.

④ Lender and Martin, *Drinking in America*, 30.

的抚慰者、他们身体的保护人、他们烦恼的消除剂和他们欢乐的启动器；而且是治疗使这个地区备受折磨的三大流行病——肠胃疼痛、脚跟冻疮或者受伤的良心——最主要的药物。"[1] 如果说这是英属北美殖民地人在酒类喜好上开始与旧世界拉开距离的一种文化独立的苗头的话，那么在 18 世纪结束前，朗姆酒还将在这些北美殖民地决心独立于英国统治的美国革命中扮演重要角色。美国宪法学家弗雷德里克·伯奈斯·威纳曾经指出："商业与政治如此紧密地联系在一起，以至于朗姆酒与自由就是同一个蒸馏器里出来的不同的酒。"[2] 确实，酒之所以在后来对美国革命产生重要影响，就是因为它不仅是殖民地人日常生活中不可缺少的必需品，而且涉及殖民地人的重要经济利益。当殖民地人的生活方式与经济利益遭到宗主国的干预和侵犯时，他们就会为自己的权利与自由而战，美国革命便应运而生了。

---

[1] Gately, *Drink*, 153. "比林斯门"（Billingsgate）是泰晤士河北岸伦敦最大的鱼市场。

[2] Cited in Curtis, *And a Bottle of Rum*, 88.

三、好酒成风之生死两重天

殖民地早期酒类严重短缺的历史，由于移民先辈们的努力而结束了。17 世纪末与 18 世纪初，朗姆酒大量进口与本土生产的开始，成了一个转折点。其后直到美国革命前，殖民地的酒类供应十分充足。人们再也不愁弄不到酒，结果不仅殖民地白人好酒之风盛行，就连本是酒盲的印第安人也对酒兴趣日增，如醉如痴者大有人在。然而饮酒之风盛行的结果，对于白人与印第安人来说，却有霄壤之别，可谓生死两重天。

就殖民地白人而言，他们饮用的酒类很多，既有进口的，也有自己生产的。进口酒类主要包括欧洲大陆和马德拉群岛生产的葡萄酒、英国的啤酒、欧洲的各种烈酒和西印度群岛的朗姆酒。殖民地自己生产的酒类主要是朗姆酒、啤酒和苹果酒。其中朗姆酒基本上是由商用蒸馏酿酒坊生产的，而啤酒与苹果酒则大多是家酿的。纽约与费城等大城市的商用酿酒坊虽然也生产一定数量的啤酒，但相比之下所占比例不大。由于英属北美殖民地人在造酒和调酒上都颇具创造性，所以他们实际饮用的酒比起进口和本地酿酒坊生产的酒类来说，就更加五花八门，令人目不暇接。据一份 1759 年的记录显示，当时北美大陆殖民地的酒类饮料有 44 种，其中 18 种都含有朗姆酒。[1]

殖民地人饮用的酒不仅种类繁多，而且数量惊人。根据前述美国酒史学家罗拉鲍的估算，英属北美殖民地 15 岁以上人口的人均酒精年摄入量，在 1710 年就高达 5.1 加仑，到 1770 年增加到 6.6 加仑，其中近一半是饮用烈酒摄取的。根据美国酒类滥用与酗酒国家研究院的最新统计，1850—2016 年，美国 15 岁以上（1970 年以前）和 14 岁以上（1970 年及以后）人口每年人均酒精摄入量都在 2

---

[1]　Peter C. Mancall, *Deadly Medicine: Indians and Alcohol in Early America* (Ithaca: Cornell University Press, 1995), 14.

加仑上下浮动，最高的 1981 年也只有 2.76 加仑。① 显然，殖民地人饮酒量之大是现代美国人难以想象的。其所以会如此，说来也很简单。一是因为殖民地人不分男女老幼和贫富贵贱，几乎人人饮酒，并视其为日常饮料。二是殖民地人饮酒机会十分频繁，因为他们只要遇到要喝点什么的场合，喝的基本上就是酒。这些场合包括进餐、劳作、婚丧嫁娶、社交集会、节日庆典、圣餐洗礼、神职授予、市镇选举、法院开庭、民兵操练和外出征战等。如此一来，酒在殖民地社会的日常生活中几乎是无所不在。

只要看看殖民地人在一天时间里从早到晚是如何在家中喝酒的，就会对他们喝酒之多留下深刻印象。殖民地人在清晨 6 点多起床后，一般都会先喝点朗姆酒或者白兰地让自己尽快清醒。7 点左右吃早餐时再喝点朗姆酒或者在培根上倒点朗姆酒再吃，也有人用啤酒倒在上面。女人们通常喜欢用啤酒泡面包块。如果没有朗姆酒与啤酒，人们可能就用加了糖和水的樱桃白兰地或者葡萄酒。他们还会给婴儿喂点酒，补充营养，防止生病，并随着其年龄增长而增加所喂的酒量。下午 1~2 点，殖民地人会吃一顿正餐，通常都要喝点当时最受欢迎的调制饮料酒，比如用一份朗姆酒、两份啤酒、一个鸡蛋或者少量奶油加糖调好后，将壁炉中烧热的铁制拨火棍浸入加热即成。像这样调制而成的酒类饮料有很多种。傍晚 6 点左右是晚餐时间，人们都会喝点淡啤酒或者梨酒，也可能是苹果酒、葡萄酒或者用任何可以蒸馏酿酒的材料酿制出的烈酒。夜间 11 点入睡前，他们会再喝一杯暖和身子。有些父母还会喂婴儿一点苹果酒，这样他们才能睡个好觉。② 当然，这是由今日历史学者根据有关史料大体勾画出的时间表，不是每个殖民地人都严格按照它来喝酒，但是从中确实可以看出殖民地人每天喝酒的大致情况。

除了在家喝酒以外，殖民地人干活时也喝酒。每天上午 11 点左右，所有靠干活谋生的人都会停下手中的工作，喝他们所说的"11 点苦啤酒"，就像现代西方人的工间咖啡一样。下午 4 点左右，他们还会有一次喝酒休息的机会。

---

① Rorabaugh, *The Alcoholic Republic*, 233, Table A 1.2; National Institute on Alcohol Abuse and Alcoholism, "Surveillance Report #110," Table 1. Apparent per capita ethanol consumption, United States, 1850—2016, https://pubs.niaaa.nih.gov/publications/surveillance110/tab1_16.htm, accessed August 16, 2020.

② Eric Burns, *The Spirits of America: A Social History of Alcohol* (Philadelphia: Temple University Press, 2004), 10-14.

我们的随军牧师贝蒂先生是一位狂热的长老会牧师，他对我抱怨说，人们没有都来参加他的祈祷与布道。这些人被征召入伍时得到承诺，除了军饷与食物供给以外，每天还会有 1 吉耳（半品脱）的朗姆酒，会准时发放给他们，一半在早上，另一半在傍晚；我注意到他们来领酒时都很准时；于是我对贝蒂先生说："从你尊贵的职业来看，做朗姆酒管理员也许低下了一点，但是如果你来发放它，而且只在祈祷以后发，那他们就都会围在你身边。"他觉得这个想法不错，接手了这一职责，有几个助手帮忙分发酒，干得颇为令人满意，于是参加祈祷的从来没有这么多，也从来没有这么准时；所以我想这个办法比有些军法对不参加宗教仪式者予以惩罚更为可取。①

从《自传》的这段内容也可以看出，殖民地时代的民兵上战场是每天要有酒的。事实上，即便是平时的集训，也像社区的聚会一样，酒是不可缺少的。弗吉尼亚参事会成员、种植园主威廉·伯德在其著名的日记里，就曾记载了 1710 年秋率民兵集训时的情况。伯德说他准备了一大桶（容量为五六十加仑）潘趣酒，"招待所有的人，让他们喝得醉醺醺的，整个傍晚都在打斗，但没出一点麻烦。"② 不过，马萨诸塞殖民地米德尔赛克斯县的一次民兵集训，就没有这么相安无事了。民兵集训完了接着又赛马，筋疲力尽后便去附近酒店畅饮，结果其中两人一语不和，越说越气，仗着醉意拔剑相向，弄出人命来。③ 这种离不开酒的集训，当然训练不出纪律严明的精锐队伍，但是却可使受训的民兵保持高昂的士气。完全不喝酒的民兵集训在殖民地时代非常少见。无怪乎马萨诸塞海湾殖民地早年的总督约翰·温斯罗普，在波士顿公园看到了一场没有酒的集训，就高兴得不得了。④

宗教仪式和军事训练都少不了酒，政治选举自然亦不例外。南部选举与酒的

① Benjamin Franklin, *The Autobiography of Benjamin Franklin*（Boston：Houghton，Mifflin and Company，1888），192-193.

② Louis B. Wright and Marion Tinling, eds.，*The Secret Diary of William Byrd of Westover*，1709—1712（Richmond，VA：The Dietz Press，1941），234.

③ Sharon V. Salinger, *Taverns and Drinking in Early America*（Baltimore：Johns Hopkins University Press，2002），74.

④ Lender and Martin, *Drinking in America*，12.

密切关系，甚至使地方语汇中出现了一个新的政治术语"款待拉票"（Treating），意指用酒或其他实惠拉拢选民，因为来投票的人都希望立马就能得到一点看得见摸得着的好处。尽管弗吉尼亚殖民地的法律禁止用酒"款待拉票"，但有意于竞选公职的人几乎都置若罔闻，就连未来美国第一任总统乔治·华盛顿亦不例外。1758年，华盛顿竞选弗吉尼亚殖民地议会议员。适逢七年战争，他虽然身在前线无法亲自参加竞选活动，但做好了给选民免费送酒的安排。于是尽管人们对他能否胜选一度有所怀疑，他还是以301票的最高票顺利当选殖民地议会议员。其中酒的功劳甚大，华盛顿竞选开支中的酒类账单如下：

40加仑朗姆潘趣酒，每加仑3先令6便士⋯⋯⋯⋯⋯⋯⋯7英镑

15加仑葡萄酒，每加仑10先令⋯⋯⋯⋯⋯⋯⋯7英镑10先令

朋友用餐⋯⋯⋯⋯⋯⋯⋯⋯⋯⋯⋯⋯⋯⋯⋯⋯⋯⋯3英镑

13又二分之一加仑葡萄酒，每加仑10先令⋯⋯⋯⋯⋯6英镑15先令

3又二分之一品脱白兰地，每品脱1先令3便士

⋯⋯⋯⋯⋯⋯⋯⋯⋯⋯⋯⋯⋯4先令4又二分之一便士

13加仑啤酒，每加仑1先令3便士⋯⋯⋯⋯⋯⋯16先令3便士

8夸脱皇家苹果酒，每夸脱1先令6便士⋯⋯⋯⋯⋯⋯12先令

30加仑浓啤酒，每加仑8便士⋯⋯⋯⋯⋯⋯⋯⋯⋯1英镑

1大桶加1桶潘趣酒（含最好的巴巴多斯朗姆酒26加仑，每加仑5先令）

⋯⋯⋯⋯⋯⋯⋯⋯⋯⋯⋯⋯⋯⋯⋯⋯⋯6英镑10先令

12磅半精炼的糖，每磅1先令6便士⋯⋯⋯⋯⋯18先令9便士

12个潘趣酒碗，每个2先令6便士⋯⋯⋯⋯⋯⋯1英镑5先令

9个半品脱朗姆酒（每半品脱7又二分之一便士）

⋯⋯⋯⋯⋯⋯⋯⋯⋯⋯⋯⋯⋯5先令7又二分之一便士

1品脱葡萄酒⋯⋯⋯⋯⋯⋯⋯⋯⋯⋯⋯⋯1先令6便士[①]

如果1/2品脱（250毫升）一杯，那华盛顿就为他的选民准备了2 308杯酒，平

---

① Taussig, *Rum, Romance & Rebellion*, 76-77.

均每赢得 1 张选票用了将近 8 杯酒。

更令现代人不可思议的是，法院开庭的日子也成了殖民地人聚众喝酒的机会。由于南部人居住分散，彼此难得碰面，因此在法院定期审案的那一天，就会不约而同地来到审案的地点，寒暄几句，打探消息，对烟草价格发发牢骚。像这样坐在一起天南海北地摆龙门阵，自然就要开怀畅饮。可一旦喝醉，大闹公堂的事有时也难免会发生。18 世纪弗吉尼亚北安普敦县法院的记录中，就有对在法庭上醉酒闹事者加以惩处的案例，就连卖酒给闹事者的当地业主也因此受到警告，如果其顾客再次醉酒闹事就会让他失去营业执照。①

由此可见，北美殖民地白人只要想喝酒，总可以找到喝酒的理由和场合。这种几乎无论什么地点与场合都喜欢喝上一杯的饮酒风气，不仅遍及英属北美殖民地的所有地区，而且根深蒂固，代代相传。也许正是因为喝酒喝得如此频繁，一天喝下去的总量虽然很大，但是每次的饮酒量相对有限。故而尽管也会有人喝得酩酊大醉，甚至遭到教会谴责与政府惩罚，但是对于绝大多数殖民地人来说，这种情况不大发生。于是，频繁喝酒不仅没有使他们失态，倒是让他们在生病虚弱之时得以康复，在精疲力竭之时得以放松，在郁闷沮丧之时得以振奋，在血洒沙场之时得以壮胆扬威，故而展望前程，即便满是荆棘，心中也永远充满希望。结果就如 13 世纪的阿诺德·德维拉诺瓦谈及"生命之水"时所言，这酒"确实是不死的水。它延长生命，清除不良情绪，重振内心，保持青春"。② 如此一来，在新世界闯荡的英属北美殖民地人，就在千难万险之中不断奋力前行。他们不仅在这片广袤无垠的土地上稳稳地扎下了根，而且朝着超越旧世界和创造新天地的方向大步走了下去。

相比之下，印第安人饮酒成风就没有这么幸运了。由于欧洲酒文化传统的影响，殖民地白人对酒知之甚深。他们饮酒，大多有一定的节制，重在满足此前所说的解渴、营养、医药、提神、社交、壮胆和宗教等方面的实际需要，故而除少

---

① Salinger, *Taverns and Drinking in Early America*, 126.

② Berton Roueche, "Alcohol in Human Culture" in *Alcohol and Civilization*, ed. Salvatore Pablo Lucia (New York: McGraw-Hill Book Company, 1963), 172.

数饮酒无度者以外，基本上能有益健康、丰富生活、振奋精神、鼓足劲头，结果大大促进了殖民地的发展。可是此前对酒一无所知的北美印第安人，在接触酒类后缺乏对饮酒要适量的基本认知。结果其中很多人因过度沉迷于醉酒而摧毁了健康，导致印第安人人口锐减以及一些部落的瓦解，可谓是一场不折不扣的种族灾难。两相比较，白人的"生命之水"变成了印第安人的"死亡之药"，令人不胜唏嘘。①

当时许多旅行者、商人和政府官员对印第安人饮酒普遍存在一个印象，那就是印第安人喝酒的目的就是为了喝醉。据说，当几个印第安人发现酒不够时，不是一人分一点喝，而是将所有的酒都给其中一人，让他足以喝醉。对于印第安人以醉为目的的饮酒，普利茅斯殖民地的威廉·布拉德福德曾称为"疯狂的暴饮纵酒者的兽行"。② 弗吉尼亚的牧师约翰·克莱顿在 1687 年也说这个世界上没有比喝醉了的印第安人"更野兽的野兽"。③ 这些话语无疑带有很强的种族主义色彩。诚然，北美东海岸的印第安人在欧洲殖民者到来之前没有接触过酒，并不懂得什么英国人所说的"喝醉的艺术"，④ 一旦喝醉难免有荒诞失态之举。但是随着他们与白人交往的日益频繁，印第安人对饮酒的态度并不像这些欧洲殖民者说的那样简单与疯狂。他们喝酒并非仅仅是为了喝醉，即便醉了、狂了，也有其更深层次的原因。

其实，印第安人在知道酒可以改变人的感觉甚至使人失去意识的同时，也了解到它可能带来的一些好处。他们曾试图将酒纳入他们已有的社会和宗教仪式中去，尽量为己所用。比如他们也以酒交友，喝酒寄托哀思，用酒疗伤，通过集体宴饮巩固部落成员之间的血亲关系与同胞情谊，等等。不过，和欧洲殖民者不同的是，印第安人不仅认为酒是圣水，具有超自然的力量，而且深信喝醉酒是与神灵交流的一种理想方式。在他们看来，这种醉后与神的交流，可以使人从自身所受到的各种抑制中解放出来，变得更为强大。据 17 世纪 40 年代初的一位牧师回

---

① Mancall, *Deadly Medicine*.

② Bradford, *Of Plymouth Plantation*, 205-206.

③ Edmund Berkeley and Dorothy S. Berkeley, "Another 'Account of Virginia' by the Reverend John Clayton," *Virginia Magazine of History and Biography* 76 (1968): 436.

④ James Boswell, *The Life of Samuel Johnson, LL. D.* (London: Printed by Henry Baldwin, for Charles Dilly, 1791, in two volumes), 2: 290-291.

忆，印第安人多次告诉他，他们买酒不是因为酒的味道好，也不是因为他们需要酒，而是由于喝醉了可以在想象中变成重要人物，看到那些没喝酒的人对他们心生畏惧，实在是一件乐事。1758 年，南卡罗来纳总督威廉·利特尔顿收到下属官员来信，信中称基奥威印第安人需要朗姆酒，因为他们梦见即将有一场大战，除非喝了朗姆酒，要不然他们会输得很惨。① 这大概就是为什么费城著名博物学家约翰·巴特拉姆在 1743 年会看到这样一种场景：一个印第安人与一个英国人喝醉酒后，反应迥然不同，英国人立即倒下呼呼大睡，而印第安人则兴高采烈，开始跳舞、奔跑、呼啸。②

显然，印第安人不是为醉而醉，他们喝醉有与神交流而使自己强大的目的。但是醉酒后的行动却往往使自己深受其害。其中最为明显的就是醉酒使印第安人中的暴力事件大大增加。早年印第安人为应对白人殖民者带来的各种威胁，一度力图减少他们内部的纷争，乃对村落内发生的暴力伤害采用了十分迅速的回应方式。具体办法就是由受害者或者其亲属进行报复性严惩，以图产生威慑作用，遏制伤害事件的再度发生。可是，当他们从醉酒经验中意识到醉酒者无法控制自己后，便开始对醉后伤人者网开一面。这样一来，一些印第安人便故意喝醉，然后再对自己想伤害的对象采取行动，结果导致印第安人村落的醉酒伤害事件越来越多。据一位传教士观察，17 世纪 60 年代后期的奥内达印第安人"常常是为了要杀害他们敌视的人而喝醉，可是一切都被宽恕了，你没有比这更令人满意的借口了：'你要我怎么办？我没有感觉，我醉了。'"查尔斯·斯图亚特于 18 世纪 70 年代在南部乔克托印第安人中旅行后写道：酒是"他们每天彼此杀害的原因"和"这个部落一切骚乱的根源"。③ 诚然，印第安人喝醉后也会伤害白人，但是印第安人酒后暴力的最大受害者还是他们自己。

印第安人的嗜酒和醉酒，对他们的社区秩序、个人健康和部落经济都产生了严重的负面影响。原本稳定、和谐、有序的印第安人村落，一旦弄到了酒，就几乎什么事也干不成了。印第安人事务官员乔治·克罗根在 1754 年 1 月到西弗吉

---

① Mancall, *Deadly Medicine*, 75.

② *Observations on the Inhabitants, Climate, Soil, Rivers, Productions, Animals, and Other Matters Worthy of Notice Made by Mr. John Bartram* (London: Printed for J. Whiston & B. White, 1751), 15.

③ Mancall, *Deadly Medicine*, 79-80, 94.

尼亚时发现："从 16 日到 26 日，我们什么也不能做，印第安人一直处于醉酒状态。"① 像这样连续喝酒喝上 10 天的结果就是社区内部一片混乱。醉酒后的性放纵、丈夫杀妻子，妻子杀丈夫与孩子的事情时有发生。有的印第安人醉后摔得骨折，倒在火里被烧伤，甚至终身残疾。醉酒不仅会使印第安人错过农耕季节，还会让他们无法成为一个好猎人。为了买酒，印第安人常常负债累累，以至于无力购买生产工具，也没法备足衣物等生活必需品。1766 年，一个叫乔纳森·卡弗的人看到温纳贝戈印第安人的境遇后颇为感慨。在他看来，印第安人如果不是太喜欢酒，以至于用自己的生活必需品去买那些价格高得离谱的烈酒的话，他们大概会过着令很多白人都会羡慕的轻松富足的生活。② 至于过量饮酒损害健康对印第安人人口减少造成的影响，更是不可低估。18 世纪 70 年代中期给英国主管殖民地事务的国务大臣的一份报告称：乔克托印第安人的一位酋长说"由于过量喝酒，他在 18 个月多一点的时间里就失去了一千多人"。③

由此可见，印第安人因为嗜酒和醉酒而付出了沉重的代价，但始作俑者乃是欧洲殖民者，是他们第一次将酒带到了北美东海岸，也是他们源源不断地将酒卖给原本不会酿造酒的印第安人。诚然，殖民地政府由于担心印第安人醉酒会对白人造成伤害，大多通过法令禁止卖酒给印第安人。宾夕法尼亚殖民地议会这样做时还承认，酒对印第安人祸害深重。但是这些法令从未做到令行禁止。结果，在白人开的酒店里还是不时看到印第安人的身影。1660 年，在荷兰人吞并后的新瑞典殖民地（今日之特拉华州）政府任职的威廉·比克曼，就曾向新尼德兰总督抱怨说，印第安人在一些酒店里公开饮酒。④ 清教牧师约瑟夫·菲什留下的账单也表明，尽管罗德岛殖民地议会在 1704 年和 1750 年两次通过立法，禁止印第安人、黑白混血儿、黑人仆佣或奴隶光顾酒店，他还是有机会在酒店与印第安人一

---

① Internet Archives, *A Selection of George Croghan's Letters and Journals Relating to Tours into the Western Country*, *November 16*, 1750-*November* 1765, 75, accessed September 29, 2014, https：//archive. org/details/selectionofgeorg00crogrich.

② *The Journals of Jonathan Carver and Related Documents*, 1766—1770, ed. John Parker, (St. Paul：Minnesota Historical Society, 1976), 79.

③ Mancall, *Deadly Medicine*, 92.

④ Mancall, *Deadly Medicine*, 46-47.

起喝酒。① 就整个殖民地时期而言，很多酒店店主都曾因接待印第安人而遭到起诉，但依然于事无补。当然，到酒店喝酒的印第安人只是少数，可是对于远离城镇与酒店的绝大多数印第安人来说，弄到酒也从来不是问题。法律没能迫使酒店店主停止招待印第安人，更无力禁止殖民地商人和其他殖民地人用酒与印第安人做交易，结果让酒在印第安人部落中泛滥成灾，祸害极深。

其所以会如此，除了立法与执法方面存在的问题以外，主要是因为酒成了殖民地商人与印第安人进行皮毛或其他贸易时获利最高的商品。一般商品与印第安人交换皮毛等货物获利只有100%左右，可是用朗姆酒交换则可以获利400%甚至更高。酒中掺水成了殖民地商人获得暴利的惯用伎俩。在这种非同一般的利润刺激下，殖民地商人不顾法律规定，与印第安人贸易时继续以酒做交易。② 用酒诱使印第安人出高价进货，是他们惯用的伎俩。就像一个叫约翰·莱德勒的酒商在1669年的一本小册子中所说的一样，"有时你可以用白兰地或烈酒使他们（印第安人）有兴致给你10倍于你商品的价值"。③ 殖民地官员与印第安人谈判土地出让条约时，也会用酒诱使印第安人做更多让步。1754年，北卡罗来纳殖民地官员用酒和肉款待1 100个印第安人，让他们好吃好喝几天，终于成功说服这些彻罗基人同意让出他们直到密西西比河的土地。④ 当然，印第安人也不是一见酒就受骗，无论是和商人还是和政府打交道，他们都逐渐学会了尽量保护自己的利益，有时要到成交后才会放心喝酒。不过总的来说，印第安人在和欧洲殖民者的交往中，还是因为酒而付出了沉重的代价。

印第安人并非不知道醉酒对他们的严重伤害。他们当中早就有人希望能对酒有所控制，甚至完全禁止。其中有些人是因为皈依了基督教，有些人是为了恢复北美印第安人过去没有酒的宗教传统，还有些人尤其是印第安人妇女则是为了限制酒后暴力。不管其具体动机如何，他们都意识到了酒对印第安人构成的威胁。于是这些印第安人不仅要求殖民地官员禁止对印第安人进行酒类贸易，还直接拒

① Salinger, *Taverns and Drinking in Early America*, 238.

② Mancall, *Deadly Medicine*, 43, 52.

③ William P. Cumming, ed., *The Discoveries of John Lederer* (Charlottesville, VA: University of Virginia Press, 1958), 42.

④ Mancall, *Deadly Medicine*, 48.

绝殖民地商人用酒换取毛皮，不允许酒进入他们的村子。他们向同胞宣讲酒后暴力的严重后果，劝导并监督社区成员不要一次就将酒喝完。研究美国早期印第安人酒类饮用史的学者彼得·曼考尔，甚至称他们为北美大陆的"戒酒先锋"。然而，他们的禁酒、戒酒和节酒的努力却少有成功，更不要说形成什么社会运动。这不仅仅是由于殖民地商人为高额利润而不肯放弃与印第安人的酒类贸易，而且是因为这种贸易加速了内陆地区纳入大西洋市场经济体系的进程，成了不列颠帝国宏图的一个组成部分。当然，印第安人内部反对禁酒的力量也很强大。不少印第安人认为酒还是有它的好处，不能完全禁止。那些替殖民地商人做中间人的印第安人则希望继续靠酒类贸易获利。对于大多数沉迷于酒不能自拔的印第安人来说，醉酒似乎是他们暂时逃避残酷现实世界的一种方式。他们不想看到部落人口的急剧减少，不想看到土地的丧失，不想看到传统文化所受到的威胁。可是他们又一筹莫展，于是就求助于酒，靠酒使自己飘然于另一个世界，一个他们心目中神灵的世界，希望能有一醉解千愁的效果。① 可这只会是暂时而虚幻的解脱而已。

---

① Ibid. , 100-129.

四、功能甚多的酒店万景图

在饮酒之风如此盛行的殖民地时代，人们喝酒喝得最多也是最经常的地方，除了自己家里与工作地点以外，就是酒店。殖民地酒店的出现与早期移民的欧洲背景有关，主要是来自英国与荷兰的影响。前工业时代的英国，艾尔酒家（Alehouse）的数目比零售店还多，并且超过了可以集会的任何公共场所的数量。① 前文中曾经提到，伊丽莎白一世在位的 1577 年，英国平均每 187 人就有一家卖酒的店铺。荷兰也不逊色，1613 年时平均每 200 个阿姆斯特丹居民就有一家持有执照的艾尔酒家。② 这种传统自然被从英国和荷兰来的移民带到了北美大陆。威廉·伯德在其撰写的有关弗吉尼亚与卡罗来纳的历史著作中记载，1607年建立詹姆斯敦的英国移民只花 50 英镑盖了一座教堂，却花 500 英镑建造了一个酒店。③ 不过，至今未发现时人留下的史料可以佐证这个酒店的存在，故而也难以说它是不是英属北美殖民地第一个酒店。马萨诸塞海湾殖民地首任总督温斯罗普 1634 年 3 月日记中亲笔所书倒是毋庸置疑："塞缪尔·科尔开了第一家公用客栈"。④ 这是波士顿第一家酒店，可能也是北美殖民地最早的酒店。波士顿在 1640 年又有了一家酒店，叫赫德森屋。⑤ 最初这些酒店称为"客栈"（Ordinary），后来随着这个行业的发展，人们在 17 世纪末多称这类店铺为"酒店"（Tavern）。驿站马车发展起来后，此类店铺中又有些被称为"旅店"（Inn）。尽管这些称呼不尽相同，但除早期的客栈有些只供酒以外，这些店铺基本上都是

---

① Salinger, *Taverns and Drinking in Early America*, 13.

② Ibid. , 10.

③ William Byrd, *Histories of the Dividing Line betwixt Virginia and North* Carolina (Raleigh: North Carolina Historical Commission, 1929), 3.

④ *Winthrop's Journal*: "*History of New England*" 1630—1649, ed. James Kendall Hosmer (New York: Charles Scribner's Sons, 1908), Vol. I: 120. 美国研究殖民地史的著名学者 Darrett Rutman 在 *Winthrop's Boston*: *Portrait of a Puritan Town*, 1630—1649 (Chapel Hill: University of North Carolina Press, 1965) 一书中称: 科尔夫妇在 1631—1632 年盖好了自己的房子，将其中一部分用来作为酒店，但他未注明此说出处。见该书第 37 页。

⑤ Elise Lathrop, *Early American Inns and Taverns* (New York: Benjamin Blom, Inc. Publisher, 1968), 78.

不仅能招待外来旅客和本地人餐饮住宿，而且可以卖酒的店铺。① 故本章乃以
"酒店"作为它们的统一称呼。至于 18 世纪出现的"咖啡馆"（Coffee House），
它在供应咖啡的同时也供应大量的酒，实际上只是饮料种类多一点、服务层次高
一点的酒店而已。

殖民地人热衷于建酒店，当然不是仅仅因为欧洲传统的影响，更重要的是他
们在新世界确实有这方面的实际需要。正是这些需要使酒店很快就成了殖民地社
区生活的中心。当时的主政者都很清楚，酒店对于外来旅客是不可缺少的。马萨
诸塞大议会在 1639 年立法中指出，缺少适当地方接待因大型集会和船舶到岸而
来的旅客，产生了极大的不便。故政府规定每个镇都可以挑选适当的人，由大议
会发给执照经营酒店，招待客人。② 1644 年，康涅狄格殖民地政府也下令，每个
镇都要为"很多来到这些镇因缺乏招待而处境窘迫的陌生人与旅客"开一个酒
店。③ 中部地区的新尼德兰殖民地总督威廉·基夫特，起初在新阿姆斯特丹自己
的家里招待四方来客，结果疲于应付，1642 年索性在面向东河的地方开办了属
于西印度公司的城市酒店。这家酒店的石屋是当时城里造价最高的建筑，连后来
盖的教堂也无法和它相比。不过，对于荷兰移民来说，由城镇当局经办官方酒店
接待外来旅客，在他们大洋彼岸的家乡是习以为常之事，没有什么可大惊小怪
的。④ 南部有所不同。弗吉尼亚等殖民地最初人口居住分散，乡镇和村子都比较
少，旅客在乡间旅行往往借宿于种植园主家中，甚至一个便士都不用花。故而除
了大城镇以外，当地酒店比较少。后来酒店逐渐增多，也随之产生了一些问题。
弗吉尼亚殖民地议会乃于 1668 年通过法律，规定在一个县以及法院附近只能有
一个或两个酒店，但码头、渡口和大道旁除外。显然，即便要限制酒店数目，殖

---

① Salinger, *Taverns and Drinking in Early America*, 18.

② *Records of the Governor and Company of the Massachusetts Bay in New England*, 1：279-280.

③ *The Public Records of the Colony of Connecticut*, eds., J. Hammond Trumbull and Charles Hoadley
(Hartford：Brown and Parsons, 1850—1890), 1：103.

④ W. Harrison Bayles, *Old Taverns of New York* (New York：Frank Allaben Genealogical Company, 1915),
6-7；James W. Gerard, *The Old Stadt Huys of New Amsterdam*, *A Paper Read before the New York Historical Society*,
June 15th 1875 (New York：F. B. Patterson, 1875), 3-4；Mariana Griswold Van Rensselaer, *History of the City of
New York in the Seventeenth Century*, Volume I：New Amsterdam (New York：Cosimo, 2007, originally published in
1909), 187.

民地政府也没有忘记便利旅客的实际需要。①

当然，殖民地人开办酒店不仅仅是为了方便外来旅客，同时也是为了本地居民的需要。原本酒店不多的南部，之所以随着人口增多酒店也变得多了起来，其中一个原因就是当地居民的压力。那些找不到酒店喝酒的人聚集到附近种植园主家去喝酒，使这些种植园主不堪重负，于是索性申请执照开办酒店。事实上，当时一般人都认为，没有酒店或者酿酒坊的地方无异于荒野。用本杰明·富兰克林的俏皮话来说就是：不能好好喝酒，就不能好好生活。② 在宾夕法尼亚殖民地拿撒勒的莫拉维亚教徒的定居点，人们要求建一个酒店的理由是：一个没有酒店的村子就像是"没有鬼的哈姆雷特"。③

从北美殖民地 160 多年的历史来看，他们这些说法绝非空穴来风，也不是夸大其词，因为酒店在当时的社区生活中所承担的角色之重要，是今人难以想象的。殖民地时代酒店不仅仅是人们喝酒住店的地方，而且是公共服务、商贸交易、娱乐消遣与社会交流的所在，其功能之多，可谓五花八门。这酒店中发生的一切，就像是一幅充满生气的殖民地社会生活的清明上河图。

首先，酒店是那个时代驿车站和邮递网点的所在地。早在 1639 年，马萨诸塞大议会就指定理查德·费尔班克斯在波士顿开的酒店为殖民地与海外来往邮件的存放点。1673 年，纽约殖民地总督弗朗西斯·洛夫莱斯在波士顿和纽约之间安排了每月一次的邮递服务，历时虽然不长，但所经道路后来成为重要的邮递线路，称之为波士顿邮道。④ 据 1697 年纽约的历书记载，在这条长 274 英里的邮道上共有 26 家酒店，平均约 10 英里就一家。到 1725 年，从斯普林菲尔德经康涅狄格河流域到哈特福德的 54 英里的马路，成了新英格兰西部最繁忙的大道，沿

① *The Statutes at Large: Being a Collection of All the Laws of Virginia*, 2: 269.

② *Benjamin Franklin: Writings*, ed. J. A. Leo Lemay (New York: Library of America, 1987), 303.

③ Cited in Peter Thompson, *Rum Punch and Revolution: Taverngoing & Public Life in Eighteenth-Century Philadelphia* (Philadelphia: University of Pennsylvania Press, 1999), 3.

④ United States Postal Service, "Colonial Times" in *The History of the United States Postal Service*, accessed September 4, 2014, https://about.usps.com/publications/pub100/pub100_002.htm.

途酒店有 12 家之多。①北部与中部殖民地的这些酒店，和南部的大种植园一样，通常都是载客马车停靠与邮件交接的地点。

北美殖民地统一管理的邮政系统是在 1692 年英王授权后才逐步建立起来的。当时负责建立这一系统的是新泽西殖民地总督安德鲁·汉密尔顿。在他建议下，北美除建立一个邮政总局以外，还在每个殖民地主要城镇设立邮局。有些殖民地城镇的邮局就设在酒店里。纽约与新罕布什尔殖民地为建立邮局通过的法案规定：给予邮局局长以免交艾尔酒和其他酒类消费税的优惠。② 显然，这些可以获得酒税优惠的邮局局长，就是酒店店主。到美国革命前的 1775 年，从弗吉尼亚的威廉斯堡到新罕布什尔的朴次茅斯，一共有 30 个邮局在运作。③ 这些邮局虽然不一定都开设在酒店里，但是这些邮局再往下继续投递邮件的地点，则大多为酒店——因为那里是附近居民常去的地方。不过，酒店在处理邮件上并不是太可靠。1755 年，有位叫丹尼尔·费希尔的旅客住进了一家酒店，看到酒店桌子上有一封寄给威廉斯堡某人的信，可是好几个从酒店去威廉斯堡的客人看到了信，却没有将它带走。④ 相比之下，地方报纸邮递到酒店还是比较可靠的，人们常常可以听到有人在酒店里大声读报。

除了交通与邮政方面的公共服务以外，酒店有时还要执行殖民地法院的命令，负责护理由政府负担的病残者。例如，1667 年 4 月，马里兰殖民地圣玛丽县的酒店店主沃尔特·帕克就收到殖民地法院命令，要他照顾"跛了且生活不能自理的"马莎·克拉布，结果照顾了两年之久。⑤ 有时候，就连那些并非由政府负担的病人，酒店老板也会加以照顾。1673 年，一个名叫约翰·沃里克的居民受伤病倒了，非常虚弱。他找到酒店店主理查德·里奇尔，希望能住在酒店里，并请老板娘照顾他。此人住下来后，老板娘汉娜替他的伤口敷了药膏，老板还给了他两瓶葡萄酒和两瓶白兰地。三个多月后，沃里克康复了，但却不愿意缴付住宿

---

① Bruce C. Daniels, *Puritans at Play: Leisure and Recreation in Colonial New England* (New York: St. Martin's Press, 1995), 145.

② William Smith, "The Colonial Post-Office," *American Historical Review* 21 (1916): 262.

③ United States Postal Service, "Colonial Times".

④ Salinger, *Taverns and Drinking in Early America*, 56.

⑤ *Archives of Maryland Online*, Vol. 57: xxi.

与护理的费用。于是店主扣下了他当初存放的丝绸衣服和其他物品。结果双方诉诸公堂，后法院判决：所扣衣物与应付费用两相抵消，各自负担诉讼费用。①

酒店的另一项公共服务功能，是经常要为政府官员和法官提供办公地点。原因很简单，18 世纪中期以前，各殖民地的公共建筑很少，不敷使用。于是，费城的县级专员们起初在罗伯特的咖啡馆开会办公，1747 年迁往琼斯寡妇开的三冕标牌酒店。第二年办公地点改到法院后，他们十分不满，因为那里既没有酒又没有壁炉。结果这些专员在 1750 年又回到琼斯寡妇的酒店开会去了。② 马萨诸塞殖民地高等法院法官塞缪尔·休厄尔 1674—1729 年写的日记告诉我们，他作为殖民地参事虽然在市镇大楼里开会，但是作为法官却要在附近的酒店里开庭审案。③ 即便是波士顿在 1713 年盖起了一栋颇为壮观的新市镇大楼，法院依然一如既往地在酒店审案。在南卡罗来纳的查尔斯顿，法官们在约翰·戈登的酒店里长租了一个房间，作为他们断案的地点。总督詹姆斯·格伦对此很不以为然，曾于 1750 年向参事会与议会抱怨。他说行使政府职能的地点颇不恰当，怎么能"法院开在酒店，牢房设于私宅"。格伦后来还敦促议会盖房，想解决这一问题。④

其实，这位总督有点大惊小怪。在当时的条件下，酒店不仅为政府，还为教会提供了活动空间。一些定居点建立之初没有礼拜堂，酒店宽大的房间往往就成了做礼拜的地方。例如马萨诸塞殖民地的菲奇堡，还有罗德岛殖民地的普罗维登斯，就是如此。⑤ 康涅狄格殖民地的诺威奇镇，也曾用塞缪尔·特拉普的酒店作为礼拜堂。⑥ 这样做的不仅仅是清教徒。据 17 世纪末和 18 世纪初到访的一位英国人托马斯·斯托里记载，马萨诸塞殖民地纽伯里的贵格会教徒，也曾在酒店举行宗教聚会。后来，即便一些地方社区有能力修建礼拜堂之后，这些礼拜堂也常

① Ibid., 66: xxiii-xxiv.

② Salinger, *Tavern and Drinking in Early America*, 65-66.

③ Samuel Sewall, *The Diary of Samuel Sewall*, 1674-1729 (New York: Farrar, Straus and Giroux, 1973), 1: 421.

④ Salinger, *Tavern and Drinking in Early America*, 66.

⑤ Alice Morse Earle, *Stage-Coach and Tavern Days* (New York: Macmillan, 1900), 16.

⑥ Frances Manwaring Caulkins, *History of Norwich, Connecticut: From its Settlement in 1660 to 1845* (Norwich, CT: T. Robinson Co., 1845), 291-292.

常与酒店为邻。因为礼拜堂里一般都没有壁炉取暖，更没有饮料润喉，而近在咫尺的酒店则可以在信徒们做礼拜前后为之提供一个舒适的所在。让他们在那里歇口气、暖暖身、聊聊天、喝点酒振作精神。这在冬日严寒的新英格兰十分重要。正是由于这方面的考虑，波士顿镇委会在 1651 年授权约翰·维尔在县法院批准后开一个酒店，提出的条件就是酒店必须开在新建的礼拜堂附近。① 这样一来，人们在北美殖民地的城镇常常可以看到，酒店大都是和政府、法院、礼拜堂同处于城镇的中心。如果说政府、法院的所在是政治中心，礼拜堂是宗教中心，那么酒店就是社区活动的中心。当然，随着城镇的扩大和酒店的增多，不是每个酒店都处于一个镇的中心地带，但是每个镇的中心地带通常都会有一家酒店。

殖民地时代的酒店不仅具有这些公共服务的功能，而且还是私人交易的场所。由于英国重商主义政策的影响，北美殖民地的硬通货长期不足，信贷成了生意往来能否成功的关键所在，因此相互之间的信任十分重要。在酒店里一起喝酒谈生意，便成了建立这种信任的一种手段。到了生意做成时，更是非要喝上一杯来隆重庆祝，几乎是无酒不成交。而一旦经济下滑导致货币短缺与信贷紧张之时，信贷双方到酒店小坐，则可以缓和彼此的担忧。对于一时难以支付的一方来说，说不定还能避免诉诸公堂而招致牢狱之灾的危险。这一切都被波士顿牧师本杰明·沃兹沃思看在眼里。他很不以为然，在 1719 年撰文愤然责问："这难道还不糟糕吗，在他们去酒店喝下烈酒以示隆重之前"，没有什么人可以就生意达成协议，"结算账目，支付或者收取一点款项"。②

除了在酒店谈生意，殖民地人还在那里从事很多商贸和职业活动，包括销售商品和奴隶，提供专业服务，甚至张贴寻物启事。大宗地产、遗产与进口货通常在比较大的酒店销售，如波士顿的大不列颠咖啡馆和白马标牌酒店，而位于君王街的皇家交易所酒店则是船舶销售中心。波士顿的报纸上常常登有在酒店销售奴隶的广告。有的文教专业组织也在酒店议事。例如 1770 年，达特茅斯学院的董

① Gavin R. Nathan, *Historic Taverns of Boston: 370 Years of Tavern History in One Definitive Guide* (New York: iUniverse Inc. , 2008), 8.

② David W. Conroy, *In Public Houses: Drink and the Revolution of Authority in Colonial Massachusetts* (Chapel Hill: University of North Carolina Press, 1995), 75.

事们与校长埃利埃泽·惠洛克的第一次会议就在基恩酒店召开，从而开办了这所属于美国未来常春藤大学之一的著名学府。此外还有一些有专长的人也喜欢在酒店里一显身手。《弗吉尼亚时事报》上就曾登过一个叫谢瓦利埃·德·普罗格雷赛的人的广告。他要在威廉斯堡的罗利酒店开班教授剑术、舞蹈与法语。1757年，宾夕法尼亚的伯利恒与拿撒勒的居民发现，他们每月有几天可以去玫瑰酒店找约瑟夫·米勒医生就诊，此公特别精于放血疗法。至于到酒店揽活的手艺人如银匠等，更是不胜枚举。① 如果殖民地人不慎遗失了什么，也大多在寻物启事上指定酒店作为送还与认领失物的地点。

当然，酒店还是殖民地人寻求各种娱乐消遣的地方。人们在那里可以参加讲座，听音乐，看表演，跳舞，打拳，以烛光为靶子进行室内射击比赛，观赏珍禽异兽。有的酒店在户外还有地方打板球，掷连环套，斗鸡。酒店的后街与边巷则可以玩九柱戏，即早期的保龄球。亚历山大·汉密尔顿医生在 1744 年从马里兰到缅因做了一次长途旅行，留下了十分珍贵的日记。他在日记中谈到一位酒店歌手，称其颤音与装饰音是如此之美，甚至胜过了小提琴。② 纽约的黑马酒店在 1736 年 1 月 19 日为威尔士王子的生日举办了舞会。③ 在波士顿公园的一家酒店里，顾客们只要花 6 便士就可以观赏一只黑驼鹿。费城的印第安女王酒店则有骆驼展出。④ 有些酒店还用畸形动物吸引顾客，例如展出有八条腿和两条尾巴的猫。⑤

尽管赌博在一些地方被禁，但是到酒店赌博依然是家常便饭。城市酒店有较多房间可以满足商人与官员们在这方面的需要。他们可以在那里打牌，玩台球，或者干脆掷骰子。汉密尔顿医生从马里兰到缅因一路上对此屡见不鲜。他在纽约一家酒店看见一些人在玩掷骰子的十五子游戏，有些政客在下象棋。（见图 07）

① Salinger, *Tavern and Drinking in Early America*, 56-57. Donna-Belle and James Garvin, *On the Road North of Boston: New Hampshire Turnpikes and Taverns*, 1700-1900 (Lebanon, NH: University Press of New England, 1988), 12.

② Alexander Hamilton, *Gentleman's Progress: The Itinerarium of Dr. Alexander Hamilton*, 1744, ed. Carl Bridenbaugh (Chapel Hill: University of North Carolina Press, 1948), 84.

③ Earle, *Stage-Coach and Tavern Days*, 39.

④ Salinger, *Taverns and Drinking in Early America*, 58.

⑤ Christine Sismondo, *America Walks into a Bar: A Spirited History of Taverns and Saloons, Speakeasies and Grog Shops* (New York: Oxford University Press, 2011), 43.

到第二天晚上，汉密尔顿忍不住自己也和朋友玩了起来。[1] 1765 年，一位法国人在弗吉尼亚旅行时发现，他在威廉斯堡一家酒店结识的地方显贵"都是专业赌徒"，特别是其中一位伯德上校，"手里如没有骰子和骰子杯就不会高兴"，而且不久前为还赌债就卖掉了 400 多个黑奴。这位法国人还观察到，很多弗吉尼亚人白天往来于威廉斯堡的殖民地议会大楼与酒店之间，到晚上则在一个房间里闹哄哄地饮酒，或者在另一个房间里狂赌。他感慨地说："弗吉尼亚没有一个酒店不是桌上丢满了骰子杯。"[2] 其实早在 1752 年，威廉与玛丽学院的院长威廉·斯蒂思就曾恳求弗吉尼亚殖民地的议员们，在赌博上要约束自己，以免"在大多数人民中失去其分量与影响"。[3] 酒店赌博自然离不开饮酒，结果就会发生一些荒唐事。1736 年，费城的抹灰工托马斯·阿普蒂在红狮酒店与人打赌，说自己可以在一个半小时内喝完 1 加仑苹果酒。等他终于大功告成时仅说了一句"我喝完了"就立马倒地，一命呜呼。酒喝完了，人也玩完了。[4]

殖民地时代的酒店不仅仅是公共服务、商贸交易、娱乐消遣的地方，而且是社会交流的中心。这是和口头话语交流在殖民地人交往中的重要地位分不开的。诚然，新英格兰的清教徒非常强调阅读圣经与宗教著述，他们当中识字的人比率也很高。但是这种书面文字交流主要限于宗教领域，印刷出版物在新英格兰还不是公众交换信息和想法的重要工具。事实上，马萨诸塞殖民地政府在 1690 年扼杀了殖民地居民出版报纸的第一次尝试。[5] 当时的殖民地政府高官与地方上层人物希望自己首先获得来自外地的新闻消息，看看哪些可以公之于众，哪些不可以，然后再有选择地向殖民地人宣布。因此，他们在整个 17 世纪都没有考虑要办一份报纸。而这样一来，殖民地人便常常聚集在酒店里，彼此交谈互通消息，相互接触增进了解，并参与有关公共利益的辩论，将酒店变成了一个社会交流的平台。

---

[1] Hamilton, *Gentleman's Progress*, 177-178.
[2] "Journal of a French Traveller in the Colonies, 1765," *American Historical Review* 26 (1921): 741-743.
[3] Nancy L. Struna, *People of Prowess: Sport, Leisure and labor in Early Anglo-America* (Urbana: University of Illinois Press, 1996), 160.
[4] Carl Bridenbaugh, *Cities in the Wildness: The First Century of Urban Life in America*, 1625—1742 (New York: Knopf, 1955), 431.
[5] Sewall, *The Diary of Samuel Sewall*, 1: 267.

从休厄尔法官的日记中可以看出，每逢法院开庭的日子，人们便从一个县的四面八方来到审案的酒店，他们不只是为了官司而来，而且是为了打探消息。当休厄尔法官在普利茅斯与治安法官及其副手在酒店进餐时，听到另一个法官告诉大家"麦卡蒂的船到了波士顿的消息以及大量新闻"。① 如果有外来旅客进入酒店，当地人更是要找他刨根问底，有时甚至咄咄逼人，就像审讯一样。汉密尔顿医生为此在日记里曾抱怨费城酒店的顾客"对外来人过分好奇"。② 英国人安德鲁造访北美殖民地时听人家讲，有个费城人来到马萨诸塞一家酒店，店主家每个人都向他问问题。可怜这个费城人"在让每个人都满意而且彼此商量和比较他们的消息之前，什么饮料点心都不可能到手。"③ 曾在弗吉尼亚政府任职的威廉·布莱克认为，光顾酒店最大的好处不在于食品和酒类，而在于交谈。他觉得在酒店里与人交谈一个小时，比花一周时间四处观察所得还要多。④ 可谓酒店一席话，胜过七日游！当然，酒店里的消息有真有假，如休厄尔有一次听说法王路易十四从马上摔下来扭断了脖子，后来这消息被证明是谣传。⑤因此，人们到酒店来还有一个目的，就是希望从不同的来源验证消息的可靠性。

酒店里的社会交流，除了获得信息以外，还成了在社区成员之间建立和维持和谐关系的纽带。人类学研究认为，在传统社会里，饮酒及有关仪式是"用于表达社会关系的肢体与口头交流语汇的一个部分"。⑥ 英国国教教会日历上很多圣徒日的宴饮，原本就具有这种功能。可是新英格兰的清教徒到北美后为了与英国国教划清界限，便取消了这些传统节庆日，甚至连圣诞节都不过。这样一来，殖民地人能够用来联络感情和增进社区感的机会，就只剩下礼拜日等有限的教堂聚会了，自然感觉若有所失。于是酒店聚会便成了弥补这一缺失的十分恰当的选择。当时酒店里椅子很少，大都是长板凳，如波士顿王徽酒店在 1651 年只有 4

---

① Ibid. , 1：947.

② Hamilton, *Gentleman's Progress*, 28.

③ Andrew Burnaby, *Travels Through the Middle Settlements in North America*, *In the Years* 1759 *and* 1760, *With Observations upon the State of the Colonies*（Dublin：Printed for R. Marchbank, Cole's-Alley, Castle-Street, 1775），181-183.

④ "Journal of William Black, 1744" *Pennsylvania Magazine of History and Biography* 1（1877）：405.

⑤ Sewall, *The Diary of Samuel Sewall*, 2：947.

⑥ Barr, *Drink*, 22.

张椅子，却有 20 几张长凳，所以酒店顾客大都要挤坐在同一条板凳上，从而加强了伙伴感。① 后来椅子虽然增多了，但是酒店顾客摩肩接踵、济济一堂的传统却没有太大改变。不仅如此，人们还在酒店里一起跳舞、唱歌、为健康祝酒，自然进一步增进了彼此之间的亲近感。据说，为健康祝酒的传统是由撒克逊人首领的漂亮女儿罗伊纳在公元 5 世纪带到英格兰的。马萨诸塞殖民地的清教当局曾视其为腐败英国的恶习，于 1639 年宣布禁止，但禁而不止，当局只好在 1645 年取消了禁令。② 其所以会如此，主要是因为这种祝酒方式为来到陌生土地上的英国移民带来了共同的归属感和社区感。当他们在酒店一起给国王或殖民地领导人祝酒时，心中会产生大家同属一个社区而且都是"英国人"的认同感。

从社会交流的角度来看，酒店还有一种重要功能，那就是为人们作为私人个体聚集到一起讨论公共问题，提供了一个公共空间。当地居民和四方来客在这里几杯酒下肚，就可以几乎无所顾忌地发表自己的看法，对别人的观点做出评价，相互之间展开辩论。人们有时争得面红耳赤，有时形成共同见解，从而对公众舆论产生影响，使自己言谈的意义扩及更为广大的世界。因此，光顾酒店不是仅仅为喝酒而喝酒，也不只是出于个人的各种需要，有时还会成为殖民地人关注公共利益的一种有意识的社会行动。这种对公共利益的关注，使得政治成了酒店交谈中几乎是不可缺少的内容。在靠近费城的达比镇的酒店里，汉密尔顿医生听到了"一个年轻的贵格会教徒与一个私掠船水手长就对敌诉诸战争的合法性展开的优雅辩论"。后来到东新泽西的特伦顿镇，他又在一家酒店碰到一个当地医生对他抱怨这个地方议事机构的糟糕，说它"主要是由工匠和极其固执的什么也不懂的混蛋组成的"。③

七年战争以后，殖民地与英国关系趋于紧张，政治更是酒店里最热门的话题。一位法国人在 1765 年到达弗吉尼亚的纽卡斯尔，住进了约翰逊上校开的酒店，这位上校的兄弟是民兵少校，当时也在酒店里。由于下雨，法国人不得不在酒店待了 20 几个小时。他在日记中写道："在这段时间里，我们谈的全是印花

---

① Conroy, *In Public Houses*, 47.

② *Records of the Governor and Company of the Massachusetts Bay in New England*, 1: 271-272; 3: 359.

③ Hamilton, *Gentleman's Progress*, 17, 31.

税。少校直言他宁可死也不会交一法寻税（笔者注："法寻"为当时英国货币最小的币值单位，为1/4便士），他确信所有的乡亲都会这样做。许多谈话都是有关这个县的高贵爱国者亨利先生（笔者注：即后来声言"不自由，毋宁死"的帕特利克·亨利），所有的居民都公开表示，如果他受到一点伤害，他们都会和他站在一起流尽最后一滴血。"①正是在酒店这样的公共空间里形成的公众舆论与政治文化，对日后北美殖民地走上独立的道路产生了重大影响。

然而，酒店成为这样一个可以比较自由地发表意见的公共空间，并不是从殖民地建成之日即已开始，而是17世纪殖民地逐步走向宗教宽容与减少言论限制的结果。其实，殖民地初创时并无宗教宽容可言。就连曾在英国饱受宗教迫害之苦的清教徒，到新英格兰建立殖民地后，也马上对怀有异见的教友和其他教派加以迫害。这些公理会教徒坚信，唯有自己的清教教派才掌握了得救的真理，其他教派与异见的存在不仅会妨害得救，而且会扰乱社会秩序。于是，马萨诸塞殖民地当局在1636年和1638年先后驱逐了罗杰·威廉姆斯和安妮·哈钦森，其目的是肃清清教内部持有异见的人士。至于被他们视为异端的其他教派就更不在话下。1630—1660年因此被逮捕和逐出马萨诸塞殖民地的，包括了当时英语世界几乎每一种教派的成员。其中最为当局痛恨的是贵格会教徒。1659—1661年，马萨诸塞殖民地甚至依法将4个被逐后又多次返回的贵格会教徒处以死刑。② 弗吉尼亚殖民地建立不久，在1610—1612年由总督与代理总督发布了所谓《戴尔法》。该法明确规定，对三位一体言辞不虔诚者处以死刑。③ 弗吉尼亚成为王室殖民地后，其议会在1643年宣布，将所有不信英国国教者与天主教徒驱逐出境，并在1659年通过立法镇压贵格会教徒。④ 尽管弗吉尼亚殖民地从未像马萨诸塞一样因宗教原因处死任何人，但是因为不信国教而离开弗吉尼亚或者不敢来此定居者大

---

① "Journal of a French Traveller in the Colonies, 1765," 747.

② James H. Hutson, *Church and State in America：The First Two Centuries* (New York：Cambridge University Press, 2008), 16-17.

③ *Articles, Lawes, and Orders, Divine, Politique, and Martiall for the Colony in Virginia*, Image 45 of Volume 3 (Genenral Collections copy), Book/Printed Materil, Library of Congress, accessed August 21, 2020, https：//www. loc. gov/resource/lhbcb. 7018c/? sp=45.

④ Hutson, *Church and State in America*, 13.

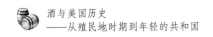

有人在。

当时这些殖民地不仅缺少宗教宽容，而且言论也会受到诸多限制。这些限制旨在维护殖民地的社会道德、等级制度、公共秩序与政府机构。因此，各殖民地都程度不同地因袭了英国的"煽动性言论法"。伊丽莎白女王时代的这类法律，曾将书面发表煽动性言论定为重罪，口头发表这类言论定为轻罪，但第二次发表即为重罪。至于声称女王不合法者则为叛国罪，有不少英国人因此而被处死。这些法律在伊丽莎白去世后不再有效，但詹姆斯一世继位后，星室法庭1606年判决确立了17世纪英国煽动性言论法的基本原则：（1）将对私人个人的诽谤与对政府官员的中伤区别开来，后者的罪行更为严重，因为它"不仅有害治安，而且让政府蒙羞"；（2）即便中伤官员所述事实为真，也不可脱罪，因为对政府已造成负面影响；（3）所有煽动性言论均为轻罪，无论是书面还是口头发表都一样。在这项判决之后陆续建立的英属北美殖民地，纷纷以此为圭臬，将批评官员、批评政府和散布虚假消息视为煽动性言论罪，纳入法律惩罚的范围之内。①

不过，即便是在殖民地早期，北美也不是完全没有宗教宽容之光。罗杰·威廉姆斯逃离马萨诸塞之后，建立了普罗维登斯拓殖地。从第二批来此定居的新居民1636年立下的约定可以看出，他们保证遵守的由居民多数决定的命令或协定的范围，"仅在世俗事务之内"。② 这就是说，哪怕是由居民多数通过的法规也只是限于世俗事务，不能干预宗教信仰。普罗维登斯拓殖地后来和安妮·哈钦森的追随者们建立的朴次茅斯、纽波特等定居点一起组成了罗德岛殖民地。尽管这个殖民地有相当大程度的宗教宽容，但是由于威廉姆斯关于政教分离的宗教自由主张在时人看来过于激进，其影响十分有限。此外，早在1634年就已建立的马里兰殖民地也有一定的宗教宽容。因为其业主巴尔的摩勋爵塞西莉厄斯·卡尔弗特信奉天主教，希望马里兰能成为在英国受到迫害的天主教徒的避难所。于是，哪怕来到这里的天主教徒在居民中占少数，他们还是可以在家里践行自己的宗教。到17世纪40年代初，天主教徒已能公开举行其宗教仪式。这十年结束前，马里

———————————

① Larry D. Eldridge, *A Distant Heritage : The Growth of Free Speech in Early America* (New York: New York University Press, 1994), 20-24.

② John R. Bartlett, *Records of the Colony of Rhode Island and Providence Plantations in New England* (Providence, RI: A. Crawford Greene and Brother, 1856), 14.

兰还建起了 4 个天主教教堂。①

除了罗德岛与马里兰以外，大多数英属北美殖民地走向宗教宽容，则是在 1642 年英国内战爆发以后。这场内战使英国国教失去了宗教事务上的大一统地位，从而为过去长期遭受宗教迫害或者根本无法出头的教派提供了活动的舞台。于是包括公理派、浸礼派、贵格派、反律法派、阿米尼乌斯派以及其他教派在内的诸多教会派别，开始集合在"独立派"的大旗之下。它们虽然在宗教理念与组织原则上各不相同，但是都反对宗教划一，故而得名为"独立派"。这种不受大一统全国教会组织左右的理念，以及它们过去遭受宗教迫害的经历，使其成员倾向于宗教宽容。正是这些"独立派"教徒成了克伦威尔统率的新模范军的主力。他们要团结起来，共同对敌，赢得战争，自然也必须在宗教歧见上彼此宽容。因此，无论是从宗教信念，还是从战争需要出发，克伦威尔都成了一个宗教宽容的倡导者。他甚至希望将他在军中实行的宽容扩展到全国。② 这和北美当时公理会教徒治下的新英格兰形成了巨大反差。1645 年 6 月，英国"独立派"的 13 位牧师致信马萨诸塞海湾殖民地大议会，指责其在北美驱逐浸礼派的法令有损公理会在英国的事业，也就是清教革命。③ 新英格兰清教殖民地当时虽未予理会，但毕竟感觉到了来自母国的压力。

直到 1661 年，当复辟后的查理二世从牢中释放贵格会教徒的消息传来后，普利茅斯殖民地终于率先停止迫害贵格会教徒。马萨诸塞海湾殖民地拖到 11 月也决定停止鞭打与处死贵格会教徒，可不久又恢复鞭刑。在整个复辟时代，新英格兰清教殖民地虽然对浸礼会、贵格会以及其他新教教徒有所宽容，但仅仅是一种不情不愿的宽容。

与此同时，复辟时代很多英国人从荷兰经济的成功中得出结论："贸易在很大程度上靠的是良心自由。"那些从查理二世手中获得特许状到北美建立业主殖民地的宠臣贵族，无一不懂这个道理。他们作为殖民地业主要从创立殖民地中获利，就必须吸引大量移民，自然要依靠宗教宽容。查理二世在给他们的一些特许

---

① Jon Butler, *Religion in Colonial America* (New York：Oxford University Press, 2000), 48.

② Michael P. Winship, *Hot Protestants：A History of Puritanism in England and America* (New Haven：Yale University Press, 2018), chapters 10, 11.

③ Perry Miller, *The New England Mind from Colony to Province* (Boston：Beacon Press, 1953), 9.

状中也明确指令，要给人以"良心自由"。这样一来，复辟时代建立的卡罗来纳、纽约、新泽西和宾夕法尼亚等业主殖民地，纷纷保证任何人的宗教信仰和礼拜方式都不会受到干预。①

1688 年光荣革命发生后，英国国会在第二年通过《宽容法》，宣布不信国教的新教徒不再受教会法的惩罚，但天主教徒与不信三位一体论的基督徒除外。尽管还有很大局限，这部法律所具有的重要意义却不可低估。它否定了自罗马帝国以来国家要支持国教的主要依据：只有一种宗教垄断了真理，国家必须将这种真理强加于民，才能使其永世得救。这样一来，无论是以英国国教圣公会为国教，还是以清教公理会为国教，也不管是王室殖民地、业主殖民地，还是持有特许状的其他殖民地，所有这些英属北美殖民地依照《宽容法》都要允许其他新教教派有存在与发展的空间。自 17 世纪 80 年代开始，英国政府向所有王室任命的殖民地总督发出指令，要他们"允许除天主教徒以外的所有人享有良心自由"。这一做法一直持续到英国在北美十三个殖民地的统治结束。故而有学者认为，1689年《宽容法》通过后，北美大多数殖民地就和英国一样有了宗教的自由市场，即人民至少在新教范围内有了选择宗教信仰的自由。②

事实上，由于欧洲各国不同教派移民的大量涌入，殖民地非国教居民迅速增加，那些确立了国教地位的教会的发展相比之下反倒不那么理想，有的甚至在教友人数上都比不过其他教派。18 世纪 20 年代，一个南卡罗来纳圣公会教徒警告说："如果没有更多英国国教牧师到来，这个殖民地将被德意志人、法兰西人和爱尔兰人所淹没，国教的利益将丧失殆尽，因为它们已经处于下风。"到 18 世纪中期，纽约圣公会教徒人数与非国教教徒相比为 1 ∶ 15，后者占压倒优势。③ 可以说，宗教宽容与教派的多元化在英属北美殖民地已逐渐形成不可扭转之势。诚然，宗教自由上尚有两大问题未能解决。一是国教与其他教派之间的地位不平等，二是产生这种不平等的政教关系并未改变，即政府依然支持国教，没有实行罗杰·威廉姆斯主张的政教分离。不过，所有这些问题不仅不能阻止殖民地人就

---

① Hutson, *Church and State in America*, 26-39.

② Ibid. , 28, 41-43, 74.

③ Ibid. , 63, 67.

宗教问题发表看法，反而激起了严重不满，使他们有更多的话要讲。酒店自然就会成为他们倾吐心声的好地方。

就在殖民地于17世纪开始走向宗教宽容的同时，它们在言论方面也逐渐放松了限制。首先，殖民地当局对批评官员、批评政府和散布虚假消息三大煽动性言论罪的态度发生了微妙变化。它们不再仅仅将批评政府官员当成有损官员声誉的"辱骂"，而是比较注意其中是否涉及官员"渎职"问题。这就开始摆脱星室法院1606年判决所确立的原则，即哪怕批评属实也要定为煽动诽谤罪。此外，在处理批评政府者时，殖民地当局越来越注意将批评官员与批评政府区别开来，因为政府的稳定比官员个人声誉重要得多。至于散布虚假消息问题，政府多以公开否定虚假消息来取代惩罚散布消息的人。其次，在17世纪殖民地刑事罪被告一般不大愿意选择陪审团审判时，属于刑事罪之一的煽动性言论罪被告要求陪审团审判的，却越来越多。他们的胜诉率也因此而上升。[①] 于是，在政府态度变化和诉诸陪审团审判者增加的情况下，煽动性言论罪被起诉和定罪的比例双双下降。

与此同时，法院对定罪者的惩罚也在逐渐减轻。17世纪初对煽动性言论罪触犯者实行的惩罚有三大类：（1）"肉刑惩改"，包括鞭刑、割耳、舌上打洞、断肢、烙印、木马等；（2）"羞辱性惩罚"，包括上枷、戴镣、标明罪行示众和当众认罪等；（3）"排除性惩罚"，即将罪犯排除在一些权利、职位和居住地之外，诸如禁止出任军职与文职官员、褫夺选举权和驱逐出境等。这三大类刑罚在17世纪都呈大幅度减少趋势。另外，到17世纪结束，当殖民地对严重罪行采用监禁处罚越来越多时，煽动性言论罪判决诉诸监禁的却在减少。随着以上各种严酷刑罚的减少，代之而起的是处以少量罚款、保证金、保证人和警告等较轻的刑罚。在刑罚减轻的同时，对煽动性言论罪被告的宽大之举却增多了，诸如赦免、缓刑、减刑，甚至不予起诉。[②]

17世纪殖民地在煽动性言论罪执法上所发生的上述变化并不是因为法律条

---

① Eldridge, *A Distant Heritage*, 65-66, 85, 89.

② Ibid. , 91-131.

文有多大改变，而是由于殖民地当局执行煽动性言论法的理由发生了变化。简言之，其理由变得越来越实际，越来越关注真正的、紧急的危险，而不是假设的、潜在的危险。在煽动性言论案中拿来定罪的危险词语里所占比例增速最快的，是鼓励他人不服从与造反的言论，而不是有损官员尊严和对政府抹黑一类的话语。这样一来，煽动性言论罪的范围就缩小了，大量批评政府官员与政府的言论就不再属于当局意图惩治的目标，即便要惩治也会从轻发落或宽大处理。诚然，对所谓煽动性言论的宽容并不等于赞同，只是减少干预而已，但正是这种对干预的减少，使殖民地人批评官员与政府的言论自由的空间扩大了。另外，由于殖民地社会渐趋稳定，官员们在大部分时间内觉得多一点批评不至于危及政府。他们往往在出现危机时才会在短期内加强煽动性言论方面的严厉执法，但是当危机发展到一定程度，他们又会转向宽容，以避免危机进一步恶化。总之，殖民地当局有了越来越多的实际考虑，不希望对言论加以过多的限制。①

除了政府放松对言论的限制扩大了言论自由的空间以外，殖民地人还发现，他们过去必须以其马首是瞻的一些权威已不再那么权威了。这就使殖民地人变得越来越敢于倾吐自己的心声。从政治上来讲，他们在 17 世纪见证了两个英国国王被赶下台，其中一个还掉了脑袋。英国历时近一百年的国王与议会的主权之争，经过内战到光荣革命终于有了结果：最高权力从国王一人之手转交到议会手中。类似的事情也发生在北美，各殖民地议会在与总督的争斗中常常胜出。在殖民地当局力图减少英国政府的控制之时，许多县、镇当局也在尽量维护在殖民地政府之下的自治权。这样一来，国王、英国政府、总督、殖民地政府的政治权威自然就削弱了。传统权威的削弱还表现在宗教方面。殖民地在 17 世纪逐步走向宗教宽容，实际上就意味着在教派中已无绝对权威可言。无论哪个教派对于其他教派的信徒来讲，都不是得救真理的垄断者。即便是在公理会教徒占多数的新英格兰，教会在新一代人中的权威也远不如在他们的父辈时代。这些后辈有不少人出生后受洗，可是直到自己成年并有了孩子，仍不是教会正式成员，只能算是"半路"成员。按照教规，非正式成员的孩子不能受洗。当这种情况越来越多之后，剑桥宗教会议没有办法，只好于 1662 年制定所谓"半路规约"，允许这些

---

① Ibid., 132-138.

"半路"成员的孩子受洗。然而这并不能解决教会权威下降的问题。除了政治与宗教权威今不如昔以外,家长与社区领袖的权威也在削弱之中。由于一般家庭的土地随着一个个孩子长大而越来越不够分配,不少成年子女只好到西部边疆去开拓新的土地。家长不再有足够的土地把他们留下来,其权威当然就每况愈下。随着边疆的不断扩展,许多新的定居点的新来人口对社区领袖难以马上产生尊重感,后者的权威自然不及老社区的领袖与上层人物。① 所有这一切导致的结果就是:殖民地社会的政治、宗教、家庭和社区的权威都有所削弱,从而给了殖民地人越来越多的自由,包括比过去多得多的言论自由。故而殖民地人在酒店这个公共空间便越来越敢于畅所欲言了。

正是由于酒店成了几乎所有公众都可以在其中表达自己看法的公共空间,殖民地关于谁可以进入酒店的法规和习俗,在一定程度上就定义了那个时代对于"公众"的理解。其中既有种族、阶级、性别的偏见,也有旧世界难以见到的白人男性之间比较平等的关系。在这个问题上,各殖民地有关立法不尽相同,但基本上都禁止非自由人(黑奴、印第安人奴隶、契约奴、学徒)和有色自由人(黑人、印第安人)进入酒店,不允许酒店卖酒给他们。例如,马萨诸塞殖民地的法律在 17 世纪末禁止任何人将酒卖给契约奴、奴隶和学徒,除非得到他们主人的允许。② 波士顿则禁止将酒卖给印第安人、黑人或者混血契约奴与奴隶。罗德岛殖民地建立后在很长一个时期没有立法禁止黑人喝酒和进入酒店,但到 1703年也通过法律禁止了酒店店主招待黑人与印第安人。③ 纽约市最初曾允许黑人与印第安人进入酒店,但 1680 年后转而禁止,④ 1712 年和 1741 年所谓"黑奴合谋造反案"审判之后,对黑人进入酒店更是严加禁止。南部殖民地则可想而知,没有不禁止黑奴进入酒店的。弗吉尼亚议会认为,奴隶没法对自己的行动承担法律

---

① Ibid. , 138-141.

② *The Acts and Resolves, Public and Private, of the Province of the Massachusetts Bay* (Boston: Wright & Potter, Printers to the State, 1869), 1: 154.

③ *Records of the Colony of Rhode Island*, 3: 492-493.

④ *Minutes of the Common Council of the City of New York*, 1675—1776 (New York: Dodd, Mead and Company, 1905), 1: 85-86.

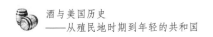
责任，因此未经法律上可以负责的"主人"之允许不得进入酒店。①

当然，殖民地时代并不是没有酒店敢于接待黑人、印第安人和契约奴，尤其是在那些下层酒店里，人们常常可以看到他们的身影。1702年，南卡罗来纳大参事会就曾指责查尔斯顿的治安官员不严格执行"黑人法"，容忍黑人在一个叫"鼠夹"的酒店里聚会密谋。这类有关黑奴与契约奴进入酒店的抱怨一直持续到美国革命前夕。当时有人报告说，查尔斯顿的很多小酒店挤满了黑人，甚至还有"供他们进入的便道"。波士顿政府职员罗伯特·洛夫专门负责要求不良分子离开这个城市。据其日记记载，一个印第安人妇女在1765年从罗德岛来到波士顿，起初就住在一家酒店，后来才搬到波士顿南端。那里是这些不受欢迎的人的聚居地，他们住在酒店、家庭旅店或者私人住宅里。②

除了非自由人和有色人种以外，有些殖民地还禁止明明是自由人的白人船员进入酒店。不过，这些禁令不是规定任何白人船员在任何情况下都不得进入酒店，而是将签有雇佣合同的船员与当时尚未签订雇佣合同的船员区别开来。弗吉尼亚殖民地在这方面的法律规定具有代表性。它允许那些尚未签订合同的船员自由进出酒店，和其他顾客一样得到招待，但禁止酒店未经船长允许就为已经与之签订合同的船员供酒。其所以如此，是因为签了合同的船员在合同期间要受船长约束，并非完全自由之身。可见这种规定与限制奴隶、契约奴和学徒等非自由人进入酒店的法律在原则上是一致的。不仅如此，这种规定还和17世纪的英国劳工法一脉相承。当时英国的雇佣劳工如未履行合同，是要受到监禁一类的刑事惩罚的。这就是说，名义上自由的雇佣劳工在签订合同后实际上就不自由了。殖民地时代的船员就处于这种既非奴隶又非一般自由人的尴尬地位上，因而进入酒店的权利就受到了限制。另外，殖民地限制船员进入酒店不仅仅是因为他们并非完全自由的法律地位，还会考虑他们的经济地位与消费习惯。从当时波士顿经过验证的遗嘱可以看出，船员是死者中处于最底层的30%的居民里最大的一个群体。他们工作的漂泊性和不稳定性使其容易养成"今朝有酒今朝醉"的消费习惯，往往花钱买醉而不顾后果。于是南卡罗来纳和弗吉尼亚殖民地开始对船员在酒店赊

① *The Statutes at Large: Being a Collection of all the Laws of Virginia*, 3: 400.

② Salinger, *Taverns and Drinking in Early America*, 235-236.

账的数额加以控制。① 这实际上是对船员的酒店进入权施加的一种变相限制。

殖民地对非自由人、有色人种和船员进入酒店的权利加以法律限制的同时，并没有通过法律限制妇女进入酒店。然而殖民地酒店事实上就是一个以男人为主的天下。这一点有当时各殖民地留下的酒店账本为证。18 世纪早期马萨诸塞殖民地塞勒姆一家佚名酒店店主账本上就没有一个妇女被列为顾客。名为玛丽·克兰奇的酒店女店主的账本上亦复如此。费城沃特街的伦敦酒店业主约翰·舒巴特1736—1743 年的账簿也保留下来了，账本上所有顾客都是男人。② 18 世纪中期北卡罗来纳殖民地罗恩县威廉·斯蒂尔酒店账本上有 319 个顾客，其中女人不到 6 个。该县劳伦斯酒店账本上的 205 个顾客中，只有 10 个是妇女，而且 57% 的男顾客至少买过一次香甜热酒或少量烈酒，明显是要在店里喝的，可是女顾客买酒数量都很大，不可能在店里一饮而尽，肯定是要带回家去。③

由此可见，女人在殖民地时代虽然也到酒店去买酒，但是比男人要少得多，在店里喝酒则更加罕见。尤其是中上层妇女，她们唯恐上酒店坏了名声，因为当时出入酒店的大都是下层妇女，以及包括妓女在内的所谓不良妇女。1697 年，来自马萨诸塞的本杰明·布利范特医生在新泽西一家酒店留宿。与他同住一间房的几个私掠船船员跟"他们的姑娘们"亲热，结果害得他一个晚上都没能睡好。④ 1744 年，汉密尔顿医生发现波士顿的一家酒店成了夏夜里男女约会的地方。当一些卖弄风情的女人主动接近他时，他拒绝了。1760 年，约翰·亚当斯到马萨诸塞殖民地韦茅斯的一家酒店会朋友。他看到"每一个房间、厨房、厅室里都挤满了人，黑人拿着小提琴，青年男女在厅堂里跳舞，就像要把地板踩穿一样……各个年龄的男女都在下面唱歌，跳舞，拉琴，喝饮料酒和香甜热酒，还有烈酒"。⑤ 殖民地早期的居民对此也许还不太在意，但是亚当斯颇不以为然。因为随着经济的发展与社会生活的渐趋稳定，中上层人士开始拘礼，对女人到酒店

---

① Salinger, *Taverns and Drinking in Early America*, 38-40, 45-46.

② Ibid. , 223, 59.

③ Daniel B. Thorp, "Taverns and Tavern Culture on the Southern Colonial Frontier, Rowan County, North Carolina, 1753-1776," *The Journal of Southern History* 62 (1996): 681-682.

④ "A Glance at New York in 1697: The Travel Diary of Dr. Benjamin Bullivant," ed. Wayne Andrews, *The New York Historical Society Quarterly* 40 (1956): 67.

⑤ Daniels, *Puritans at Play*. 159.

喝酒变得比较忌讳了，这在当时还被一些人讥讽为假惺惺的羞耻感。与亚当斯同时代的一个费城小官员雅各布·希尔茨海默在日记中记载了他与妻子在一起的许多活动，诸如一起出席婚礼和葬礼，去朋友家进餐，在自己家招待朋友，共同观看表演，等等。唯独当日记写到他去酒店时，就不见了他妻子的踪影。[1] 当然，这并不等于说中上层妇女就完全不涉足酒店，而是说顾虑越来越多了。

至于妇女外出旅行下榻酒店，一般不会引起非议，大家觉得这是理所当然之事。在下榻酒店喝酒也在情理之中，谁叫酒在殖民地人的饮食中是不可缺少的呢。尽管如此，一些妇女在外出旅行时还是能不住酒店就不住酒店，宁可到愿意接待她们的人家投宿。这在很大程度上是因为殖民地时代酒店的住宿条件一般都比较差。首先，酒店客人饮酒后通常比较喧哗，弄得投宿者夜不能寐。萨拉·肯布尔·奈特夫人1704年独自从波士顿前往纽约，途中住进一家酒店。隔壁房间喝得醉醺醺的人高谈阔论，害得她彻夜难眠。奈特太太烦恼之至，乃秉烛赋诗一首：

> 哦，浓烈的朗姆酒，我请你帮忙，
> 是你迷住了这些吵闹的愚蠢酒鬼，
> 控制了他们晕头转向的大脑，
> 而我，可怜的我，没法入睡。
> 请用那酒气使他们中毒：
> 让他们的舌头停下不动，
> 哦，直到清晨来临。[2]

除了酒店夜间十分吵闹以外，很多酒店都没有几个房间，也没有几张床，常常需要数人同宿一房，甚至男女共房乃至共床。1627年，威廉·埃普斯船长在酒店喝醉后与互不相识的艾丽斯·博伊斯太太同床，结果半夜发生性关系。幸亏

---

① *Extracts from the Diary of Jacob Hiltzeimer, of Philadelphia*, 1765—1798, ed. Jacob Cox Parsons (Philadelphia: Press of Wm. F. Fell & Co. 1893), 12, 13, 14, 15, 17.

② *The Journals of Madam Knight, and Rev. Mr. Buckingham*, from the Original Manuscripts Written in 1704 & 1710 (New-York: Wilder & Campbell, 1825), 22-24.

法官考虑是酒醉后发生的"淫荡行为",未予追究。① 诚然,这种事情只是偶尔发生,许多不得不在酒店与男人同宿一室的妇女也并未遭遇不测。但是和陌生男人共用一个房间甚至一张床,对于外出旅行的妇女来说,毕竟是叫人提心吊胆的事情。另外,单身妇女如果与男人同行,到酒店投宿时常常被人误以为是这个男人的妻子、仆人甚至于情人或妓女,难免尴尬。1755—1756 年驻美英军总医院护士长夏洛特·布朗与男同事彻林顿先生因公出差,在下榻的酒店里就常常被人当成彻林顿的妻子或者情妇。店主有时甚至不相信他们的解释,不肯为布朗女士单独安排房间。他们到费城后虽然在酒店为布朗弄到一个单间,但是为避免误解有损声誉,她还是搬到医院去住了。② 虽然单身妇女独自外出旅行,投宿酒店时不会有这种被人误解而嚼舌头根子的麻烦,但她们也会担心酒店条件差而造成的种种不便。

殖民地时代的妇女不但可以到酒店投宿并喝酒,还可以在酒店做工。这些做工的妇女通常是店主的夫人和女儿,还有受雇的自由人妇女或者契约奴和奴隶。其中既有白人,也有黑人和印第安人。许多店主都懂得需要有几分姿色的女侍者来吸引顾客的道理。亚历山大·汉密尔顿医生在九天的日记中就写到 5 个酒店里的女人。在戴德姆的一个酒店里,他见到了"贝蒂,一个乐呵呵的胸部丰满的姑娘",而在伦瑟姆的酒店里则有"一个胖胖的爱尔兰女孩,非常伶俐,非常热心"。纽波特一家酒店里有"几个年轻姑娘,系酒店老板娘的女儿……就像羊一样头脑简单,动作笨拙"。可是在另一家酒店,汉密尔顿医生说他在那里见到了"我所见过的乡村女孩中最率真、行为最得体的……一个漂亮姑娘"。在他离开纽波特的路上,汉密尔顿庆幸自己又遇到了一个"乐呵呵的胸部丰满的姑娘——女店主的女儿",这姑娘还给他做了巧克力。③ 汉密尔顿这个在风月女子面前颇能自重的绅士,看到这些在酒店服务的年轻女孩时的愉悦心情溢于言表。

在什么人可以光顾酒店的问题上,殖民地时代除了前述在法律或社会习俗上对有色人种、奴隶、契约奴、水手、妇女有所限制以外,还会出于一些具体考虑

---

① Salinger, *Taverns and Drinking in Early America*, 93.
② Thompson, *Rum Punch & Revolution*, 90.
③ Hamilton, *Gentleman's Progress*, 147-148, 150, 153, 159.

而不允许某些人进入酒店。例如，弗吉尼亚殖民地议会不允许酒店店主招待修建州议会大厦的施工人员，因为担心喝得醉醺醺的人盖的议会大厦不安全，结果会要了议员们的命。该议会还规定，威廉玛丽学院的学生除非应其亲戚或朋友的邀请，不得经常光顾酒店。这显然是害怕学生醉酒闹事或耽误学业。马萨诸塞殖民地议会禁止酒店与艾尔酒家接待外来流动商贩。其目的是保护本地商人免于这类外来商贩的竞争，同时也可以减少非法贸易，因为外来流动商贩往往是销赃的重要渠道。① 如此种种的限制，在此不一一赘述。

不过，对于殖民地时代的绝大多数白人男性居民来说，他们在进入酒店上还是享有比较平等的权利，故而大都相信酒杯面前人人平等。因此，从殖民地建立初期直到进入 18 世纪的最初几十年，尽管酒店的名声、设施、服务有高低层次之分，但在接待顾客上一般不会以社会等级取人，而是来者都是客。士绅可以到下层酒店里寻欢作乐，穷人可以花几个便士就坐在比较高档的酒店里喝上一杯。这些不同阶层的顾客在酒店里坐在一起，或小酌休憩，或开怀畅饮，或谈笑风生，或争论不绝于耳。此情此景无论到哪里的酒店几乎都一样，在殖民地可谓是司空见惯的常态。

之所以会如此，首先是因为酒店本来就是当时的社区中心。其所承担的多种社会功能，需要有社会上绝大多数白人男性的参加。马里兰殖民地的地方选举，就常常将酒店作为所有合格选民投票选举的地点。1670 年，该殖民地托尔伯特县法院发布的选举通告就明确告知选民："本县范围内拥有至少是 50 英亩土地的种植园或者至少 40 英镑个人财产的托尔伯特县自由民请注意，你们务必在 1 月 17 日星期二早上 9 点以前本县法院下一次开庭时，到达乔纳森·霍普金斯的宅邸。"所谓乔纳森·霍普金森的宅邸即为当时该县著名的酒店。② 除了选举在很多地方都需要所有选民到酒店投票以外，酒店作为民兵集合训练、交易拍卖、消遣娱乐、邮件传送和载客马车停靠的地点，也绝不可能仅仅限于招待某一个阶层的顾客。

---

① Salinger, *Taverns and Drinking in Early America*, 22.

② Xiaoxiong Li, "Liquor and Ordinaries in Seventeenth Century Maryland" (PhD diss., Johns Hopkins University, 1992), 61.

这种酒店顾客的混合型特点，与殖民地建立初期阶级分化还不太严重也有密切关系。新英格兰的清教移民基本上是一个一个社区的居民举家搬迁、集体横渡大洋而来。除了波士顿等海港城镇在卷入大西洋市场经济上进展较快以外，绝大部分乡镇的居民都是自给自足的小农。他们受气候寒冷与土地贫瘠所限，未能找到适合在当地种植并且可以大量出口的农作物，故涉足市场经济的程度有限，彼此之间的贫富差距不大。南部切萨皮克地区虽因烟草种植很早就与商品经济结下不解之缘，而且引入了非洲奴隶，但是当地的气候与自然环境导致死亡率很高。一个人能否生存下去都是一大问题，要在这片土地上形成一个不仅富甲一方而且在政治、宗教和社会上都能站稳脚跟的社会上层，就更不容易了。即便到 18 世纪初终于出现了一个占有切萨皮克地区 1/2~2/3 土地的富有阶层，其人数也从来没有超过该地区白人成年人口的 5%。下南部的南卡罗来纳殖民地建立之初，受西印度群岛经济与印第安人鹿皮交易波动性牵制，其经济在进入 18 世纪前始终未能取得重大进展。至于中部殖民地，其经济最初也发展缓慢。直到 1720 年以后，欧洲小麦价格上涨，中部殖民地才迅速走上了以生产和出口谷物为主的道路，从而在经济上进入了一个繁荣时期。这些"面包殖民地"经济上的成功使得劳动力供不应求，因此即便是下层劳工亦不乏改变自己经济地位的可能。无怪乎有人称宾夕法尼亚为"最好的穷人之乡"，各阶层之间的差异并不很大。①

也就是说，受自然条件与经济发展程度的影响，殖民地酒店顾客在很长一个时期虽然在经济地位上有差别，但是差别还没有大到需要到各自不同的专门酒店里去喝酒的程度。从保存下来的一些酒店账本可以看出，在这个时期的酒店里，经济地位不同的顾客大都是混杂在一起喝酒。费城酒店老板詹姆斯·韦斯特 17 世纪 90 年代的账本上记载的客人中，既有当时城里富有程度排名第二的乔舒亚·卡彭特，也有韦斯特船坞的工人。② 约翰·休哈特的伦敦酒店开在费城水街上，靠近码头与船坞。其 1736—1743 年的账本上记载有大约 245 个顾客，各个

---

① Jack P. Greene, *Pursuits of Happiness：The Social Development of Early British Colonies and the Formation of American Culture* （Chapel Hill：The University of North Carolina Press, 1988）, 91-92, 126-131. James T. Lemon, *The Best Poor Man's Country：A Geographical Study of the Southeastern Pennsylvania* （Baltimore：Johns Hopkins University Press, 1972）.

② Thompson, *Rum Punch & Revolution*, 79.

社会等级的都有，如船长、商人、水手、制帆工、船木工、龙骨墩工、制绳工、木匠等等。① 马里兰殖民地的乔治王子县虽无保存下的酒店账本可供查考，但该县法院记录中记载了有关酒店店主与顾客的讼案，并且标明了顾客的身份。在该县 1696—1699 年的记录中，共有 43 人因未能支付酒费与住宿费而遭到起诉。这些人中有 12% 来自士绅阶层，4% 是医生和神职人员这样的专业人士，56% 是一般的种植园主，26% 是有技能的手工工匠，2% 是劳工。② 显然，在切萨皮克地区的酒店里，各个阶层的顾客也是彼此混合，其中最多的则来自中间阶层。

值得我们注意的是，在形成和保持酒店顾客在社会阶层上的混合性方面，殖民地的监管政策也起了相当重要的作用。费城的酒店执照政策与宾夕法尼亚殖民地政府的酒类最高限价就是一个突出的例证。从第一代移民开始，费城的酒店执照政策就比较宽松，可是执照仍然供不应求，一些财力有限的穷人也试图开酒店为生。1704 年，费城决定在正式执照之外颁发准执照。后者需要缴付的执照费少，只允许出售少量朗姆酒与啤酒，从而使穷人也可以申请经营自己力所能及的小酒店。这样一来，费城各种持照酒店的数目在 18 世纪最初 30 多年里急剧增加。不仅如此，无照酒店也越来越多。到 1721 年，费城的有照与无照酒店增加到 94 个，平均每 65 人就有一个酒店，创整个殖民地时代费城酒店与人口比率的最高纪录。酒店多，竞争自然就激烈。可是，宾夕法尼亚殖民地政府对酒店销售的酒类与提供的服务，实施最高限价，从而使酒店在竞争手段上受到了很大限制。即便是财大气粗的大酒店店主，也不可能为了吸引富有顾客而专门提供高档酒类与上乘服务，因为最高限价会使他们入不敷出。结果，这个时期费城的酒店虽然在资本、规模、设备上不尽相同，但在提供的酒类与服务上差别不大，拉不开档次，难以形成有别于其他酒店的独特顾客群体。不仅如此，由于竞争激烈，利润不高，每个酒店都要广纳各种顾客，谁也不敢为了吸引某类顾客而失去另一类顾客。于是，酒店里的顾客形形色色，不仅有士绅、法官、职员、仆从、跟班、工匠以及为数众多的劳工，甚至还有被地方官视为流氓和无赖的人，也就不

---

① Salinger, *Taverns and Drinking in Early America*, 59-61.
② Li, "Liquor and Ordinaries in Seventeenth Century Maryland," 179-182.

足为怪了。①

殖民地酒店顾客在社会阶层上的这种混合性，在进入 18 世纪后开始逐渐发生变化。到这个世纪的中期，专门招待士绅、商人等上层人士的高档酒店和专门招待劳工的下层酒店变得越来越多。这是 1660—1760 年英属北美大陆殖民地社会经济发生巨大变化的结果。在大约一个世纪的时间里，各个殖民地更深地卷入了大西洋经济，变得越来越像它们的母国，即作为近代资本主义前驱的英国。在市场竞争加剧、经济机会增多、社会流动性变大的同时，这些殖民地也在经历财富集中、经济不平等和社会分层越来越明显的发展过程。

就新英格兰来说，英国内战可谓天赐良机。在英国渔民因内战而退出北大西洋海域后，新英格兰渔业得到了迅猛发展。没过多久，向西印度群岛和北大西洋酒岛出口鱼类，就使新英格兰经济走出了缺乏可供大宗出口的产品的困境。鱼类出口和随后而来的木材出口以及捕鲸业的发展，进一步促进了新英格兰海运业、造船业、木材业、加工制造业乃至金融保险业的发展。波士顿等港口城镇的崛起又导致了周边地区农业的商业化。这样，到 18 世纪 20 年代和 30 年代，新英格兰形成了以海运业为中心的日渐商业化的经济，商业化过程中形成的不同地位和职业使得社会分层随处可见，商人阶层乃是这些巨大变化的领军者。所有这些变化都对清教殖民地早期的伦理观念与价值取向造成了巨大的冲击。许多牧师感慨人心不古、私利至上、道德沦丧。他们认为移民先辈们的清教理想已经走向了衰落。

切萨皮克地区与新英格兰不同，其早期移民在追逐利润上并未受到多少清教伦理的束缚。他们就是为利而来，可是苦于自然条件和移民人口结构的影响，最初连人口的自然增长都无法维持，其经济目标的实现自然受到了很大的限制。到 17 世纪后期，这种早期的艰难处境终于结束。本地出生人口寿命延长、男女比例趋于平衡、婚龄大大提早等因素导致了出生率上升。17 世纪 90 年代，新出生人数首次超过了死亡人数，切萨皮克地区的白人人口在 17 世纪结束时达到了近 9 万人，其中大多数是本地出生的。在本地出生白人人口成为多数和引入奴隶制的

① Thompson, *Rum Punch & Revolution*, 19, 24-27, 52-53, 56, 73-76.

基础上，从一开始就与大西洋市场息息相关的切萨皮克地区经济，自18世纪20年代开始持续扩张了近50年。其主要作物烟草对英国的出口在1725—1775年间增加了250%。[1] 不仅如此，该地区的经济还逐渐开始多样化。在市场经济日益扩展的同时，切萨皮克地区的殖民地社会构成，变得比其他英属北美殖民地都更接近英国的农村地区：少数乡绅集社区的政治、经济与社会控制权于一身，在他们之下有为数众多的中小种植园主和农场主，还有越来越多的佃农、四处流浪的穷人以及农村无产者。社会阶层分化清晰可见。这里与英国最大的不同就是有了越来越多的黑人奴隶。

下南部在1690年代成功种植稻谷后，南卡罗来纳的稻谷种植园经济迅速发展。稻谷出口量从1710年的150万磅增加到1730年的2 000万磅。20年内，翻了13倍还多。到70年代初，稻谷已成为英属北美大陆殖民地出口量排名第三的作物，仅次于烟草和小麦的出口量。[2] 除了稻谷以外，靛青从18世纪40年代也开始成为南卡罗来纳的主要出口作物，并得到了英国政府的补贴。其出口总值到美国革命前在下南部仅次于稻谷，占英属北美大陆殖民地出口总值的1/5。[3] 至于北卡罗来纳，经济则比较多样化。靠近南卡罗来纳的少数地区也生产稻谷与靛青，其他大部分地方和切萨皮克地区一样，以烟草为主，此外还生产松脂产品与木材。以稻谷、靛青和烟草为基础的种植园奴隶制经济的发展，不仅使下南部黑奴数量剧增，而且使下南部的白人成了英属北美殖民地最富裕的阶层。南卡罗来纳的查尔斯顿地区的人均财产在1774年高达2 337.7英镑，四倍于切萨皮克烟草种植地区居民的人均财产值，六倍于纽约与费城居民的人均财产值。随着下南部财富的增长，社会分层也齐头并进。1745年，查尔斯顿一个稻谷种植地区里，1/5的农户没有土地，60%以上的农户拥有500英亩以上的土地，占农户总数1/3的最上层农户则拥有1 000英亩以上的土地。北卡罗来纳虽不及南卡罗来纳富有，但是社会分层也日渐明显。[4]

---

[1] Greene, *Pursuits of Happiness*, 82, 85.

[2] McCusker and Menard, *The Economy of British America*, 174-176. 百分比按照该书第174页Table 8.2计算。

[3] Ibid., 186-187.

[4] Greene, *Pursuits of Happiness*, 143, 147, 145.

　　至于中部殖民地，以小麦出口为主的商业化农业的发展，为这一地区本就善于经商的荷兰裔居民和贵格会教徒提供了机会与舞台。越来越多富于创新精神的商人，为中部殖民地经济的商业化发展做出了重大贡献。他们不仅扩大了对南欧的出口，开始与爱尔兰直接贸易，初步涉足非洲奴隶贸易，而且促进了北美殖民地之间沿海贸易的迅速增长。在他们的影响下，造船业、面粉制造业、屠宰加工业和食品加工业从 18 世纪 30 年代开始成为中部殖民地重要的产业部门，木材业、炼铁业、制钾业也得到了程度不同的发展。值得注意的是，中部殖民地在城镇化方面也走到了前头。先是费城在 18 世纪 40 年代，后是纽约在 18 世纪 50 年代与 60 年代，都在人口与经济规模上超过了波士顿。中部殖民地经济的扩张与城镇化的发展，不仅使职业结构变得日益复杂，而且导致财富集中与社会分层明显加速。这一点在城镇里表现得格外明显：最富有的 10% 的居民到 1770 年代初拥有应纳税财产的 65%，而最底层 30% 的居民仅拥有应纳税财产的 2% 都不到。于是，一方面是富有的城镇商人在崛起，另一方面则是越来越多的穷人要靠救济过活，还有些低收入的人则只能勉强维持温饱。不过，总的说来，中部殖民地财产分配的不平等状况尚不如切萨皮克与新英格兰地区那样严重。切萨皮克最富有的 20% 人口占有该地区财产的几乎 70%，这个比例在新英格兰为 65% 以上，而中部殖民地则只有 53%。尽管如此，中部殖民地社会分化的加剧也是无可否认的事实。①

　　在各殖民地经济发展和社会分化过程中，崛起了一批上层人士，其中包括官员、士绅、商人、种植园主、律师、医生等。他们越来越强烈地感觉到自己与下层群体之间日益拉大的距离，很希望在酒店做伴的酒友也能具有和自己类似的身份地位及文化教养。于是这些彼此地位相同的上层人士开始组织会社，定期在酒店聚会或者到会社成员家中畅饮。为了适应这些上层人士和他们组织的会社的需要，有条件的酒店开始为他们的聚会提供专门的房间，因为这可以稳定客源。1744 年，弗吉尼亚官员威廉·布莱克在费城商讨对易洛魁六族联盟的政策时，曾参加过总督会社的聚会。该会社由特定的一些士绅组成，每天晚上都在某一酒

---

① Ibid. , 129-131, 135-137.

店里交谈与饮酒。① 汉密尔顿医生在纽约时也曾应邀去匈牙利会社一聚。这些人晚上到托德的酒店里喝酒聊天，讨论的主题各种各样都有，甚至还有对报纸上刊登的诗歌发表评论的。不过，汉密尔顿发现这些人来此一聚的主要目的还是喝酒。有些人甚至认为，最棒的社交本事，莫过于让其他人都喝得趴在桌子底下自己还岿然不动。② 18 世纪 70 年代初，马萨诸塞的乔赛亚·昆西到了南卡罗来纳的查尔斯顿，与周五夜社的人一起在酒店里消磨了一个晚上。这个会社的成员有大约二三十个绅士。他们的谈话天南海北，包括黑人、稻谷以及在查尔斯顿驻扎英军是否必要等内容。③

不过，在酒店喝酒的其他顾客，还是有可能对会社成员以及那些希望有自己空间的上层人士的活动造成干扰。比如商人们就讨厌酒店里许多顾客喜欢刨根问底，固执己见，又常常喝得醉醺醺的，谈生意时他们在场，实在不是件愉快的事情。这种对酒店顾客阶层混杂的不满，导致一些社会群体在 18 世纪中期开办了专门为自己群体服务的酒店，或者将已有的酒店作为自己群体专属的酒店。1754 年，《费城日报》的编辑威廉·布拉德福德找到 235 个商人，每人出 20~30 先令，共集资 259 英镑，将一个商店改造成酒店，取名"老伦敦咖啡馆"。这是费城第一个由私人赞助捐建的酒店。布拉德福德不仅在申请酒店执照时明确指出该酒店是为商人开办，而且在酒店设计上将谈生意的地方与卖酒的房间分隔开来。一楼是酒店，二楼才是做交易的场所与咖啡厅。酒店顾客在一楼经查问后才允许上二楼去。老伦敦咖啡馆开张以后，费城很多专门化的商业机构也随之出现了，诸如 18 世纪 70 年代建立的商人交易所、贷款与货币兑换店、拍卖行，等等。这样，费城开始形成自己的核心商业区。在这样的地区开专门为商人服务的酒店不仅有顾客，而且由于殖民地政府已取消了对酒店收费的最高限价，现在也有利可图了。④

费城出现的这种专门为某些特定群体服务的酒店，在其他殖民地的大港口如纽约、波士顿等地也相继出现。这些港口城市的酒店最初大都聚集在码头区，进

---

① "Journal of William Black, 1744," *Pennsylvania Magazine of History and Biography* 1（1877）: 245-246.

② Hamilton, *Gentleman's Progress*, 42-45.

③ Salinger, *Taverns and Drinking in Early America*, 77-79.

④ Thompson, *Rum Punch & Revolution*, 106-107.

入 18 世纪后，比较好的酒店逐渐迁往城市中心地区。其中不少成了专门为某个特定上层群体服务的酒店。与此同时，下层群体的水手、木匠、建筑工等也有了经常与同阶层伙伴聚会社交的酒店。这样的酒店大都在大城市的码头区和沿海村镇的岸边地带，也有一些散布于城镇的各种地方。劳动阶层在这里形成了与上层群体不同的酒店文化。在这些酒店里，不同种族与不同性别的顾客常常混合在一起，不时可以看到黑人、混血儿和印第安人，有时还有妇女。顾客们在这里豪饮、赌博、看表演、观赏各类动物。其中一些酒店还卷入地下经济，藏匿与销售赃物。1744 年由本杰明·富兰克林手书的费城大陪审团呈文曾经指出，一个此类酒店集中的地区被老百姓叫作"地狱之镇"，足见其问题已多到何等地步了。①显然，尽管北美殖民地还有很多社会阶层混合的酒店，尤其是在乡村地区，但是不少城镇酒店在 18 世纪中期都出现了适应社会分化的发展趋势。那些专门为上层群体或专门为下层群体服务的酒店在很多地方都破土而出了。不同阶层的人进入不同层次的酒店喝酒，与此前各个酒店都是不同阶层混合在一起畅饮的情景，形成了鲜明的对比。这是殖民地酒店发生的一大变化。

---

① "Notes and Queries," *Pennsylvania Magazine of History and Biography* 22（1898）: 498.

五、殖民地政府的酒类监管

在这个几乎人人喝酒而且酒店越来越多的北美大陆，殖民地政府从一开始就试图对酒类加以监管。不过，立法者与政府官员一般来说都不反对喝酒。他们与荷兰、英国本土此前的同行们一样，认为酒是人类生存所需营养的组成部分，有节制地饮酒有益无害，甚至觉得在酒店里娱乐放松一下也没有什么不好。即便是波士顿清教牧师英克里斯·马瑟，他虽然对醉酒深恶痛绝，但在 1673 年布道时也承认："酒本身是上帝创造的好东西，应以感恩之心接受，但酒的滥用乃源于撒旦，酒是上帝所赐，而酒鬼则是恶魔之子。"[①] 因此，英属北美殖民地是在允许殖民地人喝酒的前提下对酒类加以监管，其具体监管目标有三个：酒类消费者、酒类销售者和酒类生产者。

政府对酒类消费者的监管，实际上就是要管控殖民地人的饮酒行为。这是殖民地早期酒类监管的重点所在。当时的殖民地当局并不害怕人们喝酒，只是怕他们喝过了头，怕醉酒带来的种种问题，尤其是触犯道德戒律与亵渎上帝。新英格兰清教殖民地主政者在这方面可谓煞费苦心，因为醉酒在他们看来有违清教徒保持节制、勤于工作和厉行节约的美德，是对教规的严重触犯。早在 1631 年，即马萨诸塞海湾殖民地建立的第二年，罗伯特·科尔就因醉酒而被罚款。在他屡犯屡罚后，法院于 1634 年 3 月勒令他将红布做的 D 字母挂于胸前一年（英文"酒鬼"Drunkard 的头一个字母为 D)，并剥夺其选举权，而当时只有教会成员才享有这一权利。[②]此后，为了防止居民醉酒，马萨诸塞海湾殖民地大议会又先后通过一系列法令，禁止敬酒，禁止店主允许任何人在酒店醉酒、纵酒或在酒店待的时间超过半小时，禁止用酒支付雇工工资，禁止安息日光顾酒店。违法者会被处

---

① Increase Mather, *Wo to Drunkards*, *Two Sermons Testifying against the Sin of* Drunkenness（Cambridge，MA：Printed by Marmaduke Johnson, 1673），4, accessed February 22, 2015, http：//quod. lib. umich. edu/e/evans/N00124. 0001. 001？ rgn = main；view = fulltext.

② *Records of the Governor and Company of Massachusetts Bay in New England*, 1：90, 93, 107, 112.

以罚款、鞭刑、戴枷示众和收监入狱。[1]

然而，殖民地人饮用烈酒之风不仅没有得到抑制，反而愈演愈烈。政府的许多管制都难以奏效，就连禁止敬酒的法令也因民众反对而不得不取消。这主要是由于在 17 世纪和 18 世纪之交，从西印度群岛进口和本地生产的朗姆酒数量迅速增加，价格大幅度下跌。此外，喜好饮酒的大众文化传统在殖民地社会根深蒂固，也是重要原因。许多牧师因此担心遭到天谴，乃对大议会施加压力，使之于 1712 年通过立法，禁止在酒店销售烈酒。可是后来的消费税与存货清单表明，这项禁令不过是一纸空文。许多酒商不顾规定，继续销售朗姆酒与白兰地。为了鼓励人们用苹果酒取代烈酒，殖民地当局还专门从伦敦请来了苹果酒酿造大师詹姆斯·皮特逊，可是就连他也不把政府的禁令当回事。当这位酿造大师在 1737 年去世时，他经营的酒店除售出 530 加仑苹果酒以外，还存有加那利葡萄酒和 161 加仑的西印度群岛及本地产的朗姆酒。[2]

除了这些限制性立法以外，马萨诸塞海湾殖民地大议会不仅早在 1649 年就授权警官监禁喝醉酒的人，而且在 17 世纪 70 年代正式建立了地方联保制度。所谓联保就是要各个镇的镇务委员挑选一些谨慎而有节制的人，经县法院授权后，担任 10 户或 12 户联保的保长。这些保长负责监督四邻左右有无违反酒法的行为，并将违法者名字报告给治安法官、行政司法官或镇务委员。[3] 这样一来，各地的警官、保长、法官等公职人员，再加上本来就视纵酒为罪孽的牧师们，就对人们的饮酒行为形成了一个监控网。1663 年，英国人约翰·乔斯林到访波士顿，发现当地官员会不请自来地尾随外来人员进入酒店。他抱怨说，一旦要的酒超过了官员认为饮者可以清醒离开酒店的程度，就会当即被官员制止，并被告知不能再超出的饮酒限量。[4] 本地居民自然就更难逃脱一双双监视的眼睛。据记载，马

---

[1]　*Records of the Governor and Company of Massachusetts Bay in New England*, 1：271-272；2：100-101，121；4, pt 2：510. *The Colonial Laws of Massachusetts Reprinted from the edition of 1672, with the supplements through 1686* (Published by Order of the City Council of Boston, 1887), 133. *The Acts and Resolves, Public and Private of the Province of the Massachusetts Bay*, 1：(1692), 58.

[2]　Conroy, *In Public Houses*, 72-74.

[3]　*Records of the Governor and Company of Massachusetts Bay in New England*, 2：281；5：61-62, 230-141.

[4]　John Josselyn, *John Josselyn, A Colonial Traveler：A Critical Edition of Two Voyages to New England*, ed. Paul Lindholdt (Hanover, NH：University Press of New England, 1988), 120-121.

萨诸塞殖民地罗克斯伯里有一位牧师塞缪尔·丹福斯，此公只要透过书房窗户看见"镇上任何居民经常去酒店喝酒，他就会走过去将他们训走"。①

这种监控后来引发了 1714 年 2 月 6 日波士顿的约翰·沃利斯酒店轰动一时的事件。当晚很多顾客在酒店里庆祝英国女王安妮的生日，纷纷为女王健康干杯。警官觉得自己难以维持秩序，乃请总督参事会成员、高等法院法官塞缪尔·休厄尔出面干预。当休厄尔进入酒店后，在酒店喝酒的众人举杯为他的健康干杯，也为女王的健康干杯。休厄尔怒火中烧，要众人离开酒店，可是遭到拒绝。双方争论了几乎一个小时，直到休厄尔的副手威胁说要召集民兵来强行驱散，众人才离开酒店到其中一位的家里继续聚会。他们对这位殖民地高官公开表示藐视，甚至指责殖民地政府没有制定过"一部好法"。②

新英格兰的其他清教殖民地在控制个人饮酒行为上的立法与举措，与马萨诸塞大同小异。有的殖民地甚至想出了一些马萨诸塞都没有的招数。例如，康涅狄格殖民地不仅不允许进口或销售在巴巴多斯生产的任何烈酒，甚至在 1727 年禁止"将糖蜜蒸馏成朗姆酒"。可是由于相邻的马萨诸塞与纽约殖民地不肯做出相应规定，这禁止制造朗姆酒的禁令不得不于当年废除。③ 即便是奉行宗教宽容的罗德岛殖民地，在 1673 年有关法律承认不能强迫任何人崇拜上帝的同时，依然按照基督教教规禁止在礼拜日喝酒或从事赌博等不良行为。④ 不仅如此，罗德岛殖民地的立法者还发明了一种让人摆脱醉酒习惯的独特方式，即要求居民勤于练习射箭，以免沉迷酒乡醉境。该殖民地法律规定，17 岁以上到 70 岁的每个人都要有一把弓、四支箭，并经常练习。当然，此举的主要目的是希望在火药不够时依旧能应对印第安人与相邻殖民地居民的入侵。⑤

中部的宾夕法尼亚是贵格会教徒威廉·佩恩建立的业主殖民地。众所周知，贵格会在宗教信仰上与新英格兰清教徒有众多歧见，但在酒类管控上却颇为一致。佩恩最初在他起草的《宾夕法尼亚基本宪法》第 21 条中甚至宣称，为了扫

---

① "Samuel Danforth," *The American Quarterly Register*, 8（November 1835）：135.

② Sewall, *The Diary of Samuel Sewall*, 2：741-742.

③ Gallus Thomann, *Colonial Liquor Laws：Part II. of "Liquor Laws of the United States；Their Spirit and Effect."*（New York：The United States Brewers' Association, 1887），161, 172.

④ *Records of the Colony of Rhode Island*, 2：503-504；Thomann, *Colonial Liquor Laws*, 181.

⑤ *Records of the Colony of Rhode Island*, 1：186-187.

除走向美德与勤奋的障碍，未来的殖民地不得有酒店或者艾尔酒家。但他后来转而承认酒店的必要性，相信可以通过监管使这个在旧世界滋生邪恶的场所变成在新世界培育正气的地方。① 因此，殖民地首届议会 1682 年通过的《大法》和后来议会通过的一些法律，对醉酒、敬酒和礼拜天在酒店及其他地方喝酒都作出了惩处规定。② 18 世纪初，宾夕法尼亚炼铁业开始发展，出于安全考虑，议会于 1724 年通过立法，禁止在炼铁炉 2 英里内向炼铁工出售烈酒。1757 年，议会又规定在军训场地 2 英里内也完全禁售烈酒，违者罚款 40 先令。③

中部的纽约殖民地与南部殖民地对个人饮酒行为也试图加以监管，但是不如新英格兰清教殖民地严厉。纽约在荷兰人治下最初对饮酒行为几乎没有什么限制。其母国的严寒天气与航海业的发达使得荷兰人十有八九嗜酒。就连英国人热衷于金酒，都是因为当年帮助荷兰为独立而战的英国士兵在那里爱上了这杯中之物，并将它带回了家乡。直到新尼德兰殖民地最后一任总督彼得·施托伊弗桑特在 1647 年就职，才于次年开始逮捕醉酒者并加以惩罚。④英国人接管新尼德兰后，纽约市议会起初在 1676 年下令任何人不得亵渎安息日，但到 1684 年又不得不放松这方面的规定，星期日仅在进行礼拜与布道时才不让酒店开门迎客。⑤ 英国人最初显然忽略了一个现实问题：早在 1642 年，新尼德兰居民讲的语言就有 18 种。⑥ 在这样一个宗教与民族都十分多元化的殖民地，要对饮酒加以严格控制，无论谁来统治都难以做到。

南部切萨皮克地区的弗吉尼亚与马里兰殖民地都有禁止醉酒的立法，但惩罚较轻，且以罚款这类经济惩罚为主。1619 年首届弗吉尼亚殖民地议会召开后，

---

① Jean R. Soderlund, et al., ed., *William Penn and the Founding of Pennsylvania*, 1680—1684: *A Documentary History* (Philadelphia: University of Pennsylvania Press, 1983), 106, 206.

② *Great Law, or the Body of Laws of the Province of Pennsylvania*, Pennsylvania Historical & Museum Commission, accessed February 3, 2015, http://www.phmc.state.pa.us/portal/communities/documents/1681-1776/great-law.html. *The Statutes at Large of Pennsylvania*, comp. James T. Mitchell and Henry Flanders (Harrisburg, PA: Clarence M. Busch, 1896), 2: 177.

③ Thomann, *Colonial Liquor Laws*, 153, 154.

④ Ibid., 84, 86, 90; *The Records of New Amsterdam from* 1653—1674 *anno domini*, ed. Berthold Fernow (New York: The Knickerbrocker Press, 1897), 1: 1-2; *Laws and Ordinances of New Netherland*, 1638-1674, comp. E. B. O'Callaghan (Albany, NY: Weed, Parsons and Company, 1868), 416.

⑤ Salinger, *Taverns and Drinking in Early America*, 99-102.

⑥ Hutson, *Church and State in America*, 31.

即针对禁止醉酒发布命令。初犯者仅由圣公会牧师私下训斥，重犯者要被当众指责，再犯者才监禁 12 小时或罚款。依然不改者，那就要由总督与参事会考虑更为严厉的刑罚了。① 从 1624 年 3 月初起，对醉酒者初犯才不再仅仅是训斥，而是处以罚款。根据 1691 年立法规定，不交者才上枷 3 小时。② 除了罚款以外，弗吉尼亚当局还对酒店赊账加以限制，有法律规定财产在一定数额以下者不得超额赊购酒类，否则店主会受罚。其目的是防范"新近获得自由的"契约奴在过度赊购后逃离弗吉尼亚。③ 至于安息日不得在酒店饮酒的问题，弗吉尼亚直到殖民地建立近一百年后的 1705 年，才有了正式立法。④ 不过，弗吉尼亚殖民地在酒类监管立法上有一点与众不同：它是北美唯一一个对牧师、法官和议员醉酒在法律上做了具体惩罚规定的殖民地。⑤ 尽管如此，弗吉尼亚有些法官仍然在醉眼蒙眬中办案。米德尔塞克斯县的居民就曾在 1704 年指控法官马修·肯普办案喝醉了酒。⑥ 弗吉尼亚有关法官与牧师醉酒的立法证明，当时好酒贪杯者各个阶层都有。

与弗吉尼亚相邻的马里兰早期酒店不多，但纵酒也很普遍。该殖民地议会在 1638 年下令禁止醉酒，并将醉酒定义为"饮酒过度以至于任何感官或行动出现显而易见的紊乱"。惩罚手段与弗吉尼亚一样，也是以罚款为主，且罚款数额逐渐增加。但马里兰有两点不同于弗吉尼亚和其他殖民地。一是 1654 年法律甚至规定，发现有人醉酒后三天之内不向治安法官报告者，也要被罚以 100 磅烟草。⑦ 二是 1723 年立法规定，凡不能或不愿支付醉酒罚金者，处以鞭刑，但有产者或其他有声誉的人除外。⑧ 这显然是在酒类监管上推行贫富有别的原则。

就 17 世纪而言，尽管英属北美各殖民地最初在控制殖民地人饮酒行为的动

---

① "Proceedings of the First Assembly of Virginia, 1619," in *Collections of the New York Historical Society*, ed. George Bancroft, 2d. ser., III（1857）: 346, accessed January 13, 2015, https://www.loc.gov/item/11022446/.

② *The Statutes at Large: Being a Collection of All of the Laws of Virginia*, 1: 126, 167; 3: 73.

③ Ibid., 1: 287; 3: 44-45.

④ Ibid., 1: 261, 434, 457; 3: 397-398.

⑤ "Proceedings of the First Assembly of Virginia, 1619," 346. *The Statutes at Large: Being a Collection of All of the Laws of Virginia*, 2: 206, 384.

⑥ Darrett B. Rutman and Anita H. Rutman, *A Place in Time: Middlesex County, Virginia, 1650—1750*（New York: Norton, 1984）, 221-222.

⑦ *Archives of Maryland Online*, Vol. 1: 53, 159, 342-343.

⑧ Ibid., Vol. 34: 734.

机、手段和严厉程度上略有不同，但到这个世纪结束时在立法上已趋于一致。它们都将醉酒和在法律不允许的时间（包括礼拜日）饮酒的行为，视为非法，要加以惩处。然而就在此时，随着人口多元化、经济商业化和社会分层的发展，殖民地社会精英与政府官员在酒类监管上关注的重点开始转移。他们不再像过去那样强调个人行为与道德救赎，而是在维护殖民地社会经济秩序上有了更多的考虑。可以说，这是从新英格兰到南部的所有殖民地普遍出现的一种发展趋势。

因此，进入18世纪以后，殖民地政府最为担心的不再是纵酒与醉酒，而是"惹乱子的酒徒"，并且将这些"惹乱子的酒徒"基本锁定在社会下层的范围之中。1683—1772年，纽约市因违反酒法而在刑事季审法院出庭的58个酒店店主，除3人外全部都是因为卖酒招待黑奴。与酒店合伙做地下销赃生意的黑人团伙更是严惩的对象，其中最著名的就是以贩卖偷盗来的金酒而得名的金酒帮会。其中两名为首的黑人在1741年黑奴合谋暴动案中被处以绞刑。马萨诸塞亦不例外，萨福克县1727年有17人被治安法官列为"酒鬼与臭名昭著的酒徒"。他们均来自社会底层，其中包括鞋匠、搬运工、砖匠、屠夫、制革工、造桨工等。① 这种选择性执法成了18世纪英属北美殖民地对饮酒行为监控的共同特点。

殖民地酒类监管的第二个目标是酒类销售者，包括对酒店店主的资格及其酒店的运营进行监管。由于酒店具备多种社会功能，它经营的好坏关系到殖民地的正常运转与居民的日常生活。因此，各殖民地几乎从一开始就对酒店实行监管，希望借此控制殖民地人饮酒行为，保障酒类供给与服务，维护社会秩序。在政府官员看来，要对酒店进行有效的监管，首先就要让酒店掌握在他们认为"适当的人"手中。于是各殖民地政府大多很快就建立了酒店执照制度，只有经官方审查获得执照的人才有资格开办和经营酒店。早在1633年，马萨诸塞海湾殖民地大议会就要求凡出售葡萄酒与"强水"（Strong Water，即烈酒）须经总督或副总督批准。1634年更明确规定，没有大议会颁发的执照任何人不得开酒店。在此基础上，该殖民地迅速建立了酒店执照制度。② 其他殖民地亦大体如此，先后都建

① Salinger, *Taverns and Drinking in Early America*, 123, 130, 133, 142-143.
② *Records of the Governor and Company of Massachusetts Bay in New England*, 1: 106, 140.

立起彼此十分类似的酒类零售执照制度。唯一的例外是南卡罗来纳殖民地。它允许查尔斯顿以外地区的种植园主可以无照卖酒给自己或邻居的劳工，但不得在种植园主屋内饮用。该例外进入18世纪后才逐渐被取消。①

一般来说，早期的执照须向殖民地总督、副总督或殖民地一级的政府机构申请，经审核后予以颁发。后来审批颁发权才下放到镇或县等地方政府，各地有所不同。如波士顿人要向镇务委员申请酒店执照，镇务委员会同意后推荐给县一级的一般治安法庭，由法庭审查决定是否批准。费城居民则要向该城市的季审法院法官申请酒店执照，报总督批准。马里兰的执照由县的行政司法官或市的法官与市政委员颁发。酒店执照颁发后一般每过一年要更换一次新执照，届时又要经过一番审批程序。罗德岛殖民地曾颁发有效期少于一年的酒店执照。所有获得酒店执照者都要向政府交执照费。执照费通常成为总督薪酬的一部分。有的殖民地还要求酒店店主交保金。此举乃是为了确保店主遵守法律，及时更换新执照，并交付税款等。如马萨诸塞海湾殖民地规定：酒店店主与葡萄酒及烈酒的零售酒铺店主在获得执照前必须交付保金，在更换新执照时不仅要交保金，还要有税务官员证明其已交税款的字据。②

那么究竟什么样的人才有资格成为酒店店主呢？尽管马萨诸塞大议会在1639年明确指令，每个镇可不时挑选"适当的人"，经大议会或总督法院授予执照后合法经营酒店，出售酒类，③ 但并未对"适当的人"加以明确定义。不过，各殖民地对此显然存在一定共识。那就是酒店店主必须是有适当品德的人，正派、诚实、有节制，等等。其所以如此，在很大程度上是因为酒店店主不仅仅是要为顾客提供酒类和餐饮住宿，而且还要依法防止纵酒、醉酒、赌博、卖淫等不道德行为的发生，从而承担了顾客的道德监护人和半个治安官员的公共责任。因此，在对道德秩序比较关注的17世纪，酒店店主的个人品德是他们申请执照时要首先被考虑的问题。即便到了1704年，个人品德依然很重要。当时特拉华河边的渔民与船坞都需要有一个酒店，家住附近的费城富人加布里埃尔·威尔金森提出执

---

① Thomann, *Colonial Liquor Laws*, 189-191.

② Salinger, *Taverns and Drinking in Early America*, 153-154, 158; Thomann, *Colonial Liquor Laws*, 27, 82.

③ *Records of the Governor and Company of Massachusetts Bay in New England*, 1: 279-280.

照申请后被拒，因为有人向治安法官报告说威尔金森交友不善。① 显然，此案中的治安法官在决定是否批准执照申请时，将个人品德看得比申请者的个人财富和当地的实际需要还更为重要。

不过，个人品德并非决定是否批准执照申请的唯一因素。申请人的社会地位、酒店选址、酒店数目、救济穷人的需要等都可能产生影响，而且这种影响在进入18世纪后还变得越来越大。可是殖民地各级政府负责审批酒店执照的官员在权衡这些因素孰轻孰重时，缺乏统一标准，随意性很大，结果给人以比较混乱甚至是不可思议的感觉。执照申请人的社会地位在审批过程中产生影响者，不乏其例。弗吉尼亚殖民地威廉斯堡的酒店店主琼·马罗特，在1713年因高价售酒与藐视法庭而遭法庭定罪判决，可是判决他的法庭却批准他更换新的酒店执照。这在很大程度上是因为他与弗吉尼亚总督参事会成员威廉·伯德的关系非同一般。他不仅当过伯德的文书，而且其酒店是伯德常常来会友消遣的地方。此外，他还在1707—1709年出任过威廉斯堡的警官。② 与前述费城富人威尔金森的遭遇相反，马罗特的社会地位在这里无疑成了决定是否批准申请的关键。

酒店选址对是否批准执照的影响也很大。宾夕法尼亚殖民地切斯特县在1700—1736年有97个酒店执照申请人向季审治安法庭递交申请后被成功推荐给总督。其中46位（占47.4%）都在申请时强调自己的酒店位于大道旁十分方便的地点。雅各布·韦斯勒不仅在递交申请书时附上了由12个附近居民签字的有关该地确实需要酒店的证明，而且给法庭送去了一张酒店所在地点靠近道路系统的详尽地图。这张图可能是他自己绘制的，但附有5人签字证明该地图准确性的一份声明。这样一来，韦斯勒申请执照获准就成瓮中捉鳖之事。③

另外，法官们在考虑新的酒店执照申请时通常不希望酒店过密，故而比较乐意批准接手他人酒店者的申请。所以这97名申请者中有30位（30.9%）都强调，自己要开酒店的场所原本就是一家酒店。迈克尔·阿特金森过去几次申请执照都失败了。到1732年他再申请时告诉法庭，计划开酒店的房子是从前酒店店

① Thompson, *Rum Punch & Revolution*, 38.
② Salinger, *Taverns and Drinking in Early America*, 175.
③ 本段及以下三段中有关切斯特县执照审批的个案分析及所引数据，见 Salinger, *Taverns and Drinking in Early America*, 205-208.

主戴维·埃文斯手中租来的，结果马上得到了法官们的认可。

还有一点需要指出的是，受英国法影响，殖民地法官有时将授予酒店执照看成一种济贫方式。他们让没有能力以其他方式谋生的人来开酒店，免得这些人成为政府救济的负担。前述宾夕法尼亚殖民地切斯特县 1700—1736 年的 97 名申请者中，就有 13 人是以此为理由强调他们需要获得酒店执照。约翰·赖斯在申请时说他们夫妇年事已高，没有能力再以其他劳作方式为生了。伊丽莎白·兰金则称自己为贫穷的寡妇，又住在从布兰迪万到科内斯托加的大路旁，来往旅客常常要求助于她，使她不堪重负。

从切斯特县酒店执照审批的记录来看，法官们确实对那些酒店选址好、接手他人酒店或者无力以其他方式谋生的申请者，多予以优先考虑。但同样是具备这些条件的另外一些申请者却又曾遭到这些法官的拒绝。因此，时人对于负责酒店执照审批的官员究竟是以什么作为标准常有百思不得其解的感觉。最令人不可思议的是，切斯特县法院在判定四人无照售酒有罪后，告诉他们可以照样申请酒店执照，而且在他们申请后均推荐给总督批准。法院对其中一人无照非法售酒依然可以得到执照的解释居然是：此人无照非法售酒时积存了大量酒，获得执照可以让他将这些酒合法销售出去。显然，殖民地酒店执照的审批存在多重标准，不时会出现彼此矛盾的现象。加之负责审批执照的殖民地法官深受英国普通法法官造法传统的影响，习惯根据自己对先例和具体情况的理解做出判断，故而使执照审批更加缺乏一致性。不过，执照审批从长期来看还是有一个共同的发展趋势。那就是进入 18 世纪以后，起初选择"适当的人"强调的个人品德变得不再那么重要了。这和殖民地经济的逐渐商业化不无关系，经济"实利"使人们对清教道德秩序的关注有所削弱。

除了决定执照申请能否批准的上述因素以外，申请者的性别也有不可忽略的影响。由于殖民地官员十分看重酒店店主维持酒店秩序的能力，怀疑妇女能否胜任，所以他们大多倾向于将执照发给诚实、正直的男性居民。另外，由于英国普通法在殖民地的适用日益正规化，已婚妇女依法是没有独立的法律地位或者说独立的民事能力的。她在婚后不再享有婚前所享有的以自己的名义拥有财产、签订合同、立下遗嘱、进行诉讼的诸种权利。这些权利都落到了丈夫手中。因此，殖民地已婚妇女非特殊情况一般来说不可能成为酒店店主，最多也就是在丈夫当店主的酒店里负责打理而已。但是单身妇女和寡妇则依法有可能成为酒店店主。政府在给单身妇女和寡妇发放酒店执照时往往还有一个考虑，那就是怕她们舍此就难以维持生计，会成为政府救济对象，加重社区负担。由于农村地区再婚率比城市高，当时的寡妇与单身妇女大多集中在大城市，所以港口城市妇女成为酒店店主的比例就比较大。波士顿、纽约与费城在 17 世纪末—18 世纪中都是如此，但其酒店女店主所占比例均未超过男店主。[①] 不仅如此，即便这些妇女有了酒店执照，她们获准经营的酒店也大多档次较低。1702—1732 年，波士顿颁发的既可提供食宿又可让顾客在店内饮酒的酒店执照中，妇女独立获得的执照只占 18.6%，在只能外卖而不允许在店内饮酒的零售酒铺的执照中，妇女独立获得的执照所占比例则高达 31.4%。[②] 显然，新英格兰与中部殖民地最好的酒店不在妇女手中，比较好的酒店也大多为男人所有。

南卡罗来纳殖民地的情况有所不同。这里有不少酒店女店主是已婚妇女，并非寡妇或单身妇女。这主要是因为该殖民地允许已婚妇女获得"独立商人"地位，而获得此种地位的妇女的经营所得归自己所有，可不受丈夫债务拖累。例如查尔斯顿酒商亨利·富尔克，他在 1767 年就为其妻子赫斯特申请到"独立商人"地位开了酒店。有文件显示，二人的生意活动是分开进行的。这就是为什么从 18 世纪中期到美国革命前，查尔斯顿酒店女店主在所有酒店店主中占的比例不仅高过前述三大城市，而且在最高时竟高达 2/3，远远超过了男店主所占比例。北美其他殖民地中，只有宾夕法尼亚也立法让妇女获得"独立商人"地位，但仅限于那些丈夫不再负担其生活的妇女，而南卡罗来纳则是所有已婚妇女都有资格申请这种法律地位。另外，南卡罗来纳妇女中还有很多人签订了婚前协议，保护自己带到夫家的财产所有权。所有这些都表明，在保护妇女财产所有权上，南卡罗来纳的法律比其他北美殖民地的法律走得更远。其所以会如此，主要是因为南卡罗来纳尤其是查尔斯顿附近地区因奴隶制经济成了北美殖民地最富庶的地方。立

---

① Salinger, *Taverns and Drinking in Early America*, 163, Table 5.1, 164, Table 5.2.

② 根据戴维·康罗伊所著《在酒店》一书中的数据计算所得，见 Conroy, *In Public House*, 128, Table 2.

法者自然比较注意对私人财产的保护，其中也包括对妇女财产权的一定关注。①

美国早期史和妇女史著名学者劳雷尔·撒切尔·乌尔里克在 30 多年前曾经希望，历史学家通过研究会看到："在 17 世纪和 18 世纪美洲的小社区里，妇女无所不在。"② 从殖民地酒店店主的位置来看，妇女确实也有一席之地，在查尔斯顿甚至比男人还占优势。不过，就整个英属北美殖民地而言，从 18 世纪到独立战争，酒店店主中有 2/3 都是男人。即便妇女成了酒店店主或者作为帮手在酒店经营上起了重要作用，但在酒店这个公共空间里依然没有多少地位可言。妇女在酒店里忙活主要是提供服务，而不是要表达自己的意见和主张。男店主则不然，他们是酒店谈话的积极参加者，甚至是起主导作用的人物，在传递消息与左右舆论方面具有很大影响力。

殖民地时代的酒店监管不仅有执照制度，而且还对酒店的经营管理加以规范和限制。其中一个重要内容就是价格。当时各殖民地先后都对酒店提供的酒类、食品以及其他货物及服务规定过价格。1634 年，马萨诸塞殖民地大议会规定，酒店餐食收费一顿不得超过 5 便士，啤酒收费一夸脱不得超过 1 便士，非进餐时间饮用啤酒则要被处以罚款。③ 1644 年，弗吉尼亚议会明令酒店必须按照规定的价格出售餐食与啤酒，即每餐收费不得超过 10 磅烟草，每加仑浓啤酒收费不得超过 8 磅烟草，淡啤酒收费则根据浓度依次而定。④ 其他殖民地基本上也都对酒店零售酒类规定了价格。其所以要这样做，一来是因为政府希望保护旅客与本地居民的利益，使他们负担得起酒类、饮食这些营养必需品；二来是因为当时住店的多是过往商贾，政府希望以价廉实惠的酒店为他们提供方便，从而促进本地商业的发展；三是政府官员常常在酒店举行会议、开庭审案或者处理公务，如果酒店提供的酒类与服务价格高的话，政府与这些官员个人都要不堪重负。1675 年，马里兰殖民地议会通过立法，为本届议会的开支和其他公共开支拨款 118 686 磅

---

① Salinger, *Taverns and Drinking in Early America*, 163, Table 5. 1, 172-173.

② Laurel Thatcher Ulrich, "Of Pens and Needles: Sources in Early American Women's History," *American Historical Review* 77 (1990): 201.

③ *Records of the Governor and Company of Massachusetts Bay in New England*, 1: 126.

④ *The Statutes at Large: Being a Collection of All of the Laws of Virginia*, 1: 287.

烟草，其中有45%以上给了为政府官员提供服务的酒店，结果引发不满。议员们也抱怨，说其薪酬不足以支付他们在酒店出席会议时的个人开销。① 因此，殖民地政府官员觉得无论是于公于私，都要对酒类价格加以控制。

除了价格以外，政府还对酒店提供的酒类与服务有所规定。首先就是酒类不得掺假或缺斤少两。弗吉尼亚议会1645年立法规定，一经查证在规定酒类定价后掺假，行政司法官将命令警官倒掉所有掺假酒类。② 宾夕法尼亚殖民地在1690年也对酒类掺假作出立法规定，凡"在朗姆酒、白兰地和其他烈酒中混入水或其他酒类"而定罪者，处以三倍于掺假酒类价值的罚金。③ 为了防止缺斤少两，弗吉尼亚议会在1662年就酒店卖酒的量器加以规定。从1663年3月1日起，无论零售什么种类的葡萄酒、啤酒或烈酒，都只能使用经检验盖印的英制单位量器。酒店店主届时如无此类规定的量器，就不得开门营业，否则罚款5 000磅烟草。④ 此外还有一些殖民地政府对酒店应该为顾客提供的服务也做出了具体规定，马萨诸塞大议会在1639年立法中就要求酒店店主为旅客提供马厩与干草，若有需要还得提供可以放牧的圈地。⑤

至于酒店公共秩序更是政府对酒店经营进行监管的重中之重。其核心就是要酒店店主对顾客在酒店的行为加以监管，并在顾客有违法行为时承担责任。如前所述，这些限制性规定包括不得允许顾客在酒店纵酒、醉酒，或在礼拜日进入酒店饮酒，并对顾客在酒店待多长时间、喝多少酒以及酒店晚上何时关门都加以规定。被禁止进入酒店的不仅有契约奴、黑奴、印第安人、学徒、未成年人，还有酒鬼与上瘾酒客，后者的名单通常被张贴于酒店的显眼处。有的殖民地在某些时期甚至还禁止一些娱乐活动，如不得在酒店唱歌、跳舞、打牌和赌博等。那些秩序混乱的酒店常常成为政府惩罚的目标。1672年，马萨诸塞殖民地萨福克县治安法官们惊恐地发现，艾丽斯·托马斯开的酒店居然经营卖淫生意。她后来被指控犯了"几桩臭名昭著的可耻罪行和比较严重的轻罪"，"经常秘密且不合时宜

---

① Li, "Liquor and Ordinaries in Seventeenth Century Maryland," 58-59, 210.

② *The Statutes at Large: Being a Collection of All of the Laws of Virginia*, 1: 300.

③ Thomann, *Colonial Liquor Laws*, 146.

④ *The Statutes at Large: Being a Collection of All of the Laws of Virginia*, 2: 112-113.

⑤ *Records of the Governor and Company of Massachusetts Bay in New England*, 1: 279-280.

地招待淫荡、好色和声名狼藉的男女，让他们有机会做肉欲邪恶之事"。所犯罪行还包括无照出售烈酒，招待契约奴和儿童，在礼拜日卖酒给游手好闲的人，教唆人入库偷盗，等等。在陪审团判定艾丽斯·托马斯有罪后，法庭处以重罚。除监禁与高达 100 英镑的罚金外，托马斯被带到绞刑架下戴上绞索示众 1 小时。之后，她被绑于车尾，上衣被脱到齐腰处，一边在监狱和酒店之间游街，一边被鞭打，游街后回到监狱还要用鞭子抽打 39 次。这种当众羞辱的肉刑过去只是用来对付贵格会教徒与妓女。其所以用来惩罚托马斯这个酒店女店主，可能是因为她的生意跨越了阶级、种族与性别三大界线，对清教社会的等级制和道德戒律均构成了严重威胁。例如，她不仅为自由人与非自由人发生性关系提供条件，还为契约奴与穷苦劳工入库盗窃所得销赃，使酒店成为地下经济网络的重要组成部分。尽管对酒店店主施以如此重刑甚为少见，但此案足以证明，酒店公共秩序在政府监管中是非同小可之事。①

最后，酒店监管还包括对酒店数目的控制。在这个问题上，殖民地政府面临着矛盾的选择，即一方面要满足殖民地旅客和当地人对酒店的需要，另一方面又不能让殖民地人因酒店过多而饮酒失控。因此，马萨诸塞的罗克斯伯里镇没有酒店时，镇务委员们在 1672 年向萨福克县法院建议，批准塞缪尔·鲁布尔斯开一家酒店。该县法院在 1679 年甚至命令多切斯特镇向法院提名酒店店主人选，否则将罚款 5 英镑。② 可是在促进酒店发展以适应殖民地人需要的同时，清教牧师和政府官员又担心酒店过多会使社会失控。在他们看来，教会与政府权威的削弱、教会成员的减少和世风日下，都是纵酒惹的祸。英克里斯·马瑟牧师在 1673 年就警告说："一旦酒进入大脑，出来的就是淫秽的歌声和对最高尚之人乃至神灵控制下的虔诚的嘲笑。"③ 于是，大议会不仅在 1675 年责成各级官员与户主对"在酒店纵酒、喝酒成瘾和结伴厮守的罪孽"采取行动，而且还在 1681 年下令将

---

① Salinger, *Taverns and Drinking in Early America*, 112-114.

② *Records of the Suffolk County Court*, 1671—1680, *Part II*, in *Publications of the Colonial Society of Massachusetts*,（Boston: Colonial Society of Massachusetts, 1933），30: 1159.

③ Mather, *Wo to Drunkards*, 13.

波士顿的酒店从45个减少到24个（每240人1个酒店）。① 然而这种控制和减少酒店数目的努力从长期来看并未成功。1681年以后，酒店数基本上呈增长趋势。到1737年，波士顿酒店数达到了174个，平均每94人就有一个酒店。尽管18世纪中叶开始酒店数目有所下降，而这主要是受到人口减少的影响，所以酒店密度依然远远高于1681年。事实上，从1696年开始直到美国革命之前，波士顿的酒店数与人口的比率大致保持稳定，大约每100人就有1个酒店。

其他殖民地的港口城市与波士顿的情况差不多，酒店数虽有增减，但是酒店数与人口的比率大体上都比较稳定，详见表1-1。表中显示的是酒店执照数与人口的比率，而当时各殖民地有很多无照经营的酒店。因此实际存在的酒店数与人口的比率比表中的还要高，也就是说不是大约每100人有一家酒店，而是几十个人就会有一家酒店。这样一来，在18世纪的殖民地港口城市要找一家酒店只是举步之劳。全城几乎所有地区都有酒店，而酒店最集中的则是水滨码头区、人口密集的地区以及商店和住宅比较多的地区。

表1-1　　　　　　　　殖民地港口城市酒类销售商与人口的比率

城市	年份	酒店执照数	酒店执照数与人口总数之比
费城	1693	20	1/105
	1721	94	1/54
	1756	111	1/134
	1759	134	1/127
	1762	133	1/128
	1763	150	1/113
	1772	164	1/133
波士顿	1681	24	1/240
	1696	74	1/100
	1722	134	1/94
	1737	174	1/93

① Conroy, *In Public Houses*, 52-53, 58.

续表

城市	年份	酒店执照数	酒店执照数与人口总数之比
波士顿	1752	162	1/91
	1758	135	1/116
	1765	134	1/123
新阿姆斯特丹/纽约	1663	18	1/90
	1693	24	1/125
	1722	78	1/91
	1759	287	1/55
查尔斯顿	1762	101	1/96
	1770	102	1/112
	1772	101	1/112

资料来源：Salinger, *Taverns and Drinking in Early America*, 185, Table6.1.

　　诚然，农业地区的乡镇与港口小镇的酒店没有上述港口城市多，但是进入18世纪后要在这些地方找一家酒店喝酒同样也很方便。马萨诸塞的米德尔塞克斯县在17世纪结束时酒店还很少，但是到1701年已有了33家酒店和5家外卖零售酒铺。当时该县1/3的镇只有1家持照酒店，仅查尔斯敦有5家酒店而已。从1720年到1740年，该县的酒店和酒铺总数从50个翻倍到119个，全县34个镇中有8个镇的酒店数达到5个或更多。到1770年，全县37个镇中有一半以上的镇的酒店数达到5个或更多。[①] 宾夕法尼亚东南部的切斯特县亦复如此，该县在1704年只有4个人获得酒店执照，平均每97个纳税人1个酒店。到1769年时，全县颁发酒店执照70个，平均每61个纳税人1个酒店。即便在偏远的北卡罗来纳殖民地的罗恩县，申请酒店执照的人也越来越多。牧师查尔斯·伍德梅森感慨道，在教堂与酒店争取灵魂的竞争中，酒店正在成为赢家。[②] 由此可见，各殖民地政府主管颁发执照的大部分官员，在满足殖民地人对酒店的需要和控制酒店数目上寻求平衡时，往往还是以前者为重。换言之，实际需要的考虑压倒了宗

[①] Conroy, *In Public Houses*, 147.

[②] Salinger, *Taverns and Drinking in Early America*, 204-205.

教与道德戒律上的担忧。后者应该是教会与个人的事情，不是政府的职责所在。这是各殖民地酒店总数与人口总数之比能长期保持稳定的一个重要原因。

殖民地酒类监管的第三个目标是酒类生产者。比起对作为销售者的酒店店主的监管来说，政府对酒类生产者及其产品生产的监管要少得多，也松得多，甚至可以说比较混乱。如前所述，马萨诸塞海湾殖民地大议会在 1651 年曾作出规定：凡酿制啤酒用于出售者，必须是人所共知的"在酿酒者的方法或诀窍上有足够的技能与知识"的人。可是大议会对如何认定这样的资格，并未提出具体标准。①比较离谱的是，大议会在 1658 年居然立法允许葡萄酒批发商、烈酒酿造者和一家之长无照零售烈酒，一次可以卖给一个顾客不少于 1 夸脱的烈酒。这样一来，烈酒产量和烈酒零售者均大增。两年后，大议会又不得不转而加以限制，规定未经法院批准任何人不得蒸馏"强水"或零售不到 1 夸脱 1 桶的"强水"。②

既然新英格兰的酒类生产监管都如此混乱，其他殖民地更好不到哪里去。纽约在荷兰人治下不仅有西印度公司的酿酒坊、大领主的酿酒坊和私人酿酒坊，还有很多人在家里酿酒。新尼德兰殖民地当局十分看重酒税，对私人酿酒坊除了要求有执照外自然不会有太多干预，到 1651 年干脆让私人酿酒坊取代了公共酿酒坊。英国人从荷兰人手中夺得这个殖民地后，在 1665 年的《约克公爵法》中照搬马萨诸塞法律，要求酿酒者必须在这方面有足够的技能与知识。然而与马萨诸塞一样，该法对具体标准只字不提。③弗吉尼亚殖民地议会除在 1652 年授予乔治·弗莱彻先生蒸馏与酿制酒类的特权 14 年以外，其 17 世纪的立法记录中很少涉及酒类生产监管问题。④这主要是因为切萨皮克地区在商用酒类生产上远远落后于新英格兰与中部殖民地。酿酒主要是家庭主妇的事情，还有就是大种植园主私人酿造。直至 18 世纪中期，商业化的酿酒坊也没有几个。因此总的说来，从新英格兰直至切萨皮克地区和下南部，当时英属北美殖民地对酒类生产的监管，

---

① *Records of the Governor and Company of Massachusetts Bay in New England*, Vol. 4, pt. 1: 59.

② Ibid., Vol. 4, pt. 1: 324; Thomann, *Colonial Liquor Laws*, 21.

③ Baron, *Brewed in America*, 19-20; Smith, *Beer in America: The Early Years——1857—1840*, 34; *The Colonial Laws of New York from the Year* 1664 *to the Revolution* (Albany: James B. Lyon, State Printer, 1894), 1: 18-19.

④ *The Statutes at Large: Being a Collection of All of the Laws of Virginia*, 1: 374.

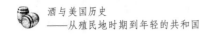

远不如对酒店的监管，并未形成一套比较全面和周详的执照制度。

尽管酒类生产的执照制度比较松散混乱，政府对酒类生产的产品质量倒是有比较具体的规定。事实上，当马萨诸塞大议会和《约克公爵法》对酿酒者的资格提出笼统要求时，其出发点就是要保证酿出的酒类产品的质量。由于酿酒过程中，放入的大麦芽数量对酒的质量有很大影响，马萨诸塞大议会乃就三个等级的啤酒必须投入的优质大麦芽数量做了具体规定：售价 3 便士 1 夸脱的啤酒每豪格海（英制 54 加仑）要放 6 蒲式耳（英制 1 蒲式耳 = 36.37 升）优质大麦芽，售价 2 便士 1 夸脱的啤酒每豪格海要放 4 蒲式耳优质大麦芽，售价 1 便士 1 夸脱的啤酒每豪格海要放 2 蒲式耳优质大麦芽。[①]《约克公爵法》的有关规定则是：任何啤酒如因"麦芽不足、酿制欠缺或酒桶不卫生"而有害健康和不可使用的话，受害者可向出售此酒的人追偿损失。[②]

1652 年，马萨诸塞大议会还就大麦芽的制作下令，麦芽制作者在发货前必须将发芽、干燥、整理过程中产生的灰尘与下脚料清理干净，否则在定罪后每蒲式耳麦芽罚款 12 便士。[③] 由于大议会对用麦芽酿制的啤酒有限价规定，一些酒店店主乃在酿制和销售的啤酒中掺入糖蜜、粗糖或其他原料，或者干脆就用这些原料酿制啤酒。针对这种情况，大议会在 1667 年决定，禁止销售不是完全用优质大麦芽酿制的啤酒和艾尔酒等，凡继续混以糖蜜、粗糖或其他原料取代麦芽者，每次罚款 5 英镑。[④] 1713—1714 年，由于谷物短缺，大议会不得不对用糖蜜酿制啤酒开了绿灯。盛产谷物的宾夕法尼亚则无此种忧虑，在 1722 年通过鼓励生产优质啤酒和使用谷物的立法，对用糖蜜、粗糖或蜂蜜酿制啤酒者罚款 20 英镑。[⑤]

值得注意的是，到 1723 年，马萨诸塞大议会对酒类生产的关注不再仅仅限于产品质量，而且扩及设备的安全性。它对蒸馏造酒设备所用金属材料做出规定，即蒸馏器不得有铅管、铅制顶盖和铜制螺旋冷却管。立法还授权专职的化验师或检查员进入蒸馏造酒坊取样化验检查。违法者处以 100 英镑罚金，合乎要求

---

① *Records of the Governor and Company of Massachusetts Bay in New England*, Vol. 4, pt. 1: 59.

② *The Colonial Laws of New York from the Year* 1664 *to the Revolution*, 1: 19.

③ *Records of the Governor and Company of Massachusetts Bay in New England*, Vol. 4, pt. 1: 83-84.

④ Ibid. , Vol. 4, pt. 2: 344.

⑤ Thomann, *Colonial Liquor Laws*, 32, 151.

的蒸馏器则盖印标示合格，检查结果送镇文书室备案。更有意思的是，由于治安法官对麦芽生产不甚了了，很可能使麦芽生产者遭受错判与重罚，马萨诸塞大议会在当时做出了一个十分明智的决定：规定麦芽生产者因产品质量遭到指控时，有权要求任命一个专家委员会对其产品进行检查，检查报告送法院或法官作为判决依据。① 可以说，从酒类生产监管立法上来看，英属北美殖民地着力不多，但是它们确实从很早就开始注意保护消费者利益和尽量以科学为根据。这种对商业化经济活动既有基本道德要求又讲科学标准的做法，即便在今天，也值得点赞。

---

① Ibid., 34-35.

六、酒税征收与执法不到位

政府对酒类行业的干预，除了监管以外就是税收。诚然，税收也会起一定的监管作用，但是税收的主要目的是增加政府岁入，促进本土酒类的生产，以及推动殖民地经济的发展等。然而无论是在酒税征收还是在酒类监管上，殖民地政府的干预都普遍存在执法不力，难以到位的问题。

之所以说酒类税收可以起一定酒类监管作用，是因为它可以限制酒类的消费，达到对殖民地人饮酒行为实行管控的目的。1636 年，马萨诸塞大议会对进口的水果、香料、糖、葡萄酒、烈酒和烟草征收相当于货物价值 1/6 的从价关税。它明确指出，征收该关税是"为了防止在这些海外供给物质上无节制地开支"。① 这是殖民地早期所谓反奢侈法的惯常用语，实际上就是想防范过量消费，在这里就包括过量饮酒。1662 年 3 月，弗吉尼亚议会决定对朗姆酒征收每加仑 6 便士的进口关税，声称"经验表明朗姆酒的过度滥用使各种各样的人患病和死亡"。② 康涅狄格殖民地在 1720 年决定第二年对进口朗姆酒征收每豪格海 15 英镑的重税，其理由也是朗姆酒的"无节制饮用"成了"愈演愈烈的邪恶"。③ 显然，从崇尚节俭、维护道德和防止对居民健康造成危害的角度管控纵酒，是早期殖民地政府通过征收酒类进口关税希望实现的一个酒类监管的重要目标。

除了酒类监管以外，酒类税收更重要的目的是促进本土酒类的生产，也就是通过进口关税和消费税，限制外国酒类与原料的进口与销售，从而实现有利于本土酒类生产的保护主义政策效果。弗吉尼亚殖民地政府早期为了鼓励本地葡萄酒生产，就曾禁止购买进口葡萄酒，但不成功，后不得不于 1639 年取消了禁令。④ 马萨诸塞在 1654 年 8 月为鼓励本土啤酒制造所需原料麦芽的生产，决定自 1655 年 3 月 1 日起禁止从欧洲直接或间接进口麦芽，也不允许任何人购买或接受这类

① *Records of the Governor and Company of Massachusetts Bay in New England*, 1：186.
② *The Statutes at Large：Being a Collection of All of the Laws of Virginia*, 2：128.
③ *The Public Records of the Colony of Connecticut*, 6：224.
④ *The Statutes at Large：Being a Collection of All of the Laws of Virginia*, 1：226.

进口麦芽。违法者每蒲式耳麦芽罚款 12 便士。这实际上是以罚金形式征收进口关税。1655 年，大议会更进一步做出规定，从 1656 年 3 月 1 日起违法进口麦芽、小麦、大麦等货物将遭到没收货物的惩罚。该规定明确指出，此举是因为需要用本地产的作物来供给本地居民，而外来作物"对于本地与本地居民的生存极端有害"。这种罚金式关税与绝对不许进口的禁令不仅未能刺激本地麦芽的生产，反而使本地依靠进口麦芽的啤酒制造业遭受重创，结果在实施 5 年后于 1660 年取消。此后，殖民地政府对进口麦芽征收每蒲式耳 1 便士关税，到 1673 年又将该关税增加到每蒲式耳 7 便士。① 由于政府规定了啤酒价格，这 6 便士的差额对于无权提价的啤酒商来说，就等于是成本的进一步上升，甚至造成亏损。在原料尚无法自给时对进口原料征收高关税，自然对本土制造业有害无益。纽约与宾夕法尼亚殖民地亦对麦芽与啤酒花征收关税，但均未能促进它们本土啤酒制造业的发展，都是因为同一个道理。

殖民地政府利用进口关税作为保护主义工具，试图促进本土葡萄酒与啤酒生产，结果并不成功，但是在推动本土烈酒尤其是朗姆酒生产上，一些消费税与进口关税却颇有作用。1704 年，马萨诸塞殖民地规定本土生产的朗姆酒的消费税为每加仑 1 便士。这比 1700 年规定的进口朗姆酒每加仑 8 便士的消费税少了 7 便士。此举大大提高了本土朗姆酒对进口朗姆酒的市场竞争力。到 1715—1735 年，政府又将进口朗姆酒的关税翻倍，使本土朗姆酒生产再次受益。与此同时，朗姆酒原料糖蜜的进口关税在同一时期又保持不变。这更令本土朗姆酒制造业如虎添翼。②

中部殖民地作为主要的谷物产区，在支持本土谷物烈酒制造上也毫不含糊。1703 年，纽约殖民地议会为修建炮台对烈酒征收每加仑 3 便士消费税，但对用"本殖民地种植的谷物"蒸馏制造的烈酒则网开一面，免征此税。不仅如此，纽约殖民地长期以来对进口朗姆酒与本土朗姆酒都征收消费税，可是却让本土谷物制造的烈酒免于这种税收，在纽约市甚至一度禁止朗姆酒生产。与纽约一样同为

---

① *Records of the Governor and Company of Massachusetts Bay in New England*, Vol. 4, pt. 1: 199, 246, 418; Vol. 4, pt. 2: 552.

② Thomann, *Colonial Liquor Laws*, 30, 35-36.

谷物主要产地的宾夕法尼亚在 1723—1733 年将蒸馏烈酒消费税减半。更重要的是，该殖民地政府对谷物烈酒征收消费税，主要限于城市地区。至于农业地区的这类消费税，政府既无人力前往征收，又怕冒大众抗税的风险，结果税收实际上成零。①

殖民地酒类税收不仅推动了本土朗姆酒与本土谷物烈酒的制造，并且刺激了本土船运业与造船业的发展，从而对殖民地经济的增长产生了积极的影响。早在 1662 年，当弗吉尼亚议会决定对船只载运的进口朗姆酒征收每加仑 6 便士关税时，就将"完全属于本殖民地居民"的船排除在外。可惜当时弗吉尼亚还没有几个人有自己的船。到了 1691 年，议会将用外国船只运来的进口葡萄酒、白兰地、朗姆酒和其他烈酒的关税从每加仑 3 便士提高到 4 便士；但相比之下，用殖民地人所拥有的船只运进同样的进口酒类只需缴每加仑 2 便士，若是弗吉尼亚造的船更是完全免税。② 同年，纽约殖民地决定，该殖民地人所拥有的船只载运的进口货物关税减少 1/3，其中朗姆酒、白兰地与其他烈酒则减关税 40%。③ 康涅狄格在 1708 年也通过立法，由该殖民地一个或多个居民部分拥有的船只载运的进口葡萄酒、朗姆酒与其他烈酒可免去关税。④ 到 1710 年，宾夕法尼亚殖民地用外国船只从原产地载运进口的葡萄酒、朗姆酒每大桶（容量 2 豪格海）必须缴关税 40 先令，而用该殖民地居民拥有的船只载运进口则每大桶只缴 20 先令。⑤ 各殖民地政府为促进本地产业的发展，真是煞费苦心！

当然，酒类税收最重要的功能，也可以说是所有政府税收的共同目的所在，自然是增加政府岁入。无论是酒类进口税，还是酒类消费税，都是殖民地间接税的一个组成部分，在各个殖民地税收总额中所占比重各不一样，不过一般来说都不是太大。只有纽约殖民地在 1688—1714 年期间的间接税曾达到岁入总额的 3/5，其中相当大一部分就是酒类进口税与消费税。这在很大程度上是因为纽约殖民地承袭了前荷兰统治者倚重酒类税的传统，将人头税、财产税等直接税当成

---

① Ibid. , 117, 152.

② *The Statutes at Large*：*Being a Collection of All of the Laws of Virginia*, 2：128；3：88-89.

③ Alvin Rabushka, *Taxation in Colonial America*（Princeton：Princeton University Press, 2008）, 402-403.

④ *The Public Records of the Colony of Connecticut*, 5：84.

⑤ Thomann, *Colonial Liquor Laws*, 149.

临时性税收，仅仅用于修建要塞和征募军队等非常规开支。新尼德兰总督彼得·施托伊弗桑特曾经说过，他的殖民地的主要财富，就是它的酒店和喝得醉醺醺的居民，因为他可以利用他们的堕落而征税。[①]

作为政府岁入的酒类税收和殖民地其他税收一样，主要都是用于各殖民地政府的开支，包括总督的薪酬和行政管理的各项用度。除了一般的政府开支以外，殖民地时代征收的酒税也常常被用于一些特殊用途。1684 年，弗吉尼亚大议会决定，为了减轻人头税和修建用于议会开会的法院大楼，对进口的任何葡萄酒、朗姆酒以及其他烈酒征收每加仑 3 便士的关税。到 1686 年，该立法被展期 3 年。[②] 1726 年，弗吉尼亚议会又通过立法，对这些酒类除征收每加仑 3 便士关税以外，还要另外加收每加仑 1 便士关税，用于资助威廉玛丽学院的发展。这税一直收到 1756 年。[③]

殖民地酒税不仅被用于公共建筑、要塞、教育方面的开支，还常常被用作发行纸币的担保。英国"光荣革命"后，成为王室殖民地的马萨诸塞组织了对魁北克的征讨，承诺参战的军官、士兵和水手除军饷外可以分享战利品。不期此次征讨在花掉大量军费后铩羽而归，参与征讨的士兵要求获得所承诺的报答，并以兵变相威胁。马萨诸塞大议会无奈，遂于 1690 年授权发行信用票据支付给这些军人和阵亡士兵遗孀，并用于其他例行公共开支。这些信用票据原本只能用来支付税款，但进入流通后不久即于 1692 年被大议会授予法币地位，成了西方世界最早的纸币。在硬币本来就短缺的北美，很多殖民地纷纷仿效，发行纸币很快就成了一种解决政府岁入不足的有效手段。不过为了维持这种纸币的信用，政府在发行时往往都要用未来税收作为对这种纸币在规定时期会兑现的保证。于是酒税有时也就成为兑现这种纸币的准备金。例如，马萨诸塞大议会在 1737 年通过立法，发行 6 000 英镑信用票据，承诺在 1742 年兑现为硬币，但作为担保的各地人头税和财产税却可以用信用票据而非硬币缴纳。这显然不是万无一失的担保。幸而大议会在同年早些时候通过的关税方案中早已规定，所有葡萄酒、烈酒、糖蜜和其

---

① Rabushka, *Taxation in Colonial America*, 407, 414.

② *The Statutes at Large: Being a Collection of All of the Laws of Virginia*, 3: 23, 38.

③ Ibid., Vol. 4: 148; Vol. 5: 317.

他一些进口货物的关税必须用银币或金币支付。① 这就确保了信用票据日后有硬币兑现。宾夕法尼亚在七年战争爆发后的 1755—1760 年发行了 485 000 英镑信用票据，其中 30 000 英镑由为期 10 年的酒类消费税到期兑现，剩下的 455 000 英镑则由直接税做担保。② 英属北美殖民地纸币的增加及其对银币与英镑的贬值，后来成了一个令英国政府伤透脑筋的问题。

显然，酒税对于殖民地政府来说是不可缺少的，可是如何将税征收上来，却不是件容易的事情。从高税收的英国和欧洲其他地区来到北美的移民，大都有寻求宗教、政治与经济自由的梦想。政府对他们日常生活的必需品酒类征税是不会受到欢迎的，结果偷税、漏税、逃税现象比比皆是。这样一来，殖民地政府不得不在强化税收机制和改进税收办法上进行种种尝试，其中尤以马萨诸塞在这方面的努力比较典型。该殖民地政府最初在征收关税的具体程序上并无什么规定。对葡萄酒消费税仅要求酒类零售商向大议会任命的官员缴纳，然后每个季度去法院宣誓保证没有虚报葡萄酒数量，届时若有尚未付清的税款，则向殖民地政府交齐。后来殖民地大议会发现，纳税人的诚实未必很靠得住，乃于 1645 年对关税和葡萄酒消费税的征收程序做出了比较具体的规定。首先，大议会决定设立进口港（即报关港），任命关税收税官，要求运送葡萄酒到港的任何船只缴纳 1/24 的从价关税。船长或商人在船只靠岸 48 小时内必须将货物清单送交总督、副总督，当他们不在时则交给下一级官员。其次，凡持有葡萄酒零售执照的人要缴葡萄酒价值 1/20 的消费税。负责征收此税的税吏有权进入这些人的酒店与酒铺，以确定需要交税的葡萄酒的数量与质量。若有人拒缴或未交，可诉诸治安法官听取案情后下令缴纳。大议会或总督法院负责任命有权征收消费税的税吏。③ 数月后，

---

① The State Library of Massachusetts, *Acts and Resolves*, 1692—1780, "1737-38 Chap. 0013. An Act For Granting Unto His Majesty Several Rates And Duties Of Impost And Tonnage Of Shipping", "1737-38 Chap. 0015. An Act For Supplying The Treasury With The Sum Of Six Thousand Pounds In Bills Of Credit Of The New Tenor, For Discharging The Publick Debts, &c.; And For The Drawing In The Said Bills Into The Treasury Again", accessed Mrach 15, 2015, http://archives.lib.state.ma.us/handle/2452/117918, http://archives.lib.state.ma.us/handle/2452/117920.

② Rabushka, *Taxation in Colonial America*, 642.

③ *Records of the Governor and Company of Massachusetts Bay in New England*, 2: 106.

大议会又决定，城镇酒类零售商在收到葡萄酒 4 天内必须向任命的税吏登记入账，并在 6 天内缴税。①

1646 年，马萨诸塞殖民地政府进一步加强了消费税税吏的权力。他们不仅可以强行进入持照酒类零售商的店铺，而且可以进入任何涉嫌有酒的人的房屋，并有权带走和没收未付税的葡萄酒。1648 年，关税征收的规定也变得严格起来。所有进口葡萄酒的人（从英国直接进口的除外）在货物上岸前，都要将有关葡萄酒数量的书面登记通知送达收税官宅邸。收税官可以有一个或几个副手在数个地点等候处理葡萄酒进口事宜，接受有关葡萄酒数量的登记通知。他们有权而且必须进入涉嫌的店铺和酒窖，没收未按规定登记的葡萄酒，或者按照欠款数量取走相应的葡萄酒。在他们执法时，所有的警官与其他官员都有责任予以协助，包括在必要时破门而入。铁匠、船主、车夫、搬运工等也要为收税官装运这类葡萄酒助一臂之力。②

进入 18 世纪以后，税收官僚体制走向了集中化与正规化。1715 年，大议会决定任命一个关税专员兼司库，统一负责整个殖民地关税与吨税的检查、征收与管理。他有权在每个港口任命一个副司库，并授权他们在其所在港口征收关税与吨税。所有这些税务官员都要宣誓就职，并在规定时间上班。大议会还一改过去税务官员从所收税额中提成作为报酬的传统，规定关税专员兼司库及其任命的副司库均实行薪酬制，前者每年 70 镑，后者薪资由专员兼司库与殖民地司库协商确定。③

尽管这些立法规定看似严厉，税收制度也基本成型，但在马萨诸塞殖民地，酒税的征收依然困难重重。于是，政府不得不在征收方法上使出一系列新招。1648 年 10 月，大议会决定将葡萄酒关税的征收分包给罗伯特·塞奇威克和理查德·拉塞尔先生，为期 4 年。这两位每年只要上交政府 120 英镑承包款，即可获得他们全年所能征收到手的全部葡萄酒关税。此举显然是想将征收关税的烫手山芋交给承包人，避免殖民地政府与民众直接发生冲突。然而随着对分包葡萄酒关税垂涎三尺的人越来越多，他们彼此之间的竞标之争也愈演愈烈，于是政府的税

---

① Ibid. , 3：51.

② Ibid. , 2：82, 106, 246-247；3：51.

③ *Acts and Resolves*, *Public and Private*, *of the Province of the Massachusetts Bay*, 2：14-15.

收承包款便水涨船高，而中标者获利则每况愈下，甚至惨遭亏损，乃纷纷要求解除分包合约。1656 年，大议会根据他们的要求解除了合约，并下令由各县司库负责葡萄酒关税的征收。可是到 1668 年，大议会又收回权力，改由殖民地司库分包多种酒类税收。①

除了分包酒类税收，马萨诸塞殖民地使出的新招，甚至包括分派酒类消费税。1701 年，大议会授权各县和地方的治安法官在颁发或更换执照之前，根据所掌握的各酒类零售商情况，依照规定的税率计算其在 1 年内要交的消费税，然后按计算出的税额向零售商征税。② 这等于是不管销售收益如何，都要零售商按照政府规定的税额缴款，可谓是机关算尽。不过，即便如此，马萨诸塞的酒类税收仍未能收到预期效果。直到七年战争期间的 1758—1759 年，酒类消费税才大大增加，三倍于此前每年征收的数字，并且大体保持这个水平直到 1763 年战争结束。可是，战时消费税猛增，并不是政府税收机制的功劳，只是因为军队每天都需要配给朗姆酒，而这些向军队提供的朗姆酒是难以逃税的。不管是合法进口，还是非法走私的朗姆酒以及其他酒类，只要卖给军队就得缴消费税。这证明，除非有战争造成的特殊条件，仅凭税收政策与机制，并不能使殖民地人在纳税上轻易就范。③

英属北美其他殖民地也曾在酒类税收上做了很多类似的努力，但是和马萨诸塞一样，酒类税收总是令政府一筹莫展。纽约殖民地从荷兰人时代就以抗税和逃税著称。当总督威廉·基弗特 1644 年不顾议会抗议，下令对葡萄酒、啤酒和白兰地征收消费税时，酿酒商们拒绝缴税，并得到了殖民地居民的支持。这些拒绝纳税者后来虽受到基弗特的处罚，但是基弗特本人也因罔顾民意和滥用权力而最终被召回。1674 年，埃德蒙·安德罗斯被任命为纽约殖民地总督。他根据业主约克公爵指示，增加朗姆酒进口关税，亦引起广泛不满。此公于 1680 年回国述职，忘记将关税法展期，结果殖民地商人在 1681 年不仅拒缴关税，而且将海关

---

① *Records of the Governor and Company of Massachusetts Bay in New England*, 2：260；3：150-151, 401；Vol. 4, pt. 2：366.

② *Acts and Resolves*, 1692—1780, "1701-1702 Chap. 0015. An Act Granting Unto His Majesty An Excise Upon Wines, Liquors And Strong Drink Sold By Retail", accessed March 15, 2015, http：// archives. lib. state. ma. us/handle/2452/118945.

③ Rabushka, *Taxation in Colonial America*, 588.

收税官告上巡回法庭。他们指控收税官不顾英国古老的基本法，利用"专横与非法的权力"将关税强加在人民头上。结果，安德罗斯的代理人根本无法征收任何税款，直到约克公爵新任命的总督托马斯·唐甘召集议会通过有关税法，情况才有所改变。尽管如此，征税依然十分困难。唐甘在一份报告中称，长岛愿意分包消费税者只肯出 52 镑，因为长岛人"与新英格兰人如出一辙"，不肯向消费税承包者支付税款。1689 年"光荣革命"发生后在纽约领导起事的雅各布·莱斯勒，就是一个拒付关税的葡萄酒进口商。他因不肯向英军轻易就范而最后被处决。有学者认为，自 1691 年开始的纽约殖民地的税收史，"如果全部详详细细地写出来的话，就是一个持续不断的逃避、欺骗和劫掠的故事"。①显然，酒类税要依法不折不扣地征收到手，在英属北美殖民地实际上是办不到的。

酒类监管又何尝不是如此，要真正执法到位十分困难。当时审理的案件中，与饮酒有关的案件数目之少，就颇能说明问题。南部地区的弗吉尼亚早期纵酒现象比较普遍，但是在 1622—1632 年，殖民地参事会和大法院审理的案件中只有 13 起与饮酒有关，平均每年 1.3 起。北安普敦在 1635—1665 年的 30 年里只有 26 起醉酒事件报送法院处理，其中 21 起被定罪。到了 18 世纪，弗吉尼亚对违反有关饮酒与酒店法律的起诉并未显著增加。里士满县法院在 40 年里因此定罪的人不到 50，其中 38 个都是因为喝醉酒骂人。马里兰殖民地的法院同样对这类案件没有兴趣。1658—1676 年，查尔斯、肯特和托尔伯特三县总共对 13 起醉酒案作出了判决，审理了 3 起无照售酒或不按规定价格卖酒的案子。与此形成对照，在酒店喝酒不付账的案子就受理了 16 起，债务关系在法院看来显然更为重要。至于南卡罗来纳和北卡罗来纳，这两个殖民地现存的 17 世纪司法记录上没有一个涉及醉酒的案子。这有可能是因为当年的一些记录散失了，但也足以证明这方面的罪案至少是数量十分有限。进入 18 世纪以后，直到美国革命前，南、北卡罗来纳两地法院审理的违反有关饮酒与酒店法律的案件都非常少。②

与南部殖民地相比，中部纽约殖民地在荷兰人治下时，对违反酒法的起诉要

---

① Thomann, *Colonial Liquor Laws*, 88-89, 109-114.

② Salinger, *Taverns and Drinking in Early Aemrica*, 93, 95-98, 123-124, 127-128.

积极一点，但也十分有限。新尼德兰殖民地理事会受理的 50 个案件中有 18 个牵涉醉酒问题，所占比例为 36%。他们当时在涉酒违法上更为关注的是卖酒给印第安人，此类案件在所有受理案件中占 40%，处理也比较重。英国人建立统治后，纽约市长法院在 1674—1675 年只接到两起无照经营酒店的指控。到了 18 世纪，纽约几乎没有人因醉酒被送上法庭，因为纽约人认为他们缺乏清洁饮水，需要喝酒，醉了也情有可原。即便有少数人因醉酒被送上法庭，也是黑奴或者契约奴。1772 年，一个黑人因醉酒被判入狱，在服刑前不仅喝盐水催吐，还喝灯油清肠，结果命丧黄泉。当时的城市治安法官甚至对有卖淫活动的酒店也很少起诉，但是他们对酒店向黑奴卖酒或提供服务则不能容忍。1683—1772 年，纽约市有 58 人被告到刑事季审法庭，除 3 人以外，全部都是被控酒店经营秩序混乱，有碍治安，其实就是"招待各色黑奴"。由于纽约市的下层酒店吸引了大量契约奴、学徒和黑奴，并和地下经济网有密切联系，它们也就成了纽约法院执行酒法的主要对象，而其他酒店则大都安然无事。①

至于另一个中部殖民地宾夕法尼亚，17 世纪对涉及饮酒与酒店的罪行的起诉率也非常低。1683—1700 年，参事会总共只审理了 6 起这类案件。其中两个酒店店主被吊销执照是因为打老婆和通奸，而对两个纵酒者，参事会仅仅给予警告。巴克斯县在 1684—1700 年只审理了 9 起涉酒案件，平均每年审理的件数比弗吉尼亚还低。切斯特县在 1681—1710 年根据有关饮酒和酒店的法律将 54 人定罪，平均每年 1.8 起，略高于弗吉尼亚的 1.3 起。宾夕法尼亚在 18 世纪涉酒案件的起诉率虽然提高了，但绝对数量仍然很少，而且主要集中在秩序混乱的酒店上。从 1695 年到美国革命的 80 年里，因违反酒店法被费城法院定罪的，仅 201人，平均每年不到三人。农业地区的酒店遭到起诉的比费城更少。值得注意的是，当费城的法院在 18 世纪对有碍治安的酒店绳之以法时，却从未受理一起个人醉酒案，除非醉酒还伴随有其他非法活动。这固然是由于法院将注意力从个人饮酒行为转向了酒店的公共秩序，但贵格会承担了处理教徒醉酒问题的大量责任也是原因之一。② 在 1682—1776 年的这段时期，宾夕法尼亚贵格会的 19 次月会

---

① Ibid. , 100-101, 130.
② Ibid. , 116-118, 144-146, 148.

处理了 1 034 起醉酒案。醉酒在贵格会教徒中非常普遍，占该教派宗教会议处理的越轨行为的 7.8%。这些醉酒者中有 60.9% 被宣布逐出教会。①

相比之下，新英格兰的清教殖民地在 17 世纪涉及饮酒与酒店的执法上，比中部殖民地与南部殖民地都要严，但进入 18 世纪以后，起诉率也下降到和南部殖民地差不多。1633—1691 年，普利茅斯殖民地法院因为与饮酒及酒店有关的罪行起诉了 158 人，平均每年 2.7 起，略高于南部与中部殖民地在 17 世纪的起诉率。这 158 人中有 75 人是因为纵酒犯案。② 进入 18 世纪以后，新英格兰的清教牧师们对朗姆酒的泛滥心急如焚，其中不少人就像科顿·马瑟牧师（英克里斯·马瑟之子）一样，担心"朗姆酒的洪水会毁掉我们当中所有的良好秩序"。可是法院里起诉的与饮酒、酒店有关的罪案数目却不升反降。1691 年并入马萨诸塞的普利茅斯在 1686—1775 年的 90 年里起诉了总共 104 起涉及饮酒与酒店的案件，平均每年 1.16 起，还不到 17 世纪起诉率的一半。③ 就整个马萨诸塞而言，许多有关饮酒与酒店的老法律在 1712 年都经议会再次通过，依然有效。其中包括禁止在酒店唱歌、跳舞和狂饮，要求酒店晚上 9 点关门，不允许在酒店喝酒超过 1 小时，禁止纵酒，张榜公布不得进入酒店的纵酒者名单，等等。此后这些法律虽未被明文取消，但是法官们都心照不宣地不再用这些法律立案和判案了，因为他们知道时代变了。1714 年休厄尔法官去酒店驱散纵酒民众时遭到的抗拒，就是对法官们的一个警示。

总而言之，英属北美殖民地在酒类监管上立法虽多，但执法却不严，尤其是进入 18 世纪后更是如此。原因何在？这首先是和大西洋市场经济的发展分不开的。早在 17 世纪，弗吉尼亚殖民地查尔斯城县法院的记录就表明，切萨皮克地区的法官们关注更多的是涉及债务与劳工的案件，以及他们自己的声誉。对于四邻左右的私人道德问题，弗吉尼亚人没有多大兴趣。这固然和其先辈——在詹姆斯敦登陆的北美首批移民——是为谋利而来的传统一脉相承，但更重要的是烟草

---

① Jack D. Marietta, *The Reformation of American Quakerism*, 1748—1783 (Phiadelphia: University of Pennsylvania Press, 1984), xvi, 6, Table 1.

② Salinger, *Taverns and Drinking in Early Aemrica*, 108, note 78. （该书正文中数字计算有误，请参看该页注 78 中的正确数字。）

③ Ibid. , 137, 141.

经济早就将这个地区与大西洋市场紧密地联系在一起，使得经济利益而不是道德戒律变得越来越重要。

盛产谷物的中部殖民地，在 1720 年小麦价格开始上涨后出口猛增，商业化农业和航运业的发展令人叹为观止。就在这加速融入大西洋市场经济的过程中，费城的抢劫、偷盗与破门入户逐渐增加，销售赃物的地下经济变得越来越猖獗，于是就成了法院打击的主要对象，而且惩罚还特别严厉。当时有一个罪犯被判烧其手，并没收赃物，另外三男一女则被判处死刑。显然，违反有关醉酒的立法，与侵犯私人财产相比，算不了什么大事。①

17 世纪新英格兰殖民地之所以在酒类监管执法上比较严格，主要是清教戒律所致。但是这种宗教和道德考虑也因为市场经济的冲击而逐渐削弱了。新英格兰人在英国内战爆发不久即找到了适合自己的生财之道。其商人一跃而为"英帝国的荷兰人"，开始执英属北美殖民地航运业之牛耳。② 正是在这种日益商业化的大环境下，新英格兰的法官们逐渐将注意力从违反酒类监管法一类的道德罪，逐渐转向与财产有关的罪行。这是新英格兰对违反酒类监管立法者的起诉率会降到接近南部殖民地水平的一个重要原因。

伴随大西洋市场经济的发展，殖民地社会分层加速也成了执法不严的一个重要原因，因为执法者将酒类监管执法的目标集中到了社会下层的少数人身上。在早期新英格兰清教殖民地，无论你是何人，只要触犯有关饮酒和酒店的立法，都会受到指控；但是进入 18 世纪后，在社会上稍有地位的人在这方面就可以逍遥法外。波士顿的一位名叫弗朗西斯·戈莱特的船长，1746—1750 年经常航行于大西洋两岸，停靠过很多北美港口。他在晚上每每喝得酩酊大醉，难免有胡作非为之时，但是却从未有官员对其加以制止，更不要说诉诸法庭了。③ 纽约市本已将酒类监管立法的矛头指向了黑奴、学徒和契约奴这些最底层的人，在发生 1712 年的奴隶反叛与 1741 年的所谓黑奴合谋造反以后，就更是如此了。这样一来，酒类监管的执法对象，就从过去的全体居民，缩小到少数弱势阶层身上。法官的

---

① Ibid., 96-97, 147-148.

② McCusker and Menard, *The Economy of British America*, 92.

③ "Extracts from Capt. Francis Goelet's Journal, Realtive to Boston, Salem and Marblehead, &c., 1746—1750," *New England Historical and Genealogical Register*, 24（1870）: 50-63.

注意力，也从个人饮酒行为，转移到下层酒店的公共秩序上去了。既然酒类监管执法的社会覆盖面大大减少，起诉率降低也就不足为怪。

另外，由于殖民地发展和大量移民的到来，各殖民地人口变得越来越多元化，这就弱化了支持酒类监管执法的民众基础。新英格兰之所以在17世纪能比较严格地执行酒类监管立法，与其早期居民基本上都是来自英国的清教徒有密切关系。他们不仅形成了有一定神权政治色彩的清教殖民地的社会基础，而且是酒类监管严格执法的支持者。但是到1760年，新英格兰人中已有30%不是来自英国。非裔人、苏格兰人、苏格兰-爱尔兰人和爱尔兰人在马萨诸塞人口中占15%，在康涅狄格占25%，在罗德岛占35%。至于中部殖民地的纽约、新泽西、特拉华和宾夕法尼亚，英国移民在1760年只占人口总数的30%~40%。当时纽约的人口由四大族群组成：英国人口数量约为52 000名；德意志与荷兰人口数量约为22 000名；非裔人口数量约为16 000名；苏格兰、苏格兰-爱尔兰和爱尔兰人口数量约为15 000名。宾夕法尼亚的德意志与荷兰的人口数量与英国人口数量旗鼓相当，各为63 000名左右，另外还有42 000名苏格兰人、苏格兰-爱尔兰人和爱尔兰人，4 500名非裔人。1760年南部的非裔人是该地区人口最多的族群，略多于英国人。此外就是苏格兰人、苏格兰-爱尔兰人、爱尔兰人，他们组成了人口的15%。[①] 英属北美殖民地人口的多元化，尤其是非清教人口和那些来自苏格兰、爱尔兰和德意志等酿酒之乡的移民的增加，强化了在广大民众中根深蒂固的酒文化传统。这就使得本来就不大受欢迎的酒类监管立法更难付诸实施。

事实上，尽管牧师们抱怨醉酒和政府执法不力，但是一般老百姓并不把醉酒当多大个问题，反而觉得是可以让大家发笑的乐事。1737年1月13日《宾夕法尼亚时事报》登载的据称是本杰明·富兰克林编写的《饮酒者词典》，就收集了民间许多有关"人喝醉了"的表达方式。如果从字面意义上看，当时"人喝醉了"的种种说法实在是令人忍俊不禁。诸如："他在小溪里尿尿"（He's Piss'd in the Brook），"他脑袋里满是蜜蜂"（His Head is full of Bees），"他参加了葬礼"（He's Been to a Funeral），"他高兴"（He's Glad），"他劲头十足"（He's Juicy），

---

①   Jon Butler, *Becoming America*: *The Revolution before* 1776 (Cambridge: Harvard University Press, 2000), 9-11.

"他是王"（He's King），"他看见两个月亮"（He sees two Moons），"他在跟法老争斗"（He's Contending with Pharaoh），"他有钱了"（He's Rich），"像个有麻烦的老鼠"（Like a Rat in Trouble），"他湿透了"（He's Water-soaken），等等。报纸编者在最后的附言中称，他本来想在这些完全是从酒店谈话中收集来的词语中再加一个"像野兽"，但是害怕以此表达"醉酒"有欠公正，因为野兽一般来说是不会喝酒的。① 言下之意，将醉酒者说得如同野兽一般，是夸大其词，不合民意。所以酒类监管执法过严在大多数殖民地人看来未免小题大做。

最后还要指出的是，殖民地政府的岁入需要，也是酒类监管立法难以严格执行的一个原因。尽管包括执照费在内的酒类税收，在殖民地政府岁入中占的比例不是很大，但这不等于说它不重要，尤其是对肩负执法责任的总督和政府官员来说就更是如此。一些殖民地负责颁发执照的总督，其收入的来源就是酒店执照费。这自然就使得总督不大愿意控制和减少酒店数目，因为这有损他们的利益。南卡罗来纳殖民地议会在 1711 年曾就此问题展开辩论，后来决定执照费进入殖民地金库，总督则由殖民地支付每年 120 镑的固定薪酬。② 事实上，不仅总督，还有殖民地政府很多官员的薪酬都要依靠政府的岁入，因此政府岁入与他们都有切身的利害关系。

另外，酒类税收虽然在总岁入中占的比例不大，但却是间接税的主要组成部分。为了缓解居民对人头税、财产税这类大宗直接税的不满，殖民地政府有时要靠酒类税收来减轻直接税造成的负担。弗吉尼亚议会在通过有关酒类税收的立法时，通常都在开宗明义的前言部分就将这一目的挑明。例如，该殖民地 1726 年《酒类关税征收法》一开始就指出："作为陛下最恭顺和忠诚之臣民、陛下最古老之殖民地和领地弗吉尼亚的议员，吾等集合于此，考虑筹集足够岁入的权宜之计，以支付此间陛下政府的这些开支，否则须由人头税清偿，后者对于本殖民地

---

① "The Drinker's Dictionary, 13 January 1737," *Founders Online*, National Archives, https：//founders. archives. gov/documents/Franklin/01-02-02-0029. ［Original source：*The Papers of Benjamin Franklin*, Vol. 2, *January 1, 1735, through December 31, 1744*, ed. Leonard W. Labaree. New Haven：Yale University Press, 1961, pp. 173-178.］

② *The Statutes at Large of South Carolina*, ed. Thomas Cooper (Columbia, SC：Printed by A. S. Johnston, 1837), 2：364.

臣民已然沉重且难以负担，在他们当中造成了严重不满与焦虑……"①

显然，无论是从政府官员的收入出发，还是从缓解直接税负担的角度考虑，殖民地政府都希望酒类税收能起积极作用。鉴于酒类税税率的提高易于引起不满，增加酒店数目和殖民地人酒类消费量，就成了比较安全可靠的办法。这方面的考虑无疑也是牵制酒类监管执法的一种重要力量。至于酒和酒店早已成为殖民地个人与社会经济生活中不可缺少的组成部分，殖民地政府官员对此更是心知肚明。所以他们的酒店执照政策虽时松时紧，但从长远来看却使酒店数目的增加与人口的增长相适应，导致酒店与人口的数量之比长期保持稳定。

应该说，殖民地官员在酒类税收与酒类监管上往往没有严格依法行事，固然有许多具体原因，但最根本的原因是他们必须面对现实，顺应社会变化的大势和民众的基本需求，从而采取了比较务实的态度。正因为如此，殖民地政府才未因为酒类税收和监管引发的不满，触发社会的剧烈动荡。英国政府则将因为这方面无可挽回的失误，最终失去北美十三个殖民地。

---

① *The Statutes at Large: Being a Collection of All of the Laws of Virginia*, 4: 143.

七、醇醪飘香下的傲人成就

回顾英属北美殖民地长达约 170 年的历史，酒是殖民地人不分男女老幼一日三餐都会喝的饮料，也是病痛时刻必须有的药物。婚丧嫁娶更是不能没有酒，即便是在法院开庭和民兵训练等公共活动中也常见杯觥交错。一旦上了战场，酒便是士兵的日常配给品。"醉卧沙场君莫笑，古来征战几人回。"这是历史上任何文化中的军人都有同感的悲情境界。至于在酒店以酒会友，则早已成为传统。到酒店来的既有外来旅客和他乡商贾，亦有本地乡绅与平民百姓。其中既有消磨时光、娱乐一时者，亦有交换消息、增长见识者。既有信口雌黄、满嘴荒唐者，亦有谈经论道、切磋学问者。既有商议合约、敲定交易者，亦有达成共识、结为盟友者。可谓殖民地社会众生相，几乎尽在其中，皆离不开酒。诚然，教派领袖与政府官员出于对道德戒律与社会秩序的担忧，曾在各个殖民地程度不同地对饮酒行为与酒店经营加以控管。但是除了 1712 年马萨诸塞殖民地大议会决定禁止销售烈酒的一纸空文以外，他们从来没有真正考虑禁酒。殖民地民间也从来没有出现过哪怕是节制饮酒的社会运动。时人上上下下都存在一个共识："酒是上帝创造的好东西"。于是，从旧世界带来的根深蒂固的酒文化，在新世界得以进一步弘扬与发展，呈现出一幅滔滔江河万古流的图景。

最令人叹为观止的是，在醇醪飘香的北美大陆，殖民地人平均消费酒精量之高，仅次于 19 世纪的最初 30 年，使此后任何一个时代的美国人都相形见绌。可是到殖民地在代结束时，这些殖民地人并没有像科顿·马瑟牧师所担心的那样，让酒的洪流"毁掉我们当中所有的良好秩序"。恰恰相反，这些到 1770 年平均每人每年要喝掉 3.7 加仑蒸馏烈酒的殖民地人，使殖民地在经济增长速度与人民的物质生活水平上远远超过了其宗主国英国。经济史学家约翰·麦卡斯克和拉塞尔·梅纳德根据现有资料进行的最有把握的推测认为，1650—1770 年的 120 年里，英属北美大陆殖民地生产总值的平均年增长率约为 3.5%，而同一时期的英国则只有 0.5%。① 反映这一增长率差距的生活水平差距，只要比一比殖民地人与同一时期英国人的身高就可以一目了然。因为一个社会群体的平均身高在很大程度上反映了这个群体的营养水平，也就是生活水平。史家们发现，美国革命时大陆军士兵的平均身高比英国皇家海军士兵的平均身高高出了 3~3.5 英寸。② 专门研究殖民地财富及其分配的著名学者艾丽斯·琼斯曾经指出，1774 年殖民地人的生活水平"可能是截至那时为止任何国家绝大多数人口所达到的水平中最高的"。③

殖民地人不仅在经济上取得了傲人的成就，而且在基督教宗教组织的多元化发展上也非英国与其他欧洲国家所能比肩。1680 年以前在北美殖民地初建之时，大约 90% 的会众不是圣公会的就是公理会的，即：不是英国国教的，就是清教的。南部弗吉尼亚的圣公会影响力很弱，不少地方连个教堂都没有。新英格兰的清教教会虽然最初影响较大，但到 1660 年以后会众人数停滞不前。马里兰当时更是几乎没有什么宗教机构可言。这一切在 1680 年以后发生了重大变化。随着殖民地在北美大陆立稳脚跟和经济发展的起步，基督教教会经历了两次大规模扩张的浪潮。在第一次浪潮中，马萨诸塞与康涅狄格将过去各镇的教会重组为以堂区为基础的组织，使之适应一个规模更大、人员更加多元化的社会的宗教需要。圣公会则在弗吉尼亚巩固了自己的正统地位，并在南卡罗来纳、北卡罗来纳、马里兰与纽约扩大了影响。原本没有给予某个教派以法定正统地位的罗德岛、宾夕法尼亚、新泽西、特拉华也通过立法，对基督教教派表示支持。与此同时，许多过去被视为异见教派的新教派别如贵格会、长老会、浸礼会以及德意志人的信义会、归正会都迅速加强了各自教会组织的力量，费城成为这些组织的中心。它们的影响还扩展到了新英格兰与南部殖民地。

在 18 世纪，英属北美殖民地教会会众的增长速度超过了人口的增速。这与殖民地社会经历了多次宗教复兴有很大关系。其中规模较大的有两次，一次发生

---

① McCusker and Menard, *The Economy of British America*, 57.

② Kenneth L. Sokoloff and Georgia C. Villaflor, "The Early Achievement of Modern Stature in America," *Social Science History* 6 (1982): 453-481.

③ Alice Hanson Jones, "Wealth Estimates for the American Middle Colonies, 1774," *Economic Development and Cultural Change*, Vol. 18, no. 4, pt. 2 (1970): 130.

在 18 世纪 40 年代初的中部、北部殖民地，另一次则在 60 年代的南部殖民地。在这些被史家称为第一次"大觉醒"的宗教奋兴运动中，很多男女为牧师们热情洋溢的布道所鼓舞，在精神上有"重生"之感，纷纷加入各种教会，成为虔诚信徒。旧的宗教组织分化重组，新的宗教组织应运而生，各种宗教理念交相辉映，从而将宗教奋兴运动推向了一个又一个高潮。可以说，"大觉醒"一方面是对大西洋两岸理性主义大旗所代表的世俗潮流发出的反对之声，它要人们回归上帝的恩典和乡村社区的伦理道德，在宗教上依靠心灵的感知而不是头脑的判断。但是另一方面，它又抨击了宗教上的单一正统性和形式主义，主张良心自由，强调重要的是个人经验，而不是神学教条。其中还不乏平等主义和激进神学的主张，甚至有会众对奴隶制也起而谴责之。这场兼具保守性与开放性的"大觉醒"运动的热潮，反映了 1680 年以后直到美国革命之前殖民地宗教发展的两个鲜明特点，就是多元主义与生机勃勃。它们铸就了后来美国文化的灵魂。①

至于殖民地政治，它虽然还不是民主政治，但是在更为接近平民的制度建设上取得了相当程度的进展，与英国及其他欧洲国家相比，甚至有所超越。进入 18 世纪以后，所有殖民地的下议院议员都是选举产生。尽管妇女、契约奴、黑奴、宗教少数派、印第安人与很多没有足够财产的人尚不能参加选举，但是白人男性中有 50%~60%有选举权，远远超过了英国与欧洲大陆国家。据统计，英国与威尔士 1715 年有选举权的公民，仅占男性人口的 23.4%，到 18 世纪后期这一比例甚至下降到 17.2%。诚然，殖民地有选举权的居民真正出来投票的比率并不算高，1740—1770 年在弗吉尼亚为 40%，在纽约与宾夕法尼亚为 20%~40%，在新英格兰为 10%~25%，在南卡罗来纳的查尔斯顿为 30%，而其农村地区则只有 10%不到。但即便是这样的投票率也比英国高得多。18 世纪英国国会选举的投票率直到 1761 年在农村也只有 10%，在城市则仅为 20%。另外，无论是在殖民地一级，还是在地方政府一级，法院审案方式的演变与司法人员的专业化都使殖民地的法律制度出现了早期现代化的趋势，十分有助于法治在北美大陆的推进。与这些政治制度的发展相适应的是，殖民地产生了可以比较自由与平等地讨论公共问题的充满生气的公共空间。它区别于旧世界和美洲其他地区的贵族等级政治舞

---

① Butler, *Becoming America*, 185-224.

台，具有比较强烈的大众化色彩。这种向更为广大的社会成员开放的公共空间所仰仗的是：许许多多的印刷商、出版物和报纸，还有殖民地人在识字率上高于欧洲人口的优势，尤其是遍布于殖民地而且对政治问题可以有机会畅所欲言的酒店。①

　　一个美国历史学家说得好："不管殖民地人喝了多少酒，他们的社会没有崩溃。大部分男女每天起来去工作，创造了欣欣向荣的经济。到18世纪中期，这些众多的酒徒设法建立了一个运作良好的政治体系。他们还对英美思想史与文学变得如此精通，以至于对日益增长的国会权力能提出有力的批评。那场大多起自波士顿及其四周的抗议运动常常是在那些喜欢去酒店聚会的居民中形成的。正是这些人民具有博斯韦尔在他为约翰逊所写传记中述及的'喝醉的艺术'：他们可以喝酒喝到要醉的程度，但是除了偶尔的宿醉或者一些因酒而起的暴力以外，社会欣欣向荣。"②究其原委，这些殖民地人面对的是在莽莽荒原与巍巍山林中开发新大陆的艰难环境，他们需要有充沛的体力、高昂的精神和永不止息的希望，否则断难成功。于是酒便成了他们保持充沛体力不可替代的"生命之水"，而且是很多人得以振奋精神破浪前行的风帆，更是助他们希望永在、梦想不断的一种灵感之火。故而就绝大多数殖民地人来说，酒不仅没有妨碍他们，反而成就了他们，让英属北美殖民地在他们手中，成了一块确实不同于旧世界的希望之地和自由之乡。由此放眼未来，美利坚合众国的诞生，显然不是无源之水、无本之木。

---

　　① Ibid. , 96-98, 110-115. H. T. Dickinson, *The Politics of the People in Eighteenth-Century Britain* (New York：St. Martin's Press, 1995), 32.

　　② Peter C. Mancall, "'The Art of Getting Drunk' in Colonial Massachusetts," *Reviews in American History* 24 (1996)：383.

第二章
美国革命的种子与摇篮

我不知道为什么在承认糖蜜是美国独立的一个基本要素时我们要脸红。很多伟大事件的起因都很小。

　　　　　　　　　　　　　　　　　　　　　——约翰·亚当斯

　　如果有个地方是美国革命的"摇篮"的话，那就是城镇里的酒店。

　　　　　　　　　　　　　　　　　　　　　——卡尔·布里登博

英属北美殖民地的发展到 18 世纪中期已渐入佳境。其经济增长速度与物质生活水平甚至比宗主国英国还高，那么殖民地人有什么不满要起而反对英国呢？美国革命源于何处呢？对于这个问题，学术界向来存在诸多争议，而且有各种各样的解说，归纳起来主要有两大派，一是意识形态和政治起源说，二是社会和经济起源说。这两大派都有自己的道理，而且还相当深刻。但是它们似乎都忽略了这场革命最早、最直接和最具体的起源——朗姆酒与糖蜜贸易。其实美国开国先贤之一约翰·亚当斯早就坦然承认：主要用于制造朗姆酒的"糖蜜是美国独立的一个基本要素"。① 此话绝非虚言。正是在糖蜜贸易上，英国国会第一次对北美殖民地从外国进口的货物规定了禁止性高关税。也正是因为英国国会对糖蜜征收的这种史无前例的高关税，令殖民地人深为不满，并且对其在宪法原则上的合法性第一次提出了质疑，而这一质疑后来成了引发美国革命的核心问题。不仅如此，在反对糖蜜税的过程中，殖民地人意识到：不受宗主国限制的自由贸易对他们来说非同小可、至关重要。正是由抵制糖蜜税而起的大规模走私活动，成为七年战争后与英国一系列冲突的触发点，而这种争取自由贸易的努力最终促成了殖民地走向独立。所有这一切的源头就是殖民地人对朗姆酒的高需求。从这个意义上来说，酒显然是美国革命的种子。

然而种子要发芽，需要有一定的条件。美国革命的种子得以破土而出的一个必不可少的重要条件，就是殖民地到处都有酒店这样一个公共空间，各个阶层的

① John Adams to William Tudor, 11 August 1818, in *The Works of John Adams*, *Second President of the United States*, ed. Charles Francis Adams (Boston: Little, Brown, and Company, 1856), 10: 345.

白人男子均可以去那里无所顾忌地讨论公共问题。正是在这个当时世上还十分少见的公共空间里，长期以来视自己为英国子民的殖民地人，在起而反抗英国政府的压迫性政策上，产生了基本共识，进而形成舆论广为传播。他们还在酒店里组织动员、联络策划、欢庆胜利，甚至付诸行动，为摆脱英国统治和宣告独立开辟了道路。因此，酒店是美国革命的摇篮，可谓名副其实。

一、美丽小岛糖蜜贸易的举足轻重

西印度群岛是将加勒比海与大西洋、墨西哥湾分隔开的许多美丽小岛，也是哥伦布 1492 年在美洲最初登岸的地方。这些小岛自 17 世纪中期开始种植甘蔗，兴办制糖业，其副产品糖蜜对于英属北美大陆殖民地人来说弥足珍贵，是他们从西印度群岛进口的不可或缺的主要商品。糖蜜之所以对这些殖民地人如此重要，乃是因为他们对朗姆酒的巨大需求。没有糖蜜这种原料，大陆殖民地人就无法生产朗姆酒，无法解决他们安身立命不可缺少的酒的供应问题。诚然，糖蜜还有其他用途，例如作为糖的代用品和家酿啤酒的原料，但是，18 世纪的人大多同意谢菲尔德勋爵的看法："这种商品用于蒸馏造酒以外的消费是微乎其微。"[①] 据统计，1770 年大陆殖民地人用于制作朗姆酒的糖蜜为 4 722 000 加仑，用于其他用途的糖蜜只有 1 657 000 加仑。后来成为美利坚合众国的 13 个殖民地当时的人口不过 170 万，但他们用这些进口糖蜜的 3/4 制作的朗姆酒，再加上从西印度群岛直接进口的朗姆酒，总量高达 8 587 000 加仑，其中 90% 是殖民地人喝掉的！按当时成年男子人均计算，每个男子一年要喝掉 21 加仑，平均每天 7 盎司，将近半斤的样子。用美国著名经济史学家约翰·麦卡斯克的话来说："新英格兰人不是在朗姆酒的海洋上漂流，而是将它

---

① John Baker Holroyd, *Observations on the Commerce of the American States* (London: Printed for J. Debrett, 1784, Second Edition), 127, cited in McCusker, "The Rum Trade and the Balance of Payments of the Thirteen Continental Colonies, 1650—1775", 430.

喝了下去。"①

　　殖民地人喜欢喝朗姆酒的原因很多，前一章已作详细介绍，此处不再赘述。但它之所以能在进入 18 世纪时迅速成为殖民地人的生活必需品，主要是因为当时的英属北美地区气候比英国恶劣，居民需要有高能量的食物与饮料。据现代科学检测，牙买加生产的朗姆酒每盎司可产生 147 卡路里热量，是所有酒类中最高的。这一优点是茶叶和咖啡等饮料所不可能具有的，茶叶本身所能提供的热量按照卡路里计算为零，咖啡也大体如此。因此，尽管茶叶早在 17 世纪中期就被荷兰人带到了新阿姆斯特丹，但是直到 18 世纪中期以前主要还是为上层人士所享用的非生活必需品，或者说奢侈品。② 18 世纪 30 年代，就连新建不久的佐治亚殖民地的劳工都离不开朗姆酒时，纽约长岛的农场主还不知道拿茶叶怎么办，其中有的将茶叶煮得像玉米粥似的吃下去，有的将茶叶涂在黄油面包上，并向邻居吹嘘说他一顿就吃下了半磅茶叶。显然，这些殖民地人并没有将茶叶视为生活必需品，模仿喝茶只是为向英国社会的生活方式看齐而附庸风雅而已。③

　　朗姆酒则不然，它在进入 18 世纪后很快就成为北美殖民地各个阶层都追捧的饮品，其饮用数量之多，饮者范围之广，使得马萨诸塞海湾殖民地的清教牧师科顿·马瑟早在 1708 年就恐惧地称之为"朗姆酒的洪水"。④ 到 18 世纪上半叶，朗姆酒不仅成了北美殖民地人日常生活的必需品，更重要的是，基于朗姆酒与糖蜜发展起来的对西印度群岛的贸易，在整个英属北美大陆殖民地经济中占据了非同寻常的战略地位。正如研究英属北美殖民地与西印度群岛贸易的著名英国学者理查德·佩尔斯所言，"没有它，糖业殖民地不可能生存，北美殖民地经济不可

---

　　① McCusker, "The Rum Trade and the Balance of Payments of the Thirteen Continental Colonies, 1650—1775", 431, 468.

　　② Ibid., 478; Christopher McDaid, "'The Best Accustomed House in Town': Taverns as Reflection of Elite Consumer Behavior in Eighteenth-Century Hampton and Elizabeth City, Virginia" (PhD diss., University of Leicester, 2013), 179-180.

　　③ T. H. Breen, *The Market Place of Revolution: How Consumer Politics Shaped American Independence* (New York: Oxford University Press, 2004), 171-172.

　　④ Conroy, *In Public Houses*, 68.

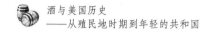

能发展"。①

从糖业殖民地角度来看,由于糖在英国和其他欧洲国家有很高的需求,西印度群岛的很多岛屿都热衷发展糖业单一经济,故有"糖岛"之称。那里大部分土地用于种植甘蔗,为制糖提供原料,于是就不生产谷物,加之到处开地种植甘蔗,又使岛上原有林木遭到严重破坏。如果不从北美大陆进口食物、木材和包括马、骡等在内的牲畜,这些小岛就难以为继了。

从北美大陆殖民地角度来看,如前章所述,新英格兰早期缺少可以大宗出口的农产品,它们所能生产的鱼类、木材和牲畜,英国都不需要,但是西印度群岛则视若珍宝,有相当大的市场。更重要的是,西印度群岛生产的糖、糖蜜和朗姆酒不仅在北美大陆有很大需求,而且在地方市场和大西洋贸易中都是炙手可热的商品。这样一来,新英格兰与西印度群岛的贸易可说是天作之合。它不仅帮助新英格兰经济从早期难以支付英国进口货物账款的困境中逐渐走了出来,而且促使其日益商业化,很快融入大西洋世界的市场经济体系。诚然,新英格兰后来也逐步发展了与南欧、酒岛(大西洋上盛产葡萄酒的岛屿如马德拉群岛、加那利群岛和亚速尔群岛)的贸易关系,但是直到美国革命前夕,其向西印度群岛出口的总值一直都超过对包括南欧、酒岛在内的其他任何一个地区的出口值。② 所以西印度群岛是新英格兰最重要的贸易伙伴。

除新英格兰地区以外,中部和南部的殖民地也和西印度群岛有着密切程度不同的贸易往来。据统计,1768—1772 年新英格兰平均每年对西印度群岛的出口值为 278 068 英镑,中部殖民地为 223 610 英镑,上南部为 91 818 英镑,下南部为 102 110 英镑。其中新英格兰与中部殖民地各自对西印度群岛的出口值,都超过了它们对大西洋市场范围里其他任何一个地区的出口值,分别占其出口总值的 63.33% 和 42.74%。即便是主要依靠英国市场的上南部和下南部,它们各自对西印度群岛的出口值也分别占其出口总值的将近 10% 和 20%。由此可见,无论是从

---

① Richard Pares, *Yankees and Creoles*: The Trade between North America and the West Indies before the *American Revolution* (Hamdem, CT: Archon Books, 1968), 1.

② McCusker and Menard, *The Economy of British America*, 101, 108, Table 5.2.

出口值的数量还是比例来看，北美殖民地与西印度群岛的贸易对于这些殖民地的生存与发展都是至关重要的。

不仅如此，当时的北美大陆殖民地，需要从英国以及其他欧洲国家进口货物，但是支付货款的硬通货短缺，正是对西印度群岛的贸易帮助它们解决了支付手段问题，从而使北美大陆殖民地迅速成为大西洋贸易的积极参加者。这些殖民地最初是在向西印度群岛出口时，从那里购进糖和朗姆酒等易于在欧洲出手的产品，先运到北美，然后再运往英国销售，用其所得来支付从欧洲进货的账款。但是 1673 年英国国会通过《拓植地关税法》，凡该法列举的商品在英属殖民地之间进港也要交进口税。这样一来，北美大陆殖民地人从英属西印度群岛进口货物，再转运欧洲，其成本必然上升。于是，新英格兰和纽约的商人，就只将从法属西印度群岛走私进口的糖，经北美转运往欧洲，诸如汉堡、阿姆斯特丹、加的斯、直布罗陀、里窝那甚至伦敦等城市。至于在英属西印度群岛购得的糖和朗姆酒，如要转销英国，便不再经北美转运，而是直接运往英国，交由其伦敦代理人销售，所得收入进入他们账户，可随时用于支付他们进口货物的开销。就连马萨诸塞最高法院法官塞缪尔·休厄尔都是这样做的，商人们就更不在话下了。可是随着贸易的专业化和复杂化，北美大陆殖民地人在英国的代理人，越来越没有能力为之处理从西印度群岛的进货及其销售。与此同时，西印度群岛的种植园主在英国又逐渐有了自己固定的糖业代理商。于是，北美大陆殖民地商人在西印度群岛出售了自己的货物后，如果需要钱在欧洲支付账款，就直接从这些种植园主手上购买可以由他们在英国的代理商支付的汇票。当他们从英国及其他地区进货时便使用这些汇票付款。尽管此举依然有风险，但却在 18 世纪成了北美大陆殖民地在大西洋跨洋贸易中经常采用的一种重要支付手段。[1] 此外，北美殖民地商人在与西印度群岛贸易时，还可以直接获得硬币。牙买加总督查尔斯·诺尔斯在 1752 年曾就硬币外流做过调查，发现北美殖民地商船在离开时有不少完全没有载货或者只载了少量货物。显然，这些北美船只带走的是硬币，而且是带着硬币到法属西印度群岛去购买价格便

---

[1]　Pares, *Yankees and Creoles*, 146-154.

宜得多的糖蜜等货物。据诺尔斯 1754 年估计,像这样从牙买加外流到圣多明各的硬币一年就有 5 万英镑。[1]

英属北美大陆与西印度群岛的贸易,固然使这些大陆殖民地参加跨洋贸易有了切实可行的支付手段,但是对于北美大陆殖民地保持对外贸易收支平衡,看上去并没有起什么直接的作用。1768—1772 年的进出口往来账户显示,北美十三个殖民地平均每年对西印度群岛的出口所得为 759 000 英镑,进口支出为 770 000 英镑。这显然有点入不敷出,哪来的盈余抵消这些殖民地平均每年 1 120 000 英镑的对外贸易赤字呢。然而学者们细究后发现,除了往来账户上的盈亏以外,与西印度群岛的贸易还间接产生了一笔巨大收入,起的作用不可低估。其来源就在于:这种贸易将新英格兰人变成了以善于经商而著称的“美洲荷兰人”,大大加速了北美大陆殖民地在大西洋市场经济中的商业化进程,刺激了航运业、保险业等商业服务行业以及造船业等制造业的蓬勃发展。新英格兰当时不仅成了船舶建造、供给和装备的中心,而且在规模上甚至可以和母国的船舶建造中心一较高下。这些行业赚取的收入并没有出现在殖民地进出口的往来账户上,故有“隐形收入”之称,但是数额却相当可观。据经济史学家统计,北美十三个殖民地 1768—1772 年平均每年的航运收入为 60 万英镑,佣金、利息、保险等商业服务收入为 22 万英镑,船只销售收入为 14 万英镑,总计 96 万英镑,足以抵消平均每年贸易赤字 112 万英镑的 85.71%。[2] 由此可见,大陆殖民地与西印度群岛的贸易,在帮助殖民地对外贸易实现收支平衡上同样功不可没。

最后还有一点很重要:与西印度群岛的贸易促进了朗姆酒制造业在北美大陆的发展。尽管北美大陆殖民地早在 17 世纪后期就开始尝试生产朗姆酒,但其生产规模的迅速扩大则是在进入 18 世纪之后。1689—1697 年的威廉王之战和

---

[1] Frank Wesley Pitman, *The Development of the British West Indies*, 1700-1763 (New Haven: Yale University Press, 1917), 304-305.

[2] McCusker and Menard, *The Economy of British America*, 80-82, Table 4.1. “美洲荷兰人” (“the Dutchman of America”) 见 Arthur Meier Schlesinger, *The Colonial Merchants and the American Revolution*, 1763—1776 (New York: Frederick Ungar Publishing Co., 1957), 26.

1702—1713 年的安妮女王之战，致使法国白兰地失去了英国市场。法国政府乃禁止其西印度群岛殖民地生产朗姆酒，以减少对国内白兰地的竞争压力。因此，法属西印度群岛的朗姆酒生产规模很小，远不及英属西印度群岛，但是这些法属岛屿的糖产量却很大，仅圣多明各一处的糖产量，就相当于所有英属西印度群岛糖产量的总和。规模如此之大的制糖业，其副产品糖蜜的数量自然也相当大。据法国种植园主和殖民地官员估计，如果将这些糖蜜作为废物丢弃，那这些法属岛屿的产值，就会减少 1/5 到 1/3。① 幸运的是，这些糖蜜在英属北美大陆殖民地找到了市场。从 17 世纪后期开始，新英格兰商人就在寻找价格比英属西印度群岛更为低廉的糖蜜，现在终于如愿以偿，他们开始从法属西印度群岛大量进货。这种与法属西印度群岛的贸易无疑削弱了北美殖民地与英帝国之间的经济关系，但是却推动了北美大陆朗姆酒蒸馏制造业的飞跃发展。

到 18 世纪中期，英属北美殖民地朗姆酒制造业虽然也有从事季节性生产的小业主，但是受欧洲蒸馏造酒技术进步的影响，在波士顿、纽波特、纽约和费城等城市都出现了很多大规模生产朗姆酒的蒸馏造酒坊。1770 年，北美殖民地的 118 家蒸馏造酒坊生产了 4 807 000 加仑朗姆酒，平均每家生产 41 000 加仑。其中生产效率比较高的蒸馏造酒坊，往往无须自己采购糖蜜，而是由其他商家依据合同提供糖蜜，它们只专注于蒸馏加工，变得越来越专精于朗姆酒的大规模制造了。从其生产的分工、组织、规模与专业化来看，这些尚处于前工业化时期的企业已经进入未来工业化时代制造业的原始形态了。这样一来，朗姆酒制造业与造船业一样，成了北美大陆殖民地最重要的制造业之一。②

由此可见，北美大陆殖民地与西印度群岛的贸易，尤其是与法属西印度群岛的糖蜜贸易，对整个北美大陆殖民地经济的发展确实具有不可或缺的重要战

---

① John J. McCusker, "The business of distilling in the Old World and the New World during the seventeenth and eighteenth centuries: the rise of a new enterprise and its connection with colonial America," in *The Early Modern Atlantic Economy*, ed. John J. McCusker and Kenneth Morgan (New York: Cambridge University Press, 2000), 215.

② Ibid., 431-434.

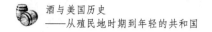

略意义。它不仅为硬通货短缺的北美殖民地提供了支付手段，有助于对外贸易的收支平衡，而且促进了航运业、保险业、造船业和朗姆酒制造业的发展，使北美大陆殖民地成为大西洋市场经济扩张中不可小视的推动者、参与者和受益者。

二、史无前例的 1733 年《糖蜜税法》

然而，正是在这个对北美大陆殖民地人几乎生死攸关的贸易领域，英国国会为了维护英属西印度群岛的糖业利益，在 1733 年痛下杀手，通过了《糖蜜税法》，试图以征收高额关税的方式，切断北美大陆殖民地与非英属西印度群岛的贸易关系。这种不惜牺牲北美殖民地人利益来保护英属西印度群岛少数人利益的武断之举，究其根源是与欧洲人当时对热带作物的兴趣与需求分不开的，尤其是其中的糖，更是成了宝中之宝。

大多数历史学家认为，用甘蔗制糖最早始于印度。公元前 300 多年，从印度归来的亚历山大大帝麾下的尼尔乔斯将军报告说，"印度有一种芦苇无须蜜蜂相助就可以产蜂蜜"。当地中海地区在 1 世纪开始进口少量糖作为药用时，希腊医生狄奥斯科里迪斯称之为"凝固的蜂蜜"。显然，当时的欧洲人大都只知道有蜂蜜，对糖则不甚了了。直到 1 000 多年后的十字军东征，欧洲人才从已经能生产糖的近东地区将糖带回了家乡，使欧洲产生了对糖的商品需求。不过当时能享用糖的主要是王公贵族。这种情况在哥伦布发现新大陆后开始发生变化。1493 年，哥伦布第二次来到加勒比海，将甘蔗苗带到了那里的伊斯帕尼奥拉岛（今天的海地和多米尼加共和国）。可是西班牙人在这些岛屿上种甘蔗制糖的努力并不怎么成功，因为劳动力十分短缺。1500 年来到巴西的葡萄牙人解决了这一问题，他们从非洲将大量黑奴运往巴西。于是，巴西的制糖业一跃而起，很快就在世界上居于领先地位。就连对美洲生产的粗糖进行精炼的安特卫普，也因此而成了当时欧洲最富有的城市。[①] 由此可见，欧洲人对糖的喜好与需求已非同一般，如日中天。诺贝尔经济学奖得主、美国著名经济史学家罗伯特·福格尔就曾指出："决定大西洋奴隶贸易规模的不是欧洲的烟瘾，也不是它对棉布的迷恋，而是它对甜食的爱好。糖料作物是使用奴隶最多的作物。在横渡大西洋的航程中能活下来的

[①] Andrew F. Smith, *Sugar: A Global History* (London: Reaktion Books Ltd, 2015), chapter 1 and chapter 2.

非洲人有 60%～70% 最终都死在不是这个就是那个欧洲糖业殖民地里。"[1] 这些糖业殖民地就包括被英国、法国与荷兰分别占领的西印度群岛中的不少岛屿。它们在 17 世纪中期的兴起，动摇了巴西在大西洋地区制糖业上的主宰地位，使其市场份额开始下滑。这种制糖业上群雄逐鹿局面的形成（见图 08），乃是因为糖在欧洲已经进入了家家户户，成为人们不可缺少的生活必需品。更重要的是，糖的产销所能带来的利润非一般商品所能企及。

所以毫不奇怪，在加勒比海地区依靠非洲奴隶生产甘蔗的英属西印度群岛，由于为母国提供了大量的糖，便成了英属美洲殖民地中最富庶的地方，在英国政治中有相当大的影响力。18 世纪后期曾有人做了一个粗略的估计，这些糖业殖民地每年为不列颠增加的财富高达 300 万英镑，而稻米殖民地的贡献仅仅将近 100 万英镑而已，烟草殖民地则和稻米殖民地差不多。当代经济史学家更为精准的估算结果是：1768—1772 年，英属西印度群岛平均每年向英国的出口总值高达 3 383 915 英镑，英属北美大陆各殖民地平均每年向英国的出口总值加在一起才 1 366 426 英镑，连西印度群岛对英出口总值的一半都不到。[2] 当 18 世纪的英国政府将北美大陆殖民地与英属西印度群岛放在手上掂量时，孰轻孰重，就不言自明了。

不过，1700 年以前乃至进入 18 世纪的最初 10 年左右，北美大陆殖民地与英属西印度群岛在经济利益上并没有什么重大冲突。因为当时北美大陆殖民地主要是和英属西印度群岛进行贸易，法国、荷兰以及其他欧洲国家在加勒比海的殖民地与北美大陆殖民地之间的贸易还相当有限。可是这种暂时的平衡很快就被打破了，而颠覆这种平衡的因素在 17 世纪与 18 世纪之交便已经在静悄悄地发展，只是尚未掀起轩然大波而已。

从英属西印度群岛来看，它们的甘蔗种植园兴办得比较早，又有来自巴西的熟知如何种甘蔗制糖的荷兰人与犹太人迁入，故发展比较快，到 17 世纪后期面临土地肥力耗尽的严重问题。这就需要投入更多的劳动力才能维持原来的产量，

---

[1]　Robert William Fogel, *Without Consent or Contract：The Rise and Fall of American Slavery*（New York：W. W. Norton & Company, 1989）, 18.

[2]　McCusker and Menard, *The Economy of British America*, 108, Table 5. 2, 130, Table 6. 1, 160, Table 7. s, 174, Table 8. 2, 199, Table 9. 3.

结果生产成本上升，其制造的糖和其他副产品的价格也就水涨船高，从而使购买其生产的糖、糖蜜与朗姆酒的北美大陆殖民地商人感觉负担越来越沉重。当时英属西印度群岛殖民地中唯一土地仍然肥沃而且面积最大的牙买加，却因为大种植园主对土地的垄断使得甘蔗种植业发展缓慢，难以解决英属西印度群岛所面临的问题。据统计，牙买加在 1688—1713 年糖产量的年增长率只有 0.03%。[1]

相比之下，法属西印度群岛从事甘蔗种植晚一点，有的岛屿还受到奴隶起事和大规模逃亡的影响，制糖业发展较慢，所以土地肥力的消耗到 17 世纪末比英属西印度群岛要少得多。不仅如此，法国在 1697 年与西班牙签订条约，正式获得伊斯帕尼奥拉岛西边 1/3 的土地，建立了法属圣多明各殖民地。这个殖民地的土壤"与世界上其他任何糖料作物之乡相比，都不可同日而语，它更加肥沃，也更加易于种植"。于是，法属西印度群岛的糖及其副产品的产量很快就两倍甚至三倍地向上翻，价格自然也就更为低廉。[2] 不仅如此，法属与荷属西印度群岛所产的糖出口时只要交 1% 的出口税，英属西印度群岛的糖出口时却要交 4.5% 的出口税，若出口到英属北美殖民地，还要再交每英担白糖 5 先令、每英担红糖或者粗糖 1 先令 6 便士的拓植地关税。[3] 结果法属西印度群岛产的糖的价格比英属巴巴多斯和背风群岛的糖价要便宜 25%~30%，其朗姆酒与糖蜜则因为法国这个产酒大国禁止进口，价格更是要便宜 60%~70%。[4]

如此一来，随着北美大陆殖民地人口与经济的迅速发展，英属西印度群岛已无法满足其对糖蜜的需求。与此同时，北美大陆粮食、鱼类、木材和牲畜等出口量的不断增加，又超过了这些岛屿所能购买的数量，导致价格下跌，收入减少。相形之下，正在迅速发展中的法属西印度群岛既能为英属北美大陆殖民地提供足够的廉价糖蜜，又对后者的出口货物有着越来越多的需求。当时以皮毛贸易为主的新法兰西（即今日之加拿大东半部地区）虽然是法国的殖民地，却因为气候寒

[1]　Yu Wu, "Jamaican Trade: 1688-1769, A Quantitative Study" (PhD dis., The Johns Hopkins University, 1995), 28-29.

[2]　Charles M. Andrews, "Anglo-French Commercial Rivalry, 1700—1750: The Western Phase II," *American Historical Review* 20 (1915): 761.

[3]　Pitman, *The Development of the British West Indies*, 166.

[4]　Andrews, "Anglo-French Commercial Rivalry, 1700-1750: The Western Phase II," 763; Albert B. Southwick, "The Molasses Act—Source of Precedents," *William and Mary Quarterly* 8 (1951): 389.

冷与人烟稀少，根本无法为这些法属岛屿提供粮食、鱼类、木材与牲畜。于是就像天造地设一般，法属西印度群岛与英属北美大陆殖民地之间进行贸易，便成了无可匹敌的绝配。

进入 18 世纪不久，西班牙王位继承战爆发，英、法两国分属欧洲列强两大敌对阵营。到 1713 年签订乌德勒支合约，这两个国家才结束了彼此之间持续达 12 年之久的战争状态，进入了一个和平时期。于是英属北美殖民地与法属西印度群岛的贸易乃得以突飞猛进，而这些殖民地与英属西印度群岛的贸易额则直线下滑。1688 年，马萨诸塞在仅仅 6 个月时间里就从英属西印度群岛进口了 156 000 加仑糖浆，可是到 1716 年全年的糖浆进口也只有 72 000 加仑，而从法属西印度群岛进口的糖浆则猛增到 105 000 加仑。这样一来，英属西印度群岛也就难以再像过去一样以低廉价格从北美大陆获得它们所需要的物资，而这些物资正源源不断地运往售价较高的法属西印度群岛。英属安提瓜岛的人抱怨说："糖业殖民地绝对需要和波士顿、罗德岛以及大陆其他部分进行贸易，以获得木板、桶板、鱼、马和各种类型的木材，没有这些东西，糖业居民点就不可能建立或改进……"不仅如此，英属西印度群岛生产的糖经英国转口到欧洲后，也难以与法属西印度群岛生产的糖在价格上竞争，自然销量大减。更有甚者，法属西印度群岛产的糖不仅在欧洲大陆市场使英属西印度群岛产的糖在价格战中落败，而且还进入了本来由后者垄断的英国本土市场。据估计，1720 年代进入英国的糖至少有一半是产于法属西印度群岛，经非法途径进口到了英国。这就使得英国市场的糖价在 1727—1731 年从每英担 24 先令 10 便士下降到了 17 先令 10 便士，从而给英属西印度群岛的种植园主造成了重大损失，使这些产糖的岛屿陷入了经济萧条。①

所有这一切，迫使原本垄断英国糖业市场及北美大陆糖蜜、朗姆酒进口贸易的英属西印度群岛种植园主，不得不绝地反击。此时的英属西印度群岛经济已经进入 1729 年开始的 10 年困难时期。偏偏屋漏又逢连夜雨，1731 年 8 月巴巴多斯被罕见的飓风横扫，到 1733 年又遭遇大旱，损失惨重。在经济困境和天灾的压

---

① Southwick, "The Molasses Act—Source of Precedents," 390.

力之下，英属西印度群岛乃迅速采取行动，为切断北美大陆殖民地与非英属西印度群岛的贸易关系而极尽所能。不过，英属北美殖民地人与法属西印度群岛之间的贸易，不是巴巴多斯、安提瓜和牙买加等英属岛屿的殖民地议会就可以约束的，必须诉诸英国政府。1730年秋，由巴巴多斯种植园主、商人和其他与贸易有关的居民签署的给英国国王的请愿书，正式送交枢密院委员会。同年11月，请愿书交由贸易委员会处理。与此同时，北美大陆殖民地驻英国的代理人也向贸易委员会递交了陈述不同意见的请愿书。几经拖延之后，枢密院委员会在1731年2月2日开始就这些请愿书举行听证会。但在北美殖民地代理人要求下，听证会又被进一步推迟到4月26日。于是，巴巴多斯代表在3月30日向枢密院委员会要求撤回请愿书，转而请国会解决这一问题。

诉诸国会固然是因为巴巴多斯的代表在枢密院一再拖延后对其失去信心，但更为重要的是：英属西印度群岛糖业利益集团在国会的影响力，实乃北美大陆殖民地无法匹敌。这些英属岛屿派驻伦敦的代表，与一些当时的权贵人物关系密切，其中包括时任国会下议院议员、后来出任海军大臣等重要职务的贝德福德公爵，这些人对英国政治影响很大。另外，西印度群岛种植园主在英国的代理商中也不乏英国政商界的名人，其中有三位担任过伦敦市长，六位是下议院议员。不仅如此，到1732年，巴巴多斯有100多位种植园主长年居住在英国。牙买加、背风群岛等英属岛屿也有很多种植园主发财后回到英国定居。这些人虽然不是个个都积极介入政治，但是其中有相当一部分成了国会议员，千方百计地维护英属西印度群岛的糖业贸易利益。时人与后来的评论家都认为，从18世纪30年代初到60年代，西印度群岛的利益集团在英国政治中的影响正处于一个高峰期。①

巴巴多斯代表在请愿书和国会辩论中反复强调的理由就是：北美殖民地与法属以及其他非英属西印度群岛的贸易，"富了其他国家的殖民地，因此对本王国的贸易造成了损害，并使英属糖业殖民地陷入极度贫困"。北美殖民地代表在下议院辩论和就此展开的论战中则力图说明，北美殖民地需要比英属西印度群岛更大的市场，如果仅仅允许与英属岛屿贸易，将使其木材制造、食物生产和牲畜饲

---

① Richard B. Sheridan, "The Molasses Act and the Market Strategy of the British Sugar Planters," *Journal of Economic History* 17（1957）：69-71.

养行业遭到毁灭性打击。不仅如此，由于英属岛屿没有能力提供足够的糖蜜，北美大陆殖民地的朗姆酒制造业也会一蹶不振，从而对奴隶贸易、跟印第安人之间的商业往来以及渔民的酒类供给产生不利影响。所有这一切会使北美大陆殖民地的购买力大大削弱，结果不得不减少英国制造品的进口，最终使英国的利益受到伤害。如果让英属西印度群岛种植园主垄断糖、糖蜜与朗姆酒贸易，只能帮助这些人维持其游手好闲和穷奢极侈的生活。①

北美大陆殖民地的要求不乏支持者，例如在这些殖民地有利益关系的伦敦商人，还有那些跟法属西印度群岛也有贸易关系的爱尔兰商人。尽管这些支持者均有请愿书送交贸易委员会，但是英国国会下议院还是在 1731 年 4 月 14 日通过所谓"进一步确保与鼓励国王陛下美洲糖业殖民地贸易法"，即所谓糖法法案。该法案禁止将美洲任何非英属殖民地的糖、糖蜜或朗姆酒进口到英国、爱尔兰或英国的任何领地，还禁止将马或木材出口到任何外国糖业殖民地。② 这一直接禁止北美殖民地人与外国属地进行贸易的法案，在英国国会立法中没有先例。其做法就是为了英属西印度群岛约 5 万白人的利益，而完全置北美大陆约 50 万殖民地人的利益于不顾。如果这项法案在上议院通过成为正式立法并得到切实执行，那将对大陆殖民地尤其是新英格兰与中部殖民地经济带来灾难性影响。对于这一点，北美殖民地人看得非常清楚。

其实，英国政府中也不乏有识之士，他们明白这类立法会对北美大陆殖民地造成严重伤害，而且知道作为英国制造品的市场，当时北美大陆殖民地与西印度群岛的作用，已经不相上下。根据关税专员的统计，1714—1726 年英国出口到英属西印度群岛的货物总值为 5 264 108 英镑 6 便士，同一时期出口到北美大陆殖民地的货物总值为 5 165 936 英镑 4 先令。③ 而且显而易见的是，北美殖民地日后的市场会比西印度群岛大得多。这就是为什么枢密院对巴巴多斯最初提出的请愿书一拖再拖的原因。出于同样的考虑，英国国会上议院在 1731 年对下议院通过的糖法法案也持审慎态度，将该法案的审议一直进行到 5 月 7 日国会休会也未做

---

① Pitman, *The Development of the British West Indies*, 254, 256-257. Southwick, "The Molasses Act—Source of Precedents," 393.

② Southwick, "The Molasses Act—Source of Precedents," 393-394.

③ Ibid. , 395.

出决定，从而使糖法法案依照程序自然而然胎死腹中。然而，巴巴多斯不肯罢休，在 8 月 27 日向英国政府第二次提出禁止从非英属岛屿进口糖、糖蜜与朗姆酒的呈文。它还成功争取到安提瓜、圣克里斯托弗和尼维斯等英属岛屿采取相同行动，牙买加在几经犹豫后最终也加入了这一请愿的行列。于是，英国国会下议院在 1732 年 3 月第二次通过所谓糖法法案。可是该法案在上议院再次受挫，被拖到休会亦未予以表决。

既然禁止贸易的法案无法在上议院通过，下议院乃于 1733 年 3 月对法案做了原则性修改，将原来完全禁止从非英属岛屿进口糖、糖蜜与朗姆酒，改成了对这类货物征收高关税，即在承认这类贸易合法性的同时，试图以高得离谱的关税迫使北美大陆殖民地人望而却步。这样一来，上议院才在 5 月 17 日认可了下议院在 3 月 21 日通过的这一法案，使之成为正式立法。这就是 1733 年《糖蜜税法》。该法规定，自 1733 年 12 月 25 日生效日起，对从美洲非英属殖民地进口到英属美洲殖民地的每加仑朗姆酒或烈酒征收 9 便士关税，每加仑糖蜜征收 6 便士关税，每英担糖征收 5 先令关税。[1] 这是英国国会自 1607 年詹姆斯敦建立第一个英国移民定居点以来，第一次对殖民地输入外国产品的进口关税做出立法规定，而且所定税率竟然是高达 100% 的禁止性高关税。

这个对殖民地史无前例的禁止性高关税立法，势必会在大英帝国与北美大陆殖民地关系上，深深地划下一道最终无法修复的伤痕。可是英国国会不以为意，还是通过了 1733 年《糖蜜税法》。影响这一决定的主要因素有两个：一是 1721 年以后英国的帝国政策发生转变，从传统的重商主义模式，转向新兴的资本主义模式；二是时至 18 世纪，在欧洲列强争夺世界霸权的争斗中，英法已然成为主要竞争对手。这两大基本因素使得 1733 年《糖蜜税法》的出台在所难免。

1721 年，由罗伯特·沃波尔领导的英国政府宣布，要重整现行的重商主义法律。其目的就是将帝国政策的重点，从通过贸易增加王室政府财政收入，转向鼓励本国制造业的发展。因此，哪怕是减少关税收入，政府也会减少原料的进口关税和本国制造品的出口税。至于外国制造品的进口关税，则会因为要保护本国

---

[1] Danby Pickering, *The Statutes at Large from the Second to the 9th Year of King George II* (Cambridge, 1765), 16: 374.

制造品市场而增加。由此可见，英属北美大陆殖民地从法属西印度群岛进口的糖蜜、朗姆酒等，原本就属于政府计划增加关税的商品类别。不仅如此，正是在这种从重商主义向资本主义模式转型的过程中，英国政治机制也发生了重大变化，王室权力进一步削弱，国会日益成为帝国政策的主导。于是，过去由王室授予特权的少数大公司的影响日渐下降，而为数众多的制造业企业和各种经济利益集团，则在英国国会尤其是下议院中有了越来越大的声音。英属西印度群岛种植园主就是这样的利益集团之一，而英属北美大陆殖民地在这方面则相形见绌。于是，北美大陆殖民地在重商主义法规下本属合法且受益良多的对外贸易，最终要屈从于在资本主义模式下国会政治中处于强势地位的西印度群岛的利益。无怪乎帝国学派的著名美国史学家查尔斯·安德鲁斯要将 1733 年《糖蜜税法》称为重商主义的一次失败。说穿了，就是传统的重商主义政策败给了正在兴起中的资本主义政治经济体制下的利益角力。《糖蜜税法》就是这种角力的产物。[①]

另外，北美大陆殖民地与法属西印度群岛的贸易，在促进大陆殖民地自身经济发展的同时，也为这些法国殖民地的繁荣助了一臂之力。这就触动了大英帝国意欲争霸世界的神经。当时，西班牙和葡萄牙这两个老牌殖民帝国的势力早已衰落，后起之秀荷兰一度成为世界贸易的龙头，但到 18 世纪的 20 和 30 年代也已风光不再。在雄霸世界上还能与英国一争高下的，就只剩下法国了。正是在这样一种两强争锋的世界大势之下，北美大陆殖民地在欧洲殖民帝国长期以来群雄逐鹿甚为激烈的加勒比海地区，竟然不顾英属西印度群岛的利益，通过贸易帮助这一地区的法属殖民地迅速坐大。这实在令一众英国政府官员难以容忍。贸易委员会委员马丁·布莱登上校在下议院辩论中就曾指责说：北方殖民地"为法国岛屿提供给养而损害我们的岛屿，把它们自己拔高到甚至可以说是独立的地步……"[②] 这种观点在国会下议院议员中颇有市场。英属西印度群岛的种植园主们对此更是心知肚明，故在论战中毫不含糊地指出："这场争斗并非如一些懦

---

① John J. McCusker, "British Mercantilist Policies and the American Colonies," in *The Cambridge History of the United States Economy*, ed. Stanley L. Engerman and Robert E. Gallman (New York: Cambridge University Press, 1996), 1: 357-359.

② James A. Henretta, *"Salutary Neglect": Colonial Administration under the Duke of Newcastle* (Princeton: Princeton University Press, 1972), 96.

弱者想象的一样，也不是和一些自私者希望我们相信的一样，是什么英国在南方的殖民地与在北方的殖民地之间的争斗，而是大不列颠与法国之间的较量，其中一个要成为外国糖贸易上的主宰。"① 其实，这场较量关系到的岂止是外国糖贸易的主宰权，而是在第二次百年战争中英法两国最后由谁来称雄世界的问题。如此一来，尽管沃波尔领导下的英国政府意欲集中精力于本土经济的繁荣发展，主张对殖民地奉行少加干预的所谓"有益的忽略"政策，英国国会在 1733 年最终还是通过了《糖蜜税法》。

在英国下议院 1731 年和 1732 年两次通过糖法法案的过程中，英属北美大陆殖民地人和他们的代理人主要是指责这类立法不明智，不公正。在他们看来，此举为维护英属西印度群岛种植园主的一己之私，不仅损害北美大陆殖民地人民的利益，而且终将有害于英国的长远利益。不过，他们并没有对英国国会是否有权通过此类法案提出质疑，也就是说没有从宪法原则的高度表示抗议。当 1733 年国会下议院试图通过《糖蜜税法》法案时，有不少北美大陆殖民地人依然认为其目的和前两个法案一样，就是要禁止他们进行本是合法的贸易和商务往来。于是他们在抗议时提出的反对理由和过去也没什么太大区别。因此，后来的美国历史学家就很容易认为，18 世纪 30 年代关于糖、糖蜜与朗姆酒贸易的这场争执，并未涉及宪法原则问题，故而对未来美国革命没有多大影响。就连纽约大学以研究美国革命宪法史著称的约翰·菲利普·里德教授也作如是观。在他看来，北美大陆殖民地人第一次以宪法理由反对的税收法是 1764 年的《糖税法》，而不是 1733 年的《糖蜜税法》。他对殖民地人没有从宪法角度对 1733 年《糖蜜税法》进行抗争的解释是："可能是因为他们并没有视其为税收。"②

诚然，当时很多殖民地人确实认为，1733 年《糖蜜税法》的主旨并不是要征收关税，而是与前两个法案一样，要禁止北美大陆殖民地与非英属西印度群岛之间的糖、糖蜜和朗姆酒贸易。既然要禁贸易，还有什么关税可收，这是人人都

---

① Andrews, "Anglo-French Commercial Rivalry, 1700—1750: The Western Phase II," 768.

② John Philip Reid, *Constitutional History of the American Revolution: The Authority to Tax* (Madison: The University of Wisconsin Press, 1987), 28-29.

懂的道理。当时一位匿名作家就曾一针见血地指出：1733 年《糖蜜税法》是作为征收关税的"财务法案"提出的，"但这是个什么样的财务法案呢？……它应该被称作是伪造的财务法案，因为其真正的目的与计划是完全禁止北方殖民地从外国拓植地进口任何糖、糖蜜或者朗姆酒"。[1] 显然，不少殖民地人都有同感，即《糖蜜税法》法案不是关税法案，而是禁止贸易的法案。然而正因为国会下议院要用征收高额进口关税来达到禁止贸易的目的，它就打破了从来就是由北美大陆各殖民地议会自己设定关税的惯例，第一次由英国国会出面就殖民地从外国进口货物的关税做出了具体规定。这就不能不引起向来对税收问题十分敏感的北美大陆殖民地有识之士的高度关注。

在这些有识之士中目光最为锐利的，就是时任罗德岛殖民地驻英代理人的理查德·帕特里奇。这和他的背景显然有密切的关系。帕特里奇所代表的罗德岛，在与法属西印度群岛的贸易和朗姆酒制造上，比大部分北美大陆殖民地都走得更远。不仅如此，罗德岛在用朗姆酒到非洲进行奴隶贸易上，也一马当先。因此，他对《糖蜜税法》法案的影响，自然就有十分全面和周密的考虑。此前和后来，帕特里奇还曾担任过纽约、新泽西、宾夕法尼亚和康涅狄格等中部与新英格兰殖民地的驻英代理人，故其观点不仅具有比较广泛的代表性，也会产生比较大的影响力。那么帕特里奇在 1733 年反对通过《糖蜜税法》时的想法究竟是怎样的呢？他在准备向英国国会下议院就《糖蜜税法》法案递交请愿书之时，致信罗德岛殖民地总督，先行通报了其在《糖蜜税法》法案上的观点与立场。帕特里奇在 1733 年 2 月 28 日的信中是这样写的：

> ……一般认为，法案将获通过；但是只要准许进入（国会），我打算首先在下议院竭力反对：因为我认为，如果这样的法律生效，（除了它将带来的即时伤害以外）它的结果将会比去年的禁止性法案更糟，因为这是未经自由人民知晓与同意而征收特别税，而这些人民作为天生子民已被赋予自由与豁免……此外，它还可能给将来形成先例，因为按照同样的规则，英国国会

---

[1] *A Letter to a Noble Peer relating to the Bill in favour of Sugar Platations* (n. p. 1933), cited in Southwick, "The Molasses Act—Source of Precedents," 401.

就可以向那些身在国外而在此间的政府没有代表的国王陛下之国民征税，征收 4 先令到 20 先令，到 100 英镑，因物而异，没有止境，这就是对自由和产权的侵犯，也是我所担心的对国民权利的侵犯。①

显然，帕特里奇很清楚，虽然 1733 年《糖蜜税法》的目的是禁止与非英属西印度群岛的贸易，但其要害却是英国国会所采取的税收手段。他不像有些人仅仅着眼于经济利益上的即时伤害，而是竭尽全力呼吁殖民地人对这种税收手段保持高度警觉，因为它侵犯了殖民地人在自由和财产上享有的天赋人权，而由殖民地人在其中没有代表的政府对他们征税，则将给未来提供一个可怕的先例。可以说，我们从帕特里奇的信中听到的，几乎就是 18 世纪六七十年代美国革命风起云涌之时殖民地人的呼声。他在这里陈述的抗争理由，已经上升到了宪法高度，也就是后来人们所说的"无代表不征税"的原则。该原则将在七年战争及其后殖民地人与英国分歧迅速扩大的过程中，成为殖民地人捍卫的核心理念之一，并在最终走向独立上发挥关键作用。美国历史学家艾伯特·索思威克早在 20 世纪 50 年代初就曾指出，帕特里克的信表明，"1765 年后将以猛烈的方式表达出来的某些殖民地理念（在当时就）已重要到不可缺少的程度"。② 可惜帕特里奇的信与索思威克的论断没有引起后来美国史学界足够的重视。

当时殖民地有识之士中，能从这个宪法原则高度审视《糖蜜税法》的不止帕特里奇一个。就连弗吉尼亚前副总督亚历山大·斯波茨伍德都意识到了这个问题。威廉·伯德在 1732 年 9 月的日记中记叙了造访斯波茨伍德时的谈话。当谈到英国国会将通过《糖蜜税法》的可能性时，这位前副总督说"如果新英格兰的议会能顶住恐吓，他看不出如何能违背他们的意志迫使他们交出钱来"，因为如果像所威胁的一样诉诸英国国会立法的话，那就是"违反了英国人只能由其代表征税的权利"，英国当局"将会发现这样的法律是难以执行的"。③ 斯波茨伍德

① "Richard Partridge to Governor Waton, Lond. 12mo. or Feby 28ᵗʰ 1732/3," *The Correspondence of the Colonial Governors of Rhode Island*, 1723—1775, ed. Gertrude Selwyn Kimball (Boston and New York：Houghton, Mifflin and Company, 1902), 1：34.

② Southwick, "The Molasses Act—Source of Precedents," 402.

③ *The Writings of "Colonel William Byrd of Westover in Virginia Esqr"*, ed. John Spencer Bassett (New York：Doubleday, Page & Company, 1901), 365-366.

从自己过去曾在弗吉尼亚殖民地主政 12 年的经验中，悟出了其中的道理，结果与帕特里奇在 1733 年作为殖民地代理人提出的观点，几乎如出一辙。可是当帕特里奇反对《糖蜜税法》的请愿书呈递给国会下议院后，有议员反对接受任何就税收提出的请愿书，说这是多年来形成的先例。尽管有人对此表示异议，接受请愿书的动议还是被击败了。[①] 帕特里奇也就因此没能进入下议院，无法在那里公开谴责该法违反了"无代表不征税"的宪法原则。

其实，从英属北美殖民地建立以来的历史就可以看出，殖民地人关于税收要由自己的民选机构来决定的理念及其实践由来已久。英国王室政府与国会也曾对此采取十分包容的态度。在北美大陆一些殖民地建立之初，为了鼓励移民的到来，英国王室的特许状就曾允许移民在规定的年限内获得各种规定的免税权。[②] 后来除了王室殖民地与业主殖民地的代役税以外，各殖民地的税收基本上都是由殖民地政府决定，尤其是立法机构中民选的下议院在这方面的权力变得越来越大。将殖民地议会基本上撇在一边或者完全取缔的做法很少。虽然在约克公爵作为业主时的纽约殖民地以及詹姆斯二世在 1686 年强行建立的新英格兰领地，曾有过这种倒行逆施的做法，但为时都不长。尽管英国国会自 17 世纪中期开始通过了一系列《海运贸易法》，[③] 但其矛头所向主要是当时的海上商贸强国荷兰。因此，《海运贸易法》要求进口到英国及其殖民地的货物必须由英国人所有的船只运载，并且船长与大部分船员必须是英国人。由于殖民地人在这些法律中被视为英国人，故此举对殖民地人并无限制，实际上还促进了英属北美殖民地航运业与造船业的发展。至于《海运贸易法》对殖民地有所限制的规定，涉及的基本上是海运权，即海运运送的货物、使用的船只、到达的目的地和转口的地点，等等。它们并没有对殖民地与外国贸易的进出口关税做任何规定。这类税收及其税率依旧要由殖民地立法机构决定，而不是由英国国会说了算。

---

① Southwick, "The Molasses Act—Source of Precedents," 403-404.

② Rabushka, *Taxation in Colonial America*, 64, Appendix to Part I: List of Tax Initiatives in Founding and Settlement of the American Colonies.

③ Navigation Acts, 有些美国史著作译为《航海法》《海上贸易条例》，本书所言《海运贸易法》仅指 1733 年之前通过的此类法律，以便和自 1733 年开始通过的同属《海运贸易法》范围的《糖蜜税法》等法律区别开来。

《海运贸易法》中唯一一次涉及殖民地税率的，是 1673 年《拓殖地关税法》。不过，该法涉及的是英属殖民地之间货物来往的关税，而不是它们与外国贸易的关税。此前的《海运贸易法》并未要求英属殖民地之间的贸易需要交关税，而 1673 年立法却规定，某些列举商品（《海运贸易法》列举出的只能运往英国的商品）在殖民地装货起运前，如果没有以足够保金担保将这些货物运往英国，那就要在进入另一个殖民地时，按该法规定的税率缴纳关税。这就是说，当规定的列举商品从一个殖民地进入另一个殖民地时，也要如进入英国一样交进口税。此举显然是要进一步保证殖民地的列举商品进入母国，但它涉及的仅仅是殖民地之间的关税，而不是外国货物进入殖民地的关税。后者仍然在殖民地立法机构的立法权限范围之内。可是，即便是这样一个英国国会对殖民地之间关税做出的规定，也成了 1677 年北卡罗来纳爆发卡尔佩珀叛乱的原因之一。由于当时北卡罗来纳种植园主所在地区的港湾进不了大船，他们生产的烟草只有先用吃水浅的小船运往新英格兰的海港城市，然后才能装上大船横渡大西洋运抵英国。按照 1673 年《拓殖地关税法》，北卡罗来纳人将烟草运到新英格兰殖民地要交一道税，到达英国又要交一道税，等于是税收负担翻倍，自然难以忍受。加之业主殖民地政府多年来的腐败与专权也使北卡罗来纳殖民地人十分恼火。于是，他们囚禁了热衷于征税的代总督，建立了自己的政府，选举约翰·卡尔佩珀为关税征收官，比此前业主任命的官员更有效地行使了政府职能。这个政府虽然只维持了两年，而且卡尔佩珀叛乱涉及的范围也十分有限，但是它已向世人昭示，3 000 英里以外的政府制定的法规，还有居住在伦敦的业主任命的官员，是很难适应这些殖民地边远地区的需要的。①

然而，英国国会并没有吸取 1677 年卡尔佩珀叛乱的教训，也丝毫不听取殖民地驻英代理人的呈言，在 1733 年强行通过《糖蜜税法》，对殖民地进口外国商品的进口税做出了具体规定。这就不仅违背了长期以来基本上让殖民地议会在税收上做主的传统做法，而且是在与北美大陆殖民地大部分地区的经济利益都密切

---

① Lindley S. Butler, "Culpeper's Rebellion: Testing the Proprietors," in *The North Carolina Experience: An Interpretative and Documentary History*, ed. Lindley S. Butler and Alan D. Watson (Chapel Hill: The University of North Carolina Press, 1984), 53-78.

相关的领域下了重手。此举对于殖民地人的震撼力可想而知。帕特里奇所说的这一先例若得以实施并扩及其他税收领域，就可能造成侵犯殖民地人自由与产权的严重后果，绝非危言耸听。正因为如此，以帕特里奇为代表的英属北美殖民地人中的有识之士深感他们需要宪法原则的保护，具体来说就是"无代表不征税"这条最终促使北美大陆殖民地人民走向独立的宪法原则。

诚然，在 1731—1733 年英国国会通过糖法法案与《糖蜜税法》的过程中，英属北美大陆殖民地人抗议之声最多的地方，乃是涉及贸易限制对殖民地造成的经济损害。但即便是在反对贸易限制上，殖民地人也不是仅仅算计他们在经济上的亏盈，而是放眼于他们在贸易上应该享有的权利与自由。1731 年 12 月，当英国国会就禁止与非英属西印度群岛进行贸易的第二个糖法法案展开辩论时，宾夕法尼亚殖民地在给贸易与拓植地理事会的呈文中就明确指出："将北方殖民地的贸易限制在大不列颠和英属糖岛，以及由英属糖岛垄断向北方殖民地销售它们所需要购买的糖、朗姆酒与糖蜜，其结果将是：剥夺陛下在北美忠实国民从事商业的天赋而且不受限制的权利与自由。"[1] 1732 年，曾经从事西印度群岛贸易的纽约商人费耶尔·霍尔在英国下议院作证时更是明言，官员们不应该干预商人们在西印度群岛的糖蜜、朗姆酒与糖上获得竞争性价格，因为对于"所有那些有其内在价值的东西"来说，"哪怕你在一种场合拦住它，它也会在另一种场合找到出路。"在他看来，北美大陆商人为了"追寻他们的利益"而"进入马提尼克（法属岛屿）和库拉索（荷属岛屿）这些市场"，是"自然的和讲究实际的"。货物的"自然价值"应该免于"垄断"创造的"人为价值"的干扰。[2] 显然，殖民地人不仅反对垄断，而且主张商品在竞争性价格上的自由流通，其实就是要求有不受母国限制的贸易自由。他们将这种经济自由也视为自己的天赋权利。

概而言之，在这场因英属北美大陆殖民地与非英属西印度群岛之间的贸易而起的立法之争中，北美大陆殖民地人认为英国国会的做法有违两大原则，一是宪法原则，即英国国会对在国会中无代表的北美殖民地人随意规定税收，侵犯了他

---

[1]　*Calendar of State Papers*, *Colonial Series*, *America and West Indies*, 1731, ed. Cecil Headlam and Arthur Percival Newton（London：His Majesty's Stationery Office, 1938），38：383.

[2]　Cathy Matson, *Merchants and Empire*：*Trading in Colonial New York*（Johns Hopkins University Press, 1998），204-205.

们的宪法权利；二是市场原则，即英国国会让英属西印度群岛通过垄断制造人为价格，破坏了商品按照自然价格公平竞争而不受限制的市场流通，侵犯了殖民地人进行自由贸易的经济自由。殖民地人在这两大原则问题上与母国的冲突，将在七年战争后愈演愈烈，成为导致殖民地最终走向独立的一个重要原因。但是在18 世纪 30 年代的历史条件下，尽管殖民地人中的佼佼者已经意识到，"无代表不征税"的宪法权利受到了侵害，但他们毕竟只是少数人，而且要从政治上解决这一问题显然还无法做到。但是英国国会阻止他们根据竞争性价格从事自由贸易的问题则有所不同，其危害在日益商业化的殖民地社会一望而知，反对者众，并且有迅速化解之道。这个化解之道就是走私。从国家法规来看，走私是非法活动，但是从市场规律来看，走私者往往是使资源得以合理配置的自由贸易的前驱。大西洋市场经济几乎从一开始就少不了走私。美国著名历史学家伯纳德·贝林甚至认为："让这一切成为可能，也就是说促使地域广袤而且竞争激烈的大西洋商业世界结合在一起的，是绕过正式的国家限制的大量非法贸易。"[1] 正是这种大规模走私活动，使英属北美殖民地人突破了 1733 年《糖蜜税法》对他们进行自由贸易的限制，也使英国国会在关税问题上对他们宪法权利的侵犯在未来近30 年的时间里几乎什么作用都没有。

---

[1]　Bernard Bailyn, *Atlantic History: Concept and Contours* (Cambridge: Harvard University Press, 2005), 88.

三、殖民地人走私活动之海阔天空

　　尽管大西洋世界的走私活动早已有之，其中也不乏英属北美殖民地人的身影，但是在 1733 年《糖蜜税法》通过并实施前，他们的走私活动相当有限。这主要是因为英国政府直到 17 世纪中期才真正开始对北美殖民地实行重商主义政策。不仅如此，英国在《海运贸易法》基础上建立起来的这套重商主义体系，对殖民地贸易虽有限制，但也带来了不少好处，总的来说还比较宽容。

　　根据《海运贸易法》的规定，英属北美殖民地人进口欧洲商品，一定要经英国转口。这看上去似乎使殖民地人失去了与欧洲直接贸易的好处，但当时很多英国制造品的质量与价格，都胜过欧洲大陆产品，本来就是殖民地人进口的首选，他们犯不着弃优选劣。至于那些英国不生产而非得从欧洲国家进口的商品，其在英国转口时交的进口税，大部分可以依法退税，结果使一些转口进入殖民地的欧洲商品如德意志亚麻布，在北美的售价反而比英国本土还低。另外，《海运贸易法》关于"列举商品"一定要出口到英国及其属地的规定，对新英格兰与中部殖民地几乎没有什么不得了的影响，因为除了桅杆等航海用品以外，这些地区可以向母国出口的大宗农作物或其他产品很少。当然，弗吉尼亚与马里兰的烟草是必须出口到母国的"列举商品"，但出口到那里后可以享有在其他国家难以享有的市场垄断地位，没有竞争对手与之争锋。南卡罗来纳和佐治亚的稻谷也一样，在 18 世纪初被定为"列举商品"后就垄断了母国市场。还有就是北卡罗来纳与其他殖民地出产的航海用品，诸如松脂、松香、沥青、焦油、张帆索、船尾护木等，它们虽然也受"列举商品"的限制要出口到母国，但英国政府为鼓励其生产对殖民地是有补助的。[1]

　　除了这些对殖民地人并非完全没有好处的限制以外，如前所述，《海运贸易法》在航运权上对身为英属北美殖民地人的船主不仅未加限制，还赋予他们与英

---

[1]　Arthur M. Schlesinger, *The Colonial Merchants and the American Revolution*, 1763—1776（New York：Frederick Ungar, 1957），15-19.

国本土居民一样的特权。这样一来，殖民地人的海上航运实际上就被置于英国皇家海军的保护之下。当然，《海运贸易法》的限制对殖民地人也有一些不利影响，但是这种不利影响一般来说不是很大，而且往往由于殖民地政府执法不力而进一步减少。

正是由于《海运贸易法》的这种宽容，非法贸易对很多殖民地商人来说便失去了必要性与急迫性，所以纵然有一些走私活动，《海运贸易法》在北美大陆殖民地基本上还是得到了遵守。用一位经济史学家的话来说，当时的"非法贸易仅仅构成殖民地合法商贸的一小部分"。[1] 但是，这种基本守法的局面在 1733 年《糖蜜税法》通过后被打破了，其变化之大，令人咋舌。原因则非常简单：1733年《糖蜜税法》与《海运贸易法》相比实乃天差地别，它对英属北美殖民地有百害而无一利。在《海运贸易法》基本上得到遵守的 17 世纪下半叶，英属北美殖民地经济迅速走向了繁荣。可是 1733 年《糖蜜税法》如果得以执行，也就是说让北美殖民地人缴纳如此之高的关税与非英属西印度群岛进行合法贸易的话，那么就一定会如著名历史学家老阿瑟·施莱辛格所言，使"商业殖民地（笔者注：施莱辛格在这里指的是新英格兰与中部殖民地）的繁荣一去而不复返"。[2]为了避免这种结果，北美殖民地人在当时除了走私，别无选择。用约翰·赫斯克议员后来在英国国会下议院辩论时的话来讲，1733 年《糖蜜税法》"甚至是用强迫手段造就出了走私"。[3]

于是，非法贸易迅速扩大，很快便达到了英属北美殖民地历史上前所未有的规模。尽管走私这种秘密活动缺乏准确的数据来衡量，但是将官方记载的合法进口糖蜜的数量，与朗姆酒蒸馏酒坊实际需要糖蜜的数量做一个比较，还是可以大体估计出 1733 年后糖蜜走私的规模来。就马萨诸塞殖民地而言，1754—1755 年官方记载的从波士顿进口的糖蜜为 384 豪格海，而当时马萨诸塞 63 个都在运营的蒸馏造酒坊一年需要的糖蜜为 40 000 豪格海。[4] 这就是说，马萨诸塞所需糖蜜

---

[1]　McCusker, "British Mercantilist Policies and the American Colonies," 354.

[2]　Schlesinger, *The Colonial Merchants and the American Revolution*, 43.

[3]　Speech of John Huske, Commons Debates, 9 March 1764, in "Parliamentary Diaries of Nathaniel Ryder, 1764-7," ed. P. D. G. Thomas, *Camden Miscellany Vol. XXIII*, Camden Society, 4th ser., Vol. 7 (London: Royal Historical Society, 1969): 236-237, cited in Reid, *Constitutional History of the American Revolution*, 28-29.

[4]　Bailyn, *Atlantic History*, 90.

（尚未包括用作糖的替代品和用来酿制啤酒的糖蜜）的99%以上是走私进来的。显然，1733年《糖蜜税法》几乎无人遵守，成了一纸空文。

这种走私活动的迅速扩大固然是被1733年《糖蜜税法》逼上梁山，但其所以能达到几乎畅行无阻的地步，则在很大程度上是因为殖民地海关人员与有关官员根本无力严格执法，其中不少人甚至缺少这样做的意愿。首先，北美海岸线漫长而无所屏障，难以执法。英国海关向财政部报告时就曾直言："不可能在每一个小海湾与河道都任命一个官员。"① 事实上，对于殖民地海关的改良包括人员的增加，英国政府长期以来都缺乏足够的重视。1710年时，英属北美殖民地总共只有37个海关官员，到1760年也仅仅增加到50个。② 无怪乎马萨诸塞殖民地总督在1737年向贸易委员会报告说："本殖民地的海岸线是如此漫长，而开阔的港口又是如此之多，为数甚少的海关官员常常抱怨说，他们在阻止非法贸易上做不了什么。《糖法》（笔者注：指《糖蜜税法》）也没有多大效果；大量外国糖蜜仍然在进入本殖民地，其中很多是经罗德岛而来。"③ 除了海关以外，在美洲巡航的英国皇家海军的力量也十分有限。1735年时，驻扎在北美与西印度群岛的军舰只有17艘，此后30年虽然增加了很多，但是仍然不足以在北美如此之长的海岸线上有效地阻止走私活动。④

更要命的是，那些严格执行《糖蜜税法》的殖民地海关人员，不仅得不到法律保障，反而会官司缠身，而且多以败诉收场。自17世纪70年代英国向殖民地委派海关官员以来，普通法法院的法官和由殖民地本地人组成的陪审团，就很少站在这些官员一边。1680—1682年，新英格兰有位勤于执法的海关总督察官兼征税官爱德华·伦道夫，他依法实施扣押的案件曾达到36起，但除两起以外全部被法庭推翻。根据1696年《海运贸易法》设立的海事法院，虽然在审案时无须陪审团参加，但是仍然受到普通法法院的制约，后者可以发布禁令中止前者对任何规定案件的审理程序。在海事法院是否有权审理涉及没收保金的案子这一问题

① Thomas C. Barrow, *Trade and Empire: The British Customs Service in Colonial America*, 1660—1775 (Cambridge: Harvard University Press, 1967), 144.

② Carl E. Prince and Mollie Keller, *The U. S. Customs Service: A Bicentennial History* (Washington, DC: U. S. Department of Treasury, 1989), 2.

③ Pitman, *The Development of the British West Indies*, 281.

④ Ibid., 277.

上，英国总检察长爱德华·诺西在 1718 年宣布，除非英国国会的法律就此予以明确授权，海事法院不得审理涉及殖民地保金的案件。这样一来，殖民地海事法院处理非法贸易的权限，便受到了很大的限制。① 此外，海关官员如果严格执法，还有可能因涉案者的报复而被告上法院，有时甚至会受到暴力威胁。

当然，大部分从事走私活动的殖民地商人在违法行为被海关人员发现后，并不想被诉诸法庭，因为那毕竟要冒船只与货物都被没收的风险，他们也不想诉诸暴力，因为那可能导致更严重的惩罚。因此，这些商人一般都希望与海关官员私下和解，给海关官员一些好处，让他们放自己一马。海关官员也有自己的考虑。他们担心如果铁面无私，最终还是可能被法院否决，弄不好还会遭到殖民地人的报复，甚至是暴力相向。相比之下，私下和解显然是更好的选择，对双方都有好处。除了不想落个出力不讨好的下场之外，海关官员还得为自己的经济收入着想。他们每年都要给那些帮自己谋得海关职位的人一定的酬金，例如 1740 年出任波士顿海关征税官的查尔斯·亨利·弗兰克兰，尽管有兄弟担任国会议员，每年也要给时任南方事务大臣的纽卡斯尔公爵 200 英镑，至于那些影响与职位不如他的海关官员就更不用说了。② 不仅如此，殖民地海关官员为执行公务雇佣帮手也要从自己薪水中开支。所有这些经济压力便成了海关官员选择与走私者私下和解的又一个动因。马萨诸塞的副总督托马斯·哈钦森就曾指出："这个殖民地的非法贸易的真正原因是海关官员的宽容，我们被告知，这种宽容是因为他们要交出的款项比他们所能收到的费款要多，于是没有贿赂与腐败，他们一定会饿死。"③ 至于海关官员中的那些殖民地人，就更不想因为严格执法而得罪乡里乡亲了。如果有官员过于卖力，那么就如普罗维登斯的商人尼古拉斯·布朗在给朋友的信中说的一样，他们会提醒这种人记住，"他还不是就不需要这个镇的照顾了"。④ 这种来自邻里乡亲的社区压力，便也成了一些殖民地海关官员不得不与走私者妥协的一个原因。

---

① Barrow, *Trade and Empire*, 31, 87-88.

② Barrow, *Trade and Empire*, 126.

③ Andrew Stephen Walmsley, *Thomas Hutchinson and the Origins of the American Revolution* (New York: New York University Press, 2000), 55.

④ Pares, *Yankees and Creoles*, 57.

事实上，所有这一切不仅仅是殖民地海关官员的处境，也是所有与贸易监管有关的殖民地政府官员都要面对的现实。1752 年，纽约殖民地总督乔治·克林顿在给贸易委员会的信函中，对此做了一个很好的概括：官员们都"知道对他们来说，唯一能使自己得以发达或者说有所回报的方式就是玩忽职守，而严于职守则一定倒霉。""从法官到警官，从总督到港口稽查"都会受到这种威胁。克林顿还慨叹说："很难想象违反贸易法在北美达到了何等厉害的程度。"①

由于海关官员怯于严格执法，殖民地商人的大部分走私活动实际上是在这些官员鼻子底下完成的。他们进行走私的手段很多，其中之一是虚报通关，即只向海关报告船上装载的少数货物以缴纳关税，而让大部分货物得以逃税通关。至于需要报关的货物比例，海关和走私者彼此都心中有数。1758 年，马萨诸塞殖民地塞勒姆的一位商人写信通知其船长：该地海关官员已接到命令，入关糖蜜的 1/8 或 1/10 要报关，并缴纳每加仑 6 便士的关税，和过去相比，现在要交税的数量多了一倍。② 从信的内容可以看出，塞勒姆海关已形成惯例，就是只对比例很少的进口糖蜜征收关税，不过这个比例在 1758 年以后要翻一倍，即便如此也不过是 1/8 或 1/10 而已，其他 7/8 或 9/10 的糖蜜，双方都心照不宣，走私入关了事。另一种走私办法是行贿降低关税。纽约和马萨诸塞的商人们，通过向海关官员行贿，就可以按照每加仑 1/4 便士或半便士缴纳糖蜜关税，而无须按照 1733 年《糖蜜法》规定的每加仑 6 便士付税。③ 第三种走私办法是伪造或购买文书通关。据 1759 年来自纽约的报告，康涅狄格的约翰·坎农和约翰·平塔德是伪造文书的能手，他们自称收了纽约币值 5 先令，就让几艘纽约商人的船在纽黑文通过了海关。④ 前往西印度群岛的商船船长有不少喜欢到牙买加入关，因为在那里入关的同时，就可以从海关官员处购得从牙买加结关离开的文书。这样一来，他们离开牙买加到法属岛屿购得糖蜜等货物运回北美大陆时，便可用牙买加结关文书证明其货来自英属岛屿而非法属岛屿。此外还有一种令人叹为观止的走私办

---

① Barrow, *Trade and Empire*, 152.

② Ibid. , 142.

③ Victor Enthoven, "'That Abominable Nest of Pirates': St. Eustatius and the North Americans, 1680-1780," *Early American Studies: An Interdisciplinary Journal* 10 (2012): 272.

④ Barrow, *Trade and Empire*, 146.

法，就是使用两套人马与两套文书。一些从法属西印度群岛来的商船上，就带有英文与法文两套通关文书，并且有英裔与法裔两位船长，在北美与法属岛屿分别使用不同的通关文书与不同的船长。① 由于法属岛屿的很多商船是在新英格兰建造与登记的，所以这类瞒天过海的手段要被发现还真不容易。

当然，也有些走私者根本不经过海关就将货物秘密运进来。波士顿的托马斯·汉考克就经常如此。他在 1742 年给其在荷兰的船长的信中，要求他回来时在新英格兰的科德角停靠，其目的就是在那里秘密卸货。汉考克还一再叮嘱船长要非常注意保密，尽可能不要向任何人说起他此次的航程，也不要为任何人携带任何信函。② 纽约殖民地前总督查尔斯·哈迪在 1757 年离开纽约到四周几个殖民地转了一圈即发现，不少商船"从荷兰来了后停靠桑迪胡克半岛（笔者注：属于新泽西），将货走私进纽约，然后再空船上行"去纽约。由于只装压舱物的空船入关是允许的，提前卸货，然后从陆路走私，就成了司空见惯的走私方式。如果不能侦查到走私者确切的卸货地点并将其当场擒获，就很难阻止这种走私行动。哈迪向贸易委员会报告说，他曾采取了一些行动，可走私者将秘密靠岸的地点又转移到康涅狄格去了，而货物从那里很容易就进入了相邻的纽约。③

从 1733 年《糖蜜税法》通过到 1763 年七年战争结束的 30 年时间里，英国有 16 年处于战争期间，先是 1739—1742 年的詹金斯耳之战和 1740—1748 年的奥地利王位继承战，后是 1756—1763 年的七年战争。如果将七年战争前两年英法在北美的军事行动也算进去，那这 30 年里便有 18 年在打仗。这些战争不仅没有减少走私活动，反而因为物质短缺而刺激了走私的发展，使其在七年战争中达到高潮。战时走私手段与和平时期相比有两点不同，一是利用白旗授权书作为掩护与敌方进行直接贸易，二是利用中立港转运与敌方进行间接贸易。当时殖民地总督有权给船长颁发白旗授权书，允许他的船悬挂白旗与敌方交换俘虏，结果就给了走私商船在交换俘虏的名义下到敌方港口进行非法贸易的机会。1747 年，

① Pares, *Yankees and Creoles*, 10.
② Hancock to Captain Gross, April 12, 1742, cited in William T. Baxter, *The House of Hancock: Business in Boston*, 1724—1775 (Cambridge, Massachusetts: Harvard University Press, 1945), 85-86.
③ Barrow, *Trade and Empire*, 148.

从罗德岛的纽波特出发的双桅帆船《胜利》号，挂着白旗开往法属圣多明各的法兰西角，船上只有 5 名法国战俘，但是有 300 英担劣等鳕鱼、20 桶鲱鱼和 200 捆洋葱，回到罗德岛时载回了 174 桶糖蜜和其他货物，除了战俘开销由船主负担以外，无论在法兰西角还是在纽波特都没有交任何关税。马萨诸塞总督威廉·雪莉向贸易委员会报告说，1748 年 2 月前 18 个月的时间里，罗德岛有 60 多艘这样的船，挂白旗载运大量食物前往法属圣多明各的法兰西角、莱奥甘和法属马提尼克。① 1758 年，弗吉尼亚副总督弗朗西斯·福基尔也向贸易委员会呈文说，罗德岛获知波士顿有 60 名法国俘虏后，即派了 4 艘船从普罗维登斯开往波士顿，每艘船在那里装了 15 名俘虏和一船粮食等必需品，然后挂上白旗直奔圣多明各的太子港而去。② 罗德岛在挂白旗走私上做得最明目张胆的一次，乃是总督斯蒂芬·霍普金斯竟然允许一艘船仅载一个俘虏就以交换俘虏的名义出航了。③

显然，这种在白旗掩盖下的走私比较安全，且获利甚丰，吸引了不少商人的兴趣，结果有些殖民地总督便开始向商人出售白旗授权书，其中尤以宾夕法尼亚总督威廉·丹尼做得最过火。1760 年取代他出任总督的詹姆斯·汉密尔顿在给英国国务大臣威廉·皮特的信中禀报称，丹尼在 1759 年 5 月开始出售白旗授权书，起初数量不多，因为人们都知道整个战争中就没有几个战俘，顶多用两艘小船就可以全部装下了，而丹尼和他的手下收费很高，每个白旗授权书不少于300~400 皮斯托尔（金币）。不过他们尝到甜头后便开始以低价公开大量销售，就连相邻殖民地的商人都可以随时买到。在丹尼离职前，他甚至出售空白的白旗授权书，每份仅售 20 英镑或者更低的价格，结果这些空白授权书被到处转卖。汉密尔顿到任后发现："这个城市的重要商人中有很大一部分在与西印度群岛的法属岛屿进行贸易。"④

战时走私的另一个特点就是利用中立港与敌方属地进行间接非法贸易。这些

---

① Pitman, *Development of the British West Indies*, 288-289.

② Barrow, *Trade and Empire*, 162.

③ Peter Andreas, *Smuggler Nation: How Illicit Trade Made America* (New York: Oxford University Press, 2013), 24.

④ *Correspondence of William Pitt when Secretary of State with Colonial Governors and Military and Naval Commissioners in America*, Edited under the Auspices of the National Society of the Colonial Dames of America, ed. Gertrude Selwyn Kimball (New York: Macmillan, 1906), 2: 351-355.

中立港是西班牙、丹麦和荷兰在加勒比海的岛屿。荷属圣尤斯特歇斯有"小阿姆斯特丹"之称，是欢迎四方来客的自由港，所以早在和平时期就是北美大陆殖民地商船经常光顾的地方。这些商船运来的货物可以在此脱手，然后被运往包括法属殖民地在内的其他岛屿。至于回程的货物，这些商船可在这里购进从法属岛屿运来的糖和咖啡、从加勒比各个岛屿运来的糖蜜与朗姆酒、从非洲运来的黑奴，等等。可以说，圣尤斯特歇斯从来就是一个转运中心。① 因此，到战争期间，这个作为中立港的荷属岛屿，自然而然就成了英属北美大陆殖民地与法属西印度群岛之间进行间接贸易的主要中转地。七年战争初期到达圣尤斯特歇斯的船只中，有 1/3 到 1/2 都是来自北美大陆，它们将法属岛屿生产的糖蜜和糖等货物重新打包后再运回去，而它们留下的货物则被运往这些法属岛屿。② 可是，随着英国国会宣布了所谓"1756 年规则"，将在敌方港口贸易的中立国船只视为敌船，并逐渐加大了海军在这方面的执法力度，原来利用圣尤斯特歇斯的荷兰船只与法属岛屿进行的贸易就大幅减少了。不过，其他的中立港又兴起了，其中最重要的就是西属圣多明各的基督山城，它被西班牙宣布为自由港，与法属圣多明各紧紧相邻。北美大陆商人将货运到后，即通过他们的西班牙中间人将货物转运到邻近的法属港口。有的北美大陆船只到港后甚至无须卸货，就由早已在此等候的法属船只将货直接装船运走。1759 年，贸易委员会向枢密院报告称，所有的北美殖民地都卷入了与法属岛屿的非法贸易，在基督山城一次就发现了 150 多艘来自北美大陆的船在那里停靠。③

从 1733 年至 1763 年的 30 年间，英属北美殖民地的走私活动不仅从和平时期延续到了战争期间，而且还迅速地全面扩大。无论是与非英属西印度群岛还是与欧洲等其他地区的非法贸易都在不断增加。据估计，尽管有《糖蜜税法》的限制，新英格兰 1770 年进口的糖蜜是 50 年前马萨诸塞与新罕布什尔进口的 15 倍，纽约殖民地 1770 年进口的糖蜜增加到了 1720 年的 10 倍，宾夕法尼亚增加到了

---

① Enthoven, "'That Abominable Nest of Pirates': St. Eustatius and the North Americans, 1680—1780," 245, 253-272.

② Ibid., 280-282.

③ Barrow, *Trade and Empire*, 167.

1720 年的 5 倍，南部进口的糖蜜相对来说比较少，但南卡罗来纳从圣多明各走私进口的糖蜜，也要占大陆殖民地从该岛进口糖蜜的 4.2%。可以说，英属北美大陆殖民地进口糖蜜的数量在 18 世纪是在大幅增长，而且主要是靠走私。即便是在走私已明显减少的 1770 年，其进口糖蜜的 87.2% 都是来自法属西印度群岛。仅新英格兰一个地区在这年非法进口的糖蜜就达 170 万加仑。①

与此同时，英属北美殖民地与欧洲等其他地区的走私也在迅速增加。1742年，新英格兰海事法院首席法律顾问官威廉·博兰向贸易委员会报告说，当地"成卷成卷的纱线或大麻织品、纸、火药、铁和各种用于男女服饰的商品"都是来自荷兰。博兰为了强调走私问题的严重性在报告结尾写道："我仅须让你们知道，我写此报告时穿的就是最高档的法国布料，我买此布料的目的就是让我的穿着成为指控这些非法贸易者的证据。"纽约殖民地总督在 1752 年甚至认为："荷兰与汉堡从与北方殖民地贸易中得到的好处超过了英国。"② 这个说法可能有点夸大，但是据英国财政部官员估计，18 世纪 60 年代每年走私进入北美大陆的欧洲制造品价值高达近 50 万英镑。这种走私活动使英国政府遭受的岁入损失已大大超过糖蜜走私带来的税收损失。③ 由此可见，1733 年以后，英属北美殖民地走私活动的增加，并不仅仅限于西印度群岛，而是像连锁反应一样扩及大西洋世界的许多其他地区。

可以毫不夸张地说，当时只要是英国及其属地在税后不能或者不愿以与其他地区一样便宜的价格提供的商品，以及它们不能或者不愿足量提供的商品，殖民地人就都有可能将它们走私进来。这些走私货物基本上可以分为两大类，一类是热带产品，包括糖蜜、糖、朗姆酒、咖啡、可可、茶叶、棉花、染料木和水果等，主要来自西印度群岛或者东亚（经荷兰转口），另一类是制造品，如纸、火药、帆布、绳索、锚、锚链、亚麻布以及包括葡萄酒、法国白兰地、精致陶器、瓷器、高档布料、丝绸等在内的各种奢侈品，大多来自欧洲国家及其属地尤其是

---

① McCusker, "The Rum Trade and the Balance of Payments of the Thirteen Continental Colonies, 1650—1775", 421-423.

② Barrow, *Trade and Empire*, 150, 153.

③ John W. Tyler, *Smugglers & Patriots: Boston Merchants and the Advent of the American Revolution* (Boston: Northeastern University Press, 1986), 13.

荷兰。前一类商品的走私违反的主要是 1733 年《糖蜜税法》，其中有些也违反了《海运贸易法》，后一类商品的走私违反的则主要是《海运贸易法》，即未经英国转口就直接进入了殖民地。

当然，各个殖民地卷入走私活动的程度不大一样。走私活动最为严重的是新英格兰尤其是罗德岛与康涅狄格，还有中部殖民地的纽约、宾夕法尼亚与新泽西。据海事法院法官 1742 年的报告，罗德岛殖民地关税征税官在过去很多年就不住在那里，其职位被出租给了副手，结果这个殖民地成了"实际上的自由港"。[1] 纽约市走私之盛况也令人瞠目。在七年战争期间参与走私活动的囊括了该市政界、商界与社会上的许多头面人物，诸如市长、数位市政委员、两位副总督的女婿、殖民地议员、总督参事会成员、殖民地共济会的两位总会长（即"至尊主"）以及商人中的众多翘楚。其中几位后来在美国革命中起了重要作用，1765 年出席印花税法大会的 5 名纽约代表中，就有 4 位曾涉足走私活动，《独立宣言》签名者中也有 2 位在走私者中榜上有名。[2] 即便是通常被学者们认为走私活动较少的南部殖民地，也与西印度群岛有非法贸易，而且有时还通过北部商人作为中间人进行走私活动。早在 1710 年 10 月，弗吉尼亚新任副总督亚历山大·斯波茨伍德就向贸易理事会报告说，尽管他煞费苦心，还是没能发现谁要对弗吉尼亚与荷属西印度群岛之间的非法贸易负责。后来担任该殖民地总督的威廉·古奇在 1730 年和 1743 年也两次向贸易委员会承认，"在远离有任何官员检查的地方存在如此之多的靠岸处，违禁物质的流动……终究是难以完全阻止的"。[3]

至于殖民地社会大众对走私的反应，就像亚当·斯密所说的那样："假装对购买走私商品有所顾忌……在大部分国家会被看作是一种伪善的迂腐之举，只会使这样做的人被怀疑是比他的大多数邻居混蛋得多的家伙。"[4]在英属北美殖民地人看来，正是因为走私使他们买到了原本难以到手的商品，这种非法活动不仅不是什么见不得人的事情，而且变成了"几乎是值得尊重的"行当。商人们如果突

① Barrow, *Trade and Empire*, 141.

② Thomas M. Truxes, *Defying Empire: Trading with the Enemy in Colonial New York* (New Haven: Yale University Press, 2008), 1-2.

③ Samuel G. Margolin, *Lawlessness on the Maritime Frontier of the Greater Chesapeake*, 1650-1750 (PhD diss., The College of William and Mary, 1992), 32, 68-69.

④ Smith, *The Wealth of Nations*, 849.

然不能提供这些走私商品，倒是会有损自己的商业信誉。1748 年，英国人安德鲁·伯纳比到纽约旅行后，得出结论：因走私致富的人虽然不多，但是大多数人都为之喝彩。新英格兰的威廉·博兰也曾在给贸易委员会的报告中指出："与这种贸易（指非法贸易）有关的人很多，其中有些是这个地方最富有的人，借此发了大财，尝到了甜头，他们开始为之助阵和辩护，有些人公开这样做，有些人则是秘密进行，他们说服了自己，认为他们的贸易不应该受到英国法律的束缚，他们还成功地使这个殖民地所有居民的思想受到了感染……"[1] 在北美殖民地居住了 20 多年的约翰·赫斯克，于 1764 年告诉英国议会下议院："糖蜜走私者在北美并不丢脸，而是被称为爱国者。"[2] 正是在这样一种对走私活动相当包容的社会氛围中，纽约殖民地议会在 1739 年甚至作出决定，拒不批准本杰明·普拉特出任最高法院法官，因为他公开反对非法贸易。[3] 更有意思的是，殖民地商人还可以为走私活动买保险。在波士顿的伊齐基尔·普赖斯保险公司留下的记录中，有很多海运贸易保单上的保险费比平均保险费高了 1/3，而且还补充规定说该保单包括被英国海军而非马萨诸塞海关官员所没收的财物在内。此类保单显然是为非法贸易买的，海运的目的地都是外国港口，如西属圣多明哥的基督山城和阿姆斯特丹等走私活动屡见不鲜的地方。[4] 由此可见，英属北美殖民地的走私活动不仅得到了社会上相当多人的认可，而且基本上制度化了。

---

[1] Anreas, *Smuggler Nation*, 361, note 40.

[2] Reid, *Constitutional History of the American Revolution*, 28-29.

[3] Matson, *Merchants and Empire*, 207-208.

[4] Tyler, *Smugglers & Patriots*, 13-15.

四、英国加强帝国控制的失算之举

这种制度化的走私活直到七年战争期间才开始遭到比较严厉的挑战。1756—1763 年的七年战争可以说是人类历史上第一次全球战争，英法两国及其盟友在欧洲、北美、中美、西非、印度和菲律宾展开了较量。[①] 1757 年，英国东印度公司的雇佣军在孟加拉取得了军事上的胜利。1759 年，英军从圣劳伦斯河边的悬崖攀缘而上，在亚伯拉罕平地与法军血战，成功攻占魁北克，为七年战争奠定了胜局。这两场战役的胜利预示：大英帝国在北美、印度和西印度群岛的地位，再也没有哪个国家可以挑战。英国当局当然也就不能容忍在帝国内部，有任何人敢于藐视这种前所未有的霸主地位。

于是，从 1759 年开始，殖民地人就感受到了包括限制走私在内的新一轮加强帝国控制的压力。1760 年，在皇家海军加强对前往基督山城走私的船只进行拦截的同时，负责战事的英国内阁实际领袖威廉·皮特亲自致函英属北美殖民地总督，要求他们报告与敌方贸易的情况，严惩违法者，以阻止非法贸易的发生。结果，海关在新英格兰与中部殖民地征收的糖蜜关税，从 1759 年的 447 英镑一下子上升到了 1760 年的 1 170 英镑。此前在 1734—1759 年的 26 年里，海关在这些殖民地平均每年征收的糖蜜关税只有 269 英镑，其中 13 年每年不到 100 英镑，有几年甚至只有 2 英镑或 5 英镑，可是在 1760—1764 年的 5 年里，平均每年征收的糖蜜关税上升到了 1 344 英镑。[②] 这个数字对于一年岁入约 800 万英镑的英国国库来说实在是微乎其微，但是对于那些早已习惯了逃避关税以寻求贸易自由的殖民地商人来说，则有如芒刺在背。

因此，波士顿商人很快就发起了一轮针对海关官员的诉讼高潮。据殖民地总督 1761 年 8 月报告，当时有 5 宗此类案件正在普通法法庭待审，陪审团很可能

[①]　William R. Nester, *The First Global War*: *Britain*, *France and the Fate of North America*, 1756—1775 (Westport, CT: Praeger Publishers, 2000).

[②]　Pitman, *The Development of the British West Indies*, 274-275, note 4.

作出有利于走私者的判决，那将是对负责执法的海关与海事法院的沉重打击。其实，当时更加值得总督大人关注的是在此轮诉讼高潮中已经开审的另一起案件，因为它已经成了众所瞩目的事件，并将对美国革命产生深远影响。

在这起案件中，波士顿 63 名商人质疑协助收缴令的合法性，向马萨诸塞最高法院提出诉讼。所谓协助收缴令是由海关官员向法院申请后获得的令状，凡经此令状授权的任何人员均可在治安法官、警官或其他官员协助下，进入任何他人住宅、商店、酒窖、仓库、房间或其他地方收缴走私物品。这种通用性收缴令，既不需要海关人员提供涉嫌证据，也不需要对他们搜查的具体地点与对象做任何规定，一旦颁发就长期有效，直到当时在位的国君去世后才需要在 6 个月内重新签发，否则即失效。说穿了，此种协助收缴令实际上是允许海关人员任意进行他们认为必要的搜查，无须对任何人负责，从而成了他们打击走私的有力武器。1760 年 10 月 25 日，英王乔治二世驾崩，是年 12 月 27 日，消息传到波士顿。鉴于过去颁发的所有协助收缴令将在半年后失效，海关官员必须向殖民地最高法院申请新的协助收缴令。波士顿商人反对颁发这种收缴令，乃诉诸法院。海关总督察官托马斯·莱奇米尔见状，索性要求马萨诸塞最高法院审理此案，并"照例向他与他的官员们颁发协助收缴令"。[①] 于是，法院就是否颁发该令状进行审理，主审的是上任不久的新任首席法官、殖民地副总督托马斯·哈钦森，代表波士顿商人上庭的是刚刚辞去马萨诸塞最高法院首席法律顾问官一职的著名律师小詹姆斯·奥蒂斯——美国革命的第一位英雄。

1761 年 2 月，奥蒂斯在法庭上就此案慷慨陈词，滔滔不绝地讲了 4~5 个小时。美国开国先贤之一约翰·亚当斯当时年仅 25 岁，是听众之一。他在 50 多年后回忆起这场演说时，仍然激动不已。其笔下如此写道：

> 奥蒂斯是一团火焰。凭借其脱口而出的引经据典、入木三分的研究、对历史事件与时间的快速概括、俯首皆是的法律权威依据、放眼未来的先知目光和滔滔不绝的雄辩，他展现出一扫眼前万物之气势。美利坚独立旋即露

---

① Josiah Quincy, Jr., *Reports of Cases Argued and Adjudged in the Superior Court of Judicature of the Province of Massachusetts Bay between 1761 and 1772* (Boston, Little, Brown, and Company, 1865), 411-414.

头；爱国者与英雄的种子也随之播下，以保卫这生机盎然的年轻生命、为神灵所助的无畏的孩子。在我看来，拥挤的听众中的每一个人离开时都像我一样，做好了拿起武器反对协助收缴令的准备。此时此地就是反对大不列颠专断要求第一次行动的第一幕场景。此时此地诞生的就是独立这个孩子。15年后，也就是1776年，他将长大成人，宣告自己的自由。①

亚当斯还认为，由于"奥蒂斯将收缴令的非法性、违宪性、不公正与无人性论证得如此清楚"，所以"无论是狄摩西尼还是西塞罗的口若悬河的雄论，都没有在这个地球上产生如同这篇演说一样的影响"。②（见图09）

可惜的是，奥蒂斯长达四五个小时的演说全文没能保存下来。我们现在所看到的，仅仅是亚当斯在现场所做的几页简短笔记，以及不久后略加充实的摘要，再就是1818年夏天他在给马萨诸塞历史协会创建人老威廉·图德的信件中对此次演说内容的概述。相比之下，这些概述比笔记与摘要所包含的内容要广泛得多。在笔记与摘要中记录的主要是奥蒂斯对协助收缴令违反了宪法原则因而无效的论证，而概述还包含了他对英国国会通过的贸易法规是未经殖民地人同意就对其征税的岁入法的剖析，以及后来成为美国革命依据的许多其他重要思想。但是，此概述是在演说发表57年之后，也就是亚当斯已是83岁老人时所写的，所以长期以来许多史学家对概述的可信性表示怀疑。不少美国史著述往往也因此轻看了奥蒂斯这位美国革命的思想前驱的重要作用，只是将七年战争后英国国会自1764年开始通过一系列恶法，视为对美国革命产生重大影响的事件。然而，以研究美国革命思想起源而著称的历史学家伯纳德·贝林早在1965年就意识到，奥蒂斯关注更多的不是协助收缴令，而是"那些使协助收缴令成为必要的英国议会旨在控制美洲经济的法律"。③ 到2005年，当贝林从大西洋史的宏观角度回顾这一问题时，他更是明确指出：北美殖民地"主要是由于与法属岛屿的这种非法贸易……才在合法贸易严重逆差的情况下使顺差成了可能；而为杜绝这种根深蒂

① John Adams to William Tudor, 29 March 1817, *Works of John Adams* 10：247-248.

② John Adams to William Tudor, 18 December 1816, *Works of John Adams* 10：233.

③ Bernard Bailyn, *Pamphlets of the American Revolution*, 1750—1776（Cambridge, MA：Belknap Press of Harvard University Press, 1965）, 1：411.

固的私下秘密贸易而进行的努力导致了协助收缴令案——美国革命的第一次行动".[1]

近年来,新罕布什尔大学教授詹姆斯·M.法雷尔对亚当斯有关奥蒂斯演说的记录与回忆的可信性作了多方详尽考证。他在即将出版的《美国辞令言谈史》第二卷中对奥蒂斯及协助收缴令案的专章论述使我们有理由相信,1818年亚当斯这位耄耋之人的记忆虽在涉及演说背景与细节方面有一些失真之处,但是有关奥蒂斯基本观点的部分是可以信赖的。[2] 既然前述罗德岛驻英代理人理查德·帕特里奇,早在1733年讨论《糖蜜税法》时,就意识到"无代表不征税"的权利遭到了侵犯,那么亚当斯概述中所说的奥蒂斯在这个宪法问题上的真知灼见,就更加不是什么不可能的事情。如前所述,推动殖民地人走向美国革命的这个宪法原则和以竞争性自然价格为基础的自由贸易的市场原则,在1733年就因为反对《糖蜜税法》而像种子一样播到了一些殖民地人的心中。到1761年,这两大原则又因为殖民地人不满海关强化对走私活动的限制,而在奥蒂斯的滔滔雄辩中得到了更为全面和透彻的阐释。

在这长达4~5小时的演说中,奥蒂斯一开始就明确表示,协助收缴令作为一种通用令状,是"对英国人的自由和宪法的基本原则最具毁灭性的专断权力的坏透顶的工具"。他认为,这等于是"将每个人的自由置于每个小官员之手",而"每个持有该令状的人都可能是个暴君"。在奥蒂斯看来,"国会的任何法律都不能规定这样的令状……违反宪法的法律是无效的"。[3] 人的生命、自由和财产权"是天赋的,不可剥夺的,不能为人类想出的任何法律、条约、契约、公约或规定所废除",而"我们的祖先作为英国国民和我们这些后代作为英国国民,享有英国宪法、自然法和我们殖民地特许状所赋予的所有这些权利,就像伦敦、布里

---

① Bernard Bailyn, *Atlantic History*, 90.

② James M. Farrell, "The Child Independence is Born: James Otis and Writs of Assistance," in *Rhetoric, Independence and Nationhood*, ed. Stephen E. Lucas, Volume 2 of *A Rhetoric History of the United States: Significant Moments in American Public Discourse*, ed. Martin J. Medhurst (East Lansing, MI: Michigan State University Press, forthcoming), currently posted in University of New Hampshire Scholars' Repository, accessed July 8, 2015, http://scholars.unh.edu/cgi/viewcontent.cgi? article=1004&context=comm_facpub.

③ 这一段的引文见 "Appendix J: John Adams's 'Abstract'," in Maurice Henry Smith, *The Writs of Assistance Case* (Berkeley: University of California Press, 1978), 548-555.

斯托尔或者英国任何一个地方的居民一样；我们不会受骗于'实质性代表权'的任何幻象、法律和政治的任何其他谎言、或者任何苦行僧式的欺瞒与伪善的花招，从而失去这些权利"。①在这些观点里，我们既可以看到约翰·洛克有关自然权利的自由主义思想所产生的影响，又似乎听到了英国辉格党反对派有关权力的种种阴谋的共和主义声音，还可以发现殖民地人对在英国国会没有代表权的担忧。

在贸易法规与征税问题上，奥蒂斯演说同样不同凡响。当时殖民地有不少人将贸易法规给他们财产带来的损失，当成他们为商业监管支付的一种外部税，无须他们同意就可由国会决定，只有政府为增加岁入而征收的所谓内部税才需要得到他们或其代表的批准，否则就是对他们财产权的侵犯。可是奥蒂斯在演说中不同意这种看法。他认为，外部税与内部税在原则上没有区别，也就是说贸易法规与岁入法在征税上对殖民地人造成的损害没有什么差异。因此，如果将贸易法规"视为岁入法，它们就毁掉了对我们财产、自由和生命的所有保障，毁掉了每一种自然权利、英国宪法和这个殖民地的特许状"。② 具体到 1733 年《糖蜜税法》，奥蒂斯明确指出："糖蜜和糖，尤其是前者，进入了我们商业、渔业、甚至制造业与农业的所有和每一个部门"，而"这部法律就是一个岁入法、税收法，是由一个海外议会未经我们同意就制定的，是由一个对我们没有感情而且其利益促使他们对我们征税要征到痛的议会通过的"。③不仅如此，在他看来，"从《海运贸易法》到最后一个贸易法，这些法律中的每一个都违反了这两个地区（笔者注：北美殖民地与英国）之间的特许状与协定，是对我们主要权利的根本侵犯，因此是无效的"。"各殖民地议会，尤其是马萨诸塞的议会，才有在美洲立法特别是征税的独一无二的权力。"④

由此可见，奥蒂斯在法庭演说中首先从自然权利观出发，坚持所有人的天赋人权包括生命、自由、财产等的不可侵犯性。他还从宪法的角度，解释权力与自由的关系，反对专断权力对自由的种种侵犯，指出哪怕是国会通过的法律一旦违

① John Adams to William Tudor, 1 June 1818, *Works of John Adams*, 10：314-317.

② Ibid.

③ John Adams to William Tudor, 11 August 1818, *Works of John Adams* 10：345-346.

④ John Adams to William Tudor, 13 September 1818, *Works of John Adams* 10：355.

宪也是无效的。以此为基础，奥蒂斯在分析引发协助收缴令案的贸易法规对殖民地人权利的侵犯时，否认贸易法规与岁入法在征税上有何不同。这就是说，无论是通过贸易法征收所谓外部税，还是通过岁入法征收所谓内部税，都是国会未经殖民地人同意就对他们征税的违宪之举，也是对他们权利的严重侵犯。奥蒂斯在这里阐述的实际上就是"无代表不征税"的宪法原则，完全否认了英国国会有对殖民地人征税的权力。不仅如此，他在否认国会有权对殖民地征收关税的同时，还谴责《海运贸易法》一类监管贸易的法规侵犯了殖民地人的主要权利，从而完全否定了英国政府在对外贸易上对殖民地人进行监管的合法性。他在这里宣扬的实际上就是自由贸易的市场原则。如此一来，因 1733 年《糖蜜税法》而开始被殖民地人意识到其重要性的这两大原则——宪法原则和市场原则，就在奥蒂斯的演说中得到了更加清楚与充分的阐释，前者涉及的是政治权利，后者涉及的是经济自由。二者后来终于成了推动殖民地进入美国革命急风暴雨年代的主流话语和核心理念，对美国革命的发展产生了决定性影响。至于奥蒂斯在演说中对黑人与白人一样享有天赋人权的惊世之语，以及他要求法院否决违宪之法的前瞻性论述，则将在美国革命之后的年代里成为废奴运动与美国司法体系坚持的原则。

虽然奥蒂斯在协助收缴令一案中未能胜诉，但是他在法庭上的慷慨陈词却赢得了人心，其影响之大不可低估。1761 年 5 月，即奥蒂斯出庭演说约三个月后，他即当选为马萨诸塞殖民地大议会议员。就连在法庭上与之对垒的首席法官哈钦森后来在所著史书中也不得不承认，协助收缴令一案之后，"波士顿在下一次选举中将他（奥蒂斯）选为大议会中他们的代表之一，显示了他们对其功绩的赏识"。[1] 事实上，奥蒂斯很快就成为大议会中公认的反对派领袖，与总督弗朗西斯·伯纳德以及副总督哈钦森为首的亲英派展开了斗争。这年 8 月，伯纳德说"奥蒂斯先生是这个联盟的头"。他还在给前任总督的信中如此提到奥蒂斯："如果你熟悉他天生火爆的脾气，就可以想象得出来其火气超出了通常礼仪的所有疆界，这火气既是得力于非法贸易者的普遍叫嚣而愈演愈烈，也是在给这种叫嚣火上加油，而这些非法贸易者以为他们现在可以随意摆布海关，似乎下定决心绝不

---

① Thomas Hutchinson, *History of the Colony and Province of Massachusetts-Bay*, ed. Lawrence Shaw Mayo (Cambridge: Harvard University Press, 1936), 3: 69.

手软。"① 从其对手的肯定或者谴责声中，我们可以看出，奥蒂斯在新英格兰的殖民地政治与公共舆论中已脱颖而出，成为一个为殖民地人权利与自由而大声疾呼的前卫人物。

七年战争后期，英国政府力图遏制 1733 年《糖蜜税法》生效以来迅速扩大的走私活动，结果导致协助收缴令案和"美国革命的第一次行动"——奥蒂斯咄咄逼人的当庭演说。到七年战争结束签订巴黎合约时，英国政府又错失了一个在糖蜜贸易上与北美殖民地缓和关系的机会，做出了会促使北美殖民地日后走向独立的无可挽回的错误决定。

在条约谈判过程中，英国在吞并法属土地上面临两种选择：或者是加拿大，或者是英军占领的法属西印度群岛的主要岛屿，法国不可能同意英国二者兼得。显然，如果将法属西印度群岛并入的话，1733 年《糖蜜税法》的禁止性贸易限制就不复存在，北美殖民地人的不满与非法贸易至少都可以暂时得到控制。可是在英国政治中影响很大的英属西印度群岛糖业利益集团，担心法属岛屿纳入大英帝国版图后会危及他们对英国糖市的垄断，竭力怂恿政府将这些岛屿归还法国。早在 1760 年，巴思伯爵在其写的小册子中就曾力主保留加拿大。他认为，比起加拿大可以带来的安全，西印度群岛一点也不重要。后来成为下议院议员的威廉·伯克则持不同意见，认为保留加拿大如果促进了北美的独立，那就没有什么安全可言。在伯克看来，获得法属西印度群岛可以满足英国与北美殖民地在经济上的需要。仅就法属瓜德罗普岛而言，其糖产对英国之重要就毋庸置疑，而这个岛上仅次于糖产值的棉花产值，也几乎三倍于英国将在巴黎合约上获得的所有领土的所有作物的产值总和。②

到 1761 年 6 月 21 日，英国内阁讨论法国的议和建议时，贝德福德公爵也曾

---

① Smith, *The Writs of Assistance Case*, 391.

② John Douglas, William Pulteney Earl of Bath, *A Letter Addressed to Two Great Men* (London: Printed for A. Millar, in the Strand, 1760), 29-31（这个小册子实际上是圣公会主教约翰·道格拉斯根据巴思伯爵的意见写给当时主持英国政府的老威廉·皮特与纽卡斯尔公爵的信）; William Burke, *Remarks on the Letter Address'd to Two Great Men* (London: Printed for R. & J. Dodsley, in Pall-Mall, 1760), 50-51; William Burke, *An Examination of the Commercial Principles of the late Negotiations* (London: Printed for R. & J. Dodsley, in Pall-Mall, 1762), 42-53.

主张将加拿大留给法国，借此把英属北美殖民地人唬住，使之不得不依赖伦敦来抵御北面的法国人。他认为，一旦北面没有了法国人的威胁，殖民地人为维护自己的利益与王室政府作对的可能性就增加了。然而贝德福德公爵与伯德都失望了。对法持强硬态度的老皮特遭到内阁多数人反对，于 1761 年 10 月愤然辞职，而取代老皮特主政的布特伯爵急于结束战争，在 1762 年对法国作出重大让步，同意将盛产糖、糖蜜的马提尼克、瓜德罗普等岛屿归还法国。于是，1763 年 2 月 10 日最终签订的巴黎合约，将加拿大和法属路易斯安那东部划归英国，而英国在法属西印度群岛中得到的只是一些贫瘠小岛，至于那些产糖的主要岛屿则都归还了法国。这对于法国来说是正中下怀，因为无论是法王路易十五，还是负责谈判的艾蒂安·弗朗索瓦·舒瓦瑟尔公爵，他们都将加拿大当成是一个长期以来入不敷出的包袱，而西印度群岛才是法国在美洲的财源所在。①

恰如伯克等人曾担心将法国人赶出加拿大会促使英属北美殖民地独立，后来一些历史学家也认为，七年战争将法国人与西班牙人驱离了北美东部，使北美大陆殖民地不再需要英国的保护来抵御这些国家的侵扰，从而搬掉了阻止殖民地人可能已具有的独立梦想进一步发展的一大障碍，"奠定了未来美国独立的基础"。② 而研究殖民地史与美国革命的著名学者杰克·格林则觉得，更重要的是从另一个方面来看，大英帝国的胜利消灭了其在北美大陆的对手，使之不再像过去一样，为对付法国和西班牙而非得安抚好它的北美殖民地不可，于是帝国当局便认为，现在可以比较放手地对殖民地进行帝国所需要的改革了。③ 如果说前一种看法讲的只是七年战争后殖民地人走向独立的可能性，那么后一种看法则指出了战后英国政府将这种可能变成现实的失算之举。正是七年战争结束后英国在北美加强帝国统治的这种努力，迫使殖民地人将 1761 年仅仅发生在法庭里的"美

① William R. Nester, *The French and Indian War and the Conquest of New France* (Norman: University of Oklahoma Press, 2014), 380, 356, 364-365.

② Lawrence H. Gipson, "The American Revolution as an Aftermath of the Great War for Empire, 1754—1763," *Political Science Quarterly* 65 (1950): 86-104; *British Empire Before the American Revolution* (New York: Alfred A. Knopf, 1946), 6: 18.

③ Jack Greene, "An Uneasy Connection: An Analysis of the Preconditions of the American Revolution," in *Essays on the American Revolution*, ed. Stephen G. Kurtz and James H. Hutson (Chapel Hill: University of North Carolina Press, 1973), 76-77.

国革命的第一次行动",扩展成了 1764 年以后有议会、镇民大会、各种法外组织和千千万万普通民众参加的大规模抗争运动,并最终导致了十三个英属北美殖民地的独立。

值得注意的是,七年战争后殖民地人一系列大规模抗争行动,和协助收缴令案一样,也是源于糖蜜和非法贸易。其所以如此,乃是因为糖蜜与非法贸易在债务飙升的英国政府眼中,成了加强帝国对殖民地控制所要解决的首要问题。诚然,七年战争使大英帝国雄踞世界,但这场规模宏大的战争也使英国政府负债累累。从 1755 年 1 月到 1763 年 1 月,国债几乎翻倍,由 1755 年的 7 300 万英镑,迅速上升到 1763 年的 13 700 万英镑。[1] 当初以年利 3%～4%借的债现在每年要还的利息就高达约 500 万英镑,可当时英国政府每年预算不过 800 万英镑左右而已,其负担之沉重可想而知。七年战争结束后,为了对付亲法的印第安人与留在加拿大的法裔居民可能的反抗,有 1 万多英军依然留在北美。1763 年夏天印第安人对英军发起的"庞蒂亚克之战",更是使英国政府不敢掉以轻心。据估计,派驻北美与西印度群岛的英军每年开支需要 224 903 英镑。[2] 因此在七年战争结束后,英国政府虽然没有指望北美殖民地人帮助其偿还国债,但是的确希望他们能承担驻北美英军的部分开支,减轻英国政府的财政压力。

1763 年 4 月 16 日,乔治·格伦维尔就任首席财政大臣,即实际上的首相。作为前海军大臣,格伦维尔比较熟悉北美殖民地的非法贸易,将走私视为头号大敌,试图在遏制走私上有所作为。故在他上任不久,财政部官员就在 5 月 21 日要求海关专员找出美洲的岁入"达不到它应有数额"的原因,写出书面报告,并对将来如何改善这种税收提供意见。[3] 不仅如此,财政部还就此向两位熟悉情况的人士咨询,一位是曾在北卡罗来纳经商和从事土地投机的亨利·麦卡洛,另一位是告假休息 6 年之久的波士顿海关审计官纳撒尼尔·韦尔。这两位都认为,北

---

① Allen S. Johnson, *A Prologue to Revolution*: *The Political Career of George Grenville* (1712—1770) (Lanham, MD: University Press of America, 1997), 163.

② Ibid. , 166.

③ John L. Bullion, *A Great and Necessary Measure*: *George Grenville and the Genesis of the Stamp Act*, 1763—1765 (Columbia, MO: University of Missouri Press, 1982), 64.

美殖民地与欧洲国家之间存在大量非法贸易。麦卡洛报告说，据熟悉情况的人估计，此类非法贸易每年高达 50 万英镑。这个数字远远超过了北美大陆与西印度群岛每年走私的数额，反映出 1733 年《糖蜜税法》通过后走私扩大的惊人规模。他建议：政府应该将打击走私作为"首先要考虑的重要目标"。格伦维尔阅后显然十分赞同麦卡洛和韦尔的看法，在向下议院报告时采用的就是麦卡洛估计的数额，称北美殖民地与欧洲的走私已高达"一年 40 万到 50 万英镑"。①

7 月 21 日，海关专员也向财政部提交了报告。该报告指出，根据 1673 年《拓植地关税法》与 1733 年《糖蜜税法》，殖民地海关平均每年征得关税 1 800 英镑，但 1760 年征收这些关税的成本就高达 4 700 英镑，现在更达 7 600 英镑，可以说对增加岁入毫无助益，反成拖累。这显然是走私猖獗与海关官员失职所导致的结果。为解决这些问题，报告提出三项建议：（1）长年住在英国领取高薪却不履行其职责的殖民地海关官员必须到职；（2）禁止殖民地海关官员收取任何实为贿赂的费用，津贴必须从其征收的关税中按比例提取；（3）殖民地人需要的某些外国货物尤其是糖蜜的禁止性高关税，必须降低到贸易可以承受的水平，从而使关税征收成为可能，而不是刺激货物走私。9 月 16 日，海关专员在有关具体立法的报告中更是坦承，《糖蜜税法》规定的关税实际上"大都被完全规避或者以欺骗手段私下了结了"。② 在格伦维尔眼中，海关专员的这些报告和此前麦卡洛与韦尔提供的情况，都充分证明了北美殖民地走私在财政上对岁入的负面影响。

财政部还从这些报告中发现，走私的影响不是只限于岁入锐减带来的政府财政问题，而且还波击英国制造品在殖民地的市场。欧洲走私商品的进入使这个市场遭到严重压缩。在他们看来，这种非法贸易其实"完全是从商业中进行偷盗，部分是从不列颠制造业中窃取，违背了殖民化的根本原则，违背了基本的政策准则，违背了法律的明文规定"。③ 结果，商业便"偏离了其自然进程，许多保证母国从中获益的明智之法的有益条款都一败涂地"。④ 不仅如此，格伦维尔和他

---

① Bullion, *A Great and Necessary Measure*, 67-68.

② Barrow, *Trade and Empire*, 177-180.

③ [Thomas Whately], *Considerations on the trade and finances of this Kingdom, and on the measures of administration, with respect to those great national objects since the conclusion of the peace* (London: Printed for J. Wilkie, 1766), 65.

④ Barrow, *Trade and Empire*, 180.

的财政部手下，还注意到麦卡洛与韦尔提出的警告：欧洲货物走私到北美殖民地，与走私进英国不一样，它"往往会损坏母国与殖民地的关系"。① 这对于英国政府来说显然是绝对不容忽视的政治影响。

考虑到走私在财政、经济与政治上产生的如此巨大的负面影响，财政部在7月25日下令海关专员通知所有长期在英国的殖民地海关官员到职，如果在8月1日前还不启程，即行解职。负责美洲殖民地事务的国务大臣埃格蒙特伯爵也给殖民地总督去函，要求他们尽一切可能为执行贸易法规助一臂之力。最重要的是，9月21日，财政部要求海关专员就糖蜜关税展期和加强贸易执法的具体措施起草法案，并于次日命令印花税专员就印花税适用于殖民地的问题也起草一个法案。这就是后来在殖民地引起轩然大波的1764年《糖税法》和1765年《印花税法》的发端。

显然，1733年《糖蜜税法》通过后北美殖民地走私活动的迅速扩大与制度化，使得关税征收有如蜀道之难，而殖民地防务开支又迫切需要增加岁入，格伦维尔乃在1763年9月作出了这两大决定：一是以岁入为目的征收糖蜜等关税，并通过严厉打击走私来保证关税的征收；二是征收印花税这种内部税，用来弥补关税岁入的不足。此后事态的发展进一步坚定了他这样做的决心。11月初左右，财政部接到举报，非法结算在美洲港口关税入账上依然是一如既往，而格伦维尔此前下令要关税专员竭尽所能起诉违法者，显然没有起什么作用。对于财政部将派往美洲海关的官员，格伦维尔不敢寄予厚望，因为难得有好官愿意到美洲去。他甚至对海军也缺乏信心，作为前海军大臣，他深知海军预算紧张。当财政部在11月要求海军部派遣足够数量的单桅船驻守罗德岛沿海以阻止走私时，海军部就仅仅同意让已在该海域的两艘单桅船执行此项任务。因此，格伦维尔确信，哪怕自己在这些方面作出再大努力，走私依然会继续，"这将使岁入减少，要支付北美（防务）开支还需要另外的税收"。在他看来，与需要大量海关人员征收的关税这类外部税不同，印花税是一种在殖民地"最不会遭到反对的"内部税，在征收上"要不了几个官员，甚至可以自行征收；唯一的危险就是伪造"。② 因此，

---

① [Whately], *Considerations on the trade and finances of this Kingdom*, 54.

② Bullion, *A Great and Necessary Measure*, 75-76.

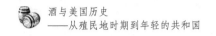
他觉得有必要让糖蜜关税与印花税双管齐下。

1764 年 3 月 9 日，格伦维尔向国会下议院提交预算，正式要求通过一系列相关决议案，其中就包括有关糖蜜等关税的决议案与有关印花税的决议案。下议院通过了这两个决议案，也就是说同意在北美殖民地征收这两类税项，但有议员建议印花税推迟一年，以便让殖民地知道法案内容，有机会提出反对意见。格伦维尔表示同意，因为他认为推迟不会改变法案最终会被通过的结果，而且还可以给财政部一年时间，继续收集在殖民地征收印花税的有关资料，使法案更为完善。于是，在印花税法决定推迟一年立法之后，格伦维尔政府在 3 月 14 日向下议院提交了涉及糖蜜等关税征收的 1764 年《糖税法》法案（又称 1764 年《岁入法》）。该法案于 3 月 30 日与 4 月 4 日先后在下议院与上议院通过，4 月 5 日经国王批准，9 月 29 日生效。

1764 年《糖税法》明确宣布，在美洲殖民地征收关税是为了"改善这个王国的岁入以及扩展和确保大不列颠与国王陛下在美洲的领地之间的航运与商业"，并称"在陛下于美洲的上述领地募集岁入来支付用于防守、保护和捍卫这些领地的开支"，是"正当和必要的"。[①] 这是英国国会第一次以岁入为目的在北美殖民地征收关税。此前英国国会通过的涉及在北美大陆殖民地征收关税的法律只有两部。一部是 1673 年《拓植地关税法》，该法对英属殖民地之间的列举商品贸易征收关税，其主要目的是促使这些商品输入英国本土，而不是增加岁入。另一部就是 1733 年《糖蜜税法》，如前所述，该法实际上是要禁止非英属西印度群岛的糖蜜、糖、朗姆酒进口到英属北美殖民地，也不是为了岁入。简言之，这两项法律所规定的关税都是以贸易监管为目的，而 1764 年《糖税法》征收关税却是冲着岁入而来。这对于殖民地来说，可谓史无前例。

《糖税法》在将 1733 年《糖蜜税法》无限期延长的同时，把糖蜜关税从每加仑 6 便士降低到每加仑 3 便士，即将税率从原来的 100% 下降到 50%，其目的自然是想减少走私以增加岁入。由于担心非英属西印度群岛会将糖蜜制造成朗姆

---

① "The Sugar Act: 1764", *The Avalon Project*, Yale Law School, accessed July 16, 2015, https://avalon. law. yale. edu/18th_century/sugar_act_1764. asp.

酒出口到北美大陆，从而逃避糖蜜关税，《糖税法》索性禁止北美殖民地进口外国产朗姆酒。此外，该法还对进口的一些异域商品规定了不等的关税。原本可以从马德拉群岛等大西洋酒岛免关税进口的葡萄酒，《糖税法》现在规定每吨征收7英镑关税，但是从英国进口的除法国以外任何地方产的葡萄酒，则要求每吨只交10先令关税。这显然是鼓励从英国转口葡萄酒，试图改变长期以来殖民地主要是从酒岛直接进口葡萄酒的传统贸易模式。《糖税法》作出的另一个重大改变是取消了经英国转口到殖民地的外国货物的退税优惠。此举自然是不利于欧洲国家制造品输入英属北美殖民地。不仅如此，《糖税法》还规定美洲殖民地运输铁与木材的船只必须交保金，以担保不会在除英国以外的欧洲任何地方靠岸，这就使殖民地商人用这些商品作为交换从欧洲国家走私的可能大大减少。最后，《糖税法》还在列举商品中增加了咖啡、红椒、皮革、椰子、鲸鱼鳍、生丝、钾碱和珍珠粉。这些列举商品只能运到英国或其他的英属殖民地。

除了这些对进出口商品的关税规定以外，《糖税法》中绝大多数条款集中在防止走私与加强执法的措施上。例如，该法规定所有在英属美洲殖民地之间从事海运的船只在离港时都要在海关办好放行证，注明装载的货物种类、数量、质量、产地等。这些装载非列举商品的船只还要交付保金，为航行中可能装载的外国殖民地糖蜜入关时会交关税作出担保，100吨以下的船交保金1 000英镑，100吨以上交保金2 000英镑。这项规定如果得到严格执行，那么即便是北美殖民地之间的沿海贸易，也要经海关办理复杂的手续和交付高昂的保金，否则船与货物都有可能被扣留没收。《糖税法》还规定任何从欧洲返回美洲殖民地的船只在停靠英国装货时，必须将船上所有货物卸下交付关税，然后再重新装船，并用英国货物将船装满后，才能获准前往英属美洲殖民地。此举显然是为了减少欧洲和其他地方的货物走私运往美洲的可能。

在这些为打击走私而加强执法的措施中最引人注目的就是有关海事法院的一系列规定。根据这些规定，执法人员在对走私起诉时有权选择究竟是诉诸海事法院还是诉诸普通法法院，而海事法院没有陪审团，故可消除陪审团为违法者脱罪的可能。不仅如此，一旦船只或货物被扣押或没收后诉诸公堂，其所有者而不是执法官员必须承担提供证据的责任；而执法人员因法律纠纷要赔偿损失时，不管其造成的损失有多大，赔偿都不得超过 2 便士，且不承担诉讼费用，罚款则不得超过 1 先令。如此一来，那些海关官员和包括皇家海军在内的其他有关人员，不仅从扣押没收船只或货物中可以获得可观酬劳作为奖赏，而且在执法上也就没有了后顾之忧，为获得酬劳即便执法过当也会在所不惜。此外，《糖税法》还规定在加拿大的哈利法克斯建立一个兼具初审与上诉职能的海事法院，以避免像马萨诸塞、纽约和新罕布什尔等地的海事法院那样，在审案中要承受当地社会巨大压力。一旦执法人员将案件交由哈利法克斯的海事法院审理，由于距离遥远，涉案的商人或船长等要出庭非常困难，其被扣押的船只与货物几乎无索回的可能。①

格伦维尔政府制定的这个 1764 年《糖税法》，明确宣布其目的是改善岁入，以及确保在美洲殖民地的航运与商业。这当然并非虚言。不过，在制定该法过程中起了重要作用的一位官员后来为该法辩护时曾经说，"其他国家的关税大都不过是岁入的一个部分而已"，但是在不列颠的美洲殖民地，"它们是一种政治控制"，而强制征收关税就是要"强迫遵守那些对我们的贸易与海上力量的增加起主要作用的明智的法律"。换言之，1764 年《糖税法》征收关税，增加岁入，阻止欧洲商品的非法流入，打击糖蜜走私，强化执法机构与手段，都是为了服务于一个"更高的政治目标"，那就是对经济上越来越强大的北美大陆殖民地加强政治控制，提振大英帝国的声威。② 这大概就是七年战争后大英帝国对北美大陆殖民地所采取的一系列政策更深层次的含义所在。

然而格伦维尔做梦都没有想到，他在制定 1764 年《糖税法》以及后来的《印花税法》上作出的看来十分理智的决定，竟会在殖民地触犯众怒，最终导致独立，使他成了大英帝国的千古罪人。其实，早在 1733 年反对《糖蜜税法》时，罗德岛驻英代理人帕特里奇就已预见到，这个《糖蜜税法》"可能给将来形成先例"，导致英国国会未经殖民地人同意就对殖民地征税变得"没有止境"，从而

---

① 以上有关 1764 年《糖税法》的内容均见："The Sugar Act: 1764", Yale Law School, The Avalon Project: *Documents in Law*, *History and Diplomacy*, accessed August 14, 2015, http://avalon. law. yale. edu/18th _century/sugar_act_1764. asp.

② [Thomas Whately], *The Regulations lately made concerning the colonies*, *and the taxes imposed upon them*, *considered* (London: Printed for J. Wilkie, 1765), 87-88.

形成"对自由和产权的侵犯",也就是"对国民权利的侵犯"。[1] 七年战争后英国政府的一系列决定,被他不幸而言中。于是殖民地人起而抗争,直至宣告独立,也就很难避免。

———————————

[1] *The Writings of "Colonel William Byrd of Westover in Virginia Esqr"*, ed. John Spencer Bassett(New York:Doubleday, Page & Company, 1901), 365-366.

五、从殖民地反英抗争到走向独立

对于英国政府的这一系列政策调整，殖民地人最初并没有太在意。因为不再需要担心法国人来自北部的骚扰和在西部边疆地区的竞争，他们还暂时沉浸在胜利的喜悦之中。就连殖民地海关官员也认为这些举措和过去 30 年的执法一样，不过是"聋子的耳朵"，摆设而已。1763 年 3 月至 7 月，英国政府授权皇家海军为海关执法，下令殖民地海关官员到职，还致函殖民地总督要求他们予以协助。有些殖民地商人开始担心，但是时任英属北美殖民地北方关税区总督察官的约翰·坦普尔向他们保证，"在《糖法》（笔者注：指 1733 年《糖蜜税法》）上可以一如既往地期待有同样的宽容"。[①] 一些商人也觉得情况并不像他们最初想象的那么差。然而到了秋天，海军扣押船只的事件开始增加。1763 年 11 月，英国海关专署又在给美洲所有海关官员的传阅函中发出警告，一旦失职就立刻解职。于是，坦普尔不得不在 1764 年 1 月向所有从事西印度群岛贸易的船长发出公告，通知他们海关官员将登船检查 1733 年《糖蜜税法》是否完全得到遵守。据当时的马萨诸塞殖民地总督弗朗西斯·伯纳德所言，该公告"在这个殖民地引起的恐慌比 1757 年（法国人）攻占威廉·亨利要塞时还要大"。[②]

尽管殖民地人对加强 1733 年《糖蜜税法》的举措开始感到恐慌，但是他们远隔大洋，对英国国会准备通过 1764 年《糖税法》的动向还不甚了了，便把注意力都集中到了《糖蜜税法》1764 年要展期的问题上。于是波士顿等城镇商人通过了反对《糖蜜税法》展期的请愿书。在这个请愿书的敦促下，马萨诸塞殖民地议会于 1764 年 1 月 27 日任命了一个包括议员托马斯·库欣与奥蒂斯在内的委

---

① Bernhard Knollenberg, *Origin of the American Revolution*：1759—1766（New York：Macmillan Company，1960），143.

② Ibid. 威廉·亨利要塞失守后，缴械的英军、殖民地民兵和平民包括伤病员在内，被与法军结盟的印第安人杀死了 200~1 500 人。后来有人估算为 69~184 人。准确数字不得而知，但是这场对俘虏的屠杀给英军与英属殖民地人带来的巨大心理打击则无可置疑。参见：William R. Nester, *The First Global War*：*Britain*，*France*，*and the Fate of North America*，1756—1775（West Port，CT：Praeger，2000），60-62.

员会，起草给马萨诸塞驻英代理人贾斯珀·莫杜伊特的指令书。该委员会在 1764
年 2 月 4 日议会休会后拟就了指令书，并发给了莫杜伊特。这份指令书的文本现
在已经找不到了，但是从库欣 1 月底写给莫杜伊特的信中，可以看出后来指令书
的基本立场。库欣在信中写道："我发现委员会的总体意见是：这项法律（笔者
注：指《糖蜜税法》）此次严格执行，是想要我们认可一些被征的关税，但这
看上去有危险后果，即承认了国会对我们贸易的征税权，而这是我们无论如何都
不会接受的，因为这违背了我们宪法的基本原则，也就是所有税收皆应起始于
民。由于不允许我们在国会有代表，所以现在国会要征的所有税收都做不到这一
点，故而你有可能将得到指令去尽力反对要被征收的任何关税。"[1]由此可见，在
1764 年《糖税法》通过之前，马萨诸塞殖民地议会就已经开始运用"无代表不
征税"的宪法原则，来反对《糖蜜税法》展期和"任何关税"了。

　　随后，在波士顿、纽波特、普罗维登斯、纽约等地商人相互联络与督促下，
好几个殖民地都曾试图通过驻英代理人向英国国会表达它们反对《糖蜜税法》展
期的立场。可是由于格伦维尔于 1764 年 3 月 9 日向下议院提出《糖税法》法案
后，该法案很快进入立法程序，等马萨诸塞与罗德岛殖民地议会反对《糖蜜税
法》展期的指令书到达在伦敦的代理人手中时，对于阻止《糖税法》通过已经
太迟了。纽约与康涅狄格殖民地议会的行动就更慢了一步，而宾夕法尼亚殖民地
议会则由于商人们知道为时已晚而放弃了行动。这样一来，1764 年《糖税法》
在制定过程中就没有遭到殖民地驻英代理人的坚决反对，他们只是试图降低税率
而已。当然，即便殖民地在伦敦的代理人及时收到殖民地议会的指令书，1764
年《糖税法》的出台及其内容也不可能有任何重大改变，因为格伦维尔在这个问
题上已经下定决心。早在 1763 年 12 月 30 日，莫杜伊特向马萨诸塞殖民地议会
议长报告国会将讨论糖蜜关税税率时就曾指出，政府中"所有人都同意，切实可
行的关税应该征收，其支付要强制执行，尝试对这两点中的任何一个予以反驳都

---

[1]　Thomas Cushing to Jasper Mauduit, January, 1764; Thomas Cushing to Jasper Mauduit, February 11,
1764, *Jasper Mauduit, Agent in London for the Province of the Massachusetts-Bay*, 1762—1765, ed. Worthington C.
Ford (Massachusetts Historical Society, 1918), 145-146, 146, note 1.

不能作为目的"。①

不过，在1764年《糖税法》制定过程中，殖民地议会由于种种原因未能向英国方面正式表示反对，并不等于说殖民地人对该法在宪法原则上采取了姑息迁就的态度，也不能因此低估他们在北美所展开的抗议活动的意义。殖民地人对《糖蜜税法》展期所带来的危害是有清醒认识的。尽管他们对危害的性质还存在不同的看法，但是至少马萨诸塞殖民地议会已明确无误地表示，英国国会在殖民地人没有国会代表的情况下向殖民地人征税，违反了宪法的基本原则。更重要的是，在商人主导下进行的彼此沟通，促成了殖民地之间在反抗英国殖民地政策上的第一次联合行动。② 尽管这次行动在阻止1764年《糖税法》通过上并不成功，但是它对即将到来的大规模抗议活动中殖民地之间的合作作出了重要示范。

1764年5月，英国议会通过《糖税法》的消息终于传到了北美大陆，许多殖民地人深感愤怒。后来在第二次大陆会议上提议走向独立的弗吉尼亚人理查德·亨利·李，当时就在给朋友的信中表示震惊，他不能理解，那些从母亲的乳汁里就吸收了英国宪法原则的人，那些四周就充满了英国宪法原则空气的人，竟然会赞成"未征求美洲人民代表的意见就可以向他们征税"。③ 一向温和的纽约商人约翰·瓦茨在信中对当年攻占魁北克战功卓著的罗伯特·蒙克顿将军抱怨说："这些殖民地因为从母国受到的对待而极端愤慨……它们似乎希望加拿大再次成为法国的，那曾经使它们具有某种重要性，而这种重要性因为它（笔者注：指加拿大）被征服而失去了……我听到这样的谈话如此之多，我不想再就此写下去了。"④ 有趣的是，就连在协助收缴令案中维护海关官员要求的首席法官托马

① Jasper Mauduit to the Speaker of the House of Representatives of the Province of Massachusetts-Bay, 30th December, 1763, *Collections of the Massachusetts Historical Society*, 1st ser., Vol. 6 (Boston: Printed by Samuel Hall, 1800), 193.

② Frederick Bernays Wiener, "The Rhode Island Merchants and the Sugar Act," *The New England* Quarterly 3 (1930): 476.

③ Richard Henry Lee to an unidentified correspondent, May 31, 1764, *The Letters of Richard Henry Lee*, ed. James C. Ballagh (New York: The Macmillan Company, 1911), 1: 5-7.

④ John Watts to Gen. Robert Monckton, May 16, 1764, *Letter Book of John Watts, Merchant and Councillor of New York, January 1, 1762-December 22, 1765* (New York: New York Historical Society, 1928), 255.

斯·哈钦森，在给身兼两个殖民地驻伦敦代理人的英国国会议员理查德·杰克逊私下复函时也指出，国会虽然有权在紧急状态下对殖民地征税，但是现在这样做不合时宜。他还反对杰克逊将外部税与内部税区别开来的主张。在杰克逊看来，关税这类外部税作为对贸易监管的手段是殖民地可以接受的，而印花税这一类内部税才是要反对的。这是当时很流行的观点。可是哈钦森却认为，无论是缴纳 3 英镑 10 先令葡萄酒关税，还是征收同样数目的消费税，其结果对于殖民地人来说都是一样的。他告诉杰克逊，国会对殖民地征收的这些税收，内部税也好，外部税也好，都侵犯了殖民地人的权利。① 当然，他只是私下抱怨，并未公之于众。可是连一个亲英派都这样说，那其他殖民地人对 1764 年《糖税法》就更加难以容忍了。

对于这部法律，殖民地人不仅在私下抱怨，而且立刻采取行动。受《糖税法》影响最大的北部殖民地开始减少从英国与英属西印度群岛的进口，并试图促进本地制造业的发展。当时有人给英国政府官员报告称，纽约与波士顿比较富有的商人似乎真的在将注意力从海运贸易转向殖民地制造业，鼓吹后者的绝对必要性。他们加入了一些协会，投资于当地的制造业如纺织行业，计划增加羊群的数量，还到欧洲去招募毛纺品与亚麻纺织品制造方面的技师。此外，殖民地人还开始筹建蒸馏造酒坊，用玉米取代糖蜜做原料，酿造威士忌。② 有人甚至在《普罗维登斯时事报》上撰文，建议北美大陆达成中止与英属西印度群岛贸易的协定，试图给英国国会中西印度群岛利益的代言人以沉重打击。虽然这个建议未能实现，但是波士顿有 50 名商人签署了一份协议，拒不使用进口的非必需品，却在殖民地树立了一个榜样。许多人在衣服上不再以饰带与褶裥饰边作为装饰，不再购买超过一定价格的英国进口服装，不再举行开支巨大的葬礼。有的工匠不再穿进口的皮制工作服，耶鲁的学生不再喝进口的烈酒。③ 诚然，这些行动不一定都是为了对《糖税法》表示抗议，有些人可能是因为战后殖民地经济衰退而试图减

① Edward S. Morgan, "Thomas Hutchinson and the Stamp Act," *New England* Quarterly 21 (1948): 480-492. Edmund S. Morgan and Helen M. Morgan, *The Stamp Act Crisis: Prologue to Revolution* (Chapel Hill: University of North Carolina Press, 1953), 217.

② Jared Ingersoll to Thomas Whately, 6th July, 1764, *Jared Ingersoll Papers*, ed. Franklin B. Dexter, Papers of the New Have Colony Historical Society, Vol. ix (New Haven, 1918), 297-298.

③ Schlesinger, *The Colonial Merchants and the American Revolution*, 63-64.

少开支，或者想通过发展制造业来摆脱困境。但是也有人明确宣称这样做是为了"废除税收法"。① 事实上，由于殖民地制造业的发展还相当有限，殖民地人在 18 世纪中期已经形成了对英国商品有很高需求的消费习惯，此时居然群起抵制，应该说主要还是因为反对 1764 年《糖税法》的关系。

另外，受命协助海关执法的英国皇家海军在沿海一带强制征召人手，结果遭到殖民地人十分激烈的抵制。在罗德岛的纽波特，当"圣约翰号"强征的人员逃逸后，上岸追捕的海军军官被群众扣押，其手下则被人用石头砸得鼠窜而逃。由于该舰代理舰长拒不交出上岸行窃的两名船员，罗德岛殖民地参事会成员竟下令港口要塞炮击"圣约翰号"，将其主帆击穿。在纽约长岛一带强征兵员的"夏洛号"，虽然被迫交还了强征人员，但纽约市民众依然不满，将其舰长的小艇拖到市政厅前付之一炬。海关执法人员在 1764 年《糖税法》通过后，更是遭到了种种抵制与威胁。1765 年 4 月，"鹦哥号"在纽波特报关 63 桶糖蜜，并按照《糖税法》交付关税，但是海关征税官约翰·鲁滨逊两天后发现，所报糖蜜数量与船的载重量相去太远，遂在戴顿截住此船检查，结果发现船上的糖蜜数量比报关的多了一倍。鲁滨逊当即将船扣押，可是戴顿地方竟无一人愿意帮忙驾船把"鹦哥号"弄到纽波特去。他只好返回纽波特寻找船员。就在他离开的当晚，留守"鹦哥号"的两个下属上岸到酒店喝酒，归来时目睹身着旧衣、满脸涂黑的 40 来人将船上货物一扫而空。鲁滨逊闻讯率 30 名海军士兵与 40 名武装水手赶赴戴顿，发现"鹦哥号"已被破坏得一塌糊涂。不仅如此，马上就有警官过来将他逮捕，因为糖蜜货主已将他告上法院。鲁滨逊不得不到原告居住地汤顿出庭，只好跟着警官在泥泞道路上步行 8 英里，一路上都有人围观咒骂。到达后，由于当地无人为之作保，他只好在汤顿的监狱里蹲了两晚，第三天才由北方关税区总督察官替他交保释放。鲁滨逊出来后已找不到走私的证据，而且曾经担任马萨诸塞议会议长的当地律师塞缪尔·怀特还拒绝为他辩护。后来，鲁滨逊将此案送交在哈利法克斯新建立的海事法院审理。此举让当地人对他愈发恨之入骨。

除了民间的抱怨与抵制行动以外，各英属北美殖民地议会则以请愿书或者其

① Knollenberg, *Origin of the American Revolution*, 193.

他形式，反对 1764 年《糖税法》和拟议中的印花税法。1764 年 5 月下旬，波士顿镇民大会批准了由塞缪尔·亚当斯等人起草的给当地四位殖民地议会议员的指令书。该指令书认为，英国国会在殖民地征收岁入关税"乃是对我们征收新税的准备；因为既然可以对我们的贸易征税，为什么不能对我们的土地征税？为什么不能对我们土地的产物，对我们所拥有或使用的一切征税？我们担心，这是剥夺特许状授予我们的自治与自己征税的权利，这是损害我们作为英国人的特权，也就是我们从未放弃过的我们与英国土生的国民同胞共同享有的特权"。①正是基于这种考虑，马萨诸塞殖民地议会在这年 10 月起草并批准了给英国国王与国会的请愿书，声言殖民地人应免于国会为岁入征收的任何税收，包括 1764 年《糖税法》规定的关税，指责国会这样做剥夺了他们作为英国人最基本的权利，即未经他们或他们代表的同意不得向他们征税。可是由于参事会拒不批准请愿书，两院联合委员会不得不对请愿书加以修改，只谈反对内部税，不明确表示反对外部税。② 不过，在将这份修改后的请愿书寄给驻英代理人莫杜伊特时，殖民地秘书安德鲁·奥利弗在信中坦言：殖民地议会实际上认为国会的任何税收都侵犯了殖民地的权利，而请愿书中之所以对此没有明言则是出于策略考虑。③ 此外，库欣也在给莫杜伊特的私人信函中告诉他，要了解殖民地议会议员的情绪，不要看请愿书，要看"他们在这以前发给你的东西"。④议会在这份请愿书之前发给莫杜伊特的东西，不是别的，而是奥蒂斯的《英属殖民地权利申论》。⑤

早在 7 月下旬，身为马萨诸塞殖民地议会议员的奥蒂斯，就发表了其著名的小册子《英属殖民地权利申论》。他在这本小册子中指出，英国宪法是世界上最自由的宪法。根据这个宪法，英国"领土上的每一个人都是自由的"，国王"陛下领地的每一个部分都不得未经其同意而被征税"，"每一个部分都有权在最高的或一些下级的立法机构有代表"。奥蒂斯承认 1688 年"光荣革命"确立的国会至上原则，但同时指出："严格地说，制定法律是上帝一个人的事……如果国会

① *A Report of the Record Commissioner of the City of Boston Containing the Boston Town Records*，1758—1769（Boston：Rockwell and Churchill，City Printers，1886），121-122.

② Knollenberg，*Origin of the American Revolution*，200-201；Morgan，*The Stamp Act Crisis*，216-217.

③ Knollenberg，*Origin of the American Revolution*，200，note 10.

④ Thomas Cushing to Jasper Mauduit，November 17，1764，*Jasper Mauduit*，171.

⑤ Reid，*Constitutional History of the American Revolution* 205.

的法律有违他的永远可靠的任何自然法，他们的宣示就违反了永恒的真理、公平与正义，结果就是无效的……"国会如果意识到了自己的错误就要废除这些立法，否则就由法官宣布它们无效。① 此外，奥蒂斯在小册子中还强调，无论是内部税还是外部税都必须征求殖民地人或其代表的同意。这本小册子在殖民地与英国被人们广为阅读，产生了巨大影响。有人赞赏它是上帝来函，有人指责其为误判的噪音。曼斯菲尔德爵士在英国国会上议院辩论时谈到了奥蒂斯及其小册子。他对有些同僚藐视奥蒂斯发出了警告："奥蒂斯在那里的人民当中是显要之人……有人说此人疯了。那又怎样？马萨涅洛疯了。没有人怀疑这一点；但尽管如此，他还是推翻了那不勒斯政府。在所有的大众集会和所有涉及大众的问题上，疯狂都有其感染力。"②

除了马萨诸塞殖民地议会以外，其他殖民地也都反对 1764 年《糖税法》。不过，由于这个《糖税法》的目的不仅是要通过征收属于外部税的关税来增加岁入，也是为了对殖民地贸易加强限制和监管，加之在它通过之前殖民地人已经知道英国国会还将考虑对殖民地征收属于内部税的印花税，所以各殖民地议会在对 1764 年《糖税法》表示抗议时，侧重点便有所不同，认识深度也不完全一样。

与马萨诸塞相比，纽约殖民地在征税权问题上走得更远，态度也更为坚决与大胆。该议会任命的委员会起草了给英国国王、国会两院的请愿书。其中给下议院的请愿书毫不讳言，强调殖民地人享有"除他们自己同意的税收以外免于任何税收负担"的"权利与特权"。这种免税权即便是"特权"，在未被滥用时也不得剥夺，而它实际上就是与财产相关联的"一种权利"，所以他们绝不能放弃"他们享有的所有权利中最基本的权利"。请愿书还指出，"所有的税收，无论是内部税还是为我们消费的东西付的关税，都会同样减少那些被征收这些税项的财产的价值"，故而都是不能被接受的。③ 这就是说，纽约殖民地议会从财产权是殖民地人享有的自然权利的角度，坚决反对国会在未经殖民地人同意时对他们征

① James Otis, *The Rights of the British Colonies Asserted and Proved* (London：Reprinted for J. Almon，1765)，70-71，99.

② *Select Speeches, Forensick and Parliamentary, with Prefatory Remarks*, ed. Nathaniel Chapman (Hopkins and Earle, 1808)，1；246. 马萨涅洛（Massaniello）是一个渔夫，在 1647 年领导了那不勒斯人反对西班牙哈布斯堡王朝的起义。

③ Cited in Knollenberg, *Origin of the American Revolution*, 189-190.

收任何税收，无论是内部税还是外部税都无一例外。

在给国会上议院的请愿书和给下议院的抗议书中，弗吉尼亚殖民地议会也明确指出，殖民地人有不受国会征税的权利，除非是经他们或他们的法定代表同意才能征税。不过，请愿书和抗议书都没有像纽约殖民地议会一样强调外部税与内部税都在免征之列，并且指责的主要是国会准备讨论的印花税。这显然是因为《糖税法》对南部的影响不如对北部几州大，糖蜜进口与朗姆酒生产最为集中的地方在北部。然而弗吉尼亚给英国下议院的抗议书却有其独到之处，那就是给了所谓"实质性代表权"以有力的驳斥。当时英方有一种说法，像曼彻斯特和其他一些英国市镇在国会也没有代表，但是其居民一样要纳税，因为他们在英国国会享有所谓"实质性代表权"。弗吉尼亚的请愿书一针见血地指出，曼彻斯特等英国城镇的居民在国会虽然没有代表，但是国会议员和这些居民一样，都要承担同样的税收负担，所以这些居民才可以说他们在国会有"实质性代表权"。然而国会对殖民地征税的情况则完全不同，没有一个国会议员会承担殖民地人被征收的税务负担。这样一来，谈何"实质性代表权"！不仅如此，请愿书甚至认为殖民地在国会不仅没有被代表，而且也不可能被代表。这等于是否认了殖民地选派自己代表进入国会来解决这个问题的可能。由此可以推断，其隐含的意义实际上是希望有不受干预的自治权，即国会根本就没有权利对殖民地征税。①

另外一些殖民地议会则将抗议的重点或者放在贸易限制上，或者放在印花税这种内部税上，也有个别议会未能采取正式行动。罗德岛殖民地议会在1764年11月通过了给国王的请愿书，对《糖税法》表示强烈抗议，其矛头所向主要是该法对贸易的限制以及那些加强执法的措施。在税收问题上，请愿书仅仅提及国会将讨论的"印花税与其他内部税"。②至于康涅狄格殖民地议会在10月份批准并发表的声明，则将所有的税收都定义为"内部"税，并否认国会在殖民地有任何征税权。可是该声明又承认国会可以通过关税在殖民地募集岁入，因为关税

---

① *Journals of the House of Burgesses of Virginia*, 1761—1765, ed. John Pendleton Kennedy（Richmond, VA: The Colonial Press, E. Waddey Co., 1907），302-305.

② *Records of the Colony of Rhode Island and Providence Plantations in New England*, 6: 415, 422.

被其视为有别于税收的商业收费。① 宾夕法尼亚殖民地议会只是致信其驻伦敦代理人，要求他反对国会准备在殖民地征收的印花税与其他税收，并促使国会废除或修改 1764 年《糖税法》，因为该法有害于殖民地贸易。新泽西殖民地议会没有采取正式行动，只有参事会与议会的个别成员以通讯委员会名义给驻英代理人致信，要求他代为提出抗议。南卡罗来纳殖民地议会是南部第一个对 1764 年《糖税法》表示不满的议会，但在议会通讯委员会给驻伦敦代理人的指令书中，却将批评的重点转向了印花税。北卡罗来纳殖民地议会则没有向驻伦敦代理人发出指令，只是对总督表示了他们的关注。②

从殖民地议会与殖民地民众对 1764 年《糖税法》作出的反应可以看出，他们基本上都反对 1764 年《糖税法》，而且把攻击的矛头主要集中在该法的两大目标上，即关税岁入与贸易限制。前者有违"无代表不征税"的宪法原则，事关殖民地人的宪法权利；后者有违在公平竞争基础上进行自由贸易的市场原则，事关殖民地人的经济自由。尽管这两大原则问题在 1733 年《糖蜜税法》制定过程中就已为殖民地人所关注，但在此后 20 多年的时间里，殖民地人的确没有为维护这两大原则而大声疾呼和奔走。这主要是因为他们在走私活动上实在是太成功了，非法贸易畅行无阻，糖蜜关税成了笑话，在这两大原则问题上与母国较劲已无必要。然而到七年战争后期，英国政府加强了打击非法贸易的行动，格伦维尔政府上台后又于 1764 年推动国会通过《糖税法》，这就使殖民地人实际享有的宪法权利与贸易自由遭到严重威胁，殖民地人自然就不会听之任之了。

在宪法权利问题上，奥蒂斯 1761 年就在法庭上公开提出和阐述了"无代表不征税"的原则，并且否认内部税与外部税在这一点上有任何区别。当格伦维尔尚未将有关 1764 年《糖税法》的决议案送交国会之时，马萨诸塞殖民地议会在给其驻英代表的指令书中就已明确表示，他们无论如何都不会接受国会对他们的贸易征税，因为所有的税收都要起始于民，这是宪法的基本原则。到 1764 年

---

① *The Public Records of the Colony of Connecticut*, 12：299；Bernard Bailyn, *The Ideological Origins of the American Revolution*（Cambridge, MA.：The Belknap Press of Harvard University Press, 1967），212.

② Knollenberg, Origin of the American Revolution, 194, 197-198, 215, 218.

《糖税法》正式出台后，纽约殖民地议会更是从财产权的角度出发，在给英国国会下议院的请愿书中宣布，未经殖民地人同意，不得向他们征收任何税收，包括内部税与关税。弗吉尼亚殖民地议会则在给英国下议院的抗议书中有力地驳斥了"实质性代表权"的谬误，指出殖民地人在国会没有被代表的可能。这实际上完全否认了英国国会在殖民地的征税权。

在贸易自由问题上，当 1763 年殖民地人仅仅知道《糖蜜税法》将在第二年展期时，波士顿贸易与商业促进会就在其《贸易陈情表》中指出，此举将要毁掉对北美大陆殖民地至关重要的糖蜜贸易、殖民地渔业和购买英国制造品的能力，从中获利的只有英属西印度群岛。[①] 该组织成立的一个九人委员会还起草了给罗德岛和康涅狄格商人的信。他们在信中谴责《糖蜜税法》一旦展期将给殖民地经济带来"致命创伤"，呼吁这些相邻殖民地的商人与他们"联合起来努力阻止……其再次生效"，誓言要"击败那些脑满肠肥的西印度群岛人的邪恶诡计"。[②] 这个九人委员会中有 5 个（包括 2 个蒸馏造酒商）在西印度群岛有商业利益，2 个与南欧贸易往来频繁，至少有 3 个是走私者。[③] 后来，罗德岛、宾夕法尼亚等殖民地议会都以有害殖民地贸易为由，明确表示反对 1764 年《糖税法》，并且就该法通过海事法院加强对非法贸易限制的举措，提出了要由陪审团审判的宪法权利问题。

诚然，殖民地人当时在这些问题上还有各种不同的意见，但是有一点可以肯定：正是 1733 年《糖蜜税法》促使殖民地社会精英和商人开始思考和阐述上述宪法权利理念和贸易自由思想，到七年战争后期，尤其是反对 1764 年《糖税法》时，这些理念与思想不仅得以复苏，而且进一步提升，赢得了越来越多的支持。不仅如此，部分殖民地人还在反对 1764 年《糖税法》上有所行动，诸如在殖民地之间展开合作，控制进口商品的消费，发展本地制造业，对皇家海军与海关官员诉诸暴力反抗等。由于有了这些思想上的准备与行动上的尝试，当英国国会在其后 10 年左右的时间里又先后通过《印花税法》《汤森法》和《茶叶法》而继

---

① "State of the Trade, 1763", *Publications of the Colonial Society of Massachusetts*, 19: 379-390.

② Ibid., 380-381.

③ Tyler, *Smugglers & Patriots*, 74.

续坚持对殖民地征税时，英属殖民地人关于宪法权利与贸易自由的理念就不再仅仅局限于社会精英的言论、殖民地议会的请愿书和部分殖民地人的行动，而是转化成了殖民地千千万万大众风起云涌的抗议运动。可谓理念付诸行动，行动扩及大众，结果促使十三个英属北美大陆殖民地最终走向独立，完成了这场争取权利与自由的伟大革命的历史性转变。

然而，傲慢的英国政府当时并没有意识到，殖民地人对 1764 年《糖税法》的反抗会产生什么后果。于是，格伦维尔继续一意孤行。他在 1765 年 2—3 月不顾殖民地传来的抗议之声，也不理会殖民地驻伦敦代理人和英国国会下议院一些议员的反对，迅速推动国会通过了《印花税法》。曾参与起草纽约殖民地诸多请愿书的小威廉·史密斯听到这一消息后，在给英国朋友的信中写道："此位大臣的冒失令我们的人民大吃一惊。仅凭这一击就使大不列颠失去了她所有殖民地的感情。"[1] 事实上，国会截至当时还从来没有向殖民地人征收过严格意义上的内部税。[2] 不仅如此，印花税涉及的法律与商业文书或者印刷品的范围十分广泛，包括所有法院民事案件的讼状与判决书、遗嘱认证书、律师执照、售酒执照、契据、租约、抵押合同、保单、保证书、船运契约以及其他的合同、提单、出港许可证、小册子、历书、报纸、报纸广告、纸牌、骰子，等等。这些文书与印刷品在殖民地大多数人的生活中都常常要用到，因此交印花税涉及的便不只是社会上某一部分人，而是囊括各个阶层、各种职业与各个地区的绝大多数殖民地居民，结果自然触犯众怒。

这样一来，格伦维尔在印花税上不顾殖民地人意愿而强制行使帝国权力的决心，在英属北美殖民地激起的强烈反弹就完全超出了他的预料。此公认为"最不会遭到反对的"《印花税法》，不仅引发了各殖民地议会和印花税法大会的抗议，导致商人签署不进口协定对英国制造品进行抵制，而且还激起了北美殖民地历史

---

[1]　Morgan, *The Stamp Act Crisis*, 89.

[2]　Bullion, *A Great and Necessary Measure*, 106. 在 1765 年《印花税法》之前，英国国会曾于 1711 年通过《邮局法》，该法规定的殖民地邮费实际上是邮政服务费，不能算内部税。同样是 1711 年通过的《格林威奇医院法》规定英帝国的水手要为替他们及其家庭提供医疗服务的医院供款，这也是属于同样性质的收费，不能算内部税。

上前所未有的大规模民众暴力抗争活动。

1765 年 8 月 14 日，在波士顿"忠心九人帮"即后来被称为"自由之子社"的组织策划下，鞋匠埃比尼泽·麦金托什率领的民众，将被任命为印花销售官的安德鲁·奥利弗的模拟像吊在树上，然后到据说是奥利弗准备销售印花的店铺，将其夷为平地，接着又攻击了奥利弗的住宅，在那里将模拟像斩首，还威胁说要杀死他。第二天，奥利弗被迫公开宣布辞去印花销售官职务。在类似的民众暴力抵制或威胁下，罗德岛、纽约、新泽西、新罕布什尔、康涅狄格、宾夕法尼亚、特拉华、南卡罗来纳、北卡罗来纳、弗吉尼亚、马里兰的印花销售官都一一被迫辞职，连一张印花都没有卖出去。唯有佐治亚的印花销售官从英国到职后，在总督保护下销售了一些印花，但他很快也逃得无影无踪。

在弗吉尼亚议会的带领下，一共有 8 个殖民地议会通过决议，对《印花税法》表示抗议。是年 10 月 7 日到 25 日，马萨诸塞殖民地议会发起的印花税法大会在纽约召开，来自九个殖民地的代表参加了会议。新罕布什尔殖民地未派代表参加，但后来批准了大会宣言。弗吉尼亚、北卡罗来纳、佐治亚由于总督或副总督阻挠而未能派代表参加。大会通过的宣言承认殖民地人对国会要有"应有的服从"，言下之意他们不会做出"不应有的服从"。宣言还明确要求废除《印花税法》，并严正声明殖民地人在英国议会不可能被代表，因此除了殖民地人选出的议会以外，没有人对他们征税是符合宪法的。[①]

此外，印花税在贸易手续上带来的种种麻烦和港口被迫关闭造成的困境，引起了殖民地商人的极度不满。10 月 31 日，纽约 200 名商人投票决定不进口英国商品直到《印花税法》和《糖税法》被废除为止。一周后，费城商人加入了抵制英货的行列。12 月 9 日，波士顿商人也通过了不进口协定，很快就有 250 名商人（占波士顿进出口商人的 3/4 到 7/8）在协定上签了字。他们希望，这样的行动能促使与北美有密切贸易来往的英国制造商与出口商，对英国国会施加压力，达到废除《印花税法》的目的。[②]

① "Resolutions of the Stamp Act Congress", accessed August 31, 2015, https://www.originalsources.com/Document.aspx? DocID=APAQW18EL2PQTXL.

② Tyler, *Smugglers & Patriots*, 91.

无论从哪个方面看，《印花税法》对于大英帝国来说都是一次失败，甚至是灾难。恰如美国著名史学家埃德蒙·摩根（Edmund Morgan）夫妇所言，到 1765 年秋天，殖民地人已经清楚地划出了英国国会必须止步的界线。这一界线的基础就是：他们不仅是享有宪法权利的英国人，而且是享有自然权利的人。尽管他们此时还没有要求独立，也没有想放弃英国人的身份，但是如果英国在向殖民地征税问题上继续独行其是，那么"这些殖民地人将不得不作出决定：他们究竟是要做一个不是英国人的人，还是做一个不是人的英国人"。[1]

事实上，这场抗议运动已经使殖民地王室政府难以正常运作，而各地如波士顿一样出现的"自由之子社"则加强了对地方事务的控制。在"自由之子社"倡导下，很多地方召开镇民大会，纷纷通过决议，表示殖民地人要"不惜任何风险"抵制《印花税法》直"到最后"。各殖民地的"自由之子社"还彼此通信，相互接触，开始了整个大陆范围内联合行动的努力。[2] 约翰·亚当斯在 1765 年年底的日记中对当时殖民地如火如荼的抗争局面做了如下的描述："我们的报刊发出了抱怨，我们的布道坛响起了雷鸣，我们的议会通过了决议，我们的城镇投了票；而王室官员到处都不寒而栗，他们所有的小走卒都不敢出声了，并且羞于被人看见。"[3] 反《印花税法》抗争给殖民地带来的变化，实在不可小视。

就在殖民地议会对《印花税法》纷纷表示抗议之时，英王乔治三世于 1765 年 7 月免去了他一向心存芥蒂的格伦维尔的首相职务，由罗金厄姆侯爵组织新政府。8 月，北美殖民地动乱的消息传到英国。布里斯托的商人于 12 月收到殖民地商人因不进口协定而取消订单的通知，乃向国会请愿，抱怨北美贸易下跌，谴责海军与海关人员在北美的行动。利物浦、兰开斯特、哈利法克斯和莱斯特等地的商人也向财政部提出抗议，反对政府干预美洲贸易。很快，英国商人的大量请愿书便在 1766 年 1 月涌进了国会下议院。德高望重的威廉·皮特在 1 月 14 日于下议院发表的演说中，也声称"这个王国没有权利对殖民地征税"。不过，他同

---

[1]　Morgan, *The Stamp Act Crisis*, 113.

[2]　Ibid, 200.

[3]　*Diary and Autobiography of John Adams*, volume 1, December 18, 1765, The Adams Papers Digital Edition (Massachusetts Historical Society), accessed September 2, 2015, http：//www. masshist. org/publications/apde2/view？id＝ADMS-01-01-02-0009-0005-0001.

时指出："在凡属治理和立法的每一种情况下，这个王国都对殖民地握有至高无上的主权者的权威。"① 显然，皮特要求废除《印花税法》，但同时坚持国会对殖民地的统治权威。

于是，在国王乔治三世情非所愿的支持下，罗金厄姆政府借助于皮特的影响和英国商人的请愿，回避宪法原则而以经济为理由，推动英国国会两院在 3 月废除了《印花税法》。与此同时，国会还通过了《公告令》，强调国会"无论在什么情况下"都有全权制定法律，以约束美洲殖民地及其人民。国会有关决议还要求，殖民地对反《印花税法》暴乱中财产受损的人要给予赔偿。显然，这是在《印花税法》上对殖民地作出让步的同时，坚持国会对殖民地有包括税收在内的立法权。不久，国会又在从事北美贸易的英国商人、制糖商和代表西印度群岛利益的人士的压力下，通过了 1766 年《岁入法》和《西印度群岛自由港口法》，放松对美洲贸易的某些控制。这个《岁入法》将糖蜜关税降到了每加仑 1 便士，而且规定无论是英国属地还是外国殖民地产的糖蜜，都要照此征收关税。降低糖蜜关税固然是对殖民地人作出的让步，但是不分产地内外都征同等关税的规定则另有含义。它意味着糖蜜关税从此不再具有外贸监管的作用，而纯粹是为了岁入，等于重申国会有为岁入而向殖民地征税的权力。因此，无论是《印花税法》的废除，还是 1766 年《岁入法》的通过，都清楚地表明：英国国会、罗金厄姆政府和"伟大的平民"皮特，在对殖民地作出某些让步时，都没有放弃英国要殖民地臣服的权力。

对于英国国会在废除《印花税法》上作出的让步，殖民地人获知消息后自然庆祝了一番。许多地方鸣钟、游行、放焰火，并举行篝火晚会，开怀畅饮，既为自由干杯，也为乔治三世、皮特和那些支持取消印花税的政客敬了无数次酒。不过，在这次《印花税法》危机中走到前台来的民众领袖中，有不少人觉得没有什么感恩的必要，因为他们认为英国当局做得还很不够。受此影响，殖民地议会不

---

① *The Parliamentary History of England*, ed. William Cobbett（London：Printed by T. C. Hansard, 1813），Vol. 16：99, accessed December 19, 2020. , https：//digital. bodleian. ox. ac. uk/objects/53720866-7a72-4ca7-a438-929b01506a3e/surfaces/d97c5814-062e-4fd6-b3dc-b2e2be365506/.

仅不顾英国国会的决议，拖延或拒绝对暴乱中财产受损的人作出赔偿，而且抱怨1766 年《岁入法》除了降低糖蜜关税以外，并未取消 1764 年《糖税法》对殖民地贸易的诸多限制。最为引人注目的是，纽约殖民地议会再次拒绝遵从英国国会1765 年通过的《驻军住宿法》，不肯为英国驻军提供住宿。同样拒绝给英军提供住宿的新泽西殖民地参事会更是明确宣布，《驻军住宿法》与《印花税法》一样都是征税，而且是更不公平的征税，因为没有驻军的地方就没有征税。① 马萨诸塞"自由之子社"的领袖人物塞缪尔·亚当斯也作如是观。他在给朋友的信中提到《驻军住宿法》时如此写道："告诉我，先生，这究竟是不是像《印花税法》一样在有效地向殖民地征税呢，如果是的话，那就要么是我们过去的抗议没有理由，要么就是我们依然还有理由抗议。"② 显然，亚当斯认为殖民地人还有理由继续抗争。

在这种情势下，1766 年 7 月接替罗金厄姆内阁的查塔姆政府与其前任一样，仍然必须面对殖民地政策的难题。新政府是由如今已成为查塔姆伯爵的威廉·皮特领导的，不过这位曾经支持殖民地取消《印花税法》的"伟大的平民"，此时已不再是平民，而且对纽约殖民地拒绝为英军提供住宿甚为不满。最重要的是，他的健康状况已糟糕到不允许他真正主持政务了。当时在殖民地政策上一言九鼎的乃是财政大臣查尔斯·汤森，而汤森长期以来就主张对殖民地加强控制，态度十分强硬。他在 1767 年 5 月向下议院提交了处理美洲殖民地问题的建议。国会根据其建议在 6 月通过了四项立法，即 1767 年《岁入法》《纽约约束法》《海关专员法》和《补偿法》，后来被人们统称为《汤森法》。③

这真是一波未平，一波又起，《汤森法》比《印花税法》有过之而无不及。其中的 1767 年《岁入法》为了从美洲殖民地获取岁入，一反过去鼓励向殖民地出口英国货的做法，对美洲殖民地从英国进口的玻璃、铅白和铅丹、颜料、纸和

---

① Merrill Jensen, *The Founding of a Nation*: *The History of the American Revolution*, 1763—1776（New York: Oxford University Press, 1968）, 189, 211-213, 221.

② Samuel Adams to Christopher Gadsden, December 11, 1766, *The Writings of Samuel Adams*, ed. Harry Alonzo Cushing（New York: G. P. Putnam's Sons, 1904）, Vol. 1: 110.

③ 除了这四部法律外，汤森 1767 年 9 月突然死亡后由财政专员同意并经国王在 1768 年 7 月批准的《海事法院法》有时也被算作《汤森法》的一部分。该法规定在波士顿、费城、查尔斯顿设立三个新的海事法院，与《汤森法》加强对殖民地控制的目标是一致的。

茶叶等征收进口关税。这种有违常规的做法只能说明，唯权力是瞻的结果除了导致腐败以外，还会让人失去理智。不仅如此，该法还规定这些关税所得不仅用于防务，而且要用于王室殖民地总督、法官和其他官员的薪资，使其摆脱在薪资上对殖民地议会的依靠，从而在行使其职权时不再受议会束缚。在殖民地人看来，这种在关税名义下为岁入征税的做法，显然是对他们宪法权利的严重侵犯，而用税收所得使殖民地政府官员摆脱议会控制的企图，更是和 17 世纪以来殖民地人已视为当然的传统——由议会制约行政官员——发生了严重冲突。

至于《纽约约束法》，它完全是为了报复纽约殖民地议会拒绝为英军提供住宿。该法不仅禁止该殖民地总督批准议会立法，而且禁止议会通过立法，一旦通过即宣布无效。《海关专员法》则规定建立由 5 个海关专员组成的美洲海关专署，统一管理美洲海关事务，享有与英国海关专署类似的行政管理与执法权。《汤森法》的最后一项立法《补偿法》对东印度公司进口到英国再转口到美洲与爱尔兰的茶叶，给予退税优待，也就是说，将进口英国时的所有进口税予以退还。这就使东印度公司转口到美洲的茶叶在价格上有了很强的竞争性，此举既是为了帮助东印度公司摆脱经济困境，也是为了达到抑制北美茶叶走私的目的。

可以说，《汤森法》对英属北美殖民地是四管齐下，一是不顾殖民地人的宪法权利，明确宣示国会在殖民地为岁入征税的权力；二是挑战殖民地议会的权力，对不遵从国会立法的纽约殖民地议会横加打压；三是加强海关行政管理，以图严格执法；四是谋求东印度公司的价格优势，杜绝茶叶走私。

毫不奇怪，这些比《印花税法》更为严苛的恶法，在北美大陆殖民地引起了强烈抗议。从 1767 年 12 月至 1768 年 2 月，宾夕法尼亚律师约翰·迪金森以"一个农夫"的名义，在费城报纸上发表 12 篇文章，猛烈抨击《汤森法》。这些文章不仅使他声名鹊起，而且对反对《汤森法》运动产生了广泛影响，后来集结成册，名为《一个宾夕法尼亚农夫致英属殖民地居民信札》。

与殖民地报界的舆论攻势相呼应，马萨诸塞殖民地议会于 1768 年 1 月 20 日通过了致英国国王的请愿书，要求取消《汤森法》，后又于同年 2 月 11 日向各殖民地发出传阅函，谴责《汤森法》为收入征税侵犯了殖民地人的"自然和宪法权利",希望其他殖民地也向国王请愿。① 对此,弗吉尼亚殖民地议会首先作出回应,并拟就了自己的传阅函。该函甚至比马萨诸塞殖民地的传阅函走得更远,它不仅呼吁各殖民地"联手反对那些他们认为其趋势是很快使他们沦落为奴的法令",而且希望"通过殖民地之间的友好联盟将宪法再次建立在它真正的原则之上"。②英国当时负责殖民地事务的国务大臣希尔斯伯勒勋爵获知马萨诸塞殖民地议会传阅函后十分震怒,致信该殖民地总督,下令议会撤回传阅函。然而,马萨诸塞议会不为所动,于 6 月 30 日以 92 票对 17 票拒绝撤回传阅函。消息传开后,投反对票的 92 位议员被颂扬为"光荣的 92 人",人们甚至将"92"这个数字作为自由的象征。到 1768 年年底,除新罕布什尔以外,所有其他北美大陆殖民地议会都像马萨诸塞一样,就《汤森法》向英国方面递交了请愿书,从宪法原则的高度表示殖民地人的严正抗议。

另外,早在 1767 年 8 月 31 日,就有人在《波士顿时事报》上撰文呼吁展开不进口运动。文章写道:"我们的血凉了,寒气侵入了我们僵硬的血管,美利坚沦入了何等悲哀的境地!我们父辈为之战斗和流血的这块土地,现在注定要变成奴隶制的巢穴。"作者认为,自救的办法只有一个,那就是"停止进口所有的英国货物",让英国国会知道殖民地人可以对那些令人眼花缭乱的商品说不。③ 于是,波士顿在 1768 年率先发起了不进口运动。尽管这场运动一波三折,而且在各地发展也不平衡,但是到 1769 年年底,除了新罕布什尔以外的其他殖民地都达成了不进口协定。当从英国雅茅斯港运送麦芽的"迷人的波莉号"在是年 7 月抵达费城时,该城商人大会一致决定,进口麦芽与不进口协定的精神背道而驰,费城啤酒酿造商也在会上做出不购买这些麦芽的保证,结果"迷人的波莉号"只好载着麦芽返航。不进口运动经受住了考验。到 1770 年 3 月"波士顿惨案"以后,新罕布什尔的朴次茅斯和其他几个镇也同意加入了不进口运动。尽管南部殖民地的不进口协定一般来说没有北部的严格,所列举的禁止进口的商品也不及北

---

① "Circular Letter" from the Massachusetts Bay Province, February 11, 1768, *Speeches of the Governors of Massachusetts from 1765 to 1775* (Boston: Printed by Russell and Gardner, 1818), 135.

② Pennsylvania Archives, series 8, Vol. vii: 6192, accessed September 21, 2015, https://www.fold3.com/image/189362/.

③ Breen, *The Marketplace of Revolution*, 240-241.

部多，但是弗尼尼亚、南卡罗来纳等殖民地的不进口清单中甚至包括了黑奴。受这场不进口运动影响，英属北美大陆殖民地从英国的进口总值，从 1768 年的 2 153 000英镑下降到了 1769 年的 1 332 000 英镑，其中纽约殖民地在同一时期从英国的进口总值更是从 482 000 英镑锐减到 74 000 英镑，降幅最大。①

最后，《汤森法》加强海关稽查的努力也遭到了殖民地民众的抵制。其中规模最大的一次暴力抗议行动始于著名的"自由号"事件。1768 年 5 月 9 日，波士顿富商约翰·汉考克的一艘小单桅帆船"自由号"从马德拉群岛运葡萄酒到港，由于天色已晚，海关仅留了一名港口稽查在船上，第二天才进行正式检查，然后放行。可是一个月以后，这名稽查突然声称那天晚上他遭到囚禁，致使船上很多葡萄酒被私运上岸。尽管这种事后一个月才改口的证词难以为证，海关还是于 6 月 10 日扣押了"自由号"，并动用海军的力量把它拖到港口，置于皇家海军军舰"罗姆尼号"的炮口之下。后来有学者认为，这是海关官员为屡屡挑战他们的汉考克故意下的套，时人当然也不乏这种看法。结果波士顿人非常愤慨，对海关官员发起了攻击，棍棒砖石劈头盖脸而来，当晚还砸碎了很多官员住家的窗子，并将其中一个关税征税官的游艇拖到波士顿公园付之一炬。这样一来，五个海关专员中有四个都逃到"罗姆尼号"上避难，后来又转移到港口的威廉城堡要塞躲藏，这一藏就长达数月之久。6 月 11 日，波士顿"自由之子社"成员召开大会，要求总督下令从港口撤走此前因强征船员早已使波士顿人怒火中烧的"罗姆尼号"。此次大会实际上开成了镇民大会，会议选派以詹姆斯·奥蒂斯为首的 21 位代表会见总督，要求他撤走"罗姆尼号"，并让躲在舰上的海关官员自动辞职。总督伯纳德承诺尽力停止强征船员，"罗姆尼号"船长几天后也公开表示不再强征马萨诸塞的船员。然而"自由号"事件之后，接踵而至的又是 92 位议员拒绝撤回传阅函，于是王室官员与殖民地抗英人士的关系变得越来越紧张。尽管伯纳德总督在要求英国政府派军队到波士顿维持秩序的同时，对此举可能产生的后果还心存忧虑，早就对殖民地动乱不满的英国政府已经断然作出决定。"自由号"暴乱的消息于 1768 年 8 月传到伦敦后，国务大臣希尔斯伯勒勋爵就下达命令，派军队到马萨诸塞维持和平与法律。是年 9 月 28 日，两团英军从哈利法克

---

① Gipson, *The British Empire Before the American Revolution* 11：266.

斯抵达波士顿，另外两团也已从爱尔兰开拔。英军的到来使得殖民地人更加不满，他们与英军的关系已成剑拔弩张之势，到1770年3月5日终于酿成了著名的"波士顿惨案"。英军士兵在遭到市民袭击后开枪，致5人死亡，数人受伤。

就在"波士顿惨案"发生的同一天，内外交困的英国内阁向国会提出了部分取消《汤森法》关税的要求。汤森这个始作俑者倒是走运，他在1767年9月就已因病去世，不用应付自己在北美殖民地惹出的这么多麻烦。诺思勋爵接替他出任财政大臣，但是负责处理北美问题的是国务大臣希尔斯伯勒勋爵。此公在这方面败笔不断，在殖民地议会抗议、民众暴力行动和不进口运动面前疲于应付。无独有偶，英国国内政局此时也风云骤起。1763年因在《北大不列颠人报》第45期上批评国王演说而被捕的约翰·威尔克斯，流亡欧洲大陆多年后于1768年返回英国。他参加国会选举当选为议员，可是却因乔治三世坚持而被国会除名。其支持者示威抗议遭到军队镇压酿成惨案。已被捕的威尔克斯乃在狱中通过报纸对政府展开猛烈抨击。他的名字与"45"这个数字不仅在英国，而且在北美大陆都成了自由与权利的代名词。英国国内要求进行重大政治改革的声势越来越大。许多县、镇、自治镇纷纷向国王递交请愿书，对选举人的权利遭到侵犯提出抗议，要求解散"腐败的"国会，举行新的选举。国会反对派乃士气大振，伦敦民众的暴力抗议也达到了一个新的高潮。就在这时，与西班牙就福克兰群岛开战的可能性增大了，还有传闻说法国试图夺回在美洲损失的地盘，正派军队前往西印度群岛。在这种情况下，1770年1月新上台的以诺思勋爵为首的政府不想让北美再生事端，乃于3月向国会提议部分取消《汤森法》规定的关税，仅保留茶叶关税以坚持英国国会对北美的征税权。这一提议在4月得到国会批准，定于是年12月1日生效。

纵览1767—1770年反《汤森法》运动，它至少有两点与反《印花税法》抗争很不相同，而这两点对美国革命的成功具有非同寻常的意义。第一点不同是在理念上的突破。在反《汤森法》运动兴起之前，殖民地人对英国在殖民地征收的无论是"内部税"还是"外部税"，都以违反宪法原则加以反对，理由是他们在英国国会没有代表，而且他们认为自己在英国国会也不可能被代表。尽管殖民地人也始终反对 1764 年《糖税法》对贸易自由的限制以及海关和海军在这方面加强执法的行动，但是对以《海运贸易法》为代表的不涉及税收的贸易监管，他们则大都视之为英国政府的权力所在，几乎从不公开表示反对。然而《汤森法》出台以后，马萨诸塞殖民地议会在 1768 年 1 月给驻英代理人的信中，就《海运贸易法》的非税收贸易监管提出了一番前所未闻的新解读。该信指出，根据英国国会的这些法律规定，除非经英国转口，殖民地不得从除英国以外的欧洲国家直接进口其产品（仅几种产品例外），这就使得英国可以提高自己对殖民地出口的商品的价格，结果等于是一种间接税收。据该信估计，殖民地人从英国进口商品的成本比从外国市场直接购买增加了 20%。同样，这些法律还规定殖民地列举商品只能出口到英国而不能到外国，结果造成这些商品充斥于英国市场，价格下跌，而殖民地人因此遭受的损失也是一种间接税收。该信虽然将这些贸易监管归结为"间接税收"，也就是实质上的税收，但它反对这些监管的主要理由是信中所说的有违"公平原则"。所谓"公平原则"其实就是市场公平竞争的原则，也就是殖民地走私者和很多殖民地商人多年来企求的不受英国监管的贸易自由。① 波士顿镇民大会在同年 3 月给当时负责美洲殖民地事务的国务大臣谢尔本勋爵的请愿书中，也直接陈述了同样的看法。②

在南卡罗来纳，一个自称是"议员和（不进口）决议签字者"的人，在报纸上发表了与马萨诸塞议会及波士顿镇民大会类似的观点。此人很可能是南卡罗来纳不进口运动发起者之一克里斯托弗·加兹登。他批评英国不允许殖民地人"从除她自己以外的其他任何国家直接"进口"他们需要的制造品"，这些国家同样的商品"比他们从她那儿获得的要便宜 15%~20%，而且质量也比她给他们的要好"。此人还一针见血地指出了解决之道："我们吃这种亏，仅仅是因为大不列颠对其殖民地的贸易是排他性的。假使不这样而让我们的港口对所有国家自由开放的话，那她很快就会发现，从她的利益考虑，在其商品质量与价格上就要同

---

① Letter from the House of Representatives, to D. De Berdt, Esq. Agent for the Province, in England, January 12 1768, *Speeches of the Governors of Massachusetts from 1765 to 1775*, 128.

② Margaret Ellen Newell, *From Dependency to Independence: Economic Revolution in New England*（Ithaca: Cornell University Press, 1998）, 283.

样注意取悦于我们，就像她在预期会遭遇任何对手的市场上必须要做的一样。"①
这显然是在反对《海运贸易法》以来的所有贸易监管，发出了要求贸易自由的强
大声音。

值得注意的是，马萨诸塞议会信函与南卡罗来纳报纸上提出的这种要求贸易
自由的理念所反对的，不再仅仅是关税对贸易的不公平限制，而且包括了非关税
贸易监管对贸易造成的不公平障碍。这种进一步强化后的贸易自由理念，在当时
虽然还未马上形成广泛共识，但是已经开始得到越来越多殖民地人的支持，并将
进一步发展，直至在最后推动独立的关键时刻发挥重要作用。在反对《汤森法》
的不进口运动退潮后的 1772 年，后来在美国革命中成为大陆军将军的阿蒂马
斯·沃德，就开始继续鼓吹这一理念。他在《波士顿时事报》上撰文说，如果英
国不废除所有限制殖民地贸易的法律，那么"美洲人最合适的行动方针就是组成
一个像荷兰联省共和国一样的政府"，并"提议对欧洲所有国家实行自由贸易"。
这样就可以确保美洲不遭到攻击，因为届时"欧洲列强的利益所在，就会是防止
任何一个国家在美洲获利超过其他国家"。② 1774 年，在给出席第一次大陆会议
的弗吉尼亚代表起草的指令书中，托马斯·杰斐逊毫不含糊地将自由贸易称为
"自然权利"，并对《海运贸易法》的监管提出了严厉的指责。他这样写道："这
些法律禁止我们为供给英国消费后剩下的烟草寻找其他买家，于是我们必须将这
些烟草不管英国商人开出什么条件都留给他们，让他们转运到外国市场，按最高
价大捞一把。"杰斐逊认为，之所以要反对这样的监管，是因为英国国会没有权
利限制殖民地人"与世界上所有的地方进行自由贸易"。③

其实，殖民地人早在 1733 年就主张以自然价格（指市场按照供需自然形成
的价格）为基础，进行商品的自由流通，这一主张已经隐含了不受母国限制的自
由贸易理念，并且在后来日益扩大的走私活动中，勇敢地付诸非法实践。到反
《汤森法》运动时，这种理念终于形成了影响日益扩大的公开的反对声响，不仅

---

① Breen, *The Marketplace of Revolution*, 241.

② Tyler, *Smugglers & Patriots*, 176.

③ "Draft of Instructions to the Virginia Delegates in the Continental Congress (MS Text of A Summary View,
&c.), [*July 1774*]," in *The Papers of Thomas Jefferson*, ed. Julian P. Boyd (Princeton: Princeton University
Press, 1950), 1: 123-124.

反对关税，而且反对英国的整个贸易监管体系。诚然，塞缪尔·亚当斯在回应保守派对沃德的批评时，否认他们对英国国会监管贸易的立法权有任何质疑，弗吉尼亚1774年选派出席第一次大陆会议代表的大会也未采纳杰斐逊的指令草稿。但是到1776年，第二次大陆会议正是在贸易自由问题上，迈出了约翰·亚当斯所说的"走向独立的勇敢的一步"（详见下文）。① 事实上，贸易自由与宪法权利一样，从1733年反对《糖蜜税法》到最终走向独立的过程中，始终都是殖民地人所要争取的不可或缺的基本权利与自由。他们对这些权利与自由的理解在抗争中一步步地向前发展，而理念上进步了，行动上就迟早会有突破。

反《汤森法》运动与反《印花税法》抗争的第二点不同，就是其社会动员的范围之广可谓前所未有。反《印花税法》的主力是各殖民地议会议员、商人和"自由之子社"及其领导下诉诸暴力行动的抗争者，他们造成的声势很大，但是参与者毕竟为数有限。反《汤森法》运动则不然，它不仅声势浩大，而且将参与者扩大到了来自社会各个阶层的消费者大众，甚至包括如妇女等过去在殖民地政治生活中基本上没有话语权的群体。其所以会如此，主要是因为越来越多的人认识到，不进口运动是利用英国建立的"商品帝国"对英国进行反制的一种重要手段，而不进口抗争的发起与成功已不能仅仅依靠商人，它还需要更为广大的社会阶层的参加。

众所周知，英国作为最早开始工业化进程的国家，在18世纪中期生产出大量价廉物美的商品。这些商品在《海运贸易法》等法规建立的贸易框架下，迅速涌入殖民地市场，在推动一些学者所说的"消费者革命"的同时，大大增加了殖民地人对英国商品的依赖性。② 《汤森法》试图通过关税从殖民地榨取岁入就是以这种依赖性为基础的。用迪金森在其《信札》中的话来说，"我们必须用纸和玻璃；我们用的还必须是英国货；我们必须付关税，除非销售这些货物的人大方到了愿付关税作为给我们的礼物"。③ 殖民地人对这种依赖性将造成什么样的严

---

① *Journals of the Continental Congress*, ed. Worthington Chauncey Ford（Washington：Government Printing Office，1906），Vol. 4：159，note 1.

② *The Market Place of Revolution*, xv. Paul G. E. Clemens，"The Consumer Revolution：Now，Only Yesterday，or a Long Time Ago?" *Reviews in American History* 23（1995）：574-581.

③ *The Writings of John Dickinson*, ed. Paul Leicester Ford（Philadelphia：The Historical Society of Pennsylvania，1895），：355.

重后果也一目了然。一位新英格兰人在报上如此写道："如果我们像过去一样继续购买外来（即英国的）商品，那不费吹灰之力就能看到我们将很快陷入埃及人的处境，我们除了自己的肉体与土地之外，再也没有什么可以向他们付账的了。"有位南卡罗来纳人说得更直白："我们继续买英国制造品……就像是为我们自己的屁股买鞭子……"①

然而，这种依赖是相互的，殖民地人作为消费者依赖的是英国的商品，英国作为这些商品的生产国依赖的是殖民地的市场，而且在很多英国商业行家看来，这个市场对宗主国经济的持续繁荣是绝对重要的。因此，殖民地人相信，一旦他们拒绝购买英国商品，就会对英国经济产生重大影响，大量失业人口将游荡街头，造成恐慌，于是在他们眼中，不进口运动就成了对英国政府进行反制的一种最有效的手段。《纽约日报》上有人充满信心地写道：当英国当政者的胡作非为让这个帝国"堕入不满、混乱与痛苦之中"时，那些始作俑者会"十分清楚，我们不进口计划的恰当执行，将使我们对这个国家的制造业与贸易具有强大影响力，因此也对他们这些人具有强大的间接影响力"。②

在此前的反《印花税法》斗争中，不进口运动依靠的主要是商人。他们是直接受害者，一开始就反对这一立法理所当然。尤其是其中的大进口商在发起不进口运动中最为积极，因为他们受战后经济萧条影响有大量库存难以销售出去，加之英国商人又绕开他们以信贷优惠直接与殖民地零售商做交易，有的还以拍卖的方式倾销商品，结果使得本来就让他们头疼的市场供过于求变得更加严重。这样一来，不进口对于这些殖民地大进口商来说无疑是正中下怀。然而对于大多数其他商人来说，不进口固然可以为取消《印花税法》贡献一点力量，但是长此以往他们就没有货物可以供应市场，在经济上是要蒙受损失的。幸好，这次不进口行动为时不长，在执行上也不是那么严格，尽管其中也不乏违约而私下进口者，但商人们大都挺了过来。然而到了反《汤森法》运动兴起时，很多商人对于再次发起不进口运动就颇有顾虑了，结果最先提议不进口的便不再是商人，而是代表"自由之子社"等激进派声音的《波士顿时事报》。令这些激进派失望的是，除

---

① Breen, *The Marketplace of Revolution*, 240.
② Ibid., 243.

了和约翰·汉考克一样的大进口商以及从事走私的商人以外，很多商人出于自身经济利益的考虑都不愿响应《波士顿时事报》在 1767 年 8 月 31 日提出的不进口呼吁。

正因为如此，反《汤森法》不进口运动的启动与发展，就不能仅仅依靠商人，而要依靠远远超出商人阶层的广泛的社会动员，于是运动决策层的社会基础也就相应扩大了。波士顿过去在重大商贸问题上作出集体决策的民间机构，是由商人组成的波士顿贸易与商业促进会，但是到了 1768 年 3 月 1 日，主持召开不进口问题大会的就变成了波士顿商人与商贩组织，该组织还将小商贩与工匠也包括进来。众所周知，小商贩不是进口商，其经济利益不会马上受到不进口的影响，而工匠则是不进口的直接受益者，抵制英货可以使他们的产品扩大销路。正是在他们和那些有志于捍卫殖民地权益的商人的支持下，波士顿商人与商贩大会通过了反对《汤森法》的第一个不进口协定。到运动发展到 1770 年 1 月，这个组织又让位于"贸易群体"大会（The Body of Trade，又称"人民群体"大会，即 The Body of the People），后者是通常有 1 000~1 400 人参加的类似镇民大会的决策集会。其所以称为"贸易群体"，是因为在波士顿这个港口城市几乎每一个居民都与贸易有关，从商人、店主、工匠直到雇工、学徒和妇女，概莫能外。纽约商人也是在这种支持不进口运动的群众集会的压力下，于 1768 年 4 月中旬同意停止进口。南卡罗来纳的工匠们则在同年 7 月初集会于自由树下，通过了自己的不进口协定。他们后来又与种植园主一起，促使商人共同行动，通过了工匠、种植园主和商人共同承诺遵守的不进口协定。

除了决策层社会基础的扩大以外，不进口运动的参与者更是扩大到了社会上几乎各个阶层。许多过去从不参与正式选举或者没有资格参与正式选举等政治程序的民众，现在面临殖民地人与母国关系这一重大问题时，可以而且必须表明自己的态度。与各殖民地正式选举有种种资格限制不一样，参加不进口运动既不需要是教会正式会员，也不需要有一定的财产，更不需要是男性。这些男女必须具备的唯一条件就是会到市场上去买东西，也就是说只要是一个消费者就可以对英国商品说不，就可以用这种抵制英货的表态和行动，参加到反《汤森法》的不进口运动中来。事实上，不进口运动最终的成败取决于这些消费者，如果他们不消费，商人即便想进口也不敢进口。于是在参加不进口运动的殖民地大众中，就不仅仅有商人，还有议员、律师、医生、牧师、乡绅、种植园主、农场主和工匠，甚至包括很多过去因为宗教、财产、性别等原因没有资格介入政治的人们，如雇工和学徒等，而其中最为引人注目的就是妇女。

这种大规模的民众参与，始于1768年10月28日。在奥蒂斯主持下，波士顿镇民大会开了一整天，任命了一个委员会，为波士顿所有的"个人与户主"起草抵制英货的联署书，印刷多份后在全城散发。凡在联署书上签字的男女都作出承诺，鼓励使用在任何英属美洲殖民地尤其是自己所属殖民地制造的所有商品，他们还保证，从12月31日起不再购买从海外进口的大约50种商品。在发送联署书时，波士顿镇务委员们呼吁"所有阶层的人"都要认识到，签署联署书是"对公众证明他们热爱自己家乡的最为荣耀与有效的方式"。①此举很快就遍及北美殖民地各个地方。南卡罗来纳不仅学波士顿人将联署书传送到查尔斯顿以外的地方让人签字，而且还将"签字者"与"未签字者"的名单在报纸上公布，要求"签字者"与"未签字者"划清界限。他们还成立了一个执行委员会监督所有的商业交易。一旦发现有"签字者"出售"未签字者"的稻谷时，委员会就予以公布。这等于是要将未签字者在商业上孤立起来，使其没有任何生意可做。到12月，未签字者在经济上陷入十分困难的处境，纷纷屈服。据一份查尔斯顿报纸报道，"未签字者名单"上的人名减少到了仅仅20个。②

最值得注意的是，妇女在不进口运动的大众参与中扮演了一个核心角色。尽管殖民地法律将一个家庭的不动产控制权，置于作为父亲或者丈夫的男人手中，但是家庭日常生活的采购权，却掌握在妇女手里。与销售进口英国货的店铺老板以及走街串巷的商贩打交道的，大都是这些家庭里的母亲或者妻子。因此，没有她们的支持，各个家庭就不可能为抵制英货而在消费上作出牺牲。恰如克里斯托弗·加兹登在谈到不进口运动时所言，"没有我们的妻子，就不可能成功"。③这

---

① Ibid., 268.

② Ibid., 271.

③ Linda K. Kerber, *Toward an Intellectual History of Women* (Chapel Hill: University of North Carolina Press, 1997), 76.

些殖民地妇女们在日常采购中拒绝购买英国商品，以履行她们或她们的户主在联署书上签字作出的承诺。不仅如此，殖民地妇女还承担了用本地货来取代英国货的重任。当时本地生产的这种制造品主要就是家纺产品，各殖民地家家户户用家纺产品来取代英国进口布料，很快就蔚然成风。种植园主兰登·卡特当时颇为感慨地写道："看到几乎整个庭院里的人都穿着他们的妻女生产出的暖和衣服，爱国者眼里近来一定闪耀着何等欢乐的目光啊！"①

除了抵制英货和用自己生产的物品取代英货以外，殖民地消费者大众还在确保不进口协定得以执行上，发挥了重要作用。从 1768 年到 1770 年，殖民地人建立了几百个监督商人行为的组织。当地报纸及时公布这些组织监督检查的结果，包括没有在协定上签字或者违反了协定的商人名单，从而对商人形成巨大压力。费城题为《致公众》的大幅海报，谴责新近被发现销售禁售货物的商人，说他们为了金钱而卑鄙地"破坏伟大、光荣的自由事业"。康涅狄格的《新伦敦时事报》则尖锐地指出：这样的商人是"美洲自由的敌人；他们的名字将予以公布；他们的公司将不得光顾；他们身上的每一个污点都将使他们遭到鄙视"。②

除了舆论压力以外，这些监督组织与消费者大众，还对违反协定者采取了以羞辱为主的制裁方式。其所以这样做，是因为大多数商人与店主觉得，自己经受不起"公众的仇恨"。当时就曾有人在波士顿报纸上写道："我不知道有些人关于幸福的想法是什么，我则无法想象，此生有比一个人遭受其邻里诅咒更大的不幸。"最常见的羞辱制裁就是公开谴责。例如，纽约的服装商、珠宝商和银匠西米恩·库利，就因违背承诺销售英国商品而遭到谴责。当时在纽约街头分发传阅的大幅宣传单，斥责他是"家乡的敌人、社会的害虫和这个城市和平、治安及良好秩序的卑鄙扰乱者"。波士顿的约翰·泰勒用仿造的钥匙进入存放禁售货物的公共仓库，结果不仅在报纸上被点名谴责，而且被当地声誉卓著的消防俱乐部永久除名。有的违规商人承受不起这种压力，不得不向公众公开认错，如纽约市的亚历山大·罗伯逊就出海报"恳请公众宽恕"，说他再也不会做不符合人民的利

---

① Gary Nash, *The Unknown American Revolution: The Unruly Birth of Democracy and the Struggle to Create America* (New York: Viking, 2005), 143-144.

② Breen, *Marketplace of Revolution*, 255.

益与决定的事情。① 至于因为违反协定而被涂上柏油、粘上羽毛的事，也时有发生。不进口运动之所以能持续到《汤森法》关税部分取消之时，这种公众的监督确实是一个重要的原因。

这场有广泛民众参与的、声势浩大的不进口运动持续两年多之后，终于迫使英国国会于 1770 年 4 月作出决定，批准取消除茶叶税以外的所有《汤森法》关税。消息传到美洲大陆，几乎每个殖民地的激进民众领袖都对保留茶叶关税不满，主张继续不进口抗争。《南卡罗来纳时事报》上有人撰文写道：只要国会还保留一种货物的关税，"我们就还没有恢复我们过去的自由"，誓言要将不进口运动继续下去。② 在罗德岛的纽波特放弃不进口协定后，费城工匠和纽约的"自由之子社"都曾集会予以谴责。波士顿的民众大会也曾投票决定，将不进口坚持到取消茶叶税为止。然而，很多殖民地商人已不想继续承受不进口所带来的经济损失。反《汤森法》运动中平民大众的广泛参与以及某些暴力行动，也引起了不少上层人士的忧虑。一般消费者在长期抵制英货之后，难免没有早点恢复往日消费习惯的念头。于是，要求结束不进口运动的力量逐渐占了上风。一度气势磅礴的北美殖民地反《汤森法》不进口运动，在几个月的时间里就基本上消散了。

以塞缪尔·亚当斯为代表的激进民众领袖自然对此颇感失望。亚当斯虽然在1770 年 11 月 21 日给友人的信中，说这场运动持续的时间"远远超出了我的期待"，但他还是对不进口协定"最后没有什么效果"深感遗憾，要人们"忘掉曾有这样一次无用的联合，把我们的注意力转向我们首要的宏大目标"。③ 从这封信可以看出，亚当斯和其他的一些激进派人士，对反《汤森法》不进口运动给殖民地政治文化所带来的巨大变化，估计不足，因而也未能充分认识其对未来美国革命的重要意义。这些变化主要有以下四个方面。首先，这次不进口运动的政治权力中心从商人转移到了消费者大众手中，形成了一个消费者公共空间。就连过去没有资格参与政治进程的普通民众，也可以参与到反《汤森法》的重大政治抗争中来。他们作为消费者发出了反对英国国会立法的声音，在抵制英货中坚持自

---

① Ibid., 258, 259, 261.

② Jensen, *The Founding of a Nation*, 364.

③ Samuel Adams to Peter Timothy, November 21, 1770, in *The Writings of Samuel Adams*, 2: 65.

我克制的美德，并推动和监督商人的不进口行动，成了殖民地报纸上所说的"公众"的象征与代表。其次，这次不进口运动建立了许许多多的民间组织，形成了一个庞大的法外组织网络。它们不仅在阻止商人违约上发挥了重要作用，而且有利于殖民地人之间的沟通，加强了殖民地之间的联络，教育了社会大众。第三，这场不进口运动还增进了殖民地人对他们与母国争端的认识：这种争端涉及的不仅仅是宪法权利，还有在消费品市场上作出选择的自由，其矛头所向也不仅仅是税收，还有曾被长期视为理所当然的非税收贸易监管。最后，这场不进口运动使殖民地相当大一部分民众作为消费者团结起来了，他们不顾宗教、文化、族裔、地域、经济和社会等级上的差异，在抵制英货中建立了共同反对帝国政策的政治认同，开始视自己是与英国子民不同的另一种人民。

正是由于反《汤森法》的不进口运动在民众动员、组织建设、思想认识与政治认同上取得了如此重大的进展，殖民地人反抗英国帝国政策的斗争，才会在1773 年英国国会通过《茶叶法》再生事端时，变得一发而不可收，并最终走向了独立。不过，英国诺思勋爵的政府要求国会通过《茶叶法》的起因倒不是针对北美，而是为了挽救在大英帝国宏图中不可缺少的英国东印度公司。该公司由于内部管理不善，腐败盛行，在 1772 年信贷危机中股价大跌，陷入了破产的边缘，其货仓里堆积了将近 1 800 万磅茶叶无从脱手。① 由于英国本土与欧洲大陆的茶叶市场早已饱和，诺思政府立即想到了北美洲正在迅速兴起中的商品市场，希望它能为东印度公司滞销的茶叶一解燃眉之急。

为此，诺思政府要求国会通过的《茶叶法》中，恢复了 1767 年《补偿法》的规定，允许该公司经英国出口到美洲殖民地的茶叶，在进口英国时交的关税可全额退税。不仅如此，该法还第一次准许东印度公司向美洲殖民地直接出口茶叶，并由公司在殖民地的代理商销售。这样一来，原本在英国购买东印度公司拍卖的茶叶运送到北美的英国出口商，还有在北美从这些英国出口商手中购买茶叶批发给零售商的殖民地进口商，就不能再继续作为中间人从中获利了。恰如后来成为效忠派（殖民地效忠于英国的人士）的约瑟夫·加洛韦所言，该法使得

---

① Benjamin Woods Labaree, *The Boston Tea Party* (New York: Oxford University Press, 1964), 67.

"美洲的茶叶消费者只要付一份利润给（东印度）公司，另一份给（零售）店主。但在这项法律出现之前，他们通常要付一份利润给公司，一份给从公司买茶叶后卖给美洲商人的伦敦商人，还有一份给美洲商人，再加上给店主的一份。于是，有了这部法律，这种普通生活必需品的消费者以通常价格的半价就能买到它……"① 这就是说，1773 年《茶叶法》将大大减少东印度公司将茶叶出口到北美殖民地的成本，使茶叶价格有大幅度下降的空间，从而不仅使从英国合法进口茶叶的商人，也使主要是从荷兰走私茶叶的商人，均难以与东印度公司竞争。该公司当时要求其在北美的代理商，将红茶价格降到每磅 2 先令。据历史学家本杰明·拉巴里研究，这个价格虽然还不足以将从荷兰走私进来的茶叶马上挤出北美市场，但是走私者如果在纽约将其价格降到接近东印度公司价格的水平，即 2 先令 1 便士，那么其每磅茶叶的利润就只有 1.5 便士。这和 1773 年秋荷兰茶叶在北美本可获得的每磅 2 先令 7 便士的价格相比，每磅利润就少了 6 便士，如果和不进口运动结束后曾经有过的每磅约 4 先令的价格相比，利润则少了大约每磅 2 先令。② 利润上的这种损失显然是荷兰茶叶走私者难以承受的。如果东印度公司步步紧逼，就有可能导致其一家独大，左右北美的茶叶市场。

在东印度公司董事长乔治·科尔布鲁克与诺思勋爵商讨向国会提出《茶叶法》时，除了通过退税使每磅茶叶进入英国的成本减少 9 便士以外，科尔布鲁克还曾希望取消 1767 年《汤森法》对北美殖民地规定的每磅 3 便士茶叶关税，以便进一步降低公司茶叶在北美的售价。为了不使诺思为难，科尔布鲁克甚至表示，可以用东印度公司的名义提出取消《汤森法》茶叶关税的要求。尽管诺思承认他宁可根据东印度公司的愿望而不是北美殖民地的愿望取消这一关税，但他还是拒绝了科尔布鲁克的提议。③ 后来有些人在国会主张取消北美的茶叶关税，其理由就是不要为了每磅仅仅 3 便士的岁入而妨碍了东印度公司在北美每年销售 200 万磅茶叶。诺思在回答这些问题时否认仅仅是为了岁入。他承认说："无疑

---

① Joseph Galloway, *Historical and Political Reflection on the Rise and Progress of the American Rebellion* (London: Printed for G. Wilkis, 1780), 17-18.

② Labaree, *The Boston Tea Party*, 53, 76-77.

③ Benjamin L. Carp, *Defiance of the Patriots: The Boston Tea Party & the Making of America* (New Haven: Yale University, 2010), 19-20.

还有政治原因……其重要性与分量都使我很不愿意触及这一问题，除非我发现取消这一关税是绝对必要的。"① 说穿了，他觉得如果这样做，就等于是国会放弃了在美洲殖民地征税的权力，而这是他所不能逾越的底线。因此，1773 年《茶叶法》除了起意于要救东印度公司于水火之中以外，还有好几个没有明言的目的。首先就是要让北美殖民地人意识到，英国政府在国会征税权上的立场并没有改变。其次是抑制殖民地的茶叶走私。再就是诺思在岁入问题上的如意算盘：他希望殖民地人被茶叶低价所吸引，大量进口东印度公司的茶叶，那时每磅 3 便士的关税就会使英国在北美殖民地获得的岁入增加，而从这一岁入中获得报酬的殖民地王室政府官员，便可以进一步摆脱民选议会的束缚。

诺思勋爵指望在获得茶叶降价的经济好处之后，殖民地消费者大众就不再计较茶叶关税的政治含义。然而，他大大低估了经历过反《汤森法》广泛动员的殖民地人维护自身权利与争取自由的决心。诺思后来感叹说："任何人都不可能预见到，用每磅茶叶 9 便士退税来鼓励美洲人喝茶，他们竟然会拒绝支付每磅 3 便士的茶叶税。"② 其实，他早就应该知道，殖民地人介意的不是茶叶税本身的多少，而是这种关税违背了"无代表不征税"的宪法原则。在《茶叶法》于 1773 年 5 月通过后不久，当时身在伦敦的富兰克林在给殖民地友人的信中就明确指出：国会"这届会议开始时曾以为美洲的茶叶关税将取消。但现在的阴谋是，在这里将关税减少到足以使茶叶在美洲比外国人供应给我们的还便宜，在那里却继续征收关税以坚持行使这种权利。他们不知道任何人民都可以为了利益原则以外的任何原则去行动；他们以为对一年也许喝不了 10 磅的茶叶征每磅 3 便士税，就足以战胜一个美洲人所有的爱国主义"。③ 不过，由于《茶叶法》的主要内容涉及的是东印度公司，所以该法文本于 9 月在北美殖民地报纸上刊出后，殖民地人并没有迅即作出反应，但是从 10 月开始，反对《茶叶法》的舆论声势便一浪高过一浪。

殖民地反对《茶叶法》的舆论集中在两个问题上。第一个问题当然是"无

① Labaree, *The Boston Tea Party*, 72.
② Speech of Lord North, Commons Debates, 19 January 1775, *Scots Magazine* 37 (1775): 75.
③ Benjamin Franklin to Thomas Cushing, June 4, 1773, *The Papers of Benjamin Franklin* (Digital Edition by the Packard Humanities Institute), Vol. 20: 226, accessed November 15, 2015, franklinpapers. org.

代表不征税"的宪法原则问题。10 月份的《波士顿时事报》即有人撰文指出，《茶叶法》在免除东印度公司茶叶几乎所有关税的同时，却继续保留每磅 3 便士的《汤森法》茶叶关税，就是要在北美建立国会征税权先例的一个阴谋。该报希望殖民地人将茶叶退回去，以此表明自己不准备接受"奴隶制的枷锁"。[①]《宾夕法尼亚集锦报》登载的一封致"有产者与自由人"的信则告诉人们，既然认为这些岁入法有违自由的理念与精神，那么根据其中一项法律运来的一船货物，自然就是一个"真正的……潘多拉盒子，里面装满了贫困、压迫、奴隶制和其他所有可恨的弊病"。不仅如此，这项法律还仅仅是个开始，"只要这茶叶被吞下去了，好好消化了，我们就会看到其他商品被加上新的关税"。[②]

第二个问题就是东印度公司获准向北美直接出口茶叶所带来的垄断问题。其直接受害者当然是北美商人，尤其是茶叶走私商，因为这涉及他们的重大经济利益。18 世纪初，茶叶在北美殖民地还是一种奢侈品，可是时至 18 世纪中叶，它已经成了殖民地越来越多的人都喜欢享用的一种大众化饮料。瑞典植物学家彼得·卡姆 1748 年到访宾夕法尼亚时，发现哪怕是"乡下人每天的早餐"都有茶。他甚至怀疑北美的欧裔人口中有很多牙齿不好，可能就是因为早上与下午都喝茶的缘故，因为即便是农夫的老婆或者贫穷的妇女也很少"早上不喝茶的"。[③] 据一位美国学者研究，到 18 世纪 60 年代，北美殖民地人每年消费的茶叶达到 120 万磅，平均每人至少 3/4 磅。当时殖民地的茶叶根据法律规定都需要从英国进口，而英国政府则将从中国等地大量进口茶叶到英国，看作增加岁入的绝好机会，于是在 18 世纪上半叶不断提高茶叶进口和销售的税收，到世纪中叶时这些税收加在一起的税率达到了 100%。这不仅使握有茶叶进口垄断权的东印度公司不堪重负，而且使得英国茶叶的价格比荷兰茶叶的价格高出一倍，因为荷兰东印度公司从中国和亚洲其他地方进口茶叶无须交付关税。结果，英国本土和北美殖民地的茶叶走私自然就一发而不可收，生意火爆得不得了。到 1770 年，英国本土每年走私进来的荷兰茶叶达到 700 万磅，北美殖民地在 18 世纪中平均每年走

① Jensen, *The Founding of a Nation*, 448.

② Breen, *The Marketplace of Revolution*, 300.

③ Peter Kalm, *Travels into North America*, trans. John Reinhold Foster (Warrington: Printed by William Eyres, 1770), 1: 361-362, 370.

私进口的荷兰茶叶也高达 90 万磅，占当时殖民地每年消费茶叶总额的 3/4，其价值约为殖民地进口总值的 18.5%。[①] 1773 年《茶叶法》旨在降低东印度公司在北美的茶叶价格，使走私茶叶失去竞争力，从而让东印度公司垄断北美的茶叶市场。这种垄断的结果将使殖民地商人失去占殖民地进口总值近 1/5 的收入，其经济损失之大令人忍无可忍。所以他们起而反对《茶叶法》尽在情理之中。

然而更重要的是，垄断违背了自由贸易的市场原则，这就意味着殖民地人要失去 1733 年以来他们通过走私赢得的自由贸易的权利。恰如《马萨诸塞密探报》编辑在报上大声疾呼的一样："建立排他性贸易公司本身就违背了自由英国人那个著名的诉求，即从无法追忆的时代起他就迫使他的君主承认他有自由贸易的权利。"《波士顿时事报》上也有文章发出警告，如果东印度公司被允许以这样的方式在销售茶叶上立足美洲，那它也可以"同样方便地在其贸易范围内的每一种商品上这样做"。该作者还预言："这个公司的有害榜样"将很快为"英国所有的大制造商"所仿效，"结果不要多少时间，它们就会成功垄断这个伟大而辽阔的大陆的贸易"。[②] 约翰·迪金森则在谴责东印度公司榨取印度财富和使之腐化后指出："他们现在似乎将目光投向美洲这个新的舞台，想在这里一显他们劫掠、压迫和凶残的身手。我敢说，茶叶垄断只是他们拟定的剥夺我们财产计划的一小部分。"[③]

由此可见，殖民地人要反对《茶叶法》的关键所在，就像此前反对《糖税法》《印花税法》和《汤森法》一样，依然是为了 1733 年以来他们越来越努力捍卫的两大原则："无代表不征税"的宪法原则与自由贸易的市场原则，因为这两大原则涉及的是他们不可放弃的宪法权利与经济自由。就像 20 世纪 50 年代研究《糖蜜税法》的美国学者艾伯特·索思威克所说的那样："一场运动或者一个时代所宣布的原则可以不只是装饰而已，赤裸裸的经济利益与扎根于正义原则中的经济利益的不同，很可能就意味着臣服与革命之间的区别。"[④] 换言之，仅仅

① Benjamin W. Labaree, *Catalyst for Revolution：The Boston Tea Party*, 1773（Boston：Massachusetts Bicentennial Commission Publication, 1973），5-6. 18.5%的数据另见 Carole Shammas, "How Self-sufficient was Early America?" *Journal of Interdisciplinary History* 13（1982）：265, n23.

② Tyler, *Smugglers & Patriots*, 194.

③ Carp, *Defiance of the Patriots*, 21.

④ Southwick, "The Molasses Act：Source of Precendents," 405.

为了经济利益是有可能屈从于人的，但是为了基于正义原则的经济利益而抗争，则会走向革命。从 1733 年以来，英属北美殖民地人在反对英国国会一项又一项立法中所追求的经济利益，就是扎根于有关宪法与市场的两大"正义原则"，由糖蜜与朗姆酒而起，直到扩及越来越多的经济利益，终于发展到了要在臣服还是革命之间做出抉择的时候。殖民地人在《茶叶法》上展开的抗争，预告了这个时刻的到来。

当时茶叶走私最为严重的地方不是波士顿，而是纽约与费城。纽约是荷兰人最早建立殖民地的地方，许多商号追根溯源其实就是荷兰人创办的，有些则是荷兰商家在北美的分店或者合伙人，因此它们与所谓"荷兰贸易"有天然的渊源，从荷兰走私可说是轻车熟路。"荷兰贸易"还包括与荷属西印度群岛、丹麦西印度群岛以及汉堡、哥本哈根之间的贸易往来。费城则离纽约很近，其商人不仅可以从纽约购进走私的茶叶，还可以自己从北欧、里斯本、曼岛及荷属西印度群岛走私进口。由于茶叶走私者在这两个城市力量比较强大，所以不进口运动对英国茶叶的抵制也就比较彻底。据海关记录，这些大西洋中部沿岸城市 1770 年几乎没有合法进口的茶叶。① 相比之下，波士顿虽然也有商人走私茶叶，但是亲英的克拉克家族与哈钦森家族的势力不小，又得到王室殖民地政府、海关与皇家海军的支持，所以他们即便是在不进口运动中也还是不时从英国合法进口茶叶。波士顿在不进口协定上执行不力，自然引起了纽约与费城抗议运动领袖与舆论的批评。

不进口运动消退后，这种情况几乎没有什么变化。由于茶叶还要继续征收每磅 3 便士关税，所以在殖民地依然遭到抵制。但是就像汉考克的同僚、波士顿"自由之子社"成员威廉·帕尔弗里在 1771 年初所说的一样，"纽约人与费城人非常严格地遵守他们不进口这种招灾害人商品的决议，连一盎司都不允许装到他们的船上，而波士顿那些生意人却在大量进货。"② 据统计，在 1768—1770 年不

---

① Thomas Hutchinson to Earl Hillsborough, August 25, 1771, in K. G. Davies, *Documents of the American Revolution* (Shannon: Irish University Press, 1972), 3: 172-173.

② Benjamin L. Carp, "Did Dutch Smugglers Provoke the Boston Tea Party?" *Early American Studies: An Interdisciplinary Journal* 10 (2012): 348.

进口运动中，波士顿从英国进口的茶叶曾经降低到 1770 年的 48 000 磅，可是到 1771 年马上回升到 265 000 磅，此后两年也保持在这个水平。即便是在口味上偏好英国进口茶叶甚于荷兰走私茶叶的南部，切萨皮克地区与南卡罗来纳的查尔斯顿在 1771—1773 年进口的英国茶叶也不到波士顿的一半，而纽约与费城在不进口运动退潮后合法进口的英国茶叶只有 1 000 磅，因为那里的居民有足够的荷兰走私茶叶供应。①

正是由于这方面的原因，1773 年《茶叶法》通过后，伦敦商人威廉·帕尔默便建议东印度公司，将第一批茶叶运给波士顿的代理商，因为那是北美"唯一的大市场，从英国去的茶叶现在未遭反对就被接受了"。② 于是，东印度公司在这年秋天将第一批共 60 万磅茶叶运往北美时，7 艘货船中就有 4 艘是开往波士顿的，另外 3 艘则分别前往查尔斯敦，费城与纽约。由于纽约走私商的影响比较强大，这个城市最早发出了反对 1773 年《茶叶法》与东印度公司的呼声。从 10 月 7 日开始，纽约人就在街头散发传单，并依靠报纸等印刷品对《茶叶法》展开了猛烈的抨击。东印度公司指定的茶叶代理商发现，这些舆论攻击的内容分为两方面，一是警告如果交了茶叶关税，其他税收会接踵而至，二是担心一旦东印度公司在茶叶贸易上垄断成功，很快就会将垄断扩及北美所有的对外贸易。③ 至于茶叶走私同样严重的费城，反对《茶叶法》的舆论跟纽约基本上差不多，但它是最早以民众集会方式对《茶叶法》表示抗议的城市。10 月 16 日，当地有 700 多位居民参加大会，批评《茶叶法》是旨在执行《汤森法》关税的一个阴谋。在这种舆论与民众抗议的压力之下，再加上对有关商人甚至引航员的各种暴力威胁，东印度公司在这两个城市的茶叶代理商，均于 12 月的头两天就先后辞去了代理权，而此时运送东印度公司茶叶的船只尚未到达纽约与费城。

波士顿反对《茶叶法》的行动虽然比纽约与费城晚了一点，但是报纸舆论在一周后就跟了上来，在内容上也与这两个城市的大同小异。从 11 月初开始，"自

---

① Benjamin Woods Labaree, *The Boston Tea Party* (New York: Oxford University Press, 1964, second printing, 1968), 50-52.

② "The Outline of a Plan upon which the Exportation on behalf of the Company to America Take Place", *Tea Leaves: Being a Collection of Letters and Documents Related to the Shipment of Tea to the American Colonies in 1773 by the East India Sea Company*, ed. Francs S. Drake (Boston: A. O. Crane, 1884), 206-207.

③ Labaree, *The Boston Tea Party*, 91.

由之子社"、通讯委员会与北区派别会议就开始要求东印度公司茶叶代理商到自由树下公开宣布辞职，但是包括总督哈钦森的两个儿子在内的代理商不肯现身。对于波士顿镇民大会任命的委员会作为法定组织提出的要他们辞职的要求，这些茶叶代理商也同样置之不理。此时费城来函通报那里的代理商将很快被迫辞职，并且表达了对波士顿人的担心，担心他们在东印度公司茶叶上是否会像过去一样抵制不力。这无疑给波士顿的抗议人士及其组织造成了很大的压力。11 月 26 日的《马萨诸塞密探报》上就有人写道："如果从毁掉茶叶或者最好将其退回去的共同决心上稍微偏离一点，就会使我们在他们心目中的地位降到如此之低，要恢复他们的信心就几乎是绝对不可能办到了。"① 两天后，由于地理和天气的原因，运送东印度公司茶叶的 7 艘船中的"达特茅斯号"第一个抵达北美，来到了波士顿。这就将波士顿推到了反对 1773 年《茶叶法》的风口浪尖上，只要茶叶上岸，付了关税，那整个北美殖民地的抗争事业就会遭到重击。

尽管在抵制英国进口茶叶上，波士顿一度不像纽约与费城那样坚定，但马萨诸塞毕竟是 1764 年以来反对国会立法的历次抗争中的领跑者，而在抗争中扮演重要角色的波士顿"自由之子社"、通讯委员会、镇民大会和"人民群体"大会，影响力均十分强大。因此，"达特茅斯号"到达的第二天，波士顿 5 000 多居民参加的"人民群体"大会，就一致同意将东印度公司茶叶退回，并不得交付《汤森法》茶叶关税。大会还指定一个 25 人组成的守卫队保护"达特茅斯号"，让它停靠在民众行动可以形成威慑的格里芬码头。此举显然是为了防止有人动用海军军舰将茶叶强行卸货上岸。

同日，马萨诸塞殖民地参事会拒绝了茶叶代理商希望政府保护他们安全的请求，要他们寻求各地治安法官的帮助。在规模如此巨大的"群体"大会之后，有鉴于波士顿民众抗争中多次发生暴力行动的经验，包括理查德·克拉克两个儿子、哈钦森一个儿子以及本杰明·范纽伊尔在内的代理商，干脆逃进了英军的威廉城堡要塞，克拉克本人与哈钦森的另一个儿子则在离波士顿几十英里以外的地方。哈钦森总督从 11 月 29 日起也躲进了他在米尔顿的私宅。第二天，他派人向"群体"大会送达公告，指责会议非法，下令解散，但遭到了嘘声一片。此后，

---

① Carp, "Did Dutch Smugglers Provoke the Boston Tea Party?", 352.

大会派人与藏在威廉城堡要塞里的代理商联系解决办法，可后者继续拒绝将东印度公司的茶叶运回英国。

为什么总督哈钦森与波士顿茶叶代理商胆敢联手对抗波士顿民众，拒绝退还茶叶呢？因为按照当时的法律规定，茶叶入港 20 天内若不交税，海关就有权没收茶叶，并卸货上岸，那么只要代理商拒不同意将茶叶退回英国，而哈钦森总督又不发放清关放行证，并下令波士顿港湾的皇家海军军舰阻止无证离港，等到 12 月 17 日的最后期限一到，"达特茅斯号"上的茶叶就是他们的囊中之物。波士顿抗争组织的领袖知道，对手在这一点上占了上风，但是他们和波士顿民众并无丝毫畏惧，因为他们已经得到了马萨诸塞各个地区的坚定支持，很多镇包括一些偏远的社区都召开大会，加入了反对《茶叶法》的行列。于是，替东印度公司运茶叶到波士顿的另外两条船分别于 12 月 2 日与 12 月 7 日抵达后，也被通讯委员会下令与"达特茅斯号"一起停泊在格里芬码头，由守卫队统一保护。当时驻守波士顿港的皇家海军舰队司令约翰·蒙塔古将军，曾形容保护这些船只的武装民众"就像是一个要塞的哨兵一样"。① 最后一条运茶叶到波士顿的船在科德角出事，无法进入波士顿港。这样一来，如何处置已入港的三条船上的茶叶，波士顿通讯委员会及其领导下的民众就掌握了主动权。

当数千民众在 12 月 16 日——最后期限的前一天——冒雨再次在旧南区教堂出席"人民群体"大会时，他们都知道这次抗争到了最后关头。下午 6 点左右，天几乎黑了，大会终于获知哈钦森拒绝签发让茶叶船离开波士顿返回英国的放行证，全场一片愤怒。不久，塞缪尔·亚当斯站起来说，他看不出大家还能做什么了。会议宣称，他们已经做了能做的一切，一旦因茶叶发生骚乱，那些贪婪的茶叶代理商及其同盟者就理应为此负责。这时，人们听到了教堂外传来像是印第安人作战的呐喊声，有人说是打扮成印第安人的大约 20 个青年发出的声音，可还有人说听起来就像是成百人在呼啸。大厅里也响起了各种各样的叫喊声："让每个人做他看来是正确的事情！""波士顿港今夜就是茶壶！""好哇，格里芬码头！""莫霍克人来了！"尽管亚当斯、汉考克和托马斯·扬等人要求大家保持秩序，很多人还是很快就奔向了格里芬码头，在雨后的月光下站在岸上远眺。只见

---

① Labaree, *The Boston Tea Party*, 134.

那群满脸涂着油墨、手上拿着板斧的"莫霍克人"兵分三路，在三个小时之内就将三艘船上价值 9 659 英镑的 92 600 磅东印度公司的茶叶倒入了海港。[1]

这就是史上著名的所谓"波士顿茶会"。[2] 事件发生后，银匠保罗·里维尔开始了他闻名于史册的多次策马奔行中的第一次挥鞭疾驰，于 12 月 21 日抵达纽约，通报了波士顿茶会的详情。这一消息不仅使纽约人欢声雷动，而且促使总督下定决心，允许即将到纽约的茶叶船返航，以免发生类似于波士顿的事件。代理商也一致同意，不能让茶叶上岸。不过，运茶叶到纽约的船由于天气等原因姗姗来迟，直至第二年 4 月 18 日才到达，停靠仅一周后就载着茶叶在纽约响彻全城的钟声与欢呼声中返航英国。波士顿茶会的消息在 1773 年 12 月 24 日也传到了费城，全城都听见了钟鸣，人们聚集在咖啡馆里庆祝。第二天，他们发现运茶叶到费城的船快要到岸了。船长上岸次日，费城近 8 000 名民众集会反对茶叶在费城卸货。当代理商告知船长他们不愿接受茶叶后，船长乃在进入费城 46 小时后就让船离港返航了。东印度公司运茶叶到查尔斯敦的船其实早在 12 月 2 日就抵达了，只是其他殖民地还不知道而已。船到第二天，查尔斯敦就召开了抵制茶叶的民众大会，东印度公司指定的代理商也拒绝接货。结果等到必须交付关税的 20 天期限一到，海关马上就以未交关税为由没收了茶叶。可茶叶上岸后一直堆在仓库里，直到 1775 年才被销售，所得之款项用以支援殖民地人对母国展开的独立战争。结果，东印度公司 1773 年运往北美四大港口的 60 万磅茶叶中，最后得以在殖民地出售的，只有在科德角失事的那艘船上的一箱约 350 磅茶叶。该船茶叶弄上岸后大多被运往威廉城堡要塞，无法进入北美市场，但有两箱卖给了科德角的商人，其中一箱被当地抗议民众烧掉，另一箱则成了硕果仅存并被出售的东印度公司茶叶。然而卖掉这箱茶叶的商人因财遭灾，后来成了四邻左右鄙视与嘲弄的对象，难以做人。

不仅如此，波士顿茶会还燃起了殖民地人对茶叶本身的一腔怒火。新英格兰很多镇要求其居民将自己的茶叶都交出来，不管是英国茶叶，还是荷兰茶叶，均

---

① Carp, *Defiance of the Patriots*, 120-124, 139.

② 事件发生后并没有人或报纸称其为"波士顿茶会"。当时上船倾倒茶叶的人均守口如瓶，不肯暴露身份。直到 1820 年代才有亲历者开口讲述这一事件，有报纸称其中一位叫乔舒亚·韦思的"经常吹嘘'波士顿茶会'"。因此，"波士顿茶会"的称谓才逐渐变得流行起来。见 Carp, *Defiance of the Patriots*, 223.

在篝火中付之一炬。一些走街串巷的小贩的茶叶也被装扮成印第安人的民众抢来丢到火焰之中。就连马萨诸塞殖民地韦斯顿镇一位支持抗争事业的酒店店主，由于有人说他在酒店里卖茶，结果店铺被当地人的暴力行动破坏得一塌糊涂。他后来解释说茶叶是从奥尔巴尼弄来的走私货也没用，还被逼着当众认错。在波士顿，茶商会议的一个委员会要求所有茶商停止出售手中的一切茶叶，约 100 位茶商中有 79 位同意了这一要求，还有 9 位则赞成仅仅禁售交关税的茶叶。[①] 反对饮茶的舆论此时也层出不穷，除了像过去一样指责茶叶关税有违宪法权利，批评东印度公司危害殖民地人自由，声称茶叶有毒以外，现在还有人说茶叶会生跳蚤，甚至谣传中国茶农赤脚为茶叶打包。在这种对无论什么茶叶都群情激愤的情况下，从英国来的要交关税的茶叶，哪怕不是由东印度公司直接发货，也会遭到分外强劲的抵制。1774 年 3 月，波士顿人就将"财富号"上 28 箱半这样的茶叶倒进了港口，来了个第二次"茶会"。同年 4 月，纽约人也来了一次这样的"茶会"，将"伦敦号"上的茶叶扔到水里去了。可以说，从北到南几乎每一个殖民地都发生了民众的暴力行动，抵制要交关税的茶叶。

这样一来，东印度公司根据 1773 年《茶叶法》在北美销售茶叶的计划就彻底失败了，英国诺思政府坚持征收每磅 3 便士《汤森法》茶叶关税的企图，自然也是竹篮打水一场空。1774 年 1 月 20 日，汉考克的"海利号"抵达英国，带来了波士顿茶会的消息。英国政府与舆论起初还没有什么太大的反应，但是没有多久，从费城返回的运送茶叶的船靠岸了，东印度公司的茶叶在查尔斯敦困在海关无法销售的消息也人尽皆知。英国报纸在 1 月底终于惊呼："看来美洲人完全是在进行公开和坦承不讳的反叛。"[②] 从 1 月 29 日起，诺思内阁开始举行会议商讨对策。他们最初想以叛国罪起诉参与波士顿茶会的个人，但后来发现证据不足，乃决定要对波士顿整个城镇加以惩处。这不仅符合当时英国舆论的要求，而且得到了乔治三世的支持。当时回国述职的驻美英军司令托马斯·盖奇告诉乔治三世："我们是绵羊时，他们会是狮子，但是我们如果坚决起来，他们肯定就会温

---

① Labaree, *The Boston Tea Party*, 162.
② Carp, *Defiance of the Patriots*, 187.

顺了……"乔治三世将这话转告给诺思，并且向他指出，自从取消《印花税法》"那次致命的屈从"以来，北美殖民地人愈发要求有"一个国家相对于另一个国家的那种彻底的独立，但这完全是在背离一个殖民地对母国应有的顺从"。① 显然，国王认为过去的妥协导致北美殖民地的形势越来越糟，唯有强硬政策才能奏效。于是英国政府所犯错误的雪球也就越滚越大了。

3 月 14 日，内阁向下议院提交了《波士顿港口法案》。诺斯在发言中承认，通过该法案关闭波士顿港口是要惩罚整个城镇，因为波士顿"是所有暴力活动和反对执行本国法律的头目。纽约与费城在获悉波士顿人得胜的消息后变得难以驾驭。所以波士顿不仅要对它自己的暴力作出交代，还要对激发其他地方的骚乱负责"。② 尽管国会也有几位议员对这一法案持有异议，但是恰如当时身在伦敦的富兰克林所言："我想自从我们成为（殖民地）人民以来，我们在英国的朋友还从来没有像这样少过。以暴力毁掉茶叶一事，似乎让这里所有的派别都联合起来反对我们的殖民地，于是现在送交国会拟关闭波士顿港直到满足条件为止的法案，没有遭到什么反对。"③ 这样一来，法案在顺利通过两院后，于 3 月 31 日经国王批准成为《波士顿港口条例》，规定从 6 月 1 日起关闭波士顿港直到对东印度公司的损失作出赔偿为止。

不久，国会又先后通过了《马萨诸塞政府条例》《司法管理条例》和《驻军住宿条例》。《马萨诸塞政府条例》废除了殖民地特许状中由殖民地议会下议院选举参事会的规定，改由国王任命；条例授权总督不经参事会同意即可撤销下级法院法官和行政司法官等低级官员的职务；陪审团成员也不再由当地居民推选而改由行政司法官指派；镇民大会更是除选举地方官员的年会以外，未经总督书面批准不得召开。《司法管理条例》规定，凡在殖民地执行公务遭到起诉的政府官员可送英国国内审讯，以让他们无须因担心殖民地法院与陪审团的报复而不敢严

---

① King to Lord North, 4 February 1774, in *The Correspondence of King George III*, ed. Sir John Fortesque, (London: Macmillan and Company, 1928), 3: 59.

② Speech of Lord North, March 14, 1774, in *Proceedings and Debates of the British Parliaments Respecting North America*, 1754—1783, ed. R. C. Simmons and P. D. G. Thomas (Millwood, NY: Kraus International Publications, 1985), 4: 75.

③ Benjamin Franklin to Thomas Cushing, March 22, 1774, *The Papers of Benjamin Franklin* (Digital Edition by the Packard Humanities Institute), 21: 152, accessed December 6, 2015, franklinpapers. org.

格执法。《驻军住宿条例》则授权总督，给没有军营可住的英军安排空屋、谷仓或其他建筑物作为驻军之用。这三个条例加上《波士顿港口条例》史称"强制法令"，而反抗英国政策的殖民地人当时即斥之为"不可容忍的法令"。

如果像富兰克林说的那样，波士顿茶会毁掉东印度公司茶叶，使得英国很多政治派别联合起来反对殖民地；那么这四项"不可容忍的法令"，则让殖民地人迅速团结起来对这种高压政策展开了英勇的抗争。诺思政府曾经指望依靠这种强制性法令将波士顿孤立起来，结果却适得其反。首先，封闭波士顿港口影响到的不仅仅是波士顿人，附近很多小港口甚至其他殖民地的一些港口都与波士顿有密切贸易往来，就连内陆农业地区也在一定程度上要与沿海港口互通有无。在北美殖民地已经融入大西洋市场经济的时代，关闭一个如此重要的港口，其所牵涉到的利害关系在范围上远远超出了诺思内阁狭隘的想象。其次，对马萨诸塞殖民地的特许状任意修改，使其他殖民地人人自危，因为特许状是保护他们作为殖民地人基本权利与自由的重要法律文件，在他们心目中的地位是与自然法、英国宪法可等量齐观的。一旦特许状能由英国国会任意修改，那殖民地人就没有什么权利与自由可言了。最后，这四项法令的强制性，加之新任马萨诸塞总督兼北美英军司令盖奇将军率领 4 个团在 4 月进驻波士顿，给人以赤裸裸的暴政的感觉，结果使殖民地的一些对英温和派也觉得诺思政府做过了头。这样一来，四项《不可容忍的法令》在许多殖民地人心目中等于证实了他们长期以来的怀疑：英国国会与内阁阴谋剥夺他们的权利，威胁北美所有人的自由。因此，北美各殖民地的居民迅速联合起来进行顽强抗争也就在所难免了。

事实上，当殖民地人于 5 月 10 日见到《波士顿港口条例》全文后不到 48 小时，有人即建议关闭北美所有的港口以声援波士顿。纽伯里波特的商人也开会商定，只要马萨诸塞所有港口同意，从 6 月 14 日起停止一切对外贸易。这些建议与决定虽然没有马上付诸实施，但是北美殖民地人联合起来与波士顿共克时艰的意图与决心已十分明显。5 月 12 日，波士顿通讯委员会委托塞缪尔·亚当斯起草的给其他各殖民地的传阅函指出，英国政府这次对波士顿的伤害，"无疑是为其他每一个不愿将它们神圣的权利与自由交到这个臭名昭著的内阁手中的殖民地设计的"。该函恳请北美所有地方的人都"视波士顿现在是为共同的事业受难"，建议不惜为自由的事业作出牺牲，中止与英国的贸易，以击败英国政府的报复性立法。① 第二天，波士顿居民召开大会通过决议，号召其他殖民地中止与英国及西印度群岛的贸易。通讯委员会成员托马斯·扬在给友人的信中指出："美洲政治的完美危机似乎终于到来了，不要几个月就一定会决定，我们和我们的后人究竟是做奴隶还是做自由人。"②

为此，波士顿通讯委员会在 6 月初通过了停止进口与消费英国商品的《庄严盟约联署书》，广为散发。尽管有商人不肯联署，但是包括内陆农业地区在内的很多地方都对"不可容忍的法令"作出了强烈反应。伍斯特县 22 个乡镇的代表集会，拟定了类似于波士顿的联署书，否认英国国会下议院对北美殖民地人有管辖权，约 50 名当地颇有声望的居民马上就在上面签了字。除了有英军驻守的波士顿以外，马萨诸塞各个乡镇的居民迫使新任总督盖奇将军任命的参事会成员辞职，有的参事会成员甚至在暴力威胁下被迫逃离其乡村府邸。伯克希尔县的居民不允许民事法官开庭，塞勒姆镇未经总督批准就召开镇民大会，公开对抗《马萨诸塞政府条例》。就是在盖奇鼻子底下的波士顿，陪审员也拒绝出席最高法院的审讯。可以说，不列颠在马萨诸塞的统治开始动摇了。

从波士顿而起的抗争行动不仅得到了马萨诸塞内陆乡镇的支持，还赢得了其他殖民地城镇居民的声援。他们或者捐赠粮食，或者由牧师主办戒斋日，让会众为波士顿祈祷。更为重要的是，很多城市和乡镇形成共识，要召开北美各个殖民地派代表参加的大陆会议来共商大计。6 月 17 日，马萨诸塞议会任命的由塞缪尔·亚当斯为首的委员会向议会提出决议书，呼吁召开大陆会议。议会通过了决议书，并选出了包括塞缪尔·亚当斯和约翰·亚当斯在内的五名出席大陆会议代表。到 8 月底，尽管一些殖民地的不同派别在是否停止与英国的贸易上还有分歧，但是除佐治亚以外从新罕布什尔到南卡罗来纳的 12 个殖民地，都选出了出席将在费城举行的大陆会议的代表。为了保卫自己的宪法权利与经济自由不受母国侵犯，英属北美殖民地终于联合起来，迈出了历史性的一步。

---

① William V. Wells, *The Life and Public Service of Samuel Adams* (Boston: Little Brown & Company, 1865), 2: 158.

② Labaree, *The Boston Tea Party*, 220.

　　1774 年 9 月 6 日，来自北美 12 个殖民地的代表，在费城的卡彭特会堂开始举行第一次大陆会议的正式会议。在会议进行过程中，代表们对于坚持"无代表不征税"的宪法原则形成了高度一致的意见，但是在不涉及税收的《海运贸易法》体系下，英国国会是否有权监管殖民地对外贸易，与会者中却存在分歧。他们就此展开的争论，恰如会议代表詹姆斯·杜安所言，成了第一次大陆会议辩论的"名副其实的中心"。① 从 1732 年开始，包括费耶尔·霍尔、克里斯托弗·加兹登、阿蒂马斯·沃德、托马斯·杰斐逊在内的殖民地人士，以及马萨诸塞殖民地议会和波士顿镇民大会，就都曾主张贸易自由，并反对英国国会对殖民地外贸的监管，但在殖民地内部尚未取得一致意见。第一次大陆会议也一样，新英格兰与南部的代表比较倾向于反对国会对殖民地进出口的监管，中部殖民地代表则主张还是由英国国会来管这件事。据参加会议的约翰·亚当斯在 10 月 13 日的日记记载，代表们就国会对殖民地贸易的监管权问题，从上午 10 点一直讨论到下午 4 点半，5 个殖民地赞成由国会监管，另外 5 个殖民地反对，还有两个殖民地本身就意见不统一。这样一来，大陆会议在其通过的被统称为《权利与不满宣言》的一系列决议中，对宪法原则一点也不含糊，郑重宣告殖民地人享有"由不可改变的自然法、英国宪法原则以及各自的特许状或公约"所赋予的权利，坚持殖民地人在税务与内部事务上的自治权。但是在贸易监管权和英国国会的有关立法上，大陆会议采纳了由约翰·亚当斯起草的妥协性决议。决议宣布："根据情况的必要性以及对双方利益的尊重，我们愉快地同意英国国会那些真的是限于监管我们对外商业的法律的有效性，这些法律是为了使母国获得整个帝国带来的商业好处，使它的各个成员在商业上受惠；并不得有未经他们同意就通过内部税或外部税从美洲子民身上获取岁入的任何想法。"②

　　从表面上看，这项决议"同意"英国国会对殖民地外贸进行监管，但遣词用字十分巧妙，因为这种监管的前提是要有"必要性"和"对双方利益的尊重"，更重要的是，"同意"二字表明，这种监管不是国会的权利，而是在殖民地人

---

　　① "James Duane's Notes for a Speech in Congress," in *Letters of Delegates to Congress*, 1774—1789, ed. Paul H. Smith（Washington, D. C.：Library of Congress, 1976）, 1：189.

　　② "Declaration of Rights and Grievances"，*Journals of the Continental Congress*, ed. Worthington Chauncey Ford（Washington, D. C.：Government Printing Office, 1904）, 1：1774, 67-69.

"同意"之后才有权实施。不过,决议并没有公开直白地否认英国国会对殖民地外贸的监管权,因此能为争论各方接受。也正因为这是一种没有形成一致意见的妥协,第一次大陆会议便没有采纳帕特里克·亨利提出的"让我们将我们的贸易向全世界开放"的主张。① 这就是说,会议未能宣布彻底摆脱英国国会监管,进行自由贸易,而是和过去一样继续对英国实施商业报复。因此,会议决定从1774年12月1日起禁止从英国与爱尔兰进口货物,如果北美人民的不满到1775年9月10日依然得不到解决,那就停止向英国、爱尔兰与西印度群岛出口货物。后来,大陆会议代表又签署了《大陆联合行动书》,对这些中止与英国及其属地贸易的手段,作出了共同的承诺,并对如何付诸实施予以具体规定。②

显然,第一次大陆会议此时还希望,通过向国王请愿和中止贸易等和平手段,迫使英国政府作出让步。但在10月26日散会前几天通过的告殖民地居民书中,大陆会议也明确指出,一旦和平反对的模式失败,那殖民地人就"一定不可避免地要被迫作出选择,或者是更加危险的抗争,或者是最终毁灭性的而且是丢脸的屈服"。③ 很快,一些殖民地开始储藏军火与动员民兵。马萨诸塞殖民地更是召开立法大会,使之成为独立于总督盖奇与"强制性法令"之外独立运作的政府。大会不仅征税采购武器,还建立安全委员会负责招募民兵和任命指挥官员。是年11月,英国国王乔治三世在获知大陆会议及殖民地继续抗争情况后,在给诺思勋爵的信中得出结论:"新英格兰的政府在叛乱之中,坚决打击谅必会决定它们是臣服于这个国家,还是独立。"④ 达特茅斯勋爵在1775年1月27日指示盖奇,逮捕和监禁"立法大会中的主要角色与教唆者"。⑤ 双方冲突可以说已到了一触即发的境地。此时,身在伦敦的马萨诸塞驻英代理人本杰明·富兰克林,代表大陆会议与诺思内阁谈判,最终未能取得成功。3月20日,他失望地愤然乘

---

① "John Adams' Notses of Debates," in *Letters of Delegates to Congress*, 1: 111.

② "Continental Association", in *Journals of the Continental Congress*, 1: 75-81.

③ "The Memorials to the Inhabitants of the British Colonies," in *Journals of the Continental Congress*, 1: 101.

④ *The Correspondence of King George the Third with Lord North*, ed. W. Bodham Donne (London: John Murray, Albemarle Street, 1867) 1: 215.

⑤ *The Correspondence of General Thomas Gage with the Secretaries of State, and with the War Office and the Treasury*, 1763-1775, ed. Clarence Edwin Carter (New Haven: Yale University Press, 1931), 2: 181.

船离开英国返回北美。4 月 18 日晚，驻波士顿英军奉盖奇将军之命前往康科德镇没收和销毁殖民地人储藏的军火。第二天，当英军到达后，马萨诸塞民兵有备而来，在列克星敦绿地及康科德的北桥与这些英军交火，打响了独立战争的第一枪。不过，到真正走向独立，还要有一年多的时间。

1775 年 5 月 10 日，第二次大陆会议召开。参加第二次大陆会议的北美十三个殖民地的代表（曾缺席第一次大陆会议的佐治亚也派出了一名代表）齐聚一堂，为托马斯·潘恩（Thomas Paine）当时称之为"防卫战"的军事行动，做了一系列准备。① 他们决定建立大陆军，指派乔治·华盛顿为其统帅，并发行 200 万元纸币为军队提供资金。与此同时，第二次大陆会议还必须面对第一次大陆会议的决定，即在 1775 年 9 月 10 日停止对英国、爱尔兰与英属西印度群岛的出口。不进口决定此时已经付诸实施，这对殖民地人来说不是什么大问题，但是一旦停止出口，殖民地用什么购买军火，大陆会议发行的纸币靠什么支撑，所有这一切都成了让大陆会议代表头疼的事情。出席会议的一位北卡罗来纳代表在写给家乡的信中就对此深表忧虑。他说一个幅员广大的地区停止了它的贸易，又要建立一支军队保卫自己，"假设这个地区的困境每年需要有 100 万英镑，那这些钱如何募集，如何创造，如何偿付？"②正是迫于这种压力，出席会议的一些代表如富兰克林、理查德·亨利·李和约翰·亚当斯等，开始主张大陆会议改变停止出口的决定，向全世界开放殖民地港口。用亚当斯的话来说，"需要将迫使我们开放港口"。③

等到第一次大陆会议停止出口的决定在 1775 年 9 月真的付诸实施后，殖民地人发现，他们根本无法检查与控制载运货物出口的船只出海后的去向，所以这种仅仅对英国及其属地停止出口的制裁办法实际上无法见效。那么停止对所有国家的出口呢？这固然笃定能对英国政府形成压力，但是殖民地本身难以承受，早就与大西洋市场经济息息相关的商人、船员、船木工，乃至生产出口农产品的农

---

① Thomas P. Slaughter, *Independence: The Tangled Roots of the American Revolution* (New York: Hill and Wang, 2014), 425.

② Joseph Hewes to Samuel Johnston, June 5, 1775, in *Letters of Delegates to Congress*, 1: 446.

③ John Adams to Josiah Quincy, July 29, 1775, ibid., 1: 677.

夫，都会因此失去生计。纽约的罗伯特·R. 利文斯顿在 10 月初的会议上对此提出警告说："我们除了自己的分裂以外没有什么可害怕的。有什么比所有生意的衰败更能使我们分裂的呢。人民将觉得而且会说，大陆会议对他们的税收与压迫比国会还厉害。"① 这样一来，大陆会议面前剩下的选择就只有取消出口禁令，对世界上所有国家开放港口。此举不仅可以使防务资金有了来源，而且能够避免殖民地经济遭到重创。更重要的是，在殖民地还没有自己强大海军的情况下，外国海军可以保护它们与殖民地的商业来往不受英国海军干扰。不过，这就要求殖民地与这些国家，尤其是英国的对头法国，结成联盟。考虑到法国等国家不会与英国的殖民地结盟，北美十三个殖民地就必须宣布独立。这就是对世界开放港口将会带来的必然结果。正因为如此，反对开放港口的代表提出的一个重要理由就是："一旦你与外国通商，（与母国）和解的任何希望都没有了。"②

尽管依然有这种反对开放港口的声音，但是当大陆会议在 1776 年 2 月 16 日开会"考虑开放港口的适当性"时，许多代表对这一选择表示了支持。有位代表说："对外国人开放你的港口。你的贸易将变得如此重要，外国人将保护你。"康涅狄格的罗杰·谢尔曼也认为："由于我们的敌人会夺取我们的船只，我们没法进行从中受益的贸易。在我们开放贸易之前，与外国签订条约来保护它是必要的。"杰斐逊曾在其门下学习法律的乔治·威思则说得更为透彻。他说，要保护北美的商业，一个办法是"授权甘冒风险者去武装自己"，另一个办法是"邀请外国与我们签订商业条约。但是在采取这个措施之前，其他的问题要考虑一下。我们将以什么身份谈判呢，英国的臣民还是反叛者？我们干嘛要这样喜欢把自己叫做恭顺的臣民呢？……不。我们一定要宣布我们是自由的人民"。③

1776 年 3 月 23 日，大陆会议采纳了威思的第一个办法，通过决议准许殖民地人"装备武装船只巡航以防范联合殖民地的敌人"。两周后，大陆会议又在 4 月 6 日采纳了他的第二个办法，决定"除了桶板和没有破裂或者拆散的装糖蜜的桶以外（笔者注：大陆会议此时还念念不忘需要有桶进行糖蜜贸易），十三个联

---

① "John Adams' Notes of Debates," in ibid. , 2：107.

② Ibid. , 2：109.

③ Ibid. , 3：260-262, note 1, note 2.

合殖民地的任何货物、物质与商品，均可由这些殖民地的居民与不臣服于英王的所有国家的人民，出口到不属英王统治的世界上任何地方"，而"任何货物、物质与商品只要不是由英王治下的任何国家种植、生产、制造、运输而来，也不是东印度茶叶，就可以由这些殖民地的居民与不臣服于英王的所有国家的人民，从世界上其他任何地方进口到十三个联合殖民地"。① 于是，向全世界除英国及其属地以外的任何国家开放贸易，终于成为定局。这等于是彻底否定了英国以《海运贸易法》为基础的贸易监管权，实现了殖民地人不受英国监管的贸易自由理念。更重要的是，这是走向独立的关键的一步，因为向全世界开放港口，就必须脱离英国而与其他国家建立商务关系。大陆会议的代表包括那些反对开放港口的人，都清楚地意识到了这个必然结果。因此，约翰·亚当斯在 4 月 14 日给妻子的信中充满信心地写道："至于独立宣言，耐心一点。读读我们的《武装民船法》（3 月 23 日的决议）和我们的《商业法》（4 月 6 日的决议）。预告的是一个什么样的词啊。"②

果不其然，在亚当斯写这封信不到三个月后的 1776 年 7 月 4 日，大陆会议便通过了《独立宣言》，庄严宣布"这些联合的殖民地现在是而且理所当然地应该是自由和独立的国家"。《宣言》在阐述殖民地不得不独立的原因时，列举了多种理由，包括乔治三世批准国会炮制与殖民地体制及法律格格不入的九类法案，其中第三类旨在"切断我们同世界各地的贸易"，第四类则意图"未经我们同意就向我们强行征税"。③ 这两类立法实际上就是自 1733 年《糖蜜税法》通过以来殖民地人对英国政府越来越不满的两大重要原因，因为它们违背了殖民地人心中弥足珍贵的"无代表不征税"的宪法原则和自由贸易的市场原则。正是为了维护和争取自己的宪法权利与经济自由，殖民地人通过走私、1761 年"协助收缴令案"、1763 年后反对英国国会立法的不进口运动与民众暴力抗争活动，在大英帝国体制内做了最大的努力，试图使英国政府改弦易辙，结果始终无法如愿。不仅如此，英国政府还有恃无恐，在其他方面对殖民地人的权益也造成了诸多侵

---

① *Journals of the Continental Congress*, 4：257-258.

② John Adams to Abigail Adams, April 14, 1776, in *Letters of Delegates to Congress*, 3：520.

③ "The unanimous Declaration of the United States of America," in *Journals of the Continental Congress*, 5：512.

害，例如乔治三世否决弗吉尼亚殖民地的《两便士法》，枢密院下令取消南卡罗来纳的选举法，王室有关法官任期的指令威胁殖民地司法独立，《1763 年公告》限制殖民地人向西部地区的迁移，国会对殖民地发行纸币横加限制，等等。所有这一切使殖民地人忍无可忍，当他们最后决定向全世界开放港口，用自由贸易与英国抗衡时，独立终于不可避免。

回首这段历史，殖民地人对朗姆酒的大量需求导致其与法属西印度群岛糖蜜贸易蓬勃发展，乃是英国政府对殖民地进口外国货物第一次贸然征税和加强贸易限制的最初起因。正是这种不顾殖民地人在英国国会没有代表也要强行征税的贸然之举，以及限制贸易的唐突行动，开始让殖民地人越来越清楚地认识到，他们的宪法权利与经济自由受到了侵犯。七年战争及其后英国政府加强对殖民地控制的努力，又是从糖蜜关税与限制贸易开始，结果引发了殖民地人一波又一波愈演愈烈的抗争，直至走向独立。在这个过程中，殖民地人因为 1733 年《糖蜜税法》而开始对其有了越来越清醒认识的两大原则——宪法权利与经济自由，可以说是贯穿始终，对抗争产生了巨大的推动作用，从而使殖民地人最终在臣服与革命之间做出了历史性选择，那就是革命。这就是经济利益扎根于思想原则的结果。正是从这个意义上说，朗姆酒及其原料糖蜜是美国革命的种子——最初的起源所在。

六、酒店在美国革命中的摇篮作用

如果说酒是美国革命的种子，那么酒店就是美国革命的摇篮。因为对英国帝国政策的不满与愤怒要发展成为美国革命的动力，不仅需要在殖民地广大民众心中产生共识，在社会上造成公共舆论，而且需要在这个基础上将民众动员组织起来，通过联络策划使之付诸行动，才能一步一步地实现殖民地获得独立的目标。正是在产生共识、形成舆论、组织动员、联络策划和诉诸行动所有这些环节上，酒店的作用都至关重要。

首先，基本共识与公共舆论的形成，必须通过各种信息与理念的充分交流与广泛传播，因此需要有可以使这种交流与传播得以顺利进行的公共空间，殖民地酒店无疑比其他场所更适合这种需要。因为酒店是殖民地时代一个人来人往的社交中心，各个阶层的自由白人男子均可光顾，且能在相对宽松自由的氛围中各抒己见，畅所欲言。诚然，殖民地社会从一开始就有等级之分，但酒店里人的等级分际远不如其他地方那样界限分明。当时教堂和剧院的座位都要分三六九等，界限分明，可大部分酒店直到 18 世纪中期依然是各个不同阶层的顾客混杂在一起饮酒叙怀。这就是说，酒店在提供服务上没有多少高低贵贱之分，顾客们在交谈中也没有多少身份地位的顾忌。当然，不同社会地位的人有不同的衣着、不同的谈吐、不同的风度、不同的观点和不同的偏见，甚至常常会意见不一，发生争执，但是在酒店里坐到一起喝酒时，这些差异并不妨碍他们直抒己见，尤其是在三杯酒下肚之后就更是如此，大家都觉得似乎成了没有高下之分的哥们。美国哲学家与心理学家威廉·詹姆斯就曾说过："酒对人的支配，无疑要归因于它的神秘功能——它有力量刺激起在清醒时通常被冷酷的事实与生硬的批评压倒在地的人性。"[1] 换言之，清醒时不敢说的话与不敢做的事，酒后就敢说也敢做了。因此，酒店就成了殖民地人不分阶层都可以公开进行自我表达的一个独一无二的公共空间。正是在酒店这个"公共舞台上，男人间或也有女人的言谈与行动方式，

---

[1]　William James, *The Varieties of Religious Experience* (Garden City, New York: Image Books, 1978), 282.

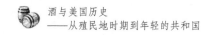
有时在测试，但最终挑战了他们的统治者与社会上层的权威"。①

这一点在宾夕法尼亚表现得尤为突出，该殖民地财富分配相对平等、移民比较多元化，选民比率也超过其他殖民地。牛津大学研究英属北美殖民地史的学者彼得·汤普森发现，费城人喜欢到酒店与人交谈，对彼此的为人与想法做出判断，从而形成各自独立的见解，既不受政府公共权力的摆布，也不受任何私人权力的文化控制。他们聚集在酒店里就成了有自我意识的"公共"人物，觉得自己有权对政府说长道短，并希望自己的意见能对政府的行动产生影响。事实上，这些费城酒店客人的言行，的确促进了宾夕法尼亚有较多大众参与的政治文化的发展。② 有人甚至说费城是工匠的天堂，官员和牧师的地狱。即便是后来财富分配不均的现象渐趋严重以后，费城的政府与上层人士也从来没有能成功地为公共言论设定一个不得超越的界限。③ 可以说，宾夕法尼亚在美国独立后通过的第一部州宪法之所以在大众民主上走得最远，一定程度上就是这种政治文化依旧余音绕梁的结果。

除了在公共事务上表达意见时相对自由的氛围以外，酒店还为顾客提供了有助于他们形成自己看法的图书、小册子与报纸。这在当时一般人家藏书甚少的情况下，尤为重要。波士顿王冠咖啡馆的店主托马斯·塞尔比在 1725 年去世时有16 本小册子。这家从名字上看应该比较高雅的咖啡馆，其实销售的朗姆酒与葡萄酒比咖啡要多得多，因为当时的咖啡馆基本上都卖酒。金街上由詹姆斯·皮特森开的酒店则是工匠、帮工等下层人士可以弄到小册子阅读或者听人诵读的地方。1717—1737 年，皮特森在其酒店的酒吧间里放有 31 本小册子和 88 本书，不管是熟客还是生人，所有的来客都可以看。后来成为波士顿"自由之子社"成员的约翰·马斯顿在 1752 年接手经营金球酒店，其酒店在 18 世纪 60 年代的藏书包括 11 卷本的英国史、新英格兰史、关于克伦威尔和俄国沙皇的著述、传播启蒙思想与辉格派理念的 8 卷本《旁观者》、严厉批评英国政府爱尔兰政策的乔纳森·斯威夫特的 8 卷本文集、以及载有英国著名反对派领袖约翰·威尔克斯文章

① Conroy, *In Public House*, 2.

② Thompson, *Rum Punch and Revolution*, 115-116.

③ Ibid., 113-114.

的两期《北大不列颠人报》。真可谓洋洋大观！同样是"自由之子社"成员的泽卡里·约翰诺特是一个酿酒商，同时还经营一个零售酒铺，其藏书多达 83 卷，包括两卷本的英国辉格派历史。另一个"自由之子社"成员伊诺克·布朗在其酒铺里备有 6 卷本罗马史、两卷本荷兰史和有关共和国兴衰的众多参考书。① 在阅读或听人诵读这些藏书时，店主与客人自然会程度不同地受到英国辉格党激进反对派思想的影响，关注共和国易于被权力腐蚀的脆弱性，并将它与当时英国君主立宪制的平衡所面临的危险联系起来。这样一来，他们从《印花税法》等苛法中看到的，就不仅仅是自己的经济利益会受到损害，而且是英国政府的腐败权力对殖民地人权利的侵犯，可这些权利本应受到英国宪法和特许状的保护。这大概就是这些酒店店主中有不少成了"自由之子社"成员的一个重要原因。

诚然，有些贫穷的酒店店主没有钱购买这些书籍、小册子以及当地发行的报纸。但是美国历史学家戴维·康罗伊在波士顿所在的萨福克县殖民地时代遗嘱验证记录中，找到了 44 个酒店店主和酒铺老板的财产清单，其中 30 个都记载有"书""许多书"或者"藏书"。即便是乡村酒店的店主，一般也都有书。从1738—1790 年米德尔塞克斯县的 26 个酒店及酒铺老板以及伍斯特县的 16 个酒店及酒铺老板的财产清单来看，他们都有藏书。米德尔塞克斯县的 4 份财产清单上还专门提到"小册子"。这说明酒店店主十分注意有关时政的出版物。该县藏书最多的酒铺老板约翰·亨特有近百本"老书"、67 本四开本的书和 13 本对开本的书。② 当然，大部分马萨诸塞乡村酒店的店主不可能有这么多藏书，但是即便是一两本，其作用也不可低估。约翰·亚当斯 1771 年 6 月在康涅狄格山区的一家酒店里发现有两本书，他问店主基比是什么书，基比回答说是《每个人都是自己的律师》和《吉尔伯特的证据法》。当时在酒店饮酒的人告诉亚当斯，基比是他们当中的律师，帮助他们打了一些官司。③ 显然，就是这两本书使这位店主在法律问题上成了比这个偏僻山区其他人更懂法的内行，也让他有机会将自己对法律与公正的理解告诉给他的顾客们。此外，乡村酒店的店主与他们在波士顿的同

---

① Conroy, *In Public Houses*, 177-178, 257-159.

② Ibid. , 178, 234.

③ *Diary and Autobiography of John Adams*, 2：27, June 7th, 1771.

行一样，大多订了报纸。加之其他订户的报纸都是经酒店发送，所以酒店便成了人们读报和讨论各种消息的中心。亚历山大·汉密尔顿医生就曾抱怨说，他在新罕布什尔的朴次茅斯附近的一家酒店里听人们讨论新闻，这些人一讨论就是三个小时。[①]

酒店店主及其顾客可以自己阅读，或者听别人诵读酒店收藏的书本、小册子和报纸。他们从中获悉殖民地事态的发展，了解蕴含于这些印刷物中的欧洲启蒙思想和英国辉格党激进反对派的理念，并用这些思想理念分析时政，从而形成自己的看法。这些看法在酒店顾客相聚饮酒和彼此交谈中，以通俗易懂且耳熟能详的方式得到了广泛的传播。约翰·亚当斯后来在给本杰明·拉什的信中，生动地描述了他 1774 年出席大陆会议之前在离波士顿 40 英里的一家酒店里听到的村夫野老们的谈话：

> 有半打或者上十个住在附近的壮实的农夫一个接一个走了进来，坐在火边，点燃烟斗后开始了有关政治的热烈谈论。我知道他们都不认识我，便一声不响地坐在那里听他们讲话。一个人说："波士顿人发狂了！"另一个人回应说："波士顿人当然要发狂。压迫会使明智的人都疯掉的。"第三个人说："如果有个家伙跑到你家里对你说，他要将你的牛造册，国会对每头牛会征这么多税，你将说什么？如果他打开你的牲口棚，牵走你的耕牛、肉牛、马和羊，你会有什么感觉？"第一个人回答说："我该说什么吗？我要敲他的脑袋。""是啊，"第四个人说道，"如果国会可以没收汉考克先生的码头和罗先生的码头，他们就可以夺走你的牲口棚和我的房子。"在这样理论了一番以后，一直未讲话的第五个人叫起来了："我们到了反叛的关键时刻，我们一定要在某个时间反叛，我们现在反叛比将来反叛好。如果我们推迟十年或者二十年，让他们继续他们已经开始了的一切，他们将在我们中间形成一个强大的派别，给我们造成的痛苦比他们现在所能造成的要大得多。而到目前为止，他们还只有一个小的派别站在他们一边。"[②]

---

① Hamilton, *Gentleman's Progress*, 125.

② John Adams to Benjamin Rush, May 21, 1807, in *The Works of John Adams*, 9: 597-598.

亚当斯在信中说他之所以要提到这段经历是为了告诉人们，"独立的理念即便是在老百姓中达到广为人知的程度，也比有些人说的要早得多"。在他看来，一些受过教育的士绅说自己直到 1776 年读了托马斯·潘恩的《常识》方才第一次有了独立的想法，其实是因为这些人视野狭隘，贫于思考，"与这个世界缺乏交往对话"，也就是不接地气。① 显然，亚当斯所说的能接地气的"世界"包括了酒店这个公共空间，有相当大一部分殖民地人就是在这里形成了美国革命和走向独立的共识。

不仅如此，酒店还跟挑战王室殖民地政府以及英国政策的政治组织的兴起与发展有着密切的关系，而且由来已久。"波士顿派别会议"的形成就是证明。1686 年，詹姆斯二世取消了马萨诸塞殖民地及其政府赖以建立的 1629 年特许状，代之以不得人心的新英格兰领地政府。当英国光荣革命的消息传来后，马萨诸塞殖民地人在 1689 年推翻了这个政府。殖民地议会乃派遣时任殖民地参事的伊莱沙·库克到英国国会游说，希望恢复 1629 年特许状，但未获成功。英国王室授予的新特许状将马萨诸塞变成了王室殖民地。由于库克始终反对接受新的特许状，而且成了殖民地议会中平民大众派的代表，他在 1693 年当选参事后，却被首任王室殖民地总督否决。1702 年，新任总督又免去了库克的殖民地最高法院法官职务，并将其子小伊莱沙·库克的法院书记官职务也撤销了。1715 年，有"人民骄子"之称的老库克去世，小库克继父亲之后成为殖民地平民大众中深孚众望的人物。他在 1717 年被殖民地议会下议院推举进入参事会，但是同样被当时的总督所否决。不仅如此，该总督后来还在议会宣布，库克是国王与他的敌人。面对王室政府与总督的反对，库克意识到，他必须以新的方式寻求平民大众的政治支持，才能有效地维护殖民地人的利益。除了通过修建码头、握有大量店铺地产、控制林区资源等经商手段建立和扩大影响以外，库克还以酒会友，广交志同道合者。他不仅在金街拥有一家酒店（后来租给他人经营），而且旗下的土地公司有一半的开支都用于在酒店里款待来客。库克领导的秘密政治组织"波士顿派别会议"，大概就是于 1719 年在酒店内外的推杯换盏中建立起来的。有历史

---

① Ibid. , 598.

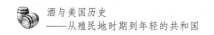

学家认为，这是"美利坚第一个城市政治'机器'"。①

"波士顿派别会议"瞩目于每年镇民大会的选举，动员民众给"派别会议"相中的候选人投票。1698—1717年，波士顿平均每年出来投票的选民只有225人，到1719年，这个数字猛升到454人，显然是有人在背后进行动员的结果。是年当选的7名镇务委员中有5人是新面孔，包括库克和几个与他关系密切的候选人。数月后，库克与其他两位新镇务委员又被选举进入殖民地议会下议院。他在1719年当选下议院议员后直到1737年去世，除了去英国的两年以外年年连任。从1719年开始，波士顿民选官员的组成便保持了相当强的连续性。这一切绝非偶然，它在很大程度上可能就是"波士顿派别会议"在酒店内外用酒动员选民的结果。当地一位亲英派人士甚至指责说，库克在18世纪20年代花了9 000英镑贿选和买酒招待选民。另外，从库克及其同盟者控制镇务委员会后酒店执照政策发生的重大转变，也可以看出"派别会议"与酒店之间的密切关系。该委员会在1719年以前的5年里仅批准了313个酒店执照申请案中的87个（28%），可是在1719年以后的5年里却批准了305个酒店执照申请案中的245个（80%）。② 显然，库克及其"派别会议"希望通过酒店的增加进一步扩大他们的政治影响，在涉及殖民地官员薪资来源、土地银行、木材林地以及议会拨款等方面限制王室殖民地政府的权力，维护他们和殖民地平民大众的利益。

美国革命的风云人物塞缪尔·亚当斯的父亲就曾是"波士顿派别会议"的成员。老亚当斯没有开酒店，但是拥有麦芽制作房。为了缓和殖民地由于母国限制而货币短缺的问题，他与"派别会议"的一些领导人建议靠私人认捐组建土地银行，发行纸币。这个银行开张后经营相当成功。然而英国国会在1741年通过立法，在殖民地禁止土地银行，并对组织者采取惩罚措施，结果使得身为土地银行董事的老亚当斯陷于困境。其财产即便在他死后还不时受到要被没收的威胁，给他的家庭造成了莫大的困扰。因此，塞缪尔·亚当斯在自己年轻时就亲身领教了英国帝国政策对殖民地人的危害。这是他后来成为美国革命杰出领袖之一的一个

---

① Gary Nash, *The Urban Crucible: Social Change, Political Consciousness, and the Origins of the American Revolution* (Cambridge, MA: Harvard University Press, 1979), 86.

② Conroy, *In Public Houses*, 170-171.

原因。到 18 世纪 50 年代，亚当斯像他的父亲一样成了"波士顿派别会议"的重要首领，矢志为他所说的"自由"而奋斗，决心维护公民抵制政府"非法"行动的权利，尤其要关注那些身着"毛线帽或者皮围裙"的普通民众和"比较贫穷与弱势"的群体。[①] 当亚当斯的远房堂弟约翰·亚当斯在 1763 年接触到"波士顿派别会议"时，他发现其堂兄与该组织的其他成员聚集在一个阁楼上，"他们抽烟抽到从阁楼这头都看不到那头。他们喝的我想是饮料酒，他们选出一个会议主席依照常规提出要表决的问题，并物色人选，在镇上选举之前就将估税官、收税官、典狱长、消防官和议员都选出来了"。[②] 显然，"波士顿派别会议"在地方政治中具有非同寻常的影响。七年战争后，当他们对英国帝国政策进行抗争时，这种影响力发挥了重要作用。

1765 年 8 月 14 日策划对《印花税法》展开暴力抗争的"忠心九人帮"，几乎都是"波士顿派别会议"成员。塞缪尔·亚当斯名义上没有参加九人帮，但是人们都说他实际上是"忠心九人帮"的第 10 名成员。"自由之子社"就是在"忠心九人帮"的基础上发展起来的，后来更是遍及马萨诸塞与北美其他殖民地，成为美国革命中最重要的组织之一。[③]"波士顿派别会议"分为北区、南区和中部三个分支。"北区派别会议"通常不是在礼宾酒店，就是在绿龙酒店开会。事实上，1765 年波士顿获得售酒执照的 89 人中就有 20 人是"自由之子社"成员，可以说大约 1/5 的酒店与酒铺老板进入了早期抗英运动的领导层。[④] 毫不奇怪，塞缪尔·亚当斯与抗英运动中很多著名人物都是酒店的常客。在绿龙酒店，亚当斯在炉火旁一边喝酒一边与工匠、船坞工人、码头工人谈论自己反对英国暴政的激进理念。在葡萄束酒店，他和中上层的辉格派讨论英国宪法与殖民地特许状。在礼宾酒店，他们策划如何推翻王室政府。亲英派甚至给亚当斯取了一个绰号叫"酒店老板山姆"。[⑤]

[①] John K. Alexander, *Samuel Adams*: *America's Revolutionary Politician* (Lanham, MD: Rowan and Littlefield, 2002), 2, 4-8, 13, 15-16.

[②] *Diary and Autobiography of John Adams*, 1: 238, Boston Feby. 1763.

[③] Sismondo, *America Walks into Bar*, 57.

[④] Conroy, *In Public Houses*, 256, note 20.

[⑤] John Chester Miller, *Sam Adams*: *Pioneer in Propaganda* (Boston: Little, Brown, and Company, 1936, republished by Stanford University Press in 1960), 39-40.

如果说亚当斯在中下层人士比较集中的酒店如鱼得水，那么奥蒂斯作为协助收缴令案的辩护律师和后来的众议院反对派领袖，则与商人会社这样的组织接触较多。他们通常会在不列颠咖啡馆聚会饮酒，讨论政治。1769 年，奥蒂斯就是到这家酒店后，被他曾经奚落过的海关官员用拐杖猛击头部受伤。此后，奥蒂斯本已有些问题的心理健康每况愈下，一直都在与精神疾病作斗争。除了精神病以外，他在 1764—1766 年撰写的几本小册子中有些内容让时人感到前后矛盾，以为他改变了 1761 年协助收缴令案中的立场。由于这种怀疑和他在 1770 年精神失常，奥蒂斯在此后的抗英斗争和独立建国过程中消失了踪影。20 世纪 60 年代以来美国史学界几位研究奥蒂斯思想的学者，虽然对其有所批评，但都没有否定他对美国革命和新生共和国的贡献。

伯纳德·贝林教授认为，奥蒂斯的问题是将 17 世纪的法律语言用于解决 18 世纪的宪法之争，但依然赞扬奥蒂斯在 1861 年协助收缴令案中发表的历史性演说，称之为 "美国革命的第一次行动"。[1] 在芝加哥大学法学院任教的詹姆斯·弗格森，指出了自然法观念与国会主权观在奥蒂斯思想及其著作中造成的混乱，但承认他对 "美国革命思想意识的发展做出了必不可少的贡献"，并称他的四本小册子代表了走向 "美利坚共和国思想基础" 的 "第一步"。[2] 加州州立大学的理查德·塞缪尔森分析称，奥蒂斯最初强调的是殖民地人享有的洛克所说的自然权利，但是 1765 年出版的威廉·布莱克斯通的《英国法释义》，却使其越来越希望为殖民地人争取作为英国人的自由与权利。这种转变在殖民地抗英阵营内的激进派中引起了不满。不过塞缪尔森依然承认：奥蒂斯是 "触发了他试图防止的革命的人"。[3] 至于对奥蒂斯倍加赞赏的 T. H. 布林教授，他认为奥蒂斯为黑人平等权利发出的呼喊，超越了美国革命时代的普遍认知，展现的是 "从协助收缴令之争直到独立宣言、托马斯·潘恩的《人的权利》和 18 世纪 90 年代法国宪法的

---

① Bernard Bailyn, (1) *The Ideological Origins of the American Revolution*, 178-179；(2) *Atlantic History*, 90.

② James R. Ferguson, "Reason in Madnesss：The Political Thought of James Otis," *The William and Mary Quarterly* 36 (1979)：195, 213-214.

③ Richard A. Samuelson, "The Constitutional Sanity of James Otis：Resistance Leader and Loyal Subject," *The Review of Politics* 61 (1999)：523.

真正平等主义政治传统"。① 显然,奥蒂斯的思想比较复杂,还有很多值得一探究竟的地方。就连他最后的离去,也给人留下一种神秘感。1783 年 5 月 3 日,他在友人家中靠门而立时,不幸被闪电击中而亡。此前不久,奥蒂斯曾对其妹说:"我希望,当全能上帝的天意要让我离世而入永生时,将用一道闪电来完成。"他被电光击中时,据说房中还有好几个人,但毫发无伤,而且奥蒂斯的身体也没有任何伤痕,完好如初。这大概不是天妒英才,而是神灵的召唤!②

和波士顿一样,纽约市的"自由之子社"在建立与发展上也离不开酒店。该组织初创时的主要成员几乎都与酒店有这样或那样的关系。商人亚历山大·麦克杜格尔在做了多年私掠船船长后定居纽约,开了一家被船员们称为"啤酒铺"的酒店。同样是商人与私掠船船长的艾萨克·西尔斯的岳父是水街德雷克酒店的老板。该店是船员和革命派人士常来常往之地。约翰·拉姆是葡萄酒与烈酒经销商,和全城的零售酒铺几乎都有生意关系。他的内弟约瑟夫·阿里科克也是卖葡萄酒与烈酒的商人(此人后来成了效忠派)。马里纳斯·威利特的父亲则是省徽酒店的老板。这些早期的"自由之子社"成员中恐怕只有小学老师休·休斯与酒店没有太大关系。③ 即便和酒店的所有权与经营权无染,"自由之子社"的成员也大多喜欢光顾酒店,在那里消磨了不少时光。事实上,纽约"自由之子社"在不同的时期将不同的酒店作为他们的活动中心,威廉·霍华德酒店是"他们通常诉诸公众的酒店",此外还有巴丁酒店、蒙塔格酒店等。后来,他们甚至买下了一家酒店作为自己的活动地点,命名为汉普登会堂酒店,从而使"自由之子社"的活动进一步常态化。④ 众所周知,约翰·汉普登是 1637 年因拒交造船费而被审讯的英国绅士,查理一世于 1642 年试图逮捕他与其他四位国会领袖,这一行动触发了英国内战。"自由之子社"以汉普登的名字命名他们的酒店,其与英国政府抗争的决心让人一目了然。

---

① T. H. Breen, "Subjecthood and Citizenship: The Context of James Otis's Radical Critique of John Locke," *The New England Quarterly* 71 (1998): 403

② William Tudor, Jr., *The Life of James Otis, of Massachusetts* (Boston: Wells & Lilly, 1823), 485; John Clark Ridpath, *James Otis, The Pre-Revolutionist* (Chicago: The University Association, 1898), 75, 80.

③ Benjamin L. Carp, *Rebels Rising: Cities and the American Revolution* (New York: Oxford University Press, 2007), 80; Nash, *The Urban Crucible*, 303.

④ Carp, *Rebels Rising*, 85, 86, 92.

这些抗英人士及其组织之所以与酒店关系密切,是因为他们在那里可以比较方便地动员民众、联络协调和策划行动。1765 年 11 月 25 日,纽约反对《印花税法》运动的领袖通告民众,第二天在乔治·伯恩斯酒店召开"纽约市和县的业主、自由人与居民的大会",欢迎"所有年龄、地位、身份的人"参加。大会通过决议,敦促殖民地议会要求英国政府取消《印花税法》。第二年 1 月 7 日,纽约"自由之子社"在威廉·霍华德酒店公开集会,誓言不惜以生命与财产保护纽约不受《印花税法》的侵害。[①] 1775 年春,罗伯特·霍尼曼医生在纽约一家酒店看到了动员活动,他在日记中对此做了如下的描述:人们"几乎不停地谈政治,我对此已经习惯了,这家酒店的常客是自由(之子)派人士;现在住在这里的有一位是萨福克县委员会成员,一个非常明白事理的正派人",吃早餐时碰到的也是"坚定的自由派",眼前所见都是"政治,政治,政治!大量的传单、广告、双方信件的摘抄,每天每小时都在印刷、出版、张贴和散发。男人、女人、儿童,所有地位与职业的人都在为政治而疯狂"。大约一个月以后,当霍尼曼医生再次入住这家酒店时,他发现又住了很多人,"酒店里老是挤满了激进辉格派和委员会成员",吵吵闹闹,弄得他难以入睡。[②]

此外,酒店通常还是每一次抗争取得胜利后加以庆祝的地方,而这些庆祝活动往往又有进一步动员民众的意义。1768 年 6 月,波士顿民众因海关没收汉考克的"自由号"而发生暴力抗争活动。殖民地议会又以 92 对 17 票拒绝英国政府要求撤回传阅函的指令。对这些事件甚感惊恐的殖民地总督伯纳德,乃要求英国政府派军队到波士顿对付抗议人士。8 月初,关于英国正规军将进驻波士顿的消息不胫而走。面对驻军的威胁,抗英阵营觉得需要鼓舞民众士气。于是,除了塞缪尔·亚当斯在《波士顿时事报》上撰文谴责驻军以外,人们还决定庆祝 1765 年 8 月 14 日波士顿民众暴力反抗《印花税法》三周年,以此展现殖民地人抗争的决心。不巧 8 月 14 日是星期天,于是"自由之子社"乃将庆祝活动推迟到第二

---

① Ibid. , 84-85.

② *Colonial Panorama*, 1775; *Dr. Robert Honyman's Journal for March and April*, ed. Philip Padelford (San Marino, CA: Huntington Library, 1939), 29, 31, 67.

天举行。这天早上，庆祝活动从自由树旁开始，鸣十四响礼炮，来自各个不同阶层的人群挤满了大街，乐队奏乐，人们高唱"美利坚自由之歌"，歌声结束时又是一阵礼炮轰鸣，欢乐的叫喊声在空中回荡。到场者心中充满了对自由事业的崇高激情，不少相貌甜美的自由之女们脸上露出了灿烂的笑容。人们举杯祝酒十四次，祝酒词中受到赞颂的对象包括"难忘的 1765 年 8 月 14 日""农夫"（即以"农夫"笔名撰写著名信札的约翰·迪金森）、"约翰·威尔克斯"（在《北大不列颠人报》第 45 期上撰文批评英国国王的英国激进政治家）、"光荣的 92 人"（投票反对撤回传阅函的马萨诸塞殖民地议员）、"帕斯卡·保利和他勇敢的科西嘉人"（保利是领导科西嘉人为自由而战的爱国志士）和"大宪章与权利法案"。在法国号嘹亮的号音和最后一轮礼炮之后，这次庆祝活动的主要参加者前往罗克斯伯里镇的灰狗酒店，在那里发表演说，鼓动听众，还祝酒 45 次，表示他们会像《北大不列颠人报》第 45 期一样，与国王继续角力。餐后，他们走出酒店，对罗克斯伯里镇的自由树行圣化之礼，希望将来的某个周年纪念日，他们可以在这棵树的树荫下"庆祝美利坚从眼下的压迫中解放出来的一天"。① （见图 10）

　　1769 年 8 月 14 日，约翰·亚当斯与 350 名"自由之子社"成员在罗切斯特镇的鲁滨逊酒店共进晚餐，庆祝抵制《印花税法》暴力行动四周年。他们在酒店牲口棚旁摆了两张长桌，上面有三四百个盘子。晚餐后大家一起敬酒，合唱《自由之歌》。就连对聚众饮酒一向有所保留的约翰·亚当斯，在当天的日记中也深有感触地写道："这是在培育对自由的感知。许多人欢聚一堂。奥蒂斯与亚当斯（塞缪尔·亚当斯）精于推动这类节庆，因为这些节庆影响人们的想法，使之充满自由感。节庆还使人们喜欢他们事业的领袖，厌恶和仇恨所有的对手。"② 有人甚至希望让这种促使民众追求自由的努力，在他们光顾的酒店里常态化，甚至永恒化。于是，波士顿 15 位"自由之子社"成员，委托与他们志同道合的著名银匠保罗·里维尔，精心制作了一个饮用朗姆酒的价格不菲的银碗，后来被称为"自由之碗"。在碗的一面刻下的铭文是："纪念光荣的 92 人：尊敬的马萨诸塞海湾众议院议员，不顾权奸傲慢无礼的威胁，严格遵从良心和他们选民的权利，

---

① Wells, *The Life and Public Service of Samuel Adams*, 203-204.

② *Diary and Autobiography of John Adams*, 1：341, August 14, 1769.

在 1768 年 6 月 30 日投票拒不撤回（传阅函）。"另一面在一个圆徽上部两边各刻有一面旗帜，其中一面旗帜上刻着"大宪章"，另一面旗帜上刻着"权利法案"。圆徽中央的铭文是"第 45 期"和"威尔克斯与自由"，下面刻着一页撕破的纸，上面刻有"通用/令状"（指 1761 年被奥蒂斯在法庭上严词谴责的协助收缴令）。这 15 位"自由之子社"成员的名字沿着碗边刻了一圈，其中一位就是那位藏书甚多的酒店店主约翰·马斯顿。"自由之碗"后来就放在他的酒店里，时刻提醒着前来饮酒的殖民地人，自由是他们过去和现在都在追求的目标。[①]（见图 11）

在抗争运动的联络协调上，酒店也发挥了重要作用。1765 年 10 月，印花税法大会在纽约召开时，正式会议在市政厅举行，但代表们大多住在伯恩斯开的市徽酒店。很多非正式的商讨都是在那里进行的。来自宾夕法尼亚的代表约翰·迪金森在给其母亲的信中就曾提到，下午有很多时间要花在酒店里。在这年的 10 月底或者 11 月初，纽约"自由之子社"很可能就是在伯恩斯的酒店里开会，发起以纽约为中心的各殖民地反对《印花税法》的共同努力。12 月 31 日，纽约"自由之子社"的格肖姆·莫特和休·休斯，前往康涅狄格殖民地纽伦敦的一家酒店，鼓动联合抵制《印花税法》。第二年 2 月 4 日，纽约"自由之子社"还为此目的建立了通讯委员会，认为"所有殖民地的安全、英国宪法皆取决于（殖民地）全体的坚定的联盟"。莫特与休斯后来又将纽约"自由之子社"的这种信念传达到了诺威奇、温德姆与波士顿等地。这些地方的"自由之子社"随之建立的联络网，包括马萨诸塞的小镇、新罕布什尔的朴次茅斯、纽约的奥尔巴尼、罗德岛的普罗维登斯和纽波特、纽约的斯克内克塔迪和奥伊斯特贝、亨廷顿、费城，以及新泽西、马里兰和弗吉尼亚的城镇。至于南、北卡罗来纳和佐治亚的"自由之子社"，则由另一个网络联络在一起。[②]

由于殖民地酒店本来就具有邮政服务的功能，所以在这些殖民地的"自由之子社"的相互联络上，起了不可或缺的作用。可是，随着殖民地人与母国的关系日益紧张，尤其是 1774 年"不可容忍的法令"通过之后，殖民地王室邮政官员

---

① Conroy, *In Public Houses*, 260-262, Plate 8.

② Carp, *Rebels Rising*, 81, 85.

就加强了对邮件的检查与控制。费城报纸出版印刷商威廉·戈达德深受其害，愤然指称："信件有可能根据内阁授权而被截留和打开，其内容可以被解释为阴谋叛国；在公共危险时期尤其不可缺少的重要传播工具报纸，由于无法投递而变得毫无用处可言。"[1]这年5月28日，戈达德与纽约"自由之子社"重要成员亚历山大·麦克杜格尔在德雷克酒店会见，从晚上8点一直谈到午夜，讨论的就是如何建立自己的邮政系统的问题。[2] 在获得纽约与新英格兰"自由之子社"的支持后，戈达德通过各殖民地认捐的方式建立了"宪法邮局"系统，其总部就设在费城著名的酒店——伦敦咖啡馆。[3] 到1775年第一次大陆会议召开时，从弗吉尼亚的威廉斯堡到新罕布什尔的朴次茅斯已经有30个"宪法邮局"的分局在运作。它们为各殖民地抗争者之间的联络提供了安全的渠道，从而促进了美国革命的进程。至于戈达德在1774年向大陆会议提出的建立自己的邮政系统的计划，直到1775年7月26日才由第二次大陆会议通过。今日的美国邮政局就是在这个计划的基础上建立起来的。富兰克林出任首任邮政局长，戈达德出任首任邮政督查官。[4]

至于在酒店中策划抗争行动，对于抵制英国帝国政策的殖民地民众领袖来说是很自然的事情。不过，他们是否在绿龙酒店策划了1773年12月16日晚的波士顿茶会，至今都是个无法解开的历史之谜。现在有史料依据可以肯定的是，当时最有可能策划这一行动的两个组织（北区派别会议与波士顿通讯委员会）的确在绿龙酒店商讨过如何抵制《茶叶法》。（见图12）据北区派别会议记录，该组织于1773年11月2日在绿龙酒店开会，投票决定"东印度公司运来的或即将运来的茶叶不得登岸"，并选出托马斯·扬、本杰明·丘奇和约瑟夫·沃伦负责起草决议，第二天在自由树下召见茶叶代理商时向他们宣读。该决议警告茶叶代理商，如果他们拒不服从抵制茶叶登岸的要求，就会被视为"他们家乡的敌人"，并将"感受到他们应该得到的仇恨的分量"。会议还决定邀请约翰·汉考克、波

① U. S. Postal Service, *The United States Postal Service: An American History*, 3, accessed December 20, 2020, https://about.usps.com/publications/pub100.pdf.

② Carp, *Rebels Rising*, 96.

③ John Thomas Scharf and Thompson Westcott, *History of Philadelphia*, 1609—1884 (Philadelphia: L. H. Everts & Company, 1884), 3: 1808.

④ U. S. Postal Service, *The United States Postal Service: An American History*, 3-4.

士顿通讯委员会与他们一起共商大计。① 另外，波士顿通讯委员会在波士顿茶会发生前3天的12月13日，与相邻几个镇的通讯委员会开了一整天会，但会议记录上却写着"无商定事项值得一记"。波士顿通讯委员会很可能就是在这一天做出了重要决定，策划了一旦"人民群体"大会无法实现目标后应采取的行动，只是他们不想留下任何记录而已。② 当时参加波士顿茶会毁茶行动的人也守口如瓶达半个多世纪之久。直到19世纪20年代和30年代，才有一些依然健在的参加者站出来讲述他们当年的经历，还有一些已故参加者的亲人和后裔也开始道出他们曾经听说过的故事，但真实性如何，很难验证。至于茶会事件的策划者，他们在作古之前没有一个人露出过丝毫口风。

这些人之所以会这样做的一个明显理由，是他们不想因此事让波士顿遭到英国的报复，故而当时的现场指挥者和骨干分子都装扮成了印第安人。他们也许还担心公开身份将来会在法院遭到起诉，因此还是隐姓埋名为好。这也许是在美国独立之前他们从来都不像纪念反《印花税法》和波士顿大屠杀一样纪念波士顿茶会的原因。但是他们为什么在独立之后依然不肯公开此事的真相呢？事实上，就连"波士顿茶会"这个称谓都是在半个多世纪后的1826年才出现的。③ 究其原因，很可能是因为波士顿茶会的策划者与积极参加者都认为，他们不得不采取的行动，虽然具有捍卫殖民地人权益的抗英意义，但毕竟是对私有财产的严重破坏，而无论是英国人还是美洲大陆居民，对于私有财产都是十分尊重的。当波士顿茶会的消息传到英国后，当时身在伦敦的本杰明·富兰克林就致信马萨诸塞议会通讯委员会，对是否有必要将事情弄到如此极端的地步——"在一场有关公共权利的争端中去毁灭私人财产"，深表不安，尽管他知道应该责备的是那些"阻碍送回茶叶的人"。④ 显然，波士顿茶会事件的策划者当时和后来也都懂得，他

① "Proceedings of the North End Caucus" in Elbridge Henry Goss, *The Life of Colonel Paul Revere*（Boston：Printed and Published by Joseph George Cupples, 1891）, 641-643.

② Labaree, *The Boston Tea Party*, 136-137.

③ Carp, *Defiance of the Patriots*, 223.

④ "From Benjamin Franklin to the Massachusetts House Committee of Correspondence, 2 February 1774," *Founders Online*, National Archives, https://founders.archives.gov/documents/Franklin/01-21-02-0023. [Original source：*The Papers of Benjamin Franklin*, Vol. 21, *January 1, 1774, through March 22, 1775*, ed. William B. Willcox. New Haven and London：Yale University Press, 1978, pp. 75-77.]

们多年来反对英国帝国政策的抗争所要维护的权益，就包括殖民地人的私人财产权在内，而他们建立的新国家的立国基础之一，就是公民的私人产权未经正当程序不得予以侵犯。于是，他们选择了沉默，将这个秘密带进了坟墓。

在酒店进行的其他策划行动就没有这么多秘密可言了。据托马斯·杰斐逊后来回忆，他于1773年春与帕特里克·亨利、理查德·亨利·李、弗朗西斯·L.李、达布尼·卡尔以及另外一两个人，在威廉斯堡的罗利酒店的一个雅间里喝酒。大家觉得当前最迫切的事情，就是在反对英国的共同事业和"采取统一行动的问题上"，要"与其他殖民地取得谅解"。他们认为"每个殖民地设一个通讯委员会将是彼此联络的最好工具"，并主张"每个殖民地派代表在某个居中地点召开会议，负责确定所有殖民地应该采纳的措施。"这些人还就此起草好了提交弗吉尼亚殖民地议会审议的决议案。① 是年3月12日，议会一致通过了这个决议案，任命了由11人组成的通讯委员会。该委员会于第二天起草了给其他殖民地议会议长的传阅函，并附上了弗吉尼亚议会通过的决议。这一行动不仅推动了各殖民地议会通讯委员会的建立，而且为大陆会议的召开铺垫了道路。当富兰克林听到弗吉尼亚呼吁各个殖民地议会建立通讯委员会的消息后，他在给马萨诸塞殖民地议会议长托马斯·库欣的信中写道："如果压迫继续下去，一个代表大会将从这些通讯中产生。"富兰克林还预言："没有什么会使（英国）内阁官员更惊恐的了，如果殖民地真的一致同意召开代表大会的话，我看不出如何能阻拦得住。"②

1775年4月，列克星敦打响了独立战争的第一枪。消息传到纽约后，当地反英抗争者夺取政府储藏的武器，收缴海关钥匙，使殖民地政府失去行政功能。驻守纽约的英军只好困守在军营内。纽约各个派别的民众领袖乃在商人咖啡馆开会，选出百人委员会暂行政府职能。当英军接到去波士顿的命令要求放行时，该委员会同意他们带着武器与装备离开。"自由之子社"的马里纳斯·威利特等人对百人委员会的这个决定十分不满。后来他们在德雷克酒店听说开赴码头的英军

---

① *The Works of Thomas Jefferson*, ed. Paul Leicester Ford (New York: G. P. Putnams' Sons, 1904), 1: 9-10.

② Franklin to Thomas Cushing, July 7, 1773, in *The Papers of Benjamin Franklin*, volume 20, accessed October 1, 2020, https://franklinpapers.org/framedVolumes.jsp.

不仅随身携带武器装备，而且还在用车运送已装箱的枪械，便立即商定要截住这些枪械。于是，这些人兵分几路通知民众前往阻挡。威利特经过咖啡馆酒店时还在那里将拟定的行动计划公之于众。随后，他在布罗德街拦住了运送枪械的车辆，告诉英军指挥官和试图阻止他的市长：百人委员会并没有允许英军带走除随身携带的武器装备以外的其他枪械，而且考虑到马萨诸塞的兄弟们已经在流血，他认为他有责任阻止这些枪械被用来伤害他们。在越来越多赶来支持他的民众的欢呼声中，威利特和他的同伴们成功地将几车枪械拉走了，存放在酒店店主亚伯拉罕·范戴克的院子里。①

当托马斯·潘恩的《常识》在1776年出版后，纽约的效忠派担心其影响迅速扩大，于是写了一本小册子，对潘恩的《常识》中提出的观点逐条加以反驳。一个叫劳登的印刷商为了谋利而开始印刷这本小册子，并在报纸上打广告准备出版。此举引发了纽约"自由之子社"的强烈反应。艾萨克·西尔斯、亚历山大·麦克杜格尔、约翰·拉姆等大约十二个人在德雷克酒店开会讨论此事。他们喝了"足够的朗波酒"（以朗姆酒为主的一种酒类饮料）之后，在晚上前往劳登住处破门而入，将劳登从床上拖了起来，并将原稿和已经印出的小册子全部付之一炬。第二天，城里每个印刷商都收到一张便条，上面写道："先生，如果你印刷或者允许在你的印刷所里印刷任何反对美利坚的权利与自由或者支持我们顽固不化的敌人——国王、内阁和英国国会——的东西，那么死亡与毁灭、劫难与地狱就是你们的命运。"②

酒店不仅是殖民地人动员、联络和策划反英行动的场所，而且本身就是不少重大抗争活动发生的地点，因为殖民地酒店往往是一个社区的中心。1765年10月31日，即《印花税法》正式生效的前一天，纽约市约200名"与不列颠贸易的"商人在伯恩斯的市徽酒店开会，作出了在《印花税法》有效期间不再从英国进口货物的重大决定，开始了殖民地人第一次不进口运动。他们还任命了一个

---

① *A Narrative of the Military Actions of Colonel Marinus Willett* (New York: G & C & H. Carvill, 1831), 27-31.

② Thomas Jones, *History of New York during the Revolutionary War* (New York: New York Historical Society, 1879), 1: 63-65.

通讯委员会负责与其他殖民地协调，共同反对母国的政策。这个通讯委员会的建立在所有北美殖民地中是最早的。① 同日，纽约市的工匠、船员和劳工走上街头，沿着百老汇游行到政府存放印花的乔治要塞，然后又游行回到出发地点，对《印花税法》导致的自由的死亡表示哀悼，就连商人咖啡馆等酒店里的骰子与玩十五子游戏的盒子都包上了黑纱。②

《印花税法》废除后，纽约"自由之子社"及其追随者为了纪念他们的胜利，在英军营地前的菲尔兹公地上竖起了"自由旗杆"。军营里的英军认为这是对他们的挑战，遂砍倒了第一根"自由旗杆"，"自由之子"社马上竖起了第二根，英军又砍倒了第二根"自由旗杆"，"自由之子社"接着便竖起了第三根。当纽约人在 1767 年庆祝《印花税法》废除一周年后，英军又气呼呼地砍倒了第三根旗杆。于是，纽约 2 000 多名民众在是年 3 月 19 日竖起了第四根"自由旗杆"，不仅用铁板保护其基座，而且埋得很深，使得英军难以破坏。抗议民众还常常在亚伯拉罕·蒙塔格的酒店与咖啡馆的台阶上，朝着对面的军营高声叫骂。这种对抗情绪在 1769—1770 年由于《汤森法》而进一步激化。当时驻纽约英军指挥官盖奇将军在 1770 年 1 月 8 日向伦敦报告说："所有地方的人似乎都精神错乱了。现在会因为公众关心的一切问题动不动就在自由旗杆和咖啡馆集会，就像古罗马人去广场一样。来自各个方面的演说者在那里发表长篇大论。"③ 英军士兵一旦离开军营就会遭到攻击。1 月 13 日晚，英军士兵终于又一次成功砍倒"自由旗杆"，并将它锯成一块块堆放在蒙达格的酒店门口，该酒店是当时纽约"自由之子社"经常聚会的总部。这种挑衅之举激起了"自由之子社"成员的满腔怒火，他们发动 3 000 多名纽约民众在被砍倒的"自由旗杆"的残桩处集会，对英军展开攻击，骚动持续了两天，史称"金山之战"。秩序恢复后，由于市政当局反对在菲尔兹公地上再立"自由旗杆"，"自由之子社"成员艾萨克·西尔斯乃在附近买下一块地竖起了"自由旗杆"。该社还在不远处买下了汉普登酒店作为他们经常活动的地点。3 月 24 日晚，15 名行将离开纽约的英军士兵又试图

① *New York City during the American Revolution*: *Being a Collection of Original Papers in the Possession of the Mercantile Library Association of New York City*（New York: The Mercantile Library Association, 1861），41.

② Jensen, *Founding of a Nation*, 131.

③ David Hackett Fischer, *Liberty and Freedom*（New York: Oxford University Press, 2005），45.

砍倒新的"自由旗杆",被民众喝退后,他们招来了40多名武装军人做援手。在民众躲进汉普登酒店后,英军包围了酒店,想破门而入,而酒店店主亨利·比克尔则率人以刺刀阻挡,并鸣响了警钟。为防止事态扩大,英军上校赶到,撤走了士兵,并限制他们的行动直到离开纽约。显然,在纽约民众与英军围绕"自由旗杆"发生的冲突中,酒店及其周围地区成了彼此对抗的中心。

其实,就连独立战争的第一枪都是在一个酒店附近打响的,而且很可能就是从这家酒店里开了第一枪。事情的来龙去脉要追溯到1774年。英国国会在那年通过了"不可容忍的法令"。马萨诸塞殖民地新任总督盖奇将军很快就在9月28日签署的公告中声称,由于月初以来出现的"很多骚动与混乱",他认为原定于10月5日在塞勒姆召开殖民地议会的决定是"极不适当的",宣布所有当选议员无须出席会议。这等于是解散合法选出的议会。当选议员们对此十分不满,遂于10月5日在塞勒姆照常召开会议,并于10月7日通过决议,指责总督公告违宪,宣布他们组成殖民地立法大会,承担起政府职能。大会选举约翰·汉考克为主席,并决定将会址转移到康科德的法院。后发现法院房子太小,会议又改到紧靠赖特酒店的教堂举行。[①] 立法大会即刻成立了很多委员会,诸如调查英军情况及其行动的委员会、安全委员会和供给委员会等,负责处理各方面的具体事务。赖特酒店便成了这些委员会的主要开会地点之一。

英军当时在波士顿只有3 000人,盖奇将军觉得不足以应对殖民地的民兵队伍。加之他本来就不想以武力对付殖民地人,所以他将精力集中在断绝殖民地人军火来源上,试图以此防止军事冲突的发生。早在1774年9月初的一个清晨,他就派英军不声不响地突然开赴波士顿西北6英里处的殖民地火药库,成功地将火药一扫而空。消息传开后,马萨诸塞四乡的居民与民兵来到靠近波士顿的剑桥,把愤怒发泄到效忠派人士身上。他们逼着将火药库钥匙交给英军的效忠派治安官发誓,再也不执行"不可容忍的法令",还迫使盖奇任命的一名参事会成员辞职。殖民地人将盖奇的行动看作一次"火药报警"。[②] 在波士顿,保罗·里维

---

① *Journals of Each Provincial Congress of Massachusetts* (Boston: Dutton and Wentworth Printers to the State, 1838), 3-6, 15, 30 (expense for arms and powder), 35 (committee of safety), 55 (delegates to the second continental congress).

② David Hackett Fischer, *Paul Revere's Ride* (New York: Oxford University Press, 1994), 46.

尔和一些工匠开始密切监视英军的一举一动。他后来回忆说，1774 年秋至 1775 年初，有 30 多个主要是工匠的人组织了一个委员会，他是其中之一，这个委员会密切注视英军士兵的行动，打探有关效忠派的所有情报，经常在绿龙酒店开会。[1] 与此同时，殖民地立法大会则在 1775 年 2 月 9 日通过决议，授权安全委员会可召集武装民兵，反对任何执行"不可容忍的法令"的企图。[2]

1775 年 4 月，盖奇将军打算对康科德储存的民兵军火，采取重大奔袭行动。由于此前里维尔的情报网曾多次成功地传递了消息，挫败了英军的行动，盖奇将军乃于 4 月 18 日早上，派出一支 20 人的骑兵队，先行奔赴波士顿-列克星敦-康科德一线，拦截传递消息的人。

此时，在波士顿和列克星敦之间梅诺汤米村的纽尔酒店里，殖民地安全委员会与供给委员会的成员们正在开会，讨论英军可能采取的突袭行动以及继续转运康科德军火的问题。傍晚时分散会后，两名与会者坐马车前往查尔斯顿，与巡逻的英军骑兵擦肩而过。两人非常警觉，即刻绕道回到梅诺汤米村，要还在那里的委员会成员立即赶去列克星敦，向在那里藏身的汉考克与塞缪尔·亚当斯发出警告。当时，这两位领袖人物暂住在乔纳斯·克拉克牧师家，列克星敦人获悉警告后，马上挑选了 8 名武装民兵，在牧师家四周戒备。另外的 30 名民兵则在附近的巴克曼酒店集结，一边派人沿路侦查英军动向，同时派人前往康科德通报敌情。

而在波士顿城里，当天下午，里维尔和另一位安全委员会成员约瑟夫·沃伦医生均获得情报，称英军在准备行动。事态紧急，沃伦医生遂动用其接近英军指挥中心的秘密情报来源加以核实，得知盖奇的计划是抓获据悉身在列克星敦的塞缪尔·亚当斯和约翰·汉考克，烧掉在康科德的军火储备。[3]后来很多事态表明，这个情报来源很可能就是盖奇将军的妻子——在新泽西出生的玛格丽特·肯布尔·盖奇。不过，沃伦在大约两个月后的邦克山之战中不幸阵亡，将这个秘密带进了坟墓，至今无从证实。

---

[1]　Goss, *The Life of Colonel Paul Revere*, 180-183.

[2]　*Journals of Each Provincial Congress of Massachusetts*, 89-90.

[3]　Kenneth A. Daigler, *Spies, Patriots, and Traitors: American Intelligence in the Revolutionary War* (Washington, DC: Georgetown University Press, 2014), 56.

消息一经核实，沃伦在当晚的9—10点，叫来了里维尔，让他赶赴列克星敦通知汉考克和亚当斯，并且还要将英军动向通知康科德方面。为保险起见，沃伦另派威廉·道斯沿另一条路赶往列克星敦。里维尔马上安排人按照预先的约定，在教堂顶上挂灯向远方民兵报警，自己也随即乘船渡过查尔斯河。他在查尔斯顿弄到一匹名为"褐美人"的好马，一路飞奔而去，甩开英军骑兵的追踪，先行赶到列克星敦。里维尔见到汉考克与亚当斯后，三人和克拉克牧师以及随后赶到的道斯一起，去了民兵们整夜守候着的巴克曼酒店。众人一经商量，断定英军这次大规模行动的首要目标，不可能是汉考克与亚当斯，而会是在康科德储存的大量军火。于是，里维尔与道斯又赶紧出发前往康科德报信，而列克星敦则敲响了警钟。

在前去康科德的路上，里维尔和道斯遇到了在康科德行医的塞缪尔·普雷斯科特，便一起驱马前行。但行走不远便遭遇英军骑兵拦截，里维尔被俘，道斯得以返身脱逃，只有普雷斯科特医生纵马跃过一道石墙，凭着他对当地地形的熟悉，摆脱了英军，将消息送到了康科德小镇。里维尔被俘后发现，此前从列克星敦出来打探英军消息和去康科德报信的伊莱贾·桑德森等几个民兵，也都落到了英军手中。

在应对英军的询问时，里维尔对他们展开了攻心战，吓唬他们说，四面八方的民兵都得到了消息，他们的突袭计划已经泡汤了。当这一行人接近列克星敦时，起初听到了一声枪响，后来又是一阵齐射，接着便是越来越急的钟声。那些英军骑兵顿时十分惊慌，觉得里维尔所言不虚，必须马上通知正在向列克星敦与康科德进发的英军主力。于是，他们扔下这些俘虏，赶紧驰马而去。筋疲力尽的桑德森这时去了巴克曼酒店。根据他后来的回忆，当时酒店里进进出出已经集合了很多人。[①] 显然，巴克曼酒店成了列克星敦居民与民兵准备应对英军的中心。许多信使从这里出发向四周乡镇发出警告，让民兵们集结起来准备行动。

里维尔则立即赶去见汉考克与亚当斯，劝说他们转移去比较安全的地方。他随后和汉考克的一位亲信转回巴克曼酒店，将两位领导人留下的一大箱重要文件搬走。

---

① Fischer, *Paul Revere's Ride*, 137.

早在里维尔此前去康科德报信时，约翰·帕克上尉就率领列克星敦的民兵在巴克曼酒店与教堂附近的公地——列克星敦绿地上集合，并派出了两个侦察兵，分两路打探英军的动向。（见图13）其中一个在19日凌晨3—4点回来了，说没有看到英军，人们便怀疑里维尔的情报有误。于是，帕克上尉解散了民兵，让他们就地休息待命。很多民兵决定留在巴克曼酒店，但是按规定上了火药的枪支不得带入酒店，于是他们就对空放枪，结果吓跑了抓住里维尔的英军骑兵。

等到里维尔与汉考克的亲信来到巴克曼酒店取文件时，另一个侦察兵骑马急驰而回，报告英军已经很近了。帕克上尉立即下令击鼓召集民兵，有人鸣枪示警，钟声大作。列克星敦的六七十个民兵进入了巴克曼酒店西面教堂后的绿地。

由238名英国士兵组成的先头部队有六个连，在约翰·皮特凯恩少校率领下，有两个连进入了绿地与民兵对阵。于是，独立战争的第一枪，就在这里打响了。但是，究竟是谁开的第一枪，至今都是个难解之谜。事后有英国军官说，第一枪来自北面的树篱或者石墙的背后，离帕克上尉率领的民兵还有一段距离；另外一些英军则说，是从"教堂右边一栋大房子的角落"射出的，而这栋大房子只可能是巴克曼酒店。[1]但是，列克星敦的民兵们说，他们听到的是手枪声，应该是进入绿地的几名骑马的英军军官先开的枪，有人甚至说就是皮特凯恩少校开的。不过，皮特凯恩后来矢口否认他开了第一枪，而且有人证明他实际上下令英军不要开枪，而是要包围民兵。当然，不管是谁开的枪，列克星敦绿地里的枪声都揭开了独立战争的序幕，而巴克曼酒店很有可能就是打响第一枪的地方，或者是其中的一个地方。（见图14）

双方开火后，乱枪对射，英军1人受伤，列克星敦民兵阵亡7人，受伤9人，还有两名被英军俘虏的人在试图脱逃时被射杀。直到此刻，英军的主力部队才赶到列克星敦，负责这次行动的弗朗西斯·史密斯上校看到战况，大吃一惊，乃向部下宣布：他们的行动目标不是列克星敦，而是康科德的军火，只是为保守秘密，所以直到此时才告诉大家。一些英军军官认为，对于殖民地人来说，这恐怕早已不是秘密，很多地方包括康科德显然都得到了警告，因此建议取消行动。可是史密斯坚持照盖奇将军计划行事，集合起总共800多人的队伍，迅速西行，

---

① Ibid., 193.

直奔康科德。

此时，普雷斯科特医生早已将康科德镇上的人们叫醒了，商议之后决定集合民兵，同时派人去列克星敦探听虚实。很快，康科德镇上所有符合当兵年龄的人，都集中到赖特酒店开镇民大会，一致同意自卫。民兵们迅速前往附近山头准备据守，但是看到英军在数量上大大超过自己，詹姆斯·巴雷特上校乃率领民兵撤出了康科德镇，过了北桥，到离镇中心约1英里的山上俯视英军进展，同时等待援军到来。（见图15）

由于康科德人早已将军火转移，英军仅搜得三门炮和一些铅弹，恼羞成怒，乃砍倒和烧毁了自由旗杆。当来自四面八方的援兵终于和康科德的民兵会合后，兵员增加到500人之多，于是便向守卫北桥的英军一个连队压了过去。英军首先开枪，民兵当即还击，打得英军弃桥而走。史密斯上校见状不妙，在派出搜索军火的部队无功而返之后，只得率部向列克星敦方向撤退，结果沿途遭到各地增援民兵发起的攻击，伤亡惨重。尽管在列克星敦得到了珀西勋爵率领的一个旅的接应，英军在撤回波士顿的路上还是一路挨打。而这一路上的民兵行动正是殖民地安全委员会的几个主要成员事先部署的，其中包括约瑟夫·沃伦医生和负责军事指挥的威廉·希思将军。

原来，当天清晨，希思将军也获悉了英军的行动消息，他前往梅诺汤米村的纽厄尔酒店，打算寻找安全委员会成员商量对策，未果；乃绕道沃特敦前往列克星敦，正好在沃特敦遇到从波士顿赶来的沃伦医生以及安全委员会的几名成员。他们一起开会商讨了对策，然后赶赴列克星敦。到达后，希思将军对下午的行动做出部署，命令各路民兵沿英军撤退路线在各个不同地方予以打击，结果使英军遭遇重挫，疲于奔命。而且在离开沃特敦镇之前，希思就已下令该镇民兵迅速赶去拆掉查尔斯河大桥上的木板，让英军无法经此由陆路返回波士顿。当撤退的英军先头部队发现大桥无法通过，且路边还有民兵阻挡后，珀西勋爵不得不下令英军迅即改道东行，朝查尔斯敦方向而去。此时塞勒姆和马布尔黑德两地的民兵，也正在朝通往查尔斯敦的道路开来，如果他们行动稍微迅速一点、得以展开攻势的话，此时的英军，弹药所剩无几，几乎没有还手之力。可是负责指挥这些民兵的蒂莫西·皮克林上校当时可能还希望殖民地人与英国政府最终能和解，没有下令率领的民兵火速挺进，结果失去战机，眼看着珀西勋爵与史密斯上校率领的败军虎口脱身，进入了查尔斯敦，获得支援后乘渡轮回到了波士顿。[①]

不过，就整个列克星敦与康科德之战来说，殖民地人成功粉碎了英军长途奔袭康科德的行动，并使之遭受重创。据统计，英军阵亡 73 人，受伤 174 人，失踪 25 人，伤亡率为 20%，殖民地民兵阵亡 50 人，受伤 39 人，失踪 5 人，伤亡率为 2.5%。[②] 经此一役，英军将领不得不对殖民地民兵刮目相看了。珀西勋爵在回到波士顿第二天给上司的信中写道："就我而言，我承认，我过去从未相信，他们会攻击国王的军队或者会像我昨天所看到的那样坚持不懈。"盖奇将军后来也同意珀西勋爵的观点。他在给负责殖民地事务的国务大臣达特茅斯勋爵的报告中承认，"反叛者"不是如许多人所料想的一群"乌合之众"，"我发现他们受惠于过去几年在他们当中激励起来的战斗精神……在所有反对法国人的战斗中，他们从来没有展示出他们现在这样的行为举止、专注用心和锲而不舍"。[③]

从这场使英国人倍感震惊的战斗的前后经过可以看出，殖民地反英抗争运动领导人与民兵的很多重要活动都离不开酒店。由里维尔领导的刺探英军情报的组织碰头开会的地点是波士顿的绿龙酒店，4 月 18 日殖民地安全委员会讨论英军突袭计划及康科德军火转运问题的地方是梅诺汤米村的纽厄尔酒店。列克星敦民兵接获情报后立即集结于镇上的巴克曼酒店待命，汉考克、亚当斯、里维尔、克拉克牧师等人也是在巴克曼酒店进行讨论后，作出了英军主要目标是康科德军火的准确判断。就连汉考克与亚当斯的重要文件都放在这个酒店里。可以说，巴克曼酒店实际上成了列克星敦居民与民兵商讨和准备应对英军的中心，康科德的赖特酒店也起了类似的作用。尽管没有证据证明巴克曼酒店一定就是打响独立战争第一枪的地方，但是确实存在这种可能，尤其是在双方军官都不想开第一枪的情况下，藏身于靠近绿地的酒店里的民兵有酒壮胆，说不定他们不管有无命令就开枪了。

---

① 关于列克星敦和康科德之战前后过程的叙述主要参考：（1）David Hackett Fischer, *Paul Revere's Ride*；（2）John R. Galvin, *The Minute Men：A Compact History of the Defenders of the American Colonies*, 1645—1775（New York：Hawthorn Books, Inc., 1967）；（3）Elbridge Henry Goss, *The Life of Colonel Paul Revere*.

② Fischer, *Paul Revere's Ride*, 320-322, Appendix P, Appendix Q；Slaughter, *Independence*, 418.

③ Ibid., 264.

列克星敦的第一枪，使得殖民地人与母国的矛盾迅速上升为武装冲突。5月10日，康涅狄格与马萨诸塞民兵攻克泰孔特罗加要塞。接着，波士顿被民兵包围。盖奇在获得6 000名英军增援后，于6月17日与民兵在邦克山激战，攻下该山，并控制了查尔斯敦，但伤亡惨重。就在武装冲突不断升级的过程中，第二次大陆会议召开，很快决定建立大陆军，任命乔治·华盛顿为其统帅，并贷款和发行纸币购买军火装备。英属北美殖民地与母国之间的战争终于展开。一年后的1776年7月4日，北美十三个殖民地正式宣告独立。在战争进行的过程中，殖民地许许多多的酒店都成了征募中心、情报中心、装备储存中心以及安全掩护之地，为独立战争的胜利作出了不可小视的贡献。

从1781年10月英军放弃战斗开始，到1783年最后一批英军撤离，酒店又成了欢庆胜利的地方，人们纷纷在这里祝酒致贺。1783年11月25日，最后一批英军离开纽约，华盛顿率领大陆军开进了城里，在鲍厄里街的牛头酒店和百老汇街的凯普酒店受到热情欢迎。最后，纽约州州长在珍珠街的弗朗西斯酒店举行盛大庆典。一个多星期后的12月4日，华盛顿决定辞去大陆军统帅职务，解甲归田。他在弗朗西斯酒店向部下辞行，举起一杯葡萄酒向在座的军官说道："我现在向你们告别，内心充满爱和感激。我最真诚地希望，你们以后的日子会像你们此前壮丽与荣耀的岁月一样吉祥和幸福！"[1] 在场的军官一一过来与他握手拥抱。1789年，华盛顿当选美利坚合众国首任总统后，他又来到弗朗西斯酒店，举杯庆祝自己受选民信任而担此重任。（见图16）

这段历史告诉我们，酒店在美国革命的过程中几乎随处可见。殖民地人在这里阅读书籍、报纸与小册子，受到了欧洲启蒙思想与英国辉格党激进反对派理念的熏陶，在宪法权利与经济自由上形成了基本共识，并使之广泛传播成为公共舆论的核心所在。抗争运动的一些骨干组织也与酒店有着千丝万缕的关系，有的甚至就在这里诞生，更不用说在这里开会或者以酒店作为中心展开活动了。许多美国革命的著名领导人常常在此动员民众，通过酒店联络协调各殖民地之间的抗争

---

[1] Benjamin Tallmadge, *Memoir of Col. Benjamin Tallmadge* (New York: Thomas Holman, Book and Job Printer, 1858), 63.

活动，在酒店里运筹帷幄和策划重大事件。从 1765 年不进口运动到 1773 年抵制《茶叶法》，从 1774 年大陆会议召开到 1775 年列克星敦与康科德之战，殖民地人的许多重大决定与活动都离不开酒店。酒店甚至有可能是打响独立战争第一枪的地方，后来当然更是成了欢庆美国革命胜利的重要场所。这个新国家的开国先贤和广大民众在走向独立的道路上之所以如此倚重酒店，恐怕不仅仅是因为那里的美酒琼浆，也不仅仅是因为殖民地人嗜酒乐群的文化传统。可能更重要的是，他们像 100 多年后的美国历史学家卡尔·布里登博一样，看到了酒店在当时所具有的近似于哈贝马斯所说的"公共领域"的功能，从而清楚地意识到："如果有个地方是美国革命的'摇篮'的话，那就是城镇里的酒店。"①

---

① Carl Bridenbaugh, *Cities in Revolt: Urban Life in America*, 1743—1776 (New York: Alfred K. Knopf, 1955), 358.

第三章
嗜酒如命的共和国

如果法国人小口抿白兰地，荷兰人大口喝金酒，爱尔兰人以威士忌为傲，约翰牛当然是经常陶醉于他的黑啤酒，那我们的同胞为什么就不该有一种国酒呢？

——哈里逊·霍尔

在这大理石墓碑的无限阴凉处
躺着醉后的汤姆；
安然栖身于此，
死得像根圆木，
他喝格罗格酒而亡——
威士忌让他没了呼吸，
谁不想死得如此之爽。

——肯塔基早年诗人汤姆·约翰逊为自己写的墓志铭

酒在英属北美殖民地人看来是"生命之水"和"上帝创造的好东西"。正因为不可缺少，酒在很大程度上成了殖民地人走向美国革命的一个不可忽略的最初起因。独立战争进一步强化了人们对酒的需要。于是在共和国建立之后，美国人好酒之风不改。不仅如此，随着美国社会在各方面发生的重大变化，这种好酒之风还愈发兴盛，进入巅峰时期，结果导致 19 世纪初的美利坚合众国在历史学家眼中成了一个"嗜酒如命的共和国"。① 围绕酒的生产与饮用发生的一系列变化，既反映了这个新兴共和国的进步，也成为美国人要面对的诸多挑战。然而无论是走向进步，还是面对挑战，酒都是这个时期绝大多数美国人生活中必不可少的组成部分。

一、朗姆酒昔日风光不再

就在美国人走向"嗜酒如命的共和国"的过程中，朗姆酒在酒类中长期独占鳌头的地位却一落千丈，风光不再。回溯历史，朗姆酒地位最初的动摇发生在独立战争期间。英国对港口的封锁严重影响到糖蜜与朗姆酒的进口，致使朗姆酒一酒难求，价格飙升。战前从 1763 年至 1775 年，新英格兰制造的朗姆酒售价仅在每加仑 1 先令 7 便士到 2 先令 5 便士之间浮动，② 但是到 1777 年，据马萨诸塞州塞勒姆的威廉·平琼当时的日记记载，从西印度群岛进口的朗姆酒在当地售

---

① Rorabaugh, *The Alcoholic Republi*.
② Ibid. , 64.

价为每加仑 36 先令就已经是相当低的好价钱，而新英格兰本地产的朗姆酒价格约为西印度群岛朗姆酒的 2/3，每加仑也要 24 先令，比几年前的最高价涨了几乎 12 倍！平琼的一位朋友买了栋房子和土地，代价只要一大桶（1 豪格海，等于 50 加仑左右，约为 230 公升）西印度群岛朗姆酒，再加 4 先令现金就行了。① 这样高昂的酒价，不要说是普通平民，就连时任弗吉尼亚州长的帕特里克·亨利，对朗姆酒都望而却步，在战时只好用家酿啤酒招待客人，难掩作为主人的窘境。

对于军队来说，朗姆酒紧缺的影响就更为严重，因为如果没有好酒提振士气，当时的军队是打不了仗的。伊斯雷尔·帕特南将军在一次恶战中身体被多发子弹击中，可他"埋怨最厉害的却是，有一颗子弹穿过了他的水壶，让他所有的朗姆酒都漏掉了，这是他觉得比失血还要令人痛惜的事情"。② 作为大陆军统帅的华盛顿对军队朗姆酒供应不足十分忧虑。他在 1777 年 8 月 16 日致信大陆会议，建议"在各州建立公共蒸馏造酒坊"，"因为敌舰对我们整个沿海一带的骚扰，使我们的烈酒进口变得不仅不可靠，而且不可行"。在他看来，"适当饮用烈酒的好处，所有的军队都有体验，勿庸置疑。"现在士兵们得不到"这种绝对必须要有的供给"，只好向随军小贩以高得离谱的价格购买，结果怨声载道。尽管大陆会议在这年 2 月因担心粮食短缺已建议各州禁止用谷物造酒，华盛顿为解决军中烈酒问题，依然要求会议能"任命适当人选购买谷物，为军队蒸馏造酒"。③ 不仅如此，华盛顿还认为用葡萄酒等发酵酒类替代烈酒不妥。他在 1781 年 7 月 14 日给马萨诸塞州长约翰·汉考克的信中毫不含糊地指出："不能将葡萄酒代替朗姆酒分配给士兵，除非分配量大增。"他认为一个品脱的葡萄酒也抵不上一个吉耳（1/4 品脱，约 0.125 升）的朗姆酒。④

---

① *The Diary of William Pynchon of Salem*, ed. Fitch Edward Oliver（Boston：Houghton，Mifflin and Company，1890），38.

② *Investigation into the Fifteen Gallon Law of Massachusetts*, *before a Joint Committee of the Legislature*（Boston：Printed by J. H. Buckingham，1839），65.

③ George Washington to the President of Congress，August 16，1777 in *The Writings of George Washington from the Original Manuscript Sources*，1745—1799，ed. John C. Fitzpatrick（Washington，DC：Government Printing Office，1931-1944），9：73-74. *Journals of the Continental Congress*，1774—1789，7：165.

④ George Washington to Governor John Hancock，July 14，1781 in *The Writings of George Washington from the Original Manuscript Sources*，22：380.

　　独立战争结束后，新英格兰沿海一带的朗姆酒制造业卷土重来，如罗德岛州普罗维登斯的布朗家族在 1789—1794 年就生产了 50 万加仑的朗姆酒。[1]不过，北美大陆生产朗姆酒的黄金时代已经结束。战后制造商们在糖蜜原料和朗姆酒市场上遭遇了越来越多的困难。停战伊始，英国政府在 1783 年就禁止美国船只与英属西印度群岛进行贸易，约两年后又禁止美国的咸鱼与咸肉进入这些岛屿，从而使英属西印度群岛的糖蜜、朗姆酒与其他货物难以出口到美国。美国商人最初还能依靠与法属西印度群岛贸易的增加来予以弥补，但是到 1784 年，法国政府为了扶持本国渔业，以及保证法属西印度群岛的糖都能出口到法国本土，也开始限制这些岛屿和美国的贸易，如对从美国进口的咸鱼、咸牛肉加重税，美国面粉要取得特别许可证方能进口，并禁止出口糖到美国等。就连西班牙在独立战争结束时也取消了 1780 年暂时授予美国与其治下的西印度群岛岛屿贸易的特权，重新禁止外国商人与它的殖民地进行直接贸易。这些国家在贸易方面的上述限制都增加了美国商人从西印度群岛进口糖蜜与朗姆酒的困难。[2] 另外，从朗姆酒市场的角度来看，欧洲国家在西印度群岛的许多殖民地原本不生产朗姆酒，现在都仿效英属西印度群岛加入了朗姆酒生产者的行列，成为美国朗姆酒制造商的竞争者。受英国限制的影响，美国朗姆酒制造商已不再能将产品出口到非洲、加拿大和英国的其他殖民地。国内市场亦情况堪忧，美国人的朗姆酒消费量大幅下降。他们在 1770 年一年中喝掉了将近 800 万加仑的朗姆酒，但是到 1789 年人口几乎翻了一倍，朗姆酒的消费量却只有 700 万加仑。[3] 这固然是由于供给不稳定和价格过高造成的，同时也是因为独立后美国人的民族主义情怀，他们担心对外国糖蜜与朗姆酒的依赖，会在经济上和政治上削弱这个初生共和国的独立性，希望能用依靠本土原料在本土生产的酒类取代朗姆酒。

───────────────

　　[1]　James B. Hedges, *The Browns of Providence Plantation, the Colonial Years* (Cambridge, MA: Harvard University Press, 1952), 311-312.

　　[2]　Curtis P. Nettels, *The Emergence of a National Economy*, 1775—1815 (New York: Holt, Reinhart, and Winston, 1962), 55-57. Cathy Matson, "The Revolution, the Constitution and the New Nation," in *The Cambridge Economic History of the United States*, ed., Stanley L. Engerman and Robert E. Gallman (New York: Cambridge University Press, 1996), 1: 373-374.

　　[3]　Rorabaugh, *The Alcoholic Republic*, 66.

朗姆酒跌落神坛的另一个重要原因，是联邦政府为了岁入与其他需要对朗姆酒等酒类开征各种税收。当然，现在是由美国公民在其中有代表的国会来决定税收，而不是远在大西洋彼岸的伦敦西敏斯特宫中的英国国会议员。独立战争期间，大陆会议和此后根据《邦联条例》建立的邦联国会，都没有征税权，结果为战争开支和其他政府支出欠下一屁股债，美国政府在财政上可谓捉襟见肘。直到1789 年，依据 1787 年美国宪法建立的新的联邦政府才有了征税权，于是上台伊始就迫不及待地动用这一权力。是年 7 月，美国第一届国会第一次会议通过了合众国历史上第一部《关税法》。

正是这部 1789 年《关税法》，给了朗姆酒在美国的消费与制造以沉重的一击。在众议院讨论这部关税法时，来自不同州、代表不同地区利益的国会议员围绕酒类关税涉及的财政目标、经济目标和道德目标展开了博弈。财政目标显然压倒了其他考虑，结果形成了对朗姆酒消费与制造很不利的关税政策。从财政目标来看，1789 年《关税法》就是要充实国库，偿还国债，建立信用，为《美国宪法》生效后成立的联邦政府有效行使权力奠定财政基础。简言之，就是要增加政府收入。詹姆斯·麦迪逊在 1789 年 4 月 8 日向众议院提出议案时就明确指出："我们国库的匮乏人所共知，所以我已无须就此再加批评。让我们就来努力革除这一弊端吧。"为此，他建议对进口货物征收关税，具体说来就是对朗姆酒及其他烈酒、糖蜜、葡萄酒、茶叶、辣椒、糖、可可、咖啡征收从量关税，对其他进口货物则征收从价关税。[①] 朗姆酒在他列举的征税货物中排名第一，被视为关税的一个主要来源。因此，麦迪逊在众议院全院委员会讨论朗姆酒关税税率时毫不含糊地说："我会对这个货物征收高得直到可以征到为止的关税，而且我确信……美国人民觉得这个货物确实应该征收重税。"[②] 尽管后来国会从防止走私和确保关税能到手的实际考虑出发，将最初提议的牙买加标准朗姆酒的税率从每加仑 15 美分减少到 10 美分，这种高关税还是对南部及其他州从西印度群岛进口朗姆酒产生了负面影响。

---

① 从量关税是以货物的重量、数量、体量（长度、体积、容积）为计征标准而计算征收的关税，从价关税是以货物价格为标准而计算征收的关税。

② *Annals of Congress：Debates and Proceedings*, 1789-1824, 1：107, 132, American Memory, Library of Congress, accessed May 17, 2016, https：//memory. loc. gov/ammem/amlaw/lwaclink. html#anchor1.

不仅如此，麦迪逊在众议院还提出对糖蜜征收每加仑 8 美分关税的主张。这显然不利于本土朗姆酒制造业的发展，有些议员便希望将税率降低一点。可是麦迪逊解释说："如果这项关税降低的话，我们就有可能失去我们期望从西印度群岛朗姆酒上获得的大量收入（笔者注：关税收入），并且使其地位被一种比较低劣的烈酒所取代。这样一来，我们 300 万公民同胞的利益就会为了建立几个蒸馏造酒坊而被牺牲掉。"① 由此可见，财政目标在麦迪逊眼中是第一位的，而他的南部背景又使其对新英格兰一带的本国朗姆酒制造业并不在意。这自然遭到了来自新英格兰的国会议员的强烈反对。于是，最终通过的 1789 年《关税法》将糖蜜关税降低到每加仑 2.5 美分。然而，在西印度群岛的糖蜜供应已是问题成堆之时，再加这 2.5 美分的关税，对于本土朗姆酒制造业来说，依然是雪上加霜，成为它走向衰落的一个重要原因。

尽管以麦迪逊为代表的南部议员忽视依靠外国原料的本土朗姆酒制造业的利益，但是对于用本土原料进行生产的本国制造业，许多议员还是希望能有所保护，并视之为 1789 年《关税法》的一个经济目标。其中当然也包括依靠本土原料的酒类制造业。早在 1788 年，《美国文库》收入的一篇短文就算了一笔账：康涅狄格州居民一年要喝掉几乎 40 万加仑的朗姆酒，其中 14/15 是西印度群岛生产的，每加仑朗姆酒售价 4 先令，这就是说一年要为喝朗姆酒付出 8 万英镑，比当时国债每年需要支付的利息 6 万英镑还高出不止 1/3。文章作者因此愤然指出："真丢脸啊，我的国人同胞……！" 依他之见，美国自己生产的"苹果酒与麦芽酒能使所有的烈酒不再成为必要。"② 受这种以民族主义为基础的保护主义思想的影响，宾州的众议员托马斯·菲茨西蒙斯建议：将包括啤酒、艾尔酒、黑啤酒、苹果酒和麦芽在内的一些商品也列入征收关税的货物清单，以此"促进我们国家的生产，保护我们新生的制造业"。③

在 1789 年《关税法》有关酒类关税的讨论中，虽然也曾多次提及减少烈酒

① Ibid.，1：229. 麦迪逊这段话的意思是：由于糖蜜关税降低会刺激国内朗姆酒生产增加，结果就会导致朗姆酒进口减少，从而降低对进口朗姆酒征收关税所获得的收入，并且让劣质的本土产朗姆酒取代进口的西印度群岛优质朗姆酒，使美国人受害。

② "Evil Effects of the Great Consumption of the Spirituous Liquor in America," *American Museum：Or Repository of Ancient and Modern Fugitive Pieces*, *& Prose and Poetical*, volume 4 (1788)：234.

③ *Annals of Congress*, 1：111, 114.

饮用的道德目标，但是从未成为影响关税法的重要因素，倒是常常引发异议。来自纽约州的约翰·劳伦斯议员直率地指出："如果从道学家的角度来对此问题进行推理和行动，我确信每个议员都希望完全阻止使用烈酒，因为它们对人民道德的影响是属于最有害的一类。其危害还不止于此，我看对健康的危害同样是毁灭性的，但是我们不是作为道学家而是作为政治家来讨论和决定这一问题，并且是在竭力从人类的罪恶中去获取我们的公民一定会以这种或那种形式提供的那种岁入。"①

显然，劳伦斯认为，岁入需要高于道德目标，但是恰如他所言，不少议员并不是完全没有道德考虑。他们曾力主鼓励和促进本国麦芽酒制造业的发展，希望有朝一日可以用麦芽酒来取代烈酒。在讨论关于啤酒、艾尔酒和黑啤酒关税时，菲茨西蒙斯议员就曾指出，生产这些酒类的制造业是"非常值得鼓励的。如果要让人民的道德……得到改良的话，全国立法机构鼓励麦芽酒的制造将是深谋远虑之举。"即便有议员担心麦芽酒类的高关税会造成国内麦芽酒制造业的垄断局面，麦迪逊也不以为然。他说倒是"希望这样的鼓励使（麦芽酒）制造商在合众国的每个州都扎下根"。② 不过，麦芽酒要想取代朗姆酒并非一朝一夕之功。马萨诸塞州的费希尔·埃姆斯议员说得很清楚："我像任何绅士一样赞成引入各种麦芽酒，相信它们不像现在普遍使用的这种酒那样有害；但是在我们将自己限制在仅仅使用它们之前，我们应该确信我们有这种制造业需要的麦芽与啤酒花，还有酿酒坊。我现在不相信我们有足够多的这些东西。"③ 因此，以麦芽酒取代烈酒还只是对未来的一个遥远希望。

1789 年《关税法》批准生效不久，众议院估算，依照此法和吨税法一年可征得的税款总计不过 1 467 086.04 美元。④ 可是，根据财政部长亚历山大·汉密尔顿在 1790 年 1 月给国会的公共信贷计划书中所做的估计，联邦政府一年的运

---

① Ibid. , 1：132-133.

② Ibid. , 1：150-151.

③ Ibid. , 1：140.

④ "Estimates for the Year 1789" in *American State Papers*, Finance, 1：14, accessed May 18, 2016, https：//memory. loc. gov/ammem/amlaw/lwsplink. html#anchor3.

作开支和支付公债利息的金额就将高达 2 839 163 美元。① 因此，汉密尔顿建议，除了 1789 年《关税法》规定的现行关税与吨税以外，还要"对葡萄酒、烈酒（包括在美国国内蒸馏制造的）、茶叶、咖啡"增加税收，以弥补现行关税与吨税收入的不足。这就是说，他不仅要对葡萄酒、烈酒、茶叶、咖啡提高关税，而且要对无法征收关税的国产烈酒征收消费税。汉密尔顿认为，这些商品比其他商品更能承担高税收，因为"它们事实上全都是奢侈品，最大的部分是外国奢侈品，其中有些在过度使用时还有害……特别是烈酒的消费，无疑大都是因为便宜的缘故，结果在影响健康、道德和社会经济上走到了令人懊恼的极端"。至于对国产烈酒征收消费税，汉密尔顿认为此举会导致烈酒减少，其好处是"鼓励以苹果酒和麦芽酒取而代之，有利于农业，还开辟了一个新的而且所得颇丰的岁入来源"。② 其实，汉密尔顿当时考虑的主要还是增加联邦政府岁入，至于抑制奢侈品进口和鼓励用苹果酒、麦芽酒取代烈酒，都不是马上就能实现的目标。

在汉密尔顿的推动下，美国国会在 1790 年再次通过法案，并于 8 月 10 日获得总统批准，对包括葡萄酒、烈酒、糖蜜、啤酒、麦芽、茶叶、咖啡在内的一系列商品提高关税税率。③ 这一举措使朗姆酒在美国消费与制造的成本都上升了，对其负面影响之大可想而知。尽管如此，联邦政府收入仍然不能满足开支的需要，尤其是在 8 月 4 日决定承担各州战时欠下的 2 150 万美元的债务之后就更是如此。于是，汉密尔顿在 1790 年 12 月 13 日又向国会建议，对进口外国烈酒增加关税，对国产烈酒征收消费税。④ 1791 年 1 月 27 日，美国国会通过相应法案，并于 3 月 3 日获得总统批准。该法对进口外国烈酒根据浓度不同征收每加仑 20～40 美分不等的关税，对用糖蜜、糖等进口外国原料在国内生产的烈酒根据浓度不同分别征收每加仑 11～30 美分的消费税，对用国内种植和生产的原料在国内

---

① "Public Credit", ibid., 1: 22.

② Ibid., 1: 22-23.

③ *Statutes at Large*, 1789—1875, 1: 180, American Memory, Library of Congress, accessed May 19, 2016, https: // memory. loc. gov/ammem/amlaw/lwsllink. html.

④ *American State Papers*, Finance, 1: 64.

生产的烈酒根据浓度不同分别征收每加仑 9～25 美分的消费税。① 从税率上看，对进口外国烈酒所征关税高于对国产烈酒所征消费税；在国产烈酒中，用外国原料制造出的烈酒所征消费税又高于用本国原料制造出的烈酒的消费税。这种内外有别，显然是希望对用国产原料制造的烈酒起一些保护作用。

1791 年 12 月 5 日，汉密尔顿向国会提交著名的制造业报告。他在论及酒类制造业时，也不忘保护主义考虑，说有几种谷物制品"有资格得到特别照顾"，因为它们"不仅与公民们的生存息息相关"，而且"扩大了对这块土地上最珍贵的产品的需求"，也就是说能促进农业的发展。在汉密尔顿看来，烈酒与麦芽酒就是仅次于面粉的这类制造品。在条件允许的情况下，烈酒与麦芽酒的制造商应该尽快占有国内市场。因此，"现在对外国蒸馏酒类和外国麦芽酒类征收的关税还要增加一点，而对国产烈酒的税收也许要有所减少"。② 正是根据汉密尔顿制造业报告的建议，加之当时西部边疆防务需要资金，国会在 1792 年通过法案，对进口的外国葡萄酒、烈酒和麦芽酒增加关税。同样是根据这份制造业报告的建议，并考虑到当时西部地区不断传来对烈酒消费税的反对之声，国会通过的另一部法案，则降低了国产烈酒的消费税税率。③

综上所述，从 1789 年《关税法》规定对朗姆酒征收每加仑 10 美分关税以来，对包括朗姆酒在内的外国烈酒征收的关税就在不断增加。国会立法在 1790 年将进口烈酒的关税税率提高到每加仑 12～25 美分，1791 年又提高到每加仑 20～40 美分，1792 年更是提高到谷物造烈酒每加仑 28～50 美分，其他烈酒每加仑 25～46 美分。④ 进口烈酒关税的大幅度增加，显然是为了政府岁入，顺带也会对美国的烈酒制造业产生一定的保护作用。但是这种关税的增加对朗姆酒进口却相当不利，成为朗姆酒在美国烈酒消费中失去龙头地位的重要原因之一。1791 年和 1792 年国会立法对本国生产的烈酒征收消费税，本可以使进口关税对朗姆酒地位的打击有所缓和，因为消费税提高了国产烈酒的价格，削弱了它们与外国进口的朗姆酒的竞争力。但汉密尔顿等人没有料到的是，国产烈酒消费税

---

① *Statutes at Large*, 1789—1875, 1: 199, 203.
② "Manufactures", *American State Papers*, Finance, 1: 140.
③ *Statutes at Large*, 1789—1875, 1: 259, 267-268.
④ Ibid., 1: 25, 180, 199, 259.

在西部边疆地区遭到了强烈的反对与抵制，甚至激发了 1794 年的"威士忌暴动"。尽管这次暴动被镇压下去了，但是烈酒消费税依然遭到抵制。到杰斐逊出任总统后的 1802 年，联邦政府索性废除了国产烈酒消费税。这就使朗姆酒在美国的价格竞争实力一落千丈，根本不可能成为这个新生共和国的国酒。国酒地位将另有其主。

二、发酵酒实难取而代之

从美国第一届国会有关 1789 年《关税法》的辩论中就可以看出，不少议员曾一厢情愿地希望用麦芽酒（即啤酒）与果类酒（即葡萄酒、苹果酒等）这类发酵酒，逐渐取代经过蒸馏生产的朗姆酒与其他烈酒。汉密尔顿在公共信贷计划书中也有此意。当时有这种想法的不乏其人。曾在汉密尔顿起草制造业报告时起了重要作用的坦奇·考克斯就明确指出，关心国内工业的人士常常担忧"沿海城镇的蒸馏造酒商有一天会失去他们必须要有的外国原料"，要避免这种情况造成的痛苦震荡，就要"采用我们自己的农业可以提供的替代品"。这样做不仅可以大大减少蒸馏造酒商的忧虑，还可以使"美国农业从用水果与谷物而不是糖蜜来蒸馏造酒中受益良多"。[①] 除了担心糖蜜断货，有些人主张用发酵酒取代朗姆酒，还可能是受到了戒酒运动的先驱、曾在《独立宣言》上签字的本杰明·拉什的影响。拉什在其撰写的一些文章中早就指出，烈酒既无助于体力劳动，又有伤健康，而且还败坏道德和浪费金钱，应该用包括苹果酒、啤酒在内的其他饮料来取代。这位在爱丁堡大学学过医的改革家有关戒酒的著述，虽然在普通民众中没有多少人知晓或赞同，但是在当时受过教育的中上层人士中还是有一些知音的。

然而，不管这些国会议员与汉密尔顿、考克斯、拉什等人有何等言之凿凿的道理与海阔天空的想象力，麦芽酒与果类酒这类经发酵酿造的酒能否真的取朗姆酒而代之，并且成为人们所期盼的国酒，并不是由他们说了算的。美国当时的自然环境、经济条件、技术水平以及人们长期形成的饮食习惯，决定了麦芽酒与果类酒在 19 世纪上半叶根本难以完成这样的使命。对于内战前美国啤酒制造业的发展，著名史学家维克托·克拉克在 20 世纪初曾做过如下概括："在这个共和国早期，为抑制朗姆酒与威士忌的过度消费曾倡导使用麦芽酒。这可能是饮酒习惯逐渐发生变化的一个原因……因为在 1810 和 1840 年之间酿酒厂的产量增加了三

---

① Tench Coxe, *A View of the United States America*: *In a Series of Papers*, *Written at Various Times between 1787 and 1794* (Philadelphia: Printed for William Hall, 1794), 106-107.

倍，而蒸馏造酒厂的产量只翻了一倍。但是直到 1850 年，美国生产的烈酒还是多于发酵酒类，要再过 10 年以后，麦芽酒类才获得了它们保持至今的明显优势。"① 这就是说，美国建国后啤酒制造业的产量远远低于烈酒，此后半个世纪虽有增长，但在内战前还不足以超过烈酒。

当然，建国之初由于联邦政府与一些州政府的支持，啤酒制造业与殖民地时代后期相比有所复苏，但相当有限。从州政府来看，弗吉尼亚、马萨诸塞和新罕布什尔等州的政府，或者对进口啤酒征收关税，或者对本土啤酒制造业者、麦芽制造业者给予税务优惠，② 至于联邦政府，华盛顿在 1789 年 1 月 30 日尚未正式就任总统前，就在给拉法叶侯爵的信中对国产啤酒表示支持。他这样写道："我们遭受英国歧视的时间确实太长了。我在家里不用黑啤酒或奶酪，除非是美国生产的。现在这两样东西都可以买到质量很好的。"③ 这和当时开国先贤中很多人主张"买美国货"的呼声是一致的。更重要的是，汉密尔顿推动国会在 1791 和 1792 年通过的对烈酒征收消费税的两部立法，对啤酒与果类酒都网开一面，其有意支持这些酒类生产的用心，可以说人尽皆知。

不过，政府这些鼓励与刺激措施的效果究竟如何呢？据美国财政部统计，到 1810 年秋，有 10 个州、哥伦比亚特区和路易斯安那领地上报了啤酒业统计数据。它们共有 132 个啤酒酿造坊，一年共生产 182 690 桶（每桶 31.5 加仑，总量相当于 5 754 735 加仑）啤酒、艾尔酒和黑啤酒，总产值为 955 791 美元。④ 按 1810 年美国人口为 7 239 881 人计算⑤，人均一年可消费的啤酒为 0.79 加仑，不过 3

① Victor S. Clark, *History of Manufactures in the United States*, 1607—1860 (Washington, DC: Carnegie Institute of Washington, 1916), 480-481.

② *The Statutes at Large: Being a Collection of All the laws of Virginia*, 12: 290, 414. "1789 Chap. 0010 An Act to Encourage the Manufacture & Consumption of Strong Beer, Ale & Other Malt Liquors," *Acts and Resolves*, State Library of Massachusetts, accessed May 24, 2016, http://archives. lib. state. ma. us/handle/2452/104512. *The Laws of the State of New Hampshire* (Portsmouth, New Hampshire: Printed by John Menlcher, Printed to the State, 1797), 400.

③ "From George Washington to Lafayette, 29 January 1789," *Founders Online*, National Archives, https://founders. archives. gov/documents/Washington/05-01-02-0198. [Original source: *The Papers of George Washington*, Presidential Series, Vol. 1, 24 *September* 1788-31 *March* 1789, ed. Dorothy Twohig. Charlottesville: University Press of Virginia, 1987, pp. 262-264.]

④ "Digest of Manufactures," January 15, 1814, *American State Papers*, Finance (1802—1815), 2: 703.

⑤ United States Census Bureau, "1810 Fast Facts", accessed May 26, 2016, https://www.census. gov/history/www/through_the_decades/fast_facts/1810_fast_facts. html.

升而已。如果和当时的英国啤酒业相比，那落差就是十万八千里了。伦敦一家以
"锚"为名的啤酒厂在 1809 年生产的啤酒就达 205 300 桶，1810 年更达 235 100
桶，比美国全年生产的啤酒还多，而 1811 年英格兰与威尔士的人口也不过 1 000
万出头而已。①

　　1810 年以后，美国啤酒制造业的发展依然步履缓慢。第二次美英战争
（1812—1815 年）无疑使啤酒业受挫。战时这个行业唯一值得一书的就是：弗朗
西斯·斯科特·基在巴尔的摩的喷泉酒店喝啤酒时产生灵感，写出了未来美国国
歌《灿烂的星条旗》的歌词。② 到 1820 年左右，美国啤酒制造业甚至有所倒退。
可以说，整个 19 世纪上半叶美国啤酒制造业都没有能取得重大进展。

　　为什么啤酒酿造业的发展会事与愿违呢？原因是多方面的。

　　首先是气候问题。美国当时酿制的啤酒、艾尔酒和黑啤酒都是因袭英国而
来，属于艾尔类啤酒③。艾尔类啤酒的酵母可以发酵的温度是 15℃ ~24℃ 之间，
比较适合英国温和而潮湿的气候。可是在美国，北部与中部地区夏天的温度比这
个温度区间要高，而南部全年大部分时间的温度则更高，可见北美的气候并不太
适宜这类啤酒的制造。因此，在美国生产艾尔类啤酒的地点与时间都很受限制，
结果啤酒生产从殖民地时代开始就集中在中部与北部，南部生产的啤酒向来都是
少之又少。

　　其次是技术问题。酿造艾尔类啤酒的酵母，在发酵时会漂浮在发酵桶麦汁的
表面，因接触了空气，致使酿制出的啤酒比较苦，味道不佳，浑浊且没有泡沫。
但当时的技术尚无法解决这一问题。这种苦涩、浑浊的啤酒既不利于解渴，也不
适宜作为清凉提神的饮料。加上时人还将没有泡沫的啤酒视为质量不好，因此这

---

　　① Peter Mathias, *The Brewing Industry in England* (Cambridge, England: University of Cambridge Press,
1959), 552. "Population and Vital Statistics 2: Population (by sex) and Intercensal Increases-British Isles, 1801-
1981," in B. R. Mitchell, *British Historical Statistics* (Cambridge: Cambridge University Press, 1988), 9.

　　② Smith, *Beer in America*, 136.

　　③ 英国早年酿制的"艾尔酒"（Ale）不放啤酒花（Hops），后来从荷兰引入放啤酒花的制作方法后
酿造的啤酒乃称之为"啤酒"（Beer），这种啤酒在酿制过程中如使用褐色麦芽，就会酿制出颜色较深的啤
酒，称为"黑啤酒"（Porter）。这三种啤酒，即当时在英国和北美殖民地以及独立后的美国生产的"艾尔
酒""啤酒"和"黑啤酒"都属于艾尔类啤酒，因为它们使用的是同一种酵母，会在发酵桶麦汁表面发
酵，即上发酵。

种啤酒就不是那么受人欢迎。连财政部 1814 年《制造业概要》都坦承，"对冒泡或者有泡沫的啤酒的特殊爱好"是"麦芽酒制造进展不大的主要原因"之一。① 1815 年，前总统杰斐逊在回复开办国家啤酒酿造公司的建议时说："从道德或者经济的角度看，我都不怀疑要人们爱好麦芽酒比爱好烈酒更可取。困难在于改变公众的爱好与习惯。"他认为公众的爱好与习惯决定了对啤酒的市场需求。②

再就是原料问题。当时让啤酒酿造者颇为头疼的是啤酒花供应不足，没有这种可以延长啤酒保鲜期的原料，其生产的艾尔类啤酒容易变酸，无法长期保存和长途贩运。其实美国有很多地方都可以种植啤酒花，纽约州的麦迪逊镇一带在 1808 年就开始种植啤酒花，然而要运到奥尔巴尼的市场去出售，交通不便，成本高昂，难以赢利。另外，很多啤酒制造商习惯于从英国大量进口啤酒花，本土啤酒花只有贱卖。于是便没有什么人有兴趣种植。直到 1822 年英国啤酒花歉收，本土啤酒花生产才有了转机。1825 年伊利运河的开通，更是帮了大忙。麦迪逊地方生产的啤酒花既可以向东运往奥尔巴尼，又可以向西运往俄亥俄、密歇根、印第安纳和伊利诺伊等州新的市场，且成本大大降低。尽管如此，啤酒花产量的增加依然赶不上需求的扩大。1839—1840 年，芝加哥啤酒制造商威廉·奥格登，连续两年都是费了九牛二虎之力才最终弄到了啤酒花。他写信向提供啤酒花的爱德华·汤森表达谢意，颇为庆幸地说："我相信其他的酿酒商无论如何都没有人能弄到啤酒花了……那只会对我们有好处。"③ 啤酒花供应的紧张程度，可见一斑。

不仅是啤酒花，酿酒需要的麦芽也不足。美国虽然不缺酿制啤酒的谷物尤其是麦子，但是这些麦子先要制成麦芽才可以用来酿酒。大的酿酒坊一般都有自己的麦芽房来提供麦芽，可是小的酿酒坊与私人家庭要弄到麦芽就比较困难了，因为当时很多地方单独制作麦芽的麦芽房不多。所以财政部 1814 年《制造业概要》中就曾指出："麦芽制作是另外一个行业，其缺乏或者罕见也不利于啤酒的小型

① "Digest of Manufactures," January 15, 1814, *American State Papers*, Finance (1802—1815), 2: 683.

② "Thomas Jefferson to Joseph Coppinger, 25 April 1815," Founders Online, National Archives. http://founders. archives. gov/documents/Jefferson/03-08-02-0350. [Original source: *The Papers of Thomas Jefferson*, Retirement Series, Vol. 8, 1 *October* 1814 *to* 31 *August* 1815, ed. J. Jefferson Looney. Princeton: Princeton University Press, 2011, pp. 438-439.]

③ Baron, *Brewed in America*, 165-167.

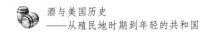

或者家庭酿造。"①

就连装啤酒的玻璃瓶子及瓶盖在当时也供不应求，价格高昂，结果也会使啤酒容易变质。杰斐逊下野后于1810年回到家乡蒙蒂塞洛，在自家的农庄酿造家用啤酒。从1813年酿制出第一批啤酒，到1826年7月4日他与约翰·亚当斯在独立日同一天去世，尽管有专人为他打理啤酒生产，这位前总统还是不时要为筹备瓶子与瓶盖操心。1819年杰斐逊在给约瑟夫·米勒的信中写道："因为瓶盖不好而损失好酒是如此令人愤慨，从里士满弄到好瓶盖又是如此无把握，以至于我宁可麻烦你这位朋友在诺福克为我弄到它们，我期盼在那里可以得到更好的瓶盖，而且是根据你的更好的判断力挑选的。"② 杰斐逊如此关心瓶盖问题，是因为瓶装啤酒在隔绝空气上比桶装啤酒要好得多，有利于延长保鲜期，但美国当时在瓶子与瓶盖的生产上还比较落后，玻璃瓶都是人工吹制的，无法满足需求。于是大部分啤酒酿造商通常都得用15加仑的小桶与31加仑的大桶装啤酒，一旦开桶卖酒，啤酒就很容易走气和变酸，而酒商又很难在短时间内将那么大一桶酒卖完。所以对于酒类零售商来说，烈酒自然就成了比啤酒更好的选择。

除了气候、技术和原料以外，19世纪上半叶的啤酒生产在资本与劳动力上也存在一系列问题。当时美国经济的特点之一就是资本稀缺，而投资建一个年产4 500加仑的啤酒酿造坊就要3 000美元，由于销售不旺，回报率只有50%的样子。相比之下，一个零售商从其销售中就可获得100%的回报，还无须投资或者投资很少。③ 这就使得更多的资本进入商业或者其他制造行业而不是啤酒制造业。除了资本以外，众所周知，美国当时劳动力也十分短缺，尤其是有技术的熟练劳工，而啤酒业的一个酿酒师要多年学徒后才能出师。因此，开啤酒酿造坊要雇到适当的劳工也相当困难。（见图17）

最后还有一点也相当重要，那就是在蒸汽机的应用上，美国啤酒制造业远远

① "Digest of Manufactures," January 15, 1814, *American State Papers*, Finance (1802—1815), 2: 683.

② "Thomas Jefferson to Joseph Miller, 30 January 1819," *Founders Online*, National Archives, https://founders. archives. gov/documents/Jefferson/03-13-02-0562. [Original source: *The Papers of Thomas Jefferson*, Retirement Series, Vol. 13, 22 *April 1818 to 31 January* 1819, ed. J. Jefferson Looney. Princeton: Princeton University Press, 2016, pp. 616-617.]

③ Rorabaugh, *The Alcoholic Republic*, 108.

落在英国的后面。众所周知，蒸汽机在英国的改良与应用是 18 世纪"第一次工业革命"的重要标志，人类社会从此进入了一个以机器取代人力、畜力的新时代。作为这次工业革命的始发国，英国在将蒸汽机用于啤酒制造业方面自然也走在前面。到 1800 年，英国有大约 17 家啤酒酿造商（主要是在伦敦）安装了蒸汽机。他们利用蒸汽机碾磨麦芽，搅动麦醪，抽吸麦汁。可以说，"由于有了蒸汽机，啤酒酿造的所有程序实际上都机械化了"。① 1753 年，美国有人从伦敦引入了第一台蒸汽机，安装在新泽西的铜矿里，但是直到 1787 年，美国还是没有一个蒸汽作坊。有趣的是，就是在这段时期，美国人奥利弗·埃文斯在蒸汽机改良上走到了英国同行的前头。这位曾经使磨坊的面粉生产实现自动化的技术天才在 1803 年宣布，他设计出了与瓦特的低压蒸汽机不同的高压蒸汽机。英国人发现这是更高效更经济的选择，乃根据其原理设计出同类蒸汽机，后来用在火车头上。可是在美国，尽管埃文斯在推广其蒸汽机上费尽口舌，但直到 1814 年，他设计的蒸汽机也只有 28 台投入使用，而且没有一台用于啤酒酿造。其主要原因是：根据英国的经验，啤酒酿造要达到年产 2 万桶的规模安装蒸汽机才划算，可是 1850 年前美国很少有啤酒酿造坊能达到这个产量水平。费城一家啤酒酿造坊在 1819 年安装了一台蒸汽机，仅仅是个例外，而且装的还是老式低压蒸汽机。蒸汽机在美国啤酒制造业的普遍采用要等到 1850 年以后，比英国落后了约半个世纪。②

如此一来，1810—1850 年美国的啤酒产量虽然从 5 754 735 加仑增加到 23 267 730 加仑，但是由于人口总数从 7 239 881 人增加到 23 191 876 人，1850 年人均可消费啤酒 1 加仑与 1810 年的 0.79 加仑可说相差无几。由此可见，19 世纪上半叶美国啤酒制造业发展速度相当缓慢。此外，当时的啤酒酿造业厂家大多集中在宾夕法尼亚与纽约两个州，这两个州 1850 年生产的啤酒占全国产量的将近 81%。不过，随着美国疆域向西部的扩展，辛辛那提、克利夫兰、芝加哥、密尔沃基、圣路易斯等地的啤酒酿造业也逐渐兴起。美国啤酒酿造业的发展速度在 50 年代加快了。到

① Mathias, *The Brewing Industry in England*, 95-96.

② Baron, *Brewed in America*, 158-159.

1860 年，全国的啤酒厂家从 1850 年的 431 个增加到 1 269 个。纽约与宾夕法尼亚依然是生产啤酒最多的两个州，1860 年的啤酒产值分别为 6 320 724 美元与 3 151 069 美元，但是总共只占全国啤酒产值的 44%。另外还有 5 个州的啤酒产值在这一年也超过了一百万美元。它们是俄亥俄、伊利诺伊、新泽西、密苏里和加利福尼亚，而威斯康星州的产值则接近百万美元。尽管如此，美国啤酒酿造企业当时的规模大都很小。[①] 人均饮用的啤酒量虽然增加到一年 3.8 加仑，但饮用这些啤酒摄入的酒精量只有 0.2 加仑，仅为饮用烈酒摄入酒精量的 1/5。[②]

内战前美国啤酒酿造企业中名声最大的要算瓦萨公司（M. Vassar & Co.）。该公司位于纽约市与奥尔巴尼之间的哈得孙河边的波基普西镇（现在的波基普西市）。1811 年，马修·瓦萨的父亲开办的啤酒坊毁于大火，其兄检查事故现场时因碳酸气窒息而亡。马修·瓦萨临危不乱，不仅承担起抚养两个侄子的责任，而且在一个老印染坊中开起了临时啤酒酿造坊，即瓦萨公司。他白天酿造啤酒，晚上经营生蚝餐馆，自然也少不了卖酒。瓦萨的啤酒酿造公司在与他人几次合作与分手之后，于 1832 年成了他与两个侄子合伙经营的企业。该公司在啤酒酿造业上十分成功，1836 年时不仅在波基普西有两处分厂，而且在纽约市和兰辛堡也各有一处。1837 年经济萧条来临时，公司毫发无伤，反见市场对其艾尔酒的需求持续红火。1860 年，瓦萨公司生产的啤酒从 40 年代初每年生产的 15 000 桶，增加到了 30 000 桶。更重要的是，在啤酒制造企业基本上还是着眼于地方市场的时代，瓦萨公司的啤酒已遍及全国市场。可以说，瓦萨公司走到了时代的前面，因为面向全国市场进行大规模生产的啤酒制造企业的成批出现，还要等将近半个世纪。[③] 史称"七姐妹"的著名女子学院中的瓦萨女子学院（如今的瓦萨学

① 1810 年、1850 年啤酒产量见：Gallus Thomann, *American Beer: Glimpses of Its History and Description of Its Manufacture* (New York: United Stats Brewers' Association, 1909), 56。1810 年、1850 年人口见：U. S. Bureau of the Census, "Fast Facts", accessed May 31, 2016, https: //www. census. gov/history/www/through_the _decades/fast_facts/。1860 年统计数字见：One *Hundred Years of Brewing*, 155, 197。

② Rorabaugh, *The Alcoholic Republic*, 232, Table A1. 1.

③ "Matthew Vassar", *Vassar College Encyclopedia*, accessed June 1, 2016, https: //vcencyclopedia. vassar. edu/matthew-vassar/matthew-vassar. html; "More than a Brewer", ibid. , https: //vcencyclopedia. vassar. edu/matthew-vassar/more-than-a-brewer. html. Martin H. Stack, " A Concise History of America's Brewing Industry," EH. net, accessed June 1, 2016, https: //eh. net/encyclopedia/a-concise-history-of-americas-brewing-industry/.

院），就是马修·瓦萨在 1861 年出资创办的。他认为："妇女从她的造物主那里得到了与男人同样的智力素质，对智力的陶冶与开发则有与男人同样的权利。"①显然，这位啤酒酿造商不仅在企业经营上，而且在妇女权利上，想法与做法都相当超前。

内战前西部（即今日之中西部）最大的啤酒企业当属芝加哥啤酒厂，其前身是 1833 年建立的芝加哥第一家啤酒酿造坊。1836 年，前面曾提及的那位费尽心机采购啤酒花的威廉·奥格登买下了该酿酒坊的部分产权，另一部分产权则在三年后被威廉·莱尔买下。莱尔负责酿酒，奥格登则负责采买等财务方面的事务。1837 年，奥格登成为芝加哥首任市长，涉足于芝加哥早期的几乎所有商业活动。可以说，在内战前资本稀缺的年代，凡规模得以做大的啤酒制造企业，恐怕都不能没有一位颇具财力的推手。尽管如此，奥格登还是在财务上碰到一些麻烦。他在 1840 年 8 月 22 日的一封信中写道："啤酒厂去年经营不错，很不错，但是修理开支很大，没有盈余。"② 1841 年以后，奥格登退出了啤酒业，该啤酒厂由莱尔与新的合伙人迈克尔·戴弗西共同经营，在 1857 年成为西部最大的啤酒企业。1860 年生产艾尔酒、浓烈黑啤酒、黑啤酒共计 44 780 桶，1861 年资本达 30 万美元。③ 这个酒厂后来毁于 1871 年芝加哥大火。到 1929 年全国仍在禁酒之时，芝加哥市竟将两条街以莱尔与戴弗西的名字命名，足见这两位啤酒酿造商依然英名长在民间。

不过，瓦萨公司与芝加哥啤酒厂只是内战前美国啤酒制造业中的少数例外。当时绝大多数啤酒酿造厂家的规模都很小，而且发展缓慢。尤其是乡村地区无数的啤酒酿造坊在建国后半个多世纪里，规模都不会超过一个面包房。至于农户家庭，更是一如既往地由主妇自己酿制家用淡啤酒。最重要的是，内战前绝大部分啤酒制造企业酿造的都是英式艾尔类啤酒，而这类啤酒如前所述，根本不适合在当时的美国生产。因此，在 1840 年德式贮藏啤酒引进美国后，英式艾尔啤酒就

---

① "Matthew Vassar", "More than a Brewer"; Linda Kerber, "The Republican Mother: Women and the Enlightenment-An American Perspective," *American Quarterly* 28（1976）: 187-205.

② William B. Ogden to William Haas, 22 August 1840, Chicago Historical Society, cited in Baron, *Brewed in America*, 168.

③ Baron, *Brewed in America*, 186.

逐渐式微。美国啤酒制造业开始了一个脱胎换骨的过程。内战以后没有多久，美国啤酒市场就基本上成了德式贮藏啤酒的天下。在美国啤酒业即将发生这种重大变化的前夜，少数几个生产艾尔类啤酒的大企业所取得的成功，只不过是一曲天鹅的绝唱。随之而来的将是艾尔类啤酒在美国啤酒业独占鳌头的时代一去不再复返。

德式贮藏啤酒（Lager）与艾尔类啤酒相比，有几点很不相同。从制作上来看，最大的差别就是使用的酵母不同。艾尔类啤酒的酵母在发酵桶上端麦汁表面发酵（人称"上发酵"），而贮藏啤酒的酵母在发酵桶底部的麦汁里发酵（人称"下发酵"）。此外，制作贮藏啤酒的麦汁发酵的室温比制作艾尔类啤酒要低，不得超过8℃或10℃。这种低温发酵持续时间比较长，需要3~4周，而艾尔类啤酒在较高的温度下发酵只要一周的时间。德式贮藏啤酒制作不仅发酵时间比艾尔类啤酒长，而且发酵完成后还需要在地窖或者洞穴等温度比较低的地方冷藏过冬，使之熟化，开春后才出窖供人饮用。贮藏啤酒的名称"Lager"就是由此而来。"Lager"的德文"Lagern"即"贮藏"之意。艾尔啤酒则没有贮藏过程，发酵一周后即可进入市场。由于现在德式贮藏啤酒根据"Lager"发音多译为"拉格啤酒"，下文将沿用这种比较通俗的叫法。

正是与艾尔类啤酒在发酵制作过程中的这些不同之处，使德式拉格啤酒在美国市场占据了一些优势。例如，艾尔类啤酒由于高温快速发酵，一般发酵都不彻底，出厂后酒中残留的酵母固然会使酒味比较丰富，但是酵母遇到空气后也容易使酒变质，难以长期保存。拉格啤酒则不然，它发酵时间长，所以发酵就比较彻底，而且还经过了几个月的冷藏熟化过程，结果出厂后即便是酒桶只装一半酒，另一半是空气，也可以放几个月没有问题。不仅如此，通过"下发酵"酿造出来的拉格啤酒不像艾尔类啤酒那样黏稠和浑浊，而是清新爽口，透彻清亮、气泡很多，且酒精度比较低。因此，德式拉格啤酒不仅保鲜时间长，而且适宜止渴消暑和解乏提神，加之产品看相好且多泡，自然更受啤酒销售者与消费者欢迎，而酒精度数低则得到了主张节制烈酒的人士的青睐。

除了这些因为制作方式不同而产生的优势以外，拉格啤酒制造业在19世纪下半叶的美国得以兴起，还和大量德裔移民的到来分不开。自 17 世纪 80 年代宾夕法尼亚殖民地建立后，德裔移民就开始进入特拉华流域。但是德裔移民的大量到来则是从 19 世纪 30 年代开始的，这十年来到美国的人数从 20 年代的 5 753 人猛升到 124 726 人，一下子增加了大约 20 倍，占同一时期美国所有移民总数的百分比也从 20 年代的 4.5% 上升到 30 年代的 23.2%。故而美国研究德裔移民史的著名学者法利·沃德·格拉布认为，1835 年开始了直到 1914 年为止的德裔移民大规模进入美国的时代。在此之前，德裔移民的主要目的地不是北美，而是欧洲其他地方，因为到北美要横渡大洋，旅途艰险，交通成本高，赴美之行还常常为战争或者动乱所中断。1835 年以后，美国成了德意志各邦国离乡背井者的主要目的地。此时的旅途不再那么危险，汽船已使横越大西洋的交通费用锐减。移民中也不再像过去那样有相当多的契约奴，来的都是自由人，其中不仅有农民，还有工匠、商人和各个行业的人士。家境殷实且受过良好教育的比例也增加了。①

这些德裔移民阔别故土，不远万里来到美国，有各种各样的原因，诸如歉收、重税、土地被剥夺、失业、英国货物的竞争、逃避普鲁士兵役、王公贵族对政治表达的镇压、1848 年革命的失败，等等。但是有一个原因则是共同的，那就是在这些德裔移民看来，比起威权主义体制下的德意志，民主自由的美国充满了追求光明前途的机会。于是，1840—1889 年的半个世纪，德裔移民无论是从绝对数量还是从其在移民总数中所占的相对比例来看，都是空前绝后的。②正是在这 50 年的时间里，其文化传统与啤酒有不解之缘的德裔移民，将拉格啤酒的酵母带到了美国，并且开始在北美酿造这种家乡的酒，结果使拉格啤酒不仅逐渐取代了艾尔类啤酒，而且做到了艾尔类啤酒做不到的事情，那就是挑战烈酒的统治地位。不过，这种挑战发生在内战以后，内战前拉格啤酒在美国的制造还只是刚刚起步。

---

① Series C 89-119, Immigrants, by Country: 1820 to 1970-Con., in *Historical Statistics of the United States: Colonial Times to 1970* (Washington, DC: Government Printing Office, 1975), 106. Farley Ward Grubb, *German Immigration and Servitude*, 1709—1920 (New York: Routledge, 2011), 28, 375.

② 19 世纪 40 年代到美国的德裔移民人数达到 38 万多，占所有移民总数的 27%，50 年代到来的德裔移民更是高达 97 万多，占所有移民总数的 34.7%。此后的 60 年代、70 年代与 80 年代，德裔移民人数每 10 年都在 72 万以上，80 年代甚至多达 144 万多人。*Historical Statistics of the United States: Colonial Times to 1970*, 106.

德裔移民在美国酿造拉格啤酒的第一步，自然就是要将酿造这种啤酒的酵母带到美国。那么究竟是谁立下首功的呢？这是一个长期以来存在争议的问题。有人说 18 世纪初的纽约就有了拉格啤酒，圣路易斯一家啤酒厂则声称他们早在 1838 年就造出了拉格啤酒，还有新近的历史著述认为弗吉尼亚的亚历山德里亚有两个人也是在 1838 年酿制出了拉格啤酒。① 然而这些说法都有一个问题，而且是 19 世纪末一家著名啤酒酿造杂志的编辑早就指出的问题：要在美国酿造拉格啤酒，必须先将其酵母从欧洲"活着"带到美国，这在横渡大西洋航程时间太长的年代难以做到。因此，拉格啤酒的酵母第一次被带到美国，应该是巴尔的摩快速帆船将横渡大西洋的时间缩短到三个星期之后。② 1818 年，横渡大西洋的黑球邮船正式启航，定期往来于纽约市与利物浦之间，但从利物浦到纽约的航行平均需要 40 天才能完成。此后近 20 年里，许多邮船公司都在为提高船速展开竞争。纽约船运巨头爱德华·柯林斯手下一位船长去新奥尔良运棉花时，为克服密西西比河口沙洲阻碍，曾使用巴尔的摩快速平底帆船。他发现这种船不仅不为沙洲所困，而且船速大大快于没有采用平底设计的快速帆船。于是柯林斯在 1836 年启动横渡大西洋的邮船航运时，就要这位船长将平底快速帆船的船体设计用于新建成的邮船，结果大大提高了横渡大西洋的速度。到 1839 年，从利物浦到纽约市的航行时间终于被他们缩短到平均 28 天。③ 据现代科学研究，拉格啤酒的酵母在冰水中可保存 30 天。④ 这就是说，至少要到 1839 年，将拉格啤酒的酵母从大西洋彼岸活着带到美国才有了可能。

这样一来，18 世纪的纽约就有了拉格啤酒一说，根本无法成立。圣路易斯在 1838 年造出拉格啤酒，也没有可能，即便当时真的有人将酵母带到了纽约市，从那里到圣路易斯还有 950 多英里陆路，哪怕是按骑马接力的速度，一天跑 8 小

---

① J. Burnitz Bacon, "Lager Beer in America: How It Came Here and What It Should Be What It Is," *Frank Leslie's Popular Monthly* 14 (August 1882): 214-215; Carl Miller, "The Rise of Beer Barons," Post Script: "The Mystery of American Lager," in BeerHitory.com, accessed June 11, 2016, http://www.beerhistory.com/library/holdings/beerbarons.shtml.

② Bacon, "Lager Beer in America: How It Came Here and What It Should Be What It Is," 215.

③ Glenn A. Knoblock, *The American Clipper Ship*, 1845-1920: *A Comprehensive History with a Listing of Builders and Their Ships* (Jefferson, NC: McFarland & Co., 2014), 9-11. Stephen Fox, *Transatlantic: Samuel Gunard, Tsambard Brunel, and the Great Atlantic Steamships* (New York: HarperCollins Publishers, 2003), 6.

④ Baron, *Brewed in America*, 176.

时，也要 8 天才能到，酵母早就过了存活期。至于说弗吉尼亚的亚历山德里亚有两个人在 1838 年造出了拉格啤酒，提出这一看法的著述均未注明支持其结论的史料出处，① 倒是理应掌握更多一手资料的历史名城亚历山德里亚管理处工作人员，却在其撰写的报告与文章中断言，这两人是在 1858 年才开办酒厂酿造啤酒的。②

显然，这几种说法都不可靠。比较可靠的还是大多数研究美国啤酒业发展史的学者普遍认可的看法：这个功劳应该属于一个来自巴伐利亚的移民约翰·瓦格纳，他在 1840 年第一个将拉格啤酒的酵母带到了费城。瓦格纳将酵母带到费城后，在圣约翰街自家屋后很小的酿酒坊里酿出了拉格啤酒。当时在炼糖厂老板查尔斯·沃尔夫手下工作的乔治·曼格，从瓦格纳那里得到酵母，建立了自己的拉格啤酒酿造厂。他曾与彼得·谢姆合伙，而谢姆此后独立经营的啤酒厂，最终被克里斯琴·施米特在 1860 年创办的啤酒酿造公司买下。这家啤酒公司就是未来在费城一直经营到 1987 年的著名的 C. 施米特父子公司（C. Schmidt & Sons, Inc.）——美国啤酒业的巨头之一。（见图 18）沃尔夫在 1844 年也改行与一个叫查尔斯·恩格尔的人一起办厂从事拉格啤酒的酿造。20 世纪初，《西部酿酒师》杂志组织编写《百年啤酒酿造业》一书，沃尔夫向他们讲述了瓦格纳第一个将拉格啤酒酵母带到美国的往事，于是瓦格纳从此成了美国啤酒酿造史上闻名遐迩的人物。③ 后来有人认为这是沃尔夫 60 多年后的回忆，准确性值得怀疑。但是 1859 年出版的《费城与它的制造商》中，也有关于瓦格纳在 1840 年第一个将贮藏啤酒引入美国的记载，可以佐证沃尔夫的回忆。④

---

① Maureen Ogle, *Ambitious Brew: The Story of American Beer* (Orlando, FL: Harcourt, Inc., 2006), loc. 243, Kindle; *Oxford Companion to Beer* (New York: Oxford University Press, 2011), 477.

② "The Wild West End", *Alexandria Times*, August 27, 2015, accessed June 11, 2016, https://www.alexandriava.gov/uploadedFiles/historic/info/attic/2015/Attic20150827WestEnd.pdf; Report Summary by Sherley Scalley: "Shuter's Hill Brewery," accessed June 11, 2016, https://www.alexandriava.gov/uploadedFiles/historic/info/archaeology/SummaryWalkerShutersHillBreweryAX35.pdf.

③ *One Hundred Years of Brewing* (Chicago: H. S. Rich & Co., 1901), 157.

④ Edwin T. Freedley, *Philadelphia and Its Manufacturers: A Hand-book Exhibiting the Development, Variety and Statistics of the Manufacturing Industry of Philadelphia in* 1857 (Philadelphia: Edward Young, 1859), 196-197, note.

拉格啤酒的酵母问题解决后，大量德裔移民在 19 世纪 40 年代和 50 年代涌入费城、纽约、辛辛那提、圣路易斯、芝加哥、密尔沃基以及其他一些快速发展的城市，德式拉格啤酒制造商就在这些城市纷纷亮相了。其中有不少人在家乡原本就是啤酒酿酒师。19 世纪 30 年代，德意志诸邦国咖啡与茶叶价格一落千丈，很多人便以这些便宜饮料取代啤酒，或者改饮土豆酿造的低质烈酒，致使数以百计的啤酒酿造商不得不关门歇业。于是，很多酿酒师便纷纷离开前景渺茫的德意志，前往自由的美国去寻找一展身手的机会。巴伐利亚的梅滕海姆地方的酿酒师老雅各布·贝斯特就是其中一位，他在 1844 年举家搬迁到当时还属于威斯康星领地的密尔沃基。和许许多多来自德意志各邦国的啤酒酿酒师一样，贝斯特与他的家族在美国创业既步履艰难，也充满希望。当老雅各布于这年夏天着手准备开办酿酒厂时，其子菲利普好不容易说服金属加工工匠 A. J. 兰沃西为其打造煮麦醪和麦汁的铜锅。可是整个密尔沃基都找不到足够的黄铜材料和铆钉，兰沃西南下芝加哥也空手而归，只好发函去布法罗与纽约市订购，终于把可以装三四百加仑水的大铜锅做好了。然而此时菲利普已无力支付造锅的款项，幸亏兰沃西慷慨大度，要菲利普把铜锅拿走，赶快酿啤酒，等赚到了钱再付款。菲利普喜出望外，立即表示不仅要把酿造出的第一桶啤酒给兰沃西，还保证为兰沃西终身免费供应啤酒。老雅各布创办的这家啤酒厂，后来由菲利普接手经营，直到他于 1869 年去世。对于给兰沃西许下的终身免费供酒的承诺，菲利普·贝斯特不仅信守一生，而且在临终前嘱咐他的妻子继续这样做。他们的女婿弗雷德里克·帕布斯特后来打造出了著名的蓝带啤酒（Pabst Blue Ribbon），使该厂在 19 世纪末发展成了美国最大的啤酒企业，即帕布斯特啤酒公司（Pabst Brewing Company）。帕布斯特也始终不忘其岳父的承诺。直到 1896 年兰沃西已 80 多岁高龄时，他仍然在享受该公司提供的免费啤酒。[①]（见图 19）

帕布斯特啤酒公司的荣光是后话。德式拉格啤酒厂 1840 年后虽然在美国很多地方都出现了，但在内战前的发展还相当有限。其生产规模不大，产品主要供

---

① Peter Arvedson, "The Jacob Best Family Memorial," *Max Kade Institute Friends Newsletter* 20, no. 2 (Spring 2011), 10-11, accessed June 10, 2016, https: //mkifriends. org/wp-content/uploads/2015/02/mki_spring_2011. pdf.

应地方市场，而且顾客大都是德裔移民。在这个人们传统上对啤酒不如对烈酒兴趣大的国度里，要想改变大众在酒类喜好上形成的习惯还需要时间。1860 年美国啤酒产量增加到 3 235 545 桶，可是其中德式拉格啤酒只有 855 803 桶，占啤酒总产量的 26%。其他约 3/4 的啤酒仍然是英式艾尔类啤酒。① 不仅如此，1860 年全美酒类总产值 56 588 166 美元，其中烈酒总产值 26 768 225 美元，占比为 47%，而啤酒总产值 21 310 933 美元，占比为 38%，依然低于烈酒不少。② 因此，德式拉格啤酒领军美国啤酒制造业的局面尚未形成，而麦芽类啤酒真正压倒烈酒的阵势也还没有出现。这就是说，啤酒在内战前依然无法取代烈酒在美国的统治地位。

既然啤酒取代不了为大众所青睐的烈酒，那么葡萄酒又如何呢？相比之下，这一目标更难实现。因为葡萄酒业自殖民地时代以来就面临老天爷安排的两难局面：本地葡萄酿不出好酒，欧洲葡萄又不适宜在北美大部分地方生长。即便有人试种了自然杂交葡萄，结果仍不理想。不过，殖民地人从未放弃在发展葡萄酒业上的追梦之旅，建国后的美国人亦复如此。为这梦想不断努力的不仅有社会名人、外来移民、本土美国佬，还有政府、民间团体、展览会、出版物等各种政治、社会、文化力量。然而直到内战爆发，美国葡萄酒业虽小有所成，但远未取得实质性进展，遑论取代烈酒的辉煌。

正因为殖民地谈不上有自己的葡萄酒业，葡萄酒几乎完全靠进口，结果在 18 世纪的北美日渐成为"富人"的饮料，不是平民大众可以轻易享用的。这和葡萄酒价格的上涨自然有密切关系。不过，富人喜欢葡萄酒并不是仅仅因为其价

① John Leander Bishop, *A History of American Manufactures from 1608 to 1860* (Philadelphia: Edward Young & Co. , 1864), 2: 494。1860 年美国人口统计局关于啤酒的统计数据只有产值，没有以桶或者加仑为单位的产量。有几位研究啤酒史的美国学者在其著述中称，1860 年的啤酒产量为 100 多万桶。但是按照美国商业部 1918 年《美国统计摘要》第 41 期提供的数据，1860 年国产啤酒为 100 225 879 加仑，按照每桶 31.5 加仑计算，应为 3 181 773 桶，则所得国产啤酒量与本注所引 Bishop1864 年出版的著作中提到的 1860 年啤酒产量为 3 235 545 桶比较接近。因此，笔者以为 1860 年啤酒产量为 100 多万桶一说可能有误，故在此采纳时人 Bishop 提供的产量数字，以便对拉格啤酒与艾尔啤酒做一比较。《美国统计摘要》数据见：Bureau of Foreign and Domestic Commerce, Department of Commerce, *Statistical Abstracts of the United States*, 1918 *Forty First Number* (Washington: Government Printing Office, 1919), 568。

② U. S. Bureau of the Census, The Eighth Census, 1860: *Manufactures of the United States in* 1860 (Washington: Government Printing Office, 1865), 738.

格贵，可以突显其家财万贯。美国革命以后，一个人在社会上为人称道，已不再像过去那样倚重其家庭的财富与地位，人们更在意的，是他个人修养而成的风度、鉴赏力和品格。[1] 因此上层人士欣赏葡萄酒，还在于它是一个能使自己区别于中下层人士的文化标准。也就是说，有关葡萄酒的丰富知识、用来装葡萄酒的精致器具、品尝葡萄酒的得体方式、饮用葡萄酒时的优雅谈吐，均可以将他们从文化上与其他阶层区别开来，显示出他们高贵的素养。名人雅士可以通过这种葡萄酒文化，将感官上的享受升华为一种美学、智力与精神上的陶冶。这对于无力购买昂贵的进口葡萄酒的中下阶层来说，无异于阳春白雪。

当时对葡萄酒饶有兴趣的开国先贤不乏其人，诸如华盛顿、约翰·亚当斯、约翰·汉考克、詹姆斯·麦迪逊、阿伦·伯尔，等等。华盛顿在谈到自己的待客之道时曾经说，他"总是备有一杯葡萄酒与一些羊肉"。亚当斯则半开玩笑地讲，只要有几杯马德拉葡萄酒下肚，谁都觉得自己能当总统。[2] 首席大法官约翰·马歇尔甚至被同事戏称为"曾受教于联邦主义与马德拉葡萄酒"。[3]

不过，在这些早期共和国的政治精英中，杰斐逊才是对葡萄酒最情有独钟的一个。他的母亲来自弗吉尼亚的名门伦道夫家族，其父则是没有受过正规教育但酷爱读书的边疆开拓者，所以杰斐逊曾自称是"弗吉尼亚山地的野蛮人"。[4] 在包括葡萄酒在内的许多问题上，杰斐逊之所以能兼具贵族与平民情怀，这种背景很可能是一个重要原因。当杰斐逊还是威廉玛丽学院学生时，他就经常出入于代理总督弗朗西斯·福基尔举办的豪华宴会，在那里拉小提琴，得以品尝各种葡萄酒。后来他又受教于弗吉尼亚著名的律师乔治·威思门下，而威思对葡萄酒兴趣甚浓。在这种上流社会环境中，杰斐逊完成了自己有关葡萄酒的启蒙教育。从1784 年到 1789 年，他先是担任与英国、西班牙、法国谈判贸易条约的专员之一，后又出任驻法公使，在巴黎一待就是将近 5 年。在此期间，他不仅有机会游走于巴黎上流社会，得以见识欧洲各种葡萄名酒，并且抽时间参访法国、意大利与德

---

[1]　Gordon Wood, *The Radicalism of the American Revolution* (New York: Vintage Books, 1991), 32.

[2]　John Hailman, *Thomas Jefferson on Wine* (Jackson, MS: University Press of Mississippi, 2006), loc. 438, 758, Kindle.

[3]　Rorabaugh, *The Alcoholic Republic*, 103.

[4]　Hailman, *Thomas Jefferson on Wine*, loc. 1205.

意志诸邦国的很多葡萄园与酒庄，结果成了在美国难以有人可与之比肩的葡萄酒鉴赏家。

回国后，杰斐逊不仅自己从欧洲订购和进口各种葡萄酒，而且亲自写信要过去的下属在法国为华盛顿总统订购香槟酒，希望将欧洲的各种葡萄酒佳酿介绍给美国上流社会。华盛顿当时年薪 25 000 美元，每年要用几乎 2 000 美元购买葡萄酒与其他酒类招待客人。① 1817 年詹姆斯·门罗出任总统时，早已下野的杰斐逊致信祝贺，信中几乎通篇都是在向门罗推荐作为总统应该准备的各种葡萄酒。1819 年金融恐慌后，晚年的杰斐逊在财务上陷入困境，不得不将自己的大量藏书卖给国会以偿还债务，为今日美国国会图书馆打下了基础。可是在他去世前两年，时任国会众议员的丹尼尔·韦伯斯特访问蒙蒂塞洛，发现其酒窖里仍然藏有上好的葡萄美酒。事实上，杰斐逊对葡萄酒的品评经受住了历史的检验。他当年欣赏的许多葡萄酒至今仍名声显赫，而他当年不以为意的则在日后消失了踪影。1985 年，上面刻有"1787 年拉菲特葡萄酒庄"和杰斐逊名字缩写"Th. J."字样的一瓶葡萄酒在伦敦拍卖，据说此酒应该是属于杰斐逊或者为其准备的。美国出版商马尔科姆·福布斯的儿子克里斯托弗·福布斯，最后以 156 450 美元的高价将这瓶酒买下。其父得知后抱怨说："我希望杰斐逊自己将这瓶该死的酒喝了下去，好让我节省一笔开销。"②

杰斐逊对葡萄酒超群的鉴赏力和他对欧洲各种葡萄美酒的痴迷，的确是源于他的上流社会背景和他对欧洲贵族文化的欣赏。无怪乎汉密尔顿曾经说杰斐逊离不开法国货，尤其是像葡萄酒这样的"奢侈品"。其麾下的联邦党人更是认为，杰斐逊只是"用纯粹共和主义朴素无华的装束点缀自己"，其实"那种纯粹民主的外表，不过是为贵族的显赫、纵欲和伊壁鸠鲁主义生活方式的内在证据，提供了一层弱不禁风的面纱而已"。③ 不过，在他放眼这个初生国家的未来，尤其是在涉及除奴隶以外普通大众追求幸福的平等权利上，杰斐逊并没有表里不一。他喜好葡萄酒，并且和他的朋友拉什一样认为葡萄酒有益健康，可以取代既不利于

---

① Gordon Wood, *Empire of Liberty: A History of the Early Republic*, 1789—1815 (New York: Oxford University Press, 2009), 77.

② Hailman, *Thomas Jefferson on Wine*, loc. 6471.

③ Dumas Malone, *Jefferson and His Time* (Boston: Little, Brown and Co., 1948-1981), 2: 474.

健康又不利于社会的烈酒。因此，他希望美国人人都可以喝到葡萄酒，让葡萄酒的饮用不再限于上流社会，从而使美国成为一个喝葡萄酒的国家。

为了做到这一点，杰斐逊在两个方面做了努力：一是降低葡萄酒关税，使普通民众喝得起进口的廉价葡萄酒；二是发展美国自己的葡萄种植与酿酒业，增加美国的葡萄酒供给，使其价格能为广大民众所接受。可惜他在这两个方面都一无所成。杰斐逊在 1792 年对汉密尔顿在美国人喜欢的葡萄酒上征收高关税很不以为然，但关税依然通过，而他支持汉密尔顿对美国人不喜欢的法国干葡萄酒减少关税，却又没能实现。到杰斐逊自己出任总统后，又因拿破仑战争尤其是他不得不在 1807 年实施禁运，致使葡萄酒关税改革付诸流水。在葡萄种植和酿酒上，杰斐逊更是努力达半个世纪之久。在他看来，引入新作物"对一个国家作出的贡献……比他们历史上最辉煌的篇章中所有的胜利都更有价值"①。早在 1773 年，他就赠送 2 000 英亩土地给来自意大利葡萄酒产区的菲利普·梅齐，鼓励他种植葡萄，并与当时的弗吉尼亚总督及华盛顿等人一起，支持梅齐为此建立了一个实为合伙企业的公司。② 可是，由于梅齐后来积极投身美国革命，加之欧洲葡萄难以在美国成活，其在北美种植葡萄和酿出好酒的一番宏图最终未能实现。杰斐逊不仅热心支持梅齐，而且自己在栽种葡萄上还身体力行。即便后来出任总统期间，他都会抽时间写信为其葡萄园物色葡萄插条。可是直到 1826 年 7 月 4 日与世长辞，杰斐逊穷五十多年之努力，都未能用他栽种的葡萄酿出一滴葡萄酒。这位主张以农立国的政治家本人，在葡萄种植与酿酒上没有任何成就可言。因此，在杰斐逊去世前三年，当有人请他为一本有关葡萄种植的回忆录写评论时，杰斐逊颇有自知之明地谢绝了。他在回信中写道："我对你有关葡萄栽培的书给予任何意见，都是冒昧无礼的，因为这是一种我无论是从实践还是书本上来说都一无

---

① "From Thomas Jefferson to Alexandre Giroud, 22 May 1797," *Founders Online*, National Archives, https：//founders. archives. gov/documents/Jefferson/01-29-02-0304. ［Original source：*The Papers of Thomas Jefferson*, Vol. 29, 1 *March* 1796-31 *December* 1797, ed. Barbara B. Oberg. Princeton：Princeton University Press, 2002, pp. 387-388.］

② "Plan of Philip Mazzei's Agricultural Company, 1774," *Founders Online*, National Archives, https：// founders. archives. gov/documents/Jefferson/01-01-02-0096. ［Original source：*The Papers of Thomas Jefferson*, Vol. 1, 1760-1776, ed. Julian P. Boyd. Princeton：Princeton University Press, 1950, pp. 156-159.］

所知的种植业。"①

事实上，内战前在美国葡萄种植与酿酒业的发展上能取得一些进展的，不是杰斐逊以及像他一样对葡萄酒饶有兴趣的政治领袖，而是那些有葡萄酒文化传统的欧洲移民、笃守其信仰的教派组织、在葡萄种植上锲而不舍且勇于试验的本土美国人。他们在北美大平原以东的地区继续试种欧洲品种葡萄，几乎无一成功。其中小有进展的，依靠的都是本土自然杂交葡萄。在东海岸直到俄亥俄河、密苏里河流域的一些地区，这类本土杂交葡萄为美国商用葡萄酒酿造业的艰难起步提供了最初的机会。然而本土杂交葡萄的栽培也会受到病虫害和气候条件相当大的限制，而且用这类葡萄酿造出的酒实难令人满意。因此，内战前的葡萄种植者曾试图通过人工杂交培育新的品种，可惜未取得重大突破。美墨战争后并入美国版图的加利福尼亚倒是与大平原以东的地区不同，这里的自然条件比较适合欧洲品种葡萄的生长，但商用葡萄酒生产是在淘金热来临后才兴旺起来，故在 1860 年以前进展有限。所以就美国全国来说，内战前要用葡萄酒取代烈酒依然只是一种梦想。

尽管如此，在美国葡萄酒的艰难发展史上，有不少外国移民留下了值得一书的足迹。早在 1786 年，一个名叫彼得·理辜的法国人，就在宾州蒙哥马利县的斯普林米尔斯买了 206 英亩土地，不仅种植葡萄，还建了地窖准备储藏他酿出的葡萄酒。此人好讼，9 年打了 200 多场官司，声名远扬。其葡萄种植也让人颇为好奇。1792 年，华盛顿等政界名流在费城开会时，就专程跑了 13 英里路去参观里辜的葡萄园。当时甚至有谣言说，法兰西共和国政府担心其葡萄酒业将遭遇美国产品的竞争，曾秘密指示驻美公使花钱买通理辜，要他将已栽种的葡萄拔掉。其实法国政府多虑了，理辜那时在葡萄种植上由于资金不足正步履艰难。他情急之下求助于宾州议会，结果还真的奏效，议会于 1793 年通过立法，授权理辜建立一个"旨在促进葡萄栽培的公司"，可按每股 20 美元筹集 1 000 股认购款。②可是认购进展却很缓慢。1795 年法国拉罗什富科-利昂库尔公爵到访时发现，理

① Hailman, *Thomas Jefferson on Wine*, loc. 6388.
② *Statutes at Large of Pennsylvania from* 1682 *to* 1801, 14: 356-360.

辜入不敷出，不得不卖掉了自己的农场，穿戴的竟是"满是破洞的袜子和一顶肮脏的睡帽"。① 后经宾州议会放宽认购条件，1802 年终于达到最低认股数，宾夕法尼亚葡萄公司乃正式成立。应该说，这是美国历史上第一个获得议会正式授权而具有法人资格的葡萄酒公司。

宾夕法尼亚葡萄公司的股份认购者包括很多名人，如公民热内、商人斯蒂芬·吉拉德、亚历山大·汉密尔顿、阿伦·伯尔和本杰明·拉什等。令他们遗憾的是，投资全部打水漂。1803 年 5 月的霜冻和 6 月的冰雹过后，理辜的 14 000 株葡萄只有 582 株存活下来。1805 年从法国运来的 4 500 株插条和从西班牙运来的 1 500 株插条在栽种后，也经不起夏日的炎热与干旱，到 1807 年消失得无影无踪。公司栽种的葡萄中唯一存活下来的，是一种据理辜说他花了 40 个金币买来的从欧洲传到南非的"好望角"葡萄。其实这种葡萄与好望角一点关系都没有，乃是第一章提到的 1740 年由园丁詹姆斯·亚历山大发现的本土自然杂交葡萄——亚历山大葡萄。1809 年，理辜用亚历山大葡萄酿出了公司第一批葡萄酒，但是数量太少，也太迟了。公司失去了对理辜的信任，没有接受他全部改种亚历山大葡萄的建议。到 1813 年，理辜在日记中写道："没有马，没有人，没有所指望的钱和任何帮助，我能做什么??"②

继法国移民里辜 1786 年在宾州置地种植葡萄之后，一位瑞士人在美国葡萄酒业发展上登场了。他叫让·雅各·杜福尔，是一位失去左前臂的残疾人。此人身残志坚，在 14 岁听说美国葡萄酒稀缺时，便下定决心将来要到大西洋彼岸一试身手。1796 年，33 岁的杜福尔真的来到美国，并将自己的名字改为更加英语化的约翰·詹姆斯·杜福尔。他先花了两年时间走访东部的许多葡萄园，结果发现，除了"理辜先生葡萄园的十来株葡萄"以外，就没有其他地方可以称得上是葡萄园。③ 杜福尔又赴西部的卡斯卡斯基亚（离今日密苏里州圣路易斯南部不远的地方）考察，据说法国传教士曾在那里种过葡萄。返程途中，他落脚于当时西部最大的定居点，即有"西部的雅典"和"肯塔基的费城"之称的列克星敦。

---

① Pinney, *A History of Wine in America: from the Beginnings to Prohibition*, 107-110.

② Ibid. , 111-113.

③ John James Dufour, *The American Vine-Dresser's Guide* (Cincinnati: S. J. Browne, 1826), 18.

由于那里已经有人愿意支持葡萄种植，杜福尔乃得以即刻组织起肯塔基葡萄园协会。这实际上是一个根据理辜公司模式建立的股份公司。美国政坛日后的明星亨利·克莱，当时刚到列克星敦不久，就认购了这个协会的股份，并成了协会的律师。杜福尔不等协会计划筹集的 1 万美元资本凑足，就用自己的钱在列克星敦西边 25 英里的肯塔基河边买了 633 英亩土地。第二年（1799 年），杜福尔从东部主要是理辜手中购买了 1 万多株插条，种在他称为"第一葡萄园"的 5 英亩土地上。这些葡萄起初生长良好，但后来不知为何逐渐死亡。时任法兰西共和国第一执政的拿破仑与此前的共和派一样，也担心法国葡萄酒会受到来自美国的竞争，曾于 1802 年派博物学家弗朗索瓦·安德烈·米肖赴美考察。米肖看了"第一葡萄园"后松了一口气，发现"葡萄通常在成熟前就腐烂了"，对其前景并不看好。①

不过，在杜福尔买回的 35 个葡萄品种中，有两个品种存活下来了。其一就是理辜称为"好望角"的葡萄，实际上是本土自然杂交的亚历山大葡萄；另一种叫马德拉葡萄（Madeira），这究竟是一种什么葡萄如今已不可考，估计也是一种本土自然杂交葡萄。杜福尔和理辜一样，都以为亚历山大葡萄是欧洲品种，因为它可以自我授粉，而未杂交的本土葡萄则不行，但是他们都不知道，这种自我授粉的能力是与欧洲葡萄自然杂交的结果。不过，杜福尔与理辜不同的是，他索性放弃了其他品种，下决心将亚历山大葡萄和马德拉葡萄作为其葡萄园的主打品种。1803 年，杜福尔用自己的葡萄成功酿出了肯塔基葡萄酒，要自己的弟弟送了两桶给杰斐逊总统。亨利·克莱则在肯塔基葡萄园协会的宴会上，为他们的成功向"品德高尚和独立的瑞士之子们"敬酒，称赞他们"为躲避战乱而选择了我们的国家"，如今可以用肯塔基葡萄酒驱除他们有关旧世界的所有痛苦的记忆。②

与此同时，杜福尔在新建的"印第安纳领地"购买了俄亥俄河北岸 4 平方英里的土地，称之为"新瑞士"（在今日印第安纳州瑞士县境内）。美国国会 1802

---

① Francis Andre Michaux, *Travels to the Westward of the Allegany Mountains* (London: Printed by D. N, Shury, 1805), 208.

② Bernard Mayo, *Henry Clay: Spokesman of the New West* (Boston: Houghton Mifflin, 1937), 117.

年通过特别立法，给予杜福尔延迟 12 年付清购地款的优惠，以图 "在俄亥俄河西北的美国领地内鼓励引入和促进葡萄栽培"。[①] 杜福尔相信未来的俄亥俄河定能与莱茵河、罗纳河一比高下，乃和两个兄弟以及从瑞士来美的亲朋友人在那里开办 "第二葡萄园"，专门种植亚历山大葡萄与马德拉葡萄，在 1806 年或者 1807 年酿制出第一批葡萄酒。此后产量逐渐上升，1808 年有 800 加仑，1810 年有 2 400 加仑，1820 年有 12 000 加仑。他们于 1813 年在那里建立的韦韦小镇与生产的葡萄酒，在俄亥俄河流域变得小有名声。该镇的一位小学教师颇为得意地写道："含笑的巴克斯（酒神）听到了你们热诚的祈祷，他头戴葡萄王冠，慈祥地来到你们的土地上，建立起他的宝座。"[②] 不过，韦韦镇产的葡萄酒有麝香味，饮者褒贬不一。更重要的是，葡萄栽种的问题并没有解决。杜福尔深知这些问题的存在，故而多次试验将欧洲葡萄嫁接到本土葡萄的根茎上来，可是没有成功。他于 1827 年去世后，韦韦镇的葡萄种植与酿酒业由于黑腐病等真菌的侵害以及其他问题，很快就衰落了。到 1835 年，葡萄园已不复存在。杜福尔，这位在美国创建商品葡萄酒业上小有成功的第一人，最后还是以失败告终。

除了法国移民理辜和瑞士移民杜福尔以外，在早期美国葡萄种植与酿酒史上雁过留声的外来移民还有乔治·拉普领导的德裔和谐派教徒，以及流亡美国的拿破仑麾下的法国军官。前者于 1803 年来到美国宾夕法尼亚，在匹兹堡以北约 30 英里比弗河的一条支流旁建立了和谐镇，后来又在印第安纳的沃巴什河岸建立新和谐镇，1826 年迁到宾州的伊科诺米。拉普本人原本就是种葡萄出身，他们在这三个地方都曾栽种亚历山大葡萄和马德拉葡萄，并酿制葡萄酒出售。尽管有人称赞他们酿出的酒很像莱茵河一带出产的 "老霍克葡萄酒"，但是这种本土杂交葡萄酿出的酒想必也好不到哪里去。这大概就是为什么他们对葡萄酒业的兴趣越来越小的原因。到 1847 年拉普去世时，伊科诺米石油与铁路业的繁荣，早已使和谐派本就苟延残喘的葡萄酒业失去了容身之地。至于滑铁卢惨败之后流亡美国的一群拿破仑手下的军官，他们在 1817 年冒冒失失地来到美国南部汤比格比河边（今日阿拉巴马州境内），居然想在这个芦苇、草地与森林混合的地区种什么葡萄

[①] *Statutes at Large*, 1789—1875, 6: 47-48.

[②] Pinney, *A History of Wine in America: From the Beginning to Prohibition*, 122.

与橄榄，结果自然是又一次滑铁卢。①

当然，土生土长的美国人中，也不乏为早期的美国葡萄酒业作出过重要贡献的先行者。其中最引人注目的就是前面提到的请杰斐逊为其书写评论的人，即约翰·阿德拉姆少校。这个独立战争的老兵在和平时期从事土地测量，适逢大量人口涌入宾夕法尼亚与纽约州的西部，于是通过土地投机买卖赚取了可观的财富。1798 年，阿德拉姆 39 岁就得以退休，居住在马里兰州的哈维德格雷斯。此公对栽种葡萄素有浓厚兴趣，种了 1 200 多株外国葡萄，但是"几乎没有结出一串好葡萄"。于是他改种本土葡萄，认为"这些本土葡萄不会有任何这类意外或者疾病"。② 亚历山大葡萄就是他栽种的本土葡萄中的一种。很快，阿德拉姆便用他收获的亚历山大葡萄酿造出了味道尚可的葡萄酒。他后来承认，此后就再也没有酿出这样好的葡萄酒了。显然，成功只是偶然，他并不懂其中的奥妙。③ 不过，阿德拉姆将这批葡萄酒的样品送给了很多有影响的人物，其中包括卸任总统杰斐逊。早就一心希望能有美国本土葡萄酒的杰斐逊自然非常高兴，在 1809 年给阿德拉姆的信中称赞此酒，说它可与法国勃艮第的香贝坦红葡萄酒（Chambertin）媲美。④ 其中的鼓励之意明显大过对酒的真实评价。

1814 年，阿德拉姆迁居到首都华盛顿的乔治敦，在波托马克河的支流石溪附近建立了他所说的农场，其实就是一个面积约 200 英亩的葡萄园。可是直到 1822 年，阿德拉姆种的葡萄也只有大约 4 英亩。然而他不仅利用其朋友主编的报纸登载有关他的葡萄酒的消息，而且在给杰斐逊前总统的信中询问，可否将杰斐

---

① Ibid., 130-139.

② "John Adlum to Thomas Jefferson, 15 February 1810," *Founders Online*, National Archives, https：//founders. archives. gov/documents/Jefferson/03-02-02-0182. ［Original source：*The Papers of Thomas Jefferson*, Retirement Series, Vol. 2, 16 *November* 1809 to 11 *August* 1810, ed. J. Jefferson Looney. Princeton：Princeton University Press, 2005, pp. 220-223.］

③ John Adlum, *A Memoir on the Cultivation of the Vine in America, and the Best Mode of Making Wine* (Washington, D. C.：Printed by Davis and Force, 1823), 24 n.

④ "Thomas Jefferson to John Adlum, 7 October 1809," *Founders Online*, National Archives, https：//founders. archives. gov/documents/Jefferson/03-01-02-0459. ［Original source：*The Papers of Thomas Jefferson*, Retirement Series, Vol. 1, 4 *March* 1809 to 15 *November* 1809, ed. J. Jefferson Looney. Princeton：Princeton University Press, 2004, pp. 586-587.］

逊给他的信也在报上发表。① 显然，此公做广告宣传的本事，确实了得，加之他的葡萄园就在首都地区，所以其知名度自然也就超过了远在俄亥俄河流域的杜福尔等人。

阿德拉姆在 1822 年为独立日晚会提供了他酿制的葡萄酒，并说用的是托考伊葡萄（Tokkay，其名来自匈牙利一城镇名，当地盛产葡萄酒）。② 喝了这种托考伊白葡萄酒的人觉得味道不错。于是在第二年年初，阿德拉姆赶紧给杰斐逊与麦迪逊两位前总统送去了此种葡萄酒的样品。③ 1823 年 4 月 11 日，杰斐逊在给阿德拉姆回信时，对他送的葡萄酒表示感谢，客气地称托考伊白葡萄酒"确实是一种味道甚佳的好葡萄酒……里面没有一滴白兰地或者其他烈酒"。不过，杰斐逊这次没有再将托考伊白葡萄酒与法国名酒相提并论。阿德拉姆对此恐怕有点失望，但他还是将前总统的信登在 1823 年 5 月 16 日的《美国农场主》上，以收广告宣传之效。④ "托考伊葡萄"以及用这种葡萄酿出的白葡萄酒，也许就是因此而第一次受到公众的广泛注意。

其实这种"托考伊葡萄"是阿德拉姆从马里兰一位肖勒太太处弄来的，当时有位德国牧师认定其品种是产于匈牙利的"真正的托考伊葡萄"。可是肖勒太太却称之为"卡托巴"（Catawba），即从北卡罗来纳流入南卡罗来纳的一条河的名字。直到 1825 年，阿德拉姆才弄清"托考伊"的确是误称，真名应为"卡托巴"。因为它并非匈牙利葡萄，而是在北卡罗来纳这条河边发现的自然杂交的本土葡萄。阿德拉姆在用卡托巴葡萄酿酒时确实没有加白兰地，但在葡萄汁中加了不少糖，而且对温度的控制有严重问题。所以杰斐逊在评论时颇有保留。至于熟悉欧洲干型葡萄酒的人士，例如著名园艺学家安德鲁·杰克逊·唐宁则认为，阿德拉姆酿造的葡萄酒"仅仅可以忍受而已"。⑤

尽管如此，阿德拉姆不仅出版了《关于美国葡萄种植与葡萄酒酿造最佳模式

① Pinney, *A History of Wine in America：From the Beginning to Prohibition*, 142, 145.

② John Adlum to J. S. Skinner, 17 September 1822, *American Framer* 4：246.

③ "To Thomas Jefferson from John Adlum, 24 March 1823," *Founders Online*, National Archives, https：//founders. archives. gov/documents/Jefferson/98-01-02-3412.

④ Thomas Jefferson to John Adlum, 11 April 1823, *American Farmer* 5（March 28, 1823-March 19, 1824）：63.

⑤ *The Horticulturalist, and Journal of Rural Art and Rural Taste* 5（August 1850）：58.

的回忆录》，并在很多农业出版物上撰文介绍自己栽种葡萄的经验。事实上，这个39岁就退出土地投机觉得生计无忧的人，穷其后半生致力于葡萄种植与酿酒业，却始终难以获利，结果在晚年陷入贫困，并于1836年去世。在此之前的几年里，人们已不再听得到他的声音了。他曾在自己的回忆录前言中写道："能对我的同胞有所助益的热望，驱动着我所有的努力，激励着我所有的奋斗。"① 这大概就是一个曾经为这个国家的独立和自由战斗过的美国老兵的情怀。也许就是因为如此，哪怕他并不是在美国引入适合酿酒的自然杂交本土葡萄的第一人，人们还是称他为"美国葡萄栽培之父"。

另一位在美国葡萄酒发展历程上留下印记的美国人，是俄亥俄州辛辛那提的尼古拉斯·朗沃思。他在1825年拜访过阿德拉姆，并从其手里获得了卡托巴葡萄的插条。正是这位富有的律师与地产商，继杜福尔和拉普之后，在推进俄亥俄河流域的葡萄种植与酿酒业的发展上发挥了重要作用。朗沃思是个富有传奇色彩的古怪人物。他信奉"生意第一、享乐次之"的人生哲学，连自己的婚礼都差点迟到。但是他每天必须要做的事情却写在一张张纸条上，并用别针别在袖口，做了一件撕掉一张，直至全部做完。据说亚伯拉罕·林肯到他的葡萄园参观时，还以为他是个园丁。他对林肯坦承，除了对参观葡萄园的人每人收的10美分以外，他赚的钱没有真正干净的。但是他又热心于慈善，尤其热心资助真正有天赋的青年，如受其赞助的辛辛那提小伙子海勒姆·鲍尔斯，在19世纪中期成了美国著名雕刻家。人们还传说，其黑人家仆当初从奴隶主手中逃脱时，差一点就被追捕者抓回与辛辛那提仅一河之隔的蓄奴州肯塔基，是朗沃思救了他。哈丽雅特·比彻·斯托夫人可能就是在辛辛那提居住时听到过这个故事，从而激发了灵感，在《汤姆叔叔的小屋》一书中塑造出女奴伊莱扎这个人物。就像朗沃斯救下的那个奴隶一样，她带着孩子在俄亥俄河的冰块上跳跃着逃往北方。②

早在1813年，朗沃思就为韦韦镇的瑞士移民在葡萄种植与酿酒上的成功所吸引，在后院开始种葡萄。1823年，他在4英亩地的葡萄园里种上了韦韦镇的亚

① Adlum, *A Memoir on the Cultivation of the Vine in America*, 4.

② *American National Biography*, ed. John A. Garraty and Marc C. Carners（New York: Oxford University Press, 1999）, 13: 898-899.

历山大葡萄,后来还用这种葡萄酿出了白葡萄酒,但和美国人喜欢的马德拉葡萄酒一样需要加糖与白兰地。另外,他还曾尝试栽种欧洲品种葡萄,希望酿出质量比较高的佐餐干型葡萄酒,但是失败了。因此,当朗沃思从阿德拉姆处弄到卡托巴葡萄后,便希望用这种本土葡萄酿制出可口的佐餐干型葡萄酒,以此改变美国人的饮酒习惯,让他们从烈酒中摆脱出来。1828 年,他索性退出律师行业,将其精力转移到葡萄种植与酿酒业。当然,朗沃思这样做并不完全是为了帮助人们戒掉烈酒。作为一个地产商加葡萄种植业者,朗沃思可谓深谙牟利之道。他在辛辛那提大量购地,然后将这些土地交给德裔移民家庭种植葡萄。这样一来,他一方面可以与这些佃农家庭分享葡萄种植的利润,并用他们收获的葡萄酿造葡萄酒。另一方面种植葡萄既可以使原本就可耕作的土地增值,还可以使过去认为无用的土地也有了价值。更重要的是,等到辛辛那提迅速发展为西部大都市时,城市当局和私人业主为了城市开发或者个人商机都需要找他购地,这些土地的增值就非同小可了。结果,除当时美国首富约翰·雅各布·阿斯特以外,朗沃思成了这个国家交地产税最多的人。① 他一手倡导的葡萄种植不仅使土地增值,还让因屠宰业发达而有"猪肉之都"称号的辛辛那提平添了几分诗情画意的田园风光,淡化了工业化过程中出现的肮脏、混乱、喧嚣和贫困。朗沃思将他在该市东边亚当斯山上的葡萄园称为"伊甸园",人们开玩笑说,朗沃思和他的妻子就是这座城市的亚当与夏娃。

朗沃思的葡萄酒酿造规模在 19 世纪 30 年代不是很大,但是 1842 年成了一个转折点。原因就是他在这一年误打误撞地酿造出了起泡的卡托巴葡萄酒。朗沃思马上意识到这是个卖点,因为他深信,对既无泡又有点酸的卡托巴干型葡萄酒不大感兴趣的美国人,一定会对有如香槟的卡托巴起泡葡萄酒倍加青睐。由于他并不知道这起泡葡萄酒究竟是怎么酿出来的,乃从法国请来了酿酒师。但朗沃思一再声明,他"无意模仿任何欧洲起泡葡萄酒",而是要提供"有本土葡萄特殊味道的纯净货色,并且在无论哪个方面都要与最好的进口货不分上下"。② 到1850 年,朗沃思建起了第二个酒厂。是年葡萄酒产量达到 6 万瓶,到 1851 年又

① Ibid. , 13: 898.

② *American Agriculturist* 9 (1850): 119.

增加到 75 000 瓶，并且开始在全国销售。① 朗沃思对卡托巴葡萄酒的营销活动更是费尽心机。他不仅亲自给各种报纸刊物写信，而且将葡萄酒送给有关杂志的编辑，并积极参加园艺或农业协会组织的诸多酒类竞赛。1848 年，卡托巴葡萄酒的样品出现在纽约市美国科学发明协会的年度展览会上。1851 年，朗沃斯的卡托巴葡萄酒又在伦敦举办的著名的水晶宫博览会（首届世博会）上亮相。

水晶宫博览会展品目录在介绍这种卡托巴葡萄酒时，客气地说它在主要特色上"类似于德意志霍克葡萄酒或者莱茵河葡萄酒"，但同时指出"很多人一下子就品尝出它的味道，但其他人则还需要很多时间"。② 不管英国人在评论卡托巴葡萄酒时有多少保留，这种本土葡萄酒能出现在这样的国际博览会上，在美国国内就是最好的广告。于是，辛辛那提尤其是朗沃思的葡萄酒在北美很快就远近闻名。美国著名诗人亨利·朗费罗在收到朗沃思的卡托巴起泡葡萄酒样品后，曾在一首写得并不太高明的诗中称赞说，"最为醇厚与最好的便是这西部葡萄酒"，与法国名牌香槟酒相比，它"更有一番好似神授般的风味，更芬芳，更可口，更有梦幻感"。③

卡托巴葡萄酒的梦幻感在 1860 年达到顶峰后终于破灭。这年俄亥俄州葡萄酒产量猛增到 568 617 加仑，占全国总产量的 35%，位居第一。④ 俄亥俄河在当时似乎真的成了"美国的莱茵河"。可是就在俄亥俄流域葡萄酒业走向繁荣的同时，卡托巴葡萄在种植上存在的问题越来越严重。这种葡萄对北美总体环境的适应力虽然比欧洲葡萄要强得多，但是依然有两大弱点，一是果实成熟得不够好，结果收获的葡萄中有相当大一部分不能用来酿制葡萄酒，二是经受不起粉霉病和黑腐病的侵害。卡托巴葡萄最初落脚俄亥俄流域时，病虫害带来的问题尚不严重，但在 19 世纪 50 年代明显加剧。这十年里，辛辛那提地区的葡萄园只有 1853

① Ibid.；Robert Buchanan, *The Culture of the Grape, and Wine-Making* (Cincinnati：Moore & Anderson, 1852), 58.

② Great Exhibition of the Works of Industry of All Nations, *Official Descriptive and Illustrated Catalogue* (London：Spicer Brothers；W. Clowes and Sons, 1851), 3：1433.

③ Henry Longfellow, "Catawba Wine", *Atlantic Monthly* 1 (no. 3, January 1858)：271.

④ Alan L. Olmstead and Paul W. Rhode, "Quantitative Indices on the Early Growth of the California Wine Industry," RMI-CWE Working Paper number 0901 (May 8, 2009), 12, Table 1：Wine Production on Farms by State, 1850-1910, accessed July 28, 2016, http：//vinecon. ucdavis. edu/publications/cwe0901. pdf.

年、1858 年和 1859 年没有黑腐病，其他七年都深受其害。由于当时还没有找到根治这些病害的有效方法，以卡托巴葡萄为基础的俄亥俄流域的葡萄酒业的繁荣真的只是一场梦幻。到 19 世纪 60 年代结束时，俄亥俄州的葡萄酒产量只剩下 1860 年的约 1/3。1870 年，朗沃思的葡萄酒瓶装工场被转手给炼油厂，宣告了辛辛那提葡萄酒业的凋零。

　　19 世纪初以来，随着西进移民跨过阿巴拉契亚山脉，美国的葡萄种植与酿酒业也逐渐扩展到了辽阔的西部边疆地区，先是进入密西西比河流域，而后直到太平洋岸边的加利福尼亚。今日密西西比河流域的中西部地区，是葡萄酒业西进历程的第一站。除了印第安纳的韦韦镇、新和谐镇和俄亥俄的辛辛那提以外，内战前这个地区葡萄种植业西行最远且颇具发展潜力的地方就是密苏里。密苏里葡萄种植业与酿酒业的兴起，是与德裔移民的到来分不开的。这个时期来到密苏里与中西部其他地区的德裔移民与 17、18 世纪来到北美东海岸的德裔移民不同，宾州大学德裔移民民俗学权威学者唐·约德甚至称之为"两个德语世界"。① 17、18 世纪的德裔移民一般都视自己为有德意志血统的北美人或者美国人，他们将旧世界与过去都留在身后，决心在新世界有一个新的开始，逐渐融入了北美社会，大多居住于宾夕法尼亚一带。19 世纪进入美国的德裔移民则不然，他们视自己为住在美国的德意志人，在北美新环境下还想尽可能保持其德意志文化与生活方式，不愿意融入美国主流社会，大多落脚于中西部的辛辛那提-密尔沃基-圣路易斯的"德裔三角地带"。

　　其所以会如此，主要是因为 19 世纪上半叶德意志人口的迅速增加使得土地紧缺，各邦国土地贵族因此加强了对民众的控制与防范，而拿破仑军队的长期占领又激发了德意志民族主义的发展。当德意志人获得土地、争取政治权利和实现德意志民族统一的努力在欧洲大陆频遭挫折之时，许多具有浪漫主义、自由主义和民族主义思想的有识之士意识到，解决人口压力的一个可行之策就是大量移民北美。此举不仅能使在欧洲大陆无法获得土地的德意志人得到自己的土地，而且

① Don Yoder, "The 'Dutchmen' and the *Deitschlenner*: The New World Confronts the Old," *Yearbook of German American Studies* 23 (1988): 1.

可以让其享有在旧世界享受不到的政治权利与自由。更重要的是，他们还可以在北美建立一个以共同的语言、文化和历史为基础的新德意志，从而真正实现德意志人的民族认同。这种非政治的民族主义主张，可以追溯到 19 世纪初德国启蒙运动思想家的影响。有"祖国之父"之称的爱国主义者约翰·戈特弗里德·赫德就坚信，统一的德意志民族只能建立在有共同语言支持的文化基础之上。[①] 民族主义诗人厄恩斯特·莫里茨·阿恩特甚至说，"无论哪里说德语"，哪里就是德意志。[②]

在这种民族主义思想与主张的推动下，一些会社在欧洲与美国先后成立，组织德意志人向北美移民。其中不少受到了戈特弗里德·杜登有关美国西部尤其是密苏里的报告的巨大影响。这位德意志民族主义者 1824 年赴美，在密苏里居住几年并经营一个农场，返回欧洲后于 1829 年发表了考察报告。他坚信一个"恢复了青春活力的日耳曼尼亚"，可以在密西西比河以西地区繁荣起来，故而大力鼓励德裔移民到密苏里去建立德意志城市，为来到美国的德意志人设立他们的"文化中心"。[③] 受到这个带有浪漫主义玫瑰色彩报告的鼓舞，好几个会社都组织德裔移民前往密苏里定居，其中最为成功的是费城的德意志移民协会。它虽然没有能像有的民族主义者所梦想的一样在美国建立一个新的德意志祖国，但是该协会 1837 年在密苏里州创建的赫曼镇却成功保留了德意志文化。1858 年到访的人在这里可以忘记自己"实际上不在德意志本土"，[④] 直到 1929 年，人们还可以在这里消磨一整天都听不到一句英语，处处都用德语交流。至于作为德意志文化重要标志之一的葡萄种植与葡萄酒酿造，直到今天还依然是赫曼镇吸引千千万万游客的一个旅游亮点。

其所以会如此，主要有两方面的原因。首先，密苏里的德裔移民没有像辛

---

① Robert Reinhold Ergan, *Herder and the Foundation of German Nationalism*（New York：Octagon Books, Inc.，1966），114.

② Martin Kitchen, *A History of Modern Germany*：1800—2000（Malden：Blackwell Publishing, 2006），2.

③ Gottfried Duden, *Report on the Journey to the Western States of North America*：*and Stay of Several Years along Missouri River*, ed. and trans. James W. Goodrich（Columbia：The State Historical Society of Missouri and University of Missouri Press, 1980），179.

④ John Hawgood, *The Tragedy of German America*：*The Germans in the United States during the Nineteenth Century and After*（New York：G. P. Putnam's Sons, 1940），122.

辛那提的葡萄种植者一样，把鸡蛋都放在一个篮子里，也就是说他们没有过于依靠卡托巴葡萄。赫曼镇的雅各布·富格 1845 年在这里种下了该镇最早的葡萄——源于南卡罗来纳的自然杂交本土葡萄"伊莎贝拉"（Isabella）。第二年，迈克尔·波谢尔就用这种葡萄酿出了第一批葡萄酒。[①] 1848 年，赫曼镇已能酿出 1 000 加仑葡萄酒，开始了葡萄酒的商品生产。镇民无比高兴，举办葡萄酒节庆祝，还鸣炮向酒神巴克斯致敬。[②] 不过，该镇居民对伊莎贝拉葡萄不大满意，又试种了卡托巴葡萄，在 1848 年有了第一次收成，此后又在 1850 年和 1855 年分别试种了源于马萨诸塞的康科德葡萄（Concord）与源于弗吉尼亚的诺顿葡萄（Norton）。[③] 这两种自然杂交本土葡萄抵御病虫害的能力比较强。当时包括朗沃思在内的辛辛那提葡萄种植者对诺顿葡萄有点不屑一顾，可赫曼镇的人却从他们那里弄回这种葡萄栽种，并且酿出了很有可能成为佐餐酒的葡萄酒。正因为如此，当辛辛那提葡萄酒业后来因为卡托巴葡萄为病虫害所累而难以为继时，赫曼镇还有可以取而代之的品种，不至于像辛辛那提那样全军覆没。

其次，密苏里的德裔葡萄种植者不是辛辛那提葡萄园的德裔佃农，而是独立的有产者，其中很多受过良好教育，有"拉丁农民"之称，因为他们连拉丁文都读得懂。这些人中固然有毫无实际经验者，但却不乏在葡萄种植与酿酒上勇于钻研和敢于试验的人士。毕业于吉森大学的弗里德里克·明奇对德意志诸邦国发生政治变化的前景失去信心后，于 1834 年根据吉森移民协会的安排，率部分有意移民北美的人横渡大洋在巴尔的摩登陆，后定居于杜登当年曾经务农的密苏里州沃伦县。他在购置农场并经营葡萄园的同时，为初学者撰写了《美国葡萄种植入门》，广受欢迎，后于 1859 年出版。内战时，明奇作为州议会议员坚决反对奴隶制。他一生对葡萄种植热情不减，晚年希望自己会在无预警的情况下突然死去。天遂人愿，到 84 岁高龄时，家人照例在一个冬日的傍晚呼唤明奇回家，可是他

---

① George Husmann, *The Cultivation of Native Grape and Manufacture of American Wines* (New York: G. E. & F. W. Woodward, 1866), 18.

② William G. Bek, *The German Settlement Society of Philadelphia and Its Colony Hermann, Missouri* (Philadelphia: Americana Germanica Press, 1907), 153.

③ Husmann, *The Cultivation of Native Grape and Manufacture of American Wines*, 20.

没有回应。家人赶紧寻找，发现他已死在葡萄园中，手里还握着一把整枝的剪刀。① 赫曼镇的乔治·胡斯曼和圣路易斯的乔治·恩格尔曼不仅有葡萄种植方面的著述，后来还都曾帮助法国用嫁接方式克服了根瘤蚜虫害。尽管他们的成就主要是在内战以后取得的，但这都是和他们内战前生活在密苏里德裔移民勤于钻研的大环境中分不开的。

如果说赫曼镇是密苏里葡萄酒生产的中心，那么圣路易斯就是密苏里葡萄酒的营销中心。圣路易斯早年是法国皮毛商建立的，1803 年路易斯安那购买案后归于美国。由于 19 世纪 40 年代大量德裔移民的涌入，这个城市成了一个既有法兰西历史背景又有德意志文化色彩的地方。该市最早的葡萄酒是圣斯坦尼斯洛斯神学院的耶稣会会士在 1823 年酿造的，系教堂用酒。最早的纯商业化酒庄则是 1853 年建立的密苏里葡萄酒公司。该公司不仅出售密苏里的葡萄酒，还出售来自俄亥俄的葡萄酒。于是密苏里与俄亥俄之间便有了你来我往的葡萄酒贸易。赫曼镇将其生产的葡萄酒运给辛辛那提的朗沃思，辛辛那提的酿酒商则将所产葡萄酒运到圣路易斯，让密苏里葡萄酒公司销售。密苏里作为当时除加州以外美国最西部的葡萄酒生产中心，其葡萄酒生产与销售在内战前虽然取得了相当程度的进展，并且具有不可低估的潜力，但是其生产规模不大，到 1860 年还落后于包括俄亥俄、印第安纳、肯塔基在内的 9 个州。密苏里州葡萄酒业真正的繁荣要等到内战以后。

比密苏里州更往西的黄金州加利福尼亚，葡萄酒业在内战前也谈不上辉煌，尤其是在 1850 年以前，发展还比较缓慢。不过，其葡萄栽种的历史倒是早已有之。当这一方土地还是西班牙人统治下的上加利福尼亚时，方济各会的修士就在他们建立的教区里种下了当地最早的葡萄，做酿酒之用。这些修士种的葡萄被称为"教区葡萄"（Mission Grape），应该是早年西班牙人带来的品种，而加利福尼亚正好是北美少有的适宜欧洲葡萄生长的地方。不过在今天的西班牙已经找不到

---

① Julius Thamer Muench, "A Sketch of the Life and Work of Friedrich Muench," *Missouri Historical Society Collections* 3（1908）：132-141, 143；George Husmann, *American Grape Growing and Wine Making*（New York：Orange Judd Company, 4th ed., 1915）, 263-264.

这种葡萄了。教区葡萄适宜在炎热气候下生长，产量高，酿出的红葡萄酒因酒精含量多而易于保存，但是这种葡萄酸度低，酿出的干型葡萄酒淡而无味，不适宜做佐餐酒。有传言称，上加利福尼亚最早种植葡萄的，是 1769 年在圣迭戈建立的第一个教区。而真正有记载的方济各会修士首次种植葡萄，则是在 1779 年的圣胡安-卡皮斯特拉诺，他们酿出葡萄酒可能是在 1782 年。[1] 后来很多教区都曾栽种葡萄酿酒，诸如圣加布里埃尔、圣克拉拉、圣何塞、索诺玛等等。教区葡萄酒除了用于圣餐台和修士们的餐桌上以外，是否作为商品进入市场则不得而知，因为西班牙人在当地禁止对外贸易。到墨西哥人在 1821 年推翻西班牙人统治后，这些限制被解除，教区葡萄酒成为商品不乏其例。可是到了 1833 年，墨西哥政府对教区采取世俗化政策，剥夺了修士拥有不动产的权利，教区的葡萄园很快就衰落了。

当然，除了教区的方济各修士，世俗社会也有人比较早就开始栽种葡萄，尤其是在结束西班牙人的统治之后，墨西哥政府的管辖比较宽松低效，许多外来移民便也开始试种葡萄和酿酒。第一个在洛杉矶种植葡萄的是来自马萨诸塞的约瑟夫·查普曼。他 1822 年来到这里，于 1826 年种下了 4 000 株葡萄。不过，在 1848 年开始的淘金热之前，加利福尼亚的人口很少，葡萄种植与酿酒业充其量不过是一种规模很小的家庭手工业而已，并且主要集中在洛杉矶地区。在使这种家庭手工业转变为商业化产业上，1831 年来到加利福尼亚的法国波尔多人让·路易斯·维涅起了重大作用，后来有人说他"注定要成为加利福尼亚的诺亚"（传说中的诺亚从方舟下来后觉得四周的水不能喝，在上帝指引下成了第一个栽种葡萄酿酒的人）。[2] 维涅 1833 年在洛杉矶站稳脚跟后，在那里建了一个葡萄园，因门口有棵高大的悬铃木而取名 El Aliso，即悬铃木葡萄园。[3] 他很快就发现了教区葡萄的欠缺，开始从法国进口欧洲葡萄品种，栽种在自家葡萄园后，酿出了味道甚佳的葡萄酒。这些葡萄酒不仅在当地销售，而且到 1840 年还被装船运

---

[1] Pinney, *A History of Wine in America: from the Beginnings to Prohibition*, 238.

[2] Ibid., 246. 关于诺亚第一个种植葡萄的传说，参见 Husmann, *American Grape Growing and Wine Making*, 261-263。

[3] El Aliso 系西班牙语，意为桤木，但在加利福尼亚不知为何多指悬铃木，所以此处译为"悬铃木葡萄园"。

往圣巴巴拉、蒙特雷和圣弗朗西斯科等地，颇受欢迎。

在洛杉矶早期葡萄酒业发展史上，与维涅地位大体旗鼓相当的，是在肯塔基出生、密苏里长大的威廉·沃尔夫斯基尔。1822 年时他才 24 岁，离开家乡西行，闯荡边疆，到过新墨西哥、科罗拉多、犹他、内华达等地，捕猎野兽，做皮毛生意。沃尔夫斯基尔在 1831 年来到洛杉矶，1836 年买下第一块土地后，就开始致力于商业葡萄园的经营，到 1858 年时拥有葡萄园 100 英亩。在 1856 年和 1859 年加利福尼亚州商品交易会上，他的葡萄园两度被评为全州最好的葡萄园，其葡萄酒年产量在 1859 年达到 5 万加仑，占全州葡萄酒产量的将近 15%。[①] 有人曾称赞其葡萄酒"比最好的法国葡萄酒与马德拉葡萄酒还要好"。[②] 那时的洛杉矶地方很小，沃尔夫斯基尔与维涅为邻，在引领洛杉矶葡萄酒业的发展上，也成了抬头不见低头见的友好竞争者。维涅曾经将所产葡萄酒送给美国总统约翰·泰勒，沃尔夫斯基尔则在 1857 年将他生产的甜型红葡萄酒送给了詹姆斯·布坎南总统。不过，沃尔夫斯基尔从未像维涅一样将新的更好的葡萄品种引入加利福尼亚。这是他有逊于维涅的地方。

维涅与沃尔夫斯基尔是洛杉矶地区第一代葡萄酒商品生产者中的佼佼者。就是在他们的带动下，越来越多的人开始从事葡萄种植与葡萄酒生产，从而使洛杉矶的葡萄酒酿造，在 19 世纪 50 年代终于成了一个专门行业。到 50 年代中期，洛杉矶出现了两大葡萄酒行，对该地区葡萄酒的生产、储存和销售加强了控制。其中一个是塞恩斯宛兄弟葡萄酒行，系由维涅的两个外甥让·路易斯和皮埃尔·塞恩斯宛在 1855 年组建。他们将舅舅的葡萄园买下后，扩大了葡萄园种植与酿酒规模，还从其他葡萄酒生产者手里买酒或者买葡萄酿酒，结果使商行的葡萄酒与白兰地产量在 1858 年达到 125 000 加仑，居全州第一。不仅如此，该葡萄酒行还于 1857 年在旧金山开了一个店铺，在那里的酒窖生产起泡葡萄酒，称之为"泡泡加州香槟"，引起了广泛注意，甚至运到纽约与费城销售。可惜他们的创新之举未能成功，因为教区葡萄实在不是做起泡葡萄酒的好原料。塞恩斯宛兄弟因

---

① Iris Wilson, *William Wolfskill*, 1798—1866: *Frontier Trapper to California Ranchero* (Glendale, CA: Arthur J. Clark, 1965), 147, 157, 159, 174-175.

② Edwin Bryant, *What I Saw in California* (New York: D. Appleton & Co., 1849), 412.

此损失了 5 万美元，在 1860 年代初解除了合伙关系，其葡萄酒行也逐渐失去了
影响。[1]

另一家比较成功的葡萄酒行是由几个音乐家开办的，即科勒与弗罗林葡萄酒
行。查尔斯·科勒是个德裔小提琴手，约翰·弗罗林是长笛演奏者，都是旧金山
的日耳曼音乐会社管弦乐队的成员。他们和一个叫比特勒的男高音在 1853 年一
次野餐时发现洛杉矶产的葡萄不错，决心进入葡萄酒业碰碰运气。科勒与弗罗林
此前从未见过葡萄园，纯属外行，但是比特勒来自贝多芬曾经居住过的奥地利巴
登小镇，可能对葡萄酒业有所了解。1854 年，这三个人在洛杉矶买下了一家小
葡萄园，雇人替他们酿造葡萄酒。不久，比特勒因私人原因退出了合伙关系。科
勒和弗罗林这两个外行就顶起了大梁，前者负责销售，后者负责生产，在 4 年之
内扭亏为盈，不再需要晚上去演奏以弥补亏损了。1858 年，他们的葡萄酒在加
州商品交易会上获得 "最佳葡萄酒" 奖。其成功使他们在洛杉矶的葡萄酒行业名
声大噪，很快就居于统治地位。1859 年，科勒与弗罗林葡萄酒行生产的葡萄酒
达到了 8 万多加仑，外加约 2 万加仑白兰地。[2]（见图 20）

科勒与弗罗林葡萄酒行在葡萄酒的销售上也颇有进展。内战前加州葡萄酒的
生产中心在南部，而市场重心则在北部，因为旧金山地区人口比洛杉矶多得多。
科勒本人从葡萄酒行成立之日起就长期在旧金山负责销售，起初是他提着篮子步
行送货，后来雇佣马车全天运送，销售量越来越大。其葡萄酒行 1860 年仅存放
于旧金山销售的葡萄酒就达 12 万加仑，第二年发送到旧金山的葡萄酒更是高达
13 万加仑。除了在加州销售葡萄酒以外，科勒与弗罗林葡萄酒行在向东部与海
外扩大市场上也小有所成。不过，加州葡萄酒并没有能马上占领东部市场，更不
要说海外市场。它在美国东部遭到了俄亥俄和纽约等地葡萄酒制造商的刁难，常
常被他们指控葡萄酒掺假和商标误导。辛辛那提的美国葡萄种植与酿酒者协会在
进行这种指控上可谓一马当先。此外，交通不便带来的运费昂贵和太平洋沿岸酒
瓶稀缺，也是加州葡萄酒在竞争中处于不利地位的重要原因。直到内战以后，加

---

[1]　Pinny, *A History of Wine in America：from the Beginnings to Prohibition*, 253-254.

[2]　Vincent Carosso, *The California Wine Industry*, 1830-1895（Berkeley：University of California Press, 1951），30-32.

州葡萄酒的生产中心从南部向北部大规模转移，这个黄金州的葡萄酒业，才真正在美国跃居领先地位。

事实上，这一转移在内战前已悄然开始。加利福尼亚北部的葡萄种植与南部一样，也是从教区开始的，如圣何塞、圣克拉拉和索诺马。非教会的世俗之人中最先栽种葡萄的，是 1783 年西班牙统治时的北加利福尼亚驻军司令和后来的总督佩德罗·法希思。① 不过，1849 年以前北部的葡萄园不仅不大，而且屈指可数。其中值得一提的是乔治·扬特，他是和威廉·沃尔夫斯基尔一起来到加利福尼亚的，后定居于北部，就是此人在如今闻名世界的葡萄酒产区纳帕谷地栽种了第一株葡萄，时为 1838 年。沃尔夫斯基尔当时已立足南部，但在纳帕谷地以东如今的索拉诺县，为其兄弟约翰置下了一块地产。约翰遂于 1843 年春在那里种下了教区葡萄。

北部这种小规模的零零星星的葡萄种植与酿酒，因为 1848 年开始的淘金热而开始大量增加。这年年初，来自新泽西的詹姆斯·马歇尔在为约翰·萨特建造锯木作坊时发现，位于圣弗朗西斯科东北 100 多英里处的亚美利加河边的水轮退水道里有黄金。同年 2 月，在美墨战争中战败的墨西哥与美国签订条约，将包括加利福尼亚在内的大片土地卖给了美国。这样一来，随着加利福尼亚发现黄金的消息传开，大量来自美国其他地区乃至世界各地的淘金者便趋之若鹜，迅速涌入圣弗朗西斯科，向金矿区进发。1849 年开始时，加利福尼亚除印第安人以外只有大约 26 000 人，到年底就猛增到约 115 000 人，1852 年时更是达到 225 000人。②

在加利福尼亚的内华达山脉金矿母脉区，也就是淘金者蜂拥而至的地方，人口的增加刺激了对酒的需求，葡萄种植业从 1849 年即开始兴起。到 1856 年，这一地区的阿默多、埃尔多拉多、萨特和图奥勒米四个县已有 70 371 株葡萄，两

---

① George Simpson, *An Overland Voyage round the World during the Years* 1841 *and* 1842 (Philadelphia: Lea and Blanchard, 1847), 179-180.

② James J. Rawls and Richard J. Orsi, eds., *A Golden State: Mining and Economic Development in Gold Rush California* (Berkeley: University of California Press, 1999), 233.

年后又增加到 204 998 株。① 当许多淘金者从最初的狂热中冷静下来时，发现靠黄金瞬间致富的希望大多是一枕黄粱，风险极大，于是开始寻找能获得稳定经济收益的途径，葡萄种植与酿酒业就成了一种不错的选择，尤其是对那些来自欧洲具有葡萄酒文化传统国家的移民来说，就更是如此。最早的黄金发现地——锯木作坊的主人萨特，早年来自瑞士，在淘金热中失去了大部分地产，后来一度在其农场种植葡萄酿酒，而最先发现黄金的马歇尔在萨特作坊所在的科洛马县也拥有一个葡萄园。

到 19 世纪 50 年代中，不过几年光景，加州北部的葡萄种植与酿酒业便有了风生水起之势。1856 年，圣克拉拉县的葡萄植株达到 15 万株，第二年猛增到 50 万株，② 同年，纳帕县生产的葡萄酒第一次运到了旧金山市场，虽然不多，但却是这个未来加州最著名的葡萄酒产区的开山之作。毫不奇怪，1850 年基本上没有商品葡萄酒生产可言的北部，到 1860 年时，已今非昔比。这年圣弗朗西斯科湾地区和内华达山脉淘金区生产的葡萄酒占全州产量的 26%，为洛杉矶地区产量的将近 40%，成了南部葡萄酒在市场上不可小觑的竞争者。③ 北部葡萄酒生产将后来居上的发展趋势此时已十分明显，而且在 10 年后成了事实。

就内战前的整个加州而言，其葡萄种植与酿酒业在南部已有一定基础，在北部也开始兴起，而且到 1860 年时其葡萄酒产量在当时全国各州中已位居第二，仅次于俄亥俄州。但是严格说来，加州葡萄酒业的发展才刚刚起步。事实上，内战前加州取得的主要进展是在葡萄种植上，而在酿造葡萄酒上还很落后。用加州农业协会葡萄酒委员会的话来说，"酿造葡萄酒对于我们人民的雄心来说还是一个比较新的科目。"④ 1859 年，加州农业协会下属委员会成员对参展的本州最好的葡萄酒进行了化学分析。他们发现，这种酒酒精含量过高，是葡萄酒生产国人们通常喝的葡萄酒的两倍，而其酸含量又太低，只有法国与德意志诸邦国一般葡

① *Report of California State Board of Agriculture for the Year* 1911 (Sacramento: Friend Wm. Richardson---Superintendent of State Printing, 1912)，184.

② Ibid.

③ Ibid. ，197. 百分比系按照各县 1860 年葡萄酒产量计算得出的数字。

④ *Transactions of the California State Agricultural Society during the Year* 1860 (Sacramento: C. T. Botts, State Printer, 1861)，243.

萄酒含量的 1/4。于是该委员会得出结论说："直到现在，加州葡萄酒还没有达到完善的标准，我们的气候与土壤有一天一定会让它们达到的。"① 至于对加州不大友善的新英格兰人查尔斯·洛林·布雷斯，他在 8 年后到访加州时依然认为："加利福尼亚的葡萄酒酿造总的说来是一个失败。"②

　　俄亥俄、加利福尼亚、印第安纳、密苏里等州葡萄酒业的发展，在内战前的美国名列前茅，结果尚且如此。东部与南部葡萄酒业的落后则可想而知。要酿出好的葡萄酒，一要栽种出好的葡萄，二要掌握好的酿酒技术。当时有碍美国葡萄酒业发展的关键因素不在酿酒技术，而在葡萄栽种上。酿酒技术可以向欧洲人学习并加以改进，可是能酿造上好葡萄酒的欧洲葡萄在美国除了加州以外基本上无法正常生长，本土葡萄又难以酿造出质量可与欧洲葡萄比美的葡萄酒。于是，诸如亚历山大、卡托巴、伊莎贝拉等自然杂交葡萄便成了美国大部分地区葡萄种植者的选择。可是自然杂交葡萄依然有不少不尽人意之处，因为它不过是一种巧合，结果如何只能听天由命。然而杂交可以使葡萄品种具有新的特性这一点，却给了葡萄栽种者以启发。他们觉得人工杂交也许有可能使葡萄品种朝着比较理想的方向发展。于是，内战前美国葡萄种植者中便有些人开始通过人工杂交有目的地培育新的葡萄品种。这固然不失为一种促进美国葡萄酒种植业发展的途径，但是人工杂交要成功，时间长、难度大，美国人在这方面进展缓慢。
　　回顾美国人在葡萄人工杂交方面的进程，首先要提到的是费城种子商伯纳德·麦克马洪。他在 1806 年出版的《美国园丁日历》第一个告诉人们，"亚历山大"葡萄、"布兰德"葡萄（Bland's Grape）和一种"浣熊葡萄"（The Racoon-grape），是本土葡萄彼此之间或者与欧洲葡萄之间杂交而成的品种，所以"有可能酿出好的葡萄酒"。他还建议说："将一些最好的欧洲品种嫁接到我们最有活力的本土葡萄上的想法……无疑会达到很好的目的。"③ 杜福尔在 1826 年出版的《美

---

　　① *Transactions of the California State Agricultural Society during the Year* 1859（Sacramento：C. T. Botts, State Printer，1860），301.

　　② Charles Loring Brace，*The New West：or，California in* 1867—1868（New York：G. P. Putnam & Son, 1869），254.

　　③ Bernard MacMahon，*The American Gardeners' Calendar*（Philadelphia：B. Graves，1806），234-235.

国葡萄园艺业者指南》中也指出，就像动物可以杂交一样，植物也能通过杂交产生新的品种。他在指南中长篇引用了英国园艺家威廉·斯皮奇利有关温室葡萄人工杂交的论述，希望美国所有拥有温室的富有公民都来试一试。考虑到葡萄杂交培育新品种需要较长时间，杜福尔还主张由公司或者协会来承担这样的试验，因为这些法人组织的寿命比自然人长。① 当时意识到人工杂交重要性的还有威廉·罗伯特·普林斯。他在1830年的《葡萄专论》中引述哈佛大学教授的有关论述，说明欧洲葡萄与本土葡萄杂交后的品种更能适应北美气候。不仅如此，从历史文献来看，普林斯还是在美国进行葡萄人工杂交的第一人，不过未见其有成功的记载。②

直到1850年，长岛法拉盛的威廉·瓦尔克才用5年前通过人工授粉得到的杂交种子，栽种后结出了果实——本土葡萄伊莎贝拉与欧洲葡萄黑汉堡（Black Hamburg）人工杂交的产物。第二年，《园艺学家》杂志编辑安德鲁·杰克逊·唐宁查验了该葡萄样品，确定其为"外国葡萄与我们本土葡萄第一次真正（人工）杂交而成的品种"。③ 1852年，瓦尔克向美国果树栽培学协会展示了这种后来被称为"埃达"（Ada）的人工杂交葡萄。然而，瓦尔克成功培育本土葡萄与欧洲葡萄杂交品种的贡献，后来却被马萨诸塞州塞勒姆的约翰·菲斯克·艾伦抢了风头。艾伦培育出杂交新品种的幼苗虽比瓦尔克晚了两年，但这种"艾伦杂交品种"（Allen's Hybrid）葡萄，是最早销售出去用于种植的人工杂交葡萄，而且种植的地域范围还比较广，包括美国与加拿大。可惜这些早期人工杂交葡萄品种在耐寒与抗病方面均不理想，最终都被放弃。1851年，艾伦的同乡爱德华·罗杰斯，也通过人工杂交成功培育出一个葡萄品种，后来还将他培育出的一系列新品种均以号码命名，如"罗杰斯1号""罗杰斯3号""罗杰斯15号"，等等，只是无一能够推广。受艾伦、罗杰斯等人杂交育种的影响，很多葡萄种植者也纷纷开始这方面的尝试，人工杂交葡萄受到追捧，一时身价百倍。因此有人欢呼，这是一个葡萄育种者的"黄金时代"。④ 在罗杰斯第一次推出他的杂交葡萄后50

---

① Dufour, *The American Vine-Dresser's Guide*, 38-52.

② William Robert Prince, *A Treatise on the Vine* (New York：T. & J. Swords, 1830), 224, 252-253.

③ Ulysses. P. Hedrick, *The Grapes of New York* (Albany：J. B. Lyon Company, 1908), 56.

④ Ibid. , 58.

年的时间里，美国有大约 2 000 多种新的杂交葡萄品种公诸于世，然而鲜有成功者。直到下一个世纪中期，美国东部种植的葡萄基本上还是 1860 年就已经有了的本土葡萄。①

除了人工杂交以外，内战前的葡萄种植者还继续在野外或者城镇花园苗圃里寻找自然形成的具有某些优势的葡萄变种，其中有些品种至今还广为种植。1849年，俄亥俄州特拉华当地报纸的编辑在附近农场发现了一种葡萄，没有本土葡萄一般都有的麝香气味，用这种葡萄酿造出来的酒，直到现在依然是用东部本土葡萄能酿出的最好的葡萄酒之一。不过，谁也不清楚这种被命名为"特拉华"（Delaware）的葡萄究竟是何方来客，又是何人最先栽种。同年，对葡萄种植饶有兴趣的马萨诸塞州康科德的金箔工匠伊弗雷姆·布尔，发现他收集种植的野葡萄中有一株结出的蓝黑色果实比其他植株都好，便取名为"康科德"（Concord）。此后他就专门种植培育这种葡萄，并在 1853 年送马萨诸塞园艺协会展出，翌年开始出售，门庭若市。纽约、密苏里直至西海岸，美国到处都有了康科德葡萄，因为此种葡萄不仅果实、叶子与颜色十分好看，而且适应性特别强，可说是美国第一种无论在哪里栽种都不惧病虫害的葡萄品种。不过，这种葡萄依然有本土葡萄的麝香气味，皮厚且涩，更重要的是含糖少，不加糖就酿造不出像样的葡萄酒。因此，康科德葡萄在美国的大量种植，使得加糖甜葡萄酒进一步充斥美国葡萄酒市场，从而强化了美国人喜欢甜型葡萄酒胜于干型葡萄酒的趋势。从这个意义上来说，康科德葡萄推迟了美国葡萄酒文化更上层楼的转变。历史总是告诉我们，进步与新的发现常常是一把双刃剑！

美国葡萄种植与酿酒业在其发展过程中，不仅有各种各样的个人努力，也有包括政府、民间组织、展览会、出版物和思想理念在内的各种政治、社会与文化力量的影响。于是我们从中看到的就不仅仅是葡萄酒业的发展，还有这个时代的诸多特点与变化趋势。

首先来看政府对葡萄酒业的影响。诚然，美国人素来不喜欢大政府，主张政府权力要受到一定的限制，但这绝不是无为而治。如前所述，美国国会不仅在消

---

① Pinney, *A History of Wine in America: from the Beginnings to Prohibition*, 207, 211.

费税上对葡萄酒网开一面，而且对有志于葡萄种植业的人士以优惠条件授予土地，一些州议会还通过立法授权建立从事葡萄酒业的公司。1839 年，国会通过立法，拨款 1 000 美元给美国专利局用于收集农业统计数据以及其他农业目的。到 19 世纪 40 年代与 50 年代，该局农业处出版的年度报告登载了大量关于葡萄种植与葡萄酒酿造的文章，诸如历史回顾、技术探讨、翻译文献、业者笔记，等等，涉及范围包括病虫害防治、整枝方法、栽培育种等各种内容。农业处还收集有关葡萄新品种的信息，将新品种的插条送交有兴趣的业者试种。不仅如此，该处还在 1857 年派员外出对本土葡萄做系统性调研，以确定哪些适宜作为水果，哪些适宜酿酒。① 许多种植葡萄的专业与业余人士都为这些调查人员提供了葡萄样品，其中包括住在马萨诸塞州康科德的著名超验主义哲学家拉尔夫·沃尔多·爱默生。为这些葡萄品种进行化学分析的，是美国著名科学家、乙醚的发现者之一查尔斯·杰克逊。② 这些品种的调查及其分析结果都发表在专利局的报告上。专利局每年出版的年度报告有好几百页，且广为散发。今天生活在网络化信息时代的人，是很难想象在 19 世纪上半叶幅员辽阔的北美大地上，有多少从事葡萄种植的人因信息缺乏而陷入了死胡同。那些滑铁卢惨败之后移居阿拉巴马的法国军官就是如此，他们无法从杜福尔等瑞士人在印第安纳的成功中获得启示。正是为了避免这类错误，美国专利局农业处才在提供葡萄栽培资讯上不遗余力。

除了这些有关葡萄种植的信息收集及出版工作以外，专利局还于 1858 年在华盛顿开办了一个美国繁殖园，园内有 50 种不同种类的 25 000 株葡萄，既有欧洲葡萄，也有本土葡萄，从而为杂交试验提供了条件。繁殖园在不断增加新品种的同时，还将许多插条送到全国各地试种。可以说，这就是阿德拉姆等人曾梦寐以求的"国家葡萄园"。③ 1862 年，专利局农业处升格为农业部。该部继续对葡

---

① H. C. Williams, "Native Grapes of Arkansas and Texas," *Annual Report of the Commissioner of Patents for the Year* 1859: 30-41.

② John F. Weber, "The Native Grapes of Pennsylvania, New Jersey, New York and New England," ibid., 61-71. 关于爱默生的内容见该报告 66 页。

③ "Preparation for a Government Propagating Garden at Washington," *Annual Report of the Commissioner of Patents for the Year* 1858: 280-283; "Government Experimental and Propagating Garden," *Annual Report of the Commissioner of Patents for the Year* 1959: 17-18; Pinney, *A History of Wine in America: from the beginnings to Prohibition*, 219-220.

萄种植业给予支持，直到在全国禁酒的第十八条宪法修正案在 1920 年正式生效才停了下来。

在政府支持葡萄酒业的同时，许多民间团体也在这方面贡献良多。托克维尔曾经说过："世界上没有哪个国家，比美国使用结社的原则更成功，或者比美国应用这一原则的目的更广泛。"① 在葡萄种植领域亦是如此，美国革命后先是出现了一些农业协会，后来又组建了园艺协会、果木栽培协会等。这些协会都对葡萄栽培有或多或少的兴趣。到 1849 年，密苏里州的赫曼镇终于出现以葡萄种植与葡萄酒酿造为唯一关注对象的行业协会，即加斯科内德县葡萄种植协会。1851 年，美国葡萄种植者协会在辛辛那提成立。此后几年里，这类协会在美国各地如雨后春笋般出现，在葡萄种植业者的资讯交流与相互支持方面起了重要作用。②

19 世纪上半叶在美国葡萄种植与酿酒业发展上起了重要支持作用的，还有各种交易会与展览会。无论什么人酿出的葡萄酒都可以参展，让专业人员品尝评比，获得名次的则给予奖赏。美国从事葡萄种植与葡萄酒酿造的人士不仅可通过交易会与展览会展示其产品，而且还可以在各种出版物上发表他们的见解，推广他们的经验，介绍他们的产品，从中获得他们需要的知识与技术。农业刊物是这类出版物的重要组成部分。1834 年，这类刊物只有 15 种，到 18 世纪 60 年代初，内容中包括葡萄种植与酿酒的农业刊物增加到 60 种，发行量估计为 25 万份。当时有关葡萄种植与葡萄酒酿造的书籍，在美国已有 40 多本了。③

从这些出版物和人们的有关言论中，我们可以看到内战前支持葡萄酒业发展的文化力量。就像杰斐逊倡导葡萄酒业发展，是与他希望每个人都喝得起葡萄酒的共和主义平等观有关，19 世纪上半叶很多葡萄酒从业者在砥砺前行时，也不乏大陆扩张的帝国理念和以农为本的信条。事实上，当时美国葡萄种植与葡萄酒酿造的一个重要特点，就是迅速向西部扩展，而且中西部与加利福尼亚还后来居上，在葡萄酒业的发展上逐渐超过了东部沿海地区。这一特点的形成固然是人口

---

① Alexis de Tocqueville, *Democracy in America* (New York：Vintage Books, 1945), 1：198.

② Ibid. , 216-217.

③ Erica Hannickel, *Empire of Vines：Wine Culture in America* (Philadelphia：University of Pennsylvania Press, 2013), 10, 29.

向边疆大量迁移的西进运动的结果，但是也与这个时期以大陆扩张为目的的帝国理念——"天定命运"，有十分密切的关系。历史告诉人们，从古希腊和古罗马直到近代的葡萄牙帝国、西班牙帝国、法兰西帝国，没有哪一个帝国不是葡萄种植与葡萄酒酿造的大国。当罗马军团攻城略地，所向披靡，在公元 1 世纪成就了疆域横跨欧、亚、非的罗马帝国时，他们也将葡萄酒文化带到了欧洲很多被征服的异邦部落，使之在刀光剑影中看到了罗马文明的风采。葡萄园终于成为欧洲文明的一道风景线。无怪乎美国《园艺家》期刊 1866 年 4 月号上有人撰文发出感慨："当法国在政治上排名于欧洲列强之首时，它同样在葡萄种植上超过了所有这些国家；去追溯世界上强大帝国与葡萄之间看似存在的联系，确实有点令人好奇，这并不是说我们相信它们有任何必然的联系，而是在我们看来，这种相互结合的特点已经发生了不止一次。"①

19 世纪上半叶的美国葡萄种植者和他们的出版物关注葡萄与帝国的关系，是因为他们看到了一个新帝国在北美大陆崛起的希望。这实际上也是开国先贤们的理想与追求。华盛顿早在 1783 年就将这个初生的共和国称为"正在兴起的帝国"。② 他后来在 1786 年给拉法叶侯爵的信中指出："不管美利坚现在被看得多么无足轻重……肯定有一天这个国家会在帝国天平上有些分量"。③ 杰斐逊则在给开赴西部对付英军兵站的军官写信时指出，如果此行能使合众国在边疆地区成功取代英国势力，那就会"为这个自由帝国增加广袤而丰饶的领土"。④ 对于杰斐逊的"自由帝国"而言，保卫和扩大自由的一个关键，就是在北美大陆进行领土扩张。他在 1801 年出任总统的就职演说中，曾称美国拥有的是上帝为之"选

---

① John S. Reid, "Grape Cuttings from Modern History," *The Horticulturist and Journal of Rural Art and Rural Taste* 21 (May 1866): 145.

② "From George Washington to Officers of the Army, 15 March 1783," *Founders Online*, National Archives, https://founders. archives. gov/documents/Washington/99-01-02-10840.

③ "From George Washington to Lafayette, 15 August 1786," *Founders Online*, National Archives, https://founders. archives. gov/documents/Washington/04-04-02-0200. [Original source: *The Papers of George Washington*, Confederation Series, Vol. 4, 2 *April* 1786-31 *January* 1787, ed. W. W. Abbot. Charlottesville: University Press of Virginia, 1995, pp. 214-216.]

④ "From Thomas Jefferson to George Rogers Clark, 25 December 1780," *Founders Online*, National Archives, https://founders. archives. gov/documents/Jefferson/01-04-02-0295. [Original source: *The Papers of Thomas Jefferson*, Vol. 4, 1 *October* 1780-24 *February* 1781, ed. Julian P. Boyd. Princeton: Princeton University Press, 1951, pp. 233-238.]

择的足以容纳我们千千万万代后人的土地",① 而 1803 年路易斯安那领土购买就是他为此做出的努力之一,结果将当时美国的领土面积翻了一倍。美国宪法第 4条第 3 款、1787 年的西北土地法令和国会通过的政府组织法,已然确立了领土扩大后新建州享有与老州平等的权利的原则,从而使美国在大陆扩张中走出了一条自由帝国的道路。可以说,19 世纪 40 年代的"天定命运"大陆扩张理念,始于开国先贤的时代。

不过,美国开国先贤们心目中的帝国的兴起,不仅是包括领土扩张在内的物质力量的增长,还意味着文明程度的提高;而这种文明的进步也不仅是征服他们所谓的"野蛮人"——印第安原住民,还包括这些征服者自身的改造与升华。如果说葡萄种植在征服"野蛮人"上起不了什么作用,那么,要让杰斐逊所说的征服者当中"半野蛮的公民"变得文明起来,葡萄种植却有发力的空间。② 当时在建筑、园艺设计与园艺学上颇有建树的安德鲁·杰克逊·唐宁,为葡萄栽种增加了美学元素,希望以此培养美国人的美感与鉴赏力,从高雅的园林走向高雅的社会。他编辑的《园艺家》杂志在 1846 年创刊后,在封面与插画中通常都有葡萄,以展现凉亭和房舍上葡萄藤卷曲多姿的美,还有深色葡萄的色彩之美。有意思的是,唐宁在自己的葡萄园里栽种的全是本土葡萄,欧洲葡萄则不得入内。显然,他的美学标准有很强的民族主义色彩,他所描写的野葡萄之美,更是具有一种君临天下的帝国气势:

> 在美洲森林里能使一棵不经意看到的树美上加美的,莫过于覆盖着那高
> 高在上且苍翠欲滴的树冠的野葡萄。其藤条蜿蜒而上直达树的顶端,集聚于
> 此,让宽阔耀眼的绿叶沐浴在阳光之中。它们好像并不满足于此,还常常从
> 树顶四周的每一处,都像大帷幕一样悬垂下来,直到落地而蔓延。我们看到

---

① "III. First Inaugural Address, 4 March 1801," *Founders Online*, National Archives, https://founders. archives. gov/documents/Jefferson/01-33-02-0116-0004. [Original source: *The Papers of Thomas Jefferson*, Vol. 33, 17 *February-30 April* 1801, ed. Barbara B. Oberg. Princeton: Princeton University Press, 2006, pp. 148-152.]

② "From Thomas Jefferson to William Ludlow, 6 September 1824," *Founders Online*, National Archives, https://founders. archives. gov/documents/Jefferson/98-01-02-4523.

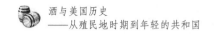
了葡萄在野外以这种方式产生的非常美的效果，而这是容易模仿的。①

显然，唐宁觉得人们刻意栽种的葡萄也可以有这种野葡萄的美。在他推崇高雅文明的美学观念里，民族主义与帝国雄心成了孪生兄弟，二者都是"天定命运"的基石。

19世纪上半叶不仅是美国大陆扩张的时代，也是这个农业社会开始受到市场革命、工业化和城镇化较大影响的时代。商业化农业的兴起与生产规模的扩大，还有农业剩余劳动力进入工厂与城市谋生，使得作为共和主义理想社会基础之一的独立无羁的小农所有制，多少受到了些威胁。葡萄种植业恰恰就具有能巩固小农所有制的一些重要特点。首先，葡萄种植扎根于土地，以土为本，不会像商业、制造业一样有可能脱离土地而存在。其次，葡萄种植与当时许多主要农作物的粗放经营不一样，是一种集约经营，不仅需要知识与技术，而且需要对全国乃至国际上葡萄种植的进展有及时的了解，所以有"书本农业"之称，也就是要依靠知识、技术和信息进行精耕细作，既需要有周密的计划，又必须根据葡萄所需要的"风土环境"（Terroir，法文，指总体自然环境）对底土成分进行调整，还必须适时整枝打叶。这种经营方式导致其规模在当时不可能很大，正好符合小农经济的要求。另外，葡萄栽种后至少要到第三年才会结果，此后一般可以保持比较稳定的产量与质量达100年之久，所以在葡萄种植上的投资是一种长期投资，不会像一些一年一季甚至几季的作物那样容易让人见异思迁，也不会像南部一些种植烟草与棉花的种植园主在土壤肥力耗尽后就弃之而去。这就是说从事葡萄种植的小农经营方式会比较持久与稳定。再者，葡萄种植在很多倡导者眼中还具有维护共和主义所看重的美德的功能。他们认为栽种打理葡萄可以使下层人士不仅掌握了比较高等的技艺，而且逐渐有了中上层人士的文化品位，在道德层次上可以更上一层楼，结果就会使阶级冲突有所缓和，从而促进社会的和谐。当然，他们当中也有人认为葡萄酒不会如烈酒那样带来众多的社会问题。因此，葡萄种植自然而然就被视为"'动乱精神'的解毒剂"和

---

① Andrew Jackson Downing, *A Treatise on the Theory and Practice of Landscape Gardening*, *Adapted to North America* (New York: Wiley and Putnam, 1841), 249.

工业化的缓冲器。①

尽管有这些政治、社会与文化力量的支持与影响，内战前美国葡萄种植与葡萄酒酿造业者所取得的进展仍然相当有限。1859 年，英国驻华盛顿领事埃德温·莫里斯·厄斯金曾根据其政府的要求，对美国的葡萄种植与葡萄酒酿造进行了一次调查。他当时没有将加州和纽约州包括在内，这可能是由于对加州葡萄种植与酿酒业知之有限，而纽约州葡萄酒生产的商业化又才起步不久。他在报告中称，美国当时 32 个州中有 22 个或多或少栽种葡萄，种植面积总计 6 100 英亩，葡萄酒年产量为 200 万加仑。② 1860 年，美国人口调查局在进行年度调查时也就葡萄酒业的发展做了统计。其数据虽然也有缺陷，但是比厄斯金的较为全面与准确。人口调查局的结论是：美国 1860 年有 39 个州、领地和特区生产葡萄酒，但总产量只有 1 627 242 加仑，而不是厄斯金的 200 万加仑。③

如果结合美国人口调查局此前的统计数据来看内战前美国葡萄酒生产的增长情况，那么 1840 年美国全国葡萄酒产量为 124 734 加仑，1850 年为 221 249 加仑，是 10 年前的 1.77 倍，1860 年葡萄酒产量为 1 627 242 加仑，是 10 年前的 7.35 倍。④ 显然，内战前美国葡萄酒产量的增加主要是在 19 世纪 50 年代，此前的增加十分有限。即便是 50 年代的美国葡萄酒产量，与领土面积仅仅和得克萨斯差不多的法国相比，依然是小巫见大巫。戴维·埃姆斯·韦尔斯主编的 1855—1856 年《农业年鉴》估计，法国一年的葡萄酒产量高达 924 000 000 加仑，是 1850 年美国产量的 4 176 倍，按每加仑 15 美分也就是每瓶大约 5 美分计算，总产值为 138 600 000 美元。年鉴文章作者甚为嫉妒，禁不住抱怨道：

（这是）一个足以付清我们国债的数目，或者买下古巴，或者买下南美

① David Schuyler, *Apostle of Taste*: *Andrew Jackson Downing* (Baltimore: Johns Hopkins University Press, 1999), 109.

② Pinny, *A History of Wine in America*: *from the Beginnings to Prohibition*, 229.

③ U. S. Bureau of the Census, The Eighth Census, 1860: *Agriculture of the United States in* 1860 (Washington: Government Printing Office, 1864), 186.

④ Ibid., 190; U. S. Bureau of the Census, The Six Census, 1840: *Compendium of the Enumeration of the Inhabitants and Statistics* (Washington: Printed by Thomas Allen, 1841), 359.

大片的土地，也许包括亚马逊河；而且是一年到手。在当今幅员如此辽阔的
这样一个国家里，有各种各样的气候带，有适合种葡萄的山地与平原，几乎
每个州都有本土葡萄覆盖着森林与湿地，我们声称自己是伟大的农业民族，
然而迄今为止除了在几个例外的情况下都闭眼不看这些伟大的事实，忽略了
利用人类所能企及的国民财富的最富有成果的资源。①

当时要企及法国那样的葡萄酒产量，并用葡萄酒实现如此宏大的领土扩张计划，
自然是想入非非，即便是要实现在美国用葡萄酒取代烈酒这个还不算狂妄的目
标，在当时也完全做不到。

关于内战前美国葡萄种植面积与葡萄酒产量的这些统计数据，虽然不尽全面
与准确，但我们还是可以从中看出这个时期葡萄种植与酿酒业的大体状况和发展
趋势。总的来说，在内战前半个多世纪的时间里，美国葡萄种植与葡萄酒酿造虽
有一定进展，但进展相当有限。在解决北美自然环境造成的障碍，尤其是防治病
虫害这个关键问题上，尚未取得突破性进展。因此，葡萄种植与葡萄酒酿造的规
模不大，在栽培技术和葡萄酒质量上也比较落后，内战前美国的葡萄酒产量，还
远不能满足国内需求，更不要说实现开国先贤用葡萄酒取代烈酒的理想了。

除了啤酒与葡萄酒以外，苹果酒可否取代烈酒呢？如前所述，苹果酒曾经是
殖民地时期人均饮用量和摄入酒精量都最多的酒类。建国以后，苹果种植发展也
很快，并迅速扩展到西部边疆地区。一个被称作"约翰尼·苹果籽"的人
（Johnny Appleseed，真名是约翰·查普曼，即 John Chapman）贡献很大。他在宾
夕法尼亚的萨斯奎汉纳河流域经营苹果苗圃，将树苗运送到俄亥俄与印第安纳等
边远地区。到 19 世纪初，美国的苗圃业者销售的苹果树苗有 100 多个品种，
1850 年时增加到 500 多种。② 苹果酒的商品化生产也有所发展，当时新泽西尤其
是纽瓦克出产的苹果酒质量最好，产量也最多。此外，"震颤派"在生产苹果酒

---

① David Ames Wells, ed., *The Year-Book of Agriculture：or the Annual of Agricultural Progress and Discovery for 1855 and* 1856（Philadelphia：Childs & Peterson，1856），75-76.

② Watson，*Cider Hard & Sweet*，loc. 420.

上也小有名声。这是从贵格会中分离出来的一个新教派别,因举行宗教仪式时浑身颤抖而有"震颤派"之称。他们在新罕布什尔州的坎特伯雷建立了震颤派社区,酿造高质量的苹果酒,运到波士顿销售。不过,直到 19 世纪 50 年代,苹果种植与苹果酒酿造大多是一家一户小农场主所为,基本上以家用为目的。于是苹果酒就成了平民大众的象征。1840 年总统大选,辉格党就是打出"小木屋与苹果酒"的旗号,将其候选人威廉·亨利·哈里森描绘为坐在小木屋里喝苹果酒的村夫野老般的平民英雄,结果赢得了大选。其实,哈里森根本不是平民出身,而是出生于弗吉尼亚的名门望族。翌年 3 月,哈里森不穿大衣就在寒冷的户外发表了美国历史上最长的总统就职演说,历时近两个小时。一个月以后,此公就因肺炎去世,成了美国历史上任期最短的总统。

就像哈里森不是真正的平民出身一样,辉格党人用来进行政治炒作的苹果酒,此时也不再是美国人均饮用量与摄入酒精量最多的酒类。其实,随着朗姆酒在 18 世纪下半叶成为越来越热门的酒类饮料,美国人喝烈酒的人均酒精摄入量直线上升,到 1800 年就已赶上苹果酒。此后,烈酒无论是从全国人口的人均饮用量和酒精摄入量来看,还是从 15 岁以上人口的人均饮用量和酒精摄入量来看,都呈上升趋势,并在 1830 年达到历史最高点;而苹果酒的同类指数则呈下降趋势,人均酒精摄入量和烈酒相比更是差距越拉越大。1830 年以后,烈酒的这些指数有所下降,可苹果酒的相应指数则出现大幅度下滑,到 1840 年以后基本上被忽略不计,也就是说在人均饮用量与人均酒精摄入量上都远远掉到了烈酒的后头。[1]

其所以会如此,可能有以下几个方面的原因,其中之一就是尽管农村人口持续增加,但是在全国总人口中占的比例却下降了。这显然是受内战前工业化与城市化影响的结果。据统计,农村人口在总人口中占的比例,在 1790—1840 年的 50 年里减少了 5.7%,在 1840—1860 年的 20 年里更是减少了 9%,从 1790 年到 1860 年总共减少了 14.7%。[2] 由于苹果酒主要产自农家,未经过滤,当时又没有

---

① Rorabaugh, *The Alcoholic Republic*, 232, Table A1. 1;233, Table A1. 2.

② 根据下述表格的统计数字计算:U. S. Bureau of the Census, 1970 *Census of Population*, Volume 1, Part 1, Section 1, 1-42, Table 3. Urban and Rural Population of the United States;1790-1970.

什么巴氏消毒可言，经长途运输送去人口日益集中的城镇时，难以不变质，因此饮者主要是农村人口。当主要饮用苹果酒的农村人口在总人口中占的比例减少时，对苹果酒全国人均饮用量产生的影响只会是负面的。

此外，德裔移民自 19 世纪 30 年代起大量涌入美国，规模前所未有，而他们酿造的拉格啤酒慢慢受到越来越多人的欢迎，导致 1840 年以后美国啤酒制造业逐渐加快了发展步伐，使一些过去的苹果酒饮用者转而饮用啤酒。

再就是苹果酒酒精含量低，通常只有 6%，还不及葡萄酒，所以本来就不大受好酒者的青睐。有些生产者为了让自己酿造的苹果酒有更大的市场，乃在苹果酒中加烈酒，结果又成了戒酒运动人士攻击的目标。还有一些同情戒酒运动的农场主，索性砍倒自己的苹果树，以示与包括苹果酒在内的酒类决裂。19 世纪 50年代的飞蛾虫害与苹果疮痂病，也使一些农场主失去了继续经营苹果园的兴趣。这些都对苹果酒酿造产生了不利影响。

最后一个原因是苹果生产在 1850 年左右开始日益商业化，以满足城镇人口比例上升后对水果需求的增加。到 1860 年，纽约西部因为所产苹果质量好而成了商品苹果的生产中心。这样一来，农村地区的剩余苹果就不再仅仅拿去酿造苹果酒，还可以作为水果拿到附近市场销售。于是，用来酿造苹果酒的苹果自然就减少了。

总而言之，无论是啤酒与葡萄酒还是苹果酒，它们在内战前都无法取代烈酒的地位。事实上，自 1790 年以后，美国人饮用烈酒的人均酒精摄入量稳步上升，到 1830 年创下了迄今为止美国历史上前无古人后无来者的最高纪录，1830 年以后虽开始下降，但是和啤酒、葡萄酒、苹果酒相比，仍然遥遥领先。这从表 3-1和表 3-2 可以看得清清楚楚。

表 3-1　　　全国人口饮用各种酒类人均酒精年摄入量（以加仑计算）

年份	烈酒	葡萄酒	啤酒	苹果酒	合计
1770	1.7	<0.05	可略去不计	1.8	3.5
1790	1.2	0.1	可略去不计	1.8	3.1
1800	1.7	0.1	可略去不计	1.7	3.5
1810	2.1	<0.05	<0.05	1.6	3.7

续表

年份	烈酒	葡萄酒	啤酒	苹果酒	合计
1820	2.1	<0.05	可略去不计	1.5	3.6
1830	2.3	0.1	可略去不计	1.5	3.9
1840	1.4	0.1	0.1	0.2	1.8
1850	0.9	<0.05	0.1	可略去不计	1.0
1860	1.0	0.1	0.2	可略去不计	1.3

资料来源：根据 Rorabaugh 所著 *The Alcoholic Republic* 第 232 页 Table A1.1 重新列表。

表 3-2　　**15 岁以上人口饮用各种酒类人均酒精年摄入量（以加仑计算）**

年份	烈酒	葡萄酒	啤酒	苹果酒	合计
1770	3.2	<0.05	可略去不计	3.4	6.6
1790	2.3	0.1	可略去不计	3.4	5.8
1800	3.3	0.1	可略去不计	3.2	6.6
1810	3.9	0.1	0.1	3.0	7.1
1820	3.9	0.1	可略去不计	2.8	6.8
1830	4.3	0.1	可略去不计	2.7	7.1
1840	2.5	0.1	0.1	0.4	3.1
1850	1.6	0.1	0.1	可略去不计	1.8
1860	1.7	0.1	0.3	可略去不计	2.1

资料来源：根据 Rorabaugh 所著 *The Alcoholic Republic* 第 233 页 Table A1.2 数据重新列表。

　　这两个统计表告诉我们，无论是从全国人口还是从 15 岁以上人口的人均酒精摄入量来看，烈酒在内战前的统治地位都不可动摇，啤酒、葡萄酒与苹果酒根本不是对手。现在的问题是：既然在建国以后和 19 世纪初，朗姆酒的进口与生产即遭遇了重重障碍，那么究竟是什么酒能使烈酒保持了这种无可匹敌的势头呢？答案是威士忌，是威士忌让美国成了一个"嗜酒如命的共和国"。

三、威士忌异军突起生变

关于威士忌在美国这块土地上出现的时间与地点，众说纷纭，但殖民地初期就有了威士忌则是肯定的。弗吉尼亚殖民地的乔治·索普早在 1620 年给友人的信中就曾写道："我们发现了用印第安人玉米酿制好酒的方法，这酒真是太好了，我有好几次都不要喝英国烈性啤酒佳酿，而要选择喝这种酒。"① 因此，有人认为这可能是北美最早的威士忌。②不过，我们还无法确定索普是否使用了蒸馏器。1908 年，爱德华·爱默生的《饮料今昔》一书出版。该书明确指出，新尼德兰殖民地总督威廉·基夫特于 1640 年在今天纽约市西南边的斯塔腾岛上建了一个蒸馏造酒坊。作者认为："这是北美第一个用谷物制作烈酒与酒类的造酒坊。"③据其他一些历史著作记载，像宾夕法尼亚和卡罗来纳等地在 17 世纪下半叶也开始尝试用谷物包括玉米制作烈酒。④ 不过，殖民地人中真正热衷于以谷物为主蒸馏制造威士忌的，当属 1717 年开始从北爱尔兰、苏格兰低地和英格兰北部大量移居北美的所谓"苏格兰-爱尔兰人"。其实他们当中既有爱尔兰人，也有苏格兰人，还有英格兰人，不过他们都生活在环绕爱尔兰海的贫穷偏远的边疆地带。由于这些地区地租高、工资低、税收重、租约短，再加上旱灾、歉收和饥荒，人们不得不离开故土到大西洋彼岸谋求一条生路。这些"苏格兰-爱尔兰人"在家乡就善用黑麦、小麦、燕麦与大麦麦芽混合制作威士忌，到北美后发现当地特别适宜种植黑麦，乃开始以黑麦为主要原料蒸馏制造他们所喜爱的这种烈酒。从 1718 年至 1775 年，估计有超过 25 万"苏格兰-爱尔兰人"来到了英属北美殖民地，

① George Thorpe, "A Letter to John Smyth, December 19, 1620," in *The Records of the Virginia Company of London*, 3: 417.

② Brendan Wolfe, "George Thorpe (bap. 1576-1622)," *Encyclopedia of Virginia* (Virginian Foundation for Humanities), accessed April 20, 2017, http://www.encyclopediavirginia.org/Thorpe_George_bap_1576-1622#start_entry.

③ Edward R. Emerson, *Beverages, Past and Present* (New York: G. P. Putnam's Sons, 1908), 2: 463.

④ Bishop, *A History of American Manufactures from 1608 to 1860*, 1: 140. Alexander S. Salley, Jr., *Narratives of Early Carolina* (New York: Charles Scribner's Sons, 1911), 146.

占这段时期外来移民总数的大约一半。① 随着这个族群人数的增加与迁移，他们的蒸馏造酒技艺也产生了越来越大的影响。据研究北卡罗来纳历史的学者 R. D. W. 康纳估计，"到 18 世纪中期，蒸馏造酒开始被视为这个殖民地的主要行业之一"。②

不过，由于朗姆酒在 17 世纪末和 18 世纪初的北美大陆就越来越吃香，殖民地时代的威士忌生产与朗姆酒相比，毕竟只是九牛一毛。到独立战争期间军队朗姆酒供不应求时，华盛顿于 1777 年建议大陆会议派人用谷物蒸馏造酒，就是想增加威士忌生产来弥补朗姆酒的不足。可是由于粮食吃紧，马里兰州有关委员会在这之前就已经决定，对那些用小麦造酒的人予以严惩。③ 弗吉尼亚州则在 1778 年通过立法，在第二年 2 月到 10 月禁止用玉米、小麦、黑麦、燕麦、大麦、荞麦等各种谷物蒸馏造酒。④ 宾夕法尼亚州议会也在 1779 年 3 月到 10 月禁止用任何谷物造酒，后虽对黑麦与大麦解禁，但其他谷物仍在禁止之列。⑤ 由于诸如此类的禁令的影响，威士忌生产在独立战争期间颇受限制。故其大幅度增加，实际上是在战争结束后的共和国初期才开始的，而且是与穿越阿巴拉契亚山脉的西进移民有着密切的关系。

南北走向的阿巴拉契亚山脉非同寻常，它是横亘在东部沿海地区与西部俄亥俄、密西西比河流域之间的天然屏障，就像是一道绵延千里、云天相接的高墙，拦住了西进移民的去路。当时要翻越这些山岭进入西部地区的难度可想而知。不仅如此，即便吃尽千辛万苦进入西部，移民在那里也难以安然定居。这一方面是因为当地印第安人对入侵其地域的欧洲人不惜一战，另一方面则是因为这个地区是大国角力的地盘。英、法两国对密西西比河流域的争夺，是触发七年战争的原

---

① David Hackett Fischer, *Albion's Seed：Four British Folkway in America* (New York：Oxford University Press，1989)，605-609, note 7，618-621.

② R. D. W. Connor, *North Carolina：Rebuilding an Ancient Commonwealth*，1584-1925 (Chicago：American Historical Society，1929)，1：210.

③ Bernard C. Steiner, "Western Maryland in the Revolution", *Johns Hopkins University Studies in Historical and Political Science* series 20, no. 1 (1902)：31-32.

④ *Statutes at Large；Being a Collection of All the Laws of Virginia from the First Session of the Legislature in the Year* 1619，9：476.

⑤ William Findley, *History of the Insurrection of in the Four Western Counties of Pennsylvania in the Year M. DCC. XCIV* (Philadelphia：Samuel Harrison Smith，1796)，28.

因之一。战争结束后，英国虽然将法国人逐出了北美，获得了加拿大与密西西比河以东的土地，但是西班牙不仅从法国人手中拿到了控制密西西比河入海口的路易斯安那，而且在名义上握有对密西西比河以西土地的所有权。1763年5月，由于对取代法国人的英国占领军不满，大湖区、伊利诺伊地区和俄亥俄地区的印第安人在其领袖庞蒂亚克的领导之下，对英军要塞和边疆地区的移民发起攻击，史称"庞蒂亚克之战"。10月7日，英国政府以乔治三世名义发布公告，正式宣布对新近获得的北美领土的所有权，并增设行政管理区。为避免西进移民与印第安人的冲突有碍边疆稳定，英国政府在公告中明确规定：以阿巴拉契亚山脉的美东瀑布线为界，界线以西地区，除经条约割让或者购买的土地以外，均为印第安人保留地，英属北美殖民地人不得进入定居。①

　　尽管有如此之多的自然和人为障碍，越过阿巴拉契亚山脉到西部定居的殖民地人却由少变多，宛如细流汇聚成江河，最终势不可挡。早在18世纪上半叶，两大移民浪潮就开始向阿巴拉契亚山区进逼，其一是德裔移民，其二是"苏格兰-爱尔兰人"。他们起初定居于纽约和宾夕法尼亚境内的萨斯奎汉纳河流域，后来又向南进入弗吉尼亚的谢南多厄河流域以及北卡罗来纳和南卡罗来纳。七年战争结束后，这些移民中有不少最终越过阿巴拉契亚山脉，成为进入俄亥俄河与密西西比河流域西部边疆的先行者。当时英国政府在北美负责印第安人事务的官员，根据1763年公告的精神，与印第安人签订了几个条约，通过割让土地将公告设定的分界线向西推移。② 于是，殖民地人尤其是德裔移民与"苏格兰-爱尔兰人"，开始从宾夕法尼亚、弗吉尼亚、马里兰和北卡罗来纳等人口压力越来越大的地方，大量涌入阿巴拉契亚山脉以西地区，迫使印第安人步步后退。到1771年，宾夕法尼亚西部的匹兹堡地区已经有1万户移民家庭，肯塔基与田纳西的移民也在逐渐增加。③ 独立战争爆发后，不少印第安人与英军联手，试图将进入这

---

　　① "Proclamation", *The London Gazette*, Issue：10354（From October 4 to October 8, 1763），1-3, The Gazetter：Public Official Record, accessed October 31, 2016, https：//www.thegazette.co.uk/London/issue/10354/page/1.

　　② Alan Taylor, *The Divided Ground：Indians, Settlers, and the Northern Borderland of the American Revolution*（New York：Alfred A. Knopf, 2006），44.

　　③ Ray Allen Bellington, *The Westwars Movement in the United States*（New York：D. Van Nostrand Company, 1959），26.

一地区的移民赶回阿巴拉契亚山脉以东。1779 年，大陆军与边疆居民自愿组织的部队几次击败印第安人与效忠派的武装，此后，向阿巴拉契亚山脉以西移民才掀起了又一股新的浪潮。到 1783 年独立战争结束，肯塔基和田纳西东部的居民已达 2 万多人。①

1783 年巴黎和约使初生的美利坚合众国获得了密西西比河以东的领土，从而扩大了西进移民的空间。在此之前，各州已经解决了它们之间有关西部领土所有权的争端，将这些领土交由联邦政府统一处理。这样，美国国会很快就通过了 1785 年土地条例和 1787 年西北土地法令，作出了出售西部公共土地作为国家收入的具体政策规定，并确立了在西部土地上建立与老州地位平等的新州的重要原则。然而，英国迟迟不肯从西部要塞撤军，西班牙也不肯让美国获得密西西比河上的航运权。不仅如此，美国军队在 1790 年与 1791 年两次进入西部地区，但在与印第安人遭遇厮杀中均以惨败收场。边疆的安全与稳定成了西进移民甚为头疼的问题。直到 1794 年，安东尼·韦恩将军率领他苦心训练达两年之久且装备精良的美军，才在对印第安人的"倾木之战"中取得了决定性的胜利。第二年，印第安人被迫与韦恩将军签订《格林维尔条约》，将如今属于俄亥俄南部与东部还有印第安纳东南一带的大片土地割让给合众国，结束了印第安人在宾夕法尼亚西部与俄亥俄地区对白人移民构成的军事威胁。"倾木之战"的胜利还促成了 1794 年杰伊条约的签订。在美国参议院于 1795 年批准了与英国签订的这个条约后，英国军队按照条约撤出了西北地区的要塞。这两大障碍扫除后，跨越阿巴拉契亚山脉进入俄亥俄流域的移民和他们的大车便滚滚而来。美国革命爆发时只有 1 万人左右的肯塔基与田纳西，到 1800 年时人口已增加到 32.6 万人之多。至于宾夕法尼亚与弗吉尼亚，两州西部的人口更是高达 40 多万。②

18 世纪上半叶以来，为什么会有这么多西进移民不顾上述种种艰难险阻，

---

① Ray Allen Bellington, *The Westwars Movement in the United States* (New York: D. Van Nostrand Company, 1959), 28.

② Evarts B. Greene and Virginia D. Harrington, *American Population before the Federal Census of* 1790 (Gloucester, MA: Peter Smith, 1966), 192-193. U. S. Bureau of the Census, The Second Census, 1800: Return of the Whole Number of Persons within the Several Districts of the United States, "Enumeration of Persons in the Several Districts in the United States," accessed November 2, 2016, http://www2.census.gov/prod2/decennial/documents/1800-return-whole-number-of-persons.pdf.

要一意西行呢？曾在大陆会议上提议宣布独立的弗吉尼亚人理查德·亨利·李，在 1784 年致信詹姆斯·麦迪逊，谈及从弗吉尼亚进入肯塔基的移民热潮时深感震惊。他说这些移民西进的"原因有两个：想逃避重税和寻找土地"。① 美国史学家戴维·哈克特·费希尔在其名著《阿尔比恩的种子》中也有相同的看法。他在书中指出，到 1790 年时西部边疆人口 60% 以上是"苏格兰-爱尔兰人"，其来美的动机与新英格兰的清教徒、特拉华流域的贵格会教徒、弗吉尼亚的绅士们不一样。他们不是为了什么神圣的试验或者"山巅之城"而来，全是为了改善生活。② 因此，他们在东海岸人口越来越多而土地却越来越少的情况下，自然要将边疆不断向西推进，以寻找肥沃的土地，并且在政府鞭长莫及的地方免受重税之累。

于是，阿巴拉契亚山脉以西的俄亥俄河流域便成了他们理想的去处。那里气候温和，雨量丰富，土壤肥沃。18 世纪 80 年代后期到访这一带的一个法国人发现，"俄亥俄河流经的无边无际的土地是他所见过的最肥沃的土壤，那里植物生长的力量与速度令人不可思议，树木高大，种类繁多。居民们为了种小麦，必须要先种麻类植物与烟草消耗掉第一层肥土。玉米生长旺盛，牛的个头大得非同寻常，放养于旷野一年都不减肥掉膘"。他还说那里的居民每天只要工作一个多小时就可以养活全家。③ 许多西进移民就是被此吸引，来到俄亥俄河流域，其中不少还继续南下到肯塔基与田纳西。当时马里兰的玉米产量大约每英亩只有 10 蒲式耳（约 254 公斤），而肯塔基的玉米产量平均每英亩是马里兰的 4~6 倍，有的甚至是 10 倍。当时一个农户每年有 100 蒲式耳玉米就可满足全家人与牲口的需要，所以如果种植 10 英亩玉米的话，马里兰农户仅可糊口而已，但肯塔基农户只需产量的 1/4 到 1/6，甚至 1/10，就可满足家用，其余都是余粮。④ 当然，早

---

① "To James Madison from Richard Henry Lee, 20 November 1784," *Founders Online*, National Archives, https：//founders. archives. gov/documents/Madison/01-08-02-0076. ［Original source：*The Papers of James Madison*, Vol. 8, 10 *March* 1784-28 *March* 1786, ed. Robert A. Rutland and William M. E. Rachal. Chicago：The University of Chicago Press, 1973, pp. 144-147.］

② Fischer, *Albion's Seed*, 634, note 5；610-611.

③ J. P. Brissot de Warville, *New Travels in the United States of America Performed in* 1788, trans. from French（Dublin：Printed by W. Corbet for Byrne, et al. , 1792）, 260.

④ Rorabaugh, *The Alcoholic Republic*, 77-78. Harry Toumlin, *A Description of Kentucky in North America* ed. , Thomas D. Clark（Lexington, Kentucky；University of Kentucky Press, 1945）, 82.

期移民初来乍到，开垦清理出来的可耕面积还十分有限，所以阿巴拉契亚山脉以西的边疆地区最初形成的只是一种自给自足的农业经济。

然而，敢于闯荡边疆的移民一般都不会安于现状。他们追求更加美好的生活，不断开垦新的土地。随着经营规模的扩大和生产技术的提高，剩余农产品自然就越来越多。这些以谷物为主的剩余农产品，必须要有市场才有经济价值。不幸的是，东部沿海已开发地区的广大市场虽不遥远，却为阿巴拉契亚山脉的峰峦叠嶂所阻，致使西部农产品难以经陆路运到东部。从宾夕法尼亚西南部的贝德福德县出发，越过阿巴拉契亚山脉，将货物运到 200 英里外的费城，所花费的成本，比将这些货物经 100 英里陆路拖到匹兹堡，然后再装船沿俄亥俄河与密西西比河水运 2 100 英里的运费都要高。① 然而在美国与西班牙于 1795 年签订平克尼条约之前，在属于西班牙版图内的密西西比河下游，美国船只没有自由航运权，所以西部边疆地区的货物根本就无法经水路运到新奥尔良，再销往美国东部与海外。

这样一来，如何处理难以长期保存的剩余谷物，就成了西部农户面临的大问题。他们很快就发现，最好的办法就是用这些谷物作原料，发酵后蒸馏制成威士忌。此举不仅可以满足农户自家对酒的需要，而且原本容易变质的谷物变成烈酒以后，易于长期保存。另外，当时边疆地区货币短缺，威士忌在以货易货的实物经济中可以作为货币使用，是一种比较稳定的金融媒介。对于那些与农户交易的西部商人来说，他们出售商品的条件就是"现金或者土产"。② 更重要的是，谷物制作成酒会使体积与重量都大大减少，原本 6 匹马才驮得动的玉米制成威士忌后，只要一匹马就能驮运走了。这就是说，驮运威士忌的运费，只有直接驮运玉米的运费的 1/6，农户完全可以负担得起，运往东部市场销售运输成本过高的问题便迎刃而解。不仅如此，将玉米制成威士忌运到东部市场销售，比将玉米在西部当地市场销售的利润高得多。据美国酒史专家 W. J. 罗拉鲍的研究，当时肯塔基的玉米每蒲式耳售价不过 25 美分，而 1 蒲式耳玉米可以造出 2.5 加仑威士忌。

① Rorabaugh, *The Alcoholic Republic*, 77.

② Solon J. Buck and Elizabeth Hawthorn Buck, *The Planting Civilization in Western Pennsylvania* (Pittsburgh：University of Pittsburgh Press, 1995, Original Ed., 1939), 284.

2.5 加仑的威士忌运到费城按当地价格可售得 1.25 美元（甚至更高），扣除运费后净得 1 美元，是 1 蒲式耳玉米在肯塔基售价的 4 倍。即便是自己没有设备制造威士忌的农户，请他人代为造酒，其谷物增值也可达其原价值的 1.5 倍。[①] 这样一来，在西部其他很多农产品如木材、肉类和谷物等，还苦于运费太高而无法翻越阿巴拉契亚山脉运往东部市场时，威士忌却已经源源不断地流动在从西部去往东部的道路上，成了当时西部地区与东部地区陆路贸易的主要商品。事实上，西部居民当时大多是靠这种威士忌贸易来换取现金与制造品。

既然用谷物蒸馏制造威士忌对于西部农场主有如此之多的好处，再加上他们当中为数众多的"苏格兰-爱尔兰人"本来就是制作威士忌的好手，这种酒类的生产在阿巴拉契亚山脉以西地区自然而然就迅速发展起来了。最初大都是家庭农场蒸馏造酒。很多"苏格兰-爱尔兰人"有备而来，他们向西迁移的大车或者马匹上就常常载有小型铜质冷凝器和小蒸馏锅，其中也不乏稍大一点的蒸馏器材，如 1781 年以前至少有两个容量在 40 加仑的铜质蒸馏器被运到了肯塔基。[②] 这些移民定居下来后，开垦出农田，办起了农场，收获谷物。他们起先会用一些谷物蒸馏制造家用威士忌，在余粮多起来后，则蒸馏制作出更多的酒，拿去与他人交换所需商品或换取现金，再就是运到东部市场销售。如前所言，威士忌本身因为体积小、价值高、易于长期保存和便于按需求量交易等特点，实际上已成了可以代替现金使用的一种现金农产品。于是，在当时阿巴拉契亚山脉以西的地区，"只要农场主有能力购置，蒸馏器便成了每一个农场一定要有的附属设备；如果没有能力，那他就不得不将自己的谷物拿到比较富有的农场主那里去蒸馏造酒。"[③] 对于那些有佃户的农场主来说，蒸馏器就更是必不可少了，因为佃户们通常都是交实物地租，主要是谷物。这样一来，西部地区凡见炊烟袅袅之处，就不难发现有农户在制作威士忌。

随着西部农业的发展，威士忌生产作为其中一个重要组成部分，也开始走向

① Rorabaugh, *The Alcoholic Republic*, 74, 78-79.

② Henry G. Cowgey, *Kentucky Bourbon: The Early Years of Whiskeymaking* (Lexington: The University Press of Kentucky, 1971), 28-29.

③ Henry Marie Brackeridge, *History of the Western Insurrection in Western Pennsylvania, Commonly Called the Whiskey Insurrection*, 1794 (Pittsburgh: W. S. Haven, 1859), 17.

商业化，蒸馏造酒坊的数量迅速增加。到 1790 年，宾夕法尼亚西部匹兹堡一带的 4 个县有 570 个蒸馏造酒坊，其中仅华盛顿县就有 272 家。① 当时名满北美的"莫农格希拉黑麦威士忌"（"Monongahela Rye"），就是出产于这个俄亥俄河、阿勒格尼河、莫农格希拉河交汇的"俄亥俄河交叉口"地区。新近有著述称该地区的蒸馏器数量占当时全美 1/4。② 20 世纪初的一位学者认为，宾州全州在 1790 年有不少于 5 000 家的蒸馏造酒坊，平均每 86 人就有 1 家。③ 不管这些数字的具体准确性如何，宾州当时显然就是美国威士忌的主要出产地，尤其是该州的西部地区。1800 年以后，美国蒸馏造酒业的重心开始逐渐向肯塔基转移。到 1810 年，肯塔基有 2 000 家蒸馏造酒坊，每年出产 220 万加仑威士忌，平均每家产量为 1 100 加仑，宾夕法尼亚的蒸馏造酒商则为 3 594 家，年产量为 600 万加仑，平均每家生产 1 670 加仑。就美国全国而言，蒸馏造酒商在 1810 年达到 14 000 家。④ 威士忌制造真可谓百年不鸣，一鸣惊人，在迅速扩展中走上了欣欣向荣之路。

正是威士忌在建国后的异军突起，尤其是它在当时西部经济中所占有的重要地位，很快便给新生的共和国带来了一场风暴，即华盛顿任内"最严重的国内危机"——1794 年的所谓"威士忌暴动"。⑤ 其导火索就是 1791 年国会立法对威士忌等国产烈酒征收消费税。⑥

从历史上来看，消费税通常都是为了强化中央政府的财权，无论是在英国还是在英属北美殖民地都容易触发反抗的浪潮。早在 1610 年，英国国会对国王意图对国内生产与贸易征收"内地税"或者"内陆税"就曾表达惊恐。尽管后来消费税逐渐成为英国政府收入的主要来源，但是抗议之声不断，甚至有暴动发生，尤其是在苏格兰、爱尔兰、威尔士和英格兰的边远农业地区就更是如此。

---

① Joseph Earl Dabney, *Mountain Spirits: A Chronicle of Corn Whiskey from King James' Ulster Plantation to America's Appalachians and the Moonshine Life* (New York: Charles Scribner's Sons, 1974), 59.

② William Hogeland, *The Whiskey Rebellion: George Washington, Alexander Hamilton, and the Frontier Rebels Who Challenged America's Newfound Sovereignty* (New York: A Lisa Drew Book, 2006), 70.

③ Thomann, *American Beer*, 36-37.

④ William L. Downard, *Dictionary of the History of the American Brewing and Distilling Industries* (Westport, Connecticut: Greenwood Press, 1980), xxii.

⑤ Wood, *Empire of Liberty*, 134.

⑥ 关于这项立法，参见本章第 259~260 页。

1733 年，英国内阁事实上的首相罗伯特·沃波尔爵士在其政治风头正健之时，提议国会将消费税扩及葡萄酒与烟草，结果遭到强大反对，不得不撤回议案。沃波尔的挫败使得英国政府扩大消费税的努力在 18 世纪举步维艰。1763 年，主政英国的布特公爵提议征收苹果酒消费税，同样迅即陷入反对声浪的漩涡，不久即辞职。在不少英属北美殖民地人眼中，关税是"外部税"，消费税则不同，属于"内部税"，由于他们在国会没有代表，所以英国国会根本无权征收。对"内部税"的抵制是促成他们走上独立道路的重要原因之一。可是到了 1791 年，原本反对英国征税的革命者组成的美国联邦政府，现在要对烈酒征收消费税，这让不少边疆人难以理解。尽管美国人在国会有了自己的代表，但是威士忌主要产地的边疆人觉得消费税损害了自己的利益。因此，这项税收在"苏格兰-爱尔兰人"众多的西部边疆地区遭遇抵制与反抗，就一点也不奇怪。反对一个遥远的难以充分代表他们意愿的中央政府征收消费税，不仅仅是这些边疆人在大洋彼岸的故乡世代相袭的传统，也是近在眼前的美国革命刚刚走过的道路。

除了历史传统与革命路径以外，经济现实也使西部边疆人对威士忌消费税不能不疾恶如仇。1775—1790 年，美国经济的表现可以说是"真正灾难性的"。独立战争破坏甚至中断了原有的贸易，对本土制造业虽略有推动，但作用不大。战后对外贸易又逆差巨大，扩展海外市场的努力更多次受挫，结果货币短缺、价格下跌、萧条严重。据经济史学家估算，1790 年美国人均产值比 1774 年下降 46%（20 世纪大萧条时美国人均国民生产总值在 1929—1933 年下降 48%）。还有学者认为，尽管美国经济在 1790—1805 年有所扩张，但是 1805 年的国民财富依然比 1774 年减少 14%。① 老百姓在经济萧条中最不堪忍受的直接后果，就是手头货币严重短缺。这是一个在美国越来越令人头疼的问题。革命前夕，宾夕法尼亚流通的政府纸币为人均 5.30 元，到 1786 年只有人均 1.90 元，1790 年结束时只剩下人均 30 分。手中无钱，人们没法偿还债务，也没法按期还抵押贷款，更没法交税，结果因欠债、欠税而被诉诸公堂的人为数众多。他们最后只得听由行政司法官查封包括其土地在内的财产予以拍卖，而且常常在财产拍卖完后也没法还清债务。在后来发生所谓"威士忌暴动"的宾州西部的威斯特摩兰县，法官在

---

① McCusker and Menard, *The Economy of British America*, 373-375.

1782—1792 年签发了 6 100 份查封财产与土地的命令，行政司法官根据这些命令对至少 1 200 家的财产或土地进行没收或查封以供拍卖。这就是说，该县约 2 800 个纳税人中的 43% 都曾遭此厄运。① 可以说，由行政司法官赶着马车四处查封财产土地，成了当时西部边疆一道叫人不忍入目的景观。

这样的情景之下，当 1791 年国会立法规定对威士忌征收每加仑 9~25 美分消费税时，西部边疆人的愤怒可想而知。威士忌消费税虽是由威士忌生产者缴纳，但其影响远远超出了威士忌蒸馏造酒商和自家有蒸馏器造酒的农场主。如前所述，对于西部边疆的大多数人来说，威士忌是他们现金收入的一个重要来源，而征收消费税使他们的现金收入几乎都面临缩水的危险。在那个通货紧缩十分严重的时代，威士忌生产者很难将消费税的负担径直通过提高价格全部转嫁到销售商或者消费者身上，双方需要通过讨价还价来决定如何分摊这个负担。同样的原因，大农场主为没有蒸馏造酒设备的邻居酿制威士忌，雇主给雇工提供威士忌作为工钱，地主向佃农收取可酿制威士忌的谷物作为地租，商贩向顾客出售货物收取威士忌作为付款，都要考虑到威士忌消费税造成的现金损失如何合理分担的问题。不管他们最后如何成交，总有一方或者双方必须承担威士忌消费税造成的现金损失。这种使大多数人都有可能身受其害的消费税，在纽约以南每一个州的西部边疆地区都遭到抵制，实乃势所必然。

让这些西部边疆人更加不能容忍的，就是威士忌消费税是为偿还战债而启动的。独立战争期间，大陆会议主要是靠发行纸币（大陆券）和债券维持战时开支。大陆券不断发行造成恶性通货膨胀，到 1781 年几乎一文不值，不再流通。政府在国内发行的债券，除少数是由贷款办事处售出的以外，其他大多是各政府部门与大陆军在购买或征用物资时，支付给商人和普通百姓的，还有一些则是作为欠饷和退伍费发给大陆军士兵的。这些债券时间一久也出现了严重贬值，因为大陆会议和 1781 年 3 月 1 日根据《邦联条例》建立的邦联国会根本就无权征税，而人们对一个没有稳定岁入的政府何时偿还债款自然缺乏信心。为解决这一影响政府信用的问题，大陆会议与邦联国会曾分别在 1781 年 2 月和 1783 年 4 月两次

---

① Terry Bouton, *Taming Democracy*: "*The People,*" *the Founders, and the Troubled Ending of the American Revolution* (New York: Oxford University Press, 2007), 91-92.

通过修正案，要求各州赋予联邦政府征收关税的权力，但均因未达到所有州一致通过的要求，没有成功。这样一来，平民百姓和普通士兵就更加觉得债券足额偿还无望，而他们又急需钱花，于是只要有人愿买，就将债券大打折扣出手。有钱人则不然，他们对当时负责联邦财政的罗伯特·莫里斯深为了解，知道这个商人出身的财务总监在维护政府信用上的坚决态度，从而对战债最终会足额偿还颇有信心，自然就趁机以低价购进。于是大量债券易手。到 1785 年，宾州老百姓中已售出政府债券的比例高达 95%。1790 年时，宾州 480 万美元政府债券的 96% 以上都落到了 434 个人手中。其中握有债券最多的 28 人掌握了这些战债的 40% 以上，而且他们几乎都是费城的商人、律师和掮客。他们只要花 2.5 ~ 17 美元，就可以从农场主、工匠和士兵手中买到票面值为 100 美元的政府债券。折扣之大，令人咋舌。[1]

如此一来，一旦政府通过征税可以足额偿还债券时，这些富人就会大发其财。人称"金钱独裁者"的莫里斯，在 1782 年推动征税偿还战债时就预见到这一点。他说：这"只不过是把财产从一个人转移给另一个人"，而且是"将财产分配到能使之最富效益的手中"。[2] 新宪法在 1787 年通过生效后，1789 年建立的新的联邦政府终于有了征税权。师承莫里斯财政政策的汉密尔顿，很快就推动国会在 1790 年通过了《偿债法》，规定按照票面价值足额支付包括联邦和各州战债在内的高达 6 250 万美元债券的本金与利息。其结果自然是让东部富有的债券持有者大获其利。[3] 西部边疆居民觉得，联邦政府让富人从平民百姓的债券损失中大捞好处，颇不公正。而最让他们难以忍受的是，战债的偿还要靠老百姓缴纳包括威士忌消费税在内的各种税收来解决。这样一来，西部边疆居民的愤怒便成了一座随时可能爆发的火山。

不仅如此，西部边疆居民在其他问题上的不满也在迅速强化，从而进一步加剧了他们对联邦政府和威士忌消费税的反感。这些导致他们心寒与疏离的其他原

---

① Bouton, *Taming Democracy*, 85.

② Robert Morris, "To the President of Congress" (July 29, 1782) in *The Papers of Robert Morris*, 1781—1784, ed. John Catanzariti and E. James Ferguson (Pittsburgh: University of Pittsburgh Press, 1984), 6: 62-63.

③ Bouton, *Taming Democracy*, 220.

因包括土地、市场与印第安人问题。

从 1781—1802 年，弗吉尼亚等七州先后放弃了对自己边界以西土地的声索权。这样一来，美国政府就获得了密西西比河以东、五大湖以南、佛罗里达以北、最初组成合众国的 13 州以西的大约 2.2 亿英亩的土地。[①] 尽管邦联国会在 1785 年就制定了《土地条例》，对国有土地出售做出了规定，但是销售进展十分缓慢。其所以如此，固然是因为印第安人构成的威胁和大量擅自占地者的到来，但是美国政府的土地政策要负很大责任。1785 年《土地条例》规定，购买这些土地最少要买 640 英亩，每英亩价格 1 美元。这就是说，购买国有土地至少要 640 美元。可是 18 世纪 80 年代宾州人均年收入估计仅为 25～30 美元。[②] 这就使很多前往西部务农的边疆开拓者难以负担购买国有土地的起码开支。因此，美国政府在 1787 年正式拍卖西部土地后，按照 1785 年《土地条例》实际拍卖给个人买主的土地只有 72 974 英亩，平均售价为每英亩 1.60 美元，也就是说依照每人至少要买 640 英亩计算，只有 114 个人买了这样贵的土地。政府所得不过 117 108 美元，对偿还国债和解决政府开支问题来说实乃杯水车薪。于是邦联国会转而进行大规模土地销售，以特别法和授权财政委员会签署合同的方式，向公司或个人出售 100 万英亩以上的土地。由于这些公司与个人购买土地多少都带有投机目的，结果在从政府实际购得土地的两家公司与一个商人中，唯有俄亥俄公司购得土地后对西进移民略有助益。[③] 到 1796 年，美国国会更是将国有土地售价提高到每英亩 2 美元，故而在 18 世纪 80—90 年代，西部边疆大多数居民无法从联邦政府的土地政策中受益，其愤懑不满自然十分强烈。

相比之下，各州州政府掌握的公共土地售价比较便宜，有好几个州的土地售价每英亩只有 0.5 美元。[④] 不过，这些州往往沿袭殖民地时代的传统，将大面积土地销售给土地公司或者土地投机商，然后由他们转售给需要土地的人，从中渔

[①] Farley Grubb, "Land Policy: Founding Choices and Ourcomes, 1781-1802," National Bureau of Economic Research, Working Paper 1508 (June 2009), 7-8, accessed June 16, 2021, http://www.nber.org/papers/w1508.

[②] Bouton, *Taming Democracy*, 93, note 13.

[③] Benjamin Horace Hibbard, *A History of the Pulbic Land Policies* (Madison: University of Wisconsin Press, 1965), 41, 44, 54, 55, Table IV.

[④] Ibid., 43.

利。例如，宾州的罗伯特·莫里斯不再担任政府职务后，就成了个大土地投机商。他在 1792—1795 年举债购买了 330 万英亩土地，其合伙人约翰·尼科尔森更购得 400 万英亩宾州土地和其他州的几百万英亩土地。据说这两人手中握有宾州土地的 1/7。①

即便是可以用比国有土地便宜的价格购买州有土地，西部居民要办手续获得土地所有权也相当麻烦，开垦荒地后要请人丈量，还必须到费城土地署注册登记后才能获得地契。可是从西部到费城要花几天甚至几周时间，许多人由于手头缺少现金连旅费都负担不起。相比之下，那些大多住在费城的土地投机者，不仅可以就近取得地契，还常常将那些未能及时赶到费城登记付款的农场主的土地买走，然后诉诸公堂，将这些农场主从他们早就在耕种的土地上驱离。

这样一来，在东部投机者大量攫取土地的同时，西部没有土地的人口比例却在大幅增加。1780 年时，宾州西部有 1/3 的人口没有土地，此后 15 年这个比例不断上升，有些地方达到了 60%。这些人中有许多成了擅自占地者，但土地所有权得不到保障。从 18 世纪 80 年代中期至 90 年代中期，该地区土地所有者中最底层的 10% 所拥有的土地比例从 2% 下降到 1%，而最上层的 10% 土地所有者所拥有的土地比例则从 26% 上升到 35%。更重要的是，从土地所有权集中过程获益的大多是遥领地主，即并非西部居民的东部富人与土地投机商。他们不仅拥有的土地大增，而且手中多是这个地区最肥沃的土地。② 这种西部土地大量落入东部遥领地主之手的现象，当然令当地居民大为不满，于是对联邦与州政府在这方面的推波助澜作用更是牢骚满腹。

除了土地，市场也是西部人安身立命的关键所在。由于东边有阿巴拉契亚山脉的天然阻隔，难以克服，西部人乃寄希望于密西西比河航运能为之提供通向东部与海外市场的渠道。然而，邦联国会在 18 世纪 80 年代与西班牙的谈判中没有真正考虑西部人的这一要求，自然增强了他们对联邦政府的怨恨与疏离感。当时很多邦联国会成员都反对向西部快速移民，他们认为，一旦通往新奥尔良的航路

①　Bouton, *Taming Democracy*, 193.

②　Thomas P. Slaughter, *The Whiskey Rebellion：Frontier Epilogue to the American Revolution*（New York：Oxford University Press, 1986），65.

对西部开放，那么离这些西部边疆人走向独立或者压倒东部的日子就不远了。此时赋闲在家的华盛顿也持类似看法，他在 1785 年 8 月 22 日给邦联国会主席理查德·亨利·李的信中写道："密西西比河航运现在不应该是我们的目标；相反，在我们有点时间允许我们打通大西洋沿岸诸州与西部领地之间的道路并使之便捷之前，这些障碍最好还是保留。"① 受命负责与西班牙谈判的外务卿约翰·杰伊，在 1786 年 5 月甚至要求邦联国会允许他暂时放弃争取密西西比河航运权的努力，仅仅就商务、边界等问题与西班牙在签订条约上达成协议。尽管这一要求在邦联国会没有得到法定的 2/3 州的批准，但北部 7 州赞成（南部 5 州反对，特拉华州代表缺席）。

杰伊与北部代表显然是为了东部的商业利益，而置西部对密西西比河航运权利的要求于不顾，结果引起了边疆地区的强烈不满，助长了分裂主义倾向的发展。北卡罗来纳西部三县自己成立的、未被承认的富兰克林州，还有肯塔基地区的分离主义者，都与西班牙代表进行了接触。英国势力也在密切注意美国西部边疆的动向，静观其变。后来由于西班牙政府行动迟缓，加之华盛顿领导的美国新政府在 1789 年宣告成立，西部地区的分离主义倾向才有所缓和。时至 1790 年，英国间谍 P. 阿莱尔从纽约发出的报告仍然称："任何国家如果以西部领地的人们获得密西西比河自由航运权作为条件，就会从西部地区获得 5 000~7 000 人的支持，夺取西班牙人手中的佛罗里达……"他竭力鼓动英国政府采取行动，说只要派几艘快速帆船和 2 000 军人，就可以获得"不承认任何政权的"西部人的支持。② 阿莱尔未免有点夸大其词，但是西部的局势对于美国政府来说的确不容乐观。

给西部人对联邦政府不满火上浇油的，还有印第安人问题。有学者认为，从边疆人的角度来看，所有其他问题都不及与印第安人之间的战争来得重要，因为

---

① "From George Washington to Richard Henry Lee, 22 August 1785," *Founders Online*, National Archives, https：//founders. archives. gov/documents/Washington/04-03-02-0183. ［Original source：*The Papers of George Washington*, Confederation Series, Vol. 3, 19 *May* 1785-31 *March* 1786, ed. W. W. Abbot. Charlottesville：University Press of Virginia, 1994, pp. 195-197. ］

② Frederick J. Turner, ed. , "English Policy toward America in 1790-1791," *American Historical Review* 7 (1902)：718-719.

对白人抱有敌意的印第安人威胁到他们的生命与安全。[①] 他们不仅白天去教堂或者小镇时有可能遭到印第安人突袭而身亡，在晚上也有可能被高声呐喊的印第安人武士掳掠一空。尤其是那些孩子被掳走的父母难忍锥心之痛。从 1783 年至1790 年，俄亥俄河流域被印第安人杀死、打伤或者俘虏的白人估计有 1 500 人之多，而被盗走的马匹为 2 000 匹左右。[②] 于是，一些边疆人组成民团，甚至对那些与白人友好的印第安人村民也展开疯狂的报复，不分老幼妇孺，或剥头皮，或棒击致死。政府常常指责这些边疆居民，在对付无辜印第安人时过于残暴，但在解决印第安人对西进移民的威胁上，联邦与州政府却少有作为。

直到 1790 年 9 月，联邦政府才第一次派出由 300 多名正规军与 1 000 多名来自宾州及肯塔基的民兵组成的部队前往西北领地，对付那里的迈阿密印第安人和留守的英军。统率这支讨伐部队的乔赛亚·哈马将军深谙普鲁士军事条例，可是对游击战却一无所知，而且好酒贪杯。其麾下的民兵不仅装备差和缺乏训练，甚至有不少老弱或年幼之人连枪都扛不动。这样的军队与善于打丛林游击战的迈阿密印第安人在 10 月展开决战时，自然遭到了惨败。第二年，华盛顿又命令阿瑟·圣克莱尔将军率军赴西部与印第安人再次交锋。圣克莱尔临行之前，华盛顿对他说："作为一个老兵，一个其早年生活特别忙于印第安人战争的人，我觉得自己有能力提出忠告。圣克莱尔将军，三个字，防突袭……将军，再说一遍，再说一遍，防突袭。"[③] 然而，这次派出的军队和上次一样，有相当多的民兵，而且是新招来的。整个部队的后勤补给一团糟，马鞍送到时军队已经出发了，675支枪迟到了 2 个月，而且大多不能使用。士兵在行军当中有时只有 1/4 到 1/2 的口粮供给，逃兵自然就不会少。

11 月 3 日傍晚，圣克莱尔率领约 1 400 名军人在沃巴什河边扎营。由于圣克莱尔被痛风折磨，理查德·巴特勒少将暂时接替他指挥全军，没有对突袭做必要防范。于是，当上千印第安人在第二天凌晨突然发起进攻时，战况可想而知。尽管圣克莱尔跃马而上，竭尽全力也无法重整旗鼓，只得败退，手下 900 多名军人

---

① Slaughter, *The Whiskey Rebellion*, 93.

② Ibid. , 94.

③ *Recollections and Private Memories of George Washington by His Adopted Son George Washington Parke Custis* (New York：Derby & Jackson, 1860), 417.

阵亡。此役成了北美白人与印第安人交战伤亡最为惨重的一次。正是由于这次战役的失败，国会第一次成立特别委员会对行政部门的疏失展开调查。圣克莱尔后来被宣布对惨败不负任何责任。有学者认为，真正应该对这两次惨败负责的是华盛顿。作为一个熟悉西部印第安人战法的老兵，他既没有选择更有经验和更有能力的军官出征，也没有要求对军队进行在边疆如何作战的必要训练，而且没有力争建立一支精悍的陆军应对西部战事。于是，"哈马是灾难，圣克莱尔则是大劫！"① 不管这责任归属究竟如何，在威士忌消费税出台前后对印第安人战争的两次惨败，已足以使西部边疆人觉得，一个连起码的安全都不能为他们确保的联邦政府有什么资格向他们征税！

受以上各种因素的影响，1791 年威士忌消费税获得批准后，纽约州以南所有的西部边疆地区便群起抵制，要求取消这项立法。其中最引人注目的当属宾州西部地区。是年 7 月 27 日，包括国会众议员威廉·芬德利、曾任宾州制宪会议代表的爱德华·库克和后来成为杰斐逊政府财长的艾伯特·加勒亭等在内的人士，在红石旧堡（即今日宾州费耶特县的布朗斯维尔）开会。他们建议宾州西部地区各县选举一个三人委员会出席 9 月的匹兹堡会议，以反映民众意见，进而就威士忌消费税向国会呈情。9 月 7 日，来自威斯特摩兰、华盛顿、费耶特和阿勒格尼四县的代表在匹兹堡正式召开会议。会议通过的决议认为，最近国会快速通过的一系列法律是"不公正和苛刻的"，其中包括"对公共债券原始持有人与受让人的不加区别"（指 1790 年《偿债法》），"把近 8 000 万美元的资本置于几人之手"（指 1791 年 2 月建立的第一合众国银行私人持股达 8 000 万美元），等等。决议痛斥"偿债体系的私生子——国会的消费税法"，因为它会导致"侵害自由""运作不当""收税成本高昂""有被滥用的危险"，最终阻碍农业以及当下得益甚丰的制造业的发展。更加令人不安的是，消费税的重负会落在"美国西部大多是新近定居的地区，那里的公民总体来说是劳动阶级和比较贫穷的阶级，他

---

① James M. Perry, *Arrogant Armies: Great Military Disasters and the Generals Behind Them* (New York: John Wiley, 1996), 46-47.

们无力购买从外国进口的葡萄酒、烈酒等等。"①

1791 年红石旧堡与匹兹堡两次会议的参加者主要是当地比较有声望的人士。他们反对威士忌消费税，也反对包括偿债计划和合众国银行在内的将财富集中于少数人之手的做法，还提出了公民自由不得受到侵害的问题。但是他们的对策比较温和，希望以当地居民召开代表大会和向国会请愿的方式解决问题。这使人联想到美国革命时代殖民地人早期的做法。不过，在普通民众中则出现了类似于美国革命的暴力抗议事件。就在 9 月 6 日，即匹兹堡会议召开前一天，负责在阿勒格尼和华盛顿两县征收威士忌消费税的收税官罗伯特·约翰逊，在华盛顿县的鸽溪遭到袭击。袭击者化装成妇女，将约翰逊的头发剪掉，用沥青把羽毛粘在他身上，并牵走了他的坐骑。约翰逊认出了其中两人，要求当地法官发出传票。可是代理执法官不敢送传票，乃要一个不识字的牛贩子代为递送。于是这个倒霉的牛贩子糊里糊涂地被人鞭打一顿，还弄了一身沥青羽毛，被绑在树上 5 个小时。除了收税官及其帮手受到暴力威胁以外，宾州西部地区威士忌消费税征税督察约翰·内维尔，要在华盛顿县设立税收办事处，竟然找不到一个人敢租房子给他。1792 年 8 月，好不容易有一个刚到此地不久的陆军军官威廉·福克纳同意租房给内维尔。消息刚一公布，就有人以"印第安人"名义对福克纳发出警告。没几天，一群化装成印第安武士的人闯入福克纳家，大闹一场，仅仅由于担心殃及其邻居，才没有放火烧他的房子。福克纳当时不在家，逃过一劫，可后来还是碰到了抗议者，被逼同意不为税收办事处提供房屋。

在民众抗议日渐升温的形势下，来自宾州西部四县的 24 名代表于 1792 年 8 月 21 日和 22 日在匹兹堡开会。代表们一致通过的报告指出，他们深切感受到了"消费税一定会产生的灾难性后果"，重申该法"本身的不公正和对穷人的苛刻"，并严正指出，"从我们农业的现状、我们对市场的需求和流通媒介（笔者注：包括货币在内的支付手段）的稀缺来看，国会新近通过的消费税法将使西部地区马上面临灭顶之灾"。因此，他们有责任"坚持向国会抗议，并采用其他合法手段阻止这项法律的执行，直至我们能将它完全废除为止"。这次匹兹堡会议

---

① "Minutes of the Meeting at Pittsburgh-1791," *Pennsylvania Archives*, Second Series, Volume 4, ed. John B. Linn and William. H. Egle (Harrisburg: Clarence M. Busch, 1896), 17-18.

不仅明确表示要废除消费税法，而且任命了华盛顿、费耶特和阿勒格尼三县的通讯委员会，要求它们与即将建立的威斯特摩兰县通讯委员会一起，相互联络，并与全国其他地区类似的委员会建立联系，在必要时组织各县召开人民大会或数县共同举行会议。与会代表还决定，对于那些"接受收税职务"以及"失去了所有道德感和对这个地区的灾难漠然置之"的人，要予以藐视，不与之交往或做任何交易，不施以援手，实际上就是要对这些人进行社会放逐或者说孤立，使之成为被社会摈弃的人。① 显然，与1791年的两次会议相比，1792年匹兹堡会议在抗争手段上有逐渐激进化的趋势，不仅明言要用合法手段阻止法律的执行直至废除，而且决定建立通讯委员会，誓言对敢于执行该法的人实行社会放逐。这些决定与行动都使人更为强烈地感觉到了仿佛是美国革命的历史在重演。（见图21）

此时联邦政府面对的，不仅是宾州西部对威士忌消费税展开了抵制，而且在肯塔基州（1792年6月1日正式成为联邦的一个州）和弗吉尼亚、北卡罗来纳、南卡罗来纳等州的西部边疆也发生了同样的情况，包括多起暴力事件。在消费税执法上持强硬态度的汉密尔顿，甚至一度考虑先拿北卡罗来纳西部的暴力抗税开刀，以武力镇压。然而司法部长埃德蒙·伦道夫与最高法院首席大法官杰伊认为证据不足，且尚有其他手段可用，故均持反对态度。到1792年9月，汉密尔顿开始将动武镇压的目标转向宾州西部。其原因可能有三：一是他认为在宾州西部动武比在北卡罗来纳和肯塔基成本低，把握大；二是宾州是当时联邦政府所在州，近在咫尺的挑战使政府最为难堪；三是他发现华盛顿比较倾向于以宾州西部而不是北卡罗来纳作为联邦强力执法的试点。华盛顿之所以如此，是因为他觉得宾州是联邦政府保卫边疆开支的主要受益州，比别的州更无理由抵制威士忌消费税，可是他忘了哈马与圣克莱尔对印第安人的两次征讨虽然离宾州比较近，但都是铩羽而归。另外还有一个可能就是，华盛顿对宾州西南部相当熟悉，而且在那里还有4 695英亩土地，② 动乱会使那里的土地难以有什么收益。其传记作家詹

① "Minutes of the Meeting at Pittsburgh-1792," *Pennsylvania Archives*, Second Series, 4：25-26.

② Charles H. Ambler, *George Washington and the West*（Chapel Hill：The University of North Carolina Press, 1936），173.

姆斯·托马斯·弗莱克斯纳就认为，这位开国之父在处理威士忌暴动问题上有"个人经济利害关系"的考虑。①

诚然，华盛顿的态度比汉密尔顿温和，他还比较注意公共舆论，而汉密尔顿则自己承认"早就学会视公共舆论一文不值"。② 但是，华盛顿与汉密尔顿一样，认为1792年匹兹堡会议是对秩序的威胁，并同意汉密尔顿就此取证。让汉密尔顿感到无奈的是，他就匹兹堡会议提供的证据无法得到司法部长伦道夫的认同。伦道夫坚持认为："集会抗议和邀请他人集会对立法机构提出抗议，是公民的权利。"③ 于是，在汉密尔顿的提议下，华盛顿只好以总统公告的方式对抗税行动进行谴责，称其会"破坏良好秩序，有违公民对其国家的责任与法律"，要求有关人员"停止所有非法联合与行动"，"违背者将绳之以法"。④

1792年9月15日总统公告发布后，抗税行动在西部边疆依然声势不减。汉密尔顿派到宾州西部调查暴力抗税事件的宾州税收总监乔治·克莱默，在西行途中吓得不敢用真名，故意隐瞒身份。到达后，他也不肯到匹兹堡以外的地方去，唯恐遭到暴力袭击。其鬼鬼祟祟的行事方式在费城报纸上传为笑谈。克莱默虽说有点草木皆兵，但是当地税务官员们的日子，倒真是不大好过。1793年4月，费耶特和威斯特摩兰两县的收税官本杰明·韦尔斯不在家时，其妻儿遭到一帮人入户恐吓，要韦尔斯辞去收税官职务。尽管韦尔斯的妻子认出了其中几人，但是行政司法官不肯起诉。到11月，又有数名面孔抹黑并以手巾蒙口的武装人员半夜闯入韦尔斯家，逼其辞去收税官职务，并要他交出委任文

---

① James Thomas Flexner, *George Washington: Anguish and Farewell* (Boston: Little, Brown, 1972), 163. 宾州西部地区消费税征税督察约翰·内维尔的儿子普雷斯利·内维尔（Presley Neville）甚至是华盛顿在该地区出售自己土地的代理人之一。

② "From Alexander Hamilton to George Washington, 11 November 1794," *Founders Online*, National Archives, https://founders.archives.gov/documents/Hamilton/01-17-02-0348. [Original source: *The Papers of Alexander Hamilton*, Vol. 17, *August 1794-December* 1794, ed. Harold C. Syrett. New York: Columbia University Press, 1972, pp. 366-367.]

③ "To Alexander Hamilton from Edmund Randolph, 8 September 1792," *Founders Online*, National Archives, https://founders.archives.gov/documents/Hamilton/01-12-02-0261. [Original source: *The Papers of Alexander Hamilton*, Vol. 12, *July 1792-October* 1792, ed. Harold C. Syrett. New York: Columbia University Press, 1967, pp. 336-340.]

④ "Proclamation of the President," September 15, 1792, *Pennsylvania Archives*, Second Series, 4: 27.

书，否则就要置他于死地。① 其他地方也有类似事件发生，如华盛顿县的民兵就曾集会声讨消费税法与征税督察内维尔，并将写有内维尔名字的模拟像付之一炬，以解心头之恨。

不仅如此，宾州西部 1793 年的抗税行动不再限于收税官，而且对那些遵守消费税法的蒸馏造酒商以及与收税官合作的人，进行公开谴责和社会放逐，甚至毁坏他们的蒸馏造酒设备等私人财产。这主要是因为消费税法的有关规定有利于生产效率高的大造酒商，而不利于小造酒商。例如，大造酒商可以按登记的年产量交税，然后生产出比登记产量多的酒，而小造酒商通常不可能全年生产，只得按照实际产量交税。另外，汉密尔顿在 1793 年还要求作为西部最大威士忌采购者的陆军，只买交了消费税的酒，结果一些与收税官尤其是内维尔有亲戚关系的大造酒商乃私下登记交税，垄断了过去小造酒商本来也可分享利润的陆军威士忌供给。这些大造酒商与合作者自然就成了抗税民众的攻击对象。②

由于这种对抗情绪继续蔓延，直到 1793 年结束，征税督察内维尔都没有能力在匹兹堡以外的地方建立税收办事处。肯塔基州与北卡罗来纳、弗吉尼亚两州的西部地区，在 1793 年也都无法征收到威士忌消费税作为岁入上交联邦政府。③尽管如此，联邦政府在 1793 年并没有就消费税法采取行动，主要原因是这年夏秋黄热病流行。汉密尔顿本人染疾，华盛顿也不得不离开费城躲避，联邦政府运作几乎停顿。不仅如此，1793 年出现的一系列其他问题，也使华盛顿与汉密尔顿等人疲于应对。从国际上来看，法王路易十六在 1793 年被送上断头台，雅各宾党人开始"恐怖统治"。英国随之对法国展开海上封锁，后来还对来往于法属西印度群岛的中立国船只加以拦截和没收，致使美国对外贸易也严重受损，弄得美英之间有再起战端之虞。从国内局势来看，华盛顿与汉密尔顿也难以乐观。自独立战争胜利以来，华盛顿这位声望极高的战时英雄第一次受到了舆论的公开批评。其生日多年来已成为公众共同欢庆和表达敬意的盛事，但

① Slaughter, *The Whiskey Rebellion*, 125-127, 150-151.
② Dorothy Eliane Fennell, "From Rebelliousness to Insurrection: A Social History of the Whiskey Rebellion, 1765-1802" (PhD diss., University of Pittsburgh, 1981), 65, 98.
③ Slaughter, *The Whiskey Rebellion*, 150-151.

1793 年各地大事庆祝之后，却被报纸讥讽为一场"君主的闹剧"。① 汉密尔顿则于 1793 年在众议院遭到指控，说他违反了 1790 年偿债法，行为不当，提议公开谴责。最使华盛顿忧心的是，具有亲法倾向且不满政府政策的一些人士开始组建民主-共和会社，对联邦党人中的君主制和亲英主张严词谴责。由于反对党派在当时还不是美国政治所能接受的事物，所以作为美国政党组织前兆出现的这些民主-共和会社，在华盛顿看来，就成了涉及这个国家未来的心腹大患。

到了 1794 年，黄热病疫情消退，华盛顿政府终于有精力面对 1793 年以来国内外的一系列挑战。国会众议院以詹姆斯·麦迪逊为代表的共和党人（又称"民主-共和党人"）与联邦党人主导的华盛顿政府之间，就如何应对这些挑战展开了博弈。麦迪逊等共和党人众议员反对增加美国军事力量以准备对英开战的法案，担心此举成为建立常规军的借口，主张以经济手段对付英国。但华盛顿在做战争准备的同时，利用总统条约权派约翰·杰伊赴英和谈，因为英国已停止截获美国前往法属西印度群岛的船只，华盛顿认为这给和平带来了希望。亲法的共和党人对此自然十分失落。麦迪逊痛感"行政部门对事件的影响……超过了共和主义［派别］可以做的所有努力"。②

同样，在西部边疆威士忌消费税问题上，共和党人与联邦党人也展开了较量。1794 年 2 月 24 日，华盛顿发布《关于暴力反对消费税的公告》，就 1793 年 11 月收税官韦尔斯遭到暴力威胁一事提出严正警告，并悬赏捉拿暴力违法者，以表达联邦政府将严格执法的决心。③ 韦尔斯被传召到费城提供未登记交税的蒸馏造酒者的信息。作为报答，他将获得这些违法者每人 250 美元罚款的一半。很

---

① *National Gazette*, March 2, 1793, cited in David S. Heidler and Jeanne T. Heidler, *Washington's Circle: The Creation of the President* (New York: Random House, 2016), 262.

② "To Thomas Jefferson from James Madison, 25 May 1794," *Founders Online*, National Archives, https://founders.archives.gov/documents/Jefferson/01-28-02-0074. [Original source: *The Papers of Thomas Jefferson*, Vol. 28, 1 *January* 1794-29 *February* 1796, ed. John Catanzariti. Princeton: Princeton University Press, 2000, pp. 84-85.]

③ "Proclamation on Violent Opposition to the Excise Tax, 24 February 1794," *Founders Online*, National Archives, https://founders.archives.gov/documents/Washington/05-15-02-0213. [Original source: *The Papers of George Washington*, Presidential Series, Vol. 15, 1 *January*-30 *April* 1794, ed. Christine Sternberg Patrick. Charlottesville: University of Virginia Press, 2009, pp. 275-277.]

快，以韦尔斯提供的信息和内维尔及其他征税督察几年来的报告为基础，75 名顽固违法者的名单出炉了，其中只有 15 位是阿巴拉契亚山脉以东的居民，剩下的全是宾州西部人。以宾州西部作为威士忌消费税法严格执法试点来宣示联邦政府权威的计划，正紧锣密鼓地向前推进。

相比之下，国会众议院在麦迪逊等共和党人议员的影响下，采取了不同的态度。早在 1791 年 11 月 1 日，众议院就曾要求财长汉密尔顿提交报告，说明执行威士忌消费税法遭遇的困难。此举促使汉密尔顿在 1792 年同意对该法做了少量修改，包括略微降低税率。由于消费税法规定触犯此法者必须到距离遥远的联邦法院受审，国会在 1793 年 3 月又通过立法，要求联邦法官设立"特别开庭期"，到靠近罪案发生地点进行审判。① 这一立法目的很明显，就是要解决此项规定在西部地区引发的严重不满，因为在邻近地区受审是公民根据普通法应该享受的权利和法律保护。可是联邦司法部门没有理会国会该项立法的要求，致使西部民众的愤怒无法得到有效缓和。1794 年 3 月，就连征税督察内维尔及其家人在回家途中都遇到袭击，后来还收到警告，不交出委任状就会有被监禁的危险。5 月，财政部向众议院报告，南卡罗来纳州西部两个地区、肯塔基州和宾州西部地区依然反对消费税法，而且没有证据显示该法在宾州任何一个地方得到了执行。② 有鉴于此，国会通过新的立法，并于 1794 年 6 月 5 日获得批准。该法试图以不引发冲突的方式解决宾州西部设立税收办事处问题，并满足了小蒸馏造酒业者的一些要求，还对西部抗税者做出了一大让步——允许涉及威士忌消费税法的案子可以由州法院在当地受理，而不是像消费税法规定的那样，一定要由距离遥远的联邦法院审理。③

可是，在众议院试图缓和西部民众敌对情绪的同时，汉密尔顿、司法部长威廉·布拉德福德与联邦地区检察官威廉·罗尔却反其道而行，采取了使矛盾进一步激化的严重步骤。5 月 31 日，在国会立法允许州法院受理威士忌抗税案前 5

① *Journal of the House of Representatives of the United States*（Washington：Gales & Seaton, 1826），1：446；Findley, *History of the Insurrection in the Four Western Counties of Pennsylvania in the Year* 1794, 73.

② "Duty on Domestic Spirits, communicated to the House of Representatives, May 16, 1794," *American State Papers*, Finance, 1：279.

③ *Annuals of Congress*, 4：1459-1460.

天，罗尔从费城联邦法院获得传票，要西部 60 名违反威士忌消费税法的蒸馏造酒者在 8 月到费城联邦法院出庭。由于国会新法即将出台一事在 5 月份已人尽皆知，罗尔获取传票时不可能不知道，加之负责送达传票的联邦执法官直到 6 月 22 日才出发去履行职责，所以司法部门有足够的时间收回成命，按新法办事。如果依新法将这些案件交由位于西部当地的州法院审理，那就不会有后来引发暴动的爆炸性事件发生，但是司法部门硬是没有这样做。其所以会如此，按照汉密尔顿后来在给华盛顿的长信中所做的解释，主要是因为他们认为"反对派力量的增加使得有必要用与之相称的决心来对付邪恶"，而且"长期的试验也已足以确认，在抵制得以继续的地方，邪恶之根扎得深，需要有比以往更有效的措施"。① 汉密尔顿所说的"更有效的措施"显然不是指在联邦法院起诉这些违法者，因为传票要这些人出庭的 8 月实际上是费城联邦法院因炎热而不开庭的时期，所以传票实际上无效。司法部长布拉德福德当时有封信也私下声称，"要求出庭只是为了强迫登记蒸馏器"。② 既然不是为了真正起诉，那么在对于西部民众最为敏感的问题上以诉诸联邦法院来虚张声势，极有可能的动机就是故意激化矛盾，让原本零散的小规模暴力抗税行动转化为有组织的大规模武装冲突，从而使联邦政府有充分的理由诉诸军事镇压。宾州西部国会众议员芬德利就是这样看待汉密尔顿此时的意图的。③ 尽管没有直接证据证明汉密尔顿真的有此居心，但是汉密尔顿的一些言论尤其是后来事态的发展确实与芬德利的论断颇为一致。

受命西行送达传票的联邦执法官戴维·伦诺克斯起初在坎伯兰、贝德福德、费耶特三县执行公务都比较顺利，没有引起骚乱。7 月 14 日，他到达匹兹堡，对招待他的律师休·亨利·布拉肯里奇说，他可以松一口气了。布拉肯里奇告诉

---

① "From Alexander Hamilton to George Washington, [5 August] 1794," *Founders Online*, National Archives, https: //founders. archives. gov/documents/Hamilton/01-17-02-0017. [Original source: *The Papers of Alexander Hamilton*, Vol. 17, *August 1794-December 1794*, ed. Harold C. Syrett. New York: Columbia University Press, 1972, pp. 24-58.]

② Slaughter, *The Whiskey Rebellion*, 182.

③ Findley, *History of the Insurrection in the Four Western Counties of Pennsylvania in the Year 1794*, 312-313.

他，西部人痛恨的只是收税官，不是执法官。① 伦诺克斯显然没有将布拉肯里奇的这番话听进去，第二天便同意由征税督察内维尔陪同他前往阿勒格尼县送达传票。当他们送了4张传票后于中午到达威廉·米勒的农场时，米勒怒不可遏，拒绝接受传票，并与伦诺克斯发生争执。米勒后来回忆说，他认为250美元罚款将"毁了我"，"到费城联邦法院将使我今秋去不了肯塔基，而我已经卖掉了我的农场，正在为此做准备"，"看到内维尔将军陪着行政司法官登门，我觉得我的血在沸腾"。② 传票已经送达，米勒接不接受都无所谓，伦诺克斯乃与内维尔策马而去。不期在附近收割庄稼的许多人以为联邦官员与内维尔要将人带到费城去，闻讯后纷纷携带武器而来，其间甚至有人鸣枪。不过，当他们看到并未有人被带走，就放行了伦诺克斯与内维尔。前者去了匹兹堡，后者回到自己的鲍尔山庄。

恰巧就在这一天，华盛顿县明戈溪的民兵正在集训，解散前听到了联邦执法官和内维尔到米勒农场送达传票的消息，群情激愤。华盛顿县本来就是抗税比较激进的地方。早在1791年9月7日匹兹堡会议之前，华盛顿县的代表就召开会议通过了措辞严厉的决议，视收税官为公敌，呼吁公民"藐视"之，"并完全拒绝与这些官员进行任何种类的交流或沟通，不给他们任何援助、支持或安逸"。③尤为值得注意的是，该县明戈溪的民兵组织相当强大，他们过去曾封锁道路，阻止债务案件的审判，抵制对没收财产进行拍卖，还与弗吉尼亚、肯塔基的有关人士商讨西部团结必要性等问题。其代表参加了1791年的匹兹堡会议，对威士忌消费税甚为不满。该民兵组织自上校以下的军官都是民主选举产生，其成员在1794年2月28日正式建立明戈溪会社。会社成立后即向总统和国会陈情，要求解决密西西比河自由航运问题，指责美国政府没有能保护他们不受印第安人的侵扰，声言"承受所有的负担而没有来自政府的任何好处，是我们永远不会听从的事情"。④抗税之心相当坚决。因此，明戈溪民兵对于7月15日送传票一事自然

———————

① Hugh H. Brackeridge, *Incidents of the Insurrection in the Western Parts of Penssylvania, in the Year* 1794 (Philadelphia: John M'Cullouch, 1795), 1: 5-6, accessed November 25, 2016, https://quod. lib. umich. edu/cgi/t/text/text-idx? c=evans; idno=N21549.0001.001.

② Ibid., 1: 122.

③ Ibid., 3: 17.

④ Slaughter, *The Whiskey Rebellion*, 164.

不会坐视不理，决定先抓获联邦执法官伦诺克斯，然后再根据其陈词采取下一步行动。

7月16日清晨，明戈溪民兵30多人包围了鲍尔山庄，以为执法官在里面，试图诱捕。内维尔没有上当，首先开枪射击，打死了一名民兵，双方交火后又有几个民兵受伤。民兵乃暂时撤退，决定第二天重返鲍尔山庄为死难民兵讨回公道。内维尔则从附近的皮特要塞驻军中，找来由詹姆斯·柯克帕特里克少校率领的10人加强防守。7月17日下午5点，500~700名民兵伴着鼓声行进到鲍尔山庄。为首的詹姆斯·麦克法兰少校要求交出内维尔，并要他辞职，且不再接受任何消费税官职任命。庄内守军称内维尔已离去，民兵乃要求交出其委任状等文书，庄内拒绝。民兵特意留出时间让内维尔女眷及其他妇女撤离后才开始攻打。双方相互射击了一段时间，麦克法兰似乎听到庄内有人要求再启谈判，乃下令停火，并从树后走出拟展开对话。不期屋内有人开枪击中了这位独立战争的老兵，致使他当场身亡。民兵们自然怒气冲天，一把大火将鲍尔山庄几乎烧了个精光，仅仅因为内维尔奴隶的要求才留下了他们住的几间茅舍。柯克帕特里克及其手下遂在一片大火中向民兵投降。尽管民兵认为柯克帕特里克要对麦克法兰的死负责，但他们并未对其拳脚交加，甚至让他离开了。当晚被抓到的联邦执法官伦诺克斯，也只是一开始受了些轻伤与侮辱，但很快就被民兵军官制止，不久即成功脱身。

这两次被视为"暴动"的事件，如果不是因为内维尔枪杀民兵，以及柯克帕特里克或其手下杀害麦克法兰，是不会发展到这种程度的。麦克法兰这位德高望重的独立战争英雄的倒下，进一步激发了人们反对消费税法和维护因美国革命而赢来的自由的决心。7月18日，他们在为麦克法兰举行葬礼时决定：7月23日在明戈溪礼拜堂召开大会，策划下一步行动。不少社会名流参加了7月23日大会。华盛顿县副检察官戴维·布拉德福德，在会上发表了措辞激烈的长篇讲话，呼吁支持民兵行动。匹兹堡律师布拉肯里奇根据自己对布拉德福德的了解，怀疑他言不由衷，只是为了迎合民众的情绪，或者出于对他们的恐惧。当布拉肯里奇被要求讲话时，他采取了比较温和的态度，在试图安抚与会者的情绪的同时，指出民兵所做的一切在道义上可能是对的，但在法律上是错误的，因此有可能导致总统召集民兵弹压，但如果向总统提出申请，也有可能得到赦免。这番讲话引起了不同的反应，有不满者，也有点头认可者。①由于意见不一，会议最后决定在8月14日由各镇派代表到帕金森渡口召开大会商讨西部地区的局势。

然而，就在温和派希望通过延迟三周开会缓和民众愤激情绪时，抗税风潮的激进派采取了进一步的行动。布拉德福德在呼吁弗吉尼亚边疆地区与宾州西部人同仇敌忾的信中指出："危机正在到来：不是投降就是抗争。"②激进派开始用"万能汤姆"的名义，向那些为政府通风报信的人，甚至依法登记交税的蒸馏造酒业者，发出警告信，威胁他们如不听从，或者房屋被烧，或者遭到其他惩罚。布拉德福德还组织一些人拦截从华盛顿县到匹兹堡的邮件，但没有成功，后来拦截了从匹兹堡到费城的邮件，发现匹兹堡一些与内维尔有关联的人在信中对抗税运动表达不满。于是，以布拉德福德为首自创的"卡农斯堡委员会"，决定召开一次民兵大会，命令西部各地民兵8月1日下午在当年英军败于法军与印第安人的布拉多克战场集结，声称将会有让他们展现其军事才能的机会。他们的矛头所向虽未明言，但人们都很清楚是匹兹堡及其驻军。内维尔之子、柯克帕特里克少校和一些支持消费税法的人士藏身的匹兹堡，在抗税者看来已经成了《旧约》中所说的被上帝焚毁的罪恶之城索多玛。当激进派领袖后来对进军匹兹堡有点怯场想撤回命令时，遭遇了来自下层的巨大压力，有的人的房屋都被用沥青粘上了羽毛。这样一来，布拉德福德不得不铤而走险，宣布绝无撤销命令之事。正像他后来对布拉肯里奇所言，"人民出来要做点什么，他们就一定会做点什么"。③

与此同时，以布拉肯里奇、芬德利、加勒亭和华盛顿县的国会参议员詹姆斯·罗斯为代表的温和派则力图缓和抗税者的愤激情绪，避免匹兹堡遭遇厄运。经过协商，以布拉德福德为首的激进派同意和平进入匹兹堡。作为条件，匹兹堡将驱逐内维尔之子、柯克帕特里克少校以及被点名的几个支持消费税的人士，而

① Brackeridge, *Incidents of the Insurrection in the Western Parts of Penssylvania*, 1：32-35.

② "David Bradford to the Inhabitants of Monongahela—Virgnia"（Aug. 6, 1794）, in Brackenridge, *History of the Western Insurrection in Western Pennsylvania*, 93.

③ Brackeridge, *Incidents of the Insurrection in the Western Parts of Penssylvania*, 1：43-44, 63.

且匹兹堡的民兵要出城到布拉多克战场加入这一和平进军。① 这样一来，8 月 1
日在布拉多克战场集结的约 7 000 多名民兵不仅没有火烧匹兹堡，也没有进攻附
近的费耶特要塞，而是和平进入匹兹堡，匹兹堡居民还以威士忌招待。后来，民
兵们又和平地离开了匹兹堡，就连滞留在城里为数不多的人火烧柯克帕特里克住
宅的企图都被有效制止，只有他在莫农格希拉河对岸的农场仓库被烧掉了。事情
能如此平和地得到解决，使很多人都感到意外，因为就在这天早上曾有一个参与
过火烧鲍尔山庄的人骑马在匹兹堡的街道上狂奔，挥舞着印第安战斧高喊："这
不是我所要的一切：不仅是消费税法一定要完蛋；你们的地区法官一定要完蛋；
你们的高官和高薪也要完蛋。还有大量的事要做，我这只不过是开始。"②

此前在布拉多克战场集结时，布拉肯里奇就曾深深感受到了这种激进的情
绪。他一度觉得："人们都疯了；如果有人想估量一下这疯狂的力量，那就让他
想想法国革命，想想攻打巴士底狱和杜伊勒丽宫。"他还回忆说："在包括五个县
（笔者注：阿勒格尼、华盛顿、费耶特、威斯特摩兰、贝德福德五县）的整个地
区，消费税税收办事处的房子这时都被烧塌了，收税官的住宅也被烧了。到处都
竖立起了自由柱，柱上刻着'税收平等，不征消费税'等文字，还有一些犹如被
切成几段的蛇那样的装饰，并附有'团结而立，分裂而垮'的格言。我并没有碰
到一个人似乎希望我们与政府分离或者推翻它，仅仅是希望反对消费税法而已；
但是人们的行动与言谈却像是我们就在革命中一样。他们对威胁生命与财产无所
顾忌。"③事实上，在布拉多克战场集结的民兵大都是没有土地与蒸馏造酒设备的
穷人，他们也是火烧鲍尔山庄和化装成印第安人诉诸暴力行动的主力。正是在这
些人的压力之下，抗税运动才在向匹兹堡进军中形成了它最后一个高潮，打出了
代表宾州五县与弗吉尼亚州一县（俄亥俄县）反对威士忌消费税的旗帜——六道
条纹旗。

不过，这场抗税风潮并不是真正有组织和协调一致的运动。参与者虽然讨论
过独立、内战或者与英国、西班牙联合等各种问题，但并无实现这些目标的周密

---

① Hogeland, *The Whiskey Rebellion*：170-172.
② Brackeridge, *Incidents of the Insurrection in the Western Parts of Penssylvania*，1：86.
③ Ibid.，70-71，76.

计划，甚至在反威士忌消费税的具体手段上，也有各种不同主张。8 月 14 日，帕金森渡口大会召开，宾州五县与弗吉尼亚州俄亥俄县的 200 多名代表汇聚一堂，其中不乏激进派，而且还有 200 多名武装人员旁观。尽管如此，温和派经过努力，避免了通过建立"公共安全委员会"的决议。该决议拟授权这个委员会"动用西部地区资源击退任何有可能侵犯公民或人民群体权利的敌对企图"，这等于是宣布准备展开军事对抗。① 布拉克里奇还说服旁观者暂时放弃了废除威士忌消费税法以外的其他更为广泛的要求。②

在由加勒亭、布拉德福德、布拉肯里奇和赫尔曼·赫斯本德③组成的负责修改决议的委员会里，温和派占了多数，促成大会通过了比较克制的决议。在决议中，除了对于将公民传唤到邻里以外地区受审提出了抗议以外，他们还任命了一个 60 人常设委员会向国会请求废除威士忌消费税法，并保证遵守取代该法的"比较平等且不苛刻的法律"，声明将支持各州的法律，但未对遵守联邦法律做出承诺。在获知华盛顿总统已委派特派员来到西部后，这份决议还决定任命一个 12 人委员会，与政府特派员谈判，商讨结束西部动荡局势的问题。④

然而，早在 8 月 2 日，即民兵在布拉多克战场集结并向匹兹堡进军的第二天，华盛顿总统就召开了内阁会议，将武力镇压所谓宾州西部暴动提上了议事程。在会上，财长汉密尔顿坚持"马上诉诸军事力量的正当性"，总统也声称"决心在宪法与法律许可的范围内尽一切力量，但不逾矩"。按照《1792 年民兵

① "The Speech of Gallatin（Janaury 3，1795）" in Albert Gallatin, *The Writings of Albert Gallatin*, ed. Henry Adams（Philadelphia：J. B. Lippincott，1879），3 Volumes，3：16.

② Brackeridge, *Incidents of the Insurrection in the Western Parts of Penssylvania*，1：99-100.

③ 赫斯本德来自贝德福德县，曾是 18 世纪 60—70 年代北卡罗来纳殖民地"自订约章者"运动的领导人，失败后流亡宾州西部山区。这位已年届 73 岁的老翁常常撰写小册子或者赤脚游走乡间为自己的信念布道。他是美国革命激进主张和宾州 1776 年宪法的支持者，视 1787 年宪法为美国革命的倒退。在赫斯本德看来，"所有最高的政治权力本应在民"。他希望按照圣经旧约《以西结书》建立一个小生产者的民主乌托邦，也就是他理想中的"新耶路撒冷"。这个后来被加勒亭称为"宾夕法尼亚疯子"（见 Albert Gallatin to Thomas Jefferson，23 April，1805，*The Writings of Albert Gallatin*，1：229）的赫斯本德成了贝德福德县反消费税风潮的领导人之一，不过他关注的是如何将抗税行动转化为一场修改宪法的政治运动。因此，他并不赞成布拉德福德的武力对抗主张，在帕金森渡口大会决议修改委员会中与布拉肯里奇、加勒亭站在一起，促成大会通过了比较克制的决议。

④ "Meeting at Parkinson's Ferry, August 14, 1794," *Pennsylvania Archives*, Second Series, 4：135-136.

法》规定，必须有最高法院大法官关于局势已超出文官政府控制范围的证明，中央政府才能召集军队。因此在这次会议之前，有关宾州西部的文件就已送交詹姆斯·威尔逊大法官审核。① 这说明，华盛顿与汉密尔顿一样，此时已下决心动用武力镇压威士忌暴动。8 月 4 日，威尔逊大法官确认，宾州西部"反对合众国法律并阻挠其执行的联合力量，强大到了正常司法程序或者地区执法官无法镇压的程度。"② 8 月 7 日，华盛顿总统发布公告，正式宣布将召集民兵予以镇压。同日，他又委派 3 名特派员到宾州西部与暴动者谈判。这样，联邦政府就摆出了一面准备武力镇压，一面进行和平谈判的姿态。华盛顿对宾州西部局势的担忧远远超过了威士忌消费税。他更在意的是：合法政府的权威、法律的执行和社会秩序的基本原则不得受到挑战。与汉密尔顿一样，华盛顿认为西部上层人士的几次集会对暴动产生了巨大影响。他还特别强调民主会社在暴动中的作用，说这些会社的成员"在人民中撒播对政府猜忌与怀疑的种子"，企图"毁灭对其施政的所有信心"。③

正如历史学家理查德·科恩所言，和谈从一开始就是"一个动摇不定的承诺，更多是一种战术而不是一种政策，更多表明的不是总统对可以避免使用武力有信心，而是没有把握和感到恐惧"。④ 联邦政府的 3 名特派员于 8 月 15 日在帕金森渡口会合，其中两位西行途中曾与内维尔、联邦执法官交谈，觉得秩序难以和平恢复。17 日，他们在匹兹堡与当地头面人物会谈，得到同样印象。于是，在尚未与宾州西部 12 人委员会见面之前，三位特派员即于当晚拟就报告，称除非动用国家力量，"我们看不到执行……法律的任何前景"。⑤ 3 天后，在与 12 人

---

① "Conference Concerning the Insurrection in Western Pennsylvania, [2 August 1794]," *Founders Online*, National Archives, https：//founders. archives. gov/documents/Hamilton/01-17-02-0009. [Original source：*The Papers of Alexander Hamilton*, Vol. 17, *August* 1794-*December* 1794, ed. Harold C. Syrett. New York：Columbia University Press, 1972, pp. 9-14.]

② "Proclamation of President Washington," August 7, 1794, *Pennsylvania Archives*, Second Series, 4：107.

③ "From George Washington to Henry Lee, 26 August 1794," *Founders Online*, National Archives, https：//founders. archives. gov/documents/Washington/05-16-02-0418. [Original source：*The Papers of George Washington*, Presidential Series, Vol. 16, 1 *May*-30 *September* 1794, ed. David R. Hoth and Carol S. Ebel. Charlottesville：University of Virginia Press, 2011, pp. 600-605.]

④ Richard H. Kohn, "The Washington Administration's Decision to Crush the Whiskey Rebellion," *The Journal of American History* 59 (1972)：576.

⑤ Richard H. Kohn, "The Washington Administration's Decision to Crush the Whiskey Rebellion," *The Journal of American History* 59 (1972)：577.

委员会以及弗吉尼亚州俄亥俄县派来的 3 名代表会谈中，政府特派员提出要求：60 人常设委员会应在 9 月 1 日前对政府和平解决西部暴动问题的建议做出回应，而宾州西部居民必须在 9 月 14 日以前就服从法律和不反对消费税法投票表决。8 月 22 日，12 人委员会对政府特派员做出承诺，他们将要求 60 人委员会于 8 月 28 日在红石旧堡召开会议，来商讨政府的这些建议。① 显然，双方并不是没有和平解决问题的可能。

可是就在第二天（8 月 23 日），华盛顿政府收到了 3 位特派员 8 月 17 日的报告与信件，随即召开内阁紧急会议，连政府特派员与宾州西部 12 人委员会谈判结果究竟如何都不知道，就做出了放弃和谈的决定。8 月 25 日，汉密尔顿根据总统指示致信弗吉尼亚州长亨利·李，命令他集结总数达 15 000 人的民兵，准备进军宾州西部。由于政府特派员正在与 12 人委员会和谈，并承诺 9 月 1 日前不会动武，汉密尔顿乃在信中告诉李，出于"特殊原因"，集结民兵的命令要到 9 月 1 日才能正式签发。② 此举显然是要暂时保守集结军队的秘密，以便用和谈作为幌子继续争取舆论支持，而武力镇压实际上已势在必行。

不过，集结数量如此庞大的军队岂是可以轻易保守得住秘密的，消息很快就传了开来。大兵压境的可能，对宾州西部居民形成了不小的压力。为了避免兵戎相见，宾州西部温和派加强了促成和谈的努力，激进派与抗税民众虽然怨气未消，但是对于诉诸武力恐怕也不能不有所顾虑，于是形势总的来说开始朝着与联邦政府和解的方向发展。8 月 29 日，60 人委员会在红石旧堡会议上以 34 对 23 票通过决议，同意联邦政府特派员提出的建议。③ 9 月 11 日，宾州西部各地居民

---

① "Processings of the First Conference—Pittsburgh, August 20, 1794," *Pennsylvania Archives*, Second Series, 4: 155-158; "The United States Commissioners to the Committee of Conference—Pittsburgh, August 21st, 1794," ibid., 159-161; "The Committee of Conference to the United States Commissioners—Pittsburgh, August 22d, 1794," ibid., 161-162.

② "From Alexander Hamilton to Henry Lee, 25 August 1794," *Founders Online*, National Archives, https://founders.archives.gov/documents/Hamilton/01-17-02-0111. [Original source: *The Papers of Alexander Hamilton*, Vol. 17, *August 1794-December 1794*, ed. Harold C. Syrett. New York: Columbia University Press, 1972, pp. 143-146.]

③ "Resolutions of the Committee at Redstone," *Pennsylvania Archives*, Second Series, 4: 183. 宾州政府特派员在给州长的报告中称，60 人委员会投票中有 6 人错投了反对票，因此实际票数不是 34 对 23，而是 40 对 17，见 "The Commissioners of Pennsylvania to Governor Mifflin—Pittsburgh, August 30th, two o'clock pm, 1794"（同本注第 185 页）。

就联邦政府建议投票，绝大多数人在服从合众国法律并不再反对烈酒岁入法的宣誓书上签了字。尽管暴力行动在一些有产者比例小而比较贫穷的地方仍在继续，但是很多当初迫于民众压力加入抗税风潮的上层人士，或者躲了起来，或者宣誓服从法律和效忠政府。就连对 8 月 29 日红石旧堡决议甚为不满的激进派领袖布拉德福德及其坚定支持者 27 人，也在 9 月 13 日发表宣言，声称他们不再"反对消费税法或者根据此法任命的官员"。不过，他们相信并认为："本县各镇大部分居民将默认和服从上述法律，是希望和坚信美国国会将废除上述法律。"① 10 月 2 日，宾州西部各地代表在帕金森渡口再次集会，一致宣誓效忠政府，并委派芬德利和戴维·雷迪克去面见总统，说服他已无须派军队到西部来。②

令人意外的是，尽管宾州西部局势显然已在趋于稳定，而且华盛顿有足够的时间获得这方面的消息，他仍然在 9 月 25 日发布公告，声称政府"主动提出宽恕"的做法并没有收到预期的效果，所以从新泽西、马里兰、宾夕法尼亚和弗吉尼亚征募的"足以对付紧急状况的"民兵，"已经在向叛乱地点进发"。③ 颇有讽刺意味的是，这支 12 950 人的队伍在人数上超过了华盛顿在独立战争期间指挥过的任何一支军队。他们兵分两翼，北边的右翼在宾州中部的卡莱尔集合，南部的左翼则在马里兰的坎伯兰集合。10 月 4 日，华盛顿与汉密尔顿到达卡莱尔视察军队，5 天后，芬德利与雷迪克赶到，希望总统收兵，但是华盛顿告诉他们："我把对法律的支持看作头等目标……除非有绝对服从的最清楚明白的证据，什么都不能阻止这支军队向西部县进军，此举是要他们相信，政府可以而且会强制〔公民〕守法……"④ 10 月 20 日，华盛顿在检查南边军队的准备之后，命令亨利·李将军统率全军进发，汉密尔顿作为文官随行协助，他自己则打道返回费城。

出乎华盛顿当局对西部紧张局势公开表达的预判之外，这支镇压暴动的大军竟然完全没有遭遇所谓威士忌暴动者的武装反抗。他们沿途遇到的只是民众象征

---

① "Declaration of David Bradford and Others," *Pennsylvania Archives*, Second Series, 4: 251.

② Findley, *History of the Insurrection in the Four Western Counties of Pennsylvania*, 138-139.

③ "Second Proclamation of President Washington," *Pennsylvania Archives*, Second Series, 4: 304-305.

④ "〔Diary entry: 6-12 October 1794〕," *Founders Online*, National Archives, https://founders. archives. gov/documents/Washington/01-06-02-0003-0003-0006. 〔Original source: *The Diaries of George Washington*, Vol. 6, 1 *January* 1790-13 *December* 1799, ed. Donald Jackson and Dorothy Twohig. Charlottesville: University Press of Virginia, 1979, pp. 182-190.〕

性的抵制，诸如竖立自由柱，冷眼相看，拒绝提供给养，等等。倒是这支被西部人嘲讽为不堪一击的"西瓜军队"，尚未进入西部就导致两名平民不幸死亡，一个是与自由柱无关但受到怀疑的孱弱多病的年轻人，被轻骑兵不慎扣动扳机射杀，另一个不过是喝醉了酒挑衅民兵的醉汉，也被刺身亡。① 华盛顿不得不对此表示"非常沉痛的遗憾"。② 不仅如此，由于装备供给差，一些民兵还闯入民宅行窃或抢劫。他们在搜捕那些可能要对威士忌暴动负责的嫌疑犯时，对疑犯和找来的证人不加区别地粗暴对待，使其中不少人身心俱损。汉密尔顿与随军法官很快就对这些人展开讯问，希望找到可以以叛国罪严惩的要犯。然而，戴维·布拉德福德等激进派领袖早已逃到密西西比河流域的西班牙领地去了，还有 2 000 多名抗税者也流亡到肯塔基与俄亥俄这些更为遥远的边疆地区。结果最后只有几十个"暴动者"被押往费城受审，到达时衣衫褴褛，疲惫不堪。凯旋的军队押着他们沿布罗德街行进，受到人群欢呼和礼炮庆祝，教堂鸣钟，经过总统府时还有乐队奏乐，华盛顿也出来见证这一历史时刻。所有这一切都是为了彰显政府的胜利。

可是在这个新生的国家里，司法并不完全受制于总统和行政部门，对于这些嫌犯也要照法律程序进行审判。1795 年 5 月，联邦巡回法院在费城开庭审理。司法部长以美国宪法唯一定义过的罪行"叛国罪"，起诉 35 名暴动者，指控他们"同合众国作战"。大陪审团只同意对其中 24 人就叛国罪起诉，而这 24 人中有13 人未能逮捕到案，还有一人已受到赦免保护。于是，实际因叛国罪受审的只有 10 人。辩护律师曾要求在暴动发生地——西部地区开庭，并要求陪审团必须全部是西部人。尽管这些要求被法庭驳回，但是政府还是难以将这些人定为叛国罪。这一方面是由于证人都不愿意说太多不利于自己乡亲的话，另一方面则是因为即便是东部人占多数的陪审团，也很不愿意依靠已被赦免的上层人士的证词，来给这些小人物定罪。不仅如此，法庭本身感觉证据明显不足时，也在给陪审团

---

① Findley, *History of the Insurrection in the Four Western Counties of Pennsylvania*, 143-144.

② "From Alexander Hamilton to Thomas Mifflin, 10 October 1794," *Founders Online*, National Archives, https://founders.archives.gov/documents/Hamilton/01-17-02-0299. [Original source: *The Papers of Alexander Hamilton*, Vol. 17, *August 1794-December* 1794, ed. Harold C. Syrett. New York: Columbia University Press, 1972, pp. 317-319.]

的指示书中明言难以据此定罪。这样一来，最后定为叛国罪的只有 2 人。他们被定罪的理由是：参加了火烧鲍尔山庄的行动和布拉多克战场的集会，袭击了收税官员。联邦检察官沿用英国法律"推定叛国"的先例，将旨在"取消法律"或者"反对和阻止……执法"的上述行动，等同于"发动战争的行动"，从而对美国宪法定义的叛国罪做了宽泛解释。主审法官采纳了这一解释，指示陪审团做出了有罪判决。至于在西部州法院受审的威士忌暴动参与者，则无一被判叛国罪。审判结束后，华盛顿赦免了被联邦巡回法院判决为叛国罪要处死刑的两人，称其中一个是"傻瓜"，另一个是"疯子"。① 无怪乎杰斐逊要挖苦说："叛乱被宣布，被公告，被武力弹压，但却从未被发现。"②

---

① Richard A. Ifft, "Treason in the Early Republic: The Federal Courts, Popular Protest, and Fedralism During the Whiskey Insurrection" in *The Whiskey Rebellion: Past and Present Perspectives*, ed. Steven R. Boyd (Westport, Connecticut: Greenwood Press, 1985), 172-176.

② "From Thomas Jefferson to James Monroe, 26 May 1795," *Founders Online*, National Archives, https://founders. archives. gov/documents/Jefferson/01-28-02-0275. [Original source: *The Papers of Thomas Jefferson*, Vol. 28, 1 *January* 1794-29 *February* 1796, ed. John Catanzariti. Princeton: Princeton University Press, 2000, pp. 359-362.]

四、暴动产生的深远影响

联邦主义派别中有不少人认为镇压威士忌暴动是他们的胜利，就像汉密尔顿随军西行途中给友人信中预言的一样，"这场暴动将给我们带来很多好处，会使这个国家的一切都增加稳定性"。① 从短期来看似乎确实如此。首先，联邦政府经受住了这场考验，巩固了自己的力量与地位。它于 1794 年 11 月与英国签订杰伊条约，使英军撤出了西北领地，在 1795 年 10 月又与西班牙签订平克尼条约，获得了密西西比河航运权。"倾木之战"迫使印第安人在 1795 年签订格林维尔条约，减少了印第安人的威胁，使西部边疆居民的安全得到了一定的保障。另外，前往宾州西部镇压暴动以及后来留守的军队，需要购买大量粮食和包括威士忌在内的其他给养，从而使西部人的硬币收入增加了，对当地经济的发展有所促进。不仅如此，平息西部动乱还导致地价上升。华盛顿本人在 1795 年 3 月 14 日有关出售其在宾州西部华盛顿县和费耶特县土地的信函中，就注意到了这一点，说自己"非常满意土地……将继续涨价"。② 可见华盛顿拿西部抗税者开刀与保护他的土地利益有关，不是空穴来风。最后，在华盛顿决意不再连任后，联邦党人约翰·亚当斯赢得了总统选举，在 1797 年出任美国总统，使联邦党人主政美国的时间又持续了四年。

然而，联邦党人镇压威士忌暴动的行动，在维护联邦的稳定上虽然成功了，但是他们对这场暴动所反映出的美国社会正在经历的重大而深刻的变化，却没有前瞻性的认识，所以作为一种政治力量，他们没有多久就失去了此前的影响力。

---

① "From Alexander Hamilton to Angelica Church, 23 October 1794," *Founders Online*, National Archives, https://founders. archives. gov/documents/Hamilton/01-17-02-0324. [Original source: *The Papers of Alexander Hamilton*, Vol. 17, *August* 1794-*December* 1794, ed. Harold C. Syrett. New York: Columbia University Press, 1972, p. 340.]

② "From George Washington to James Ross, 14 March 1795," *Founders Online*, National Archives, https://founders. archives. gov/documents/Washington/05-17-02-0440. [Original source: *The Papers of George Washington*, Presidential Series, Vol. 17, 1 *October* 1794-31 *March* 1795, ed. David R. Hoth and Carol S. Ebel. Charlottesville: University of Virginia Press, 2013, pp. 653-654.]

1812 年第二次美英战争中联邦党人的亲英态度，尤其是 1814 年哈特福德大会上新英格兰部分联邦党人的分离主义倾向，固然成了导致联邦党人退出历史舞台的最后一根稻草。但是究其深层次原因，乃是与联邦党人在包括威士忌暴动在内的一系列问题上表现出的共和主义精英政治理念有密切关系。他们认为，唯有那些有一定财产、受过教育、才具秀拔的人才会不受私利影响，有肩负大任的美德，而"芸芸众生既不聪慧，也不良善"，一定要靠无私的士绅来领导。然而恰如美国著名历史学家戈登·伍德所言，"美国革命以后的半个世纪里，普通老百姓剥去了这些北部士绅的虚饰之表，经常指责他们是骗子和欺世盗名者，不断损坏他们的统治能力"。正是这些普通老百姓最终"改变了在美国作为士绅和政治领导人的含义"。这实际上就是对共和主义精英政治的坚决否定，也是对殖民地时代以来所谓"贵族"甚至"自然贵族"观念的毁灭性打击。在这个过程中，美国社会在很多方面都出现了平民化的趋势，即平民大众的地位在不断提高。可是，联邦党人对这种"美国社会本质的根本变化"或者视而不见，或者不予重视，结果低估了美国代表制民主中具有自由主义色彩的民众主义倾向的潜力，也没有看清美国未来经济发展的主要动力所在，从而在政治上逐渐失去了广大民众的支持。①

在当时美国代表制民主发展过程中，党派政治正在兴起，可是联邦党人对这一大势却缺乏洞见，他们固守的依然是共和主义精英政治有关党派的陈腐观念。华盛顿将民主-共和会社视为威士忌暴动的罪魁祸首，就是一个明显的例证。他在 1794 年 8 月 26 日给亨利·李的信中断言，"这场暴动是民主会社第一个可怕的成果"，说他从中看到了"要毁灭迄今为止人类可以有的最好的政府组织和幸福的最凶残的企图"，如不加抵制"将动摇政府的基础"。② 华盛顿后来又在 11

① Wood, *The Radicalism of the American Revolution*, 259, 261, 276. 英属北美殖民地有贵族爵位的人很少，所谓"贵族"一般都是指士绅。杰斐逊曾经有"自然贵族"与"人造贵族"的说法。在他看来，"自然贵族"是指有美德与才能的人，"人造贵族"是指靠血统与财富成为贵族而又没有美德与才能的人。如果靠血统与财富成为贵族的人有美德与才能，那也算是"自然贵族"。

② "From George Washington to Henry Lee, 26 August 1794," *Founders Online*, National Archives, https：//founders. archives. gov/documents/Washington/05-16-02-0418. ［Original source：*The Papers of George Washington*, Presidential Series, Vol. 16, 1 *May*-30 *September* 1794, ed. David R. Hoth and Carol S. Ebel. Charlottesville：University of Virginia Press, 2011, pp. 600-605.］

月 19 日向国会两院报告威士忌暴动时，公开谴责所谓"自创的会社"。[1] 事实上，宾夕法尼亚民主会社和华盛顿县民主会社，更不要说其他州的民主-共和会社，从未鼓动暴乱。它们只是对包括威士忌消费税在内的政府政策，还有联邦党人中的君主主义苗头与亲英态度，十分不满，并提出了尖锐批评。但是当宾夕法尼亚西部发生抗税暴力行动时，这些会社均予以谴责，希望通过合法手段解决威士忌消费税问题。暴动发生地区华盛顿县的民主会社，虽然有不到 7 名成员卷入暴动的程度比较深，但他们并未以会社成员的身份行动，而且其中有些人很可能是在民众尤其是武装民兵的压力下才加入的。

唯一要对暴力行动负一定责任的会社是华盛顿县的明戈溪会社，但是这个组织与当时美国很多州出现的民主-共和会社性质不同。它并不是华盛顿所说的"自创的会社"，而是在武装民兵组织的基础上发展起来的，其中包括很多独立战争时代的老兵与爱国者，如在包围鲍尔山庄时中枪而亡的麦克法兰少校就是其中之一。[2] 这些经历过美国革命的民兵，发现自己的权益在建国后还要受到政府不公正对待，自然会起而抗争，并顺理成章地诉诸美国革命时抵制英国政策的种种手段。他们不仅陈情抗议，而且成立通讯委员会等法外组织，召开代表大会，直至对征税官员采取暴力行动。因为这些美国革命的过来人，认为自己是依照美国革命的原则捍卫自由的事业，反对的是政府内部的自由之敌。无怪乎有学者认为，就这一点而言，威士忌暴动是美国革命"在边疆的尾声"。[3]

更重要的是，联邦党人指责民主会社并不是因为这些组织真的策划了暴动，而是因为联邦党人觉得这些组织是不可容忍的党派之争中的反对派。恰如麦迪逊指责联邦党人所言，"这场把戏就是将民主会社与暴动的臭名联系在一起，将国会共和党人与那些会社联系在一起，从而把明显是另一党派之首的总统摆在这二

① "From George Washington to the U. S. Senate and House of Representatives, 19 November 1794," *Founders Online*, National Archives, https://founders.archives.gov/documents/Washington/05-17-02-0125. [Original source: *The Papers of George Washington*, Presidential Series, Vol. 17, 1 *October* 1794-31 *March* 1795, ed. David R. Hoth and Carol S. Ebel. Charlottesville: University of Virginia Press, 2013, pp. 181-190.]

② William Miller, "The Democratic Societies and the Whiskey Rebellion," *Pennsylvania Magazine of History and Biography* 62 (1938): 324-349.

③ Slaughter, *The Whiskey Rebelllion*, 227-228.

者（笔者注：即民主会社与共和党人）的对立面。"① 这样一来，不管民主会社是否真的与威士忌暴动有染，其合法性都会受到质疑，因为它们与联邦党人和共和党人中有政见分歧的士绅精英不同，是反对政府政策的有组织的反对派，而且其成员除少数上层人士外大都来自社会中下层。这种政治派别组织在当时是难以见容于美国社会的。众所周知，美国革命这一代人在通过 1787 年宪法建立共和政体时，基本上都认为党派是邪恶的，不利于一个国家的稳定、安全与成长。这在 18 世纪大西洋两岸英语世界是普遍存在的看法。除了英、美保守主义的奠基者埃德蒙·伯克以外，当时几乎没有人对党派有正面的肯定。② 更重要的是，对于深受共和主义思想影响的这一代北美人来说，全社会的公共福祉高于一切，唯有具有无私美德的精英阶层才能加以保卫，而党派所要维护的不过是芸芸众生中不同派别的一己私利，结果就会牺牲公共福祉，有害于社会。

　　因此，华盛顿在 1796 年行将下野时发表的告别词中，依然念念不忘以相当大的篇幅就"党派精神的致命后果"向国人"发出严正警告"，并历数党派精神之种种罪恶。他虽然承认，在君主制国家里，党派"对政府施政的制约"也许有益于"保持自由精神的生存"，但是对于"纯粹民选的政府"，他认为是不能"鼓励"党派精神的。③ 这就是说，华盛顿否认，正在发展中的美国代表制民主政体，需要反对党派的监督和制约。在他看来，美国政府"尽管不是绝对完美，也是世界上最好的政府之一……人民在立法部门享有毫不含糊的自由与平等的代表权，加之有效而负责任的行政部门，就是保护美国自由一定要依靠的伟大支柱"。不仅如此，他还发现，"像美国人这样散居如此之广，在很多方面的习惯上如此不同，而公民数量又如此众多，竟然还有这样多的一致性，确实几乎是一种

---

① "From James Madison to James Monroe, 4 December 1794," *Founders Online*, National Archives, https：//founders. archives. gov/documents/Madison/01-15-02-0306. ［Original source：*The Papers of James Madison*, Vol. 15, 24 *March* 1793-20 *April* 1795, ed. Thomas A. Mason, Robert A. Rutland, and Jeanne K. Sisson. Charlottesville：University Press of Virginia, 1985, pp. 405-409.］

② Richard Hofstadter, *The Idea of a Party System：The Rise of Legitimate Opposition in the United States*, 1780-1840（Berkeley：University of California Press, 1970）, 1-39.

③ "Farewell Address," September 19, 1796, *The Writings of George Washington from the Original Manuscript Sources*, 35：226-228.

奇迹"。① 一句话，政府近于完美，人民趋于一致，反对党派岂有存在的理由。

不过，华盛顿所津津乐道的社会各种利益的一致，只是共和主义的理想，而依靠具有无私美德的精英组成近于完美的政府来实现这一目标，也是可望而不可即的梦幻。美国当时的现实是：利益不可能完全一致，精英不可能彻底无私，政府自然也就不可能做到十全十美。正因为如此，注重个人利益与多元化的自由主义思想在美国才有了生长的土壤。恰如一位学者所言，共和主义塑造了美国人的思想，而自由主义却体现于他们的日常生活之中。② 事实上，北美大陆的社会分层在殖民地时代后期就日趋明显，各个不同阶层和群体在自我利益上的意识也不断加强。独立战争更是进一步释放了各种生产者与商业利益的力量。于是，共和国初期私人利益的多元化及其相互博弈，不仅导致各州议会、制宪会议和国会中的派别之分，而且让人不能不怀疑社会利益的一致性以及士绅精英阶层超越私人利益的无私美德。

早在 1786 年，当宾夕法尼亚州议会就是否再次授予北美银行特许状展开辩论时，支持再次授予特许状的罗伯特·莫里斯等人，和过去一样以大公无私的士绅自居，好像他们完全不受市场力量的影响，关注的只是公共利益。后来在反对威士忌消费税上成为温和派代表人物的州议员威廉·芬德利，当时就一针见血地指出：作为银行董事或股东，他们在是否授予特许状上有个人利益缠身，"作为他们自己利益的仲裁者"怎么可能做出中立无私的判断。不过，跟当时仅仅限于指责对方自私的流行做法不同，芬德利紧接着提出了一个可说是全新的政治见解。他说莫里斯和其他银行投资者完全"有权在这个议会公开支持他们自己的利益"，而"其他任何人在他们这个处境……都会做他们一样的事情。"问题是谁都不能将自己对私利的支持，伪装成基于无私美德的行动。这就是说，只要是公开的而不是冠以无私的伪称，在政治上促进各自不同的利益，就是合法的。戈登·伍德教授认为，芬德利的这番言论不仅"挑战了无私的公共领导的整个古典传统"，而且"阐明了竞争性民主政治的理由"。③ 显然，芬德利主张的不同利益

---

① "To Catherine Macaulay Graham," January 9, 1790, ibid., 30: 496-497.

② Robert E. Shalhope, "Republicanism, Liberalism, and Democracy: Political Culture in the Early Republic," *Proceedings of the American Antiquarian* Society 102, Part 1 (1992): 117.

③ Wood, *The Radicalism of the American Revolution*, 256-257.

团体谋求各自利益的合法性，在逻辑上是党派竞争合法性的先声。

事实上，走向党派竞争或者说竞争性民主，是美国革命以来与精英主义相互博弈的民众主义倾向逐渐强化的结果。其背景就是平民大众在美国政治中所占据的地位变得越来越重要。随着建国以来合格选民的增加，尤其是在 18 世纪 90 年代共和党人与联邦党人矛盾加剧后投票率的大幅度攀升，[1] 那些以大公无私的"自然贵族"自居的士绅们碰到了一个难题，那就是他们已不能像过去那样仅仅靠个人的名望、才干和地位，就可以在为数有限的选民中轻而易举地获得选票了。于是，有组织的报章宣传、选票发放、游行集会、娱乐庆祝等多种活动，便成了在为数众多的选民中争取选票而最终获胜的重要手段。贵族化的个人政治的时代，正在被平民大众参与的党派政治时代所逐渐取代。共和党人比较早就意识到这个问题。麦迪逊与杰斐逊起初虽然也和华盛顿一样对党派之争不以为然，但是很快就承认其不可避免，并逐渐意识到党派可以有"监视其他党派的行动并向人民报告"的正面作用。[2] 于是，共和党人开始学习被华盛顿谴责的民主会社由下而上组织动员民众的方式。1796 年大选，共和党人即在一些州联合已瓦解的民主会社旧有成员，建立地方委员会与通讯网络，展开有组织的竞选互动。结果杰斐逊获得纽约州 15 张选举人票中的 14 张，并在纽约市这个汉密尔顿的老巢取得了出乎意料的胜利。汉密尔顿视此为他个人政治上的失败。[3]

1800 年，共和党人杰斐逊赢得总统选举。约翰·亚当斯在败选离职后抱怨说："没有哪个曾经存在过的党像我们的党一样，对自己了解得如此之少，或者

---

[1] Donald Ratcliffe, "The Right to Vote and the Rise of Democracy, 1787—1828," *Journal of the Early Republic* 33 (2013): 219-254.

[2] "For the *National Gazette*, [ca. 23 January] 1792," *Founders Online*, National Archives, https://founders. archives. gov/documents/Madison/01-14-02-0176. [Original source: *The Papers of James Madison*, Vol. 14, 6 *April* 1791-16 *March* 1793, ed. Robert A. Rutland and Thomas A. Mason. Charlottesville: University Press of Virginia, 1983, pp. 197-198.]; "From Thomas Jefferson to John Taylor, 4 June 1798," *Founders Online*, National Archives, https://founders. archives. gov/documents/Jefferson/01-30-02-0280. [Original source: *The Papers of Thomas Jefferson*, Vol. 30, 1 *January* 1798-31 *January* 1799, ed. Barbara B. Oberg. Princeton: Princeton University Press, 2003, pp. 387-390.]

[3] Sean Wilentz, *The Rise of American Democracy: Jefferson to Lincoln* (New York: W. W. Norton & Company, 2005), 59-60, 74, 85-87.

如此自负地高估了自己的影响和声望。"① 的确，联邦党人的思维已经落后于美国政治正在发生的重大变化，甚至不大肯承认自己与共和党人之间的冲突就是党派之争。1800 年大选给了他们一个深刻的教训。其中一些积极分子发现他们缺少共和党人所拥有的组织与报章舆论支持，乃开始在各州建立直至地方基层的政党会议与政党委员会网络，负责挑选候选人，训练党员，组织选举。② 可以说，到 19 世纪初，美国两大政治派别基本上都有了自己的组织网络，虽然离现代政党还有一段距离，但已成为美国政党政治兴起的前兆。

值得注意的是，尽管杰斐逊在 1801 年就职演说中声称"我们都是共和党人，我们都是联邦党人"，呼吁党派携手共进，但他同时明确指出："如果我们当中有任何人想解散这个联邦，或者改变它的共和政体形式，那就让他们不受干扰，成为错误意见可以被容忍的安全纪念碑，让理智与之自由地较量。"③ 应该说，这是有关政治反对派合法性的宣言，是与联邦党人治下打压反对派的 1798 年《惩治叛乱法》完全不同的思维。这种合法性观念很快就在法院对叛乱罪的从严解释中得以体现，而且是由联邦党人法官首开其例。这或许是因为联邦党人自己此时已成了反对派。1807 年，身为联邦党人的美国最高法院首席大法官约翰·马歇尔在审理阿伦·伯尔叛国罪一案时，一反威士忌暴动后联邦法院对"叛国罪"作宽泛解释的先例，将密谋策划"同合众国作战"，与实际"同合众国作战"加以区别，缩小了"叛国罪"涵盖的范围。不仅如此，他还强调宪法有关"叛国罪"定罪必须有两个证人的规定，不再像当年审理威士忌暴动参加者的联邦党人法官那样完全不顾这一程序性保护。第二年，杰斐逊任命的最高法院大法官亨利·布罗克霍斯特·利文斯顿又将因私人目的举行暴动，与为推翻政府这样的公共目的展开叛乱区别开来，并且认为参与人数的多少，对确定其目的也有重要意义，即人数太少就不足以构成叛乱。此后，法官们在审理叛国罪案件时，基本上都遵循由马歇尔与利文斯顿开始的先例，对叛国罪缩小其定义范围而扩大其程序保护。

---

① "From John Adams to Benjamin Stoddert, 31 March 1801," *Founders Online*, National Archives, https：//founders. archives. gov/documents/Adams/99-02-02-4900. *The Works of John Adams*, 9：582.

② Wood, *Empire of Liberty*, 305-306.

③ "III. First Inaugural Address, 4 March 1801," http：//founders. archives. gov/documents/Jefferson/01-33-02-0116-0004.

因此，内战前诉诸公堂的叛乱罪少之又少。这不仅是由于联邦政府对自己的权威越来越有信心，而且是因为历史学家托马斯·斯劳特所说的美国政治上的巨大变化，即"政治反对派被逐渐接受和政党在全国舞台上的合法作用得到承认"。①

正因如此，在 1800 年以后约半个世纪的时间里，美国代表制民主下政党政治的发展势不可挡。联邦党人在 1812 年美英战争结束后已成强弩之末，共和党人在门罗总统时代呈现一党独大之势，到约翰·昆西·亚当斯任内又分化为国家共和党人与民主共和党人。1828 年，安德鲁·杰克逊在民主共和党人支持下赢得了总统选举的压倒性胜利。美国著名历史学家肖恩·威伦茨说，这场胜利"标志着三十多年来美国民主发展的高潮"。② 其中一个重要内容就是建立了第一个制度化的、大众参与的全国性政党——民主党。随后兴起的辉格党虽然在政策理念上与民主党不尽相同，但是已经意识到如果作为富人与特权阶层的党，将永远不会赢得全国性选举，必须将政府交到"人民手中"。尤其是辉格党中的新派人物，甚至提出了美国不分阶级的理念，说无论富人还是穷人都是工作的人，所有工作的人都是拥有资本的人或者刚刚开始拥有资本的人。③ 在政党组织建设上，辉格党更是模仿民主党，走的也是倚重广大选民的民众化道路。后来由于奴隶制问题，辉格党在党内出现分化，才在政治舞台上消失了。19 世纪 50 年代新建的共和党乃起而代之，与民主党一起构成了美国沿袭至今的两党政治的基本格局。

回顾既往，政党在美国代表制民主发展过程中不仅起了重要作用，而且其作用日益重要。众所周知，美国宪法的规定以分权制衡著称。这固然对抑制政府权力的滥用和保护人民的权利，起了很大的作用，但是也造成了联邦政府与州、地方政府之间以及政府各部门之间彼此分割、难以协调。一旦深孚众望的领导人下野，就没有人能斡旋其间，所以早期的美国国家机器运作容易陷入混乱，尤其是在紧急状态下就更是如此。有鉴于此，州和地方的政党组织除了在竞选时期发动

---

① Thomas P. Slaughter, "'The King of Crimes': Early American Treason Law, 1787-1860," in *Launching the Extended Republic*: *The Federalist Era*, ed. Ronald Hoffman and Peter J. albert (Charlottesville: University Press of Virginia, 1996), 109-123.

② Wilentz, *The Rise of American Democracy*, 309.

③ Ibid., 482-483, 485-486.

民众将本党候选人选进政府以外，还逐渐成为各级政府及其各部门之间的协调者。至少自 19 世纪 30 年代开始，政党在联邦政府层面也开始发挥同样的作用，在联邦政府与州、地方政府之间以及联邦政府各部门之间充当润滑剂，使之可以采取比较协调一致的行动。伍德罗·威尔逊作为政治学家曾得出结论说：到 1850年，在把被宪法分开的东西连接到一起和"给政治力量的行动以某种一致性"上，政党已经变得"绝对必要了"。①

不仅如此，政党的存在与政党之争还成了政府之外对政府权力的一种制衡。在美国革命一代人谢世之后，最早具有现代政党观的政治人物马丁·范布伦，成了民主党卓越的组织者。他认为，除了政党及其相互之争以外，"对于人心中根深蒂固的滥用权力的倾向来说，没有其他的手段能更有效地加以制约了"。②1836—1842 年曾任俄亥俄州最高法院法官的弗雷德里克·格里姆克说得更为透彻。依他之见，共和国主权在于全体人民，而仅仅限于政府内制衡的那种老式制衡是不够的，所以在共和国里"政党代替老的制衡体系"平衡的是社会，而不像老式制衡体系平衡的仅仅是政府本身。格里姆克相信："政党活动的领域越宽，组成政党的人越多，他们对国家就越不危险"，因为各种意见在具体化为政策之前要经过这么多头脑的思考，比起未经公开讨论就突然采纳这些政策来说，就不会引起什么强烈的社会震荡。③ 这就是说，有民众广泛参与的政党在制约政府权力滥用的同时，还有维护社会和谐的作用。

当然，政党及早期的各种政治派别在动员民众、协调政府运作、制约权力滥用和维护社会和平上，存在这样或那样的问题，但无可否认的是：它们不仅在美国代表制宪政民主发展过程中发挥了不可缺少的作用，而且使大众参与的政党政治逐渐成为这种民主制度的不可缺少的组成部分。无怪乎历史学家约瑟夫·查尔斯在其有关美国政党体系起源的专著中，会对华盛顿在政党问题上的态度做出如下评价："他比他那个时代的其他任何人都更努力阻止党派的成长，坚持认为在我们的政府形式下没有党派存在的必要或者党派存在的地方。如果他在这一点上

---

① Stephen Skowronek, *Building a New American State: The Expansion of National Administrative Capacities*, 1877—1920 (New York: Cambridge University Press, 1982), 24-25.

② Hofstadter, *The Idea of a Party System*, 225.

③ Ibid., 266.

成功了，最值得怀疑的就是代表制政府在这个国家里会活得比他长多少。"① 从这个角度来审视华盛顿对民主会社的谴责，麦迪逊当时就说这也许是华盛顿"政治生涯中最大的错误"，可谓是一语中的。②

联邦党人不仅在政党政治上缺乏远见，而且在确定美国经济的主要动力上，也有失偏颇。汉密尔顿一直希望建立强大的联邦政府，他认为 18 世纪英国强大的"财政-军事"国家是一个榜样，而其成功的关键就是：通过靠税收支持的国债以及银行与证券市场，为政府获得足够的资金。因此，维护政府的公共信用就格外重要，唯有这样才能继续发行国债以支持政府开支，从而像英国一样维持国债的常态化。这就是为什么汉密尔顿要依照票面价值偿还联邦与各州政府战时债务的主要原因。不仅如此，汉密尔顿的偿债计划还有一个目的，就是要把那些在偿债中获益的人的利益，与联邦政府的利益捆绑在一起，使他们成为联邦政府经济政策的支持者，依靠他们推动美国经济的发展。他在 1790 年给国会的《公共信贷报告》中明言："如果所有的公共债权人都是从一个来源收到应得欠款……他们的利益将是同样的。有了同样的利益，他们将联合起来支持政府的财政安排……"③ 由于战时公债大都以很大的折扣落入了富有的证券投机者手中，他们自然成了政府偿债的最大受益者。恰如当时的国会议员威廉·芬德利所言，"汉密尔顿的体系大大提振了投机者的精神与事业"。④ 这些人握有的资金大量流入土地与债券投机领域，基本上都成了坐收渔利的"静止资本"，而不是真正能帮助农场主、种植园主、工匠和制造商促进物质生产的"动态资本"。⑤ 不仅如此，

① Joseph Charles, *Origins of the American Party System* (New York: Harper & Row, 1961, c. 1956), 42-43.

② "From James Madison to James Monroe, 4 December 1794," *Founders Online*, National Archives, https://founders. archives. gov/documents/Madison/01-15-02-0306. [Original source: *The Papers of James Madison*, Vol. 15, 24 *March* 1793-20 *April* 1795, ed. Thomas A. Mason, Robert A. Rutland, and Jeanne K. Sisson. Charlottesville: University Press of Virginia, 1985, pp. 405-409.]

③ "Report Relative to a Provision for the Support of Pulbic Crdit [9 January 1790]," *The Papers of Alexander Hamilton*, ed. Harol C. Syrett (New York: Columbia University Press, 1961-1987), 6: 80.

④ John Zvesper, *Political Philosophy and Rhetoric: A Study of the Origins of American Party Politics* (New York: Cambridge University Press, 1977), 146.

⑤ 关于"静态资本"与"动态资本"，请参看 James Willard Hurst, *Law and the Conditions of Freedom in the Nineteenth-Century United States* (Madison: University of Wisconsin Press, 1956).

一旦投机失败，这些资金就会锐减，甚至化为乌有。汉密尔顿 1795 年离开财政部不再担任公职后，他的朋友罗伯特·特鲁普曾经劝他也来做做土地投机生意，说其他人都在干。汉密尔顿断然回绝，说还需要有"一些为公共利益而牺牲私人利益的公共傻瓜"。可是他在政府财政事务上的前辈罗伯特·莫里斯、前陆军部长亨利·诺克斯、最高法院大法官詹姆斯·威尔逊则不然，纷纷卷入土地投机，最后不是破产，就是进了债务监狱。①

除了公共信贷以外，汉密尔顿还希望通过类似于英格兰银行这样的银行机构为联邦政府在财政上助一臂之力，所以他很快就促使国会授予特许状建立了合众国银行，史称第一合众国银行。与推行偿债计划一样，汉密尔顿在银行问题上也希望借重有钱人的力量，并将他们的利益与联邦政府联系在一起。他早在 1780年设计其经济稳定方案时就指出，为此建立的国家银行要"马上让金钱利益参与其中，办法就是让他们提供全部或部分资本，给予他们全部或部分利润。"他还说这种银行要让"国家利益与属于它（笔者注：银行）的富人的利益有紧密的联系"。② 根据这种理念建立起来的第一合众国银行私人持股达到 80%，更重要的是，其贷款还贷时间为 60 天，比当时平均 45 天的贷款期仅多了 15 天，根本无助于解决广大中小生产者的资金短缺问题，因为他们无论是创业或者扩大生产，都不可能在这么短的时间内还贷。③ 真正受惠于合众国银行贷款的，实际上还是大商人，他们在交易过程中资金暂时短缺时，可以利用这种短期贷款弥补不足。

另外，国会在 1790 年 1 月要汉密尔顿提出促进制造业发展的计划，他拖了将近两年才呈交出那份著名的《制造业报告》。尽管该报告主张联邦政府积极推动制造业的发展，但是并没有能提出什么真正使当时的制造业者满意的具体政策建议，也没有能使国会就此通过什么重要法案，所以有学者认为报告主要是"一

---

① Wood, *Empire of Liberty*, 232-233.

② Alexander Hamilton to James Juane, September 3, 1780, *The Papers of Alexander Hamilton*, 2：414；Hamilton to［?］, Dec. 1779-March 1780, ibid. , 248; Hamilton to George Washington, March 1791, ibid. , 8：223. John R. Nelson, Jr. , "Alexander Hamilton and American Manufacturing：A Reexamination," *The Journal of American History* 65（1979）：973.

③ Nelson, Jr. , "Alexander Hamilton and American Manufacturing：A Reexamination," 989.

种理论表述"。① 针对制造业者抱怨的资本匮乏问题，汉密尔顿在报告中指出了三条解决之道：银行贷款、国债持有人握有的流动资本、外国投资。如前所述，以短期贷款为主的银行根本无补于事，而政府债券持有人的资金则大都进入了证券或者土地投机市场，外国资本亦复如此，就连汉密尔顿本人在报告中也承认，这些外国资本是"仅仅着眼于资金投机的诱惑而来的"。② 在扩大市场问题上，汉密尔顿反对制造业者要求实施的保护性关税，他在报告中声称：高关税只能保护制造业者的国内市场，而无法促进美国商品向外国市场的出口，唯有政府对制造业的补贴才能既有利于以满足国内市场需求为主的制造业者，又可以帮助向海外市场出口的商家。因此，他认为政府补贴是"促进制造业最有效的手段之一，而且……从有些方面看是最好的"。③ 显然，汉密尔顿念念不忘的还是经营国际贸易的大商家的利益，他始终没有真正关心中小制造业者的需要。即便是在政府补贴上，汉密尔顿也不忘将"偶尔从事制造业的每一个家庭"和不是作为"固定行业"而制造商品的人排除在外。④

汉密尔顿不仅不肯为制造业者提供保护性关税，而且出于偿还国债的需要，还对他们的产品征收消费税。除了 1791 年立法规定对包括威士忌在内的国产烈酒征收消费税以外，汉密尔顿在 1794 年又推动国会通过立法，对鼻烟、精制糖和马车征收消费税，并且给人以消费税还会进一步扩及制造业很多其他产品的感觉。费城当时约 2 200 个制造业者受新消费税直接影响的就达 15%，至于被间接影响到的就更多了。他们在得不到政府政策保护的同时还要承担沉重税负，其心情与反应可想而知。这些制造业者不仅举行集会谴责消费税，还准备了一些给国会与总统的请愿书，指称消费税使他们行业的合理利润化为乌有，并将祸及整个国家制造业的成长。他们的不满很快得到了费城民主会社的呼应。该会社通过决议宣告反对消费税，说这些新兴行业需要"政府的悉心培育"，而现在却会被税收负担所毁灭。这样，不少制造业者加入了民主会社，与之共同反对消费税。他

---

① Doron Ben-Atar, "Alexander Hamilton's Alternative: Technology Piracy and the Report on Manufactures," *William and Mary Quarterly* 52 (1995): 394.

② *The Papers of Alecander Hamilton*, 10: 275-276.

③ Ibid., 10: 296-300.

④ Ibid., 10: 336-337.

们在废除消费税上虽迟迟未能取得成功，但在将反对消费税的候选人选进各级政府上却取得了进展。与联邦党人分道扬镳后加入民主会社的约翰·斯旺尼克，不仅反消费税而且主张高关税，成为制造业者理想的代表，在他们支持下作为共和党人于 1794 年秋竞选国会议员，成功击败联邦党人死硬派托马斯·菲茨西蒙斯。事实上，这些包括业主、工匠、熟练工在内的制造业者，和民主会社的成员一样，很快成了共和党人在城市尤其是大西洋中部地区的重要支持力量，其中不乏大制造商，但绝大多数是中下层人士。①

显然，在事关美国制造业发展的大计上，以汉密尔顿为代表的联邦党人，并没有认真考虑尚未进入社会上层的大大小小制造业者的利益与需要，而是将希望寄托在富有的上层人士尤其是大商人身上。汉密尔顿曾说："工匠与制造业者除了少数例外总是倾向于把选票投给商人，而不是他们自己职业或行业内的人……他们知道商人是他们自然的庇护者和朋友。"② 然而，出乎他和联邦党人意料之外的是，正是这些工匠与制造业者，开始突破以往这种唯上是从的政治传统，不再将商界人士视为自然的领导者，而是把他们的选票投给了和他们一起反对消费税的共和党人与民主会社成员。更重要的是，正是这些生产各种制造品的千千万万的业主、工匠、熟练工乃至学徒雇工，将成为开创早期美国工业经济的主力。就像戈登·伍德教授所说的一样，汉密尔顿没有能预见这个未来，没有支持工匠和制造业者，"他犯下了他最大的政治错误。联邦党人付出了沉重的代价"。③ 其实，岂止是在制造业方面，无论是从党派政治，还是从公共信贷和合众国银行来看，联邦党人在政治与经济的几乎各个领域都未能走出精英主义的藩篱。他们不懂得缺乏民众基础的精英主义在美国代表制民主的发展中没有未来，结果自然就在一波又一波的民主化浪潮中逐渐变成了"昨日黄花"。威士忌暴动的前前后后将这一切展现无余。

---

① Roland M. Baumann, "Philadelphia's Manuafacturers and the Excise Tax of 1794: The Forging of the Jeffersonian Coalition," in *The Whiskey Rebellion: Past and Present Perspective*, ed. Steven R. Boyd (Westport, Connecticut: Greenwood Press, 1985), 135-156.

② Alexander Hamilton, Federalist No. 35: "Further Reasons for an Indefinite Power of Taxation," *The Federalist*, ed. Benjamin F. Wright (Cambridge, MA: The Belknap Press of Harvard University Press, 1961), 256.

③ Wood, *Empire of Liberty*, 170

五、威士忌酒业快速发展

由于在一系列政策上失去民心，联邦党人在 1800 年总统大选中败北，从此不再有主政美国的机会。共和党人杰斐逊在第二年出任美国总统后，于 1802 年即推动国会取消了包括威士忌在内的所有制造品的消费税。此后除 1812 年美英战争期间因战争开支不得不短期内重启消费税以外，美国人在内战前便再也没有这类税收负担之累。这对早期工业化过程中兴起的制造业以及在市场经济中勇于拼搏的许许多多创业者来说，可谓是一种经济福音。

事实上，汉密尔顿启动的烈酒消费税并未使联邦政府从中获得多少岁入，即便是在威士忌暴动被镇压下去以后，该消费税也一直难以征收上来。这里既有民众抵制的问题，也有征税人员不力与经费不够的问题。[1] 于是威士忌消费税并未造成国产威士忌价格大幅上升，进口朗姆酒因关税而不得不涨价的压力也就无法得以缓和，国产朗姆酒又因为糖蜜进口关税在价格竞争上同样没有什么优势可言。到 1802 年消费税废除和 1807 年禁运法实施，朗姆酒在与威士忌争夺美国烈酒市场上更是一蹶不振。一方面是国内朗姆酒制造业陷入停滞状态，另一方面是外国朗姆酒的进口量大幅度下降。据统计，1790 年到禁运之前，美国每年朗姆酒的人均进口量为 1 加仑，到 1808—1827 年下降到半加仑以下，1828—1850 年则只剩下 1/3 加仑都不到。[2] 这样一来，美国的威士忌制造业自然如虎添翼，在 19 世纪开始后的 20 多年里迅速发展，很快就取代了朗姆酒在独立前雄霸北美市场的地位。

当然，威士忌的成功不仅仅是因为朗姆酒失去了竞争优势，而且是由于这种用国产谷物在国内生产的烈酒，满足了共和国初期美国人希望经济自立的爱国主义情怀。就像哈里森·霍尔在 1812 年美英战争期间出版的《霍氏蒸馏酿酒者必

---

[1] W. Elliot Brownlee, *Federal Taxation in Ameirca: A Short History* (New York: Cambridge University Press, 1996), 24; Crowgey, *Knetucky Bourbon*, 96-100.

[2] Rorabaugh, *The Alcoholic Republic*, 68-69.

读》中所写的一样："如果法国人小口抿白兰地，荷兰人大口喝金酒，爱尔兰人以其威士忌为傲，约翰牛当然是经常陶醉于他的黑啤酒，那我们的同胞为什么就不该有一种国酒呢？"[①]

更重要的是，19世纪上半叶是美国农业劳动力与土地投入的数量之大前所未有的时代。其结果不仅是棉花成为美国的主要出口农产品，而且是谷物产量的大幅度增加，后者为威士忌生产提供了再也不用担心粮食不足的绰绰有余的原料。据美国经济史学者估算，美国农业劳动力在19世纪头40年从1800年的127万多人增加到1840年的近390万人，每10年都以30%以上的速度在增加，到内战前20年增速才下降到每10年27%～28%。[②] 国有土地销售在18世纪末进展十分缓慢，1787—1800年售出土地约为263万英亩，年均售地仅约20万英亩。从进入19世纪的1800年开始，国会开始通过一系列土地条例，逐渐降低土地价格和最低购地数，使更多的人有能力购买国有土地。于是1800—1820年售出土地约1940万英亩，年均售地上升到约90万英亩，1820—1842年售出土地约7476万英亩，年均售地更是高达约340万英亩。[③] 不仅如此，国会还通过一系列立法给予擅自占地者以优先购买权。因此，尽管有土地投机、佃农制、债务负担和市场波动，19世纪上半叶能建立农场的美国人还是越来越多，美国历史学家保罗·盖茨将这个时期称之为"农场主的伟大时代"。[④] 谷物是这个时代许多农场主栽种的主要农作物，产量自然也大幅攀升。其中产量最高的就是玉米。美国人口统计局有谷物产量记载最早的年份是1839年。这年美国玉米产量为3亿7千8百万蒲式耳（合96亿零120万公斤，按1840年人口计算约人均563公斤），按蒲式耳计算是小麦产量的4.45倍，燕麦产量的3.07倍，黑麦产量的19.89倍，

① Harrison Hall, *Hall's Distiller* (Philadelphia: Printed by John Bioren, 1813), 15.

② Thomas Weiss, "U. S. Labor Force Estimates and Economic Growth, 1800—1860," in *American Economic Growth and Standards of Living before the Civil* War, ed. Robert E. Gallman and John Joseph Wallis (Chicago: University of Chicago Press, 1992), 51, Table 1A. 9. 文中每10年的增长率系根据此表计算所得。

③ Benjamin Horace Hibbard, *A History of the Public Land Policies* (New York: Peter Smith, 1839), 54-55, Table IV, 99-100, Table VIII, 102. 文中年均售地数系根据此书提供数据计算所得。

④ Paul W. Gates, *The Farmer's Age: Agriculture, 1815—1860* (New York: Holt, Rinehart and Winston, 1960), 420.

大麦产量的 94.5 倍，荞麦产量的 54 倍。① 由此可见，进入 19 世纪以来，作为威士忌主要原料的玉米产量之高，非同一般，位居所有谷物之首。

威士忌酒业后来居上固然是因为有越来越充足的谷物尤其是玉米做原料，但同时也是由于在交通条件尚未改善的时代，用玉米等谷物生产威士忌适应了市场经济发展的需要。将体积大、重量重、价值低的谷物转化为体积小、重量轻、价值高的威士忌，大大降低了运输成本，为西部地区不断增加的剩余谷物拓展了销路，将原本因天然地理障碍分开的西部和东部两个谷物市场，整合为一个威士忌的全国市场。于是到 1810 年，纽约州和宾州的西部地区以及新建的肯塔基州和俄亥俄州，就成了美国威士忌的主要产地，其产量占全国以谷物与水果为原料蒸馏制造的烈酒总量的一半以上。② 1815 年拿破仑战争结束后，进入和平时期的欧洲不再需要从美国进口那么多的粮食，结果进一步刺激了西部农场主将更多的谷物用于制造威士忌，然后经密西西比河与开始出现的运河，运往美国其他地区销售。

此外，威士忌制造业的迅速发展还得力于技术的进步，从 1802 年到 1815年，联邦政府就蒸馏造酒设备颁发了 100 多个专利，其中之一是"连续蒸馏器"。这种蒸馏器的蒸馏罐上方装有球状冷凝器，冷凝器置于冷凝罐之内，将发酵好的麦芽浆（即酒醪，制作波旁威士忌的酒醪是以玉米为主的谷物芽浆）从冷凝罐上方管道输入，经冷凝罐下方管道进入蒸馏罐加热，产生的含有酒的气体经管道进入冷凝器，由冷凝罐内的麦芽浆加以冷却将酒分离出来的同时，使麦芽浆得到预热，加快其进入蒸馏罐后蒸发出含酒气体的速度，节省了燃料。（见下图）不仅如此，这种蒸馏器可以连续作业，不停地生产威士忌，不用像传统罐式蒸馏器一样分批次生产，每个批次生产完成了都要停下来清洗干净后再开始下一批次的生产。于是，连续蒸馏器在节省劳动力的同时，还减少了按批次生产在每次开头与结尾时都会产生的低质酒的数量。采用这种新蒸馏器的厂家无论大小，都能进行高效率的威士忌生产，从而加强了彼此的竞争性。除了新蒸馏器以外，当时还有

---

① Gallman and Wallis, "Introduction", in *American Economic Growth and Standards of Living before the Civil War*, 8, Table 3.

② Rorabaugh, *The Alcoholic Republic*, 76-77.

很重要的一项技术改良，就是用蒸汽取代明火，在加热蒸馏罐内经过发酵的麦芽浆或以玉米为主的其他谷物芽浆时，避免了用火加热将谷物芽浆烧煳的问题，并且提高了效率。另外，铜质冷凝器得以普遍使用提高了酒精含量。所有这些技术改良导致的产量增加，质量改善和效率提高，对19世纪上半叶威士忌制造业的迅速发展起了巨大的推动作用。①

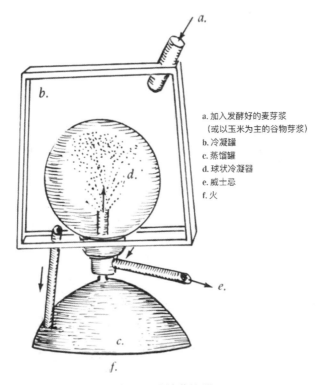

a. 加入发酵好的麦芽浆
　（或以玉米为主的谷物芽浆）
b. 冷凝罐
c. 蒸馏罐
d. 球状冷凝器
e. 威士忌
f. 火

图 3-1　连续蒸馏器

资料来源：Rorabaugh，*The Alcoholic Republic*，70，Figure 3. Perpetual Still

随着威士忌越来越多，人们对这种酒的要求也水涨船高，威士忌制造业者乃千方百计地满足这些消费者的要求，开始注重酒的品质标准化，结果为日后名牌威士忌的诞生打下了基础。首先，人们越来越重视酒的浓度，也就是酒精的含

---

① Ibid. , 69-73；Crowgey，*Knetucky Bourbon*，54-57，59.

量。早在16世纪，英格兰因为要按照酒的浓度收税而规定了一个后来所说的"标准酒精度"（Proof）。他们把同量的酒与火药混合后点火，如果火药无法点燃，那酒的浓度就低，如果能点燃且火势较猛，则酒的浓度高，倘若点燃后火势平稳，呈蓝色，那酒的浓度正好，即100%符合标准，也就是100度（100个Proof）。依照这个办法确定的所谓标准酒精度大体上是酒精与水在酒里各占一半。后来人们还采用五花八门的办法来测试酒的浓度，比如将酒倒在玻璃杯里，晃动后如表面一直有气泡，就是标准酒精度以上的酒，气泡在表面如不能长久保留，就是标准酒精度以下的酒。如此种种，不一而足。1791年，美国国会通过立法征收烈酒消费税，规定用狄卡斯液体比重计测量烈酒超出或低于标准酒精度的比例，按不同比例征税。到19世纪的头20年，用液体比重计准确测量酒精含量变得越来越普遍。于是，是否达到标准酒精度便成了威士忌广告中的重要内容。这个时期军队有时一年需要12万加仑的威士忌，陆军部军需总长办公室就特别强调，供应商提供的必须是"标准酒精度威士忌"或者"标准酒精度威士忌佳酿"。[1]

除了酒的浓度以外，人们还逐渐将陈化作为衡量酒的质量的一个重要标准。"老威士忌"便越来越受欢迎，成了19世纪最初25年的广告中广泛使用的词汇。肯塔基州列克星敦的M. J. 诺维尔在1820年的广告中声称，他有"几桶上好的老威士忌，按桶或加仑出售，还有好的新威士忌，按桶出售。"有的广告还将威士忌存放的年数标得清清楚楚，如"100桶两年威士忌"之类。最后，消费者在酒的口味上也有了要求或者说喜好，为了让每一次造的酒都能有他们已青睐的口味，威士忌制造业者在造酒时研究出各种配料的精准比例，到19世纪30年代已明显不再随意化，而是越来越标准化。1823年列克星敦的《时事报》登载了一个制造威士忌的完整配方，其中谷物的比例和150年后制造波旁威士忌的配方比起来，就十分近似。[2]

---

[1] William B. Jensen, "The Origin of Alcohol 'Proof'," *Jounral of Chemical Education* 81 (2004): 1258; Gerald Carson, *The Social History of Bourbon: An Unhurried Account of Our Star-Spangled American Drink* (New York: Dodd, Mead & Company, 1963), 45-46. Crowgey, *Knetucky Bourbon*, 105-109. 各国规定的标准酒精度不大一样，美国100度的烈酒含酒精50%，相当于法国的50度，英国的87. 6度。

[2] Crowgey, *Knetucky Bourbon*, 109-111, 117-118.

正是由于这些方面的努力，有些受人欢迎的威士忌酒开始建立了品牌声誉，其名称也就逐渐为人们所熟知。在这些威士忌中除了仿效外国产品生产的"爱尔兰威士忌"（Irish Whiskey）和"老苏格兰威士忌"（Old Scotch）以外，还有本土生产的威士忌如宾夕法尼亚的"莫农格希拉黑麦威士忌"（Monongahela Rye）和肯塔基州以玉米为主要原料的"波旁威士忌"（Bourbon Whiskey）。这些威士忌中声名日隆且至今不衰的波旁威士忌，几乎成了美国威士忌的代名词。美国国会两院在1964年甚至通过联合决议，将它命名为"美国独特的产品"。[①] 到今天，只要一说波旁威士忌，大家都知道是指美国产威士忌。

长期以来，有关波旁威士忌的起源有各种不同的传说和考证，但至今未有定论。其中最广为人知的传说，就是肯塔基州乔治敦地方的浸礼会牧师伊莱贾·克雷格在1789年最先制造出了波旁威士忌。这个说法源于理查德·柯林斯在1874年出版的两卷本《肯塔基史》。[②] 尽管柯林斯的这些论断并无任何佐证，但后来一些历史学家和很多介绍威士忌的著述，却常常沿袭他的说法。研究肯塔基波旁威士忌历史的美国学者亨利·克劳盖，在1971年的著述中对此说提出质疑。他从1827年的报纸上发现了一篇为纪念克雷格在晚宴上发表的祝酒词。该祝酒词历数克雷格的各种贡献，但就是未提他造出了波旁威士忌。[③] 显然，柯林斯的波旁威士忌发明说还远非言之有据的信史。

至于其他一些关于18世纪末和19世纪初究竟是谁最先造出了波旁威士忌的传说，基本上也都没有什么史料根据。事实上，美国当时的报纸广告中第一次提到波旁威士忌是在1821年，肯塔基州梅斯维尔的一个商家在《西部公民周报》上知会公众，他有分大桶或小桶出售的"波旁威士忌"。不过，这一叫法在当时并不流行，所以拉法叶将军在1824—1825年造访肯塔基时，当地人为这位贵客的健康祝酒，仅称酒为"威士忌"，而不是"波旁威士忌"，尽管后一种叫法肯定会使这位法国客人更为高兴。但是到1840年以后，将质量上乘的威士忌称作

① 78 Stat. 1208.

② Richard Collins, *History of Kentucky* (Covington, Ky: Collins and Company, 1874), 1: 516.

③ Crowgey, *Knetucky Bourbon*, 136.

"波旁威士忌"，在肯塔基州已十分常见。其质量之好从市场报价上也看得相当清楚。1848 年俄亥俄河沿岸三个港口城市的三种其他国产威士忌的价格，都在每加仑 14.25 美分到 19.25 美分之间，而同一时期这三个城市的"老波旁威士忌"的价格，则按照陈化的年数从每加仑 30 美分到 1 美元不等。当拿破仑一世的侄子，也就是拿破仑三世的堂兄弟，在 1861 年访问内战中的美国时，纽约斯塔滕岛上的士兵告诉他，他喝得津津有味的酒是"老波旁"。这位王子听说后感慨道："真的是老波旁，我没有想到我会这么喜欢叫这个名字的东西。"[1]（见图 22）

那么，这种后来贵为"国酒"的波旁威士忌和它的鼎鼎大名究竟是从何而来的呢，历史学家克劳盖和迈克尔·维奇提出了他们各自的看法。前者认为，此种威士忌是因"老波旁县"而得名。不过，这个"老波旁县"比今天的波旁县要大得多。众所周知，波旁王朝时代的法国援助了美国革命，后来美国人出于感恩就将"波旁"用作很多地名，1786 年，弗吉尼亚州费耶特县的一部分被分割出来后就称作波旁县。这个"老波旁县"后来成了 1792 年建立的肯塔基州的东部地区，涵盖该州今天 34 个县。众所周知，好酒需要好水。该地区富含石灰石，地下水经石灰石过滤后不含铁元素，水质优良，因而不会使威士忌变味。加之当地盛产玉米，所以"老波旁县"在生产威士忌上可谓得天独厚。克劳盖认为，有很多证据表明，"老波旁"威士忌最初被用作酒名，就是因为这种酒大多源于"老波旁县"的缘故。它当时只是一种地区产品的名称，而不是指酒在质量上有非同寻常之处，更非特指后来用内壁烧焦的橡木桶陈化后产生了特殊风味与红琥珀颜色的威士忌。[2] 所以克劳盖认为，波旁威士忌之名起源于酒的产地比较合理。

据克劳盖研究，19 世纪上半叶有关威士忌的文献资料及论著中，从未提到波旁威士忌陈化后的显著特点。[3] 在这个时期有关蒸馏造酒的著述中，只有哈里逊·霍尔在 1813 年出版的《霍氏蒸馏酿酒者必读》一书，建议用火烧橡木桶内壁或者加以刨光，以免酒进入桶壁上的缝眼里而发酸变味。[4] 不过，霍尔的着眼

---

① Crowgey, *Knetucky Bourbon*, 120-123.

② Ibid., 125-127.

③ Ibid., 129-130.

④ Hall, *Hall's Distiller*, 50.

点是保质而不是陈化。克劳盖认为，也许正是这样做的结果，使得威士忌酿造者逐渐发现，用内壁烧焦的橡木桶陈化威士忌，有奇妙效果。[1] 首先，在肯塔基炎热的夏天，橡木桶内部压力升高，使得尚在发酵的威士忌渗入烧焦的木桶内壁；等到寒冷的冬天，低气温又使夏天渗入橡木桶内壁的威士忌冷凝而出，并含有焦糖，于是不仅优化了威士忌的味道，还使它有了红琥珀的亮丽颜色。这一奥妙的发现及其广为沿用，可能不是一个人的功劳，而是一代又一代酿造者努力摸索的结果。（见图23）

维奇认为，波旁威士忌及其名字的真正起源可能永远也无法弄清，但他还是依据所掌握的史料提出了自己的推测。由于波旁威士忌是陈化了的威士忌，经历若干年的挥发和被橡木桶吸收后，酒的体积会缩小，也就是酒的量会减少。美国国会在汉密尔顿推动下通过的征收烈酒消费税的法律，规定根据蒸馏器的产能或者实际产量收税。所以在1802年威士忌消费税取消前，蒸馏造酒者恐怕不大可能在已经交了消费税后再将酒陈化。这样做不仅会使实际可销售的酒数量减少，还要让自己蒙受白白交一部分税的损失。因此，依维奇之见，至少在1802年以前，酒的生产者不会考虑将威士忌陈化。到第二次美英战争的1814年，联邦政府又重启烈酒消费税，后于1817年废除，故而威士忌陈化的广泛应用，很有可能是在1817年以后才开始的。从19世纪20年代的蒸馏造酒者的记录来看，当时未经陈化的威士忌在新奥尔良的价格，与在肯塔基造酒的成本几乎一样，哪怕长途贩运都无利可图。所以1817年威士忌消费税废除后，造酒者通过陈化提高价格以谋取利润的愿望，自然就十分强烈。维奇的以上推测与克劳盖的论述一样，进一步降低了克雷格在1789年就首创波旁威士忌的可信性。

不过，维奇还有另一个看法，他认为卖酒的杂货商或者威士忌批发商更有可能是波旁威士忌的发明者。其理由是：这些商人在经销威士忌时很容易发现，人们在口味上更喜欢从法国进口的白兰地，尤其是上好的科涅克白兰地（Cognac），而这些白兰地都是在内壁烧焦的橡木桶里陈化而成的。所以他们极有可能比蒸馏造酒者更先想到，同样的方法可以用来制造威士忌。列克星敦的一个杂货商1826年7月15日给威士忌酿造者约翰·科利斯的信，为维奇的这种推测提供了一定

---

[1] Crowgey, *Knetucky Bourbon*, 130-131.

的证据。这个杂货商在信中告诉科利斯，每周要向他购买 8～10 桶威士忌，随后又写道："有人对我说，如果把桶内烧一烧，比如说烧 1/16 英寸厚，那会使之（威士忌酒）大大改良，对于这一点究竟如何看，我想你有最好的判断力。"以这些推测和史料为根据，维奇从自己的研究中发现，18 世纪末期从法国盛产科涅克白兰地的地区移居美国的路易斯和约翰·塔拉斯康兄弟，很有可能就是波旁威士忌的发明者。他们不仅熟知用内壁烧焦的橡木桶陈化酒的技术，而且于 1807 年在肯塔基州的路易斯维尔建了一个作坊与一个货栈。由于路易斯维尔濒临俄亥俄瀑布，而这个瀑布是当时俄亥俄河上航行唯一的一个障碍，所以上下游来的船都必须在这里停靠转运货物。于是，塔拉斯康兄弟就有极好的条件将俄亥俄河上游运来的威士忌陈化后，再运往新奥尔良卖个好价钱。当时新奥尔良是肯塔基产威士忌的最大市场，居民中有为数众多的法裔人口，所以维奇认为取名波旁威士忌主要是出于营销的目的，即希望用"波旁"王朝的名字来吸引新奥尔良的这些法裔人口。[①]

最近，《南方生活方式》杂志的编辑罗伯特·莫斯对波旁威士忌名字的来源提出一种新的看法。他认为这名字中的"波旁"指的是肯塔基州的波旁县，不是比它范围大得多的"老波旁县"。其根据来自 18 世纪 20 年代的报纸。1824 年《纳奇兹时事报》上的广告称，有刚刚到货的"100 桶超级棒的波旁县威士忌"销售，并注明是"斯皮尔斯和其他品牌"的威士忌。（见图 24）据莫斯研究，斯皮尔斯可能就是指所罗门·斯皮尔斯，他的农场和造酒坊就在肯塔基州波旁县内。另外还有一个 1826 年的报纸广告提到"50 桶老波旁县威士忌"待售。莫斯认为"老波旁县威士忌"中的"老"是指老威士忌，不是指"老波旁县"，因为在当时的报纸中还找不出将弗吉尼亚划分出的 30 多个县称作"老波旁县"的。不过，这些证据中没有一个是直接称"波旁威士忌"，"波旁"后均有"县"，很可能只是指在波旁县生产的威士忌，而不是说这些酒属于"波旁威士忌"这样一个类别的美国威士忌。因此，此说能否经受得住历史学家们的进一步考证，还需

---

① 以上两段有关维奇的推测见：Michael R. Veach, *Kentucky Bourbon Whiskey: An American Heritage* (Lexington: The University Press of Kentucky, 2013), loc. 338-371, Kindle.

要时间才能告诉我们。①

尽管波旁威士忌的起源难以确定，但是可以肯定的是：肯塔基的这种威士忌经内壁烧焦的橡木桶贮藏陈化而成之后，在内战前以其独特的焦糖、橡木风味以及琥珀颜色，逐渐建立了自己作为优质威士忌的声誉。当然，这种声誉的建立不仅仅是陈化的结果，它还与威士忌制造过程中每一步的科学改良和技术提高有关。在这方面努力的典型就是詹姆斯·克罗医生。他在苏格兰受过医学与化学方面的教育，19 世纪 20 年代来到肯塔基后，除两年另有所就以外都是在老奥斯卡·佩珀蒸馏造酒坊里致力于威士忌的酿造，直到 1856 年离世。他几乎每天都在仔细观察生产的每一个环节及其成败，并做了详细记录，希望在保证产品质量与稳定性上做到心中有数。因为他深知，蒸馏造酒是门艺术，只要其中一个细节稍有改变，就会影响最终产品的质量。例如，在什么温度下出酒不仅决定了酒的度数，而且决定了留下的对酒的味道产生影响的有效杂质是什么。于是，克罗医生用温度计测温度，用液体比重计测酒精含量，用石蕊试纸测 PH 值，力图弄清楚每一批酒酿制成败的原因何在。不仅如此，他还改进"酸醪"发酵法，使发酵过程免受杂菌污染。② 故今日美国生产的威士忌大都是采用这一方法。

在克罗医生的努力之下，老奥斯卡·佩珀蒸馏造酒坊生产的"克罗威士忌"（Crow）与"老克罗威士忌"（Old Crow），因为质量好而成了享誉全国的名酒，也是衡量其他波旁威士忌质量的一个标杆。当时许多著名政治人物都曾品尝过克罗威士忌，诸如亨利·克莱参议员、安德鲁·杰克逊总统、约翰·卡尔霍恩副总统以及只当了一个月总统就故去的威廉·亨利·哈里森和后来的尤里塞斯·格兰特将军等人，他们品尝后纷纷都来订购，还要再喝。有报道甚至说，在丹尼尔·韦伯斯特与罗伯特·海恩两位参议员就西部土地进行的那场美国历史上著名的辩

① Robert F. Moss, "How Bourbon Really Got Its Name," robertfmoss. com（July 29, 2020）, accessed May 31, 2021, https：//robertfmoss. com/features/How-Bourbon-Really-Got-Its-Name.

② Veach, *Kentucky Bourbon Whiskey*, loc. 492-511. 在美国发现的最早的"酸醪"配方是 1818 年的，属于当时肯塔基州一位叫凯瑟琳·卡彭特（Catherine Carpenter）的女农场主。她是否是配方的发明人不得而知。克罗医生的配方在这个配方的基础上有所改良。参见：Cheri Daniels and Deana Thomas, "The Sour Mash Recipe of Catherine Carpenter," Kentucky Ancestors, accessed July25, 2020, https：//kentuckyancestors. org/the-sour-mash-whiskey-recipe-of-catherine-carpenter/。

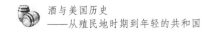
论中，韦伯斯特反驳海恩时满嘴喷出的都是克罗威士忌的浓郁酒香。①

波旁威士忌之所以这样声名远播，固然是因为其质量与口味之好非同寻常，但同时也与 19 世纪交通革命推动下市场化的迅速扩展分不开。在此之前，肯塔基与东部之间只有一条早年边疆开拓者丹尼尔·布恩等人披荆斩棘开出的"野道"。这条野道始于弗吉尼亚州的奇斯韦尔堡，经坎伯兰山口直至肯塔基州的路易斯维尔，最初只能走人和马。1796 年州政府出资加宽改建野道，四匹马拉的大车终于可以通行了。1812 年美英战争后，汽船航运被引入西部河流。从 19 世纪 20 年代开始，运河与铁路时代又接踵而至。为了绕过俄亥俄河上航行的唯一天然障碍——俄亥俄瀑布，名为"路易斯维尔和波特兰运河"的船闸在 1830 年建成通航，使得从匹兹堡到新奥尔良的长途水运不再像过去一样，只有在春季水位很高的时候才能让船通过俄亥俄瀑布。于是紧靠瀑布的路易斯维尔，就成为一个上至匹兹堡下达新奥尔良且全年畅通的河道航运中心。1834 年，宾州用铁路和运河组合而成的主干运输系统初步完工，匹兹堡与费城之间有了一条运输通道。如此一来，路易斯维尔的货物就不仅可以经俄亥俄河运到匹兹堡，而且还可以继续向东运到沿海地区的市场。怎样利用路易斯维尔这种南可至新奥尔良、东可达费城的交通优势，便成了肯塔基州政府要努力解决的问题。经州议会授权，从该州中部列克星敦到州府法兰克福长约 25 英里的铁路，在 1834 年就建成通车。尽管一度遭到路易斯维尔市民反对，从法兰克福到路易斯维尔的铁路于 1851 年终于竣工。这就使肯塔基州中部和东部离俄亥俄河较远地区的货物，可以经铁路先运到路易斯维尔，再由水路进一步外运。不仅如此，从路易斯维尔到田纳西州纳什维尔的铁路在 1859 年也完成了。正是这种水陆交通之便，导致路易斯维尔成为肯塔基波旁威士忌对外销售的重镇。在其被称为"威士忌街区"的街道上，有来自该州的许许多多蒸馏造酒商、批发公司和精馏造酒商的销售店面。它们的运作与营销让这种美酒在美国各地的市场上都闻名遐迩。

当威士忌产业在 19 世纪上半叶创造出波旁威士忌等优质品牌后，这些名牌

---

① Carson, *The Social History of Bourbon*, 47.

威士忌的市场价值，很快就令不少人眼红。于是就有人打起了仿造的主意，而当时廉价威士忌的大量生产也为他们提供了便利。一些囤积了大量剩余谷物的农场主，一方面急于在市场化经济的发展中分一杯羹，另一方面又无能力也不愿意像克罗医生那样，花费大量的时间、精力与成本，去精心酿造优质威士忌，所以他们就采用传统的比较粗放的方式，将剩余谷物酿造成威士忌，以低廉的价格，尽快出手。这就使那些自称为"精馏造酒商"（Rectifier）的酒类批发商有了廉价的原料。他们专门低价收购这些进入市场的廉价威士忌，进行所谓"精馏"（Rectify），即用炭过滤或再次蒸馏加以净化，然后调味上色，仿造成品牌威士忌。这些精馏造酒商们在酒中加入焦糖、李子汁、樱桃汁等，使酒有了甜味和颜色。有些人甚至加入杂酚和胭脂虫红——用中美洲和墨西哥仙人掌上的母胭脂虫死后的干壳碾压制成的红染料。其模仿功夫之到家，几可乱真。他们制造的这种山寨版品牌威士忌，用几个小时的加工就绕过了需要几年才能完成的陈化过程，所费成本之低可想而知，故能以比真正的品牌威士忌低得多的价格大量销售，几乎抢占了威士忌市场的半壁江山。①辛辛那提成了当时精馏造酒商最为集中的地方，那里处理的威士忌比世界上任何市场都多。②

皮埃尔·拉库尔在1853年出版的《烈酒、葡萄酒与利口酒的无蒸馏制造》一书中，对于如何利用精馏后的烈酒仿造各种品牌的酒，开出了十分详尽的配方。在其开出的仿造名单中，老波旁威士忌（Old Bourbon Whiskey）、莫农格希拉威士忌（Monongehela Whiskey）、奥罗诺科黑麦威士忌（Onoroko Rye Whiskey）、塔斯卡卢萨威士忌（Tuscaloosa Whiskey）、老黑麦威士忌（Old Rye Whiskey）、爱尔兰威士忌（Irish Whiskey）、苏格兰威士忌（Scotch Whiskey）等品牌威士忌，都赫然在目。③拉库尔的老波旁威士忌的仿制配方指出要用胭脂红和焦糖，证明内战前这种酒已经在用烧焦的橡木桶陈化而有颜色与甜味了，而莫农格希拉威士忌的配方在颜色上则视消费者要求而定，明言有的消费者喜欢透明的酒，说明这种黑麦威士忌当时并不一定像波旁威士忌那样陈化。总之，对于内

---

① Veach，*Kentucky Bourbon Whiskey*，loc. 526-534.

② Carson，*The Social History of Bourbon*，66.

③ Pierre Lacour，*The Manufacture of Liquors，Wines，and Cordials without the Aid of Distillation*（New York：Dick & Fitzgerald，1853），126-128.

战前的这些精馏造酒商而言，仿造各种威士忌只是举手之劳。他们为消费者提供了数量巨大、味道可口而且价格便宜的各种"山寨"威士忌，一方面助长了当时美国的饮酒之风，另一方面则对蒸馏造酒商形成挑战，加剧了威士忌产业内部的竞争。

　　然而，随着西部移民的不断增加和谷物产量激增，生产威士忌的人越来越多，威士忌市场乃出现饱和现象，价格自然大幅度下跌。1820 年以前黑麦威士忌在费城的批发价为每加仑 60 美分以上，可是 1820 年以后降到了 30 美分左右。1819 年的金融恐慌发生后，硬币长期短缺。原本依靠威士忌维持与东部贸易的西部，由于威士忌价格暴跌，失去了以前的资金来源，而东部资本昂贵，只能望梅止渴，结果使本已遭到 1819 年恐慌打击的西部经济，在进入 19 世纪 20 年代时犹如雪上加霜。交通革命在此时的加速，为西部经济走出困境助了一臂之力，但同时却使威士忌生产过剩问题更严重。原来被山峦阻隔的西部谷物、面粉以及用谷物喂养出的生猪，现在都可以沿着密西西比河与运河运往南部与东部的主要市场，威士忌不再是这些市场上可供选择的西部主要谷物产品。于是，交通革命中形成的谷物与生猪的全国性市场，开始与此前独占鳌头的威士忌全国性市场一较高下。1825—1834 年，俄亥俄流域运往新奥尔良的烈酒停止增加，而玉米与生猪的运量却上升了。经伊利运河运往东部的烈酒量直到 1828 年都在增加，因为西部蒸馏造酒商加大了他们渗透纽约市场的力度，但是 1828 年以后运量也开始下降。西部和纽约州的一些农场主开始放弃威士忌酿造，集中精力生产谷物运到纽约市和新英格兰销售。1835 年，伊利运河运输总值的一半都是来自面粉的货运。① 于是，我们看到的不仅仅是谷物价格相对于威士忌的上涨，而且是威士忌价格的下跌与运输量的减少。

　　其实，威士忌生产过剩就是农业生产过剩，而农业生产过剩不仅仅是农业生产力提高的结果，而且往往就是早期工业化起步的前兆，因为正是农业生产力提高带来的收入、资本与多余劳动力，使工业部门的兴起成为可能。所以英国金酒的生产过剩、德国与瑞典烈酒的生产过剩、俄国伏特加的生产过剩，都发生在这

---

① Rorabaugh, *The Alcoholic Republic*, 80, 85.

些国家工业化的前夕。美国也不例外。当农业领域的主要产品谷物生产过剩时，人们最初的反应就是用这些谷物造酒，这是传统农业社会司空见惯的做法。时人尚未看到正在发生的孕育早期工业化的种种变化将会产生的划时代影响。他们只是着眼于酒的便于保存、易于运输和适于销售等特点，希望造酒能暂时缓解谷物过剩的问题。但是当剩余的谷物越来越多，导致威士忌也生产过剩时，农业社会在面临危机的同时也看到了工业化来临时代的希望。

这个希望就是：工业化及其带来的城镇人口的增加，扩大了对农产品的市场需求。其实早在交通革命到来之前，新英格兰与大西洋中部沿海地区作为美国工业起步的摇篮，就已经成为城镇人口迅速增加的地方，为当时东部尤其是靠近大都市地区的农业繁荣奠定了基础。农场主不仅要为这些都市人口提供面粉，还必须为他们供应牛肉、猪肉、家禽、牛奶、干酪、水果、蔬菜，故而开始走上专门化生产和集约型经营的道路。交通革命发生后，大量西部农产品尤其是谷物进入东部地区，缓解了西部谷物生产过剩的问题。东部农场主在谷物生产上难以与西部农场主竞争，但是交通改良也使他们从中获益，让许多原本离城镇较远的东部农场主可以有机会进入城镇市场，加入为城镇人口所需农产品进行专业化生产的队伍。这样一来，无论是西部粗放型农业生产，还是东部集约型农业经营，都在为市场生产的过程中增加了农场主的收入，扩大了对制造业产品的市场需求，从而与早期工业化的发展之间，形成了一位美国学者所说的相互促进的"共生"关系。① 这种"共生"关系不仅增加了农场主的收入和消费能力，而且使农村剩余劳动力和农业生产产生的利润，有了进入工业领域的机会。

就连因威士忌大量生产导致的价格下滑，都对美国工业的发展产生了一定的推动作用。原因在于：威士忌价格下跌一半，那么原本用于购买烈酒的资金就可以节省一半，而且随着人口的增加，节省的资金也在增加。这些节省的资金可以用于购买工业产品或者投资于某个制造业部门，从而推动工业化的发展。据美国当时官方统计数据，1810 年全国烈酒产值为 15 558 040 美元，同年制造业产值初

① David R. Meyer, "The Roots of American Industrialization, 1790—1860," EH. Net Encyclopedia, edited by Robert Whaples. March 16, 2008. URL http://eh.net/encyclopedia/the-roots-of-american-industrialization-1790-1860/.

步估算为 127 694 602 美元，对申报不完整部分加以估算后修正为 172 762 676 美元，再加上对是否属于制造业尚有疑问的部门的产值，则进一步修正为 198 613 471 美元。如果取三次估算的制造业产值居中的一个，即 172 762 676 美元，那么烈酒产值占制造业产值的 9%。① 要是烈酒产值加上销售利润，占的比例会更大。因此，1820 年以后因威士忌价格大幅下跌省下的钱，对于当时的美国制造业来说不是个小数字。到 1830 年以后，受戒酒运动与其他因素的影响，美国烈酒实际消费量也开始减少，人均年消费量在 10 年内减少了 40% 多，15 年内减少了约 60%，于是可以转而支持工业发展的资金就更多了。这大概就是为什么罗拉鲍认为，"酒类消费的减少刺激了 1830 年以后的快速工业化"。②

全国性谷物市场的形成与威士忌价格下跌不仅为工业化提供了助力，而且迫使威士忌产业本身走向了合理化。这种合理化首先表现为威士忌生产在地域上的合理分布，也就是越来越集中于那些在谷物生产与运输上比较缺乏竞争力的地区，诸如俄亥俄州的西南部、纽约州北部、宾州的东南部与西南部。像俄亥俄州西南部的辛辛那提一带与宾州西南部的匹兹堡地区，将谷物运往南部新奥尔良市场就不如俄亥俄河下流的州便利，而在进入新英格兰市场上又不如俄亥俄州北部和纽约州西部那样方便。宾州东南部的谷物在萨斯奎汉纳河与宾夕法尼亚运河上运来的高产谷物面前失去了竞争力。于是这些地区的农场主继续用谷物生产威士忌。纽约北部的农场主虽然也外运一些谷物，但是觉得自己比那些边疆地区的人更有实力投资于蒸馏器等比较昂贵的设备，所以他们中也有很多人进入了威士忌酿造业。这样一来，到 1840 年，俄亥俄、宾夕法尼亚和纽约成了威士忌生产比较集中的州，它们用谷物酿造的烈酒占了全国烈酒产量的将近一半。③

威士忌产业合理化的另一个表现就是蒸馏造酒厂家的减少，其数量从 1810 年的 14 000 多家增加到 1830 年的 2 万多家之后，到 1840 年下降到了仅 1 万家出头而已。在这个过程中，越来越多为满足本地市场需求而生产的小型蒸馏造酒商家，在激烈的竞争中输给了为全国市场生产的、高效率的大型蒸馏造酒厂家。

---

① Adam Seybert, *Statistical Annals* (Philadelphia: Thomas Dobson & Son, 1818), 7-8, 463.

② Rorabaugh, *The Alcoholic Republic*, 89, 232, Table A1. 1.

③ U. S. Bureau of the Census, The Six Census, 1840: *Compendium of the Enumeration of the Inhabitants and Statistics*, 363.

1810 年全国约 14 200 个蒸馏造酒商生产了将近 2 300 万加仑烈酒，而 1840 年全国 10 300 多蒸馏造酒厂家就生产了 4 140 多万加仑烈酒。显然，厂家数量减少了，产量却增加了，也就是效率提高了。1840 年单位厂家生产的烈酒量是 1810 年的约 2.5 倍。[1] 到 1850 年，美国全国蒸馏造酒商和啤酒制造商共计只有 1 217 家，生产的烈酒却高达 4 786 万多加仑，其中威士忌与水果烈酒超过 4 136 万加仑，朗姆酒超过 650 万加仑。[2] 从以上这些来自美国政府人口普查局的统计和财政部有关报告中列举的数据，可以看出威士忌生产的一个大体趋势，即厂家在减少，产量在增加，效率在提高，规模在扩大，生产在集中。这是未来许多制造业部门在激烈的市场竞争中都要走的道路。

[1]　Ibid.；"Digest of Manufactures"（1810），*American State Papers*, Finance, 2：703；John S. Stone, *An Address Delivered before the Young Men's Temperance Society of New Haven*, *Connecticut in Trinity Church*, *December 20, 1830*（New Haven：S. Babcock, 1831），11.

[2]　U. S. Bureau of the Census, The Seventh Census, 1850：*Compendium of the Seventh Census*, 182；The Eighth Census, 1860：*Manufactures of the United States in 1860*, 738.

六、嗜酒风之盛空前绝后

美国建国后威士忌酿造业的迅速发展，不仅有波旁威士忌等品牌威士忌流行，还有大量廉价威士忌上市，甚至还包括各种"山寨版"威士忌的出炉，故而可以满足社会各阶层的需要，使威士忌成为当时最受欢迎的酒类饮品。正是在威士忌异军突起的过程中，美国人与殖民地时代相比，不仅饮酒量大增，而且在饮酒模式上也发生了重大变化，导致所谓"嗜酒如命的共和国"的出现。

美国学者罗拉鲍的研究告诉我们，英属北美殖民地烈酒人均年消费量在1770年为3.7加仑。独立战争胜利之后的1790年，由于朗姆酒供应量陡降，美国烈酒人均年消费量一度下降到2.7加仑。此后随着威士忌逐渐取代朗姆酒成为美国最受欢迎的国酒，烈酒的人均年消费量开始回升，到1800年超过殖民地时代末期的水平，达到3.8加仑。从1800年到1830年，美国烈酒人均年消费量更是从3.8加仑猛增到5.2加仑，截至目前都是美国历史上空前绝后的水平。[①] 据美国戒酒协会1831年年度报告的估计，19世纪20年代末期美国900万妇女与儿童每年喝1 200万加仑烈酒，300万成年男人每年喝6 000万加仑烈酒，每年人均烈酒消费量为6加仑，略高于罗拉鲍教授所做的估算。报告还对当时男人的喝酒量加以分类比较。所有男人平均来说，每人每天喝0.5吉耳烈酒（1/64加仑，约1两多），其中大概有一半的男人每天喝的就是这个平均量。另有1/4的男人属于"有节制的习惯性饮酒者"，每天喝1.5吉耳（近4两）；再有1/8的男人属于"通常的酒徒和偶尔的酒鬼"，每天喝3吉耳（7两多）；剩下1/8的男人是"根深蒂固的酒鬼"，每天喝6吉耳（近1斤半）或更多。[②] 烈酒饮用量之大，让今人叹为观止。男人如此，女人亦不例外。马萨诸塞遏制纵酒协会在1818年估计，喝酒致死者中有1/3是妇女。宾夕法尼亚州一个县的济贫院院长在19世纪30年

---

① Rorabaugh, *The Alcoholic Republic*, 232, Table A 1.1.

② *Fourth Report of the American Temperance Society*（Boston：Perkins and Marvin, 1831），77-78. Hereafter referred to as "ATS, *The Fourth Annual Report*".

代末声称,他们收容的妇女中有 1/3 遭受纵酒之苦。一些统计数据和其他历史证据表明:从西部边疆地区到东部沿海,因醉酒被指控的人员中,妇女占了约一半,[1]真正"顶起了半边天"。

除了这些统计数据以外,当时到访北美的外国人和美国人自己留下的著述文字,也为"嗜酒如命的共和国"提供了栩栩如生的证据。与查尔斯·狄更斯熟识的作家、前英国皇家海军军官弗雷德里克·马利亚特在 1839 年出版的《美洲日记》中,对其在美国的观感做了如下的描述:[2]

> 我确信美国人干什么事都少不了酒。与人相遇,喝酒;与人告别,喝酒;与人结识,喝酒;与人成交,喝酒;吵架时喝酒;讲和时喝酒。天热喝酒;天冷喝酒。胜选,喝酒庆祝;败选,喝酒咒骂;——他们清晨早早开始喝酒,深夜迟迟才停下来;一出生就喝酒,一路喝下去,直到进入坟墓。用他们自己的话来说,喝酒"非常好玩"。

美国女性记者的先驱安妮·罗亚尔在她的著述中,曾就其同胞喝酒之多大加抱怨:"我怕我的勇敢无畏的田纳西人太沉迷于威士忌了。当我在弗吉尼亚时,威士忌太多;在俄亥俄时,威士忌太多;在田纳西时,还是威士忌太多!"[3] 在首都华盛顿的国会山,她看到约 200 名工人正在施工,发现其中"清醒的也许还不到五六个人"。[4] 真是世人皆醉,我何独醒?

由此可见,19 世纪最初的几十年里,美国人的饮酒量确实大增。不过,这只是"嗜酒如命的共和国"的一个重要特点。更为显著的特点是,美国人的饮酒模式与殖民地时代的先辈相比,有了很大的区别。尽管殖民地人的饮酒之风也相

---

① Scott C. Martin, *Devil of the Domestic Sphere: Temperance, Gender, and Middle Class Ideology*, 1800—1860 (DeKalb, Il.: Northern Illinois University Press, 2010), 13-20.

② Frederick Marryat, *Diary in America with Remarks on Its Institutions* (London: Longman, Orme, Brown, Green, & Longmans, 1839, Part Second in Three Volumes), 1: 124-125.

③ "Letter VIII, Nashville, 18th December, 1817," in Anne Royall, *Letters from Alabama on Various Subjects* (Washington, 1830, in One Volume), 20.

④ Anne Roayll, *Sketches of History, Life, and Manners in the United States* (New Haven: Printed for the Author, 1826), 158-159.

当盛行，但除极少数酒鬼以外，绝大多数人的饮酒模式主要有两种。一是每天经常性少量喝酒，主要是为了营养、健身和防病治病。二是群体畅饮，主要是在婚丧嫁娶、民兵训练、法院开庭、酒店聚会等场合的社交饮酒，既可增进感情，强化社区纽带关系，又可彼此安慰，排除烦恼。相比之下，建国以后到19世纪上半叶的几十年里，美国人的饮酒模式在以下几个方面有了相当大的改变。首先，每天经常性少量喝酒的情况减少，一日三餐大量饮用烈酒变得越来越普遍。其次，群体畅饮更为盛行，有时还会发展为群体纵酒。第三，为摆脱焦虑和振奋精神而独自喝酒乃至纵酒，成了一种值得注意的新现象。第四，病态纵酒导致震颤性谵妄的可怕后果。所有这些改变的出现，都是因为这个历史时期的美国社会发生了重大变化，而威士忌的异军突起只是为这些饮酒模式的改变，提供了人们既负担得起、又能得到满足的酒类饮料。

美国人饮酒模式的第一大改变——一日三餐大量饮用烈酒，在很大程度上是美国饮食文化发生变化的结果。当英国殖民者最初来到北美时，他们面对茫茫荒野，在饮食上不可能像过去在英国时那样讲究，只能简单粗放，并且从印第安人饮食中学到了不少东西，以适应当地环境。后来随着殖民地社会与经济的发展，到18世纪中期以前，殖民地不仅食物自给，而且不同区域在饮食上还形成了各自不同的特点。新英格兰经济比较多样化，食物相当丰富，最为接近英国的饮食习惯。中部殖民地在食物丰富上虽然不如新英格兰，但是来自欧洲不同国家的移民使这里的饮食呈现出多样化的特点。南部殖民地由于黑奴多，在饮食上多少都受到了一些非洲烹调的影响，其奴隶主则在适应当地环境的同时，希望在饮食上尽可能保持英国传统。到18世纪40年代，这种饮食习惯上的地区多样性开始发生变化。其原因在于：大西洋两岸的商业革命与消费革命，使英属北美殖民地的普通老百姓第一次买得起英国的进口货，于是英国的餐具、厨具和烹调指南大量进入北美，让饮食也成了殖民地当时在各方面模仿英国的社会潮流的组成部分。这样一来，殖民地饮食的地区多样性，便在这种英国化过程中日渐弱化，代之而起的是各地区在饮食上向英国日渐趋同。然而，美国革命改变了这种饮食英国化的趋势，使美国人在饮食习惯上也走上了一条独立的道路，不仅要独立于英国，还要独立于欧洲。①

美国革命的参加者中有很多人追求的不仅仅是政治上的独立，还有文化上的独立，包括在饮食上摒弃英国乃至欧洲其他国家的影响，追求平民化。这一点显然与他们的共和主义理念紧密相关联。共和主义的美德崇尚简朴，而旧世界的腐败则与奢侈脱不了干系。杰斐逊出任驻法公使后，就曾对美国青年到英国及欧洲其他国家求学可能产生的危害提出了警告，担心他们会"喜欢上欧洲的奢侈和挥霍，看不起自己国家的简朴"。② 尽管杰斐逊本人对法国葡萄酒赞美有加，但是这位主张在独立自主的小农经济基础上建立共和主义理想国度的政治家，还是希望他的同胞能抵制包括英国在内的欧洲国家奢侈生活的诱惑，坚持其先辈在踏上北美大陆后所践行的不同于旧世界的生活方式。正是与这种信念相呼应，威廉·邓拉普在 1789 年出版的剧本《父亲》的序诗中，以喜剧女神从欧洲来到北美为题，对新旧世界做了鲜明的对比。他在诗中说这里没有欧洲那种"百般调味的食品"，有的是"简单必要的吃食"，并称颂后者是"你们国家成长的果实、精神的食粮"。③ 1796 年出版的《美国烹饪法》中就引入了好几种有美国特色的食品，如南瓜饼、印第安布丁和玉米粉面包。1805 年出版的《简单易行的烹饪法》中也介绍了一些用"美式烹饪"做出来的食品。当时的报纸将其中一些食品称之为"独立糕""联邦糕""选举糕"和"国会豆汤"等。在这种风气之下，尽管美国前四位总统包括杰斐逊都喜欢法国餐，帕特里克·亨利还是毫不客气地批评杰斐逊，说他对法国食品的欣赏是一种女人似的矫揉造作，结果导致他"不怎么吃本土餐食"。这种餐桌上的共和主义政治正确一直延续到 19 世纪中期。1840 年大选时，辉格党候选人威廉·哈里森就猛烈攻击民主党候选人马丁·范布伦，把他描绘成了一个整天迷恋于法国肥鹅肝酱和女王汤的政客。④

① James E. McWilliams, *A Revolution in Eating*: *How the Quest for Food Shaped America* (New York: Columbia University Press, 2005), 5-16, 279-321.

② "From Thomas Jefferson to John Banister, Jr., 15 October 1785," *Founders Online*, National Archives, https://founders.archives.gov/documents/Jefferson/01-08-02-0499. [Original source: *The Papers of Thomas Jefferson*, Vol. 8, *25 February-31 October* 1785, ed. Julian P. Boyd. Princeton: Princeton University Press, 1953, pp. 635-638.]

③ William Dunlap, *The Father*, *or American Shandyism* (New York: Dunlap Society, 1887), 4.

④ McWilliams, *A Revolution in Eating*, 309-312.

合众国建立后美国人的一日三餐，受到了这种共和主义饮食观的巨大影响，通常都是以简单、必要和实在为原则，具有十分平民化的特点。让我们先看看当时到过美国的法国人与英国人笔下的美国餐食就能略知一二。18 世纪末流亡美国的一位法国贵族之子对美国的印象是：这是一个吹嘘自己有着"32 种宗教和仅仅一道菜肴"的国家。① 1797 年在美国被指控为法国间谍的伏尔尼伯爵，回到法国后出了一本有关美国的书。他在书中回忆自己看到美国人吃早餐时吓了一跳，因为"他们几乎嚼都不嚼，就将烤得半生半熟、浸在融化的黄油里的面包吞了下去，还有最次等的奶酪、腌制或晾干的牛肉、盐腌的猪肉或鱼，所有这些东西都难以消化"。晚餐时"他们的萝卜与其他蔬菜都在猪油或者黄油里浮动，他们的点心只不过是油腻的面团而已，烤都没有烤好"。② 法国贵族笔下的美国餐食倒是颇有点求简图省的共和主义平民化色彩，甚至简单节省到了近于穷酸的地步。不过，这两位法国人的贵族视角和他们在美国的遭遇，可能使他们的描述有夸大失真之处。

英国人虽然也有自己的偏见，但大多没有像法国贵族这样贬低美国的膳食。其中有位女作家叫哈丽亚特·马蒂诺，她在 1834—1836 年访美后写的书中对美国膳食就有褒有贬。在马萨诸塞州内陆的斯托克布里奇县，她说吃的早餐有"很好的面包、土豆、风干牛肉、鸡蛋和浓茶"。该州靠海的格洛斯特县的海鲜杂烩汤在她看来味道不错。阿拉巴马州蒙哥马利城的早餐菜单更是给她留下深刻印象，上面有：玉米面包、荞麦糕、烤鸡、培根、鸡蛋、玉米粥、腌鱼和牛排。马蒂诺在南部发现玉米比金子还贵重，因为"人有了玉米，就有了一切。他可以种玉米；然后所有的家伙都吃玉米，从奴隶到鸡都不例外"。不过，她发现牛奶少见，大约是天热难以保存。有一次想吃羊肉，她在书中写道：端上来后"有的人认为是羊肉，有的人觉得是猪肉，依我之见是狗肉"。1837 年访美的英国人弗里德里克·马里亚特上尉回国后出版的日记，对美国的制度基本否定，但是对食物却没有。他不同意马蒂诺说的美国没有一块好牛肉。在马里亚特看来，美国的肉

---

① Giles Mac Donogh, *Brillat-Savarin: The Judge and His Stomach* (London: J. Murray, 1992), 116-117.

② C. F. Volney, *A View of the Soil and Climate of the United States of American*, trans. C. B. Brown (Philadelphia: J. Conrad & Co., et al., 1804), 257.

和英国最好的肉一样好，但是蚝与鲑鱼不怎么样。在纽约市庆祝独立日时，他去了百老汇大街，对街两边摊位上食物之多大为惊讶，有蚝、蛤蜊、煮好的火腿、菠萝、饼、布丁以及各种糖果。马里亚特在日记中写道："最引人注目的是，三英里长的百老汇大街，两边都是摊位，每个摊位上最吸引人的就是一头烤猪，有大有小。六英里的烤猪啊！不只是在纽约市，在美国其他的每一个城市、城镇、村镇、村落都有一头烤猪。"英国作家狄更斯 1842 年访美后，在其《游美札记》中对在波士顿吃到的东西没有太多抱怨，但是对宾州运河船上的餐食则甚为不满，说一日三餐都一模一样：茶、咖啡、面包、鲑鱼、西鲱鱼、肝、牛排、土豆、腌菜、火腿、排骨、黑香肠和香肠。①

从这些比较客观的英国人的描述中，我们可以看到今日美式早餐的雏形，却找不到法式大餐或者意大利大餐的影子。我们可以看到美国人当时的食物相当富足，却都是平民可以到手的食材，没有什么不得了的山珍海味。直至今日，我们看到满世界都有美式快餐店，却在美国本土也找不到可以让法式大餐或意大利大餐甘拜下风的美式大餐。从这些方面看，共和主义倡导的平民化饮食，不仅在建国直到内战前的美国膳食上留下了深深的烙印，而且对此后美国饮食文化的发展也产生了十分长远的影响。

值得注意的是，美国膳食的平民化不是因为食物匮乏所致，而是建立在食物十分富足的基础之上。其富足程度远远超过了那些有举世闻名大餐的欧洲国家。其实早在殖民地时代，这里的居民就已不需要从海外进口食物了。建国后尤其是进入 19 世纪以来，美国经济进入了一个比殖民地时代的发展要快得多的时期。据美国经济史学家的研究，1775—1840 年美国人均收入的年增长率为 0.91%，比 1710—1775 年的年增长率高出约一倍。② 就农业部门而言，有学者认为，1840年农场劳动力的生产率比 1800 年提高了 31%。美国农业部的研究人员还发现，从 1800 年到 1840 年，每工时的小麦产量增加了 57%，棉花产量增加了 36%，玉

① Waverley Lewis Root, *Eating in America*：*A History*（New York：Morrow, 1976），120-122, 124.

② Jeremy Atack, Peter Passell, and Susan Lee, *A New Economic View of American History*：*from Colonial Times to* 1940（New York：W. W. Norton and Company, 1994），4, Table 1.1.

米产量增加了 25%。① 因此，美国人拥有的食物数量不仅远远超过了殖民地时代，而且使许多欧洲国家望尘莫及。在这些食物中，数量最多的就是玉米与猪肉，② 它们构成了美国平民化膳食最重要的组成部分，使美国人几乎个个都吃得起含有高热能和高蛋白质的主食。这在人类历史上堪称奇观。

其所以能如此，首先要归功于玉米具有其他谷物所不具备的优势，诸如无须犁地即可播种，所需种子量只有小麦的 1/10，而从播种到收获的时间为小麦的 1/3，产量却为其四倍。不仅如此，食用玉米提供的热量也比其他谷物高。弗吉尼亚殖民地的威廉·伯德小麦富余后，曾经让他的奴隶吃小麦，可是奴隶们"发现自己变得如此虚弱无力，以至于他们要求还是让他们再吃印第安玉米吧"。乔治·华盛顿也碰到过类似情况，奴隶们吃到小麦面包，起初很高兴，觉得是在吃主人吃的食物，但"没多久就厌倦了"。于是华盛顿叮嘱为他管理奴隶的人："如果让黑人吃小麦或黑麦面包，为了使他们能胜任同样的劳作，就必须在他们的食物配给中加相当多的肉。"无怪乎后来有一个田纳西州的人曾经说："设想我们的先辈要靠小麦做他们的面包！那他们到达落基山脉的时间会推迟一百年。"③ 不管这"一百年"的判断是否科学，他都道出了玉米是美国当时的谷物之王的事实。

玉米不仅是谷物之王，而且还造就了美国的肉食之王——咸猪肉。19 世纪的美国著名历史学家亨利·亚当斯在其九卷本美国史第一卷中就曾指出："玉米是国家级作物，而且玉米以另一种形式，即咸猪肉的形式，一天要吃三次。新鲜肉只有富人才能吃得起，当时冷藏箱还闻所未闻。在这个国家除了家禽或者野味以外，新鲜肉一般是弄不到的；但是养猪成本低，宰杀与保存防腐也一点不费事。因此，美国乡村老百姓都是靠吃咸猪肉和印第安玉米或者黑麦长大的……"④ 1800 年时，

① Paul A. David, "The Growth of Real Product in the United States before 1840: New Evidence, Controlled Conjectures," *Journal of Economic History* 27, no. 2 (1967): 177.

② 有关玉米产量的数据参见第 357~358 页，生猪头数参见第 380~381 页。

③ Eugene C. Brooks, *The Story of Corn and Westward Migration* (New York: Rand and McNally Company, 1916), 134. McWilliams, *A Revolution in Eating*, 115.

④ Henry Adams, *The History of the United States of America During the First Administration of Thomas Jefferson* (New York: Charles Scribner's Sons, 1889), 1: 45.

农村人口占总人口的 93.9%，到 1850 年仍然占 84.7%。[①] 这就是说，内战前绝大多数美国人都是吃咸猪肉和玉米长大的。一般人要吃到用冷藏车运送来的新鲜肉，还必须等到 19 世纪 60 年代末与 70 年代。[②]

事实上，猪在殖民地时代就不少，因为它们可以放养，不用人照料，自己到处找食，靠吃橡树果、山毛榉树果等野果就能生存。美国建国后，随着农业的快速发展和玉米产量的剧增，用玉米喂猪的农场主越来越多。他们在入冬前天气变冷猪群回来后，就将猪圈养起来，喂玉米催肥，然后宰杀。有的东部农场主则用虫蛀的苹果为猪催肥。另外，农场主还开始用煮熟的玉米与土豆喂猪，发现这样做了后，猪肉产量比用生玉米与土豆喂猪要高出 1/3。[③] 不仅如此，农场主们对猪的品种和清洁圈养也越来越注意。于是猪肉产量就不断上升，肉质也明显提高。很快，猪肉就成了美国膳食中的主食。

在那个世界上还有很多国家的老百姓靠谷物都塞不饱肚子的年代，美国人能以猪肉为主食，实在是件了不起的事情。早在 1794—1799 年，法国的利昂库尔公爵流亡美国时，就对这个国家哪怕是穷人也能一日三餐吃咸肉，感到大为惊讶。到 1830—1839 年，美国每年人均食肉量达到 178 磅。[④] 1818 年就有了西部第一个生猪屠宰场的辛辛那提，在 1848 年屠宰加工的生猪达到 487 049 头。《德鲍评论》在这年 12 月就此评论说，辛辛那提的生猪屠宰加工业在美国所有城市中独占鳌头，以每头猪 200 磅计算，487 049 头猪的猪肉总重达 1 亿磅，如果平均分配，美国所有人不分男女老少都可从辛辛那提分到 5 磅猪肉。[⑤] 无怪乎时人要将辛辛那提称为"猪肉之都"。到 1860 年，乔治亚州的约翰·威尔逊医生甚至说，美国就是一个"吃猪肉的邦联或者猪肉之邦的共和国"。[⑥] 于是，当欧洲人

[①] U. S. Bureau of the Census, 1970 *Census of Population*, Volume 1, Part 1, Section 1 (Issued June 1973), 42, Table 3.

[②] Jonathan Rees, *Refrigeration Nation: A History of Ice, Appliances, and Enterprise in America* (Baltimore: Johns Hopkins University Press, 2013), 77, 89-91.

[③] J. L. Anderson, *Capitalist Pigs: Pigs, Pork, and Power in Aamerica* (Mogantown: West Virginia University Press, 2019), 56.

[④] Root, *Eating in America*, 122, 139.

[⑤] *De Bow Review* (December 1848), old series, 6: 431-432.

[⑥] Anderson, *Capitalist Pigs*, 72.

一谈到主食想到的就是面包时，内战前美国人脑子里的主食早已成了猪肉。就像美国作家詹姆斯·费尼莫尔·库珀1845年出版的小说中的家庭主妇所言："说到面包，我不当回事。我们总是有足够的面包和土豆；但是当母亲发现猪肉桶见底时，我看一个家庭就受不了啦。我宁可要孩子们靠没有变质的好猪肉养大，而不是靠这个国家所能有的野味。野味能添味是个好东西，面包也是这样，但是猪肉却事关性命……"① 和面包相比，猪肉在大多数美国人眼中是主食中的主食！

不过，受英国饮食文化传统的影响，许多英属北美殖民地人认为，肉食中最好的是牛肉，其次是羊肉，然后才是猪肉。合众国建立后，随着美国人吃的猪肉越来越多，羊肉在肉食排名上显然已经掉到了猪肉的后面，那么牛肉和猪肉相比之下如何呢？从前面所引亨利·亚当斯的著述就可以看出，美国史学界长期以来都认为，猪肉在内战前成了美国人食用最多的肉类。可是近年来有学者提出不同观点，他们觉得史学界过于抬高了猪肉在19世纪上半叶美国肉食中的地位，因为历史学家的依据主要是遗嘱验证书，而在遗嘱验证书上只有死者财物中尚存的肉类才会记录在案，已经吃掉的肉类是不会被记载下来的。可当时牛肉大多是在新鲜时就被吃掉了，而咸猪肉则可以长期保存，所以遗嘱验证书中记录的猪肉才会多于牛肉。② 不过这种看法所依据的一位学者的研究，仅限于1770—1810年这个时段，并不涵盖19世纪上半叶。不仅如此，这位学者所说的一年四季都有新鲜肉作为咸猪肉的补充，指的是富有的农场主，并不是大部分美国人。所谓一年四季都有新鲜肉也不是说一年四季都有新鲜牛肉，而是指在不同的季节可以吃到不同的新鲜肉。初冬杀猪做咸猪肉时自然可以吃到新鲜猪肉，天气再冷一点后宰牛可以吃到新鲜牛肉，春天来了可以吃到鲑鱼和美洲西鲱，夏天天热时绝对不宰肉牛，而是吃咸猪肉，偶尔宰杀几只小羊、小牛或老羊作为补充，解解馋而已。③ 因此，这项研究并不能证明直到19世纪中期"全美最常见的餐食都是牛排"。④ 1860年美国人口统计局的数据也不支持这种结论；美国肉牛1850年为

---

① Root, *Eating in America*, 125.

② Anderson, *Capitalist Pigs*, 72.

③ Lorena S. Walsh, "Customer Behavior, Diet, and the Standard of Living in Late Colonial and Early Antebellum America, 1770—1840," in *American Economic Growth and Standards of Living before the Civil War*, 246.

④ Anderson, *Capitalist Pigs*, 72.

290 361 头，1860 年为 1 100 504 头，生猪 1850 年为 30 354 213 头，1860 年为 33 512 867 头。① 这就是说，生猪的头数 1850 年是肉牛的 104 倍，1860 年是 30 倍。显然，猪肉在 19 世纪上半叶居于美国肉食之首的地位，还很难动摇。

既然猪肉是一年到头都要吃的主食中的主食，那就必须解决长期保存的问题，否则猪肉放久了很容易变质。于是美国人当时吃的猪肉大都是经过腌制的咸猪肉，而且腌制时要用很多的盐，这样才能长期保存。1829 年，莉迪亚·玛丽亚·蔡尔德在其撰写的《美国勤俭持家的主妇》一书中，介绍了适合大多数平民百姓家庭采用的腌制猪肉的办法。她如此写道："你如果想腌肥猪肉，就在水中放入粗盐加热，撇去漂浮物，直到盐不再能溶化于水为止。将所有猪肉抹盐，一层层捆好。等浓盐水冷却后，用它浸没猪肉，将一块重石头置于其上，以使猪肉一直在浓盐水里。最初几个星期，每过一段时间去看一看，如果盐全部溶化了，就再加盐。这种浓盐水如果每次使用时都加热和撇去漂浮物，可以继续使用 20 年。"②

咸猪肉腌制用盐之多，一定会令今人吓一大跳。但是当年的美国人却习以为常。英国人托马斯·阿什 1806 年在美国考察时甚至发现，肯塔基人讨厌新鲜肉，因为他们普遍认为咸猪肉比新鲜肉卫生。③ 在对新鲜肉缺少保鲜手段的年代，这种看法确有一定道理，非常实际。直到 1887 年，在美国宁可吃咸猪肉也不吃新鲜肉的，还大有人在。据当时报纸报道，缅因州一个木材商为讨好伐木工，为他们的伙食提供新鲜肉，没想到却引起反感，导致罢工。工人代表告诉老板："你的新鲜肉太花哨了，一点力都不给。"老板连忙换上咸肉，伐木工马上就复工了。④ 其实，对于常年从事体力劳动的人来说，这一点都不难理解。他们比从事非体力劳动的人出汗要多得多，于是失去的盐分也就多，需要及时补充，否则体内钠元素（盐是氯化钠）失衡会使人浑身无力。19 世纪上半叶的绝大多数美国人，不管是在农村还是在城市，大多从事体力劳动，所以吃咸猪肉就成了他们保

---

① U. S. Bureau of the Census, *Agriculture of the United States in* 1860 (Washington：Government Printing Office，1864), cxviii，cxxiii.

② Lydia Maria Child, *The American Frugal Housewife* (Boston：Cart，Hendee，& Co.，1835，16th Edition), 40-41.

③ Thomas Ashe, *Travels in America, Performed in* 1806 (London：Newburyport，1808), 241.

④ Root, *Eating in America*, 122.

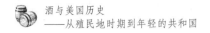
持充沛体力的一种实际需要。

正是因为有了大量生产的玉米与咸猪肉，美国普通民众人人都可以享受足够多的高热能与高蛋白质食品，而当时的欧洲国家则难以做到。不过这两种食物本身的味道却不怎么样。玉米面包和玉米饼干巴巴的，没有什么味道，咸猪肉又咸得不得了，一日三餐都吃这样的食物，没有饮料是难以下咽的。不仅如此，这些食物往往都是油煎的，相当油腻，所以进餐就更需要饮料了。然而当时美国人大都没水可喝，雨水靠不住，河水太浑浊。圣路易斯的居民让密西西比河的水沉淀后，有1/4都是泥沙，再往下游即便沉淀后的水也浑浊得没法喝。辛辛那提附近的俄亥俄河的水也有同样的问题。肯塔基与田纳西州一些低洼处虽然有泉水，可是移民为防范印第安人攻击只敢住在高处。由于打井的成本太高，所以华盛顿特区居民反对征税打井公用。到19世纪20年代，宾夕法尼亚大道上只有两个街段有私人井水可用。纽约市的井水喝了会生病，直到1842年才将40英里以外克罗顿河的河水引入了市内。当时牛奶还不是到处都有，即便有牛奶的地方很多人也不敢喝，怕得"牛奶病"，因为吃了曼陀罗的奶牛产的奶有毒，人喝了是会要命的。据说林肯的母亲就是死于此病。茶叶起初比较贵，后来便宜了进口量也上不去，因为美国人依然觉得喝茶不像个爱国者。咖啡的价格比茶叶还贵，直到1833年才成为普通老百姓也能喝的饮料。[1] 至于酒，如前所述，葡萄酒、啤酒、苹果酒都无法与威士忌一较高下。威士忌在建国后变得又多又便宜，而且到处都有，自然而然就成了大多数人进餐时的首选。这种略带甜味的烈酒不仅使干巴巴的玉米面点有了味道，而且缓和了咸猪肉的咸味和其中盐太多带来的口渴感。更重要的是，进餐时喝威士忌还可以解决吃咸猪肉太多不易消化的问题。

于是，19世纪上半叶大多数美国人一日三餐都大喝威士忌就一点也不奇怪了。从玉米到猪肉再到威士忌，显而易见，美国已经形成了一种独特的饮食文化。它既不同于殖民地后期英国化的饮食文化，也不同于其他欧洲国家的饮食文化。这种美国饮食文化的主要特点就是以北美本土出产的玉米为中心，让玉米面食、玉米喂养的猪所产的肉和玉米酿造出的威士忌，变成了美国饮食的三大"日常必需品"。诚然，并不是所有的美国人餐餐顿顿都非要玉米面食、咸猪肉和威

---

① Rorabaugh, *The Alcoholic Republic*, 95-101.

士忌不可，他们还会因为自己的族裔背景、宗教信仰、文化传统、社会阶层、职业性质、居住地区的不同，而使他们的饮食呈现出更加丰富的色彩。但是，就这个时期的美国普通老百姓而言，他们食用最多的是玉米和玉米养大的猪产的肉，饮用最多的是玉米酿造出的威士忌。有一位学者称之为"玉米崇拜"。[①] 由于玉米、猪肉和威士忌都能大量生产，又是人人都不可缺少的热能与蛋白质的高效提供者，所以在玉米、猪肉和威士忌基础上形成的美国饮食文化，可以说与共和主义倡导的简单、必要、实在的原则一脉相承，具有浓厚的平民化色彩。这显然是人口增加和边疆扩展使美国农业进入了一个史无前例的粗放型增长时期的结果。

19 世纪上半叶不仅是美国农业粗放型快速增长的时期，也是美国工业化与城镇化起步的时期，市场革命的大潮正在使越来越多的美国人有了在市场经济中追逐个人经济利益的机会。时间就是金钱成了大家都要面对的现实。于是美国人大多不大愿意在餐食上花太多时间，油煎食物多，就是因为油煎比炖煮和烧烤快得多。他们不仅在烹饪上花的时间少，在进餐时用的时间也少。19 世纪 20 年代末与 30 年代初，英国人詹姆斯·博德曼曾在纽约目睹旅店里大约 50~100 人同桌用餐的盛况：就餐时间一到，所有人一拥而入，刀叉马上启动，那些经商的人只要 5~10 分钟就能结束早餐，晚餐时间也不会比早餐多一倍。博德曼还注意到："每个人一吃完就离开餐桌，不管他旁边的人吃得如何。英国人总是最后一个离开，照他们自己的意愿行事；可不管我吃得多么少，我总是完全跟不上美国人进餐的速度。"[②] 1836 年 11 月 20 日的《国情报》报道称："最近有几个人在纽约就餐时被食物噎死了。这是我们人民当中普遍存在的囫囵吞食方式的结果。"[③]

为了尽快去忙自己的生意、工作或者农活，美国人当中有很多都养成了快速进餐的习惯，结果不忙的时候也吃得很快。英国社会改革家詹姆斯·西尔克·白金汉到美国旅行时在一处度假胜地发现，即便在这里休养的闲人的进餐速度也惊人，就像"他们害怕吃完之前盘子会被人抢走一样"，"哪怕已所剩无几，10 个人中就有 9 个不会坐在椅子里吃完，而是嘴里含着还没吞下去的最后一口就站了

① Ibid., 117-118.

② James Boardman, *America and the Americans* (London: Longman, Rees, Orme, Brown, Green, & Longman, 1833), 24-26.

③ Charles Augustus Murray, *Travels in North America* (London: Richard Bentley, 1854), 1: 56, footnote.

起来，边走边一点点地咽下去"。① 有个美国人看到欧洲来访者大多慢吞吞地进餐，颇为不解，乃好奇地对英国颅相学家乔治·库姆说："你们欧洲人用餐竟然像是在享受你们的食物似的！"库姆回答道："我们的确在享受——而你们美国人在学会享受你们的餐食前，无论如何都没法摆脱消化不良和头疼。"② 快速进餐确实不利于健康，但是当时的美国人并不在乎，他们觉得自己有太多的正事要干，没有时间坐在这里细嚼慢咽。要想快点吃完去干正事，就需要有威士忌帮忙将食物快点吞咽下去，结果就像英国军官阿奇博尔德·马克斯韦尔所说的那样，美国人进餐就是"大口吃，大口喝，然后大步走"。③因此美国人在这个时期一日三餐都要喝不少威士忌，既与他们吃得最多的食物的特点有关，也与他们在紧张的市场经济活动中需要快速进餐脱不了干系，还有可能是因为他们都知道只有这样喝威士忌才有助于解决消化不良问题。于是越来越多的美国人就不再像殖民地时代前辈一样，为强身健体和防病治病而经常性少量喝酒，也没有时间如欧洲人那样悠然自得地品酒佐餐，而是在进餐时大饮特饮威士忌，以便赶快吃完该吃的东西，尽快重返市场经济时不我待的拼搏之中。

群体畅饮更为盛行乃至出现群体纵酒，是美国人饮酒模式发生的第二大改变。这与独立、自由、平等的理念深入人心有密切的关系。从《独立宣言》宣告"人人生而平等"，到杰克逊时代建立了"比此前任何政党都更为平等主义的新型政党"，④ 人们对如何实现美国革命所追求的目标，虽有不同的理解和认识上的局限，但是独立、自由、平等这些理念和话语，在平民大众心中逐渐扎下了根。殖民地时代对社会上层要尊而从之的等级制度，在革命后建立民选政府的过程中迅速解体。随着边疆开拓而来的土地所有权为越来越多的白人所拥有，经济上的相对平等有了比较坚实的基础。商品经济的发展和生活水平的提高，进一步

---

① James Silk Buckingham, *America, Historical, Statistical and Descriptive* (London: Fisher, Son and Company, 1841), 2: 442.

② George Combe, *Notes on the United States of North America: During a Phrenological Visit in 1838-9-40* (Edinburgh: Maclachlan, Stewart, & Co., 1841), 2: 346.

③ Archibald Maxwell, *A Run through the United States during the Autumn of* 1840 (London: Henry Colburn, 1841, in Two Volumes), 1: 69.

④ Wilentz, *The Rise of American Democracy*, 791.

激发了几乎每一个人追求尊严与体面的意愿。大家都期望被人平等相待。

于是，约翰·亚当斯为强化联邦政府而试图赋予美国总统以"阁下""陛下"等尊称的努力很快就告吹，华盛顿最终接受了麦迪逊与众议院的建议，将总统的正式称呼定为"总统先生"。① 杰斐逊就任总统后甚至改变了华盛顿从台上向众人鞠躬的礼仪，在台下与大家一一握手。德意志人路德维格·高尔于1819—1820年游历了美国。他带到北美的仆人彼得·威塞尔才在美国待了8天，就对高尔说他最好知道他们之间是平等的。威塞尔要求与他的主人同桌进餐，还要求有一套与主人一样的礼拜天穿的正装，否则就离开，结果还真的离开了。② 曾经在美国长期生活过的英国人查尔斯·威廉·詹森说，美国为数不多的"共和主义乞丐在乞讨时通常都喜欢采用跟人贷款一样的方式"，也就是要约定"他们期待得到的数目"，比如说要25美分，给少了还不满意，好像他们与施舍者之间是地位平等的讨价还价关系。③ 无怪乎苏格兰人詹姆斯·弗林特对当时美国社会的评价是："共和主义平等的征兆在社区所有成员的身上都明显可见。"④ 诚然，这种"共和主义平等"只是相对于欧洲"旧世界"来说的白人男性之间的相对平等，尚没有在整个社会实行，但是这种相对平等以及人们从中获得的平等感则是史无前例的。

正因为是平等关系，就要相互尊重。有人请你加入他们喝酒一般是不得拒绝的，否则就是自视高人一等，为人所不容。一个英国出生的小学教师拒绝了一群美国当地人要他一起喝酒的邀请，结果就被孤立，以至于他突然病死后几天都没有人注意到他的离去。南部人在户外烤肉聚餐有所谓"烤肉聚餐法"，就是参加者都知道要喝到醉为止。⑤ 内战前曾担任美国参议员和密西西比州州长的亨利·富特在回忆19世纪30年代的密西西比时指出："几乎所有人无论到什么公共场所都会对酒神巴克斯多少表示些敬意；喝酒，间或纵酒，真的是变得如此时髦，

① James H. Hutson, "John Adams' Title Campaign," *New England Quarterly* 41 (1968): 30-39.

② "Pennsylvania Through a German's Eye: The Travels of Ludwig Gall, 1819—1820," ed. and trans. Frederic Trautmann, *Pennsylvania Magazine of History and biography* 105 (1981): 62-63.

③ Charles William Janson, *The Stranger in America* (London: Albion Press, 1807), 185-186.

④ James Flint, *Letters from America* (Edinburgh: Printed for W. & C. Tait, 1822), 39.

⑤ Rorabaugh, *The Alcoholic Republic*, 151.

以至于严格戒酒的人会被很多人视为冷血与不合群的混蛋，简直不值得活下去。"① 美国人这种希望国人能入群纵酒的要求甚至扩及外国人。英国军官马利亚特在其日记中记载，美国南部人与西部人遇到生人通常都会说："稀客，来喝一杯，不然就打一架？"考虑到他每天上午要被介绍给 20 几人，如果和他们个个都喝上一杯，后果不堪设想，于是他不得不拒绝一些邀请，结果引起了不少麻烦和敌意。② 大家一起纵酒不仅使人有平等感，还使人有独立、自由的感觉，因为这是他们自己做出的选择。于是这个时代的很多群体畅饮和群体纵酒，就不再像殖民地时代一样主要是为社交而来，而是具有非常强烈的独立、自由、平等的象征意义。由于建国后信奉这些理念并为之鼓舞者比殖民地时代要多得多，所以这类群体畅饮乃至纵酒的现象，也就比殖民地时代规模大得多和频繁得多。

其中最为典型的群体畅饮或纵酒，自然是发生在具有政治意义的节日庆典、酒店议政和选举之时。到 19 世纪 20 年代，每年的独立日成了美国最重要的节日。这一天给人"举国皆醉"的印象，把酒庆祝者人山人海。就连早期的戒酒协会对此也要网开一面。③ 这是殖民地时代不可想象的每年一次的举国狂欢和群体畅饮，常常会发展到纵酒的程度。至于平时酒店议政与选举日的群体纵酒，虽然在殖民地时代早已有之，但其参加人数之多则不可同日而语。这显然是建国后政治平等取得进展致使选民人数剧增的结果。美国史学界长期以来将男性普选权的实现与杰克逊民主联系在一起，低估了在此之前美国人在扩大选举权上所取得的进展。有学者直至 2008 年还说华盛顿任内的美国人只有 6% 可以投票，也就是说成年自由人中只有 15% 有选举权。近年来，英国学者唐纳德·拉特克利夫对此提出了不同看法，其依据是美国古文物协会的菲利普·兰皮在重新整理早期美国选举结果上所做的开创性工作，还有英国学者 J. R. 波尔和美国学者理查德·P. 麦考密克半个世纪以前的研究成果。④

拉特克利夫发现，早在英属北美殖民地时期，殖民地因拥有土地而符合选民

---

① Henry S. Foote, *Casket of Reminiscences* (Washington, D. C.: Chronicle Publishing Company, 1874), 264.

② Marryat, *Diary in America*, 126.

③ Rorabaugh, *The Alcoholic Republic*, 151-152.

④ Ratcliffe, "The Right to Vote and the Rise of Democracy, 1789—1828," 219-220.

资格财产要求的人口比例就比英国高得多，一般估计为成年白人男性的 60%。
《独立宣言》更是将新兴共和国的合法性建立在被统治者同意的基础之上，于是
一些州在美国革命时代就开始放松选民资格，让更多的人参加投票。尽管对民主
存有戒心的政治精英坚持选举资格限制，致使各州通过的宪法在选举制度上比强
调大众参与的激进民主派的主张要保守，但是宾夕法尼亚州、新罕布什尔州和北
卡罗来纳州还是完全取消了白人男性选民的土地财产资格要求，仅以是否纳税作
为标准。其他州也大多以这样或那样的方式放松了选举资格限制。《美国宪法》
的制定者虽然对直接民主有所防范，但是最终认可了代表制民主，将选举权问题
交由各州处理。1789—1791 年重写宪法的州没有一个缩小享有选举权的范围。佐
治亚州和特拉华州还取消了财产资格限制，仅以付税作为条件。因此，到 1792
年华盛顿连任时，美国 15 个州中有 7 个取消了选举权的财产资格限制，其中包
括新加入的佛蒙特州和肯塔基州。全国白人男性中符合选举资格要求的达到了
80%。更重要的是，恰如波尔教授所言，"［州］宪法［对投票］的限制不仅本
身没有什么分量，而且很少为地方当局所执行，在阻止男性人口中任何人行使投
票权上几乎没有起什么作用"。因此，尽管到 1828 年美国正式确认白人男性普选
权的州只有 8 个，但是大众参与的民主选举对于白人男性来说已是无可置疑的事
实。①

　　不仅是有投票权的人数增加了，实际参加投票者在合格选民中所占比例（下
称"投票率"）也在上升。1793 年，康涅狄格州州长选举投票率仅为 5%，但到
1808—1816 年，马萨诸塞、新罕布什尔和新泽西三州全州范围的选举投票率已上
升到 60%，马里兰州甚至高达 80%，而且这种高投票率后来在很多州得以保持下
去。据拉特克利夫分析，两党竞争是代表制民主下大众参与度提高的重要推手。
此外，州级选举范围的扩大也是大众参与度提高的一个原因。一般来说，州以下
的地方选举往往是两党中一党稳操胜券，而州级选举对于两党来说则是每一张选
票都要竭力争取才能决定鹿死谁手，故无论是政党还是选民都不敢掉以轻心，民
众参与度自然就比较高。至于州级选举范围的扩大，主要包括三个方面。一是州
长选举：美国独立后一些州开始是让州议会选举州长，但是到 1790 年以后，波

---

① Ibid., 219-232, 242, 248.

托马克河以北地区的大部分州都改由通过普选选举州长，即由全州选民投票产生。二是国会众议员选举：1842 年以前有些小州用所谓"普选票"选举众议员，也就是像只有一个众议员名额的州一样由全州选民投票。三是总统选举：最初是由州议会选派选举人，再由各州选举人投票选举总统，投票结果封印后送联邦参议院议长，议长在参、众两院全体议员前拆封，计票后宣布当选者。到 1796 年，美国 16 个州中就有 8 个改由该州选民直接选举选举人，此后虽略有反复，但是由全州选民选举选举人的大势已不可逆转。到 1824 年，全国 24 个州只有 6 个还是由议会选派选举人。1828 年依然由议会选派选举人的州只剩下 2 个。①

随着白人男性几乎个个可以成为选民，而且投票率在有的州逐渐高达 80%，广大民众的选票不仅成了决定两党胜负的关键，而且成了决定美国未来的政治基石。于是，许多选民意识到自己手中选票的分量，对政治越来越关心。他们在那个通讯欠发达的时代到酒店共聚一堂，一边喝酒，一边议论政事，可谓习以为常。英国小说家弗朗西丝·特罗洛普太太访美时，对一位送牛奶的抱怨说，美国人如果少花点时间在政治上，那他们的马路会好得多。可这位送牛奶的不以为然，马上反驳道："上帝啊！你看你对一个自由的国家太不了解……比起弄清我们选送到国会去的人讲得是否中肯到位，就像我们选他后他应该做的一样，一条高低不平弯弯曲曲的路又算得了什么？"特罗洛普太太接着问道："这就是说，你们全都到酒店里读报纸是出于责任感吗？"送牛奶的回应说："当然是这样，如果他不这样，他就不是一个真正的、生就的美国人。我不是说一个家庭的父亲应该总是去喝酒，但是我要说，我宁可让我的儿子一周去喝三次酒，也不希望他不关心他国家的事务。"②

当这些普通民众因为代表制民主下选票的分量而常去酒店共同饮酒议政时，不少政治人物也愈发意识到选票对其政党和仕途的重要，常常用酒来帮助他们争取选民的支持。田纳西州的戴维·克罗克特曾三次当选国会众议员。在一次竞选时，他的对手声称可以率领选民走向炮口，以示英勇。可克罗克特则说他将带领

---

① Ibid., 239-241, 249-251.

② Frances Trollope, *Domestic Mannes of the Americans* (London: Printed for Whittaker, Treacher, & Co.; New York: Reprinted for the Bookseller, 1832, Complete in One Volume), 96.

大家前往威士忌酒桶的桶口，结果以三倍于对手的票数获胜。后来，此公迁居得克萨斯，率众参加了 1836 年与墨西哥军队交火的著名的阿拉莫教堂之战，不幸丧生，真正做到了当年竞选对手所说的"走向炮口"。他也因此在 20 世纪的美国电影与电视中成了家喻户晓的西部边疆传奇人物。事实上，内战前的候选人通常都会向选民提供免费威士忌。酒桶上写着候选人的名字，桶里有一束留兰香，即绿薄荷，还有几磅糖，桶周围挂着许多杯子。人们在投票地点聚众喝酒有时会引发殴斗，但总的说来是为选举助长了声威，尤其是在那些还没有采用秘密投票方式的地方，当众大声说出自己所选对象的名字，确实是要有点酒后之勇才行的。① 另外，候选人不仅为选民供酒，而且常与之共饮，以显示自己既独立无羁，又平等待人，是真正的共和主义者。前面提到过的德意志人高尔在 1820 年选举前 6 个月，就看到宾夕法尼亚州长自己提着篮子在市场上购物，"他和身边可能是最普通的蠢蛋都握手交谈，直到一瓶威士忌传了一圈每人一口。州长也一样大喝一口，而且喝之前连嚼烟草的嘴留下的显而易见且令人作呕的痕迹擦都不擦一下"。② 1829 年杰克逊总统就职大典那天的招待会，白宫更是大门洞开，不同年龄、阶级、种族的男女民众蜂拥而入，形同骚乱，直到装满潘趣酒的酒桶搬到室外草坪上后，大家一起纵酒欢庆才使场面得以控制。③

美国革命以来，独立、自由与平等的理念不仅激发了人们对这个国家的自豪感，推动国人在民主政治上迈开了越来越大的步伐，而且赋予西部开发者以闯荡天涯的豪情壮志。以酒寄情者比比皆是，西部山地捕猎者一年一度的盛会更是成为当时群体纵酒的一道风景线。在新大陆向西扩张的过程中，走在最前面的往往是皮毛商和捕猎者。英国人建立的哈得孙海湾公司，很早就与印第安人进行皮毛交易。他们在与美国皮毛商竞争时占有很大的优势，因为其用于同印第安人交换皮毛的英国制造品无须交关税，成本低；而美国当时的制造业远不如英国发达，皮毛商找不到可以与英国制造品比肩的美国制造品，只有进口英国制造品，结果

---

① Carson, *The Social History of Bourbon*, 51-52, 55-56.

② "Pennsylvania Through a German's Eye: The Travels of Ludwig Gall, 1819—1820," 54-55.

③ Frederic Austin Ogg, *The Reign of Andrew Jackson: A Chronicle of the Frontier in Politics* (New Have: Yale University Press, 1920), 123-124.

交关税后成本比哈得孙海湾公司高了一倍多。① 因此，美国皮毛商唯一能够与哈得孙海湾公司一较高下的商品，就是深受印第安人欢迎的烈酒。以美国皮毛公司老板约翰·雅各布·阿斯特为代表的皮毛商们，想方设法规避国会立法的限制，将酒运入印第安人地区换取皮毛。烈酒掺水后利润暴增。有学者甚至认为，阿斯特作为美国历史上第一个身家达几百万美元之多的富商，在皮毛生意上赚的大钱，与其说是出自收购皮毛，还不如说是源于出售烈酒。当酒给这些皮毛商带来暴利的同时，却给印第安人造成了灾难性影响，诸如部落战争和部落解体。喝得醉醺醺的印第安人也不再是捕猎河狸和其他皮毛动物的好手，结果印第安人的皮毛供给锐减。到 19 世纪 20 年代中期，美国皮毛商不得不主要依靠白人捕猎者为之提供皮毛。② 此时他们的活动不仅早已越过阿巴拉契亚山脉，进入大湖区，而且还沿密苏里河逆流而上，深入落基山脉，并跨越大分水岭，直达太平洋岸，北至哥伦比亚河口一带，南抵加利福尼亚，可以说逐渐覆盖了北美大陆的大部分地区。

1825—1840 年被历史学家称为"山地人时代"。这段时间在落基山地区从事捕猎的山地人近于 3 000。他们大多年轻，主要是白人，也有少数印第安人、黑人和"美蒂斯人"（加拿大法裔白人与印第安人的混血儿）。美国白人捕猎者与法裔加拿大捕猎者不同。后者大多娶了印第安人妻子，融入了印第安人部落。他们集体捕猎，不单独作业，故而相互之间没有冷酷的竞争。美国白人捕猎者当中虽然也有约 1/3 有印第安人妻子，但是他们不会归属印第安人部落。在这些美国捕猎者中，有些是不受任何人控制的自由捕猎者，有些是皮毛公司拿薪资的雇员，还有些是由皮毛公司提供装备给养并按约定价格向公司交付皮毛的山地人。除了在从一个营地到另一个营地的迁徙途中，上述几类捕猎者可以共同面对各种挑战以外，他们基本上都是长年一两人单独作业，无论是捕获猎物还是应对种种意想不到的险境，都需要凭借自己个人的判断、勇气与能力。由于能随身携带的供给有限和对印第安人来袭需要随时保持警惕，这些人在捕猎乃至冬季休整"养

---

① John Jacob Astor to Senator Benton, January 29, 1829, cited in Hiram Martin Chittenden, *The American Fur Trade of the Far West* (Stanford, CA: Academic Reprints, 1954), 21, note 1.

② Rorabaugh, *The Alcoholic Republic*, 156, 159-160.

醺"期间一般都不沾酒，过着斯巴达人似的生活。他们无人不希望凭自己独立独行付出的努力，改善自己和家人的处境，最终能安居乐业，成为美国革命以来人们梦想的真正独立和自由的人。① 这就是他们和千千万万西行者一样奔赴边疆的初衷。

尽管这些捕猎者命途多舛，可其中大都不是等闲之辈。他们在捕猎过程中对西部边疆做了初步勘探，为不断向西推进的移民开辟了道路。杰迪代亚·史密斯重新发现了美国皮毛公司的人曾经到过的落基山脉南山口。该地后来成了通往太平洋岸的"俄勒冈小道"穿越落基山脉的必经之路。另一个山地捕猎者约瑟夫·沃克是最先率人来到今天加州优胜美地国家公园地区的白人。他在1833年夏从落基山区格林河前往加利福尼亚，翌年2月返回，所经道路成了后来著名的"加利福尼亚小道"的组成部分，其中的沃克山口就是以他的名字命名的。② 这些边疆开拓者当年行走于山野之时，不仅会遭遇防不胜防的印第安人袭击，还要面对美丽如画却充满各种不测风云的自然环境，从恶劣的天气到凶猛的灰熊，都有可能形成致命的威胁。他们的格言是："今天你定要抖擞精神，因为明天你就可能死去。"③这种为了做一个独立自由的人而不惜生死的壮士情怀，在平日孤军搏斗时无以表达，只有到了山地人每年一次共聚一堂的年度盛会上，他们才能把酒一掬英雄泪。

这种年度聚会始于密苏里州威廉·阿什利的落基山皮毛公司的精明盘算。阿什利在1822年创建公司，招募有志闯荡边疆的青年沿密苏里河西行进入落基山区。在累遭印第安人暗算和攻击后，阿什利一改皮毛商沿途建立贸易站的传统做法，与捕猎者约定每年夏天聚会一次，进行皮毛交易。结果该公司仅最初三年的年度聚会所得皮毛，加上此前一点存货，在圣路易斯就可以卖到25万美元。这在时人眼中无异于一个天文数字。④ 于是，年度聚会在1825—1840年成了落基山区皮毛生意圈约定俗成的交易渠道或者说交易市场。每年夏天，皮毛商、捕猎者

---

① Eric Jay Dolin, *Fur, Fortune, and Empire* (New York: W. W. Norton & Company, 2010), 227-230; Francis F. Victor, *Eleven Years in the Rocky Mountains and Life on the Frontier* (Hartford, CT: Columbian Book Company, 1879), 59; Rorabaugh, *The Alcoholic Republic*, 158.

② Dolin, *Fur, Fortune, and Empire*, 234, 240-244.

③ Victor, *Eleven Years in the Rocky Mountains*, 60.

④ Chittenden, *The American Fur Trade of the Far West*, 262-272, 273, 281.

和印第安人各路人马都在约定的时间与地点汇集到一起做交易。这些人长年奔波在外，常常连说话的人都没有，好不容易聚到一起，自然要开怀畅饮，结果年度聚会便成了有数千人参加的规模空前的集体纵酒盛会。英国皇家地理学会会员乔治·拉克斯顿对他所见到的这样一次年度聚会作了如下描述：

> 捕猎者单独或者一小队一小队地加入进来，带着他们装有河狸的包来到这山间市场，每个人一个狩猎季节的猎物通常都要值上千美元。但是"年度聚会"的挥霍很快就将捕猎者的钱袋弄了个底朝天。商人们带来的货物尽管是最次的质量，也要卖个极高的价钱……年度聚会就是一个持续不断纵酒、赌博、争吵、打架的地方，只要捕猎者还有钱和信用可以维持就行。一拨一拨人像印第安人一样围坐在火旁，前面铺着毯子，用他们一副又一副牌打"尤克牌""扑克牌"和"七分牌"等山地常打的牌。赌注是"河狸"——这里的现金；等到皮毛没有了，就赌他们的马、骡子、枪、衬衫、狩猎包和马裤。胆大的赌徒们则在营地里一个个相互挑战，看谁敢下捕猎者的最高赌注——他的马、他的印第安人老婆（如果他有一个的话）、甚至还有他的头皮。丢了"马与河狸"，在山地人看来是重大损失的山地表达方式；或迟或早，"马与河狸"都一律进了商人贪得无厌的钱袋。捕猎者常常在几个小时里就挥霍掉他一个狩猎季节的猎物，可高达数百美元；然后再靠赊账弄到一副装备，离开年度聚会作下一次狩猎之行，而一次又一次都是同样的结果。①

当然，并不是个个捕猎者都落得一贫如洗。阿什利在 1826 年就将他的公司卖给了他手下三位最好的捕猎者：杰迪代亚·史密斯、戴维·杰克逊和威廉·萨布利特。他们在 1830 年又将公司卖给了托马斯·菲茨帕特里克、吉姆·布里杰、米尔顿·萨布里特、亨利·弗雷伯和琼·巴普蒂斯特·热尔韦等五位捕猎好

① George F. Ruxton, *Adventures in Mexico and the Rocky Mountains* (New York: Harper & Brothers, 1848), 236-237.

手。① 于是，当山地人在年度盛会上一起纵酒豪饮时，那些觉得自己离独立与自由不远的人自然要把酒言欢，一吐心中豪情。那些觉得前景暗淡者，有的会以酒壮胆，再次起步，有的会以酒浇愁，惆怅难消。那些完全失望者，则会借酒忘怀一切。其实对于这些为追求独立、自由、平等而来到西部的山地人来说，无论未来成败如何，他们在落基山区都要面对如影随形的死亡威胁、经年累月的孤独感和壮志难酬的可能性，心中难免没有程度不同的焦虑。年度聚会上的群体纵酒便成了他们暂时纾缓一下焦虑的共同心理需要。希望与焦虑并存，豪气与忧郁同在。

美国人饮酒模式的第三大改变，是出现了独自喝酒乃至纵酒的新现象。这在很大程度上是美国社会发生市场革命的结果。这里所说的市场革命不是指从自给自足经济向市场经济的转变，因为殖民地时代尽管也有自给自足的小农生产方式和传统社会的影响，但是在市场经济的发展上已经取得了重大进展。不过，这毕竟是前工业社会的市场经济，离走向工业化时代的市场经济还距离遥远。因此，19 世纪上半叶在美国发生的市场革命，指的是在推动市场经济进一步发展上取得的前所未有的革命性进展。这种革命性进展不仅表现为在美国经济的基础结构上发生了金融革命、交通革命和通讯革命，而且得益于司法创新、自由主义理念和宗教自由的巨大影响，从而对美国社会步入早期资本主义市场经济，具有不可低估的重要意义。以查尔斯·塞勒斯为代表的一批美国历史学家，正是以市场革命为中心对内战前美国社会各方面的发展做出了解释。② 笔者将以自己对市场革命的理解来讨论它与美国人饮酒模式改变的关系。

从历史角度来看，英属北美殖民地缺乏银行和有组织的证券市场，是不利于市场经济中商品、资金和资本流动的一大障碍。进入 19 世纪后，由州政府授予特许状建立的商业银行从 1800 年的 28 家，迅速增加到 1835 年的 584 家。联邦国会授权建立的第一和第二合众国银行虽然未能延续下去，但不失为建立中央银行

---

① Dolin, *Fur, Fortune, and Empire*, 263-264.

② Charles Sellers, *The Market Revolution*: *Jacksonian America*, 1815—1846（New York: Oxford University Press, 1990）. Scott C. Martin, ed., *Cultural Change and the Market Revolution*（New York: Rowan and Littlefield Publishers, Inc. , 2005）.

的早期尝试。此后的所谓"自由银行"时代，更是美国私人商业银行大发展的时期。另外，大陆会议与各州政府在战时发行债券，刺激了证券市场的兴起。从最初的街头拍卖到纽约证券交易所于 1817 年的正式建立，美国有组织的证券市场和银行一样，经历了一个从无到有的发展过程。这两方面的制度性变化，推动了美国早期资本主义市场经济的形成，故被美国金融史学家理查德·西拉称为"金融革命"。①

比金融革命稍迟半步的，是基础结构上前所未有的"交通革命"。②它迫使"距离"这个 19 世纪上半叶阻碍美国市场扩张的拦路虎步步退却，为经济发展让开了大道。由于殖民地时代主要由地方乡镇出力修建公路，大多数公路质量欠佳，密度也难以满足需要。故而建国后不久，美国就掀起了收费马路建设潮。1792—1845 年，新英格兰、大西洋中部、上南部与俄亥俄州共批准建立了 1 562 个收费马路公司。这些公司通过私人认购股份出资修建了大部分收费马路。③ 在铁路出现之前，这些收费马路与大车成了美国陆上运输的主要承载者，但是长途运输成本太高。幸喜美国水上交通改良出现了飞跃，水上运输的运费比陆路低得多。从 1807 年汽船在美国的第一次商业化试航成功，到 1812 年美英战争结束，汽船终于具备了在密西西比河上逆流而行的能力。于是，在西部河流上从事航运的船只从 1817 年的 17 艘增加到了 1828 年的 1 百多艘和 1840 年的 536 艘。④ 1825 年，纽约州建成伊利运河，使大湖区与纽约市之间有了水上通道。其他各州与城市纷纷仿效，在美国兴起了运河建设高潮。比起收费马路每吨英里 10 美分以上接近 20 美分的运价，运河每吨英里运价只有 2.3 美分。美国铁路建设在 19 世纪 20 年代末起步，到 30 年代加速发展，每吨英里运价为 7.5 美分，1859 年降到 2.58 美分。尽管铁路运费仍然高于运河，但是铁路运量已超过运河。客

---

① Richard Sylla, "U. S. Securities Markets and the Banking System, 1790—1840," *Review* 80 (May/June 1998): 83-98.

② George Rogers Taylor, *The Transportation Revolution* (New York: Holt, Rinehart, and Winston, 1951).

③ Daniel Klein and John Majewsky, "Turnpikes and Tollroads inNineteenth-Century America," EH. Net Encyclopedia, edited by Robert Whaples (February 10, 2008.), URL http://eh. net/encyclopedia/turnpikes-and-toll-roads-in-nineteenth-century-america/.

④ Howe, *What Hath God Wrought*, 214; John Lauritz Larson, *The Market Revolution in America: Liberty, Ambition, and the Eclipse of Common Good* (New York: Cambridge University Press, 2010), loc. 1094, Kindle.

运更是大都掌握在铁路公司手上。① 诚然，上述交通改良未必都能为投资者带来可观收益，然而在降低运输成本和促进整个北美大陆市场经济发展上，则功不可没。

"通讯革命"此时也取得重要进展。作为当时信息传递主要渠道的美国邮局从 1810 年的 2 300 个，猛增到 1830 年的 8 450 个，甚至可以将信件与报纸递送到很多遥远的村落。② 19 世纪 30 年代，美国的邮局数目两倍于英国，5 倍于法国。当时平均每 10 万人拥有的邮局数目，法国仅 4 个，英国也只有 17 个，而美国则不会少于 74 个。无怪乎托克维尔在 1831 年访美时要发出感慨，美国邮政局"深入到了荒野心脏"，是"连接头脑的伟大纽带"。③ 当时骑马接力快递也在 1830 年创下历史纪录，将总统国情咨文从华盛顿送到纽约只用了 15 个半小时。1844 年，塞缪尔·摩尔斯从华盛顿最高法院将电报成功发送到 40 英里以外的巴尔的摩，使这场通讯革命达到了高潮。到 1850 年，1 万英里的电报线路架设完毕，商人们进行即时联系不再是梦想。这种信息的快速传递，使人们在与素不相识的外地人做生意时，可以很快掌握对方根底与异地行情。于是市场经济在很多偏远地区也开始走出亲戚、邻里、熟人、地域的范围，迈向更为广阔的天地。④

基础结构方面的上述变化，有力地促进了市场上金融、商品与信息流通。与此同时，美国法院的司法创新，更为市场经济的进一步发展提供了法律保证。这在合同法上表现得尤为显著，故而美国法律史学界泰斗 J. 威拉德·赫斯特将 1800—1875 年称为"我们法律的合同年代"。⑤ 此前的合同法强调实体正义的公平观，法院可以以双方对价不适当也就是不公平为由，拒不执行合同。可是随着市场的迅速扩大，预期价值的浮动已成常态，合同双方到收与付时完全等价已不

---

① Albert Fishlow, "Internal Transportation in the Nineteenth and Early Twentieth Centuries," in *The Cambridge Economic History of the United States*, 2: 563, 580-581.

② Richard R. John, *Spreading the News: The American Post System from Franklin to Morse* (Cambridge, MA: Harvard University Press, 1995), 52, Table 2.1: The Expansion and Geographical Penetration of the Postal Network.

③ Richard R. Hope, "The Politics of Innovation," *Daedalus* 127, no. 4 (1998), 188-189.

④ Daniel Walker Howe, *What Hath God Wrought: The Transformation of America, 1815—1848* (New York: Oxford University Press, 2007), 1, 222-226; Larson, *The Market Revolution in America*, loc. 1602.

⑤ Hurst, *Law and the Conditions of Freedom in the Nineteenth-Century United States*, 18.

可能。此外，价值的判断还具有一定的主观性。于是，19世纪的美国法官便不再将合同的作用当成"保证协定的公平"，而是视其为执行合同各方认为对他们都有好处的交易，因此要以他们达成的共同意愿为准。这样一来，合同双方便掌握了交易的自主权，不再担心外来干预可能产生的不确定性，使美国经济向自由市场方向迈出了关键的一步。19世纪上半叶美国法院的这类司法创新远远超出了合同法领域，它还在财产法、商法、侵权法等方面取得了令人耳目一新的进展，成了市场经济名副其实的护航者。①

　　除了法律护航以外，美国早期政党政治的博弈扩大了自由主义经济思想在美国的影响，从而使市场经济的进一步发展有了比较可靠的思想基础。有些学者认为，汉密尔顿与联邦党人在经济政策上具有现代视野，而杰斐逊与共和党人的小农共和国理想则落后于时代，成了市场经济发展的拖累。② 这种看法有失偏颇。汉密尔顿当年的金融财政举措并不是什么新东西，而是英国早已采用的"财政-军事国家"模式，即通过政府举债和银行控管达到富国强兵的目的。因此，汉密尔顿依靠的是少数富人精英，采用的是强化联邦政府中央管理的做法。相比之下，杰斐逊追求的不仅仅是农业理想国，而且是"自由帝国"。他在1801年就任总统后就对汉密尔顿和联邦党人强化中央政府的举措开刀，降低债务，减少税收，精简政府人员，开始了美国经济生活稳步私人化的进程。在此后半个世纪的时间里，个人在经济活动中有了越来越大的自主权。③如果汉密尔顿和联邦党人的政策在1800年以后得以继续，那就不会有如此之多的经济自由。用研究这一时期历史的丹尼尔·沃克·豪教授的话来说，"联邦党的死亡在意识形态上具有重大影响，它在美国终结了那种在欧洲依然强大的主张中央集权的保守主义"。④这样一来，尽管19世纪上半叶的普通美国人也许还不大懂什么自由主义经济观，

① Lawrence M. Friedman, *Contract Law in America*: *A Social and Economic Case Study* (Madison: University of Wisconsin Press, 1965); Morton J. Horwitz, *The Transformation of American Law* (Cambridge, MA: Harvard University Press, 1977).

② Michael Lind, *Land of Promise*: *An Economic History of the United States* (New York: Harper-Collins, 2012), 15.

③ Joyce Appleby, *Inheriting the Revolution*: *The First Generation of Americans* (Cambridge, MA: The Belknap Press of Harvard University Press, 2000), 56-59.

④ Howe, *What Hath God Wrought*, 95.

但是以这种思想倡导的以私人产权和契约自由为基础的经济活动，正在一天天成为他们日常劳作的主要内容。其所代表的价值观自然就会产生越来越大的影响。

美国建国后的去国教化不仅完成了政教分离，而且使宗教自由的理念与实践在广大民众中产生了越来越大的影响。这就为他们在市场革命中追求个人自由与私人利益，减少了来自传统教会的控制。早在美国革命爆发后，南部的英国国教就逐渐失去了国教地位，但是新英格兰公理会的国教地位在佛蒙特、康涅狄格、新罕布什尔和马萨诸塞等州尚未动摇。美国宪法第一条修正案虽然规定国会不得就"确立国教或禁止信教自由"制定任何法律，但是并没有对州在保障宗教自由上做出相应规定。因此，公理会在新英格兰这些州依然视所在州公民为其会众，必须交付支持教会的税款，除非他们明确声明自己属于其他教会。1807年，佛蒙特州的公理会由于浸礼会的强烈反对而失去了国教地位。随着力主宗教自由的共和党人力量在新英格兰逐渐加强，新罕布什尔和康涅狄格州也分别在1817年和1818年实现了政教分离。马萨诸塞州则到1833年才正式取消公理会的国教地位。从此以后，宗教归属在整个美国都不再带有强制性，完全成了个人自愿的选择。① 这就使美国人再也不会像新英格兰清教殖民地的商人一样，在市场经济活动中也要受到教会的某些限制。

正是在市场革命的这些大变动中，美国人不仅迎来了进步与繁荣，并且经历了他们从未经历过的大规模西进运动、早期工业化、城镇化、行业转换、社会错位和商业周期，乃至1819年与1837年发生的经济恐慌。他们在获得越来越多的自由并为经济进步感到自豪的同时，也领略了市场革命带来的巨大震撼，尤其是市场经济本身使人产生的不稳定感或者不安全感。一方面是成功的希望与机会，另一方面是重重困难以及失败的可能。这自然就会让人们心中备感焦虑。为了在市场竞争中坚持下去，他们很容易感到需要独自喝酒，以解除焦虑，使自己振奋起来。由于市场革命的大潮触及到美国社会几乎方方面面，故而无论在西部、东部还是在南部，无论是在农村还是在城镇，也无论是在市场革命所及的哪一个社会群体，有此焦虑感而觉得需要独自饮酒的人都比比皆是。

---

① Howe, *What Hath God Wrought*, 164-165.

就西部来说，在交通革命将市场经济不断向西扩展的过程中，成千上万的人跨越了阿巴拉契亚山脉，进入了边疆地区。1800—1820 年，俄亥俄的人口增加到原来的 13 倍。今日所谓中西部地区的人口在 1810 年仅占美国人口的 4%，到1840 年上升到 17%，即 300 万人，1860 年时更是达到全国人口的 1/4 之多。[①] 西部边疆肥沃的土地的确给这些西进移民提供了在东部无法获得的经济机会，但要将机会变为现实并非易事。在荒野之地建农场，不仅要购买土地，还要花许多人工清理后才能成为可耕地，并且需要盖房子、添置农具、购买牲口家禽等，结果其开销往往达到北部地区人均收入的 4 倍。[②] 这笔钱不是每一个西迁家庭都可以拿得出来的，结果不少人只好抵押借贷，背上沉重的债务负担。此外，在西部边远地区创业还要忍受交通不便带来的寂寞和孤独之苦，其焦虑可想而知。英国小说家弗朗西丝·特罗洛普在其 1832 年出版的书中写到她在美国西部边远林区看到的一个农场，颇为感慨地说："这些人确实独立，鲁滨逊莫过于此，他们吃的与喝的都很丰富。但是在我看来，他们的孤独之中似乎有一种可怕而且几乎是不自然的东西。"[③] 与这些西部农场主一样有孤独焦虑之感的，还有马车车夫、伐木工、船夫、运河工人，因为他们四处漂流，而且没有自己可以扎根的地方。[④]

有焦虑感的不止是西部人。在市场革命时代的交通改良为西部农产品打开市场之时，东部一些地区农场主感受到的却是农产品商业化带来的价格竞争的巨大压力。这些农场主如果还想继续以农为业，就必须做出改变：或者向西迁移到更为肥沃的土地上建立新的农场，或者根据附近城镇的市场需求调整其农产品，或者让家人为制造业外包商或新建的工厂工作。东部农场主中有很多人，尤其是那些大都市附近的农场主，都在改变中取得了相当大的成功，因为这是一个危机与希望并存的时代，敢于改变的人就有希望。然而改变之路总是充满了艰辛。西迁

---

① Jeremy Atack and Peter Passell, *A New Economic View of American History from Colonial Times to* 1940 (New York: W. W. Norton & Company, 1994, Second Edition), 249. 今日中西部包括 12 个州: 伊利诺、印第安纳、爱荷华、堪萨斯、密西根、明尼苏达、密苏里、内布拉斯加、北达科他、俄亥俄、南达科他、威斯康辛。

② Jeremy Atack, Fred Bateman, and William N. Parker, "Northern Agriculture and the Westward Movement," in *Cambridge Economic History of the United States*, ed. Stanley L. Engerman and Robert E. Gallman (New York: Cambridge University Press, 2000), 2: 313-314.

③ Trollope, *Domestic Mannes of the Americans*, 59.

④ Rorabaugh, *The Alcoholic Republic*, 140-144.

固然带来了摆脱困境的机会，然而如前所言这毕竟是一条不大好走的重新创业之路。至于适应城镇市场需求的牛奶、黄油、奶酪、肉类、水果、蔬菜等农产品的专业化生产，确实使很多农场主获得了比过去高得多的收益，但是生产者不仅要承担此类产品易于变质的风险，而且会因为专业化生产而在市场波动面前更经受不住冲击。外包和工厂工作显然可以为家庭带来现金收入，提高了物质生活水平，可是却使农场主因为需要妻儿赚取工资作为补贴而失去了往日一家之主的独立感。当经济恐慌到来之时，不堪重负的农场主有的被迫回归近于自给自足的状态，有的甚至成为失去生产资料的工资劳动者。① 农业雇工与佃农在东部看到的是人口压力下的土地价格上涨，在西部则是使之头疼的土地投机、产权纠纷、搬迁及清理土地造成的成本之忧。他们自己要成为农场主的希望变得有点像水中月、镜中花。② 这些农业人口在努力适应社会变化的过程中既有成功者，也有失败者，但无论成败，大都难免要受焦虑之苦。

焦虑感并非农业人口所独有，工匠师傅亦然。他们长期以来为农村和乡镇生产各种必需品，曾是地方社区不可缺少的支柱，在社会上颇受尊重。很多姓氏就是源于各种工匠的名称，如 Taylor（泰勒＝裁缝）、Draper（德雷珀＝织工）、Sawyer（索耶＝锯工）、Mason（梅森＝石匠）、Cooper（库珀＝桶匠）、Smith（史密斯＝铁匠），等等。这些工匠师傅因为拥有生产工具与知识技能，就像拥有土地的农场主一样，视自己为共和国独立的公民。其学徒与受其雇用的工匠都希望不久之后也能成为像工匠师傅一样的人，有自己的工具与作坊，收学徒和雇用工匠。然而随着市场革命的发展，工匠师傅的地位发生了很大变化。一方面是需求扩大使增加生产有利可图，另一方面是外来产品竞争使价格下行压力加大。在这种情况下，一些精于计算且颇具创造力的能工巧匠脱颖而出，成为早期工业化过程中的制造业主。但在那些可以进行大规模标准化生产的行业，工匠师傅从老板沦落为雇工亦不足为奇。19 世纪 20 年代与 30 年代，每 5 个工匠师傅中就有 4 人失去了独立地位，成了这个体制下的雇工，其中地位较高的就担任工头这类管理

---

① Larson, *The Market Revolution in America*, loc. 1955—2042; Christopher Clark, *Social Change in America: From the Revolution through the Civil War* (Chicago: Ivan R. Dee, 2006), 88-106.

② Rorbaugh, *The Alcoholic Republic*, 127.

者。① 只有在那些必须适应顾客的具体需求、时尚需求和多样化需求的行业和地方，工匠师傅的独立地位才相对比较稳固。因此对于他们当中的不少人而言，心中的焦虑亦可想而知。

正在兴起的工厂与城市中也有大量焦虑的人群。美国建国后到内战前的早期工业化，主要通过劳动分工增加产量和降低成本，在满足越来越大市场需求的同时获取更多的利润。许多外包商、工匠师傅以及其他小制造商在没有引入机器的条件下就程度不同地做到了这一点。不过，引领工业化方向的则是采用机器进行大规模集中化生产的工厂制，它最先是于世纪之交在纺织业初露头角。到19世纪50年代，工厂制从纺织业、印刷业等少数几个部门逐渐扩及制造鞋子、钉子、枪械、钟表、农业机械和机器的诸多行业。工厂的工作对于纺织业早期雇用的乡村青年女子来说，确实具有相当大的吸引力，因为她们终于获得了一个可以"有些属于我自己的东西"的机会，特别是比农工和家仆都要高的工资。② 但是就工厂工作本身而言，劳动分工比工匠体制下更细，操作机器的日复一日的简单劳动也就更乏味。不仅如此，工厂制的集中管理意味着更加严格的纪律要求，劳动强度大，工作时间长，且无多少灵活性可言。那些达不到要求的工人就有可能被解雇，甚至上了在其他工厂都找不到工作的黑名单。③ 自19世纪40年代大量外来移民尤其是爱尔兰人进入工厂之后，工人承受的压力就更大了。因为北美长期以来的劳动力稀缺问题有所缓和后，雇主便不再像过去那样对从严管理有较多顾忌。于是工厂工人中不仅有焦虑，还有愤懑。

19世纪上半叶与早期工业化几乎齐头并进的，是前所未有的城镇化过程。从1790年至1830年，人口在5 000以上的城镇从8个增加到45个，其中包括1790年甚至都不存在的俄亥俄河边的辛辛那提。费城和纽约的人口则在1830年分别达到了16万与20万。④ 成千上万的农村青年、外国移民、自由黑人、单身

---

① Larson, *The Market Revolution in America*, loc. 2104.

② Thomas Dublin, ed., *Farm to Factory: Women's Letters*, 1830—1860 (New York: Columbia University Press, 1993), 20-21.

③ Larson, *The Market Revolution in America*, loc. 2207-2210, 2223-2226; Robert A. Margo, "The Labor Force in the Nineteenth Century," in *Cambridge Economic History of the United Stats*, 2: 233.

④ Rorabaugh, *The Alcoholic Republic*, 128-129.

妇女进入了城市，希望在这里寻找市场革命为他们提供的更多、更好的机会，诸如比农业雇工高的工资、比农活轻松的工作、比农村寂寞环境刺激得多的各种娱乐等等。然而当他们来到城市以后，却发现工业化和人口剧增带来了严重的环境污染问题。煤烟缭绕，水不卫生，满街垃圾，沿途都是公共马车留下的马粪。结果城市人口的健康自然受到严重影响。据学者研究，费城与纽约在 19 世纪 30 年代与 40 年代新出生婴儿的预期寿命只有 24 岁，比当时南部新出生的奴隶婴儿还少 6 岁。① 除了环境与健康问题以外，在城市这种缺少邻里乡亲关照的陌生人世界里，很多人尤其是初来者都会感觉到生活与工作的压力。即便是 19 世纪上半叶在城市越来越多的中产阶级专业人士，诸如律师、医生、牧师、工程师、报纸编辑、学院教师、银行与公司职员等，其地位虽相对稳定，收入也算可观，可他们无论是谁都不敢保证自己在市场革命大潮中就一定成功。由于自由平等理念的影响、去国教化的发展和市场竞争产生的压力，牧师、医生和律师这些向来受人尊重的社会阶层的地位都不复以往，甚至有所下降，要维持和提高自己的地位将面临许多新的挑战。就连不少尚在学院学习的学生都发现，毕业后能否像过去一样顺顺当当成为一个牧师都成了问题。② 所有这些人自然不可能没有焦虑感。前面提到过的肯塔基州的亨利·克莱曾出任众议院议长、国务卿，并竞选过美国总统。他的儿子小亨利·克莱毕业于西点军校，学习法律后在肯塔基州执业，后战死于美墨战争之中。小亨利·克莱曾在 1832 年 11 月 22 日给其父的信中坦诚："像所有雄心勃勃而奋发向上的年轻人一样，仅仅是不成功的可能性，就会让无数不必要的、令人烦恼的恐惧存活于我心中。"③

　　纵然是市场革命的弄潮儿，即那些在谋求利润上具有企业家创新精神而勇于尝试的人，在无情的市场面前亦常常不堪重负，心存焦虑。事实上，在市场经济中涉足任何经济活动都不无风险，而且失败率相当高。1860 年的《亨特商人期刊》上有文章称："大多数人或迟或早都会在他们经营的事业上破产和失败，不仅仅是商人与店主会这样，甚至还包括农场主与所有职业的人。"内战前最为通

---

① Howe, *What Hath God Wroght*, 530.

② Rorabaugh, *The Alcoholic Republic*, 135-140.

③ *The Papers of Henry Clay*, ed. Robert Seagel, II（The University Press of Kentucky, 1984），8：601.

常的估计是：每 100 个商家中就会有超过 95 家破产。现在的历史学家认为，时人估计的失败率过高，但是破产确实是相当普遍的现象。他们研究当时的信用报告后得出结论：内战前直接参与市场交换的业主中，至少有 1/3，也许是 1/2，最终会破产。① 即便是在生意场上功成名就者，此前也难免没有失败的经历。塞缪尔·科尔特制造出的左轮手枪，曾被用于美墨战争，后多为美国军官和西部牛仔随身佩戴。这种枪还曾在 1851 年伦敦水晶宫博览会展出，可谓享誉大西洋两岸。然而，从科尔特 1835—1836 年获得英、美两国专利到 1847 年，他在制造左轮手枪和水雷的创业活动上曾一再受挫。内战前美国国会虽于 1800 年和 1841 年先后通过两部破产法，试图对投资创业者有所保护，但不久即被废除。故 19 世纪上半叶美国的企业界人士在这方面都要承受很大的压力。对于尚无破产之忧的商家来说，竞争随着市场的扩展往往愈演愈烈，手中的专利虽然能对竞争有所抑制，但有时效性，而且技术进步还常常会将专利持有者甩到后面去。因此，能顶住风险并从竞争中胜出的人，也难逃心理上的巨大压力。

南部从殖民地时代起就因为能向英国提供大宗农作物出口商品而深深卷入了大西洋市场经济。然而进入 19 世纪后，以烟草种植为主的弗吉尼亚、马里兰以及北卡罗来纳部分地区，由于烟草价格下降和土壤肥力耗尽等原因在经济上陷入了比较困难的境地。许多种植园主和农场主不得不向西迁移，寻找新的肥沃的土地，并对农作物进行调整。北卡罗来纳就是在这个时候开始了第一次向阿拉巴马棉产区迁徙的浪潮。该州山麓地区的一个居民在 1817 年说"焦虑与慌乱遍及这个地区所有阶层要迁居的人们"。在南卡罗来纳州，靛青出口已好景不再，稻谷种植尚可维持。于是自伊莱·惠特尼发明轧棉机以来，这个州的种植园主便开始大量种植棉花。佐治亚州的很多种植园主也很快加入进来。由于对棉花不断增长的市场需求，南部棉花产量在 1790—1815 年从 3 135 袋增加到 208 986 袋，猛增了 65 倍。② 南部棉花种植的中心后来又从南卡罗来纳州与佐治亚向阿拉巴马、密西西比和路易斯安那州转移。在南部各地主要农作物因为市场需求而进行这种

---

① Edward J. Balleisen, *Navigating Failure: Bankruptcy and Commercial Society in Antebellum America* (Chapel Hill: University of North Carolina Press, 2002), 3.

② Gates, *The Farmer's Age*, 7, 8.

重大调整的过程中，很多种植园主、农场主以及其他行业的人都会受到市场波动的冲击，遭遇土地、资金、人力等各方面的问题，甚至疲于奔命，焦虑之感自然在所难免。

和上述美国社会大多数群体不大一样，能在市场波动和竞争中稳操胜券而不感到有多大压力的，恐怕唯有南部依靠棉花暴富的种植园主新贵。由于英国工业革命中棉纺业迅速发展产生的对棉花的巨大需求，美国南部很多地方乃以棉花作为主要农作物，取代了烟草和其他一些传统农作物，结果不仅使利用奴隶劳动力从事棉花种植的种植园主迅速致富，而且使南部成了工业化领军部门棉纺业最重要的原料供应地。其地位之重要，堪比 17—18 世纪大西洋经济中盛产糖的西印度群岛与 20 世纪全球经济中盛产石油的国家。据美国经济史学家研究，在内战前半个多世纪的时间里，棉花价格除 1843—1845 年曾低到如果将资本和劳动力用于其他投入会获利更多一点以外，棉花生产都保持了它的相对优势。即便是 1843—1845 年最差的情况下，种植园主们都相信棉花价格的下降只是暂时的。其所以会如此，不仅仅是因为棉花生产对资源进行了最有效率的利用，而且是由于西部新棉田的资本回报都高得足以吸引来自老南部、东北部和欧洲的大量资金。因此，种植园主新贵们对市场波动不大在乎，对棉花生产也高枕无忧，凡事都有监工照看下的奴隶去做。于是他们便过着整天无所事事的生活。这当然也和向来就贬低工作与劳动的南部种植园主文化的影响密切相关。一位前奴隶曾经回忆说："人所共知的习俗严禁种植园主的儿女从事任何劳动，好像这个国家的法律规定了劳动要受罚金与监禁的惩罚似的。"这种无所事事的生活自然无聊乏味，种植园主们就以打猎、赛马、斗鸡、赌博和追黑人女人来打发时间，喝酒也是其中的一种重要消遣方式。用一个种植园主自己的话来说就是："我们什么都没有……只有威士忌。"①这种作为一个群体因为无事可做产生的无聊而喝酒，当然只是一种例外。

---

① Joyce Appleby, *Inheriting the Revolution: The First Generation of Americans* (Cambridge, MA: The Belknap Press of Harverd University Press, 2000), 69, 156. Douglass North, *The Economic Growth of the United States*, 1790-1860 (Englewood Cliffs, NJ: Prentice-Hall Inc., 1961), 123. Rorabaugh, *The Alcoholic Republic*, 135.

　　由此可见，除南部棉花种植园主新贵以外，美国社会的主要阶层与群体的大多数人都会进入一种几乎是同样的心理状态。[①] 他们一方面因为市场革命时代获得了前所未有的自由，感到成功的机会比过去任何时候都大，因而充满热望，志在必得，另一方面又面临种种过去难以想象的压力与挑战，眼见有望成功却又难以企及，甚至可能失败，即便成功了也难保以后不会折戟沉沙，结果焦虑不安便长期萦绕于心头。这种内心的煎熬甚至会比索性没有任何机会的绝望之苦更难受。于是，许多人便开始独自饮酒，以酒浇愁，希望能摆脱焦虑，振奋精神，继续前行。其所以要一个人单独喝酒，乃是因为这些人自觉或不自觉地接受了有关自由市场经济的价值观。他们认为个人是经济活动中不受干预的主体，可以自由地参加市场竞争，故而一切成败也必须由自己个人来承担。即便有苦也只能向自己倾诉，否则就在大家面前失去了自己是一个独立自由之人的尊严。不仅如此，由于市场革命年代个人私利日益重要，邻里友人之情有所弱化，与其找人共饮寻求安慰，还不如单独一醉来得方便、痛快、洒脱，而且省去了共饮大醉后失言、失态、失礼的后顾之忧。这是美国人与殖民地时代前辈迥然不同的饮酒模式。因为他们不再是因为日常饮食健康的需要与家人一起喝酒，也不是为了社交聚会或者解除烦闷去与邻里乡亲、同事朋友一道把酒畅饮，而是为了缓和焦虑和振奋精神的个人心理需要去单独喝酒。

　　这样一来，当他们在市场经济中为理想打拼时会保持清醒，竭尽全力长时间辛苦工作，等内心的焦虑累积到自己难以承受之时，就独自一人喝上几杯，甚至喝到醉，好好放松一下，清醒后又重振精神，再赴市场经济的竞争之地，等到支持不住时再来独自把酒浇愁，以利再战。这种清醒与醉酒周期性交替的独自饮酒乃至纵酒的模式，已经失去了通常饮酒所具有的健身、娱乐、助兴、交友的作

　　① 这里没有讨论印第安人与南部黑奴饮酒问题，因为其饮酒对这个时期美国饮酒量大增影响很小。印第安人的人口总数已经变得非常少，从美国人口统计局可以提供的数据来看，印第安人 1860 年的人口仅为 4 万多人（没有 1860 年以前的数据），占全国人口 3114 万的比例约为 0.1%。参见：Campbell Gibson and Kay Jung, "Historical Census Statistics on Population Totals by Race, 1790-1990, and by Hispanic Origin, 1790-1990, for the United States, Regions, Divisions, and States," U. S. Census Bureau, Population Division Working Paper No. 56 (September 2002), 19, Table 1. 至于当时南部的奴隶，据尤金·吉诺维斯教授研究，这些黑奴虽然可以弄到酒，偶尔也会有纵酒现象，但是总的说来饮酒相当有节制，非一般白人可以做到。参见：Eugene D. Genovese, *Roll, Jordan, Roll: The World the Slaves Made* (New York: Pantheon Books, 1974), 641-646.

用。其目的就像一位研究酒的学者说过的一样，主要就是为了"减少焦虑"。①
只要他们心中希望长在，相信自己还有机会，这样喝酒确实就有助于他们缓解和
摆脱焦虑，从而能够在稍事放松之后一次又一次振作起精神，鼓足劲头继续为自
己的理想奋斗下去。在市场革命大潮冲击下产生焦虑感的千千万万美国人，大多
就是这样走过来的，因为他们和他们的先辈一样，都是相信这片土地上充满了机
会的人民，他们不会也没有放弃希望。事实上，如果没有这些美国人无论多么焦
虑最终也不肯退缩的精神，就没有这个年轻共和国的迅速成长和壮大。酒在其中
所起的缓解焦虑和振作精神的作用，不可低估！也许正因为如此，这种独自喝酒
的模式在美国才会延续至今，而一日三餐都大灌黄汤的酒风早已消失不见，群体
纵酒除了校园里的小打小闹以外，也不再像当年那样倾巢而出和堂而皇之了。

　　然而独自饮酒发展到纵酒后，一旦走到极端，就会变成病态纵酒，最后导致
"震颤性谵妄"。这是美国人饮酒模式发生的第四大改变，后果相当可怕，但涉及
的只是少数人。由于独自纵酒往往是急于摆脱心中的焦虑，所以饮者往往要喝可
以尽快致醉的高度数烈酒，甚至喝到醉得不省人事。其中有少数人长此以往，对
这种独自纵酒的依赖性越来越大，就变成了一种病态纵酒。这种病态纵酒会造成
殖民地时代非常少见的"震颤性谵妄"（Delirium Tremens）。有这种病态纵酒问题
的人在突然停酒或减酒后先是出现无法控制的肢体颤抖和知觉模糊，然后产生偏
执妄想和活灵活现的幻觉，看到有人、动物或鬼怪幽灵要伤害自己，乃呼喊救
助、在一阵癫痫式大发作后陷入严重抑郁状态，有的甚至死亡。

　　不过，有学者认为，"震颤性谵妄"并非长期喝烈酒的必然结果。这种问题
的产生还和文化有关。他们发现，墨西哥一个印第安人村落的人每天都喝酒喝到
醉醺醺为止，却一点事也没有，因为他们喝酒就是为了喝醉，醉酒对他们来说是
在取代美的表达以及求知、游戏、谈话、交往等。② 一醉而了百事，多么轻松的
感觉！19 世纪上半叶的美国文化则不同，它崇尚独立、自由和平等，然而要实

---

　　① Donald Horton, "The Functions of Alcohol in Primitive Societies," *Quarterly Journal of Studies of Alcohol*
4（1943）: 223.

　　② Rorabaugh, *The Alcoholic Republic*, 170.

现这些目标又谈何容易。托克维尔在 19 世纪 30 年代访美时发现美国比欧洲平等，而且生而平等的理念成了美国民主的基础。不过他也注意到，在这个没有与生俱来的特权的国度，经济上不平等造成的影响变得越来越重要。经济史学家们根据有限的历史数据所做的迄今为止比较可靠的研究，也得出了类似的结论：19 世纪的美国在经济上变得越来越不平等，尤其是在独立后到内战前这段时间就更是如此。① 可以说，美国革命使政治与社会平等观深入人心，而市场革命则让美国人不得不面对经济不平等的现实。这种矛盾的反差越大，就越容易使人陷入不可自拔的焦虑。

于是，因病态纵酒而患有震颤性谵妄症的人大多是期望甚高而失望至深之人。19 世纪 20 年代一位医学院学生在论文中谈及震颤性谵妄症患者时如此写道："事实上，这些案例大部分都发生在有些教养的人当中，有时发生在天才之子中，他们依然还残留有感受能力。因此我们要记住，当这样的人从体面和舒适的地位沉沦为济贫院丢脸的居住者，他们内心经历了多少煎熬。他们受到的惩罚太大，我们在与之交往时有责任视其为同情的对象，努力缓和我们可能无法治愈的伤痛。"② 这实际上是一种美国式的"心比天高，命比纸薄"。他们志向远大，不仅要追求独立、自由和平等，还要放眼他们个人的万里鹏程，可谓"心比天高"，然而要实现如此之高的理想与目标又岂是易事，以其有限的能力难免不在激烈的竞争中败下阵来，可谓"命比纸薄"。这些失败的恐惧导致震颤性谵妄症患者在幻觉中看到的，大都是有可能伤害自己的蛇、鼠之类的动物，以及对自己构成威胁的同伴或者幽灵鬼怪，好像自己身陷种种敌对力量的包围之中一样。显然，他们的幻觉不是出于凭空的想象，而是源于现实世界。

美国革命以来独立、自由、平等的崇高理想在美国文化中扎根之深，世所罕见。市场革命大潮在短短几十年时间里给美国社会带来巨变的同时，产生的压力之大也没有几个国家能望其项背。生活于这个理想崇高而又压力巨大的国家，不

---

① Clayne Pope, "Inequality in the Nineteenth Century," in *The Cambridge Economic History of the United States*, 2: 109-110, 132-135.

② Matthew Warner Osborn, *Rum Maniacs: Alcoholic Insanity in the Early American Republic* (Chicago: University of Chicago Press, 2014), 73, note 153.

管是为了追求理想，还是为了应对压力，都需要有比过去更多的酒为不少人振奋精神和缓解焦虑，才能使他们在面对社会变化的种种挑战时继续砥砺前行。事实上，除了少数人发展到病态纵酒这个极端以外，这个时期美国人饮酒模式的其他三大变化，基本上都在适应美国社会变化的需要。一日三餐大喝威士忌是在适应美国饮食文化变化的实际需要，群体畅饮或纵酒是在适应美国人追求独立、自由和平等的精神需要，独自饮酒乃至纵酒适应了美国人应对市场革命大潮的心理需要。而所有这些社会变化正在引领这个国家的人民开启一个逐渐走向现代美国的历史进程。于是我们在这个"嗜酒如命的共和国"里看到的，不是一个烂醉如泥的国家，而是一个生机勃勃的年轻共和国。

七、酒店到酒馆沙龙之变

在这个"嗜酒如命的共和国"里，人们饮酒的数量与模式发生了改变。作为他们外出喝酒主要场所的酒店在很多方面已落后于时代，变化自然也在所难免。殖民地时代以来，酒店大多是店主的住房或者本来要作其他用途的店铺，很少有专门为开酒店而建造的房屋。因此，当时的酒店建筑没有什么特点可言，与普通民居或者一般商店很难区分开来，店门口一定要树一个酒店的招牌才能吸引客人注意。据殖民地威廉斯堡基金会所做的研究，18 世纪弗吉尼亚的酒店大多只有6~10 个房间。后来有关马萨诸塞与费城的酒店研究也得出了类似的结论。[①] 房间少，自然比较拥挤。来酒店喝酒的本地人摩肩接踵，留宿的外地客人不仅要与生人同房，有时甚至还要与生人同床。酒店内通常环境肮脏，跳蚤横行，食物难以入口，服务十分差劲，甚至还收费不菲。这一切不仅外国人多有诟病，而且也引起本国人的不满。1789 年，一位美国陆军军官在马萨诸塞一家酒店看到那邋遢得不得了的床铺时忍不住咆哮道："这个国家的人为什么不能对待自己至少像对待畜生一样好，住得稍微像个理性的动物呢？"[②] 当然，殖民地时代也有比较高档的酒店，如纽约的弗朗西斯酒店和威廉斯堡的罗利酒店。不过，即便是这样的酒店，往往也只有几个房间供公用而已，睡房则不会超过 15 间的样子。这一切就是华盛顿总统上任后在 1789—1791 年巡游全国 13 个州所看到的美国酒店的基本状况。

美国建国后如何将 13 个前殖民地真正凝聚为一个国家，是开国先贤们面临的一大挑战。华盛顿出访各州，就是希望利用自己的威望赢得全国民众对刚刚建立的联邦政府的支持。消息传出后，各地官员、名流、亲戚、熟人以及过去的部

---

① Department of Research, Colonial Williamsburg Foundation, *A Study of Taverns of Virginia with Special Emphasis on Taverns of Williamsburg* (Williamsburg, VA: Colonial Williamsburg Foundation Library, 1990), 14, accessed August 18, 2017, http://research.history.org/DigitalLibrary/view/index.cfm? doc = ResearchReports%5CRR0164.xml&highlight; Conroy, *In Public Houses*, 47-48; Thompson, *Rum Punch and the Revolution*, 102-106.

② Cited in A. K. Sandoval-Strausz, "A Public House for a New Republic: The Architecture of Accommodation and the American State, 1789—1809," *Perspectives in Vernacular Architecture* 9 (2003), 54-55.

属纷纷写信，邀请他到访时在他们的住宅里歇脚。可华盛顿一概好言婉拒，坚持住酒店。因为他担心住私人宅第会有损总统的公共人物形象，使人们怀疑他在当时愈演愈烈的政治派别之争中能不能做到公正无私。恪守这一高尚原则固然使其13 州之行在政治上相当成功，但沿途的饮食起居却因此多有不便。南部种植园主出身的华盛顿习惯了豪华宽敞的住宅。他在日记中对北部之行最后 1/3 行程的酒店表达了诸多不满，常以"相当差"或者"不是个好住处"来评价。至于南部之行，总统就更不满意了，不仅酒店质量不好，有很多地方甚至压根就连一个酒店都没有。在北卡罗来纳州，华盛顿抱怨说，他想避雨，可是"离哈利法克斯还有一段路的唯一一家酒店，既没有马厩……也没有一个房间或床看起来还说得过去，其他一切都很脏，我只好继续前往哈利法克斯"。在通向萨凡纳的路上，华盛顿发现住处"极其差劲——酒店小，给人或马提供的食宿都很糟，尽管在知道我要来时通常都为款待我而做了格外的努力"。①

在华盛顿到访期间，各地官员亦因没有适当酒店接待总统颇感尴尬。更重要的是，酒店如此差劲，既不利于这个地域广袤的新生共和国公民通过彼此来往逐渐加强国家认同，也不利于他们互通有无，促进商业与整个经济的发展。建国后的精英阶层与社会地位上升的中产阶级对此都深有所感，希望酒店能满足因社会经济进步和他们地位变化而产生的诸多要求。除了这些国内需求以外，酒店是外国人到美国后必然要光顾的地方，其建筑风格和服务质量的好坏直接关系到国家的形象。早在 1785 年，杰斐逊在建议弗吉尼亚州府大厦的设计采用法国尼姆的古罗马四方神殿风格时，就曾指出："向旅行者展示出我们在婴儿时就有一点成年后会更棒的鉴赏力，将会为我们的国家争光。"②

在这些要求改善酒店的压力推动下，一些有条件的酒店店主便开始致力于酒店升级。当然，大部分老式酒店的改建不可能像政府建筑一样模仿罗马神殿的风格，但是至少是在规模、设施、建材、地点等方面提高了档次。弗吉尼亚州府所

---

① *The Diaries of George Washington*, ed. Don Jackson and Dorothy Twohig（Charlottesville：University Press of Virginia, 1979）5：493, 497；6：113, 158.

② "To James Madison from Thomas Jefferson, 20 September 1785," *Founders Online*, National Archives, https：//founders. archives. gov/documents/Madison/01-08-02-0191. ［Original source：*The Papers of James Madison*, Vol. 8, 10 *March* 1784-28 *March* 1786, ed. Robert A. Rutland and William M. E. Rachal. Chicago：The University of Chicago Press, 1973, pp. 366-369.］

在地里士满的酒店改建就是一个很好的例子。那里的老城酒店原本是由加布里埃尔·高尔特开的高尔特酒店，1788 年时只有 6 间房间，其中 4 间还被一位上校长期租用，此外就是马厩。到 1801 年，酒店大为改观。当地报纸称之为"一家宽敞的酒店，有很好的马厩、厨房、烟熏室（用于熏制鱼肉之用）、乳品房、玉米房和十分好的烤箱及面包烘房。还有一个非常大的花园"。① 过去酒店大多是木房，如今砖房增加了，有的还会锦上添花，涂上粉饰灰泥。原来平房居多，现在不仅楼房越来越多，而且楼层也在增加。酒店的选址也发生了很大变化，离开了又脏又乱的码头，开始向城镇的政治与商业中心靠拢，以适应社会精英们的需要。这些人不再愿意像过去一样在酒店的公用间里与三教九流的人共聚一堂，而希望有私人房间与地位差不多的人一起同席共饮、议论政事、商讨生意，举办各种会社活动。他们还希望酒店有舞厅和看表演的地方，这样就可以带自己的夫人与孩子去参加这些高雅活动，展现共和国绅士的斯文风度。

在酒店升级的过程中，美国第一批不同于既往酒店的旅馆出现了。其中不乏可以称得上豪华者。"旅馆"（Hotel）这个词是 18 世纪 60 年代从法文引入英文的外来语，原本指贵族住所、市政厅或其他公共建筑，美国革命时期传入北美，在口语中渐渐用来指比较正规的酒店与客栈。② 不过，在那时要兴建一座高档旅馆还真不是件容易的事情。1793 年年初，美国早期保险业的开拓者、北美保险公司创建人小塞缪尔·布洛杰特受命监管首都华盛顿哥伦比亚特区的建设。他在政府预算不足的情况下决定用彩票筹集资金，中奖者将获得一个计划建造的大旅馆，即联邦公共旅馆。由于特区政府官员不敢为彩票承担责任，布洛杰特乃以自己的不动产作为担保。旅馆由设计白宫的建筑师詹姆斯·霍本绘制图纸，计划建成乔治王朝风格的三层楼砖石建筑，占地宽 120 英尺，纵深 60 英尺。这在当时华盛顿的私人建筑中是最大的。可是，由于彩票筹集的资金太少，旅馆迟迟未能完工，布洛杰特无法对彩票中奖者兑现承诺，被告上法庭。他将地产出售后仍不够支付旅馆完工所需要的款项，结果只好进了债务监狱。1810 年，联邦政府将

---

① Cited in Agnes Evans Gish, *Virginia Taverns, Ordinaries, and Coffee Houses*: 18th-19th *Century Entertainment Along the Buckingham Road* (Westminster, MD: Heritage Books, 2009), 99-100.

② A. K. Sandoval-Strausz, *Hotel: An American History* (New Haven: Yale University Press, 2007), 6-7.

这个烂尾楼买下，完工后用作邮政局与专利署的总部。到 1812 年战争期间国会大楼被焚毁后，该建筑一度成为国会召开会议的地方。①

因此，美国第一座真正建成作为旅馆使用的，并不是华盛顿的这家联邦公共旅馆，而是纽约市的城市旅馆。就在布洛杰特开始彩票筹资的 1793 年早春，纽约 10 名富商以汤鼎氏养老金制的方式筹集资金，② 买下了市内最有名的酒店之一——城市酒店，拆毁后于 1794 年年初开工，在其地基上建起新的城市旅馆。（见图 25）该旅馆内除舞厅、客厅、商店、办公间和当时美国最大的租借书籍的图书馆以外，还有 137 个供旅客留宿的房间。其造价为 10 万美元，市内建筑高于这一造价的，唯有华尔街的纽约证券交易所。③

此后，受华盛顿与纽约这两大旅馆建设的影响，罗德岛的纽波特、马萨诸塞的波士顿、弗吉尼亚的里士满等大城市，在 18 世纪 90 年代后半叶均有商人或者建筑师起意建设类似风格的高档旅馆，但由于资金和风险等原因无一建成。直到 1807 年，波士顿三位从事远洋贸易和保险业的商人受对华贸易暂时出现繁荣的鼓励，要求马萨诸塞议会通过立法，授权他们成立公司，建造"包括交易所、咖啡馆和其他用途套间在内的"的大楼，"以利于为公众提供膳宿"。他们从政府获得特许状后，迅即成立公司，吸引投资者，并聘请当时还名不见经传的建筑师阿舍·本杰明进行设计。到 1809 年，名为波士顿交易所咖啡馆的豪华旅馆落成。这栋 7 层楼的建筑占地约 1 650 平方米（17 753 平方英尺），正立面有 6 个爱奥尼亚圆柱支撑着过梁、飞檐和三角墙，馆内正厅有 5 层门廊环绕，每层有 20 个圆柱支撑，最上方是圆形玻璃穹顶，离地 83 英尺，上有放置望远镜的顶塔。这家豪华旅馆有 200 多个房间，包括厨房、食品贮藏室、酒窖、餐厅、舞厅、酒吧、咖啡室、各类商店、公共阅读间、观测台、报纸阅览室、办公室、共济会会

---

① Kenneth Hafertepe, "Samuel Blodget, Jr. ," *American National Biography*, ed. John A. Garraty and Mark C. Carnes（New York：Oxford University Press, 1999）, 3：38-40. Stephen Hansen, "Blodget's Hotel（1793—1836）," Virtual Architectural Archaeology, accessed August 20, 2017, http：//washingtonarchitecture. blogspot. ca/2013/03/blodgets-hotel-1793-1836. html.

② 汤鼎氏养老金制（Tontine）是意大利银行家汤鼎（Lorenzo de Tonti）发明或者取自前人的一种养老金保险计划。参加者每人都向该计划交付一笔保险金，然后将所有保险金投资的收入定期分发给参加计划的每个成员，当一个成员去世后，其养老金由仍然健在的成员分享，直至所有成员都去世为止。

③ Bayles, *Old Taverns of New York*, 371-374；Meryle R. Evans, "Knickerbocker Hotels and Restaurants, 1800—1850," *New-York Historical Society Quarterly* 36（1952）：382.

堂和 170 个套间。其造价超过 50 万美元。[①] 尽管这是当时北美大陆"最典雅、最方便、最有用的"旅馆建筑，它还是没能将许多商人从街上吸引到拟作交易所用的正厅里来做买卖，其住店客人的数量也不足以使其收入能有盈余。[②] 不过，就其规模与豪华气派而言，波士顿交易所咖啡馆确实是美国早期旅馆的巅峰之作。（见图 26）其后几年虽然又有为数不多的旅馆问世，但是都无法和交易所咖啡馆在这方面相提并论。到 1812 年美英战争爆发，在和平时期就风险颇大的美国第一代旅馆建设终于戛然而止。

可以说，美国第一代旅馆的建设是商人精英阶层前瞻性努力的产物。在绝大部分美国人依然务农的年代，这些为数甚少的上层商人看到了一个与眼下农业社会颇为不同的未来美国，即不断扩张的商业帝国。他们深知，商业依靠的是市场，市场繁荣意味着货物在越来越大的地域范围内快速与可靠地流动，而这种越来越多和越来越快的货物流动会使人员往来增加，并日趋频繁。因此，他们不仅主张交通改良，而且有志于旅馆建设，视之为美国市场经济走向繁荣不可缺少的基础设施之一。当然，他们也知道旅馆建设会使周围地价上升的道理。因此，这些让传统酒店望尘莫及的豪华旅馆，具有迎接共和国商业化未来的极其强烈的象征意义。人们从波士顿交易所咖啡馆顶楼上的望远镜里看到的，恐怕不仅仅是遥远海平面上出现的商船，而且是美国未来的商业繁荣。然而，未来毕竟是未来，市场革命在美国才刚刚起步，旅馆业的繁荣还要等到大约 10 年以后。就像后来有人对波士顿交易所咖啡馆的评述一样："它是一个七层的庞然大物，远远超前于它那个年月的需要。"[③] 当时这些旅馆在盈利上少有成功，基本原因就在于此。

美国第一代旅馆的建设不仅有其着眼于商业化未来的经济意涵，还有不同于旧日酒店的社会考虑与政治用心。共和国建立后，任何身份头衔与承袭而来的财产地位，在美国社会中的重要性都不复以往，人们越来越注重依靠风度、衣着、用品、装饰、房屋、行为举止和其他视觉感受，来区别一个人的社会地位。18世纪末，诸如费城城市酒店那样的少数高档酒店，就已经开始模仿皇家宫廷的装

[①] Harold Kirker, "The Boston Exchange Coffee House," *Old-Time New England* 52, no. 185（1961）：11-13.

[②] "Description of the Boston Exchange Coffee-House," *Omnium Gatherum* 1（1809）：9.

[③] James Henry Stark, *Antique Views of Ye Towne of Boston*（Boston：McIndoe Brothers, 1882），119.

饰。不过，和第一代旅馆的建筑规模、豪华气派和高档装潢相比，这些酒店实在是小巫见大巫。当时有人在诗作里对波士顿交易所咖啡馆的舞厅做了如下的描写：①

> 紫色的帷幕与金辉相映，
>
> 就像是夏季落日色彩绚丽的云裳，
>
> 音乐将她活跃的精灵洒向四周，
>
> 弯曲的拱顶回荡着愉悦的声音，
>
> 四周镜子里满是活跃身影，
>
> 闪闪发亮的箭头号示意要转身而去。②
>
> 看那羞涩的美女飘然来去宛若神灵，
>
> 柔情满怀的恋人以窃窃私语表达崇敬，
>
> 而偷偷一瞥就是他火热的目光。

显然，建造能举办如此舞会的旅馆的社会考虑，就是要在一个日益追求平等的社会里，将上流人士与普通老百姓自然而然地区别开来。尽管旅馆大门敞开，但是没有一定身份地位的人在如此豪华的设施和氛围面前会自惭形秽，望而却步。即便有几个不知趣的进来了，也有足够的空间将他们与上流人士分开来安排，使之各得其所，相安无事。因此，这种高档旅馆往往避免了共和国初年酒店里不同阶层人士发生冲突的场景。

事实上，建造第一代旅馆的商人精英几乎都是联邦党人。他们担心民主会社等组织受到法国雅各宾派的影响，对其集会、游行、示威感到恐惧。因此，这些人非常反对难以控制的街头行动，希望将政治表达的场所从户外转移到可以进行理性辩论的室内空间，实际上就是要把大众民主变成代表制民主下的精英治理。有学者认为，这就是建造纽约城市旅馆的政治用心所在。而在当时的共和党人看

---

① Manto, "Lines on Visiting the Exchange Coffee House in Boston," *The Port Folio* 1 (1809): 452.

② 这舞厅有三个穹顶，不仅没有破坏音响效果，反而使音乐听上去更加美妙。另外，舞厅四周是镜子，舞者多似真人与镜中人浑然一体，为防止撞到镜子上去，上面有箭头号提醒舞者不能向前，要转身离去。

来，联邦党人的闭门会议就是要回归旧日欧洲宫廷的秘密而腐败的政治。于是，城市旅馆被他们嗤之以鼻，称之为那些意欲成为贵族者的常来常往之地。波士顿交易所咖啡馆 1818 年毁于大火时，不少旁观者幸灾乐祸。其中一位说，这旅馆"是罪恶的构想和邪恶的果实，但它现在被火净化了"。① 此外，这些商人精英和其他联邦党人一样，主张有一个强大的联邦政府，所以他们计划建造的第一个旅馆就在首都华盛顿——联邦政府的所在地。可以说，这是他们热衷于旅馆建设的又一层政治用意。英国人亨利·万西在 1794 年访美时写道："就他们的建筑而言，我视他们接受联邦宪法以来为一个新时代。他们从那时起便开始觉得他们自己联合成了一个国家，他们所有的公共工程与事业似乎都以一种更加显赫的风格开始了。"② 于是这个时期的建筑风格被称为联邦风格。可以说，这种联邦风格的第一代旅馆建设，反映了商人精英阶层将各个地方社区逐渐融入全国性商业、文化与政治网络的勃勃雄心。

在 1812—1814 年美英战争结束后约 10 年的时间里，旅馆建设步履缓慢。这和第一代旅馆少有成功以及 1819 年金融恐慌带来的经济不大景气有密切关系。交通革命虽已起步，但还只是开始。1825 年伊利运河完工改变了这一切。它将大湖区、俄亥俄河流域和大西洋沿岸联为一体，使西部产品运往东部沿海的成本大大降低，从 19 世纪 10—20 年代的每吨英里约 20 美分减少到 30 年代的每吨英里约 2 美分或 3 美分。③ 以伊利运河连接的辽阔的内陆与边疆地区为依托，纽约市作为商业中心的发展潜力呈天下无敌之气势。东部其他沿海城市商人深感自己的繁荣受到威胁，纷纷起而竞争，不仅努力推动所在州和城市进行运河与铁路建设，而且掀起了与交通改良及城市繁荣息息相关的旅馆建设潮。当时有越来越多城市头面人物"似乎已经意识到，一般来说旅馆就是其所在地的标志。好的旅馆意味着繁荣的城镇，而有公共精神的城镇就该有个好的旅馆"。④

---

① Sandoval-Strausz, *Hotel：An American History*, 36-39.

② Henry Wansey, *An Excursion to the United States of North America in the Summer of* 1794（Salisbury, England：J. Eaton, 1798, Second Edtion with Addtions）, 220.

③ Atack and Russell, *A New Economic View of American History*, 155.

④ Hiram Hitchock, "The Hotels of America," in *One Hundred Years of American Commerce*, ed. Chauncey Depew（New York：D. O. Haynes & Co., 1895）, 150.

就在伊利运河完工前后，巴尔的摩市开始了两大"内部改进"工程。其中最引人注目的固然是：由 1827 年建立的巴尔的摩和俄亥俄铁路公司修建的美国第一条铁路。然而该市首先启动的第一项"内部改进"工程，却是 1825 年开工建设的城市旅馆。这栋 6 层楼的旅馆于 1826 年完工，除 200 多间客房以外，还有客厅、舞厅、餐厅、商店、便餐馆、理发店和酒吧。首都华盛顿不甘落后，于 1827 年建成国家旅馆。（见图 27）当地报纸声称全国没有一个城市有像华盛顿这样的第一流旅馆。那种在旅馆建设上要与其他城市一较高下的心态跃然纸上。一直在与巴尔的摩争夺对萨斯奎汉纳河流域经济影响力的费城也不示弱，于 1828 年建成合众国旅馆。宾夕法尼亚中央铁路在该旅馆附近设站，将其纳入这一地区的运输与旅行网络。同年，波士顿商人与制造业者出资建造特里蒙特旅馆。第二年，一栋希腊复古式旅馆大楼就落成了。正面为花岗石墙壁和多利斯型门廊，内有穹顶圆形中央大厅和 170 个房间。赞美之声，不绝于耳。① （见图 28）

由于交通革命开始将美国各个地区包括西部边疆越来越紧密地联系在一起，各个城市都希望成为在日益扩大的市场中不断流动的货物与人员的停留之地，在旅馆建设上乃不遗余力。除了促进本地经济繁荣的考虑以外，这场堪称第二代旅馆建设高潮的兴起还有一个重要原因：随着交通运输改良与市场经济发展的大大加速，对旅馆的需求之大已经到了有利可图的程度。于是，不仅仅是前述几个大都市，全国很多中小城镇也都感受到了这种建造旅馆的急迫需要与经济实惠，很快便付诸行动。对 1840 年全国人口最多的 40 个城镇所做的系统分析发现：在 1815 年，这 40 个城镇中只有 5 个有专门建造的旅馆，10 年后增加到 13 个，但是在 1825—1840 年这段时间，有专门建造的旅馆的城镇增加到 33 个，其中有十几个城镇是在 1830—1840 年第一次有了这样的旅馆。据统计，美国人口达 1 万人以上的城镇到 1840 年有 87% 都建造了旅馆。②

第一代旅馆的建造者希望以旅馆的富丽堂皇将中下层民众拒之门外，结果遭到了诸多愤怒的谴责。1825 年开始兴建的第二代旅馆，在建筑规模与豪华气派上一点也不输于第一代旅馆，却不仅没有受到什么诟病，反而被报界称颂为"大

---

① Sandoval-Strausz, *Hotel*：*An American History*, 50-55.

② Ibid., 56.

众的宫殿"。① 究其原因，是因为政治气候和思想理念都发生了重大变化。众所周知，热衷精英治国的联邦党人在政治上瓦解了，杰克逊民主党人推崇大众民主，反对特权，主张白人男性在政治权利与经济机会上地位平等。与此同时，市场革命的扩展使得越来越多的人相信，商业化与民主是可以兼容的。随经济繁荣而来的有如欧洲贵族宫殿般的豪华旅馆并不是美德的敌人，而是平民大众都应该有机会享受的奢侈。这种从共和主义朝自由主义的理念转向，反映了当时地位上升的中产阶级的愿望。② 因此，尽管第二代旅馆的创建者依旧来自商业与金融精英阶层，但是他们竭力在豪华旅馆与平等主义之间寻求调和，设法使旅馆具有大众皆能享用的民主色彩。

然而在杰克逊时代，美国白人中大约只有 20% 的人，其收入足以偶尔住一下旅馆客房。③ 于是旅馆便依靠酒吧、餐厅、会议室，来为平民大众提供他们负担得起的各种服务，使他们也能有机会成为旅馆的顾客。不仅如此，第二代旅馆很少是从州议会获得特许状建立公司后才得以兴建与经营的，而且也没有从政府拿到什么补助。结果这些旅馆就不像当时民众激烈反对的银行一样，落下是有钱阶级特权产物的口实。即便是少数成立了公司的旅馆，也没有能以服务公共利益的名义从政府获得什么特权。如波士顿的特里蒙特旅馆创建时，就曾要求市政委员会同意在 10 年内给业主每年 500 美元，意在减轻其税务负担。但是该市法务官认为，诸如改善街灯照明一类作为才是公益，经营旅馆则是让投资者私人获利，称其服务公共利益之说值得怀疑，结果拒绝了这一要求。《商报》还就此发文，对法务官"反对听从私人利益与公众对立之请求的有力论证"大加赞赏。④

事实上，当时到访美国的很多外国人都发现，旅馆里的美国人来自各个阶层和不同的职业，具有多样化的特点。一个英国人在其 1833 年出版的游记中，谈到不久前访美时看到美国人大多举止得当、相处和谐时深有感触地说，这"不仅

---

① "Our Public Hotels," *Daily National Intelligencer*, June 13, 1827, cited in Carolyn E. Brucken, "Consuming Luxury: Hotels and the Rise of Middle-Class Public Place, 1825—1860" (PhD Diss., George Washington University, 1997), 73-74.

② Ibid., 5-10, 67-126.

③ Sandoval-Strausz, *Hotel: An American History*, 65.

④ Molly W. Berger, *Hotel Dreams: Luxury, Technology, and Urban Ambition in America*, 1829—1929 (Baltimore: The Johns Hopkins University Press, 2011), 36-37.

仅是由于教育的普及，而且在某种程度上是因为不同的阶级在旅馆、民宿客舍，特别是旅行时总是混合在一起，没有什么贵族模式可言"。① 有的外国来访者不习惯与不同阶层的人交往，也不想与他们在同一个餐厅里就餐，乃要求旅馆将餐食送到自己的房间里去，但通常都会被拒绝，说这是不恰当的、非民主的做法。如果说这些外国人的评论中可能有羡慕美国民主的溢美之词的话，那么当时美国工人阶级经常在旅馆召开行业或政治会议，则是有大量史料证明的事实。19 世纪 30 年代纽约市劳工报纸《工人倡导者》，就登载了几十篇关于工人在不同旅馆举行各种会议与活动的报道。纽约市工人最常去的旅馆是鲍厄里大街上的北美旅馆。新英格兰农场主、工匠与其他工人协会 1832 年召开大会的地点，是波士顿的马尔伯勒旅馆，当时有来自 20 多个城镇的一百多位代表参加了会议。其他工业城镇如费城、奥尔巴尼、特洛伊、纽瓦克的工人在旅馆集会也是常事。至于工人在旅馆开会研讨他们对国会议员提出的要求，美国国会记录中亦多有记载。②

于是，美国旅馆虽然看上去像是欧洲贵族的宫殿，但任何白人不分阶层基本上都可自由进出，享受自己负担得起的服务。研究美国旅馆历史的学者 A. K. 桑多瓦尔-斯特劳斯由此得出结论："美国第二代旅馆的巨大成功大半要归因于这样一个事实，那就是它们在继续推进第一代旅馆经济目标的同时，摆脱了它的社会排他性。"③ 正是在摆脱社会排他性上，旅馆的酒吧功不可没，因为它提供的酒水是那些付不起客房钱的平民大众一般都买得起的。不仅如此，由于酒吧吸引的顾客如此众多，结果成了旅馆收入"最有利可图的来源之一"。④ 因此，每个旅馆都有对并非房客的客人不受限制开放的酒吧，而且往往是直通接待大厅，有的还有临街的入口。尽管各旅馆酒吧的大小与装潢不一，但是其基本要素相同：板凳与装有踩脚横杆的吧台，其后是酒瓶架子和排列有序的玻璃酒杯，房间里有桌椅。为了吸引酒客，旅馆通常都会雇一个出色的调酒师打理酒吧，他不仅能和客人天南海北地大侃一通，还会调制出各种美味佳酿，诸如"香甜热酒""睡帽酒""薄荷朱利酒""甜味杜松子混调酒"，等等。

---

① Boadman, *America, and the Americans*, 177.

② Sandoval-Strausz, *Hotel*: *An American History*, 65-67.

③ Ibid, 72.

④ Garvin, *On the Road North of Boston*, 170.

自 18 世纪末建成后直到 19 世纪 40 年代，纽约市城市旅馆一直盛名不衰，其重要原因之一就是旅馆酒吧里有一位非同寻常的调酒师奥萨马斯·威拉德。时人将喝一杯他调制的酒，作为到纽约一游非有不可的经历。19 世纪 30 年代兴起的桃酿白兰地潘趣酒热就是因他而起，而他最拿手的则是调制薄荷朱利酒。英国人查尔斯·奥古斯塔斯·默里在游记中称其为"流芳百世的威拉德"，说他是"这门艺术的头号大师"。默里还这样写道："这位卓越人物的名字是每一个美国人都熟悉的，也是过去 30 年访问美国的每一个外国人都知晓的。我曾听到很多关于他一天调制了多少薄荷朱利酒和他的名声给旅馆带来了多么巨大利润的计算结果；但由于当时没有记下来，我不会斗胆在这里作含糊不清的尝试。"[1] 其实，对于这位广为人知的调酒大师的顾客们而言，这些数字并不那么重要。倒是他在若干年后见到过去的顾客时还能直呼其名的惊人记忆力，使人们心中油然而生一种比酒更令人心醉的亲切感。

1837 年的金融恐慌及其后的萧条使旅馆建设速度放缓，但到 19 世纪 40 年代中期，美国不仅经济复苏，而且领土迅速扩大：1845 年并吞得克萨斯，1846 年签订俄勒冈条约，1848 年发动美墨战争。仅仅 4 年时间，美国就把疆域扩大了 51%，新增领土 120 多万平方英里。[2] 加利福尼亚的淘金热、科罗拉多的矿藏、中西部和大平原地区的农作物，吸引着千千万万移民涌向西部，太平洋铁路的勘探也在进行中，一个横贯北美大陆的美利坚合众国已不再是梦想。这样一来，与货物、人员流动几乎平行发展的旅馆建设自然又迎来了高潮。恰如英国人伊莎贝拉·伯德在描述辛辛那提时所言，这里形成了生猪、铁路与旅馆三大"系统"。[3] 三者相辅相成，为俄亥俄河流域迎来了繁荣。1850 年以后，美国人均旅馆数扶摇直上，尤其是在西部，增速最快。旅馆不仅数量迅速增加，而且按照地点、功能、档次划分成不同类型：豪华旅馆、商务旅馆、中档旅馆、薄利旅馆、度假旅馆、铁路旅馆和移居旅馆，等等。[4]

---

① Murray, *Travels in North America*, 1：60.

② Sandoval-Strausz, *Hotel：An American History*, 77.

③ Bird, *The Englishwoman in America*, 125.

④ Sandoval-Strausz, *Hotel：An American History*, 80, 81-99.

值得注意的是，当旅馆因交通革命而火速崛起的同时，遍布各地的传统酒店却因此开始走下坡路了。原因很简单，在汽船和铁路大大加快了旅行速度之后，人们便不再需要像过去乘马车那样，没走多远就不得不因天色已晚而在中途小地方酒店里留宿歇息。如今可以坐汽船或火车长途旅行，直接到目的地的大城镇入住旅馆。至于那些在运河上旅行的人，更是可以在船上过夜，无须沿途在酒店住宿。酒店老板对此一筹莫展。显然，交通革命和任何革命一样，带来的也是几家欢乐几家愁。可对于整个国家的人民而言，这是走向繁荣不可或缺的一步。

尽管传统酒店在提供舒适的住宿条件上难以和新兴的旅馆竞争，但是在 19 世纪上半叶的大部分时间里，至少在 1840 年以前，这些酒店仍然是当地社区老百姓饮酒聚会和进行社交往来的主要公共场所。新兴旅馆酒吧和原来就比较好的酒店的顾客中虽然也有下层民众，但其主要顾客是中产阶级和地位更高的客人。因此，城镇地区处于社会边缘的穷人、劳工、移民和非裔美国人，还是喜欢到价格便宜的传统酒店里去喝一杯。至于乡村地区的传统酒店，其中不少不仅没有感受到旅馆竞争的压力，而且在很多人心中依然魅力不减。作家、超验主义者和自然主义者亨利·戴维·梭罗在 1843 年的一篇文章中，就将乡村酒店老板称之为"展翅的雄鹰"，说这种人"具有好客精神"，张开他们的双臂欢迎陌生人。作家纳撒尼尔·霍桑在 1850 年的日记中，写到马萨诸塞州康科德的帕克酒店。他盛赞在酒店喝酒的律师、老人、青年与乡下佬，并称"在这些酒吧间与饮酒之地，最引人注目的就是完美秩序占了上风"。尽管梭罗也承认不是个个酒店老板都像他说的那样完美，但是在他与霍桑笔下，这些乡村酒店似乎大都成了举止得体的理想之地。①

除了这些传统的酒店与新建的旅馆酒吧以外，在城镇下层居民比较集中的地区，还不知不觉地出现了一种后来被称为酒馆沙龙（Saloon）的饮酒场所。这种以酒类零售为主的酒馆沙龙得以问世，是因为很多过去的酒店和杂货店逐渐走上了以卖酒为主的经营道路。那些在旅馆竞争之下客房需求大减的酒店，自然会做出这种选择，因为酒类需求在这个"嗜酒如命的共和国"里一路飙升，势不可

---

① Sismondo, *America Walks into a Bar*, 112-113.

挡。而比这些酒店更多的是散落在城镇各个不同地区的杂货店。这些杂货店不仅卖杂货和食品，也卖酒，最初卖给顾客的酒必须带走，可后来有些人在店里就把所买的酒直接喝掉了。久而久之，这些杂货店就成了既外卖杂货、食品和酒，也让人在店里喝酒的地方。由于杂货与食品在其他店铺也可以买到，利润微薄，有很多杂货店就将生意逐渐集中到利润比较高的酒类零售上来了。当它们卖的酒远远超过了食品、杂货时，便被人们称之为格罗格酒家（Grogshop）、格罗格酒铺（Groggery）或者下等酒肆（Doggery）。① 1819 年，纽约市就有大约 1 300 家杂货店和 160 家酒店有执照销售烈酒，其中 238 家在位于下曼哈顿东部的第六选区，那里是工人、爱尔兰人和黑人等下层民众聚居的地方。到 1827 年，获得酒类零售执照的店铺增加到 3 000 多家，而在第六选区以肮脏、疾病、贫穷和犯罪著称的"五道口"街区，有的街段超过一半以上的房屋都是小酒家或者杂货店。② 早期的酒馆沙龙就是在这些小酒家、杂货店和客房生意不好的酒店基础上发展起来的。

众所周知，"沙龙"一词源于法文，指法国巴黎崇尚文艺的贵妇邀请作家、诗人和各种艺术家讨论文学艺术的客厅，后来笼统指文人雅士相聚清谈的地方。这是一个意涵高雅的名字，怎么会用来指称 19 世纪上半叶在美国城镇贫民区的下层饮酒场所呢？有学者推测，原因可能是这些场所当时名声不好，遭人诟病，需要在称谓上稍加包装，便采用了这么一个多少能给人一点敬重之感的名称。③说到作为城镇酒馆沙龙前身的这些饮酒场所，其中不少确实声誉不佳。例如纽约市"五道口"街区的小酒家，多与帮派活动有染。其中的罗塞特·皮尔小酒家，就是爱尔兰帮派"四十大盗"的老巢，这个帮派从 1825 年左右开始控制"五道口"街区达十多年之久。而当时纽约市爱尔兰人经营的小酒家有 1 500 个之多。到了 19 世纪 20 年代末与 30 年代初，以小酒家为基地的帮派越来越多，诸如来自爱尔兰克里县的移民组成的克里老乡帮、酒商特德·罗奇支持的罗奇卫队帮、

---

① "格罗格"（Grog）原本指兑水后的朗姆酒，此处作为合成词的组成部分显然是笼统指酒类。

② Edwin G. Burrows and Mike Wallace, *Gotham: A History of New York City to* 1898（New York: Oxford University Press, 1999），485.

③ Elliot West, *The Saloon on the Rocky Mountain Mining Frontier*（Lincoln, NV: University of Nebraska Press, 1996, First Edition, 1979），27.

戴着塞满皮革和羊毛的礼帽抵挡棒击的丑八怪礼帽帮、从不把衬衫扎进裤子里的衬衣尾巴帮，等等。① 此外，纵酒、斗殴、赌博、色情在这些饮酒场所更是累见不鲜。故而用"酒馆沙龙"这么个名称来掩饰一下其中的不雅活动，也是有这种可能的。

还有人认为，其所以称为"酒馆沙龙"，是因为有些富于创意的酒类零售商对他们的店铺进行装修，里面安装了镜子和枝形吊灯，还有如同出水芙蓉的维纳斯女神画像，整体陈设变得比较讲究，于是便有了"沙龙"的名号。② 19 世纪美国典型的酒馆沙龙确实与传统的酒店不大一样。它通常在街角之处，两条街上都有入口，入口处是双开式弹簧门，既可以推门而入，也可以推门而出，进出之后门都会自动弹回原位。一方面使外面的人与执法人员无法看清里面的人及其活动，另一方面又让有可能光顾的客人只要一瞥就可以了解店内大致动静。酒馆沙龙内有与一面墙平行的很长的吧台，并有黄铜的踩脚横杆，但没有几把椅子。一个英国人发现，"和很多英国城镇里坐在酒吧间与酒吧单间不同，美国人在吧台喝了酒，就走了"。③ 沙龙的地板上铺着锯木屑以吸干酒水、痰液、血迹等，此外还有大镜子、拳手的相片和半裸女人的画像。④ 1838 年，新奥尔良的城市交易所旅馆酒吧来了个首创，用免费午餐吸引酒客。这一做法很快就为各地酒馆沙龙争相仿效。⑤ 到 19 世纪中期及其后的时间里，当酒馆沙龙在美国变得越来越常见时，上述主要特点大概就是判断一个饮酒场所是不是酒馆沙龙的依据所在。

对于酒馆在美国究竟为什么会被冠以"沙龙"的称谓，上述两种解释都仅仅是推测而已，并无确凿的史料证据。不过从研究者已经掌握的材料来看，有一点可以肯定，那就是"酒馆沙龙"被广泛用于称呼这类饮酒场所是在 1841 年左

---

① Luc Sante, *Low Life: Lures and Snares of Old New York* (New York: Farrar, Straus and Giroux, 2003, First Edition, 1991), 199.

② George Ade, *The Old-Time Saloon: Not Wet - Not Dry, Just History* (New York: Ray Long & Richard R. Smith, Inc. , 1931), 69-70.

③ James Dawson Burn, *James Burn: The "Beggar Boy"* (London: Hodder and Stoughton, 1882), 276.

④ Ade, *The Old-Time Saloon*, 28-33.

⑤ Herbert Asbury, *The French Quarter: An Informal History of the New Orleans Underworld* (Garden City, NY: Garden City Publishing Co. , 1938), 139.

右。① 当然，在此之前，具有酒馆沙龙某些特点的饮酒场所早已出现了，只是还比较简陋，而且人们依旧习惯地将其称为小酒家、小酒铺、下等酒肆。随着酒馆沙龙的增加，其种类也逐渐增多，除了仅仅饮酒的酒馆沙龙以外，还出现了辅以各种其他活动或功能的酒馆沙龙，顾客在这里可以欣赏音乐表演，赌博，上餐馆，打台球，跳舞，玩保龄球，等等。② 有的酒馆沙龙还有妓女卖淫、斗狗、斗鼠、摔跤与拳击表演。当然，酒馆沙龙也逐渐有了档次之分。高档酒馆沙龙既有单独开业的，也有设在豪华旅馆之中的。但是 19 世纪的大部分城镇酒馆沙龙，主要还是工人、贫民、少数族裔和移民经常光顾喝酒的地方。

不过，也有少数酒馆沙龙确实是文人墨客经常聚会的场所。例如纽约百老汇的查尔斯·普法夫啤酒窖，就是不拘泥成规的作家、演员和艺术家写作、取乐和喝酒的去处。经常光顾那里的颇有名气的人物包括小说家霍雷肖·阿尔杰、女作家兼演员埃达·克莱尔、画家温斯洛·霍默，以及有"美国文明之父"之称的超验主义思想家拉尔夫·沃尔多·爱默生等人。销路很好的文学周刊《星期六小报》就是在普法夫啤酒窖的地下室酒馆沙龙里问世的。沃尔特·惠特曼也常去这个酒窖，而且与那里的文人过从甚密。这位一度主张戒酒的诗人在其未发表的诗作《两个地窖》（The Two Vaults）中，对这个地下室酒馆沙龙有如下描写：

> 饮者与笑者在普法夫的地窖里汇聚一堂，
> 吃着，喝着，狂饮一通，
> 与此同时，
> 在他们头顶的人行道上，
> 无数的脚正在百老汇大街上走过。
> 就像坟墓里的死者在地下隐藏，
> 而地上的活人在其上行走，
> 对他们毫不介意。

---

① Henry Louis Mencken, *The American Language* (New York: Knopf, 1963), 167. West, *The Saloon on the Rocky Mountain Mining Frontier*, 27.

② Kathy Weiser, *The Great American Bars and Saloons* (Edison, NJ: Chartwell Books, Inc., 2006), 8.

惠特曼此时倒不是对酒馆沙龙有所批评，而是感慨他和这些酒馆沙龙文人的作品没有得到主流文学界的关注，就像坟墓里的死者不能引起活人的兴趣一样。①

至于西部的酒馆沙龙，它们后来在西部影片中成了各种传奇故事发生的地方。事实上，这些酒馆沙龙的发展是紧跟着西进开发的脚步而来的。它们常常是一个移民定居点最早的、有时甚至是唯一的公共建筑。其功能和东部传统的酒店比较接近。除了卖酒以外，它们通常也为客人提供膳食与住宿，替牲口提供草料和马厩。在西部最早可以称得上是酒馆沙龙的店铺是一个叫布朗的捕猎者在 1822 年开的，位于今天怀俄明、科罗拉多与犹他三州交界的一个叫布朗之穴的小镇，那里树木葱茏、峡谷环绕，靠近后来山地人年度聚会的地点之一，即格林河的亨利岔流所在之处。这个酒馆沙龙在 1840 年河狸濒临灭绝之前生意火红了 18 年，因为每年有大约 5 000 人要在这个当地最大的定居点落脚歇息，其中包括商人、捕猎者、印第安人、法裔皮货商、带着印第安人老婆的白人和西部山地一些声名远扬的探路开拓者。当然，早期边疆地区的酒馆沙龙受条件限制，不得不因陋就简，有的开在帐篷里，有的开在草根土屋里，有的开在路边牧场的平房里，有的开在洞穴里。旧金山的阿波罗酒馆沙龙甚至开在一艘弃置的破烂旧船里。后来，随着移民的增加、社区的稳定、资本的流入与交通的改良，再加上 19 世纪 30 和 40 年代一些西部地区的立法作出规定，允许这些早期的酒馆沙龙只售酒而不用提供住宿，像东部一样比较典型的酒馆沙龙才在西部逐渐出现了。它们在西部各地出现的时间有先有后，在旧金山是 1849 年淘金热以后的 19 世纪 50 年代初，在丹佛是 60 年代初，在堪萨斯是 1870 年以前，在很多其他地方则是 19 世纪 80 年代。② （见图 29）

从早期比较原始的酒馆沙龙转变为比较现代的酒馆沙龙，成本不菲。挖一个洞穴开酒馆沙龙不过 1.65 美元就足矣，可是建一个一层楼的酒馆沙龙，而且又要有一个看上去像是两层楼的"假门面"，那么光是房屋建造费就要 500 美元，

---

① David Haven Blake, *Walt Whitman and the Culture of American Celebrity* (New Haven: Yale University Press, 2008), 61-63.

② Richard Erdoes, *Saloons on the Old West* (New York: Alfred A. Knopf, 1979), 31, 34-36; Richard W. Slatta, "Comparative Frontier Social Life: Western Saloons and Argentine Pulperias," *Great Plain Quarterly* 7 (1987): 156.

另外再将一个做工精细的吧台拆开运到西部，连工钱加运费则要花 1 500 美元，三倍于房屋成本。① 不过，如果酒馆沙龙生意好的话，一个月就有可能收回成本。于是，西部酒馆沙龙也逐渐变得富丽堂皇，颇有巴洛克风格。门前是木板人行走道，入口有双开弹簧门，室内是硬木地板，桃花心木吧台纵贯整个沙龙，长达 50 或 60 英尺不算稀奇，丹佛早期的一家沙龙的吧台接近 130 英尺。② 此外还有钢琴、轮盘、动物标本和半裸美女图像。这些特点与东部酒馆沙龙大同小异，但吧台侍者和东部的调酒师相比则很不一样，他们头戴阔边毡帽，身着红色绒布衬衫，将深色裤子塞入皮靴，佩戴手枪与猎刀，难免不让初来乍到的东部人心生畏惧之感。尤其是内战前堪萨斯因为奴隶制问题发生流血冲突时，支持奴隶制的吧台侍者似乎随时都有可能将自由土地派客人的喉咙割断似的。当然，不是所有的西部酒馆沙龙侍者都是如此。例如旧金山的豪华酒馆沙龙，早在 1851 年就有和东部一样打扮得体、身着白色西服的调酒师，其中不少实际上就是东部人，他们可以调配出上百种不同的酒类饮料。③

西部酒馆沙龙的顾客成分并非都是一样的，有些是多元化的，有些是单一化的。淘金时代旧金山的酒馆沙龙是顾客多元化的典型，其顾客包括英国人、法国人、德意志人、荷兰人、意大利人、西班牙人、挪威人、瑞典人、瑞士人、犹太人、土耳其人、华人、夏威夷土人、新西兰人、马来人、黑人、帕提亚人、米缇亚人、埃兰人、克里特人、阿拉伯人，以及美国各地来人。另外还有印第安人原住民、墨西哥人和做妓女的智利妇女。但是在 19 世纪 40 年代的圣路易斯，一些来自不同国家的人会到作为酒馆沙龙前身的不同店铺喝酒，如法兰西人到韦德波谢角的苦艾酒屋和葡萄酒屋喝酒，荷兰人与德意志人到他们的啤酒园去畅饮，爱尔兰人则到他们的无照小酒店去大喝一通莫农格希拉黑麦威士忌。后来在科罗拉多州的丹佛，人们也喜欢到说自己语言的业主开的酒馆沙龙饮酒。④

一般来说，西部的酒馆沙龙对所有白人都平等相待，但是印第安人被法律禁

---

① Erdoes, *Saloons on the Old West*, 35-36.

② Thomas J. Noel, *The City and the Saloon：Denver*, 1858—1916 (Lincoln：University of Nebraska Press, 1982), 7.

③ Erdoes, *Saloons on the Old West*, 55-56.

④ Ibid., 70.

止进入酒馆沙龙，黑人进去喝酒则不会有什么人搭理。不过当时白人对黑人的态度比 19 世纪末边疆稳定后还是要好一些。妇女在酒馆沙龙一般来说不受欢迎。不过在比较大的西部城市，妇女逐渐有了进酒馆沙龙当众喝酒的权利。一些初到旧金山的人，看到妇女在酒馆沙龙里喝酒、赌博或者在大街上醉醺醺地行走，往往会吓一跳。19 世纪 50 年代在芝加哥开始出现的音乐酒馆沙龙，更是在公共场所中开辟了一个男女混合的新天地。土生土长的美国人是很难想象，如何将"歌曲与拉格啤酒、音乐与麦芽酒"结合起来。所以这些音乐酒馆沙龙，基本上是德裔移民将故土的音乐啤酒馆（Music-beer-halls）移植到北美新家园的产物。到 1858 年，伦道夫西街上已经有了好几家音乐酒馆沙龙。其中路易斯·海因茨开的那家不仅有器乐，还有声乐。当地报纸报道说，那里"常常有成百或更多的人在用耳朵和嘴来品赏从酒桶与音乐会流出的产品"。不仅如此，这些音乐酒馆沙龙还逐渐有了新大陆多元化的气息，其顾客包括很多非德裔美国人，其音乐也是以流行音乐而非德意志音乐为主。海因茨的音乐酒馆沙龙里的歌手和演奏者甚至是非裔美国人，另一家沙龙的表演则是用从非洲传统乐器改造而来的班卓琴伴奏。最引人注目的是，音乐酒馆沙龙的顾客不仅有男人，还有女人，到周末甚至是合家而来，连孩子都带上了。曾经采访了两个音乐酒馆沙龙的一位记者发现，每一处的顾客群都是两性兼有，他（她）们喝着拉格啤酒与德意志葡萄酒，听着流行曲调，彼此在一起跳舞。① 当然，就 19 世纪上半叶而言，像芝加哥音乐酒馆沙龙这种男、女顾客都可以光顾的现象，还非常少见。当时绝大部分酒店、酒馆沙龙以及平民大众去喝酒的其他店铺，几乎都是男人的天下，也就是说除了店主的妻子、女儿、女侍者和旅行住店的女客以外，没有几个女人会在那里。

这些男性顾客中有不少人对酒店、酒馆沙龙和其他可以饮酒的店铺情有独钟的一个重要原因，就是视其为可以展现自己男子气概的地方。他们在那里饮酒、斗殴、赌博和恶作剧，取乐自己，作践他人，以此来证明他们是敢作敢为的男子汉，故在社会上有"快活佬"（Jolly Fellow）之称。乡村地区酒店的"快活佬"

① Jeffrey Wiltse, "'I Like to Get Around': City Girls in Chicago Music Saloons, 1858-1906," *Journal of Urban History* 39 (2013)：1127-1128.

来自社会各个阶层。例如在 19 世纪 40 年代纽约州北部尤纳迪拉一个小村庄酒店里，喜欢闹着玩的"快活佬"就包括店主 A. D. 威廉姆斯上校、两个当地有名的医生、三个工匠师傅和一个富有的银行家，此外还有很多身份比他们低下的"快活佬"。至于农场主，由于他们居住分散，通常不是酒店常客，而是偶尔造访酒店时才会卷入"快活佬"的行动。当时的政客倒是酒店"快活佬"中的活跃分子，因为他们需要在酒店动员选民，争取支持。共和党人与联邦党人中都有"快活佬"。后来民主党人中的"快活佬"比辉格党人中多一些，因为民主党的小政府理念比辉格党的道德改革思想更能吸引这些人。另外，由于当时一些法院要巡回审案，法官、法警、书记员和律师不仅成了酒店常客，而且常常是"快活佬"中的一员，用虚假案件和模拟审判来作弄人就是他们的酒店乐趣之一。这些"快活佬"中有很多不大上教堂，但也有不少是经常做礼拜的。不过他们并不认为"快活佬"行为与基督教信仰有什么矛盾，因为十诫中没有一条涉及饮酒、斗殴、赌博或者恶作剧。①

城镇地区酒店常客的社会背景不像乡村地区这么多元化，因为那里随着商业化和市场革命的发展，阶级界线日益明显，不同的阶层开始到不同的酒店喝酒。例如 19 世纪 30 年代的纽约，工人一般都在杂货店和"三分钱"酒家喝酒，"比较体面的人"则会去"六分钱"酒店聚会，而且其中一些人开始主张节制和自律，视之为举止得当的新标准，逐渐不再出入于这些饮酒场所了。因此，城镇里尽管也有属于"比较体面"阶层的"快活佬"，但杂货店和酒店的常客大多是干体力活的，而且比乡村地区的酒客年轻，他们成了城镇"快活佬"的主体。当时纽约市因在酒店打架被捕的，绝大多数是 30 岁以下干粗活的年轻人，即学徒工与受雇的工匠等。到 19 世纪 50 年代，这些"快活佬"经常出入的酒店、酒馆沙龙、赌场、弹子房、妓院和杂耍剧场，基本上集中在城市里因秩序混乱和充满暴力而恶名远扬的街区。较为突出的例子有波士顿的黑海地段、纽约市的鲍厄里街区、费城的南街街区、芝加哥的桑兹地段和亚特兰大的默雷尔地段。②

---

① Richard Stott, *Jolly Fellows: Male Milieus in Nineteenth-Century America* (Baltimore: The Johns Hopkins University Press, 2009), 1-2, 8-9, 10-26, 36-39.

② Ibid. , 39-40, 98.

　　这些声名狼藉的城镇街区中最出名的是纽约市的鲍厄里街，那里的"快活佬"，即鲍厄里街上的"快活小子"们（B'hoys），自19世纪40年代开始更是名震全国。街上有许多酒店、酒馆沙龙、赌场、舞厅和剧院。入夜后热闹非凡，结果吸引了聚居在曼哈顿下东城一带的许多工人，甚至还有纽约市的一些中产阶级人士和外来访客。不过，鲍厄里街之所以引人注目，不仅仅是因为有这些娱乐场所，更重要的是因为那里的人所表现出来的一种精神。用作家科尼利厄斯·马修斯在1853年出版的书里的话来说："就他们个人的行为举止而言，鲍厄里街的人是完全独立的——每个人都我行我素。"① 这就是说他们完全不受外在规矩的约束。究竟鲍厄里街的每个人在个人行为举止上是否都"完全独立"，还有商榷的余地，但是那里的"快活小子"在"我行我素"上确实非同一般。这些人基本上是年轻的工人，既有本土美国人，也有外来移民，而且外来移民的比例越来越大。他们与美国过去土生土长的工匠不同。工匠以自己的工作为荣，视自己的工作为保持独立地位的保证。可工业化开始后的工人受雇于人，在工作上要受雇主的支配，不可能靠工作获得独立地位。于是，这些深受美国革命尤其是杰克逊时代以来独立、自由、平等、民主观念影响的青年工人，便在工作以外的闲暇时间寻求能像他人一样独立自主的机会，力图向人们证明自己是一个敢于我行我素的男子汉。酒店自然也就成了"快乐小子"展现男子气的最佳场所。三杯酒下肚，就没有什么不敢说，也没有什么不敢干的。恰如当时为《纽约论坛报》撰稿的乔治·福斯特所说的一样，酒店中的"快活小子"们"在这里看到自己因脾性的勇猛和臂膀的力量而成了注意和尊重的对象"。② 于是，他们不仅好酒，而且好斗、好赌、好作弄人。这一切固然是为了取乐，但更重要的是要证明自己是个不折不扣的男人，是个和别人一样顶天立地的男子汉。

　　"快活小子"热衷的一些活动的确让人刮目相看，而这些活动的商业化与政治化，也确实让某些借此凸显其男子气概的人改变了自己的地位。例如，有的人成了职业拳击手，开美国拳击比赛之先河。其中最有名的就是詹姆斯·"扬基"·沙利文和托马斯·海尔。（见图30）前者是美国第一个职业拳击手，后者

---

① Cornelius Matthews, *A Pen-and-Ink Panorama of New-York City* (New York: John S. Taylor, 1853), 128.

② George Foster, *New York in Slices* (New York: W. F. Burgess, 1849), 44.

则因 1849 年两强相遇时击败了沙利文而举国瞩目。另外还有些人则在纵酒、斗殴、赌博、作弄人这些活动中广结人缘，成为政客。比如深得工人与帮派支持的迈克·沃尔什，先后当选州议员与国会众议员。原本在密西西比河沿线赌博与斗殴的艾赛亚·赖因德斯，19 世纪 30 年代来到纽约市，在一家酒吧组织 "帝国会社"，协调与政治有关的帮派活动，后来更是成为与民主党关系密切的坦慕尼厅（又称坦慕尼协会）的重要人物，可说是纽约市第一个政治魁首。1857 年，他被布坎南总统任命为纽约地区联邦执法官。

不过，"快活小子" 中有不少人在展现其男子气概时所采取的暴力行动，却往往伤害了他们自己和他们认为比自己低下的社会群体。1830—1860 年，大量爱尔兰与德意志移民进入美国。其中爱尔兰人大多是传统农民，到了像纽约这样的大城市，自然要经历一个适应新世界的艰难过程，酒店就成了他们寻求安慰与友情的地方。纵酒之后，斗殴就是常事。到 19 世纪 40 年代，许多酒店与街头的暴力冲突都被称为 "爱尔兰人的吵闹"。[1] 随着爱尔兰人的大量涌入，本土美国人越来越担心，"劳动力的供过于求不可避免地会减少勤奋的回报，让很多人失业"。[2] 于是，对爱尔兰人本来就抱有敌意的本土美国工人，为了显示自己的男子气和荣誉感，很容易与爱尔兰人发生斗殴，甚至闹出命案。1839 年 2 月，劳伦斯·加夫尼在下东城开的酒店开张，用酒招待 40 多个爱尔兰人老乡与邻里，以示庆祝。当他们喝酒跳舞到凌晨时，埃兹拉·怀特为首的一群运输业本地工人试图进入酒店，可是加夫尼不肯招待这些外人，双方乃开始扭打。此时带了一队人马经过的巡夜人威廉·赖特出面干预，可是双方为了自己的男子汉面子均予以拒绝。就在加夫尼要巡夜人离开时，怀特持刀冲向他，结果杀死了他的一个客人。[3]

这些 "快活小子" 的暴力行动除了在工人群体中伤害彼此以外，就是伤害比

---

① Michael Kaplan, "New York City Tavern Violence and the Creation of a Working-Class Male Identity," *Journal of the Early Republic* 15 (1995)：597.

② New York Association for Improving the Conditions of Poor, *Seventh Annual Report* (New York：John F. Trow, 1850), 24.

③ Kaplan, "New York City Tavern Violence and the Creation of a Working-Class Male Identity," 603-605.

他们地位更低的社会群体，而首当其冲的就是黑人。当时纽约市的白人中有很强的种族主义倾向，在 1834 年甚至发生了反对废奴主义的暴乱。种族主义之所以对工人有如此之强的吸引力，一个重要原因就是他们可以从歧视、排挤、打压和迫害黑人中获得一种权力感，觉得自己也是可以左右他人命运的人，是个男子汉。因此，黑人的经济与社会地位一旦有所改善，都会在他们中间引发不安、恐惧和愤怒。由于酒店一般都是当地社区的社交中心，黑人酒店老板在生意成功时就更容易成为攻击对象，而他们为数甚多的黑人顾客也会因此遭殃。黑人约翰·拉塞尔在靠近东河的码头处开了一家酒店和客舍，生意兴隆，雇用了很多黑人为他帮忙，结果成了一些白人的眼中钉，说他是皮条客，做生意不诚实等。1838年 12 月，一个 20 岁的年轻白人托马斯·伯克在拉塞尔酒店里不过与黑人发生点争执，就两度找人报复，大肆毁坏店里的玻璃器皿和家具，殴打每一个他们能找到的黑人顾客。在黑人不得不起而回击时，伯克受伤，数日后死亡，既害了黑人，也害了自己。在黑人酒店里发生的这些暴力冲突比起白人酒店里发生的要严重得多，有学者称其"看上去更像是小型战争"。①

经常遭到"快活小子"暴力攻击的不仅有黑人，还有妇女。长期以来，妇女都被看成男人的附属品，没有多少独立性可言。可是随着美国经济开始走向工业化，越来越多的青年妇女进入了工厂和城市，她们在那里成为工资劳动者，有了乡村生活中难以获得的一些独立与欢乐，故在纽约市的曼哈顿有"快乐女子"（G'hals）之称。然而在"快活小子"们看来，这些妇女对他们的男性权威构成了威胁。于是，他们对这些妇女动不动就暴力相向，殴打、强奸甚至轮奸，试图获得他们认为自己作为男人应该享有的"尊重"。18 岁的爱尔兰姑娘安·墨菲在街上找人问路时被骗到一个酒店强奸，墨菲说她之所以受到欺负就是"因为她是一个贫穷的无人保护的女孩"。② 正是这些无人保护又有胆量独立行走于城市街头的妇女，成了"快活小子"们经常攻击的对象。1850 年，来自苏格兰的 19 岁的安·斯图尔特在前往移民办事处的路上，被几个爱尔兰青年拖到酒店里轮奸。1852 年，丈夫还在爱尔兰的布里奇特·亨尼在问路时也被拽到一个酒店里轮奸。

---

① Kaplan, "New York City Tavern Violence and the Creation of a Working-Class Male Identity," 607-608.

② Kaplan, "New York City Tavern Violence and the Creation of a Working-Class Male Identity," 611.

当这些青年个人作案时，大多是为了满足性欲和获得作为男人能制服女人的快感。但是当他们一起轮奸女人时，则不仅想向他人展示自己的威猛，还希望通过这种共同参与来固化他们作为一个群体的认同与纽带关系。"快活小子"的这些性暴力就像美国社会学家埃德温·舒尔所说的一样："当'得以'性交被视为对于自尊甚至男子感都不可缺少时，没有其他资源的男人就可能诉诸暴力。"① 换言之，大多数"快活小子"不可能像中上层人士一样以自己在经济和社会上的成功向女子展现其男子气概，于是就求助于暴力了。

说到底，就像历史学家迈克尔·卡普兰（Michael Kaplan）所指出的一样："快活小子的世界是个悲剧和失败的世界。"② 当他们觉得杰克逊时代承诺的经济独立与社会平等成了海市蜃楼而又无法接受时，便企图用暴力证明自己依然是有荣誉感和自身价值的男子汉，具有惠特曼在诗中所欢呼的那种男子气概：

> 啊，男性自我的快乐啊！
> 不向任何人低头，不向任何人折腰，
> 不向任何已知或未知的暴君称臣，
> 昂首阔步，轻快有余，
> 镇静凝视，眼光闪耀，
> 声如洪钟，发自宽阔的胸膛，
> 以你的个性去面对地球上所有其他的个性吧。③

然而，这些人用以证明自己是男子汉的暴力行动，不仅未能改变自己的地位，反倒是伤害了他们自己，更伤害了那些比他们社会地位更为低下的黑人与妇女。这种暴力行动所展现的所谓男子气概，代表的是卑劣之举，而不是英雄所为，是失败，而不是成功。

尽管这些"快活佬"在酒店醉酒、斗殴、赌博和恶意伤人的行为并不合法，

---

① Edwin Schur, *The Americanization of Sex* (Philadelphia: Temple University Press, 1988), 15.

② Kaplan, "New York City Tavern Violence and the Creation of a Working-Class Male Identity," 617.

③ Ibid.

依照法律应受到一定惩罚，但是他们不仅没有受到什么不得了的惩罚，而且在社会上也没有引起多少反对之声。这显然是因为"快活佬"行为有一定的民众基础。"快活佬"本身和偶尔也参与"快活佬"活动的人自不必说，就是那些为数众多的从来不参加"快活佬"活动的人，也觉得这些行为无伤大雅，不过是源于男人在同类中争强好胜的本性而已。不仅如此，他们容忍这些行为，大多不是出于无奈，而是觉得这些行为有趣，甚至诱人。马萨诸塞州康科德的医生爱德华·贾维斯曾就乡人的这种态度解释说："（康科德）社区的道德感既不赞成，也不有力地谴责"这些乡村酒店的喧闹作乐，"有些既不参与也不鼓励的人"，还会将这些大胆行为的故事视为"娱乐他们的朋友或其他人的适当手段"。[①] 有人说，在 19 世纪 20 和 30 年代佛蒙特州的圣约翰斯伯里，如果到酒店喝酒喝到"晚上不知道如何回家或者把邻居的家误认为是自己的，会被看作是很有意思的笑话"。[②] 至于醉后斗殴或者搏击比试，不仅观者众多，而且常常成为人们聊天的谈资和下赌注的对象。在 19 世纪 20 年代肯塔基州的列克星敦，有个叫弗兰克·霍斯塔特的人几乎每天都会弄点恶作剧出来，以至于人们见了面都会相互打听："喂，霍斯塔特新近又干了什么勾当？"后来有人回忆说，这些诡计与胡闹其实为"当时列克星敦的每一个人所喜爱"。[③] 不难想象，在那个娱乐活动稀缺的年代，纵酒、斗殴、赌博和恶作剧确实不失为一种聊胜于无的乐事。因此，当时社会对"快活佬"存在普遍容忍的态度就一点也不奇怪，实乃民风所致。

　　美国人在建国后追求独立、自由和平等的过程中，不仅酒越喝越多，而且喝酒的地方也变多了。他们不仅有殖民地时代早已有之的酒店，而且有新出现的旅馆里的酒吧，还有从老的酒店、酒铺和杂货店演变而来的酒馆沙龙。无论是生活在城镇还是农村，也无论是什么阶层和族裔，美国人都可以找到适合自己喝上一杯的地方。至于喝到什么程度，喝成什么样子，喝出什么结果，饮者常随性而

① Edward Jarvis, *Traditions and Remeniscences of Concord, Massachusetts*, 1779—1878, ed. Sarah Chapin (Amherst: University of Massachusetts, 1993), 102-103, 105.

② Edward T. Fairbank, *The Town of St. Johnsbury, Vt: Review of One Hundred Twenty-Five Years to the Anniversary Pageant* 1912 (St. Johnsbury: The Cowles Press, 1914), 192.

③ Ebenezer Hiram Stedman, *Bluegrass Craftsman: Being the Reminiscences of Ebenezer Hiram Stedman, Papermaker*, 1808—1885, ed. Frances L. S. Dugan and Jacqueline P. Bull (Lexington: University of Kentucky Press, 1959), 92, 94.

为，不以为意，世人也多不大在乎，且有乐在其中之感，结果自然是好酒之风盛行不衰。然而就在好酒之风趋于鼎盛的同时，这个充满活力的年轻国家加快了从农业社会向工业社会转变的步伐，使人们逐渐意识到饮酒过度所产生的负面作用的严重性。于是这个国家进入了一个长达一百多年的戒酒改革和禁酒运动的时代。人们对酒的态度也随之发生了历史性的变化。这当然是后话。

结束语
酒、人民和社会

从殖民地时代到 19 世纪上半叶，酒对美国社会发展产生了许多积极、正面甚至是不可或缺的作用。在这个历史时期，酒在北美大地有"上帝创造的好东西"之誉。诚然，酒也有其负面影响，遭到了一些批评反对之声，但是人民的好酒之风还是绵延不断，代代相传，并在 19 世纪上半叶进入巅峰阶段。这一切与酒以及这块土地上的人民和社会所具有的一些重要特点有密切关系。

就酒而言，它不仅在当时的饮料中拥有不可替代的优势地位，而且具有其他饮料所没有的特殊功能。这主要是因为：当时的饮水往往不能保证卫生；牛奶固然卫生且有营养，但是在没有冷却设备和巴氏消毒法的年代无法外运销售；咖啡与茶叶必须从外国进口，在很长一个时期内都是奢侈品，价格不菲，尽管后来价格有所下降，但是二者都不能提供什么热量。在这段历史时期先后居于酒类饮料之首的朗姆酒与威士忌则不然，它们没有卫生问题，便于长途贩运，而且在内战前的大部分时间里比咖啡、茶叶价格低得多，提供的热量却相当高。不仅如此，酒还集数种功能于一身，既可以解渴，又可以提供营养，还能用作医药，解乏提神，社交助兴，服务宗教，一应俱全。其他饮料则均难以兼而顾之，故根本无法取代烈酒的地位。更重要的是，这些饮料都不具备酒类尤其是烈酒所具有的一种特殊功能，那就是帮助人摆脱焦虑，产生快感，振奋精神，扬威壮胆。

由于酒具有这些功能，美国人和他们殖民地时代的前辈好酒，其实尽在情理之中，没有什么可奇怪的，更毋须讳言。不过，酒对他们之所以如此重要，还与这些人的人生志向有关。从英国和欧洲各国来到北美的一代又一代移民，几乎都是为寻求他们在旧世界无法得到的宗教、经济和政治自由而来。合众国建立后，美国人更是明言他们希望获得的是独立、自由、平等和"追求幸福的权利"，甚至于想建立一个"自由帝国"。显然,他们要做的是历史上前所未有的事情。其志向不可谓不高远。然而志向越大,困难程度也越高,很容易使人产生焦虑感。如果他们看到前路坎坷,困难太大,索性放弃自己的追求,得过且过,那他们也就无所谓了。可是从最早的移民开始,除了被强行卖到北美的非裔奴隶以外,哪怕是契约奴,他们之所以踏上这片土地而且祖祖辈辈生活下去,就是因为他们相信这里人人都有机会,个个都有希望。现实也许并非都是如此,但是对于大多数殖民地人和美国人来讲,机会和希望已然成了他们不可动摇的信念。既然有机会和希望,就没有理由不为自己的志向而奋斗下去,可是成败如何谁也无法打保票,尤其是在市场经济的激流险滩之中更是如此。由此而生的各种压力之大,可想而知,焦虑也就在所难免。于是酒对于他们来说,就不仅仅是为了解渴、营养、医疗、社交和宗教仪式而非喝不可的饮料,而且成了他们奋斗前行时必不可少的伴侣。因为酒可以帮助他们缓解压力,摆脱焦虑,振奋精神,从而能迎难而上,为践行自己的志向而不断努力。与殖民地人相比,美国人的志向更高,面临的挑战更大,需要用酒振作精神的人更多,好酒之风也就更盛。于是我们便看到了一个"嗜酒如命的共和国"。诚然,在这个共和国里也会有少数喝酒喝到失去理智的酒鬼,但是当时绝大多数好酒者,上自开国先贤,下至千千万万平民大众,却是面对再大困难也能继续砥砺前行的人。他们实乃这个年轻共和国的中流砥柱。没有他们,也就没有这个国家的成功可言。

至于内战前的美国社会,从殖民地时代以来就基本上是一个对酒的接受度和承受力都比较高的农业社会。直到 1859 年,美国农业的产出仍然占全国商品产出的 56%,制造业仅占 32%;[①] 1860 年美国的农村地区人口仍然占全国人口的80.2%,城镇地区人口仅占 19.8%。[②] 美国经济史学家的研究还发现,1850 年以前制造业资本密度的增加比较有限,当时生产率的提高主要是依靠劳动分工等组织上的改良和传统工具的改进,直到 19 世纪 50 年代才比较多地依靠新机器与非动物动力驱动的机械。因此,从 1820 年到 1860 年,在美国制造业发展最快的东

---

① Robert E. Gallman, "Commodity Output, 1839—1899," in *Trends in the American Economy in the Nineteenth Century*, ed. The Conference on Research in Income and Wealth (Princeton: Princeton University Press, 1960), 30, Table 6.

② U. S. Bureau of the Census, 1970 *Census of Population*, 42, Table 3.

北部地区，无论是使用机械的制造业部门与不使用机械的制造业部门相比，还是资本密集型制造业部门与劳动力密集型制造业部门相比，其生产率的增长都相差不大，十分类似。① 这就是说，早期工业化的发展程度还相当有限，机器尚未大量使用。在这样一个基本上是农业社会的地方，生活的节奏比较缓慢，生产的速度也不快，时间的掌握便可松可紧，灵活性比较大，喝酒误事，尤其是误大事的可能性很小。于是对喝酒、纵酒、醉酒，甚至酒后胡闹，社会的接受度和承受力都比较高。这样一来，好酒之风盛行，而且愈演愈烈，就更加不足为怪了。即便喝酒误了事，甚至给社会造成了一些问题，但是比起酒的这些负面影响来说，酒所起的正面作用要大得多，在时人心目中的地位也高得多，二者不可同日而语。

然而这个农业社会的特点却在逐渐发生改变。尽管内战前制造业使用的机器还不多，但是市场革命推动下的商业化、工业化和城镇化的早期进程，已经给这个国家在很多方面带来了深刻的变化。这就使包括一些开国先贤在内的很多美国人开始认真思考，如何应对社会变动造成的各种新的挑战。看到越来越多人卷入市场经济的牟利活动，曾在《独立宣言》上签字的本杰明·拉什告诉他的老朋友约翰·亚当斯："如果允许我造一个词的话……我要说我们成了一个'被美元的国家'。"他还发现：选举中联邦党人与民主共和党人看上去是在争论一些原则问题，"但是真正争论的内容却是前者主张的'商人的银行'和后者赞成的'工匠的银行'"。② 早在 1792 年，也就是塞缪尔·斯莱特在罗德岛建立美国第一个纺纱厂仅两年后，亚当斯就提醒国人："如果没有信誉，不尽职，不准时，没有个人信仰，没有对财产的神圣的尊重，不讲履行承诺与合约的道德义务，那制造业就不可能生存，更不要说繁荣。"③ 在市场革命中地位得以改善的新兴中产阶级，开始在举止风度上仿效上流社会，以高雅文化为标准，强调自制与自律，希望以一种中产阶级的文化来确立和巩固他们已经获得的社会地位，同时也使这个社会变得比较文明和有序。在美国革命前后一度有所弱化的宗教精神此时亦开始复

---

① Stanley L. Engerman and Kenneth L. Sokoloff, "Technology and Industrialization, 1790—1914,) in *The Cambridge Economic History of the United States*, 2: 369, 370, Table 9. 1, 376-377.

② *The Spur of Fame*: *Dialogues of John Adams and Benjamin Rush*, 1805—1813 (San Marino, CA: The Huntington Library, 1966), 109, 169.

③ "From John Adams to Tench Coxe, May 1792," *Founders Online*, National Archives, https: // founders. archives. gov/documents/Adams/99-02-02-1349.

苏。由此而来的第二次大觉醒，也就是福音派宗教奋兴运动，在全国很多地方发生，逐渐形成燎原之势。它鼓励人们承担起自己应该承担的自我救赎的责任，将一个人是否真正皈依基督教与其行为紧密地联系在一起，严厉谴责所有的道德败坏和放荡之举，包括醉酒、斗殴、赌博、淫乱、谩骂、上剧院和安息日不守教规，等等。于是，在19世纪上半叶的民主化、商业化、工业化、城镇化和宗教奋兴等重大社会变动中，美国人开始向现代社会举步前行，并为此掀起了一系列意义深远的社会改革运动。戒酒运动就是其中的一个重要组成部分，因为好酒之风太盛似乎已不大符合向现代社会转变的需要，而且有违福音派奋兴运动对转念归主和追求完美的要求。这场戒酒运动兴起后，从主张戒除烈酒逐步走向了绝对戒酒，最后甚至发展到通过政府以强制手段禁酒，"上帝创造的好东西"也就在这场运动中变成了"恶魔烈酒"。自戒酒运动在19世纪上半叶发端到20世纪初的全国性禁酒，将是下一部《酒与美国历史》所要讲述的内容。美国人将用一百多年的时间对戒酒运动提出的问题做出回答。

续表

艾伦	约翰·菲斯克·艾伦	John Fisk Allen	1807—1876	马萨诸塞州园艺家、作家，著有《葡萄栽培论》，曾在美国本土培育出水百合	298
爱默生	拉尔夫·沃尔多·爱默生	Ralph Waldo Emerson	1803—1882	美国思想家、散文家、演说家和诗人，19世纪中叶超验主义运动最主要的代表人物，个人主义的大师和传播者	300、422
安德罗斯	埃德蒙·安德罗斯	Sir Edmund Andros	1637—1714	英属北美殖民地官员，曾任纽约、东泽西、西泽西、弗吉尼亚和马里兰殖民地总督以及新英格兰领地总督	114~115
奥蒂斯	詹姆斯·奥蒂斯	James Otis	1725—1783	波士顿律师、政治活动家，马萨诸塞殖民地议会议员，在抗英斗争与美国革命中发挥了重要作用	164~169、178、183~186、195、202、232~236
奥尔德罗蒂	塔迪欧·奥尔德罗蒂	Taddeo Alderotti	1210—1295	13世纪的意大利医生和博洛尼亚大学的医学教授，为中世纪欧洲医学的复兴做出了重要贡献	2、17
奥格登	威廉·奥格登	William B. Ogden	1805—1877	政治活动家、企业家，曾涉足铁路业、啤酒酿造业，担任过芝加哥第一任市长	265、269
奥格尔索普	詹姆斯·奥格尔索普	James Edward Oglethorpe	1696—1785	英国军人，国会议员和慈善家，北美佐治亚州殖民地的创始人	20、47
奥利弗	安德鲁·奥利弗	Andrew Oliver	1706—1774	马萨诸塞殖民地商人、官员，曾任殖民地秘书、印花税销售官	183、189
巴洛	阿瑟·巴洛	Arthur Barlow	1550—1620	为建立英国殖民地于1584年率船队前往考察的两名船长之一，写出了最早的有关北美大陆的比较翔实的报告	6~7

续表

鲍尔斯	海勒姆·鲍尔斯	Hiram Powers	1805—1873	美国新古典主义雕塑家，因大理石塑像《希腊奴隶》而成为19世纪最早获得国际声誉的美国艺术家之一	285
贝德福德公爵	约翰·罗素	John Russell, 4th Duke of Bedford	1710—1771	18世纪下半叶英国政治家，第四代贝德福德公爵。曾任海军大臣、掌玺大臣、枢密院大臣等要职	141、169~170
贝斯特	菲利普·贝斯特	Phillip Best	1814—1869	密尔沃基的德裔啤酒制造商，其酒厂后来被他的女婿办成了生产蓝带啤酒的帕布斯特啤酒公司	274
本杰明	阿舍·本杰明	Asher Benjamin	1773—1845	杰出的建筑师、作家，他的7本设计手册深刻影响了整个新英格兰城镇的外观	411
伯德	威廉·伯德	William Byrd II	1674—1744	南部种植园主，曾任弗吉尼亚殖民地参事，其秘密日记与两本历史著作为研究殖民地史提供了一定的史料	53、61、97、147、378
伯尔	阿伦·伯尔	Aaron Burr	1756—1836	美国政治家、律师，曾为第三任美国副总统，1804年与亚历山大·汉密尔顿决斗，致使后者死亡	276、280、349
伯克	威廉·伯克	William Burke	1728或者1730—1798	英国官员，曾任南部事务国务大臣的秘书，当选过下议院议员，与英国著名哲学家埃德蒙·伯克以堂兄弟相称，并有合著	169~170
伯纳德	弗朗西斯·伯纳德	Francis Bernard, 1st Baronet	1712—1779	英属北美殖民地行政官员，曾先后担任新泽西殖民地和马萨诸塞海湾殖民地总督	168、178、195、234
博兰	威廉·博兰	William Bollan	1710—1782	英国出生，移居马萨诸塞殖民地后学法律，成为律师，先后担任首席法律顾问官和马萨诸塞殖民地驻英代理人	160、162

续表

博斯韦尔	詹姆斯·博斯韦尔	James Boswell	1740—1795	苏格兰传记作家、律师，他的著作——《英国作家塞缪尔·约翰逊传记》，被认为是用英语撰写的最伟大的传记	125
布尔	伊弗雷姆·布尔	Ephraim W. Bull	1806—1895	马萨诸塞州金箔工匠，在气候比较寒冷的新英格兰培育出"康科德"葡萄，他的墓志碑上写着"他播种，别人收割"	299
布坎南	詹姆斯·布坎南	James Buchanan	1791—1868	美国律师、政治家，美国第15任总统	293、428
布拉德福德	戴维·布拉德福德	David Bradford	1762—1808	律师，曾任宾夕法尼亚州华盛顿县副检察官，因参与威士忌暴动而逃离宾州，后被约翰·亚当斯总统赦免	334~337、340~341
布拉德福德	威廉·布拉德福德	William Bradford	1590—1657	1620年搭乘"五月花号"来到北美的"朝圣者移民"的领袖之一，后为他们建立的普利茅斯殖民地总督	11~13、56
布拉德福德	威廉·布拉德福德	William Bradford	1719—1791	费城印刷商，办报，被第一次大陆会议指定为官方出版商，独立战争中加入民兵，官至上校，负伤后退役，继续从事报业	88
布拉德福德	威廉·布拉德福德	William Bradford	1755—1795	大陆军上校，退役后执律师业，后为宾夕法尼亚州检察长、第二任联邦司法部长	331~332
布拉肯里奇	休·亨利·布拉肯里奇	Hugh Henry Brackenridge	1748—1816	作家、律师、法官，曾当选宾夕法尼亚州议会议员，后被任命为该州最高法院大法官	332~337

续表

布伦瑞克	希洛利姆斯·布伦瑞克	Hieronymous Braunschweig	1450—1512	神圣罗马帝国时代阿尔萨斯的外科医生、炼金术士和植物学家，因治疗枪伤和完善早期蒸馏技术而著称	5
布洛杰特	小塞缪尔·布洛杰特	Samuel Blodget，Jr	1757—1814	商人、经济学家、业余建筑师，在费城创建北美保险公司，后在美国首都华盛顿特区建设中，起过重要作用	410~411
布特伯爵	约翰·斯图阿特，第三任布特伯爵	John Stuart，3rd Earl of Bute	1713—1792	英国贵族，曾任英国首相，还当选过苏格兰古董协会首任会长	170
查普曼	约翰·查普曼	John Chapman，常被称为 Johnny Appleseed	1774—1845	受瑞典路德派神学家思想影响的传教士，苗圃业先锋，在多个州引入苹果树，在世时已成为美国的传奇人物	306
戴弗西	迈克尔·戴弗西	Michael Diversey	1810—1869	出生在德国，1830 年移民美国，后成为芝加哥著名的莱尔与戴弗西啤酒酿造厂的合伙人	269
丹尼	威廉·丹尼	William Denny	1709—1765	英国陆军上尉，后经坎伯兰公爵推荐，成为宾夕法尼亚殖民地总督	158
德维拉诺瓦	阿诺德·德维拉诺瓦	Arnaldus de Villa Nova	1240—1311	医生、宗教改革者，生于阿拉贡王国（今西班牙东北部），后在法国任教和行医	17、55
邓拉普	威廉·邓拉普	William Dunlap	1766—1839	剧作家、演员、制作人、画家和历史学家，曾管理纽约市最早也是最著名的两家剧院：约翰街剧院和公园剧院	375

续表

狄更斯	查尔斯·狄更斯	Charles Dickens	1812—1870	英国作家、社会评论家，其创作的许多小说举世闻名，至今仍拥有广泛的读者	373、377
迪金森	约翰·迪金森	John Dickinson	1732—1808	美国开国先贤之一，政论家，有美国革命的笔杆子之称，大陆会议及制宪会议代表	193、209、235~236
蒂奇	爱德华·蒂奇	Edward Teach	1680—1718	英国人，航海史上恶名昭彰的海盗之一，在西印度群岛及美洲殖民地东岸进行劫掠	39
杜福尔	让·雅各·杜福尔	Jean Jacques Dufour	1766—1848	来自瑞士沃州葡萄产区的移民，到美国后在肯塔基与印第安纳种植葡萄酿酒，为美国早期葡萄种植业做出重要贡献	280~282、284~285、297、300
杜登	戈特弗里德·杜登	Gottfried Duden	1789—1856	普鲁士王国莱茵省的德意志民族主义者，在其有关移民北美的著述影响下，大量德意志移民在19世纪上半叶来到密苏里州	289~290
范布伦	马丁·范布伦	Martin Van Buren	1782—1862	民主党形成时期的杰出组织者，美国第8任总统，第10任国务卿	351、375
范考特兰德	奥洛弗·史蒂文森·范考特兰德	Oloff Stevense van Cortlandt	1600或1617—1684	荷兰人，新阿姆斯特丹啤酒酿造商，曾在西印度公司任职，后参与市政，担任多种职务，乃至新阿姆斯特丹市长	28
范伦塞勒	基利恩·范伦塞勒	Kiliaen van Rensselaer	1586—1643	荷兰西印度公司创始人和董事之一，在建立新尼德兰殖民地上发挥了重要作用，到北美后成为第一批大领主之一	28

续表

菲茨西蒙斯	托马斯·菲茨西蒙斯	Thomas Fitzsimons	1741— 1811	费城商人、大陆会议和制宪会议代表，美国国会众议员	257~258、355
芬德利	威廉·芬德利	William Findley	1741— 1821	爱尔兰出生的宾夕法尼亚农场主、政治家，曾任宾州最高行政委员会委员，后为联邦众议员多年，有众议院之父的称谓	325、332、335、340、347、352
弗罗林	约翰·弗罗林	John Frohling	1827— 1862	居住在加利福尼亚州的德裔移民，长笛手，和查尔斯·科勒一起，对加州早期葡萄酒业发展做出重要贡献	293~294
福基尔	弗朗西斯·福基尔	Francis Fauquier	1703— 1768	英国商人，后任北美弗吉尼亚殖民地副总督（实为代理总督）10年，是托马斯·杰斐逊的好友	158、276
富兰克林	本杰明·富兰克林	Benjamin Franklin	1706— 1790	美国国父之一。杰出的政治家、外交家、科学家、发明家、作家、出版商、共济会的成员	52、63、89、119、207、216~217、220~221、237~239
盖奇	玛格丽特·肯布尔·盖奇	Margaret Kemble Gage	1734— 1824	美国革命初期驻北美英军总司令托马斯·盖奇将军的妻子	243
盖奇	托马斯·盖奇	Thomas Gage	1718— 1787	英国陆军将领，美国革命初期驻北美英军总司令和马萨诸塞殖民地总督，独立战争爆发不久奉调回英国	215~218、220~221、241~245、247~248
戈达德	威廉·戈达德	Wiliam Goddard	1740— 1817	费城出版商，创办多家报纸，美国革命时期负责建立"宪法邮局"系统，后任美国首任邮政督查官	237

格里姆克	弗雷德里克·格里姆克	Frederick Grimke	1791—1863	俄亥俄州最高法院法官，著有500多页的《关于自由制度的本质与趋势的思考》	351
格伦维尔	理查德·格伦维尔	Sir Richard Grenville	1542—1591	英国采邑贵族出身，军人，曾率船队送英国移民去北美罗阿诺克岛定居，数年后在与西班牙舰队海战中伤重而亡	7
格伦维尔	乔治·格伦维尔	George Grenville	1712—1770	英国辉格党政治家，兄弟五人均曾任国会议员，在他任首相时制定《糖税法》与《印花税法》，最终导致英属北美殖民地独立	171~176、179、186、188、190
哈德逊	亨利·哈德逊	Henry Hudson	1565—1611	17世纪初的英国海上探险家、航海家，以对今日的加拿大和美国东北部地区的探险而闻名	16
哈里奥特	托马斯·哈里奥特	Thomas Hariot	1562—1621	英国人，在天文学，数学和航海上有一定造诣，1585年随船队到北美尝试建立殖民地时，实地考察了北美的人文地理	7
哈里森	威廉·亨利·哈里森	William Henry Harrison	1773—1842	军人，曾在几个西部领地政府任职，1812年战争时为陆军少将，1841年就任美国第九任总统，上任后仅31天便因病去世	306、365
哈马	乔赛亚·哈马	Josiah Harmar	1753—1813	美国陆军少将，在西北印第安人战争中兵败受到军法审判，被宣判无罪	324、327
哈钦森	安妮·哈钦森	Anne Hutchinson	1591—1643	马萨诸塞殖民地清教徒，因传播有违清教正统的神学观念遭到审判，并被逐出殖民地，移居罗德岛，后死于印第安人之手	71~72

续表

哈钦森	托马斯·哈钦森	Thomas Hutchinson	1711—1780	马萨诸塞殖民地商人、大议会议员，后任副总督、总督，效忠派重要人物，其顽固态度是触发波士顿茶会事件的因素之一	155、164、168、181、212~213
汉考克	托马斯·汉考克	Thomas Hancock	1703—1764	北美殖民时期波士顿地区的富商	22、157
汉考克	约翰·汉考克	John Hancock	1736—1793	美国开国先贤之一，商人、政治家、《独立宣言》签署者，曾任第二次大陆会议主席、两度出任马萨诸塞州州长	195、201、210、213、215、228、234、237、242~247、254、276
汉密尔顿	亚历山大·汉密尔顿	Alexander Hamilton	1755（或1757）—1804	美国国父之一，政治家、律师、银行家、曾任美国财政部长，对制定美国宪法与建立早期联邦财政体系贡献良多	258~263、277~280、320、327~332、337~343、348、352~356、363~369
汉密尔顿	亚历山大·汉密尔顿	Dr. Alexander Hamilton	1712—1756	生于苏格兰的医生、作家，年轻时移居北美，长期生活和行医于马里兰殖民地的安纳波利斯	67~70、79~81、87~88
赫克韦尔德	约翰·赫克韦尔德	John Heckewelder	1743—1823	摩拉维亚教会的传教士，长期从事对印第安人的福音派布道	16~17
赫斯克	约翰·赫斯克	John Huske	1724—1773	出生于北美新罕布什尔殖民地，曾在波士顿从商。后赴英，曾任王室副司库、国会下议院议员等职	153、162
亨利	帕特利克·亨利	Patrick Henry	1736—1799	美国开国先贤之一，律师、种植园主、政治家、演说家，其名言是"不自由，毋宁死"，曾两度担任弗吉尼亚州州长	71、220、239、254

续表

华盛顿	乔治·华盛顿	George Washington	1732—1799	美国国父之一，独立战争时期的大陆军总司令，美国首任总统	21、32、54、221、248、254、263、276~279、302、311、317、323~348、351~352、378、385~387、408~409
怀特	约翰·怀特	John White	1539—1593	英国探险家，艺术家和制图师，三次前往北美罗阿诺克岛，曾被委任为这个"失踪的殖民地"的总督	7~8
惠特曼	沃尔特·惠特曼	Walt Whitman	1819—1892	美国最有影响力的诗人之一、作家、记者，人文主义者，其作品融超验主义与现实主义于一身	422~423、430
霍普金斯	斯蒂芬·霍普金斯	Stephen Hopkins	1707—1785	罗德岛殖民地总督，该殖民地最高法院首席大法官，大陆会议代表，《独立宣言》的签署人	158
霍桑	纳撒尼尔·霍桑	Nathaniel Hawthorne	1804—1864	美国19世纪最著名的小说家之一，尤以黑色浪漫主义短篇小说著称，内容侧重于历史、道德和宗教	419
基夫特	威廉·基夫特	Willem Kieft	1597—1647	来自荷兰的商人，曾在1638—1647年担任北美新尼德兰殖民地总督	28~29、62、310
吉尔伯特	汉弗莱·吉尔伯特	Humphrey Gilbert	1539—1583	16世纪英国冒险家、军人、国会议员，在北美尝试开拓殖民地的先驱人物	6
加勒亭	艾伯特·加勒亭	Albert Gallatin	1761—1849	生于瑞士日内瓦，深受启蒙运动思想影响，到美国后定居宾州西部，反对汉密尔顿经济政策，后为杰斐逊时代财政部长	325、335、337

续表

加兹登	克里斯托弗·加兹登	Christopher Gadsden	1724—1805	南卡罗来纳抗英斗争的领袖，大陆会议代表，独立战争期间统帅南卡罗来纳军事力量的准将、后任南卡罗来纳州副州长	197、202、219
杰斐逊	托马斯·杰斐逊	Thomas Jefferson	1743—1826	美国国父之一、外交官、律师、建筑师，独立宣言的主要作者，曾任第3任美国总统	198~199、219、222、239、261、265~266、276~279、281~284、301~303、342、348~349、356、375、385、396、409
杰克逊	安德鲁·杰克逊	Andrew Jackson	1767—1845	美国军人、政治家，因1815年新奥尔良之战中率部击败英军而为全国注目，后为美国第7任总统	350、365、389
杰克逊	理查德·杰克逊	Richard Jackson	1721—1787	英国律师、国会议员、财政部专员，曾先后担任康涅狄格州和宾夕法尼亚州的驻伦敦代理人	181
杰伊	约翰·杰伊	John Jay	1745—1829	美国开国先贤之一，政治家、外交官，曾担任美国最高法院第一任首席大法官	323、327、330
卡尔弗特	塞西莉厄斯·卡尔弗特	Cecilius Calvert	1605—1075	英国贵族，即巴尔的摩勋爵，北美马里兰殖民地的业主	72
卡尔佩珀	约翰·卡尔佩珀	John Culpeper	1633—1692	曾任南卡罗来纳殖民地勘察总管和议会议员，1677年卷入北卡罗来纳的反关税叛乱，最终被无罪开释	149
卡特	兰登·卡特	Landon Carter	1710—1778	殖民时期弗吉尼亚的种植园主，著有"兰登·卡特上校日记"，被选为选美国哲学学会会员	24、203

续表

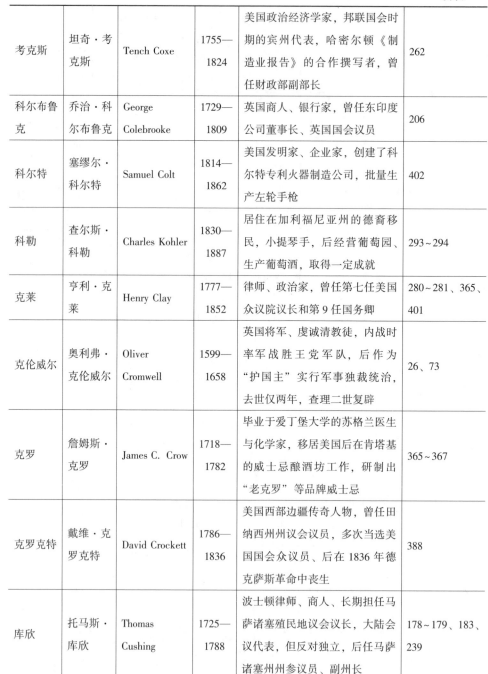

考克斯	坦奇·考克斯	Tench Coxe	1755—1824	美国政治经济学家，邦联国会时期的宾州代表，哈密尔顿《制造业报告》的合作撰写者，曾任财政部副部长	262
科尔布鲁克	乔治·科尔布鲁克	George Colebrooke	1729—1809	英国商人、银行家，曾任东印度公司董事长、英国国会议员	206
科尔特	塞缪尔·科尔特	Samuel Colt	1814—1862	美国发明家、企业家，创建了科尔特专利火器制造公司，批量生产左轮手枪	402
科勒	查尔斯·科勒	Charles Kohler	1830—1887	居住在加利福尼亚州的德裔移民，小提琴手，后经营葡萄园、生产葡萄酒，取得一定成就	293~294
克莱	亨利·克莱	Henry Clay	1777—1852	律师、政治家，曾任第七任美国众议院议长和第9任国务卿	280~281、365、401
克伦威尔	奥利弗·克伦威尔	Oliver Cromwell	1599—1658	英国将军、虔诚清教徒，内战时率军战胜王党军队，后作为"护国主"实行军事独裁统治，去世仅两年，查理二世复辟	26、73
克罗	詹姆斯·克罗	James C. Crow	1718—1782	毕业于爱丁堡大学的苏格兰医生与化学家，移居美国后在肯塔基的威士忌酿酒坊工作，研制出"老克罗"等品牌威士忌	365~367
克罗克特	戴维·克罗克特	David Crockett	1786—1836	美国西部边疆传奇人物，曾任田纳西州州议会议员，多次当选美国国会众议员，后在1836年德克萨斯革命中丧生	388
库欣	托马斯·库欣	Thomas Cushing	1725—1788	波士顿律师、商人、长期担任马萨诸塞殖民地议会议长，大陆会议代表，但反对独立，后任马萨诸塞州州参议员、副州长	178~179、183、239

续表

罗利	沃尔特·罗利	Walter Raleigh	1552（或 1554）—1618	16 世纪英国乡绅、作家、诗人、军人、侍臣和冒险家，曾启动英国在北美建立殖民地的第一次尝试，即罗阿诺克岛之行	6~7
李	理查德·亨利·李	Richard Henry Lee	1732—1792	美国开国先贤之一，弗吉尼亚参加大陆会议的代表，提议通过殖民地独立的决议，在《独立宣言》上签名，后任美国参议员	180、221、239、313、323
里维尔	保罗·里维尔	Paul Revere	1734—1818	波士顿银匠，抗英斗争中从事监视英军的情报活动，因在列克星敦打响独立战争第一枪之前连夜骑马通知当地民兵而闻名	214、235、243~245、247
理辜	彼得·理辜	Peter Legaux	1748—1827	法国移民，在宾州蒙哥马利县种植葡萄，并建立宾夕法尼亚葡萄公司，然而葡萄种植与公司经营均不大成功	279~282
利文斯顿	罗伯特·R.利文斯顿	Robert R. Livingston	1746—1813	美国开国先贤之一，《独立宣言》五人起草委员会成员，纽约州衡平法院大法官，任驻法大使时谈判路易斯安那购买案	222
林肯	亚伯拉罕·林肯	Abraham Lincoln	1809—1865	律师，美国第 16 任总统，在南北战争中维护了联邦的完整，废除了奴隶制，被认为是美国最伟大的总统之一	285
伦道夫	埃德蒙·伦道夫	Edmund Randoph	1819—1861	律师、曾任弗吉尼亚州第七任州长，美国第一任司法部长、第二任国务卿	327~328
罗尔	威廉·罗尔	William Rawle	1759—1836	费城律师，曾任宾夕法尼亚州的联邦地区检察官	331~332

续表

罗杰斯	爱德华·罗杰斯	Edward Staniford Rogers	1826—?	美国葡萄栽种和杂交技术的先驱者之一	298
罗金厄姆侯爵	查尔斯·沃森-文特沃斯	Charles Watson-Wentworth, 2nd Marquess of Rockingham	1730—1782	英国辉格党政治家，曾两度出任英国首相	190
罗亚尔	安妮·罗亚尔	Anne Royall	1769—1854	美国第一位女性职业记者，旅行作家、报纸编辑	373
马瑟	科顿·马瑟	Cotton Mather	1663—1728	新英格兰清教牧师，英克里斯·马瑟牧师之子，英属北美殖民地当时最重要的知识分子之一	117、122、132
马瑟	英克里斯·马瑟	Increase Mather	1639—1723	马萨诸塞海湾殖民地著名清教牧师，担任哈佛大学校长长达20年（1681—1701）	2~3、90、102、117
马歇尔	约翰·马歇尔	John Marshall	1755—1835	美国最高法院历史上任期最长的首席法官，做出过许多重要判决，此前曾任美国国会议员与国务卿	276
麦迪逊	詹姆斯·麦迪逊	James Madison Jr.	1751—1836	美国国父之一、政治家、曾任美国众议员、国务卿和第四任总统，有"宪法之父"的美誉	256~258、276、284、314、330~331、345、348、352、385
麦金托什	埃比尼泽·麦金托什	Ebenezer MacKintosh	1737—1816	波士顿一鞋匠，用暴力抗议《印花税法》的民众领袖之一	189
麦卡洛	亨利·麦卡洛	Henry McCulloh	1700—1779	伦敦商人，北卡罗来纳州的土地投机者，当过殖民地官员，后为格伦维尔政府撰写从北美殖民地获取岁入的报告	171~173

续表

麦克杜格尔	亚历山大·麦克杜格尔	Alexander McDougall	1732—1786	纽约市商人、船长、酒店店主，自由之子社领导人，独立战争中任大陆军少将，战后任纽约州第一家银行行长和州参议员	233、237、240
麦克法兰	詹姆斯·麦克法兰	James McFarlane	1751—1794	北爱尔兰移民，美国独立战争退役军人，是参加1794年威士忌暴动的民兵指挥者	334、345
麦克马洪	伯纳德·麦克马洪	Bernard McMahon	1775—1816	定居费城的爱尔兰裔园艺家和种子商，曾任刘易斯和克拉克远征队植物收藏总管之一	297
曼斯菲尔德爵士	威廉·默里，首任曼斯菲尔德伯爵	William Murray, 1st Earl of Mansfield	1705—1793	英国大律师，曾任国会议员、王座法庭首席大法官，因其对英国法律的改革而闻名	184
梅森	乔治·梅森	George Mason	1725—1792	弗吉尼亚的种植业主、政治家，1787年美国制宪会议代表，被后世称为《权利法案》之父	21
门罗	詹姆斯·门罗	James Monroe	1758—1831	美国政治家、律师、外交官，大陆会议代表，曾任弗吉尼亚州长、陆军部长、国务卿、美国第五任总统	277
米纽伊特	彼得·米纽伊特	Peter Minuit	1580—1638	北美新尼德兰殖民地第三任总督	27
明奇	弗里德里克·明奇	Friedrich Muench	1799—1881	密苏里州德裔移民，从事葡萄种植与酿酒，为德裔移民写作的作家，曾任密苏里州参议员	290
摩根	亨利·摩根	Henry Morgan	1635—1688	英国威尔士人，17世纪著名海盗、私掠船长，受封爵士，曾任英国殖民地牙买加副总督，数次代行总督职务	38

续表

莫杜伊特	贾斯珀·莫杜伊特	Jasper Mauduit	1696—1771	1762—1765年任英属北美马萨诸塞海湾殖民地驻伦敦代理人，后为新英格兰福音传播公司董事	179、183
莫顿	托马斯·莫顿	Thomas Morton	1579—1647	英国律师、出身信奉国教的乡绅家庭，到北美后对清教殖民地甚为不满，后被数次驱逐	13
摩尔斯	塞缪尔·摩尔斯	Samuel F. B. Morse	1791—1872	美国发明家、画家，摩尔斯电码的共同开发者，对建立商用电报系统做出了贡献	395
莫里斯	安东尼·莫里斯三世	Anthony Morris III	1682—1763	费城啤酒酿造商，曾任费城法院法官和市长	31
莫里斯	罗伯特·莫里斯	Robert Morris	1734—1806	英国出生的商人与金融家，第二次大陆会议代表、"独立宣言"的签字人，战时财务总监，有"革命金融家"之称	320、322、347、353
内维尔	约翰·内维尔	John Neville	1731—1803	军人，独立战争结束时晋升准将，后任消费税征税督察，是触发威士忌暴动的核心人物之一	326、328~329、331、333~336、338
纽波特	克里斯托弗·纽波特	Christopher Newport	1561—1617	英格兰航海家，率船队在北美建立英国移民的第一个永久性居民点——詹姆斯敦	9~10
诺尔斯	查尔斯·诺尔斯	Charles Knowles	1704—1777	英国皇家海军上将，曾任牙买加总督	134
诺思勋爵	腓特烈·诺思	Frederick North, 2nd Earl of Guilford	1732—1792	英国政治家，在美国革命大部分时期内任英国首相	196、205~207、220
帕布斯特	弗雷德里克·帕布斯特	Frederick Pabst	1836—1904	德裔美籍啤酒制造商，菲利普·贝斯特的女婿	274

帕克	约翰·帕克	John Parker	1729—1775	马萨诸塞殖民地农民、铁匠、民兵军官，1775 年 4 月 19 日列克星敦战役中的指挥者之一	245
帕特里奇	理查德·帕特里奇	Richard Partridge	1681—1759	美国商人，赴英贸易广结人缘，后为罗德岛、纽约、东西泽西、马萨诸塞、宾夕法尼亚、康涅狄格等殖民地驻英代理人	146~150、166、176
帕特南	伊斯雷尔·帕特南	Israel Putnam	1718—1790	康涅狄克自由之子社创始人，独立战争时期大陆军将领，在战斗中惜酒如命	254
潘恩	托马斯·潘恩	Thomas Paine	1737—1809	在英国当过裁缝、税务官和教师，1774 年移居北美费城，在美国革命中成为著名政论家，所著《常识》产生了巨大影响	221、229、232、240
庞蒂亚克	庞蒂亚克	Pontiac（Ottawa Leader）	1714（或1720）—1769	北美渥太华印第安人的军事领袖，曾领导了反抗英国军队的"庞蒂亚克之战"	312
佩恩	威廉·佩恩	William Penn	1644—1718	英国贵族，贵格会教友，英属北美宾夕法尼亚殖民地业主	20~21、30、92
皮克林	蒂莫西·皮克林	Timothy Pickering	1745—1829	独立战争时大陆军军官，后任华盛顿总统和亚当斯总统任期的国务卿、美国参议员与众议员	246
皮特	威廉·皮特	William Pitt, 1st Earl of Chatham	1708—1778	英国辉格党政治家，七年战争时期英国内阁的实际领导人，1766—1768 年内担任英国首相	158、163、170、190~192
皮特凯恩	约翰·皮特凯恩	John Pitcairn	1722—1775	英国皇家海军陆战队少校军官，美国独立战争开始时率先头部队前往列克星敦，两个月后在邦克山之战中阵亡	245

珀西	乔治·珀西	George Percy	1580—1627	英国探险家,是1607年到北美建立第一个永久定居点的英国移民中的一个,曾担任弗吉尼亚殖民地总督,后返回英国	9
珀西勋爵	休·珀西,第二任诺森伯兰勋爵	Hugh Percy, Seoncd Duke of North-umberland	1742—1817	英国贵族,美国独立战争期间任英国军官,曾率军驰援列克星敦	246~247
普雷斯科特	塞缪尔·普雷斯科特	Samuel Prescott	1751—1777	马萨诸塞医生、爱国者,他曾骑马在半夜抵达康科德警告英军即将来袭	244、246
普林斯	威廉·罗伯特·普林斯	William Robert Prince	1795—1869	美国园艺业先驱,在纽约长岛经营苗圃,曾尝试葡萄的人工杂交,率先引入桑树和蚕丝文化	297~298
丘奇	本杰明·丘奇	Benjamin Church	1734—1778	波士顿医生,参加抗英运动,后任大陆军首席医生和医疗总管,被发现曾向英军传送情报,遭监禁数年,出狱后离开美国	237
热内	埃德蒙特·查尔斯·热内	Edmont Charles Genet	1763—1834	法国大革命期间吉伦特派任命的法国驻美使节,人称"公民热内",后一直留在美国直至去世	280
萨特	约翰·萨特	John Sutter	1803—1880	从瑞士来到加利福尼亚的德裔移民,建立萨特堡—加州首府圣克拉门多的前身,在其作坊附近发现黄金触发了淘金热	295~296
塞恩斯宛	皮埃尔·塞恩斯宛	Pierre Sainsevain	1818—1904	在加利福尼亚定居的法裔移民,葡萄酒酿造商,加州第一家起泡酒生产者,曾为第一届加州宪法大会代表	293

塞恩斯宛	让·路易斯·塞恩斯宛	Jean Louis Sainsevain	1817—1889	皮埃尔·塞恩斯宛的哥哥，塞恩斯宛兄弟葡萄酒行的合伙人	293
塞奇威克	罗伯特·塞奇威克	Robert Sedgwick	1611—1656	移居马萨诸塞殖民地的英国人，热心军务，曾为克伦威尔的海外扩展出力，被委任为牙买加行政长官，即总督	25~26、113
沙利文	詹姆斯·"扬基"·沙利文	James "Yankee" Sullivan	1811—1856	美国拳击手，曾在19世纪50年代初获得美国裸手拳击（不戴拳击手套进行比赛的一种拳击运动）重量级冠军	427~428
圣克莱尔	阿瑟·圣克莱尔	Arthur St. Calir	1737—1818	苏格兰裔大陆军少将，曾任西北领地行政长官，在指挥美军对印第安人作战时遭遇最惨重失败	324~325、327
施米特	克里斯琴·施米特	Christian Schmidt	1833—1894	德裔移民，曾在斯图加特学习过酿酒。18岁移民美国后从事啤酒酿造，其公司后来发展成费城历史上最大的啤酒公司	273
施托伊弗桑特	彼得·施托伊弗桑特	Peter Stuyvesant	1592—1672	北美殖民地早期历史上的重要人物，从1647年起担任新尼德兰殖民地的最后一位总督	28~29、33、93、111
史密斯	弗朗西斯·史密斯	Francis Smith	1723—1791	英军上校，其负责指挥的突袭康科德的军事行动，在列克星敦使美国独立战争打响了第一枪	245~247
史密斯	杰迪代亚·史密斯	Jedediah Smith	1799—1831	山地捕猎者、皮毛商、作家、制图师和探险家，横穿美国大陆的先驱之一，生前默默无闻。身后其地理发现受到高度评价	391~392
斯波茨伍德	亚历山大·斯波茨伍德	Alexander Spotawood	1676—1740	英国陆军中校，曾任弗吉尼亚殖民地副总督，因总督未到任而实际上履行总督职务	147、161

斯密	亚当·斯密	Adam Smith	1723—1790	著名苏格兰哲学家和经济学家，被誉为"经济学之父"	37、43、161
斯托	哈丽雅特·比彻·斯托	Harriet Beecher Stowe	1811—1896	美国作家、废奴主义者，著名小说《汤姆叔叔的小屋》（1852年出版）的作者	285
斯威夫特	乔纳森·斯威夫特	Jonathan Swift	1667—1745	爱尔兰作家、讽刺文学大师、政论家，《格列佛游记》的作者，曾任都柏林圣帕特里克大教堂的教长	226
梭罗	亨利·戴维·梭罗	Henry David Thoreau	1817—1862	美国作家、哲学家、自然主义者和超验主义代表人物，其名作《瓦尔登湖》是他贴近自然过简朴生活后写出的散文集	419
塔拉斯康	路易斯·塔拉斯康	Louis Tarascon	1759—1840	法裔移民，肯塔基州路易斯维尔的商人	364
塔斯克	小本杰明·塔斯克	Benjamin Tasker Jr.	1720—1760	马里兰州殖民地海事官员，曾任安纳波利斯市市长，热衷赛马，其父曾为马里兰殖民地总督	21~22
泰勒	约翰·泰勒	John Tyler	1790—1862	美国政治家，第10任美国总统	203、293
坦普尔	约翰·坦普尔	John Temple	1731—1798	英国军官之子，生于波士顿，曾任北美殖民地新罕布什尔副总督和北方关税区总督察，后为英国驻美国总领事	178
汤森	查尔斯·汤森	Charles Townshend	1725—1767	英国政治人物，曾任贸易委员会成员等多种要职，后为任财政大臣，推动国会制定《汤森法》，激化与殖民地矛盾	192、196

续表

唐宁	安德鲁·杰克逊·唐宁	Andrew Jackson Downing	1815—1852	美国景观设计师，园艺家和作家，《园艺家》杂志（1846—1852年）的编辑。被认为是美国景观建筑的创始人	284、298、303
特罗洛普	弗朗西丝·特罗洛普	Frances Trollope	1779—1863	英国作家，她的第一本书《美国人的家庭礼仪》（1832年）非常出名	388、398
托克维尔	亚历西斯·德·托克维尔	Alexis de Tocqueville	1805—1859	法国思想家、政治学家、历史学家、政治家、法兰西学术院院士，以其著作《美国的民主》而闻名于世	300、395、406
托马斯	艾丽斯·托马斯	Alice Thomas	生卒日期不详	17世纪马萨诸塞殖民地萨福克县一位酒店女老板，因经营卖淫生意而受重罚	101~102
托马斯	加布里埃尔·托马斯	Gabriel Thomas	1661—1714	第一批跟随威廉·佩恩来到宾夕法尼亚的移民，其有关宾夕法尼亚和新泽西的历史、地理著述是当时写得最好的	31
瓦尔克	威廉·瓦尔克	William W. Valk	1806—1879	美国外科医生，曾当选国会议员，最早培育出美国本土葡萄与欧洲葡萄人工杂交的品种	298
瓦格纳	约翰·瓦格纳	John Wagner	生卒年月不详	巴伐利亚的啤酒酿酒师，相传是他在1840年移民美国时，将拉格啤酒的酵母成功带到了美国费城	273
瓦萨	马修·瓦萨	Matthew Vassar	1792—1868	生于英国的美国酿酒商、慈善家，1861年创办瓦萨学院，密歇根州的瓦萨市就是以其命名	268~269

续表

威尔克斯	约翰·威尔克斯	John Wilkes	1725—1797	英国新闻记者,激进政治家,因批评国王演说被捕,一度逃亡,回国后当选议员被取消资格,成为争取自由的标志性人物	196、226、235~236
威尔逊	詹姆斯·威尔逊	James Wilson	1742—1798	美国开国元勋之一,曾任美国最高法院大法官,在制定宪法时起了重要作用,有宪法第二条的"主要设计师"之称	338、353
威拉德	奥萨马斯·威拉德	Orsamus Willard	1792—1876	纽约市"城市旅馆"著名调酒师,其名声在美国几乎是家喻户晓,并远播国外	418
威利特	马里纳斯·威利特	Marinus Willett	1740—1830	纽约市自由之子社成员,非正式领导人,参加独立战争,战后任纽约市和县的行政司法官,并曾短期出任市长	233、239~240
威廉姆斯	罗杰·威廉姆斯	Roger Williams	1603—1683	英国清教牧师、神学家、作家,后移居北美,主张宗教自由、政教分离、与美洲原住民公平往来,罗德岛殖民地的创建人	71~74
威思	乔治·威思	George Wythe	1726—1806	律师、殖民地官员、威廉与玛丽学院教师,美国独立宣言的签署人,杰斐逊总统、马歇尔大法官等人的法律老师	222、276
维涅	让·路易斯·维涅	Jean Louis Vignes	1780—1862	墨西哥时代便在洛杉矶地区定居的法国移民,加州第一家商业葡萄酒生产商,冒险家、企业家	292~293
韦恩	安东尼·韦恩	Anthony Wayne	1745—1796	大陆军军官,官至少将,战后短期出任美国众议员,后率军在"倾木之战"中击败印第安人,迫使他们签订格伦维尔条约	313

续表

韦尔	纳撒尼尔·韦尔	Nathanniel Ware	?—1767	曾任波士顿海关审计官，后赴英，对1764年《糖税法》和1765年《印花税法》的制定起到推动作用	171~172
温思罗普	约翰·温思罗普	John Winthrop	1587（或1588）—1649	英国清教徒、采邑领主、律师，1630年率船队到北美建立马萨诸塞海湾殖民地，先后数次担任该殖民地总督总计12年	14、20、26
温思罗普	小约翰·温思罗普	John Winthrop Jr.	1606—1676	约翰·温思罗普的儿子、后任康涅狄格殖民地总督，并为康涅狄格殖民地与纽黑文殖民地合并做出了贡献	14、26
沃波尔	罗伯特·沃波尔	Robert Walpole	1676—1745	英国政治家、辉格党人，被视为英国事实上的第一位首相	143、318
沃德	阿蒂马斯·沃德	Artemas Ward	1727—1800	列克星敦与康科德之战后包围波士顿的民兵总指挥，大陆军少将，曾建议组建如荷兰一样的联省共和国	198~199、219
沃德	爱德华·沃德	Edward Ward，亦称Ned Ward	1667—1731	英国作家、出版商	47
沃尔夫斯基尔	威廉·沃尔夫斯基尔	William Wolfskill	1798—1866	闯荡西部的山地人，靠皮毛生意所得在加利福尼亚购地，开办牧场和葡萄园，后成为加州葡萄酒业数一数二的人物	292~293、295
沃克	约瑟夫·沃克	Joseph R. Walker	1798—1876	山地捕猎者，淘金热时期通往金矿区的加利福尼亚小道的一部分就是由他早前开辟的	391
沃伦	约瑟夫·沃伦	Joseph Warren	1741—1775	波士顿早期抗英斗争领导人，负责收集英军情报，派保罗·里维尔连夜驰马列克星敦警告英军来袭，后于邦克山之战阵亡	237、243~244、246

续表

续表

扬	托马斯·扬	Thomas Young	1731—1777	医生、波士顿通信委员会委员，波士顿自由之子社成员	213、237
扬特	乔治·扬特	George Yount	1794—1865	生于北卡罗来纳的山地捕猎者，定居加利福尼亚后在纳帕谷底种下当地第一株葡萄	295

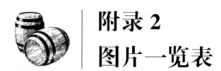

英国人在北美建立殖民地第一次尝试的组织者——沃尔特·罗利爵士
原画作者：英国画家William Segar(1554-1633) 创作年代：1598 Public Domain
https://en.wikipedia.org/wiki/Walter_Raleigh

图 01　英国人在北美建立殖民地第一次尝试的组织者——沃尔特·罗利爵士

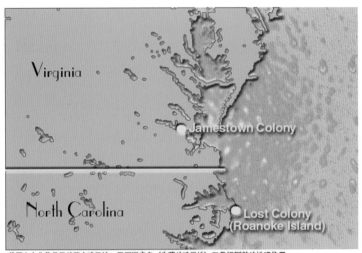

英国人在北美最早的两个殖民地：罗阿诺克岛（失落的殖民地）和詹姆斯敦的地理位置
public domain, https://en.wikipedia.org/wiki/File:Map_showing_location_of_Jamestown_and_Roanoke_Island_Colonies.PNG
This image is a work of the National Oceanic and Atmospheric Administration

图 02　英国人在北美最早的两个殖民地：罗阿诺克岛（失踪的殖民地）和詹姆斯敦的地理位置

签署《五月花公约》
油画作者: Jean Leon Gerome Ferris（1863-1930）　Public Domain　https://en.wikipedia.org/wiki/Mayflower_Compact

图 03　"五月花公约"的签署

这种黑色黏稠的液态物质，就是朗姆酒的原料——糖蜜，它是将制糖后的甘蔗渣再次煮沸而提取出来的。
Author: Badagnani   This file is licensed under the Creative Commons Attribution 3.0 Unported license
https://en.wikipedia.org/wiki/Molasses

图 04　朗姆酒的原料——糖蜜

摩根船长牌朗姆酒商标
Author: זק צֿ ומ   This file is licensed under the Creative Commons Attribution-Share Alike 4.0 International license.
https://en.wikipedia.org/wiki/Captain_Morgan

图 05　摩根船长牌朗姆酒

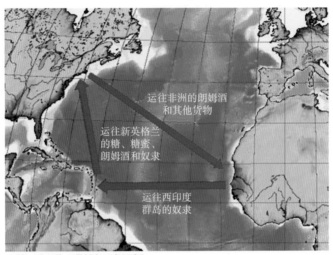

北美洲、西印度群岛、非洲之间的三角贸易示意图
制图：Weson 图片来源：https://en.wikipedia.org/wiki/Colonial_molasses_trade
This file is licensed under the Creative Commons Attribution-Share Alike 2.5 Generic license

图 06　北美洲、西印度群岛、非洲之间的三角贸易示意图

"Bar of an Inn about 1760" in *Colonial Living* written and illustrated by Edwin Tunis
(New York: Thomas Y. Crowell Company, 1957), 151.

图 07　美国画家埃德温·图尼思为所著《殖民地生活》画的插图：
　　　　1760 年一个酒店里的酒吧间

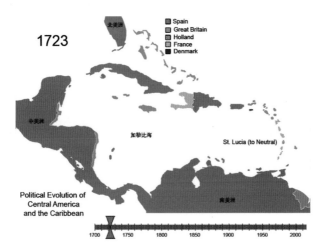

1723年西印度群岛的政治图谱：红色是西班牙领地，浅咖啡色是英国领地，紫色是荷兰领地
蓝色是法国领地，深褐色是丹麦领地
Author: Esemono   public domain,   https://en.wikipedia.org/wiki/Colonial_molasses_trade

图 08   1723 年西印度群岛的政治图谱

矗立在麻省巴恩斯特波尔县法院（Barnstable County Courthouse, MA）门前的奥蒂斯雕像
摄影者：Kenneth C. Zirkel
This file is licensed under the Creative Commons Attribution-Share Alike 3.0 Unported license.
图片来源：https://en.wikipedia.org/wiki/James_Otis_Jr.

图 09   矗立在马萨诸塞州巴恩斯特波尔县法院门前的奥蒂斯雕像

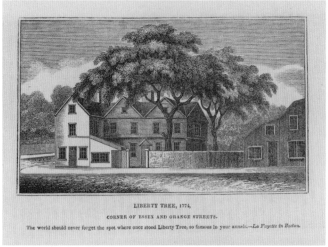

图 10　版画：罗克斯伯里镇的自由树

图 11　"自由之子"纪念碗

位于波士顿北端联合大街上的绿龙酒店   版画作者：鲁塞尔，创作日期：约在1898
Photographer: BPL.   This file is licensed under the Creative Commons Attribution 2.0 Generic license.
https://en.wikipedia.org/wiki/Green_Dragon_Tavern

图 12　位于波士顿北端联合大街（1828 年以前为绿龙巷）上的绿龙酒店

雕塑家 Henry H. Kitson 以帕克上尉为人物原型在1900年完成的列克星敦民兵雕像。
创作者：Hohum This file is licensed under the Creative Commons Attribution-Share Alike 3.0 Unported license
https://en.wikipedia.org/wiki/John_Parker_(captain)

图 13　以帕克上尉为原型的列克星敦民兵雕像

列克星敦的巴克曼酒店，美国独立战争的第一枪就在这里打响
摄影者：Daderot at English Wikipedia
This file is licensed under the Creative Commons Attribution-Share Alike 3.0 Unported license
https://en.wikipedia.org/wiki/Tavern

图 14　列克星敦的巴克曼酒店

位于马萨诸塞州康科德镇的詹姆斯·巴雷特上校故居。美国独立战争时曾是当地民兵的军火库
图片所有者：Historical Perspective　https://en.wikipedia.org/wiki/James_Barrett_(colonel)
This file is licensed under the Creative Commons Attribution-Share Alike 3.0 Unported license

图 15　位于马萨诸塞州康科德镇的詹姆斯·巴雷特上校故居，美国独立战争时曾是当地民兵的军火库

1920年出版的《纽约指南》封面上的弗朗西斯酒店
Public domain,
图片来源：https://en.wikipedia.org/wiki/Fraunces_Tavern

图 16　1920 年出版的《纽约指南》封面上的弗朗西斯酒店

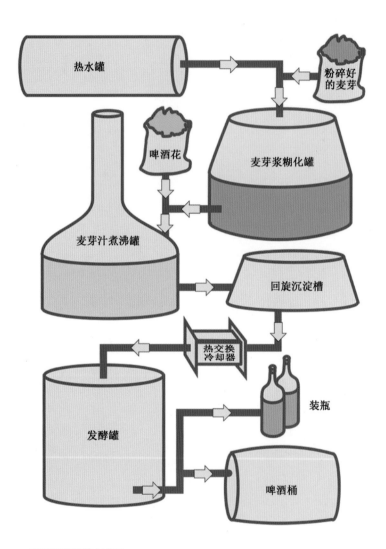

啤酒酿制的基本流程

图 17　啤酒酿制的基本流程

美国啤酒业巨头C.施米特父子公司早期的商标
Source: Public Domain Portrait   Author: Unknown
This file is licensed under the Creative Commons Attribution-Share Alike 4.0 International license.
图片来源：https://en.wikipedia.org/wiki/Christian_Schmidt_Brewing_Company

图 18　美国啤酒业巨头 C. 施米特父子公司早期的商标

位于美国威斯康星州密尔沃基市的帕布斯特啤酒公司的老厂房
摄影者：Jeramey Jannene,　This file is licensed under the Creative Commons Attribution 2.5 Generic license.
图片来源：https://en.wikipedia.org/wiki/Pabst_Brewing_Company

图 19　位于美国威斯康星州密尔沃基市的帕布斯特啤酒公司的老厂房

科勒与弗罗林葡萄酒行的商标，该企业现在仍在营业。
https://www.wayfarersbookshop.com/pages/books/133/north-america-california-wineries/attractive-collection-of-over-seventy-rare-documents-and-ephemera-illustrating-the-early

图 20　科勒与弗罗林葡萄酒行的商标

刊登在1880年出版的《我们的第一个百年》一书中的插图 "著名的宾夕法尼亚威士忌暴动"
描绘了民众将一位全身被用柏油粘上羽毛，跨在一根横杆上的税务官抬着游街的场面
Public Domain　遵书现存于纽约公共图书馆。图片来源：https://en.wikipedia.org/wiki/Whiskey_Rebellion

图 21　刊登在 1880 年出版的《我们的第一个百年》一书中的插
图：《著名的宾夕法尼亚威士忌暴动》

19世纪肯塔基出品的老波旁威士忌的酒瓶
摄影者：Gettysburg National Military Park, GETT 3 1373   Public Domain
图片来源：https://en.wikipedia.org/wiki/Bourbon_whiskey

图 22   19 世纪肯塔基出品的老波旁威士忌的酒瓶

肯塔基州克莱蒙市的吉姆·比姆酒厂出品的波旁威士忌，装在用美国白橡木制作的酒桶内放在酒窖里陈化，静待酒液转变成著名的黄铜色。
摄影者：Bbadgett　This file is licensed under the Creative Commons Attribution-Share Alike 3.0 Unported license.
图片来源：https://en.wikipedia.org/wiki/Bourbon_whiskey

图 23　肯塔基州克莱蒙市的吉姆·比姆酒厂出品的波旁威士忌，装在用美国
白橡木制作的酒桶内放在酒窖里陈化，静待酒液转变为著名的琥珀色

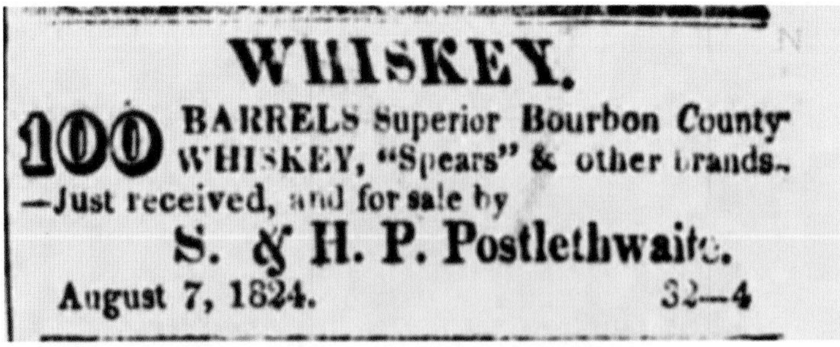

WHISKEY.

100 BARRELS Superior Bourbon County WHISKEY, "Spears" & other brands. —Just received, and for sale by

S. & H. P. Postlethwaite.

August 7, 1824.　　　　　32—4

1824年8月7日刊载在《纳奇兹时事报》上的波旁威士忌广告
资料来源：Robert F. Moss, "How Bourbon Really Got Its Name,"
https://robertfmoss.com/features/How-Bourbon-Really-Got-Its-Name.

图 24　1824 年《纳奇兹时事报》上的波旁威士忌广告

1831年位于纽约百老汇大道上的城市旅馆
原画作者：佚名　Public Domain,　图片来源：https://en.wikipedia.org/wiki/City_Hotel_(Manhattan)

图 25　1831 年位于纽约百老汇大道上的城市旅馆

19世纪初期的波士顿交易所咖啡馆
原画作者：Samuel A. Drake, (1833-1905)　Walter K. Watkins(1855-1934)　No known copyright restrictions exist
图片来源：https://commons.wikimedia.org/wiki/File:Old_Boston_taverns_and_tavern_clubs_(1917)_(14761291134).jpg

图 26　波士顿交易所咖啡馆

1827年在华盛顿特区建成的国家旅馆（摄于1909—1920年）
图片来源：美国国会图书馆印刷品与照片分部 https://www.loc.gov/pictures/item/2016821863/.

图27　1827年在华盛顿特区建成的国家旅馆（1909—1920年拍摄）

19世纪30年代詹姆斯·贝内特绘制的波士顿特里蒙特旅馆图像
public domain,
图片来源：https://commons.wikimedia.org/w/index.php?curid=8103836

图28　19世纪30年代詹姆斯·贝内特绘制的波士顿特里蒙特旅馆图像

建于1860年的新墨西哥州皮诺斯阿尔托斯鹿角酒馆沙龙(The Buckhorn Saloon in Pinos Altos, New Mexico, built in 1860)
摄影者: Tom Blackwell   This file is licensed under the Creative Commons Attribution-Share Alike 2.0 Generic license.
图片来源: https://commons.wikimedia.org/w/index.php?curid=6720210

图 29　新墨西哥州皮诺斯阿尔托斯的鹿角酒馆沙龙

1849年的绘画: 詹姆斯·"洋基"·沙利文在拳击中, 左为沙利文
Public domain,
图片来源: http://americanhistory.si.edu/collections/search/object/nmah_325105

图 30　1849 年的绘画: 詹姆斯·"洋基"·沙利文在拳击中, 左为沙利文

后　记

　　我写这本美国酒史，是因为大约八九年前受一位朋友所托，研究了一下美国的酒类监管，不禁对这个国家的酒史产生了浓厚的兴趣。因为我从来没有想到，酒在美国历史发展中会起如此重要的作用，会产生如此巨大的影响，会导致如此严重的争议，直到今天，这种争议还余音绕梁，继续影响着美国人的生活。不仅如此，美国社会对酒的态度似乎经历了一个肯定、否定和否定之否定的三段论式的历史发展过程，颇为耐人玩味。正好那时我已退休，有如闲云野鹤，便斗胆一试，写成《酒与美国历史——从殖民地时期到年轻的共和国》一书，对酒为什么在一个很长的历史时期内被美国人和他们殖民地时代的前辈视为"上帝创造的好东西"，进行了初步探讨。至于美国社会后来对酒的态度发生的改变，且容另外两部《酒与美国历史》成书后再叙。

　　在撰写本书尤其是最后修改定稿的过程中，我得到了两位老同学的热情和诚挚的帮助。其中一位是我在武汉大学攻读美国史硕士学位时比我低一届的何宏非。她自学生时代就思想活跃，常有非同一般的独到见解，此次在书的主题和立论方面给我提供了不少富于启迪的建议。另一位是我的大学校友冯达美，理科出身，文字讲究，且有审改文稿的经验，此次仔细审阅了我的初稿，在行文立意和文字润色方面帮了大忙，并为本书编写人名索引，还收集了不少图片。如果这本书有什么可取之处，都离不开她们二位的贡献；如果书中有什么瑕疵，那都是我个人的责任。此外，武汉大学谭君久教授在联系出版事宜上尽心尽力甚多。香港大学徐国琦教授对书名提出了宝贵意见。加州大学尔湾分校美国饮食文化史专家陈勇教授在百忙之中不吝赐教，使我受益匪浅。我谨在此向这两位老同学和谭君久、徐国琦、陈勇教授表示深切的感谢！

承蒙母校武汉大学出版社愿意出版拙著，在此一并致以诚挚的谢意。

韩　铁

2021 年 7 月 11 日